Wollmann, Derlien,
König, Renzsch, Seibel

Transformation der
politisch-administrativen
Strukturen in
Ostdeutschland

**Beiträge zu den Berichten der Kommission
für die Erforschung des sozialen und politischen Wandels
in den neuen Bundesländern e.V. (KSPW)**

Herausgegeben vom Vorstand der KSPW:
Hans Bertram, Hildegard Maria Nickel,
Oskar Niedermayer, Gisela Trommsdorff

Beiträge zum Bericht 3
„Politisches System"

Band 3.1

Die Veröffentlichungen der Kommission für die Erforschung des sozialen und politischen Wandels in den neuen Bundesländern (KSPW) umfassen folgende drei Reihen:

- Berichte zum sozialen und politischen Wandel in Ostdeutschland
- Beiträge zu den Berichten
- Reihe „Transformationsprozesse"

Hellmut Wollmann
Hans-Ulrich Derlien
Klaus König
Wolfgang Renzsch
Wolfgang Seibel

Transformation der politisch-administrativen Strukturen in Ostdeutschland

Leske + Budrich, Opladen 1997

Die Deutsche Bibliothek – CIP-Einheitsaufnahme

Transformation der politisch-administrativen Strukturen in Ostdeutschland / Wollmann, Hellmut ... – Opladen : Leske und Budrich, 1997
  (Beiträge zu den Berichten zum sozialen und politischen Wandel in Ostdeutschland ; Bd. 3.1)
  ISBN 3-8100-1623-3
NE: Derlien, Hans-Ulrich:; Klaus König;

Das Werk einschließlich aller seiner Teile ist urheberrechtlich geschützt. Jede Verwertung außerhalb der engen Grenzen des Urheberrechtsgesetzes ist ohne Zustimmung des Verlages unzulässig und strafbar. Das gilt insbesondere für Vervielfältigungen, Übersetzungen, Mikroverfilmungen und die Einspeicherung und Verarbeitung in elektronischen Systemen.

Druck: Druck Partner Rübelmann, Hemsbach
Printed in Germany

Inhalt

Editorial 7

0. *Hellmut Wollmann/Hans-Ulrich Derlien/Klaus König/
   Wolfgang Renzsch/Wolfgang Seibel*
   Die institutionelle Transformation Ostdeutschlands zwischen
   Systemtransfer und Eigendynamik 9

1. *Hellmut Wollmann*
   Entwicklung des Verfassungs- und Rechtsstaates in Ostdeutschland
   als Institutionen- und Personaltransfer 25

2. *Wolfgang Renzsch*
   Budgetäre Anpassung statt institutionellen Wandels. Zur finanziellen
   Bewältigung der Lasten des Beitritts der DDR zur Bundesrepublik 49

3. *Klaus König/Jan Heimann*
   Vermögens- und Aufgabenzuordnung nach Üblichkeit 119

4. *Wolfgang Seibel*
   Die Treuhandanstalt – eine Studie über Hyperstabilität 169

5. *Klaus König*
   Aufbau der Landesverwaltung nach Leitbildern 223

6. *Hellmut Wollmann*
   Transformation der ostdeutschen Kommunalstrukturen:
   Rezeption, Eigenentwicklung, Innovation 259

7. *Hans-Ulrich Derlien*
   Elitezirkulation zwischen Implosion und Integration. Abgang,
   Rekrutierung und Zusammensetzung ostdeutscher Funktionseliten
   1989-1994 329

8. *Hans-Ulrich Derlien/Stefan Löwenhaupt*
   Verwaltungskontakte und Institutionenvertrauen 417

9. *Wolfgang Seibel*
   Erfolgreich gescheiterter Institutionentransfer: Weshalb der Dritte
   Sektor in Ostdeutschland institutionelle Elastizitäten schafft, obwohl
   es ihn kaum zu geben scheint 473

Die Autoren des Bandes 495

Editorial

Der vorliegende Band präsentiert Ergebnisse aus der *dritten Forschungs- und Förderphase* (1994-1996) der Kommission für die Erforschung des sozialen und politischen Wandels in den neuen Bundesländern e.V. (KSPW). Die KSPW, Ende 1991 auf Anregung des Wissenschaftsrates gegründet und aus Zuwendungen des Bundesministeriums für Bildung, Wissenschaft, Forschung und Technologie (BMBF) sowie des Bundesministeriums für Arbeit und Sozialordnung (BMA) finanziert, hat es sich zur Aufgabe gemacht,

– den sozialen und politischen Wandel in den neuen Bundesländern zu erforschen bzw. seine Erforschung zu fördern,
– damit auch die empirischen und theoretischen Grundlagen für politische Handlungsempfehlungen zu verbessern sowie
– angesichts des Umbruchs der Sozialwissenschaften in den neuen Bundesländern das sozialwissenschaftliche Wissenschaftler/innen-Potential und den Nachwuchs dort zu unterstützen.

In einer *ersten Forschungs- und Förderphase* (1992) wurden 176 sogenannte „Kurzstudien" vergeben (Antrags-Eingänge: rund 1.700), von denen rund 150 Forschungsberichte als Graue Reihe (alte Folge) der KSPW veröffentlicht wurden. Die Kurzstudien sollten sozialwissenschaftliche Analysen anregen, das im Umbruch befindliche sozialwissenschaftliche Potential in Ostdeutschland unterstützen sowie empirische Daten der ostdeutschen Sozialwissenschaft sichern helfen. Ausgewählte Forschungsergebnisse der ersten Phase wurden zudem in den Bänden 9-29 der Reihe *„KSPW: Transformationsprozesse"* im Verlag Leske + Budrich vom Vorstand der KSPW herausgegeben.

In der *zweiten Forschungs- und Förderphase* (1993-1994) förderte die KSPW vor allem 60 größere Projekte zum ostdeutschen Transformationprozeß (Antrags-Eingänge: rund 250), wovon ausgewählte in den Bänden der Reihe *„KSPW: Transformationsprozesse"* veröffentlicht wurden.

Die *dritte Forschungs- und Förderphase* macht – über die Arbeit von sechs Berichtsgruppen – die sozialwissenschaftliche Berichterstattung über den Transformationsprozeß zur zentralen Aufgabe der Kommissionstätigkeit. Neben der laufenden Berichterstattung in Publikationen, Konferenzen und Beratungen wurden die Ergebnisse der gesamten Forschungsanstrengungen zu thematischen Berichten zusammengefaßt, deren Konzepte 1993 entwickelt wurde, deren Realisation ab Mitte 1994 begonnen hat und die in 6 *„Berichten zum sozialen und politischen Wandel in Ostdeutschland"* mit dazugehörigen 28 Bänden mit *„Beiträgen zu den Berichten"* Ende 1996 publiziert werden.

Der vorliegende Band mit *„Beiträgen zu den Berichten"* ordnet sich in die eingangs genannten Ziele der Kommission ein: Zum einen finden interessierte Leser aus der Wissenschaft, der politischen Administration sowie aus der sozialen und politischen Praxis Materialien, Analysen und anwendungsbezogene Konzeptionen, die für die tägliche Auseinandersetzung mit dem und im Transformationsprozeß genutzt werden können; zum anderen gibt er Sozialwissenschaftler/innen Gelegenheit, die Ergebnisse ihrer Forschung hier zu präsentieren.

Halle, im Juni 1996

Hans Bertram
Vorsitzender des Vorstandes

Kommission für die Erforschung des sozialen und politischen Wandels in den neuen Bundesländern e. V.

Die institutionelle Transformation Ostdeutschlands zwischen Systemtransfer und Eigendynamik

Hellmut Wollmann, Hans-Ulrich Derlien, Klaus König, Wolfgang Renzsch, Wolfgang Seibel

Mit den in diesem Band versammelten Aufsätzen soll ein Beitrag zur Berichterstattung der *Kommission zur Erforschung des sozialen und politischen Wandels in den neuen Bundesländern* (KSPW) geleistet werden, deren Berichtsgruppen in den letzten Jahren in der Absicht gebildet und tätig wurden, den schier beispiellosen politisch-administrativen, wirtschaftlichen und gesellschaftlichen Umbruch in Ostdeutschland nach dem Zusammenbruch des SED-Regimes zu dokumentieren und zu analysieren. Dieser Band ist im Zusammenhang mit der KSPW-Berichtsgruppe 3 entstanden und soll deren Veröffentlichungen[1], insbesondere den für den Berichtsband 3 geschriebenen Report zu den politisch-administrativen Institutionen in Ostdeutschland ergänzen[2]. Durch von der KSPW finanzierte Expertisen zu einzelnen Teilthemen (und in den Kapiteln dieses Bandes jeweils nachgewiesen) unterstützt, zielen die Aufsätze des vorliegenden Bandes darauf, Verlauf und (Zwischen-) Ergebnis des institutionellen Transformationsprozesses sowie dessen Bestimmungsfaktoren in Schlüsseldimensionen abzubilden. Zwar soll und kann hier kein Band handbuchartiger Vollständigkeit vorgelegt werden. Dadurch jedoch, daß die einzelnen Kapitel des Bandes den Systemwechsel in Ostdeutschland unter je rechtlichem, finanziellem, institutionell-organisatorischem, elitenpersonellem und politikkulturellem Fokus beleuchten, könnten sie ein Gesamtbild bieten, wie es im vorliegenden Schrifttum ungeachtet seiner inzwischen schier unüberblickbaren Fülle bislang nicht zu finden ist.

Beim Umbruch der politischen und administrativen Strukturen im Wechsel vom realsozialistischen zum demokratischen und marktwirtschaftlichen System handel-

---

1   vgl. Max Kaase/Andreas Eisen/Oscar W. Gabriel/Oskar Niedermayer/Hellmut Wollmann: Politisches System (Berichtsband 3 der KSPW). Opladen: Leske + Budrich, 1996; vgl. auch Andreas Eisen/Hellmut Wollmann (Hrsg.): Institutionenbildung in Ostdeutschland. Zwischen externer Steuerung und Eigendynamik. Opladen: Leske + Budrich, 1996.
2   vgl. Hellmut Wollmann: Institutionenbildung in Ostdeutschland: Neubau, Umbau und „schöpferische Zerstörung". In: Max Kaase u.a. (Hrsg.): Politisches System, Opladen: Leske + Budrich, 1996, S. 47ff.

te es sich im Kern um die Überwindung jener „sozialistischen Staatlichkeit", die nicht nur den „Staatsapparat" im engeren Verständnis umfaßte, sondern, vom totalen Machtanspruch der Kommunistischen Partei gesteuert, die gesamte ökonomische, gesellschaftliche und kulturelle Wirklichkeit ergriff und *verstaatlichte*. Sie hatte dadurch eine „etatisierte Gesellschaft" hervorgebracht und eigenständige zivilgesellschaftliche Institutionalisierungsprozesse im Keim unterbunden oder vernichtet. Machtorganisatorisch war das kommunistische Herrschaftssystem zudem dadurch geprägt, daß die alle wirtschaftlichen, gesellschaftlichen und kulturellen Funktionen durchdringende sozialistische Staatlichkeit auf allen Ebenen und in allen Sektoren von den parallelen Strängen des Partei- und Staatssicherheitsapparates zur Gewährleistung des Herrschaftsmonopols der Partei institutionell verdoppelt und verdreifacht wurde.

Galt es mithin, die funktionalen und institutionellen Grenzen zwischen Staat, Wirtschaft und Gesellschaft fundamental neu zu bestimmen, so folgte für den Neu- und Umbau der staatlichen Strukturen die in sich widersprüchliche Aufgabe einer „schöpferischen Zerstörung" (Joseph *Schumpeter*). Einerseits waren weite Teile des realsozialistischen Staatsapparats, die dessen Repressions- und Wirtschaftsleitungsfunktionen übernommen hatten, zu beseitigen. (Die Veränderungen der Positionsfelder vor allem der politischen Elite und die zum Teil auf politische Säuberung zurückgehende Elitenzirkulation werden von *Derlien* – in Kapitel 7 – untersucht.) Andererseits mußten in den neuen Aufgabenfeldern neue Organisations- und Personalstrukturen erst geschaffen und mußte hierzu auf die von der sozialistischen Staatlichkeit hinterlassenen Organisations- und Personalstrukturen gewissermaßen als Steinbruch der Institutionenbildung zurückgegriffen werden. Mehr noch: Angesichts der spezifischen Transformationsprobleme, insbesondere der Umstrukturierung und Privatisierung der Staatswirtschaft und der Bewältigung der diesen Umstrukturierungsprozeß begleitenden sozialen Probleme, mußten – und sei es nur vorübergehend – neue staatliche Strukturen in einer die Normalität des westlichen Staatsmodells überschießenden Eingriffszuständigkeit und Dichte geschaffen werden. Überdies war es – in einem über diese institutionelle „Normalität" ebenfalls hinausgehenden Umfang – Aufgabe der neuen staatlichen Institutionen, die organisatorischen, wenn nicht auch sozialen Rahmenbedingungen für die Entfaltung von Marktprozessen und die Eigenentwicklung zivilgesellschaftlicher Verhältnisse, nicht zuletzt eines Dritten Sektors überhaupt erst zu schaffen oder zumindest aktiv zu fördern.

Teilte Ostdeutschland diese fundamentale Ausgangssituation mit den anderen realsozialistischen Ländern Mittel- und Osteuropas, so unterschied es sich von ihnen von vornherein – und im weiteren Verlauf zunehmend – entscheidend dadurch, daß sich der Systemwechsel Ostdeutschlands geschichtlich als *nationale Wiedervereinigung*, völkerrechtlich als die *Vereinigung der beiden deutschen Staaten,* verfassungsrechtlich als *Beitritt* der DDR zur Bundesrepublik nach Art. 23 GG und transformationsspezifisch als *Integration* Ostdeutschlands in die Ver-

Die Transformation Ostdeutschlands

fassungs-, Rechts-, Institutionen-, Wirtschafts- und Gesellschaftsordnung der alten Bundesrepublik vollzog. Damit war der allumfassende Umbruch in Ostdeutschland auf der einen Seite von einer Integrationslogik gesteuert, die Korridor und Richtung des Transformationspfades innerhalb der der alten Bundesrepublik eigentümlichen politischen, institutionellen, wirtschaftlichen und gesellschaftlichen Grundentscheidungen und -strukturen weitgehend vorzeichnete und absteckte. Die Bestimmungsmacht der Verfassungs- und Institutionenwelt der alten Bundesrepublik läßt sich insbesondere daran festmachen, daß

– sich die Institutionenbildung in Ostdeutschland jedenfalls in der entscheidenden Gründungsphase weitgehend an den institutionellen Vorgaben der alten Bundesrepublik ausrichtete (*Institutionentransfer*),
– der Prägestempel der Integrationslogik durch das westdeutsche Personal verstärkt wurde, das nach der Vereinigung – sei es vorübergehend als *Verwaltungshelfer*, sei es dauerhaft – nach Ostdeutschland ging und in der Regel Führungs- und Leitungspositionen in den neuen Verwaltungs- und Gerichtsstrukturen übernahm (*Personentransfer*),
– die Investitions- und Personalkosten des Umbruchprozesses zum erheblichen Teil durch Transferzahlungen aus der alten Bundesrepublik gedeckt wurden (*Finanztransfer*).

Hierbei sei freilich daran erinnert, daß über die Übernahme von Grundstrukturen der Bundesrepublik – etwa über die (Wieder-)Einführung der Länder und der kommunalen Selbstverwaltung sowie die grundsätzliche funktionale, eigentumsrechtliche, und institutionelle Entflechtung von öffentlichem (Verwaltungs-) und privatem (Wirtschafts-) Sektor – die ostdeutsche Institutionenwelt an ihre eigenen – der SED-Herrschaft und dem NS-Regime vorausgehenden – Traditionen anknüpfte.

In dem Maße, wie die Transformation in Ostdeutschland von der Integrationslogik der als Beitritt der DDR zur Bundesrepublik vollzogenen nationalen Vereinigung bestimmt und in der Triade von Institutionen-, Personen- und Finanztransfer ihre wirkungsmächtigen Hebel hatte, erwies sie sich – im Vergleich zu den anderen ehemals sozialistischen Ländern Mittel- und Osteuropas als ein Sonderweg, der, innerhalb der durch die Deutsche Vereinigung begründeten spezifischen *Pfadabhängigkeit*, gegenüber jenen den Unterschied und Abstand mit fortschreitender Zeit noch vergrößerte. Schon die Transitionsphase war von der Antizipation der Vereinigung geprägt.

Auch wenn der Korridor der Institutionenbildung in Ostdeutschland durch die Grundentscheidungen und -strukturen der bundesdeutschen Institutionenwelt und deren Vorgaben von *Normalität* und *Üblichkeit* als *exogenen* Faktoren vorgezeichnet war, konnte sich zugleich jener dezentrale Grundzug der bundesdeutschen Institutionenwelt mit seinem erheblichen Organisationsgestaltungsspielraum der Länder und Kommunen geltend machen, der in einem hohen Grad von horizontaler und vertikaler Institutionenvielfalt ebenfalls seine Normalität hat. Zwar zeigte sich in der unmittelbaren Umbruch- und Gründungsphase der ostdeutschen Institutionen, daß, zumal im Rahmen der zwischen ostdeutschen und westdeutschen Ländern und Kommunen nach dem Fall der Mauer geschlossenen Partnerschaften und Verwaltungshilfen, auch in diesen Gestaltungsentscheidungen vielfach deren institutionelle Vorbilder und Muster befolgt und rezipiert wurden. Jedoch wurde auch deutlich, daß sich die ostdeutschen Gegebenheiten als endogene Faktoren geltend machten. Unter diesen sind zum einen institutionelle und mentale Hinterlassenschaften – „legacies", „Persistenzen" – der DDR-Vergangenheit, zum andern Erfahrungen des revolutionären Oktobers 1989 und der unmittelbaren Wendephase, vor allem aber Bestimmungsfaktoren zu nennen, die in den jeweiligen Entscheidungsarenen durch Akteurs- und Parteienkonstellation und deren Interessen- und Einflußstrukturen gesetzt wurden. Damit ist die in Ostdeutschland entstandene Institutionenwelt von Anfang an von einer Vielfalt institutioneller *Eigenentwicklungen* gekennzeichnet, wie es im übrigen ebenfalls der Normalität des bundesstaatlich-dezentralen Systems, dessen Teil Ostdeutschland geworden ist, entspricht.

Die Übertragung und Übernahme der westdeutschen Institutionenwelt ist besonders eindringlich an der Ausdehnung der Verfassungs- und Gesetzesordnung der alten Bundesrepublik, ihrer Verfassungs- und Rechtsstaatlichkeit zu veranschaulichen (vgl. *Wollmann*, Kapitel 1 dieses Bandes). Waren die Beratungen des Zentralen Runden Tisches über eine neue DDR-Verfassung noch von der Vorstellung und Absicht bestimmt, für eine grundlegend reformierte, aber für eine Übergangsphase noch selbständig bleibende DDR eine Verfassung mit eigenständiger, von der friedlichen Revolution inspirierten Handschrift zu entwerfen, so wurde der Imperativ der *Integrationslogik* in dem Maße beherrschend, wie national (insbesondere durch den Ausgang der demokratischen Wahlen vom 17. März 1990) und international die Würfel für eine rasche, sich als Beitritt der DDR zur Bundesrepublik nach Art. 23 GG vollziehende Vereinigung der beiden Staaten gefallen waren. Bereits im Zusammenhang mit dem zwischen den beiden Staaten geschlossenen Staatsvertrag „über die Schaffung einer Währungs-, Wirtschafts- und Sozialunion" vom 18. Mai 1990 vollzog die Transitions-Gesetzgebung der demokratischen DDR-Volkskammer eine beträchtliche Angleichung an die Verfassungs- und Rechtsordnung der Bundesrepublik, einschließlich der Wiederbegründung der kommunalen Selbstverwaltung und der Wiedereinführung der Länder als der zwei Basisinstitutionen des bundesdeutschen politisch-administrativen Institutionensystems. Auf der Grundlage des Einigungsvertrages vom 31. August 1990 wurde schließlich mit dem Beitritt der DDR zur Bundesrepublik am 3. Oktober 1990 in einer „logischen Sekunde" – in einem verfassungsgeschichtlich einzigartigen Akt *schöpferischer Zerstörung* – das Verfassungs- und Rechtssystem der DDR außer Kraft gesetzt und das der Bundesrepublik vollends auf Ostdeutschland ausgedehnt. Darüber hinaus gab der Einigungsvertrag dem Bund und den ostdeutschen Ländern (und teilweise auch den ostdeutschen Kommunen) rechtliche Handhaben (Abwicklung, Sonderkündigungsrechte), um das organisations- und personalstrukturelle Erbe der sozialistischen Staatlichkeit der DDR organisations- und personalpolitisch zu bewältigen. In transitionstheoretischer Hinsicht ließe sich nach all dem argumentieren, daß die DDR eine Konsolidierung aus eigener Kraft nicht mehr geschafft hat, sondern daß diese erst nach dem Beitritt, dafür aber gründlicher als in vergleichbaren mittel- und osteuropäischen Fällen, gelang.

Eine weitere einschneidende Rahmenbedingung für den Systemwechsel in Ostdeutschland stellte (und stellt) der *Finanztransfer* dar, durch den die alte Bundesrepublik den größten Teil der durch den politischen, administrativen, ökonomischen und gesellschaftlichen Umbruch Ostdeutschlands bedingten Investitions-, Personal- und sonstigen Transferzahlungen getragen hat und trägt (vgl. *Renzsch*, Kapitel 2 in diesem Band). Dies gilt zum einen für die Phase zwischen dem 3. Oktober 1990 und Ende 1994, in der die Haushalte der ostdeutschen Länder und Kommunen aus dem Fond „Deutsche Einheit" und Zuweisungen des Bundes (z.B. kommunale Investitionspauschale) alimentiert wurden und deren Größenordnung daran ablesbar ist, daß 1991 70% der Einnahmen der Haushalte der neuen Länder und 1994 noch 60% aus solchem Westtransfer stammten. Seit 1.1.1995 sind die ostdeutschen Länder in den bundesstaatlichen Finanzausgleich eingegliedert, der durch im Föderalen Konsolidierungsprogramm festgelegte Sonderregelungen ergänzt wurde. Auf der Grundlage der Steuerschätzung vom Mai 1993 und darauf aufbauenden Modellrechnungen wurden für das Jahr 1995 zugunsten der neuen Länder Zuweisungen im Rahmen des bundesstaatlichen Finanzausgleichs in Höhe von rund 56 Mrd. DM vereinbart, die teils (36 Mrd. DM) auf dessen finanzkraftabhängigen Instrumenten beruhten, teils (20,6 Mrd. DM) für 10 Jahre – bis 2004 – summenmäßig festgeschrieben wurden. Dieses Modell implizierte, daß sich mit Veränderungen des Steueraufkommens gegenüber der Steuerschätzung auch zwangsläufig die finanzkraftabhängigen Finanzausgleichszuweisungen veränderten; erwartet wurde deren Verminderung im Laufe der Jahre infolge eines angenommenen überproportionalen Wachstums des Steueraufkommens in den ostdeutschen Ländern. Tatsächlich erreichten die Zuweisungen bereits 1995 nicht die veranschlagte Höhe von 56 Mrd. DM, sondern beliefen sich lediglich auf gut 48 Mrd. DM. Ursache dafür war allerdings nicht die erhoffte Steigerung der Finanzkraft der neuen Länder, sondern der Umstand, daß die gesamtstaatliche Steuerentwicklung deutlich ungünstiger verlief als 1993 angenommen.

Dazu kamen und kommen weitere Transfers aus dem Bundeshaushalt und den Kassen der Sozialversicherungsträger. Allerdings ist es sehr schwierig zu bestimmen, was unter dem Begriff „Transfer" gefaßt werden kann. Sind es die überproportionalen Lasten der Bundesanstalt für Arbeit an Arbeitslose und für andere arbeitsmarktpolitische Maßnahmen in Ostdeutschland? Sind es die Leistungen der Rentenversicherungen? Unter den Bedingungen der alten Bundesrepublik wäre es undenkbar gewesen, in diesen Fällen von Transferleistungen zugunsten bestimmter Länder oder Regionen zu sprechen. Über die regionale Streuung der Ausgaben des Bundes war stets wenig bekannt, im Fall der neuen Länder wurde sie jedoch zu einem politisch relevanten Tatbestand. Nicht übersehen werden kann allerdings, daß die Finanzvolumina, die infolge der Einheit bewegt wurden und werden, ganz andere Dimensionen haben als die früheren. Aufgrund der Abgrenzungsprobleme fallen die Schätzungen über diese Transfersummen höchst unterschiedlich aus. Ein mittlerer und plausibler Wert liegt bei einer Summe von etwa 150 Mrd. DM jährlich einschließlich der Zuweisungen aus dem bundesstaatlichen Finanzausgleich.

Einen entscheidenden Hebel für die Auflösung der Sozialistischen Staatlichkeit der DDR bildeten die Regelungen, Instrumente und Verfahren, die darauf zielten, die unter der SED-Herrschaft unter dem Postulat der Vergesellschaftung der Produktionsmittel und der einheitlichen Staatsgewalt durchgeführte umfassende *Verstaatlichung (Volkseigentum) rückgängig* zu machen und zum einen grundsätzlich Privateigentum am Produktivvermögen als Voraussetzung einer privatkapitalistisch-marktwirtschaftlichen Ordnung wiederzubegründen und zum andern das öffentliche Eigentum – in Übereinstimmung mit dem institutionell differenzierten bundesdeutschen Verfassungs- und Verwaltungssystem – dem Bund, den Ländern und den Kommunen zuzuordnen (vgl. hierzu *König/Heimann*, Kapitel 3 dieses Bandes). Auch in dieser eigentumsrechtlichen Schlüsselfrage des Systemwechsels waren die ersten maßgeblichen gesetzlichen Rahmenbedingungen bereits im Sommer 1990 durch die demokratisch gewählte DDR-Volkskammer geschaffen worden, inbesondere mit dem Treuhandgesetz vom 17. Juni 1990 und dem Kommunalvermögensgesetz vom 6. Juli 1990. Im Einigungsvertrag vom 31. August 1990 (Art. 21 und 22) wurde sodann festgelegt, daß das „Vermögen der Deutschen Demokratischen Republik" auf Bund, Länder und Gemeinden übergehen sollte – nach Maßgabe der für die Öffentliche Vermögensordnung der Bundesrepublik zentralen Begriffe des Verwaltungs- und Finanzvermögens sowie deren Aufgabenzuständigkeitsregelung. Für die Lösung der besonders komplizierten Zuordnungsfragen des Finanzvermögens der Kommunen wurde ausdrücklich der Begriff der *Üblichkeit* als Kennzeichnung der maßgebenden Normalität der Institutionenwelt der alten Bundesrepublik eingeführt. Hinsichtlich der gewaltigen organisationspolitischen und personalwirtschaftlichen Veränderungen und Probleme, die die (Re-) Kommunalisierung der für die sozialistische Staatlichkeit der DDR kennzeichnenden Organisations- und Personaldichte, insbesondere im Felde der Sozialeinrichtungen (z.B. Kindergärten) und Versorgungsbetriebe (z.B. Wohnungsverwaltungen), für die Kommunen nach sich zog, sei hier nur auf den erheblich höheren Grad an Staatlichkeit hingewiesen, den – als Hinterlassenschaft der DDR-Staatlichkeit – die kommunale Ebene noch immer (sechs Jahre nach der

Vereinigung) gegenüber der Üblichkeit und Normalität der westdeutschen Institutionenwelt aufweist, sei es, daß zur Übernahme von sozialen Dienstleistungen (Kindergärten, Altenheime) eine mit den alten Bundesländern vergleichbare Dichte von freien Trägern (Dritter Sektor) noch nicht entstanden ist (vgl. hierzu auch *Seibel* in diesem Band), sei es, daß die – nunmehr kommune-eigenen – Mietwohnungsbestände ungeachtet des im Einigungsvertrag ausdrücklich formulierten Privatisierungsgebots bislang kaum privatisiert werden konnten.

Bei der privatwirtschaftlichen Restrukturierung des Produktionsvermögens der DDR-Staatswirtschaft, aber auch bei der Überführung von „volkseigenen" Einrichtungen und Betrieben in Kommunalvermögen spielte die *Treuhandanstalt* (seit 1.1.1995 Bundesanstalt für vereinigungsbedingte Sonderaufgaben, BvS) eine kaum zu überschätzende Rolle (vgl. *Seibel*, Kapitel 4 in diesem Band). Auch ihre wichtigsten Institutionalisierungsakte fielen in die Umbruchphase der Noch-DDR. Bereits von der sozialistischen DDR-Volkskammer unter der DDR-Regierung Modrow mit dem Gesetz vom 1. März 1990 beschlossen, erhielt sie in dem von der demokratischen DDR-Volkskammer verabschiedeten neuen Treuhandgesetz vom 17. Juni 1990 eine institutionelle Regelung, die einen umfassenden Privatisierungsauftrag enthielt und für dessen Erfüllung eine entschieden dezentralisierte Struktur (durch die Bildung sogenannter Treuhand-Aktiengesellschaften) vorsah. Die weitere Institutionengeschichte der Treuhandanstalt wurde dadurch bestimmt, daß sie Ende August 1990, am Vorabend des Einigungsvertrages, unter dem maßgeblichen Einfluß ihres neu ernannten Präsidenten (D. *Rohwedder*) in einem abrupten organisationspolitischen Kurswechsel zu einer staatlichen Privatisierungsagentur mit einer zentralistischen Struktur umgestaltet wurde, die Züge der zentralen DDR-Wirtschaftsverwaltung trug. Als Herrin über anfangs 8.500 ehemals volkseigene Betriebe und Kombinate mit ca. 4,1 Mio. Beschäftigten umfangreiche Befugnisse mit bemerkenswerter organisatorischer und politischer Selbständigkeit ausübend, deshalb gelegentlich mit einer ostdeutschen Nebenregierung gleichgesetzt, bildete die Treuhandanstalt im Verfassungssystem und in der Institutionenwelt der Bundesrepublik vor allem darin einen Fremdkörper, daß ihre „bundeszentralistische" Position der Normalität des föderalen Systems und ihre „wirtschaftsverwaltungszentralistische" Entscheidungskompetenz dem markwirtschaftlichen System widersprachen. Obgleich die Treuhandanstalt darauf angelegt war, sich selbst überflüssig zu machen und sich ihre Leitungsebene, einschließlich der Präsidentin *Breuel*, für die vorgesehene Auflösung ihrer staatlich-zentralen Struktur zum Ende 1994 entschieden einsetzte, erlebte sie (und damit der ihr innewohnende institutionalisierte Widerspruch mit Grundregeln des föderativen und marktwirtschaftlichen Systems) in der *Bundesanstalt für vereinigungsbedingte Sonderaufgaben* (BvS) als Nachfolgeorganisation ihre (fürs erste unbefristete) organisationsstrukturelle Fortsetzung. Erst durch den westdeutschen Treuhandvorstand Ende August 1990 wiederbelebt und durch den parlamentarischen Entscheidungsprozeß im Bundestag (fürs erste) verlängert, hinterließ und hinterläßt die zentrale Wirtschaftsverwaltung der DDR, zunächst in Gestalt der Treuhand und dann in der BvS, im Institutionensystem der Bundesrepublik eine bemerkenswert nachhaltige Spur und Persistenz.

Die *Wiederbegründung der Länder und der Aufbau ihrer Verwaltungen* bildeten einen entscheidenden Schritt in der Transformation der ostdeutschen Verwaltung im Übergang vom realsozialistischen zum bundesdeutschen Verwaltungssystem klassisch europäischer Provenienz (vgl. *König*, Kapitel 5 in diesem Band). In Ermangelung einer institutionellen Ebene im DDR-Staatsaufbau, an die hätte angeknüpft werden können (die föderative Gliederung der DDR war 1952 abgeschafft worden), mußten die Landesregierungen und ihre Ministerien praktisch aus dem Nichts geschaffen werden. Dadurch, daß die jeweiligen westdeutschen Partnerländer wesentliche Aufbauhilfe leisteten – nicht zuletzt in Gestalt von Leihbeamten, die führende Positionen in den neuen Landesminsterien zunächst vorübergehend, in vielen Fällen dauerhaft übernahmen – kann es nicht verwundern, daß der Aufbau der Landesregierungen, ihrer Ministerien und Staatskanzleien weitgehend die Beispiele westdeutscher Landesverwaltungen rezipierte. Für den Aufbau der übrigen Landesverwaltung sahen sich die neuen Landesregierungen der Vielzahl der von der DDR-Staatlichkeit hinterlassenen, nach dem Einigungsvertrag auf sie übergegangenen Verwaltungseinrichtungen gegenüber, deren Organisaitions- und Personalstrukturen sie, entschieden sie sich nicht zu ihrer Abwicklung, gewissermaßen als Steinbruch für den Aufbau der neuen Landesinstitutionen verwandten. Obgleich auch hierbei die Rezeption der Grundstrukturen und Organisationsgrundsätze der westdeutschen Landesverwaltungen Pate standen, wird – gegenüber den westdeutschen, aber auch innerhalb der ostdeutschen Länder – eine institutionelle Variationsbreite sichtbar, die durchaus der Normalität des bundesdeutschen Institutionensystems mit seinen dezentralen Gestaltungsspielräumen entspricht und in deren *Eigenenwicklung* sich endogene ostdeutsche Gegebenheiten geltend machen, teilweise auch fortwirkende institutionelle Strukturen der DDR-Verwaltung durchschlagen.

Der institutionelle Umbruch der *kommunalen Politik- und Verwaltungsstrukturen* ist insbesondere durch dreierlei gekennzeichnet (vgl. *Wollmann*, Kapitel 6 in diesem Band). Zum einen bildeten die Kreise, kreisfreien Städte und kreisangehörigen Gemeinden die einzige institutionelle Ebene der sozialistischen Staatlichkeit der DDR, die als Organisations- und Personalstruktur den Untergang der DDR überlebte. (Die DDR-Regierung wurde nach dem 3. Oktober 1990 aufgelöst, die Bezirksregierungen in den neuen Ländern Brandenburg, Mecklenburg-Vorpommern und weitgehend auch in Thüringen aufgelöst). Zum andern setzte der institutionelle Restrukturierungsprozeß (Gründungsphase) der kommunalen Ebene bereits im Mai 1990 ein (im Anschluß an die demokratischen Kommunalwahlen vom 6. Mai 1990 auf der Grundlage der am 17. Mai 1990 in Kraft getretenen neuen, weitgehend am Kommunalmodell der Bundesrepublik orientierten DDR-Kommunalverfassung) und war im Oktober 1990, also vor der Bildung der neuen

Länder und dem Aufbau der Landesverwaltungen, bereits weit fortgeschritten. Drittens wurden die kommunalen Politik- und Verwaltungsstrukturen schon kurz nach ihrer Gründungsphase dadurch von einer *zweiten Veränderungswelle* erfaßt, daß die neuen Länder maßgebliche Rahmenbedingungen der kommunalen Institutionenbildung veränderten (neue landeseigene Kommunalverfassungen in Ablösung der DDR-Kommunalverfassung vom Mai 1990; einschneidende Kreisgebietsreformen durch Reduzierung der Zahl der Landkreise von insgesamt 189 auf 87; Gemeindeverwaltungsreform durch Bildung von Ämtern und Verwaltungsgemeinschaften als Verwaltungseinheiten für als Gebietskörperschaften kommunalpolitisch fortbestehende kreisangehörige Gemeinden; Beginn der Funktionalreform) und die in den alten Bundesländern geführte Verwaltungsmodernisierungsdiskussion („Neues Steuerungsmodell") auf die neuen Länder übergriff. In diesem (vor allem für die Landkreise und kreisangehörigen Gemeinden in kurzer Folge mehrfachen) Umbruch der Verwaltungsstrukturen war die kommunale Institutionenbildung, vor allem in ihrer Gründungsphase, einerseits von der Rezeption der westdeutschen Kommunalorganisation (KGSt-Modell und Partnerkommunen) geprägt, andererseits aber ebenfalls von einer Vielfalt institutioneller Regelungen als endogen bedingten Eigenentwicklungen gekennzeichnet.

Für die Landes- und die Kommunalebene trifft in gleicher Weise zu, daß es der Problem- und Zeitdruck, unter dem in der zweiten Jahreshälfte von 1990 auch nur einigermaßen handlungsfähige Verwaltungsstrukturen zu schaffen waren, als praktisch unrealisierbar, aber auch als verwaltungspolitisch riskant erscheinen ließ, neue Verwaltungskonzepte (nach den Vorstellungen des Neuen Steuerungsmodells) anzuwenden und zu erproben, anstatt auf die immerhin bewährten, in ihren Stärken und Schwächen bekannten Organisationslehren und -erfahrungen der traditionellen westdeutschen Verwaltungswelt zurückzugreifen (vgl. *König*, Kapitel 5, und *Wollmann*, Kapitel 6 in diesem Band).

Die Frage nach *Wechsel und Kontinuität der Eliten* als der maßgeblichen Akteure und Träger des Systemwechsels erheischt – auch als Indiz für den Grad des „revolutionären Umbruchs" – besondere Aufmerksamkeit. Umso erstaunlicher ist es, daß systematische Untersuchungen zu Phasen, Muster und Ausmaß der Elitenzirkulation in Ostdeutschland bislang nicht vorlagen. Die hier (von Derlien in Kapitel 7) vorgelegten Untersuchungsergebnisse sollen diese Forschungslücke schließen helfen.

Bei Aussagen über Elitenwechsel und -kontinuität in der DDR ist von vornherein zu berücksichtigen, daß die Zirkulation der Eliten als mehrstufiger, über den Zeitraum eines Jahres und sich nach Oktober 1990 fortsetzender Prozeß ablief. Die fortschreitende Erosion des SED-Regimes DDR löste zunächst für die von Oktober 1989 bis März währende Phase der politischen „Transition" einen partei-internen Austausch der Führungsgruppen aus. In die durch Abwahl, Absetzung und Rücktritt freigewordenen Positionen rückte zunächst eine system*konforme* Gegenelite ein, als deren Exponenten H. *Modrow*, G. *Gysi*, aber auch L. *de*

Maizière gelten können. Parallel dazu trat nach dem „revolutionären Oktober 1989" eine system*kritische* Gegenelite aus der Illegalität und schuf sich im Zentralen Runden Tisch wie in den regionalen und lokalen Runden Tischen eigene politische Arenen der Kontrolle und Gegenmacht. Die Zirkulation im sonstigen Staatsapparat folgte zeitlich versetzt. Die demokratische Volkskammer-Wahl vom 16. März 1990 und die demokratischen Kommunalwahlen vom 6. Mai 1990 bedeuteten in den meisten Fällen den Abbruch der Karrieren der Transitionseliten unter Modrow. Innerhalb eines halben Jahres war vor allem die Altelite unter Honecker aufgrund der Implosion des politischen Positionsfeldes und infolge der von den Wahlen ausgelösten Elitesukzession überwiegend aus dem öffentlichen Leben verschwunden. Volkskammer und die Kommunalvertretungen der 2. Transitionsphase setzten sich zum größten Teil aus „Neupolitikern" zusammen, die erstmals mit und nach der Wende politisch aktiv geworden waren, allerdings nicht selten aus dem nur erweiterten DDR-Parteiensystem rekrutiert waren. Die Landtags- und die Bundestagswahlen von 1990 stabilisierten personalpolitisch das bis dahin erreichte Ausmaß der Elitenzirkulation. SED/PDS regieren nirgendwo, aber auch die systemkritische Gegenelite fand sich nur vereinzelt in der Regierung – als Mitglieder von SPD und Bündnis90/Grüne oder als Neuerer in der CDU –, hier sogar in der Bundesregierung.

Neben der weitgehenden Elitenzirkulation, die sich auch beim Neu- und Umbau der Verwaltung auf der Landes- und der Kommunalebene darin niederschlug, daß zahlreiche – bislang außerhalb des DDR-Staatsapparats tätige – „Verwaltungsneulinge" in die Verwaltung eintraten, war der Systemwechsel in der DDR von einem *Elite-Import* historisch beispiellosen Ausmaßes aus dem Westen begleitet, in dem ein erheblicher Teil der Führungspositionen in Justiz, Verwaltung, Hochschulen, Militär und im sonstigen öffentlichen Sektor, aber auch teilweise in Verbänden und Großunternehmen, aus dem westdeutschen Elitereservoir besetzt wurde. Den „deputies" des SED-Regimes gelang es allenfalls, im privatisierten Bereich des Unternehmens „DDR" ihre Karriere fortzusetzen; der öffentlich-rechtlich verfaßte Bereich zeichnete sich jedenfalls durch starke Zirkulation infolge Säuberung nach Einigungsvertrag und Eliteimport aus. Dieser Unterschied wird besonders im Medienbereich deutlich; Rundfunk und Fernsehen stehen unter westdeutscher Leitung, Regionalzeitungen erlauben ostdeutschen Redakteuren Karrierekontinuität. Wo große westdeutsche (Presse-)Unternehmen die Kapitalkontrolle ausübten, übernahmen sie auch die Personalkontrolle und besetzten Führungspositionen mit Westdeutschen.

Den *Ernennungseliten* in der Wirtschaft ist also mit denen in Justiz, Verwaltung und Militär gemeinsam, daß sie infolge der Entwertung des DDR-spezifischen Bildungskapitals aus der alten Bundesrepublik als Elitereservoir rekrutiert wurden. In den Delegationseliten in Parlamenten, Verbänden und Kammern sitzen zwar Ostdeutsche in den höchsten Wahlämtern, nicht selten wird aber auch hier

Die Transformation Ostdeutschlands 19

der systemspezifische juristische Sachverstand über Westimport der Geschäftsführer bereitgestellt.

Im Zuge der Vereinigung ist die DDR nicht nur als Völkerrechtssubjekt untergegangen und nicht nur ihre Rechtswelt ganz und ihre Institutionenwelt in erheblichen Teilen erloschen, auch die sie bis zuletzt tragende Elite ist aus den politischen und weitgehend auch administrativen und judikativen Funktionen ausgeschieden (worden). Darin ist eine maßgebliche Dimension des „ostdeutschen Sonderwegs" im Systemwechsel und auch ein bemerkenswerter Unterschied zum Übergang vom NS-Regime zum demokratischen Nachkriegsdeutschland zu sehen.

Verlauf und Gelingen des Institutionentransfers und der Institutionenbildung hängen entscheidend davon ab, in welchem Umfang die neuen politischen, administrativen und judikativen Strukturen und die Akteure, die den Umbau tragen, von den Bürgern akzeptiert und für vertrauenswürdig und handlungsfähig angesehen werden (vgl. *Derlien/ Löwenhaupt*, Kapitel 8 in diesem Band). Das Institutionenvertrauen der Bevölkerung bildet nicht nur die institutionengenetisch und - politisch unerläßliche sozio-kulturelle Einbettung und Verankerung des Institutionalisierungsprozesses in kollektiven Überzeugungen und Werten. Angesichts dessen, daß über das Verwaltungs*handeln* ostdeutscher Verwaltungen und Verwalter und ihre *Leistungsfähigkeit* (Performanz) bislang keine systematischen empirischen Untersuchungen vorliegen (so verdienstvoll die verfügbaren empirischen Untersuchungen zur Verwaltungskultur in ostdeutschen Verwaltungen sind, müssen sie, auf die Einstellungen, also subjektiven Befindlichkeiten und Sichtweisen des Verwaltungspersonals fokussiert, empirisch fundierte Aussagen über Verwaltungshandeln – als Verwaltungsoutput und -performanz – notwendig schuldig bleiben), erlauben die Erhebungen zum Institutionenvertrauen, vor allem, wo sie sich auf Zufriedenheit/Unzufriedenheit des Bürgers/Klienten im Umgang mit einzelnen Verwaltungen beziehen, aussagefähige Rückschlüsse auf Verwaltungs*handeln* und -performanz, auch wenn es sich hier um die *subjektive*, ihrerseits positiv oder negativ, gefilterte Einschätzung handelt.

Aufgrund repräsentativer Umfragen zeigt sich, daß das in den neuen Bundesländern erreichte Niveau von Institutionenvertrauen sowie von Zufriedenheit mit Verwaltungskontakten – angesichts der dramatischen sozio-ökonomischen Umbruchsituation in Ostdeutschland, der von vielen Ostdeutschen subjektiv als unzureichend empfundenen staatlichen Leistungen und des Umbruchs der Verwaltungsstrukturen – „verblüffend hoch" (*Derlien/Löwenhaupt* Kapitel 8 in diesem Band) ist und sich dem in Westdeutschland beobachtbaren (seit den 80er Jahren allerdings auffällig zurückgehenden) Zufriedenheitsniveau annähert. Zieht man das allgemeine Institutionenvertrauen in Betracht, so fallen bei den Ostdeutschen zwischen 1991 und 1995 geradezu dramatische Vertrauenszugewinne hinsichtlich der Gerichte und der Polizei, also Institutionen auf, die von der DDR-Bevölkerung unter der SED-Herrschaft besonders eng mit deren Repression verbunden wurden. Hinsichtlich der Einstellung der Ostdeutschen zu Verwaltungsbehörden und

-personal springt ins Auge, daß sich – als annehmbare Meßgröße für die Qualität des Verwaltungshandelns – die pauschale Zufriedenheit („Im großen und ganzen arbeiten die Behörden zufriedenstellend.") sowie die positive Einschätzung der Kundenorientierung („Die meisten Beamten sind hilfsbereit und freundlich.") zwischen 1993 und 1995 bemerkenswert erhöht hat, 1995 von 50% (und mehr) der Befragten geteilt wird und damit deutlich höher als bei den Westdeutschen liegt (vgl. *Derlien/Löwenhaupt*, Tabelle 2). Es liegt nahe, einen Zusammenhang zwischen diesem besonders im Vergleich zu Osteuropa hohen Institutionenvertrauen und der importierten Elite in judikativen und exekutiven Positionen herzustellen.

Zur institutionellen Entwicklung des Dritten Sektors, also der (nicht-staatlichen, intermediären) gemeinnützigen güter- und dienstleistungsproduzierenden Organisationen in Ostdeutschland ist vor allem zweierlei hervorzuheben (vgl. *Seibel* Kapitel 9 in diesem Band): Zum einen ist auf Organisationen hinzuweisen, die als quasi-intermediäre Institutionen innerhalb der sozialistischen Staatlichkeit der DDR bestanden hatten (insbesondere das Deutsche Rote Kreuz und die Volkssolidarität – die letztere, vor allem mit Altenpflege befaßt, mit immerhin 2,1 Mio. Mitgliedern und 200.000 ehrenamtlichen Helfern) und die als überdauernde DDR-Institutionen auch nach der Wende eine verhältnismäßig große Bedeutung als Dienstleistungsträger behielten. Demgegenüber haben die westdeutschen Wohlfahrtsverbände, deren Ausdehnung und Organisationsaufbau in Ostdeutschland im Einigungsvertrag eine ausdrückliche Förderungspriorität eingeräumt wurde, in den vergangenen sechs Jahren eine mit den alten Bundesländern vergleichbare Organisations- und Trägerdichte bei weitem nicht erreichen können. Dies kommt beispielsweise darin zum Ausdruck, daß die Kommunen, die im Zuge der (Re-)Kommunalisierung der DDR-Sozialeinrichtungen Kindergärten, Altenheime usw. übernommen hatten, diese – in Ermangelung in Betracht kommender freier Träger des Dritten Sektors – erst zum geringen Teil privatisieren konnten, der größte Teil der Plätze in Kindergärten, Altenheimen usw. sich mithin noch immer in kommunaler, also öffentlicher Trägerschaft befindet (eine unverkennbare Hinterlassenschaft der DDR-Staatlichkeit), während dies in Westdeutschland nur in geringem Maße der Fall ist (vgl. auch *König/Heimann*, Kapitel 3 in diesem Band).

Wurde die ostdeutsche Institutionenwelt – in Vorbereitung und im Vollzug des Beitritts der DDR zur Bundesrepublik und unter dem Imperativ der diesem innewohnenden Integrationslogik – organisations- und personalstrukturell fundamental umgepflügt und umgestaltet, so war der Einigungsprozeß auf der Seite der alten Bundesrepublik und ihrer politischen und wirtschaftlichen Eliten, jedenfalls mehrheitlich, von der Absicht und Entschlossenheit getragen, an die politischen Machtverhältnisse und Grundstrukturen der alten Republik nicht zu rühren und diese ohne nennenswerte Veränderungen auf das – in der bezeichnenden Terminologie des Einigungsvertrages – Beitrittsgebiet auszudehnen. Eine entscheidende Weiche hierzu wurde in dem in der Bundesrepublik zwischen der Regierungsmehrheit und den Oppositionsparteien im Frühjahr 1990 ausgetragenen Konflikt über die Frage gestellt, ob die Vereinigung nach dem (für diesen Fall an sich vorgesehenen) Art. 146 GG (alter Fassung) – mit der vorgängigen Ausarbeitung des Entwurfs einer neuen Verfassung – oder nach Art. 23 GG (alter Fassung) – als Beitritt – verwirklicht werden sollte. Ganz abgesehen von den (nachvollziehbaren) vereinigungspolitischen Bedenken, mit dem unter Umständen zeitraubenden Zwischenschritt der Beratung einer neuen Verfassung könnte die international möglicherweise nur kurzfristig eröffnete Vereinigungschance verspielt werden, war vor allem bei der CDU/CSU unverkennbar die Sorge (und Ablehnung) maßgebend, das Verfahren nach Art. 146 GG wäre „auf etwas ganz anderes hinausgelaufen" (Schäuble), was die Bundesregierung und die sie tragende Mehrheit auf keinen Fall wollten. Ähnlich war die sang- und klanglose politische Beerdigung des Verfassungsentwurfs des Zentralen Runden Tisches im April 1990 durch die CDU-geführte Mehrheit der demokratischen DDR-Volkskammer inspiriert (vgl. *Wollmann*, Kapitel 1). So beschränkte denn der Einigungsvertrag vom 31. August 1990 in Art. 4 die „beitragsbedingten Änderungen des Grundgesetzes" im wesentlichen auf die (föderationspolitisch freilich überaus wichtige) verfassungsorganisationsrechtliche Bestimmung zur Neuverteilung der Stimmenstärke der Länder im Bundesrat. Im Ergebnis wurde das Stimmenverhältnis bekanntlich – auf Drängen der großen und finanziell starken westdeutschen Länder (Nordrhein-Westfalen, Bayern, Baden-Württemberg und Niedersachsen) – in der Weise neu austariert, daß diese zusammen eine Sperrminorität gegen mit Zwei Drittel-Mehrheit zu beschließende Verfassungsänderungen und damit die Handhabe zur Wahrung des föderativen Status quo haben. Darüber hinaus enthielt der Einigungsvertrag (in Art. 5) nur matte und unverbindliche Aussagen zu „künftigen Verfassungsänderungen". Vor diesem machtpolitischen Hintergrund kann es nicht verwundern, daß die Gemeinsame Verfassungskommission von Bundestag und Bundesrat, die sich am 16. Januar 1992 konstituierte, lediglich geringfügige Verfassungsänderungen (darunter immerhin die Aufnahme des Umweltschutzes als Staatszielbestimmung) vorschlug und sich die von Bundestag und Bundesrat schließlich verabschiedeten, am 27.10.1994 in Kraft getretenen Verfassungsänderungen in schmalem Rahmen bewegten. Ein ähnlicher Verfassungskonservatismus und föderativer Immobilismus ist im Felde der föderativen Finanzverfassung zu beobachten, die durch die Deutsche Vereinigung und ihre enormen Folgekosten vor eine beispiellose Herausforderung und Bewährungsprobe gestellt wurde. Nachdem die Transformation in Ostdeutschland zwischen 1989 und Ende 1994 unter ein finanzpolitisches „Sonderregime" gestellt worden war, dessen finanziellen Löwenanteil der Bund trug, wurden die ostdeutschen Länder ab 1.1.1995 in den bisherigen (nur geringfügig adjustierten) Finanzausgleich eingebunden. Ungeachtet verbreiteter Forderungen, die Gelegenheit für eine umgreifende Neuordnung der Öffentlichen Finanzen zu nutzen, blieb es mithin auch finanzverfassungsrechtlich beim Alten (vgl. *Renzsch* in diesem Band).

Ob institutionelle Veränderungen und Eigenentwicklungen, in denen die ostdeutschen Länder und Kommunen eigene (endogene) Erfahrungen, Bedürfnisse und Interessen verarbeitet haben, als institutionelle Innovationen auf das Institutionensystem der alten Bundesrepublik zurückwirken, bleibt abzuwarten. Über die vertikale und horizontale Vielfalt institutioneller Regelungen hinaus, wie sie in der föderativ-dezentralen Institutionenwelt der Bundesrepublik durchaus normal ist, zeichnen sich Spuren eines eigenen ostdeutschen institutionellen Entwicklungspfades ab. Diese sind zum einen organisationsstrukturell etwa in einer (im Land Brandenburg beobachtbaren) verwaltungspolitischen Generallinie zu erkennen, die den Verzicht auf die staatliche Mittelinstanz mit der Schaffung von Großkreisen und der Einleitung einer Landesaufgaben kommunalisierenden Funktionalreform verbindet und insoweit durchaus ein innovatives Zeichen für die stagnierende Reformarbeit in Westdeutschland setzen könnte. Zum andern könnten von dem Umstand, daß nach der Wende die Führungs- und Leitungspositionen in den ostdeutschen Landes- und Kommunalverwaltungen, sieht man von den Westbeamten ab, zum größten Teil von ostdeutschen *Verwaltungsneulingen* und hierbei vor allem von solchen technisch-naturwissenschaftlicher Provenienz übernommen worden sind, Anstöße dazu ausgehen, die kritische Diskussion über das herkömmliche, juristisch geprägte und von Juristen dominierte Verwaltungsmodell zu verstärken und den verwaltungspolitisch und personalstrukturell innovativen Beitrag von Nichtjuristen zu thematisieren.

Besonders nachhaltig wirkt die Deutsche Vereinigung auf die Institutionen- (polity) ebenso wie auf die Politik- (policy) Welt der Bundesrepublik unübersehbar dadurch ein, daß sich entscheidende Parameter des Öffentlichen Sektors und der Öffentlichen Finanzen fundamental geändert haben. (Von 1989 bis 1995 kletterten die öffentlichen Schulden von 925 Mrd. DM auf 2.000 Mrd. DM – die unvorstellbare Zahl mit 12 Nullen! – und die Staatsquote von 45,8% auf 50,7%, vgl. *Renzsch* in diesem Band). Die Bundesregierung hat sich allerdings zum Ziel gesetzt, den öffentlichen Sektor am Bruttosozialprodukt wieder auf das Niveau von 1989 zu reduzieren. Dem dient eine Politik, die gleichzeitig eine Senkung der Steuer- und Abgabenlasten und der öffentlichen Neuverschuldung anstrebt. Im Grundsatz heißt das, daß in den nächsten Jahren die ausgabewirksame Staatstätigkeit um ein Zehntel reduziert werden soll. Berücksichtigt man, daß weite Teile der Staatsausgaben durch rechtliche und faktische Verpflichtungen festgelegt sind (Annuitäten für öffentliche Schulden, Besoldung und Versorgung des öffentlichen Dienstes, Renten), also nur ein Teil der Staatsausgaben kurz- oder mittelfristig zurückgenommen werden kann, wird deutlich, daß sehr massive Einschnitte in die disponible öffentliche Aufgabenwahrnehmung anstehen.

In die Zange zwischen der vereinigungsbedingten Expansion des Staatssektors und öffentlichen Schulden einerseits und dem politischen Imperativ der Erfüllung der *Maastricht-Kriterien* genommen, macht sich ein Veränderungs-, Reform- und Modernisierungsdruck geltend, der unter der Losung „Schlanker Staat" den Eingriff in die bestehende Organisations- und Personalstruktur von Bund, Ländern und Kommunen ebenso vornimmt wie unter der Losung „Konsolidierung" den Einschnitt in Kernbereiche des bundesdeutschen Sozialstaats. Vermittelt und erzwungen durch ihre enormen Folgekosten hätte die Deutsche Vereinigung dann die historisch einigermaßen paradoxe Folge, daß die Hinterlassenschaft der DDR nicht etwa eine sozialistische oder zumindest sozialdemokratische Neuakzentuierung des Institutionen- und Politiksystems der Bundesrepublik, sondern dessen Umgestaltung und Umwertung eher unter neoliberalen und neokonservativen Vorzeichen angestoßen hätte.

Bei der Fertigstellung des Bandes haben wir vor allem Frank *Berg* für die kompetente Schlußredaktion der Texte und Tabellen und vor allem auch für die Geduld zu danken, die er mit dem zeitlich eigenwilligen Takt ihrer Entstehung übte. Die Zirkulation und Betreuung der Manuskripte lag wiederum bei Uta *Kühn* in erfahrenen Händen.

Die Herausgeber/Autoren   November 1996

Berlin/Bamberg/Speyer/Magdeburg/Konstanz

Entwicklung des Verfassungs- und Rechtsstaates in Ostdeutschland als Institutionen- und Personaltransfer

Hellmut Wollmann

1. Ausgangssituation der DDR

Das Rechts- und Verwaltungssystem der DDR fußte auf der ideologischen Grundprämisse der marxistisch-leninistischen Gesellschafts- und Staatstheorie, in der die grundsätzliche Übereinstimmung zwischen gesellschaftlichen und persönlichen Interessen und die hieraus folgende „Einheitlichkeit der sozialistischen Staatsmacht" dekretiert wurde (Bönninger 1990: 102). Zwar garantierte die DDR-Verfassung vom 6. April 1968 formal „allen Bürgern die Ausübung ihrer Rechte und ihre Mitwirkung an der Leitung der gesellschaftlichen Entwicklung", enthielt einen Grundrechtsteil und gewährleistete „die sozialistische Gesetzlichkeit und Rechtssicherheit" (Art. 87 DDR-Verfassung). Jedoch wurde die „sozialistische Gesetzlichkeit" dem Führungsanspruch „der Arbeiterklasse und ihrer marxistisch-leninistischen Partei" unterworfen und durch die dieser dienenden „Parteilichkeit" relativiert und instrumentalisiert.

Zudem lag die judizielle Überwachung der „sozialistischen Gesetzlichkeit" in den Händen einer Justiz, die – getreu dem Grundsatz der „Einheitlichkeit der Staatsgewalt" – ebenfalls die grundsätzlich „parteiliche" Aufgabe hatte, mit ihrer Rechtsprechung „der Lösung der politischen, ökonomischen und kulturellen Aufgaben des Arbeiter- und Bauernstaates beim umfassenden Aufbau des Sozialismus" (§ 2 Abs. 1 DDR-Gerichtsverfassungsgesetz 1963) zu dienen (Majer 1991: 172). Neben direkten Einmischungen der SED[1] unterstand das Gerichtssystem insbesondere der Aufsicht des „Obersten Gerichts", das für alle Gerichte verbindliche Richtlinien, „Standpunkte" usw. als „Anleitung für die wirksamste, politisch richtige Anwendung der Rechtsnormen" (Grundlagen der Rechtspflege 1983: 100, 22 ff.) ausgab (Wassermann 1990: 260 ff.).[2] Gemäß Art. 94 Abs. 1 DDR-Verfassung 1968/1974 konnte Richter „nur sein, wer dem Volk und seinem sozialistischen Staat treu ergeben ist". Die Zahl der Richter betrug Ende 1989 1.490.[3]

---

1   Zur Einmischung von Parteifunktionären in Strafverfahren durch Telefonanruf beim Richter („Telefonjustiz") vgl. Markovits 1993: 44 f.
2   Vgl. ausführlich Markovits 1993: 108 ff.
3   Am 31.12.1989, nach: Unterrichtung durch die Bundesregierung 1994: 269.

Durch eine gezielte Kaderpolitik[4] wurde „ein besonders hoher Grad politische Loyalität der künftigen Richter gesichert" (Majer 1991: 172).

Unter der Systemprämisse der „Parteilichkeit" von Gesetzgebung und Rechtsprechung verfügte die DDR am Ende der 80er Jahre über einen Bestand positiven Rechts, der zwar hinter der hohen (vielfach als überzogen angesehenen) Regelungsdichte des Rechtssystems der Bundesrepublik weit zurückblieb, jedoch in dem breiten Fächer staatssozialistischer Aktivitäten für die staatlichen Organe Zuständigkeits-, materielle und Verfahrensvorschriften enthielt. Für die Spätphase der DDR ist die Rede von immerhin 15.000[5], die – in einem weiten Spektrum von „Rechtsquellen" – als Gesetze der DDR-Volkskammer, „Beschlüsse" des Staatsrats, „Verordnungen" des Ministerrats, zu einem erheblichen Teil als „Anordnungen" von DDR-Ministern oder Leitern anderer zentraler Staatsorgane und vielfach als jeweilige „Durchführungsbestimmungen" ergingen[6]; darüber hinaus wurden den Kommunalvertretungen („örtlichen Volksvertretungen") die Befugnis zuerkannt, örtliche Normen zu setzen.[7]

Dadurch, daß diese Rechtsvorschriften die Zuständigkeiten und Tätigkeiten der realsozialistischen Staatsverwaltung und -wirtschaft (in dem der „sozialistischen Staatlichkeit" eigentümlichen alles umfassenden Radius) und hierbei auch deren Verhältnis zum Bürger betraf, stellen sich diese Normen in der Sache zum größeren Teil als *Verwaltungs*recht des „arbeitenden (realsozialistischen) Staates" dar. Um Begriff und Inhalt eines (sozialistischen) Verwaltungsrechts wurde innerhalb der Staats- und Verwaltungsrechtler der DDR eine Auseinandersetzung geführt, in der es im Kern um die Frage ging, ob und in welchem Umfange der Bürger in seinem Verhältnis zum Staat subjektive Rechte besitze und diese notfalls im Klagewege gegen den Staat geltend machen könne. Diese in den fünfziger Jahren aufkeimende Diskussion wurde durch das Verdikt Walter Ulbrichts abrupt beendet, mit dem dieser – im Rahmen einer im April 1958 an der Babelsberger Akademie für Staats- und Rechtswissenschaft abgehaltenen Konferenz – den Begriff

---

4 Politisch verläßliche und intellektuell geeignete Abiturienten wurden vom jeweiligen Kreisgericht zum Jurastudium an einer Hochschule „delegiert", das Justizministerium kontrollierte den Zulassungsprozeß usw., vgl. Majer 1991: 172; Markovits 1993: 71.

5 Ausweislich einer vom Bundesjustizministerium erarbeiteten Vorschriftendatei, vgl. Unterrichtung durch die Bundesregierung 1994: 344; demgegenüber beziffert Schulze 1991c: 220 die Zahl der Ende 1988 geltenden Vorschriften in der DDR mit ca. 4.000. Aufgrund des detaillierten Fundstellennachweises des BMJustiz können dessen Daten die höhere Plausibilität beanspruchen.

6 Vgl. die Aufzählung der Vorschriftenquellen, denen allgemeine Verbindlichkeit und damit Rechtsqualität zugesprochen wurde, bei Luttosch/ von Schlabrendorff 1990: 60, vgl. auch Schulze 1991c: 220.

7 Bei den örtlichen Normsetzungen, die sich in den von den „örtlichen Volksvertretungen" zu beschließenden Stadt- und Gemeindeordnungen (§ 61 Abs. 2 GöV) fanden, handelte es sich um „Normen für die Gewährleistung von Ordnung und Sauberkeit, der Ortshygiene und des Umweltschutzes sowie für die Gestaltung des Ortsbildes" (z.B. örtliche Camping-, Parkordnungen) (vgl. Schulze 1991c: 225).

„Verwaltungsrecht" als der Interessenidentität zwischen Staat und Bürger widersprechendes „bürgerliches" Konzept für Jahre aus der Diskussion verbannte (Pohl 1991a: 236ff.; Markovits 1993: 154ff.)[8] und als verbindliche Richtschnur aufstellte: „Das Kriterium für die Wissenschaftlichkeit unserer Staats- und Rechtslehre ist ihr Nutzen für die Praxis des sozialistischen Aufbaues" (zit. nach Markovits 1993: 155).

Zwar wurde die Diskussion um ein „Verwaltungsrecht" der DDR nach Ulbrichts Sturz (Juni 1971) wieder aufgenommen (1977 erschien ein wie üblich im Autorenkollektiv angefertigtes „Lehrbuch des Verwaltungsrechts" als Standardlehrbuch). Jedoch wurde dem Verwaltungsrecht vorrangig, wenn nicht ausschließlich, eine instrumentelle, der „praktischen Organisierung der Leitung und Planung der gesellschaftlichen Prozesse"[9] dienende Funktion zugewiesen (Stelkens 1991a: 267). Ungeachtet der Diskussionsvorstöße einiger Verwaltungsrechtler hielt das SED-Regime an seiner strikten Ablehnung von subjektiven, gegebenenfalls im Klagewege durchsetzbaren Rechten der Bürger gegenüber der staatlichen Verwaltung bis in die Spätphase der DDR fest, wohingegen in spätsozialistischen Ländern Mittel- und Osteuropas, insbesondere in Ungarn und Polen, entsprechende verwaltungsrechtliche und verwaltungsgerichtliche Reformen längst in Gang gekommen waren. Die DDR-Bürger blieben auf das 1991 eingeführte Verfahren verwiesen, gegen Verwaltungsentscheidungen gegebenenfalls „Beschwerde" einzulegen.[10]

Die Grundmelodie der „Parteilichkeit" von Gesetzesrecht, Gesetzesanwendung und Rechtsprechung und die aus ihr folgende mögliche Relativierung und Instrumentalisierung von Recht leistete bei Verwaltungsmitarbeitern ebenso wie bei Bürgern einer Einstellung Vorschub, die als „Rechtsnihilismus" (Pohl 1991: 236f., Schulze 1991c: 231) bezeichnet worden ist. Die Vielzahl der „Rechtsquellen" und die hiervon rührende Unübersichtlichkeit des Bestandes der geltenden Vorschriften sowie die Zersplitterung der jeweiligen Verfahrensregelungen taten ein übriges, um bei Verwaltungspersonal und Bürgern die Rechtskenntnis zu erschweren und zu verschütten (Schulze 1991c: 221; Bernet 1990: 410). Hinzu kam, daß die einzelnen Rechtsvorschriften vielfach mit unbestimmten Rechtsbegriffen und einem „nahezu schrankenlosen Ermessen" (Sendler 1990: 167) arbeiteten und, zumal in Abwesenheit einer verwaltungsgerichtlichen Überprüfung, zur Ausübung von subjektiver Interpretation, „subjektiver Gerechtigkeit" und „Billigkeitsdenken" (Bernet/Lecheler 1990: 40), wenn nicht Willkür einluden. In der Frage, wie „verbindlich" das positive Recht sei, ließen sich schließlich in der Verwaltungs-

---

8   Karl Bönninger, Hochschullehrer und der Wortführer einer das subjektive Recht des Bürgers gegenüber der Staatsverwaltung reklamierenden Verwaltungsrechtslehre, wurde als Sekretär des Rates einer kreisangehörigen Gemeinde strafversetzt, vgl. ebda.: 160.
9   Lehrbuch des Verwaltungsrechts, 2. Aufl., 1988: 19.
10 Zum Beschwerdeverfahren ausführlich Pohl 1991b: 464ff., Bernet 1990 (Gerichtsbarkeit): 413, jeweils mit weiteren Nachweisen.

praxis (aber auch in der Gerichtspraxis[11]) verschiedene Rechtsanwendungsfelder danach unterscheiden, ob Sicherheits-, Prestige- und Vermögensinteressen des DDR-Staates auf dem Spiel standen (in welchem Falle die Rechtsanwendung durch Verwaltung und Gerichte rigoros gehandhabt wurde) oder ob es um eher gesellschaftlich-individuelle Fragen ging (in welchen Fällen, etwa beim Vollzug und der Überwachung der Bautätigkeit von Privaten, der Gesetzesvollzug, etwa im behördlichen Vorgehen gegen „Schwarzbauten", bemerkenswert lax und „nachsichtig" gehandhabt werden konnte (Bley 1991: 253).

Von seiner halsstarrigen Ablehnung der Verwaltungsgerichtsbarkeit rückte das SED-Regime erst 1988 ein Stück ab, als sich bei der KSZE-Folgekonferenz in Wien abzeichnete, daß in deren Abschlußdokument die gerichtliche Einklagbarkeit von Menschenrechtsverletzungen eine gewichtige Rolle spielen würde (Brachmann/von Alten 1992: 183). Das am 14.12.1988 verabschiedete und am 1.7.1989 in Kraft getretene *Gesetz über die gerichtliche Nachprüfung von Verwaltungsentscheidungen* („GNV I")[12] wurde jedoch von vornherein dadurch weitgehend entwertet, daß die gerichtliche Nachprüfung auf nur wenige Verwaltungsentscheidungen (dazu zählten allerdings die Entscheidungen über die „Ausreise"-Anträge von DDR-Bürgern) beschränkt wurde und für die bei den Kreisgerichten gebildeten besonderen „Kammern für Verwaltungssachen" die „parteiliche" Abhängigkeit der DDR-Justiz, einschließlich der „Anleitung" durch das Oberste Gericht, unverändert bestehen blieben. Die Zahl der – während der kurzen Geltung des Gesetzes (1.7.1989 bis 30.6.1990) eingeleiteten – Nachprüfungsanträge hielt sich in engen Grenzen[13], wohl Ausdruck des geringen Vertrauens, das die DDR-Bürger in dieses späte Zugeständnis des SED-Regimes setzten. Vor allem in Bezug auf die „Ausreiseentscheidungen" erwies sich das neue Verfahren denn als „Farce" (Markovits 1993: 101). Dessen ungeachtet nahm das SED-Regime die ihm abgenötigten Veränderungen zum Anlaß, propagandistisch die Heraufkunft des „sozialistischen Rechtsstaats" zu verkünden (Heuer 1988: 478; Zimmermann 1990: 19f.).

2. Wendephase – zwischen dem „revolutionären" Oktober 1989 und der Volkskammerwahl vom 18. März 1990

Für den Zusammenbruch des SED-Regimes bildeten die revolutionäre Leipziger Montags-Demonstration am 9. Oktober 1989, als es das SED-Regime erstmals nicht wagte, diese durch Einsatz von Machtmitteln zu unterdrücken, und die Öffnung der

---

11 Zu den „zwei Gesichtern" der DDR-Justiz vgl. Markovits 1993: 64.
12 GBl. I S. 327; Pohl 1991b: 269ff.
13 In dieser Periode wurden lediglich 3.104 Nachprüfungsanträge gestellt. 2.458 davon betrafen „Reiseangelegenheiten", die sich durch die Öffnung der Mauer erledigten (Brachmann/von Alten 1992: 184).

Entwicklung des Verfassungs- und Rechtsstaates

Mauer am 9. November 1989 (Schlink 1991: 20) entscheidende Etappen. Die Runden Tische, die die Bürgerbewegungen in einer wachsenden Zahl von Städten durchsetzten, erwiesen sich als eine Form von Doppel- und Gegenherrschaft gegenüber den bestehenden Politik- und Verwaltungsstrukturen, auf der zentralen Ebene gegenüber der am gewählten realsozialistischen DDR-Volkskammer und der am 13.11.1989 umgebildeten DDR-Regierung unter Hans Modrow, auf der kommunalen Ebene gegenüber den am 7.5.1989 (unter dem Verdacht massiver Wahlfälschung) gewählten örtlichen Volksvertretungen und ihren Räten.

Der „Zentrale Runde Tisch", der sich hälftig aus Vertretern der Bürgerbewegungen als des „revolutionären" Widerstands und Aufstands einerseits und der Kräfte des ancien régime, insbesondere der SED und der „Blockparteien" andererseits zusammensetzte, erklärte es auf seiner ersten Sitzung am 7.12.1989 als sein Selbstverständnis und seine Aufgabe, „keine parlamentarische oder Regierungsfunktion" wahrnehmen sondern als „Bestandteil der öffentlichen Kontrolle... bis zur Durchführung freier, demokratischer und geheimer Wahlen" wirken zu wollen (Thaysen 1990). Auf seiner ersten Sitzung am 7.12.1989 beschloß der Zentrale Runde Tisch, die demokratische (und das Ende des SED-Regimes besiegelnde) Neuwahl der DDR-Volkskammer auf den 6. Mai 1990 festzusetzen und mit der Erarbeitung einer neuen DDR-Verfassung zu beginnen. Obgleich die revolutionären Kräfte der unter dem SED-Regime gewählten DDR-Volkskammer jegliche demokratische Legitimität bestritten (Thaysen 1990: 74ff.) und demgegenüber als „Vertreter der Mehrheit" (Will/Will 1990: 162) eine „revolutionäre" Legitimität für sich beanspruchten, zogen sie, um den friedlichen Übergang zu demokratischen Wahlen zu sichern, die Strategie eines ebenso pragmatischen wie prekären Kompromisses vor, in dem sie den Fortbestand der (demokratisch nicht legitimierten) DDR-Verfassung von 1968/1974 und die verfassungsändernde und gesetzgebende Zuständigkeit der (demokratisch illegitimen) DDR-Volkskammer faktisch akzeptierten – allerdings unter der „Kontrolle" des Zentralen Runden Tisches (Schlink 1990: 30).

Durch diese fragile und konfliktträchtige „Arbeitsteilung" (Templin 1991: 351) zwischen dem von den revolutionären Kräften getragenen Zentralen Runden Tisch und der Volkskammer erhielt der Prozeß des Niederringens und der Ablösung des SED-Regimes einen bemerkenswert „konstitutionell-legalistischen" Grundzug (Quaritsch 1992: 314 ff.), der sich dadurch geltend machte, daß die Volkskammer, auf die Veränderung der realen Machtverhältnisse im Lande reagierend, diesem in Gesetzgebungsakten Rechnung trug und ihn gewissermaßen post factum „legalisierte". Dies gilt insbesondere für die Verfassungsänderung vom 1.12.1989, mit der die DDR-Volkskammer den Führungsanspruch „der Arbeiterklasse und ihrer marxistisch-leninistischen Partei" (Art. 1 Satz 2 DDR-Verfassung 1968/1974) aus der Verfassung strich[14], und auch die Verfassungsänderung vom 12.1.1990, durch

14 GBl. I S. 265.

die Privateigentum und ausländische Beteiligung an Unternehmen zugelassen wurde.[15] Während weitere Gesetze der Volkskammer zur Demokratisierung des Wahlrechts und zur Sicherung der Parteien-, Vereinigungs- und Meinungsfreiheit die Veränderung entscheidender politischer Rahmenbedingungen für die Demokratisierung der DDR politisch bestätigten und gesetzlich sicherten, blieben Fragen der Rechtsstaatlichkeit auffällig ausgeblendet, obgleich bei den Herbstdemonstrationen auch die Begründung rechtsstaatlicher Kontrollen der Macht, einschließlich einer unabhängigen Verwaltungsgerichtsbarkeit, mit Nachdruck gefordert worden waren.[16]

3. Verfassungsentwurf des Zentralen Runden Tisches

Zur Verwirklichung des auf seiner ersten Sitzung vom 7.12.1989 gefaßten Beschlusses, eine neue DDR-Verfassung zu erarbeiten, richtete der Zentrale Runde Tisch eine „Arbeitsgruppe Neue Verfassung" ein, zu deren Mitgliedern neben Vertretern der am Runden Tisch beteiligten politischen Gruppierungen auch eine Reihe von westdeutschen Verfassungsrechtlern, darunter Ulrich K. Preuß und Bernhard Schlink, berufen wurden. Ging diese Arbeitsgruppe bei ihren Beratungen noch bis in den Januar 1990 hinein davon aus, daß angesichts des internationalen Standes der „deutschen Frage" mit einem längeren und schrittweisen Prozeß der Vereinigung der beiden Staaten zu rechnen und die zu entwerfende Verfassung auf den demokratischen Neubeginn einer für eine nennenswerte Dauer selbständigen DDR und auf einen gesamtdeutschen verfassungsgebenden Prozeß zuzuschneiden sei (Templin 1991), so fanden die weiteren Beratungen unter dem Eindruck des sich dramatisch beschleunigenden Vereinigungsprozesses statt, als dessen Ergebnis der Beitritt der DDR zur Bundesrepublik nach Art. 23 GG auch von der Arbeitsgruppe mehrheitlich „als der wahrscheinlichere Weg zur deutschen Einheit unterstellt und gebilligt" (Preuß 1991: 357) wurde.

Inhaltlich ist der von der Arbeitsgruppe (über das förmliche Ende des Zentralen Runden Tisches am 12.3.1990 hinaus) erarbeitete Verfassungsentwurf[17] deutlich von dem revolutionären Sturz des SED-Regimes und der entscheidenden Rolle geprägt, die die Bürgerbewegungen hierbei spielten. Neben Volksbegehren und Volksentscheidung als plebiszitäre Verfahren der Gesetzgebung ist insbesondere die Bestimmung zu nennen, wonach die Bürgerbewegungen als „Träger freier gesellschaftlicher Gestaltung, Kritik und Kontrolle" unter den besonderen Schutz der Verfassung gestellt werden (Art. 35 Abs. 1). Von Ulrich Preuß, einem der „Väter" des Verfassungsentwurfs, wurde der Entwurf „nicht als Alternative

---

15 GBl. I S. 15.
16 Kipp 1991: 340 FN1 mit Nachweisen.
17 Abgedruckt in: Kritische Justiz, 1990: 262 ff. Für ein Kurzreferat vgl. Schlink 1991: 22 ff.

zum Grundgesetz ..., allerdings durchaus als Antwort auf Defizite und Fehlentwicklungen des Grundgesetzes" gesehen. „Ihr durchgängiges Charakteristikum dürfte wohl darin liegen, daß sie konsequenter als das Grundgesetz nicht als Staats-, sondern als Gesellschaftsverfassung konzipiert ist" (Preuß 1991: 359).[18]

Zwar wurden die Beratungen der Arbeitsgruppe Neue Verfassung durch die auf den 18.3.1990 vorgezogene Volkskammerwahl (ursprünglich war der 8. Mai 1990 vorgesehen) und deren „quasi-plebiszitäres" (Preuß 1991: 357) Wählervotum für eine rasche Vereinigung überholt; als die Fraktion von Bündnis90 den Entwurf am 28.4.1990 in der neu gewählten DDR-Volkskammer einbrachte, lehnten die Regierung und die Mehrheit der Volkskammer[19] seine Beratung und auch nur seine Überweisung an den zuständigen Ausschuß ab (Schlink 1991: 27).[20] Dennoch verlieh der Verfassungsentwurf des Runden Tisches dem revolutionären Umbruch und seinen Kräften eine verfassungstextliche und -geschichtliche Anerkennung, wenn nicht Weihe, die, wie noch zu zeigen ist, als Erbe und Mythos eines revolutionären Aufstandes fortwirkte, Anknüpfungspunkte bot und insoweit die Spur einer „endogenen Pfadabhängigkeit" legte.

4. Übergangsphase zwischen DDR-Volkskammerwahl vom 18. März 1990 und „Beitritt" am 3. Oktober 1990

Nach den Volkskammerwahlen vom 18. März 1990, die mit dem Erdrutschsieg der „Allianz für Deutschland" ein Votum für eine rasche Vereinigung brachten, wurde die weitere Umgestaltung des Verfassungs- und Rechtssystems der DDR zunehmend davon bestimmt, daß die Regierungen der beiden deutschen Staaten eine rasche Vereinigung auf der Grundlage des „Beitritts"-Verfahrens nach Art. 23 GG anstrebten und daß noch vor dem „Beitritt" das Verfassungs- und Rechtssystem der DDR an das der Bundesrepublik in weiten Teilen angepaßt werden sollte.

Ein wahrer Gesetzgebungsschub der DDR-Volkskammer setzte mit dem – formaljuristisch als völkerrechtlicher Vertrag abgeschlossenen (von Münch 1992: XVII) – 1. Staatsvertrag („über die Schaffung einer Währungs-, Wirtschafts- und Sozialunion") vom 18. Mai 1990[21] ein, in dem sich (Art. 2 bis 4) die DDR – „für die mit der Errich-

---

18 Für eine kritisch-polemische Einschätzung vgl. Roellecke 1991: 369, der in dem Verfassungsentwurf einen „Coup" zur Vorbereitung der Durchsetzung einer Revision des Grundgesetzes witterte.
19 Mit einer Mehrheit von 12 Stimmen.
20 Für eine bittere Einschätzung Templin 1991: 356 (Templin war am Zentralen Runden Tisch als Vertreter der „Initiative Frieden und Menschenrechte" beteiligt und Mitglied der Arbeitsgruppe Neue Verfassung).
21 GBl. I S. 322, BGBl. II 537.

tung der Währungs-, Wirtschafts- und Sozialunion erforderlichen Rechtsanpassung"[22] – verpflichtete, zum einen aufzuheben, „die den einzelnen oder Organe der staatlichen Gewalt einschließlich Gesetzgebung und Rechtsprechung auf die sozialistische Gesetzlichkeit, die sozialistische Staats- und Gesellschaftsordnung" verpflichten, und zum andern das Recht der DDR „nach den Grundsätzen einer freiheitlichen, demokratischen, föderativen, rechtsstaatlichen und sozialen Ordnung" umzugestalten.[23] Hierbei wurde die Sicherung der Gewaltenteilung und der Unabhängigkeit der Rechtsprechung ausdrücklich hervorgehoben.[24]

Mit dem Gesetz über die Selbstverwaltung der Gemeinden und Landkreise in der DDR (Kommunalverfassung) vom 17. Mai 1990[25] wurde beschlossen, die kommunale Selbstverwaltung wieder zu begründen und mit dem Verfassungsgesetz zur Bildung von Ländern in der Deutschen Demokratischen Republik (Ländereinführungsgesetz) vom 22. Juli 1990[26] mit Wirkung ab 14. Oktober 1990 die fünf Länder Brandenburg, Mecklenburg-Vorpommern, Sachsen, Sachsen-Anhalt und Thüringen einzuführen. Damit wurden die zwei basisinstitutionellen Festlegungen noch von der DDR-Volkskammer getroffen. (Hierauf ist noch zurückzukommen).

Zwar lehnte die DDR-Volkskammer, wie erwähnt, am 14.4.1990 mehrheitlich den Antrag ab, den Verfassungsentwurf des Zentralen Runden Tisches zu beraten, jedoch beauftragte die Regierung de Maizière, die in ihrer Koalitionsvereinbarung zunächst noch von einer längeren Übergangszeit einer eigenstaatlichen DDR ausging[27], ihren Justizminister immerhin, ausgehend von der Verfassung von 1949 und unter Berücksichtigung des Verfassungsentwurfs des Runden Tisches einen neuen Verfassungsentwurf auszuarbeiten. Jedoch blieb dieses Vorhaben Episode; der in großer Eile ausgearbeitete Entwurf wurde in der Volkskammer gar nicht eingebracht (Schlink 1991: 27ff.). Statt dessen verabschiedete die Volkskammer schließlich das *Gesetz zur Änderung und Ergänzung der Verfassung der Deutschen Demokratischen Republik (Verfassungsgrundsätzegesetz)* vom 17. Juni 1990[28], in dessen Präambel es heißt: „In der Erkenntnis, daß in der Deutschen Demokratischen Republik im Herbst 1989 eine friedliche und demokratische Revolution stattgefunden hat, und in der Erwartung ei-

---

22 Art. 4 Abs. 1 Satz 1 StVertr.
23 Gemeinsames Protokoll über Leitsätze, A, I, Ziff. 1 und 2.
24 Art. 6 samt Erläuterung in der Anlage III; vgl. auch Anl. III, 21 a: „Die die Rechtspflege betreffenden Gesetze werden mit folgender Zielsetzung geändert: a) Gerichtsverfassungsgesetz. Stärkung der richterlichen Unabhängigkeit und des Grundsatzes der Gewaltenteilung, namentlich durch Beseitigung der Leitung, Beaufsichtigung und Beeinflußung der Rechtspflege sowie der Zusammenarbeit der Gerichte mit den örtlichen Volksvertretungen, der Berichtspflicht der Richter diesen gegenüber und der Gerichtskritik".
25 GBl. I S. 255.
26 GBl. I S. 955.
27 „Die Koalition tritt bei der weiteren Gestaltung der Verfassung für Übergangsregelungen ein, die sowohl die Verfassung von 1949 als auch den Verfassungsentwurf des Runden Tisches berücksichtigen", zit. nach Hauschild 1991: 250.
28 GBl. I S.299.

ner baldigen Herstellung der staatlichen Einheit Deutschlands wird für eine Übergangszeit die Verfassung (der DDR) um folgende Verfassungsgrundsätze ergänzt. Entgegenstehende Verfassungsgrundsätze besitzen keine Rechtsgültigkeit mehr". Damit ließ das Verfassungsgrundsätzegesetz die – seit der Wende sechsmal novellierte – DDR-Verfassung von 1968/1974 zwar bestehen, statuierte jedoch seinen Vorrang (Art. 1 Abs. 2 Satz 1). Besondere Bedeutung ist dem Verfassungsgrundsätzegesetz darin zuzuerkennen, daß in ihm – in einer mit Art. 19 Abs. 4 GG übereinstimmenden Formulierung – der Rechtsweg[29] ebenso wie die Unabhängigkeit der Rechtsprechung garantiert wurden.[30] Damit war erstmals die Rechtsstaatlichkeit der DDR verfassungskräftig verankert.

Zur Umsetzung der rechtsstaatlichen Garantien verabschiedete die DDR-Volkskammer das *Gesetz über die Zuständigkeit und das Verfahren der Gerichte zur Nachprüfung von Verwaltungsentscheidungen vom 29. Juni 1990*[31] („GNV II"), durch das das Vorgängergesetz vom 14. Dezember 1988 („GNV I") abgelöst wurde. Während das DDR-Justizministerium wie auch einige namhafte westdeutsche Fachleute (Sendler 1990: 169) wegen des Fehlens der organisatorischen und vor allem personellen Voraussetzungen davor warnten, übergangslos einen umfassenden verwaltungsgerichtlichen Rechtsschutz vorzusehen, entschied die DDR-Volkskammer für die volle Rechtswegegarantie; eine andere Regelung hätte auch im Widerspruch zu Art. 5 Verfassungsgrundsätzegesetz gestanden. Demnach waren bei den Kreisgerichten der Bezirksstädte (erstinstanzliche) Kammern für Verwaltungssachen zu bilden, die mit drei Berufsrichtern und zwei ehrenamtlichen Richtern zu besetzen waren. (Zweitinstanzliche) Senate für Verwaltungssachen wurden bei den Bezirksgerichten Schwerin, Potsdam, Magdeburg, Dresden, Erfurt und beim Stadtgericht Berlin eingerichtet.[32] (Das Gesetz sollte jedoch nur kurze Geltung haben; es trat am 3.10.1990 außer Kraft).

Ferner unternahm die DDR-Volkskammer Schritte, um eine rechtsstaatliche Erneuerung der Richter- und Staatsanwaltschaft einzuleiten. Das von der Volkskammer beschlossene *Richtergesetz* vom 5. Juli 1990[33] gewährleistete nicht nur

---

29 „Wird jemand durch die öffentiche Gewalt in seinen Rechten verletzt, so steht ihm der Rechtsweg offen", Art. 5 Abs. 1.
30 „Die Richter sind unabhängig und nur der Verfassung nach Maßgabe dieses Verfassungsgesetzes und dem Gesetz unterworfen. Sie unterliegen insoweit keiner Aufsicht staatlicher oder gesellschaftlicher Organe. Eine Leitung der Rechtsprechung unterer Gerichte durch obere Gerichte ist nicht zulässig" (Art. 5 Abs. 2).
31 GBl. I S. 595.
32 Dazu, daß gemäß § 9 GNV II die DDR-Verwaltungskammern in ihrer Entscheidungsfindung „sehr viel freier gestellt" waren als die Verwaltungsgerichte in der Bundesrepublik, vgl. Sendler 1990: 170, nach dem diese Entscheidungsregelung „bei flexibel-fallangemessener Handlung Verwaltung und Gerichte entlasten (könne) und deswegen gerade für eine Übergangszeit wertvoll" sei; kritisch (wegen Verstoßes gegen das Gewaltenteilungsprinzip) Stelkens 1991: 12.
33 GBl. I Nr. 42, S. 637.

die Unabhängigkeit der Richter, sondern legte auch fest, daß für ihre Berufung Richterwahlausschüsse gebildet werden sollten. Dem folgte der Beschluß der Volkskammer vom 22. Juli 1990 über die *Ordnung über die Bildung und Arbeitsweise der Richterwahlausschüsse* vom 22. Juli 1990[34], die als wesentliche Kriterien die „Treue zum freiheitlichen, demokratischen, föderativen, sozialen und ökologisch orientierten Rechtsstaat", „moralische und politische Integrität", „fachliche Eignung und Fortbildungsbereitschaft" sowie „berufsethische Eigenschaften" (Majer 1991: 172) enthielt. Diese Gesetzgebung zielte darauf, die bisher tätigen DDR-Berufsrichter, von denen viele durch ihre politische Loyalität zum SED-Regime diskreditiert schienen, zu überprüfen und eine politische wie berufsethische „Säuberung" durchzuführen. Diese Verfahren kamen jedoch erst nach der Einigung vom 3.10.1990 in Gang.

Außer diesen Schlüsselentscheidungen, durch die die DDR-Volkskammer noch in der Übergangsphase die am Modell der Bundesrepublik orientierte Umgestaltung zum auf Föderalismus und kommunale Selbstverwaltung basierenden Verfassungsstaat und Rechtsstaat vollzog, verabschiedet sie eine beachtliche Zahl von Gesetzen, die der „Rechtsanpassung" der DDR an die Bundesrepublik, insbesondere nach den Vorgaben des 1. Staatsvertrages vom 18. Mai 1990, dienten. Zwischen Wahl der Regierung de Maizière am 12. April 1990 und der „Beitritts"-Entscheidung der DDR-Volkskammer am 22. August 1990 verabschiedete diese auf 37 Tagungen 164 Gesetze und 93 Beschlüsse (Quaritsch 1992: 322) – eine imponierende gesetzgeberische Leistung, auch wenn an der Ausarbeitung der Gesetzentwürfe vielfach Berater aus Bonner Ministerien mitwirkten und die entsprechenden Gesetzentwürfe, teilweise wörtliche Übernahmen bundesrepublikanischer Gesetze, mitunter gleich „paketweise" beraten und verabschiedet wurden (Müller-Enbergs 1991).

Als Ergebnis dieser vielfältigen Gesetzgebungstätigkeit, die durch Verordnungen des DDR-Ministerrats und „Anordnungen" der DDR-Minister ergänzt wurde, entstand in der „Übergangs-DDR" binnen weniger Wochen ein dichter und buntscheckiger Regelungsteppich, in dem neues und bisheriges, originär sozialistisches Recht im Gemenge lagen (Brachmann 1992: 1). Was Wunder, daß sich die Anwendungspraxis, zumal auf der kommunalen Ebene der Noch-DDR, die sich inmitten eines institutionellen Umbruchs befand, sich vor kaum lösbare Probleme gestellt sah.

---

34 GBl. I Nr. 49, S. 904.

5.1 Einigungsvertrag vom 31. August 1990 als Akt der Rechtsausdehnung und -vernichtung

Im vereinigungs- und verfassungspolitischen Ringen um den Weg zur deutschen Einheit ging es vor allem um zwei Weichenstellungen. Zum einen drehte es sich um die Frage, ob die Einigung über die Ausarbeitung und Inkraftsetzung einer neuen „von dem deutschen Volke in freier Entscheidung beschlossene(n)" Verfassung gemäß Art. 146 GG (a.F.), also nach Vorliegen einer neuen Verfassung, oder aber dadurch herbeizuführen sei, daß die DDR der Bundesrepublik gemäß Art 23 GG „beitritt" und sich auf diesem Wege die Geltung des Grundgesetzes automatisch auf Ostdeutschland erstreckt. Die Bundesregierung, insbesondere der Bundesinnenminister Wolfgang Schäuble, der auf bundesdeutscher Seite eine Schlüsselrolle in den bevorstehenden Verhandlungen mit der DDR-Regierung spielte, setzte ab März 1990 entschieden auf das Einigungsverfahren nach Art. 23 GG, weil „nur dieser Weg ... die Chance für die notwendige Beschleunigung" böte (Schäuble 1991: 55), während die SPD-Opposition, die in der Deutschen Einigung zugleich die Chance einer neuen gesamtdeutschen Verfassung sah, zunächst noch das Verfahren nach 146 GG bevorzugte (Schäuble 1991: 64 f.). Die Auffassung der Bundesregierung lag bereits dem 1. Staatsvertrag vom 18. Mai 1990 zugrunde, in dessen Präambel dieser als „erster bedeutsamer Schritt in Richtung auf die Herstellung der staatlichen Einheit nach Art. 23 GG" bezeichnet wurde.

Die andere Weggabelung lag in der Frage, auf welchem Wege, in welchem Umfange und wie rasch Ostdeutschland in die Rechtsordnung der Bundesrepublik einzubeziehen sei. Einerseits war es denkbar, daß diese – nach dem „Beitritt" der DDR zur Bundesrepublik – Überleitungsgesetzgebung dem gesamtdeutschen Gesetzgeber überlassen bliebe, also insofern ein Einigungsvertrag zur Regelung dieser Frage nicht erforderlich wäre (Schäuble 1991: 113). Auf der anderen Seite wurde auf einen Einigungsvertrag verwiesen, der zwischen den beiden Regierungen ausgehandelt wurde. Für die Frage der Überleitung des Rechts der Bundesrepublik auf Ostdeutschland standen sich auch innerhalb der Bundesregierung zunächst zwei Positionen gegenüber. Deren eine – zunächst vom Bundesinnenminister und dessen Minister Schäuble präferierte – ging davon aus, daß das DDR-Recht grundsätzlich fortbestehen solle und daß diejenigen Gesetze der Bundesrepublik, die mit dem Vertrag in der DDR in Kraft gesetzt werden sollten, ausdrücklich aufzuzählen seien. Diese Auffassung war von der Sorge bestimmt, „daß mit der sofortigen Übernahme der gesamten bundesrepublikanischen Rechtsordnung ... eine zu große Regelungsdichte in der DDR geschaffen werden könnte, die die für einen raschen wirtschaftlichen und sozialen Aufbau notwendige Improvisation in einer Übergangszeit behindern könnte" (Schäuble 1991: 150 f.). Dem stand eine insbesondere vom Bundesjustizministerium verfochtene Position gegenüber, die von einer grundsätzlichen Ausdehnung des bundesdeutschen

Rechts auf Ostdeutschland und dafür plädierte, daß die (ausnahmsweise) fortgeltenden DDR-Vorschriften ausdrücklich aufzuzählen seien. Diese Position wurde auch von den anderen Bundesministerien und den Vertretern der westdeutschen Industrie vertreten. Die letztere drängte auf „einheitliches bundesdeutsches Recht ... Sie wollte bei ihren Investititionsentscheidungen nicht auf ... undurchsichtiges und unklares DDR-Recht bauen" (Schäuble 1991: 154). Als schließlich – durchaus überraschend (Schäuble 1991: 155) auch die Verhandlungsführer der DDR auf die letztere Position einschwenkten, wurde der Einigungsvertrag zum Vehikel eines in der Verfassungs- und Rechtsgeschichte beispiellosen Rechtsgestaltungsaktes, durch den die Rechtsordnung eines Staates auf einen anderen Staat fast vollständig erstreckt, „exportiert" und gleichzeitig die Rechtsordnung des letzteren beinahe ganz ausgelöscht wurde.

Der dem Einigungsvertrag zugrunde liegende Grundsatz „Ausdehnung des bundesdeutschen Rechts als Regel, Fortgeltung von DDR-Recht als Ausnahme" wurde im Detail vielfältig durch – in der Terminologie des Einigungsvertrags „Maßgaben" genannte – Ausnahmen und Sonderregelungen modifiziert. Durch Vorarbeiten in den Bundesministerien vorbereitet, die sich ab März 1990 innerhalb ihrer jeweiligen Ressortzuständigkeit mit den Fragen der künftigen Rechtsüberleitung zum Zeitpunkt der Vereinigung zu beschäftigen begannen[35], wurde in den Verhandlungen zwischen Regierungsdelegationen der Bundesrepublik und der DDR ein monumentales Vertragswerk geschaffen, das mit seinen detaillierten Anlagen im Bundesgesetzblatt 360 Seiten füllt. Dabei läßt sich der Einigungsvertrag unschwer als Fortsetzung und Zuspitzung des „legalistischen" Grundzugs deuten, der den Umbruch in der DDR von Anfang an kennzeichnete. Indem bei seiner Ausarbeitung, wie Quaritsch formulierte, „der neue Legalismus Ost ... auf den eingefahrenen Legalismus-West" traf (Quaritsch 1992: 323), ist in seinen vielfältigen Detailregelungen die bürokratisch-legalistische Überzeugung von der hochrangigen Regelungs- und Steuerungsfunktion des Rechts zu erkennen.

Ohne ins Detail zu gehen, seien die Vorschriften, mit denen der Einigungsvertrag die Erstreckung des Bundesrechts auf die neuen Ländern (als Regel) und die Fortgeltung von DDR-Recht (als Ausnahme) bestimmte, kurz benannt.

Bundesrecht trat gemäß Art. 8 EinigungsV als Generalklausel grundsätzlich durch Erstreckung in Ostdeutschland in Kraft,

– es sei denn, daß durch den Einigungsvertrag, insbesondere dessen Anlage I, etwas anderes bestimmt ist (sog. Negativliste). Die in Anlage I aufgenommenen Änderungs- und Maßgaberegelungen zielen darauf, die besonderen Gegebenheiten der sozialen und wirtschaftlichen Transformation Ostdeutschlands

---

35 Anfang Februar 1990 bildete Bundesinnenminister Schäuble einen „Arbeitsstab ‚Deutsche Einheit'", der sich als wichtiger Antrieb erwies (vgl. Schäuble 1991: 53). Ab März 1990 begannen die Bundesressorts, sich mit den Fragen der künftigen Überleitungsgesetzgebung zu beschäftigen.

Entwicklung des Verfassungs- und Rechtsstaates 37

in Rechnung zu stellen und hierfür – zeitlich befristete – Sonderregelungen zu schaffen (Nissel 1990: 330).
DDR-Recht ist nach dem 3. Oktober 1990 mit dem Untergang der DDR in der Regel „erloschen" – mit zwei im Einigungsvertrag vorgesehenen Ausnahmen:
- Zum einen gelten solche DDR-Vorschriften gemäß Art. 9 Abs. 2 EinigungsV ausnahmsweise weiter, die in Anlage II zum EinigungsV – gegebenenfalls unter den dort genannten Bedingungen („Maßgaben") – ausdrücklich genannt sind (sog. Positivliste). Bei den in Anlage II genannten Rechtsvorschriften handelt es sich zum größten Teil um während des Umbruchs, insbesondere um in Erfüllung des 1. Staatsvertrags von DDR-Organen geschaffenes „Rechtsanpassungs"-Recht. Markante Beispiele hierfür bieten die von der demokratischen DDR-Volkskammer verabschiedete Kommunalverfassung vom 17. Mai 1990 und im Bereich der Rechtspflege Durchführungsverordnungen zum DDR-Richtergesetz und der Beschluß der DDR-Volkskammer zu der – auf die politische „Säuberung" der DDR-Richterschaft gerichteten – „Ordnung über die Bildung und Arbeitsweise der Richterwahlausschüsse".[36]
- Zum andern bleiben nach Art. 9 Abs. 1 Satz 1 EinigungsV (Generalklausel) solche DDR-Vorschriften als jeweiliges Landesrecht in Kraft, die sich auf nach der Kompetenzordnung des Grundgesetzes in die ausschließliche Gesetzgebungszuständigkeit der Länder fallende Materien beziehen und soweit sie mit dem Grundgesetz und mit dem unmittelbar geltenden Recht der Europäischen Union vereinbar sind (Brachmann 1992: 3 f.).

Mit Blick auf die letztere Regelung wurde angesichts des unübersichtlichen Spektrums der DDR-"Rechtsquellen" zunächst von einem nicht unerheblichen Corpus als Landesrecht fortbestehenden DDR-Rechts ausgegangen.[37] In einem „Fundstellennachweis zum Recht der ehemaligen DDR am 2. Oktober 1990" („Gelber Band"), den das Bundesjustizministerium – auf Veranlassung der „Bund-Länder-Clearingstelle" – zusammenstellte und herausgab, wurde insgesamt 3.173 DDR-Vorschriften als fortgeltend eingeschätzt und dokumentiert (vgl. Fundstellennachweis o.J.).

In der Folgezeit bereiteten die Justizministerien der neuen Länder, um Rechtsklarheit in der Fortgeltung früheren DDR-Rechts als Landesrechts nach Art. 9 Abs. 1 EinigungsV zu schaffen, eine „Rechtsbereinigung" vor. Sie setzten eine Länderarbeitsgruppe „Rechtsbereinigung" ein, deren Koordinierung beim Land Brandenburg liegt. „Die DDR-Vorschriften wurden Sachgebieten zugeordnet und arbeitsteilig von den Ländern mit dem Ziel geprüft, das gesamte für eine Fortgeltung als Landesrecht in Betracht kommende DDR-Recht zum Stichtag 3.10.1990

---

36 Vgl. Anl. II, Kap III, Sachgeb A, Abschn I.
37 Teilweise wurde, z.B. im Umweltrecht, auch die Fortgeltung der von den „örtlichen Volksvertretungen" der DDR (auf Bezirks-, Kreis- und Stadtebene) beschlossenen örtlichen Normen in Betracht gezogen, vgl. Jürk 1993: 120.

festzustellen. Diese Prüfung erfolgte auf der Grundlage des vom Bundesjustizministerium erstellten Fundstellennachweises".[38] Im Frühjahr 1996 verabschiedete die Arbeitsgruppe einen Katalog von 243 früheren DDR-Vorschriften, von deren Fortgeltung die Justizministerien nunmehr ausgehen und die sie den von den Landtagen zu verabschiedenden Rechtsbereinigungsgesetzen zugrunde legen wollen. Die kräftige Reduktion gegenüber dem „Gelben Band" des Bundesjustizministeriums wird insbesondere damit erklärt, daß ein erheblicher Teil der in den „Gelben Band" aufgenommen Vorschriften bei näherer Prüfung in die Gesetzgebungszuständigkeit des Bundes fiel und damit, weil in der Anlage II zum EinigungsV gemäß dessen Art. 9 Abs. 2 nicht aufgeführt, am 3. Oktober 1990 außer Kraft getreten ist. Darüber hinaus haben die Länder eine größere Zahl von über Art. 9 Abs. 1 EinigungsV zunächst als Landesrecht übergeleiteten Vorschriften durch Landesgesetzgebung außer Kraft gesetzt.[39] Der Abschlußbericht der Länderarbeitsgruppe „Rechtsbereinigung", in dem die als fortgeltend betrachteten 243 Vorschriften (auch in ihrer Genese) nachgewiesen werden,[40] liegt nunmehr der in den neuen Ländern laufenden Vorbereitung von „Rechtsbereinigungsgesetzen" zugrunde. Die sich über Jahre hinziehenden Anstrengungen der Justizministerien der neuen Länder, Klarheit über den Corpus fortgeltenden DDR-Rechts zu schaffen, spiegeln die Komplexität dieser Transformationsmaterie wider.

Als Ergebnis des beispiellosen Vorgangs einer generellen, allerdings in Einzelheiten wiederum modifizierten Erstreckung des Bundesrechts auf die neuen Länder bei gleichzeitiger selektiver Fortgeltung von früherem DDR-Recht war vorübergehend „eine komplizierte, aus verschiedenen Quellen entspringende Rechtsmaterie (entstanden), die an die Rechtsanwendung auf dem Gebiet der ehemaligen DDR höchste Anforderungen stellt(e)" (Brachmann 1991: 14).[41]

---

38 Schreiben des Ministeriums für Justiz des Landes Brandenburg (II.1) vom 17.5.1996.
39 So Schreiben des Justizministeriums des Landes Brandenburg – II.1. – vom 17.5.1996.
40 Vgl. „Zum Recht der ehem. DDR. Vorschriften, die nach Art. 9 des Einigungsvertrages für eine Fortgeltung als Landesrecht am 3. Oktober 1990 in Betracht kommen. Feststellungen der Arbeitsgruppe ‚Rechtsbereinigung'", veröffentlicht z.B. im brandenburgischen GVBl. I vom 18. März 1996 (mit dem Hinweis, daß es sich hierbei um „kein amtliches Ergebnis" handele).
41 Mit Blick auf das Städtebaurecht hat der Präsident des Bundesverwaltungsgerichts, Everhard Franßen, formuliert, hier könne „schon ein Jurist leicht den Überblick verlieren. Wie es dem Planer geht, der diese Vorschriften umsetzen soll, kann man sich leicht ausmalen". In: LKV 1993: 125.

5.2 Einigungsvertragliche Instrumente zur Auseinandersetzung mit dem organisatorischen und personellen Erbe der DDR

Darüber hinaus räumte der Einigungsvertrag dem Bund, den künftigen ostdeutschen Ländern und (teilweise) auch den Kommunen befristete Sonderbefugnisse für die organisationspolitische und personalwirtschaftliche Auseinandersetzung mit den von der DDR hinterlassenen Organisations- und Personalstrukturen sozialistischer Staatlichkeit ein.

Gemäß Art. 13 Abs. 1 und 2 gingen am 3. Oktober 1990 die vielfältigen (auf rund 1.000 bezifferten) zentralstaatlichen Einrichtungen der DDR – gemäß der ihnen nach der Kompetenzordnung des GG zukommenden Verwaltungszuständigkeiten – auf den Bund und die Länder über, wobei im Einigungsvertrag grundsätzlich von der Fortdauer aller Beschäftigungsverhältnisse im Staatsdienst über die Zäsur des 3. Oktober 1990 hinweg ausgegangen wurde (Battis 1991; König/Meßmann 1995: 66)[42].

Die besonderen Handlungsspielräume, die der Einigungsvertrag dem Bund und den Ländern gegenüber der institutionellen Hinterlassenschft der DDR organisationspolitisch und personalwirtschaftlich zubilligte, bestehen in drei unterschiedlichen rechtlichen Handhaben:

„Abwicklung" von Einrichtungen

Zum einen hatten der Bund und die Länder nach dem Einigungsvertrag das (freilich bis 31. Dezember 1990 knapp befristete) Recht, das jeweils auf sie entfallende institutionell-personelle Erbe der DDR sozusagen ausschlagen zu können, falls es sich um Einrichtungen oder Teileinrichtungen handelte, „die bis zum Wirksamwerden des Beitritts Aufgaben erfüllt haben, die künftig nicht mehr von der öffentlichen Verwaltung wahrgenommen werden sollen"[43]; diese Verwaltungsteile konnten „*abgewickelt*" werden, wie der von der „Einigungs-Bürokratie" ersonnene (zum ironisch-zynischen geflügelten Wort gewordene) Fachterminus für die organisationspolische und personalwirtschaftliche Auflösung von DDR-Institutionen lautete. Der Handlungsspielraum von Bund und Ländern ergab sich daraus, daß bei ihnen letztlich die Definitionsmacht dessen lag, was, sei es aus ordnungs-

---

42 Die Kommunen blieben von dieser Aufteilung der zentralstaatlichen Einrichtungen der DDR zwar unberührt, jedoch sahen auch sie sich einer gewaltigen organisatorischen und personellen Hinterlassenschaft der DDR dadurch gegenüber, daß sie im Zuge der (Rück-)Übertragung des Kommunalvermögens eine Legion von Einrichtungen des Gesundheits-, Sozial- und Kulturbereichs erben sollten.
43 So im Sinne einer Legaldefinition das Protokoll zum Einigungsvertrag, Rdnr. 6 zu Art. 13.

politischen, sei es aus finanzpolischen Gründen, „künftig Aufgabe der öffentlichen Verwaltung sein solle".

Der personalwirtschaftliche Hebel bestand darin, daß Beschäftigte von Einrichtungen, deren Abwicklung beschlossen wurde, auf die sog. Warteschleife kamen[44]: Ihre Arbeitsverhältnisse „ruhten"; während der Dauer des Ruhens des Arbeitsverhältnisses hatte der Arbeitnehmer einen Anspruch auf ein monatliches Wartegeld in Höhe von 70% des durchschnittlichen monatlichen Arbeitsentgelts der letzten sechs Monate. Wurde der Arbeitnehmer nicht innerhalb von sechs Monaten, gegebenenfalls in einem anderen Verwaltungsbereich, weiterverwendet, endete das Arbeitsverhältnis mit Ablauf dieser Frist. Im Falle der „Abwicklung" von Einrichtungen entgingen Bund und Länder damit dem Erfordernis der individuellen Kündigung mit ihren arbeitsgerichtlichen Beschwerlichkeiten.

„Ordentliches Sonderkündigungsrecht"

Darüber hinaus verschafften sich der Bund und die Länder auch für die Verwaltungsbereiche und deren Beschäftigte, die sie nicht abwickelten, sondern „überführten", also endgültig übernahmen, ein (zunächst bis 3. Oktober 1992, schließlich bis 31. Dezember 1993 befristetes) *Sonderkündigungsrecht*, das, mit drei Kündigungsgründen bewaffnet, ihnen ermöglichen sollte, sich im Wege der ordentlichen Kündigung von zunächst übernommenen Beschäftigten insbesondere „wegen mangelnder Qualifikation" und „wegen mangelnden Bedarfs" zu trennen. Damit war die Normalität des bundesdeutschen Kündigungsrechts – des sensibelsten Regelungsfeldes des bundesdeutschen Arbeitsrechts – befristet suspendiert. Auch die ostdeutschen Kommunen konnten dieses Sonderkündigungsrecht in Anspruch nehmen.

„Außerordentliches Kündigungsrecht"

Schließlich wurde dem Bund und den Ländern (und ebenfalls den Kommunen) im Einigungsvertrag – ohne Befristung – ein „außerordentliches Kündigungsrecht" eingeräumt, das „insbesondere dann gegeben ist, wenn der Arbeitnehmer 1. gegen die Grundsätze der Menschlichkeit oder Rechtsstaatlichkeit verstoßen hat ... oder 2. für das frühere Ministerium für Staatssicherheit/Amt für nationale Sicherheit tätig war und deshalb ein Festhalten am Arbeitsverhältnis unzumutbar erscheint"[45]. Im Zusammenhang mit der „Gauck-Überprüfung", der praktisch alle öffentlich Bediensteten in Ostdeutschland unterzogen wurden, sollte sich das außerordentliche Kündigungsrecht als scharfe arbeitsrechtliche Waffe für die „Säuberung" der von der DDR hinterlassenen Institutionenwelt erweisen.

---

44   Anl I z. EVertr Kap. XIX, Abschn. III, Ziff. 1 Abs. 2
45   Anl. I Kap XIX A Abschn. III, Nr. 1, Abs. 5

Entwicklung des Verfassungs- und Rechtsstaates

6. Aufbau der Gerichtsbarkeit in Ostdeutschland

6.1 „Justizhilfe", Personaltransfer

In dem Maße, wie sich im Frühjahr 1990 der Prozeß der deutschen Einigung beschleunigte und die „Noch-DDR" den Aufbau einer rechtsstaatlichen Verwaltung und Rechtspflege und die Bildung neuer Länder einleitete, wurde den Beteiligten in West- und Ostdeutschland klar, daß der Um- und Neubau der institutionellen Strukturen in den neuen Ländern wesentlich von einer massiven materiellen und personellen Unterstützung durch den Bund und die alten Bundesländer abhing. In den Einigungsvertrag fand diese Erkenntnis in Art. 15 Abs. 3 Satz 1 Eingang, wonach sich Bund und Ländern verpflichteten, den neuen Ländern „Verwaltungshilfe bei der Durchführung bestimmter Fachaufgaben" zu leisten, wobei der Zusatz „und zwar längstens bis zum 30. Juni 1991" die Naivität verrät, mit der die Verhandlungsführer die Schwierigkeiten des Transformationsprozesses einschätzten (Scheytt 1993: 76).

Im Bereich der Justiz war der Bedarf an personellen Hilfestellungen aus einer Reihe von Gründen von vornherein besonders eklatant. Zum einen war in Rechnung zu stellen, daß, die untergeordnete Rolle der Gerichtsbarkeit in der realsozialistischen DDR widerspiegelnd, lediglich rund 1.500 Berufsrichter an den DDR-Gerichten tätig waren, was einer „Richterdichte" von rund einem Richter pro 10.000 Einwohner (gegenüber 2,8 pro 10.000 in der Bundesrepublik) entsprach (Schröter 1996: 8). Insbesondere für verwaltungs-, sozial- und finanzgerichtliche Fragen konnte mit den vorhandenen DDR-Richtern aus fachlichen Gründen nur sehr eingeschränkt gerechnet werden. Überdies konnte angesichts der besonders intensiven politisch-ideologischen Bindung der DDR-Richter an das SED-Regime davon ausgegangen werden, daß bei weitem nicht alle amtierenden DDR-Richter für die Übernahme in eine rechtsstaatliche Judikatur in Frage kämen. Für den raschen Aufbau einer rechtsstaatlichen Rechtsprechung war mithin von vornherein ein gewaltiger Bedarf an Juristen zu veranschlagen, der kaum anders als durch einen massiven Personaltransfer und „Juristenimport" aus Westdeutschland zu decken war. Ähnliches galt für den Bereich der freiwilligen Gerichtsbarkeit, vor allem für das Grundbuchwesen, mit dem Bedarf an Rechtspflegern, die dem Rechtssystem der DDR unbekannt waren (vgl. Unterrichtung durch die Bundesregierung 1994: 55).

Im Bereich der Gerichtsbarkeit beschlossen die westdeutschen Landesjustizminister und -senatoren am 28./31.5.1990 – einer Verabredung der Bundes- und des DDR-Justizministers vom 8.5.1990 folgend –, 100 Richter aus den öffentlichrechtlichen Gerichtsbarkeiten (60 Verwaltungs-, 30 Sozial- und 10 Finanzrichter) unter Kostenteilung zwischen Bund und Ländern in die DDR zu entsenden (Brachmann/von Alten 1992: 185) – in einer regionalen Verteilung, die den später abgesprochenen „Länderpartnerschaften" entsprach. Um die rechtlichen Voraussetzungen für diese „Verwaltungshilfe" zwischen den beiden deutschen Staaten zu schaffen, wurde einerseits durch die – am 1. Juli 1990 in Kraft getretene – Einfügung des § 123a Beamtenrechtsrahmengesetz[46] die „Zuweisung von Beamten und Richtern" an Behörden außerhalb der bisherigen Geltung des Beamtengesetzes geregelt und andererseits im DDR-Richtergesetz vom 15. Juli 1990 eine entsprechende Vorschrift vorgesehen. Schon Anfang September 1990, also noch vor dem „Beitritt", nahmen die ersten Richter aus den alten Bundesländern ihre Tätigkeit im jeweiligen ostdeutschen Partnerland auf.[47]

6.2 Institutioneller Aufbau der Gerichte in den neuen Ländern

Mit dem Beitritt zum 3. Oktober 1990 wurde – entsprechend den Vorgaben des Einigungsvertrages – das die Justiz betreffende Bundesrecht auf die neuen Länder ausgedehnt und das bisherige DDR-Recht, einschließlich der in der Spätphase der DDR verabschiedeten Reformgesetzgebung, außer Kraft gesetzt. Die neuen Länder sahen sich aufgrund der Kompetenzordnung des Grundgesetzes der gewaltigen Aufgabe gegenüber, die Gerichte der 1. und 2. Instanz (allein die drittinstanzlichen Revisionsgerichte sind Bundesgerichte) aufzubauen und die in den Kreis- und Bezirksgerichten verkörperte „sozialistische Staatlichkeit und Gesetzlichkeit" zu überwinden. Dies galt nicht zuletzt für die Übernahme der dem bundesrepublikanischen Gerichtssystem eigentümlichen institutionellen Ausdifferenzierung – neben der „ordentlichen Gerichtsbarkeit" (Zivil- und Strafgerichte) – in die Fachgerichtsbarkeiten (Verwaltungs-, Sozial-, Arbeits- und Finanzgerichtsbarkeit). Für die Errichtung dieser selbständigen Gerichtszüge wurde den neuen Ländern im Einigungsvertrag ein gewisser zeitlicher Aufschub dadurch eingeräumt, daß für eine Übergangszeit diese Fachgerichtsbarkeiten innerhalb des zunächst noch weiterbestehenden Systems der Kreis- und Bezirksgerichte institutionalisiert werden konnte.[48] Jedoch trug der Einigungsvertrag den neuen Ländern auf, „baldmöglichst" durch Gesetz eigenständige Fachgerichte einzurichten, „soweit hierfür unter Berücksichtigung der Bedürfnisse einer geordneten Rechtspflege jeweils die personellen und sachlichen Voraussetzungen geschaffen werden können".[49]

---

46 BGBl. I S. 967 ff.
47 So in Mecklenburg-Vorpommern 11 Richter aus NRW, Hamburg, Bremen und Schleswig-Holstein (Schmalz 1992: 29), in Thüringen 11 Richter aus Hessen, Rheinland-Pfalz und Bayern (Schwan 1993: 98)) und in Sachsen-Anhalt 8 Richter aus Niedersachsen (Brachmann/von Alten 1992: 185).
48 Vgl. Anlage I, Kap. III, Abschn. A., 1 t bis x.
49 Vgl. Anl. I, Kap. III, Abschn. A, 1 t Abs. 4).

Die selbständigen Gerichtszüge der ordentlichen und Fachgerichtsbarkeiten und damit die Aufhebung des überkommenen DDR-Systems der Kreis- und Bezirksgerichte wurden von den neuen Ländern durch entsprechende Landesgesetze zwischen Mitte 1991 und Anfang 1993 begründet, wobei die Arbeitsgerichtsbarkeit in der Regel am frühesten und die Verwaltungs- und Finanzgerichtsbarkeit im weiteren Verlauf von 1992 oder Anfang 1993 selbständig eingerichtet wurde.[50]

6.3 DDR-Richter und deren Überprüfung

Für die Weiterbeschäftigung der DDR-Richter, denen das SED-Regime einen besonders hohen Grad an politisch-ideologischer Loyalität abverlangt hatte, sah der Einigungsvertrag vor[51], daß die im Amt befindlichen Berufsrichter zwar zunächst weiteramtieren sollten (damit wurde ein „Stillstand der Rechtspflege" verhindert), daß ihre endgültige Übernahme als Richter jedoch von jener Überprüfung durch einen Richterausschuß abhängig gemacht wurde, für die die DDR-Volkskammer noch im Juni 1990 die entsprechenden (vom Einigungsvertrag übergeleiteten) Vorschriften verabschiedet hatte.[52] Die Richterwahlausschüsse sollten laut EinigVr über den Fortbestand der einzelnen Richterverhältnisse spätestens bis 15. April 1991 entscheiden. Als sich die Arbeit der Richterausschüsse erheblich verzögerte, beschlossen die Justizminister der neuen Länder, die Wahlausschüsse aufzulösen und die Überprüfung statt dessen durch einen vom jeweiligen Justizminister aus Juristen der alten Bundesländer gebildeten ministeriellen Beirat durchführen zu lassen, der dann im Einvernehmen mit dem Rechtsausschuß des Landtages über die Übernahme der überprüften Richter zu entscheiden hatte (Schmalz 1992: 29).[53]

Vergleichsweise einheitlich wurden die Entscheidungsgrundsätze in den einzelnen Ländern gefaßt, nach denen über die Übernahme entschieden werden sollte. Wesentliche Kriterien für die Ablehnung waren insbesondere eine Tätigkeit für das Ministerium für Staatssicherheit, überharte Urteile im Einzelfall sowie eine derart weitgehende Verstrickung in das SED-System, die eine Gewähr für künftiges demokratisch-rechtsstaatliches Eintreten als unwahrscheinlich erscheinen ließ („objektive Kompromittierung").[54] Die Überprüfung selbst wurde dann mit Hilfe von Selbstauskünften, „Gauck"-Anfragen, mündlichen Anhörungen und u.U. Nachforschungen bei der Zentralen Erfassungsstelle in Salzgitter durchgeführt.

---

50 Für Brandenburg: Jann/Muszynski 1994: 202 f.
51 Vgl. EinigVr, Anl. I Kap. III Sachg. A Abschn. III Nr. 8 Buchst. o.
52 DDR-Richtergesetz vom 5.7.1990 sowie Ordnung über die Bildung und Arbeitsweise der Richterwahlausschüsse vom 22.7.1990.
53 Zur rechtlichen Anfechtbarkeit dieses – durch den EinigVr nicht gedeckten – Verfahrens, das als „Richterberufung nach Gutsherrenart" kritisiert wurde und inzwischen gerichtlich beanstandet worden ist, vgl. Heye 1995: 402 f.
54 Bräutigam 1993 für Brandenburg; Remmers 1993 für Sachsen-Anhalt.

Diesem Überprüfungsverfahren unterzogen sich jedoch bei weitem nicht alle ehemaligen DDR-Richter. Zwar deuten die vorliegenden Zahlen darauf hin, daß sich nahezu alle (1.580)[55] früheren Berufsrichter zunächst um eine Übernahme bemühten, jedoch zog im Laufe der Tätigkeit der Richterwahlausschüsse ein erheblicher Anteil (etwa ein Drittel)[56] der „amtierenden" Richter ihren Antrag – teilweise auch auf Anraten und nach Rücksprache mit der jeweiligen Justizverwaltung – wieder zurück. Von den verbliebenen etwa 1.000 Anträgen schloß das Überprüfungsverfahren durchschnittlich in zwei Drittel der Fälle mit der Übernahme als „Richter auf Probe" ab.[57] Im Ergebnis ist festzuhalten, daß in den fünf Bundesländern insgesamt 650 übernommen wurden, was rund 40% der Gesamtzahl der im Juli 1990 tätigen DDR-Richter entspricht (Peschel-Gutzeit/ Jenckel 1995).

6.4 Rekrutierung der Richter

Angesichts dessen, daß nur auf eine verhältnismäßig geringe Zahl von DDR-Richtern zurückgegriffen werden konnte und auch deren juristische Qualifikation für die Judikatur in einer völlig neuen Rechtswelt, zumal in einer der Fachgerichtsbarkeiten, kaum hinreichend war, waren die neuen Länder, sollte ein rascher Aufbau der Gerichtsbarkeit als Herzstück der neuen Verfassungs- und Rechtsordnung gelingen, auf einen massiven „Juristenimport" aus Westdeutschland, zunächst insbesondere im Rahmen der „Justizhilfe" durch die westdeutschen Partnerländer, angewiesen.[58] Ähnliches galt für den Bereich der freiwilligen Gerichtsbarkeit, vor allem für das Grundbuchwesen, mit einem Bedarf an Rechtspflegern, die dem Rechtssystem der DDR unbekannt waren (Materialien zur Deutschen Einheit 1994: 55).

---

55 Stand 1.7.1990, nach: Unterrichtung durch die Bundesregierung 1994: 269.
56 Vgl. hierzu die Daten in: Unterrichtung der Bundesregierung 1994: 330, auch Bräutigam 1993 für Brandenburg.
57 Für die länderweise von diesem Mittelwert nach oben und unten abweichenden Daten vgl. Unterrichtung durch die Bundesregierung 1994: 330.
58 Die „Justizhilfe" setzte bezeichnenderweise bereits im Mai 1990 – noch vor der „Verwaltungshilfe" – ein. So beschlossen die westdeutschen Landesjustizminister und -senatoren am 28./31.5.1990 – einer Verabredung des Bundes- und des DDR-Justizministers vom 8.5.1990 folgend –, 100 Richter aus den öffentlich-rechtlichen Gerichtsbarkeiten (60 Verwaltungs-, 30 Sozial- und 10 Finanzrichter) unter Kostenteilung zwischen Bund und Ländern in die DDR zu entsenden (Brachmann/von Alten 1992: 185) – in einer regionalen Verteilung, die den später abgesprochenen „Länderpartnerschaften" entsprach.

Entwicklung des Verfassungs- und Rechtsstaates 45

Tabelle 1: Richter in den ostdeutschen Ländern

	„Ost"-Richter		„West"-Richter			Gesamt
	Ehem. DDR-Richter	*Neurekrut. Dipl.-Jurist.*	*Versetzungen*	*Abordnungen*	*Neurekrutierungen*	
1.1.1992	32%	k.A.	1%	31%	36%	1903 (100%)
1.1.1993	26%	k.A.	8%	23%	43%	2496 (100%)
1.1.1994	20%	k.A.	14%	15%	51%	3095 (100%)
1.1.1995	18%	3%	16%	11%	52%	3311 (100%)

Quelle: Zahlen zur personal- und Geschäftsentwicklung in Ostdeutschland. In: Deutsche Richterzeitung 1995, S. 412, Materialien zur Deutschen Einheit 1995: 322 (Schröter 1996)

In der Gründungsphase der neuen Gerichtsbarkeit (Stand 1.1.1992) betrug der Anteil der endgültig übernommenen *DDR-Richter* an der Gesamtzahl der Richter ein knappes Drittel (600 von 1.903 = 32 %, Tabelle 1). In den im Aufbau befindlichen Fachgerichtsbarkeiten war er – wegen der hier geforderten speziellen Rechtskenntnisse – noch deutlich geringer und ging teilweise gegen Null. Im Zuge des personellen Ausbaus der Gerichtsbarkeit (die Zahl der Richterstellen stieg bis 1.1.1995 auf 3.331) fiel der Anteil der ostdeutschen Richter weiter zurück (zum 1.1.1995 auf 18%), da das Reservoir der übernommenen DDR-Richter ausgeschöpft war und im neuen Recht ausgebildete ostdeutsche Nachwuchsjuristen zu diesem Zeitpunkt noch kaum zur Verfügung standen.

In der Zusammensetzung der aus *Westdeutschland kommenden Richter* zeigten sich im Zeitverlauf ebenfalls bemerkenswerte Verschiebungen. Machten sie in der Gründungsphase rund zwei Drittel der Richterschaft aus (Tabelle 1), so entfiel davon etwa die Hälfte auf „abgeordnete" Richter, die andere Hälfte auf westdeutsche Juristen, vielfach Assessoren, die – gewissermaßen „frisch vom Examen" – an der ostdeutschen Justiz ihre Richterkarriere begannen. Im weiteren Verlauf gingen die Zahl der „abgeordneten" westdeutschen Richter und ihr Anteil zurück (die „Justizhilfe" der westdeutschen Länder lief – wie die Aufbau- und Verwaltungshilfe insgesamt – Ende 1994 im wesentlichen aus). Zugleich wuchs der Anteil der westdeutschen Richter (bis 1. Januar 1995 auf 16%), die im Wege der „Versetzung" dauerhaft in der ostdeutschen Justiz arbeiteten (unten denen eine erhebliche Zahl von zunächst „abgeordneten", dann dauerhaft bleibenden westdeutschen Juristen zu vermuten ist). Besonders ausgeprägt stieg der Anteil der westdeutschen Juristen an, die – außerhalb der „Justizhilfe" im engeren Sinn – als Richter in der ostdeutschen Justiz eingestellt wurden, die meisten von in Westdeutschland examinierten Assessoren und als „Proberichter" eingestellte richterliche „Berufsanfänger"; der Anteil der „Proberichter" an der ostdeutschen Richterschaft ist mit 55% denn auch ungewöhnlich hoch.

Tabelle 2: Staatsanwälte in den ostdeutschen Ländern

	„Ost" – Staatsanwälte		„West" – Staatsanwälte			Gesamt
	Ehem. DDR-Staatsanwälte	*Neurekrut. Dipl.-Jurist.*	*Versetzungen*	*Abordnungen*	*Neurekrutierungen*	
1.1.1992	50%	k.A.	3%	22%	25%	765 (100%)
1.1.1993	38%	k.A.	5%	17%	40%	982 (100%)
1.1.1994	33%	k.A.	8%	13%	46%	1090 (100%)
1.1.1995	31%	1%	9%	8%	51%	1156 (100%)

Quelle: vgl. Tabelle 1

Ähnlich verlief die Entwicklung beim Aufbau der neuen Staatsanwaltschaft, mit dem Unterschied, daß der Anteil der – nach dem Überprüfungsverfahren übernommenen – DDR-Staatsanwälte an den neuen Staatsanwaltspositionen von vornherein merklich höher lag (50% zum 1.1.1992) und seitdem zwar ebenfalls gesunken war, sich zum 1.1.1995 jedoch immerhin noch auf ein knappes Drittel belief (Tabelle 2). Von den rund 760 ehemaligen DDR-Staatsanwälten wurde die Hälfte übernommen.

Als Ergebnis dessen, daß aus Gründen rechtsstaatlicher Hygiene nur ein Teil der DDR-Richter und -Staatsanwälte übernommen werden konnte und es gleichzeitig andere hinreichend qualifizierte ostdeutsche Juristen praktisch nicht gab, wurde der Aufbau der neuen Justizstrukturen, sieht man von den übernommenen DDR-Juristen ab, ausschließlich von westdeutschen Juristen getragen. Wie keine anderen staatlichen Strukturen in den neuen Ländern sind damit die Einrichtungen der Justiz, insbesondere die Gerichtsbarkeit, von einer teilweise überwiegenden Mehrheit aus Westdeutschland stammender Amtsträger geprägt. Die mehrheitliche „westdeutsche Präsenz" in der ostdeutschen Justiz scheint auf Jahre dadurch strukturell festgelegt, daß der personelle Ausbau der Gerichte seit 1995 im wesentlichen abgeschlossen ist, die bis dahin neu rekrutierten Nachwuchsrichter überwiegend jüngere westdeutsche Juristen sind und nicht zuletzt aufgrund dieser Altersstruktur in absehbarer Zukunft nur mit geringer Personalfluktuation innerhalb eines sich künftig kaum noch erweiternden Personalbestandes zu rechnen ist. Die Rekrutierungstüren der ostdeutschen Justiz sind ab 1995 weitgehend zu. Diese Entwicklung ist für die ostdeutschen Nachwuchsjuristen außerordentlich bitter, da deren erste Nach-Wende-Studentenkohorte etwa ab 1995 ihre Abschlüsse (1. und 2. Staatsexamen) machte und nur noch geringe Einstellungschancen in der nur kurz vorher noch rekrutierungsintensiven ostdeutschen Justiz findet.

Literatur

Bernet, W./Lecheler, H.: Die DDR-Verwaltung im Umbau. Regesburg: Wahlhalla u. Praetoria Verlag, 1990
Bley, J.: Verwaltungsentscheidungen und Verwaltungsvollzug. In: König, Klaus (Hrsg.): Verwaltungsstrukturen der DDR. Baden-Baden: Nomos, 1991, S. 249-261
Bönninger, K.: Theorie des Verwaltungsrechts im administrativen System und im demokratischen Rechtsstaat. In: Neue Justiz (1990b)3, S. 102-104
Brachmann, R.: Öffentliches Recht in den neuen Bundesländern nach dem Einigungsvertrag. In: Landes- und Kommunalverwaltung (1991)1, S. 12-17
Brachmann, R.: Einführung, Satorius III, Verwaltungsgesetze, Ergänzungsband für die neuen Länder. München: Beck (Loseblattsammlung) 1992, S. 1-6
Brachmann, R./Alten, H.v.: Zur Einführung der Verwaltungsgerichtsbarkeit in Sachsen-Anhalt. In: Landes- und Kommunalverwaltung (1992)6, S. 182-188
Bräutigam, H.O.: Der Aufbau des Rechtswesens in Brandenburg. In: Neue Juristische Wochenschrift (1993)39, S. 2501-2505
Hauschild, C.: Die örtliche Verwaltung im Staats- und Verwaltungssystem der DDR. Baden-Baden: Nomos, 1991
Heye, H.-D.: Mecklenburg-Vorpommern: Langsam der Normalität entgegen. In: Deutsche Richterzeitung, (1995)10, S. 402-403
Jann, W./Muszynski, B.: Brandenburg. In: Hartmann, J. (Hrsg.): Handbuch der deutschen Bundesländer. Frankfurt a.M.: Campus, 2. Aufl. 1994, S. 177-223
Jürk, W.: Zu den Überleitungsregelungen des Umweltrechts und dem Aufbau der Umweltverwaltung in den neuen Bundesländern. In: Landes- und Kommunalverwaltung, (1993)4, S. 120-122
Luttosch, G./Schlabrendorff, F. von: DDR-Reformgesetzgebung vom 9.11.1989 bis 18.3.1990. In: Deutsch-deutsche Rechtszeitschrift, (1990)2-3, S. 60-68
Majer, D.: Die Überprüfung von Richtern und Staatsanwälten in der ehemaligen DDR, In: Zeitschrift für Rechtspolitik, (1991)5, S. 171-179
Markovits, I.: Die Abwicklung. Ein Tagebuch zum Ende der DDR-Justiz. München: Beck, 1993
Müller-Engbers, H.: Welchen Charakter hatte die Volkskammer nach dem 18. März 1990? In: Zeitschrift für Parlamentsfragen, (1991)3, S. 455-467
Münch, I. v., Einführung. In: Die Verträge zur Einheit Deutschlands, 2. Aufl. München: Beck (Beck-Texte im dtv.), 1992, S. XI-XXIII
Nissel, R.: Fortgeltendes DDR-Recht nach dem Einigungsvertrag. In: Deutsch-deutsche Rechtszeitschrift, (1990)9, S. 330-333
Peschel-Gutzeit, L.M./Jenckel, A.: Der Weg zu einer funktionstüchtigen Justiz in Berlin und ihre Aufgaben fünf Jahre nach der Wiedervereinigung. In: NJW, (1995), S. 2673 ff.
Pohl, H.: Entwicklung des Verwaltungsrechts. In: König, K. (Hrsg.): Verwaltungsstrukturen der DDR. Baden-Baden: Nomos, 1991a, S. 235-247
Pohl, H.: Verwaltungsrechtsschutz. In: König, K. (Hrsg.): Verwaltungsstrukturen der DDR. Baden-Baden: Nomos, 1991b, S. 263-275
Preuß, U.K.: Auf der Suche nach der Zivilgesellschaft. Der Verfassungsentwurf des Runden Tisches. In: Guggenberger, B./Stein, T. (Hrsg.): Die Verfassungsdiskussion im Jahr der deutschen Einheit. München/Wien: Carl Hanser Verlag, 1991, S. 357-366
Quaritsch, H.: Eigenarten und Rechtsfragen der DDR-Revolution. In: Verwaltungsarchiv. (1992)2, S. 314-329
Remmers, W.: Der Aufbau des Rechtswesens in Sachsen-Anhalt. In: Neue Juristische Wochenschrift, (1993)39, S. 2511-2513

Schäuble, W.: Der Vertrag: Wie ich über die deutsche Einheit verhandelte. Stuttgart: Dt. Verl.-Anstalt, 1991
Scheytt, O.: Rechts- und Verwaltungshilfe in den neuen Bundesländern am Beispiel der Kommunalverwaltung. In: Pitschas, R. (Hrsg.): Verwaltungsintegration in den neuen Bundesländern. Berlin: Duncker & Humblot, 1993, S. 69-88
Schlink, B.: Deutsch-deutsche Verfassungsentwicklung im Jahre 1990. In: Guggenberger, B./Stein, T. (Hrsg.): Die Verfassungsdiskussion im Jahr der deutschen Einheit. München/Wien: Carl Hanser Verlag, 1991, S. 19-37
Schmalz, H.-J.: Rechtsstaatliche Justiz in den neuen Bundesländern. In: Recht im Amt, (1992)1, S. 26-33
Schröter, E.: Institutionelle Entwicklung der Verwaltungsgerichtsbarkeit in den neuen Bundesländern. KSPW-Expertise, unveröff. Ms., Berlin: HUB, 1996
Schulze, G.: Rechtsakte und Normierung. In: König, K. (Hrsg.): Verwaltungsstrukturen der DDR. Baden-Baden: Nomos, 1991, S. 235-248
Schwan, H.: Der Aufbau der Verwaltungsgerichtsbarkeit in Thüringen. In: ThürVBl, (1993), S. 97 ff.
Sendler, H.: Verwaltungsgerichtsbarkeit in der DDR – Wie können wir helfen? In: Deutsch-deutsche Rechtszeitschrift, (1990)5, S. 166-175
Stelkens, P.: Fragen zum Verwaltungsverfahrensgesetz nach dem Einigungsvertrag. In: Deutsch-deutsche Rechtszeitschrift, (1991a)8, S. 264-272
Stelkens, P.: Einführung der Verwaltungsgerichtsbarkeit im Gebiet der früheren DDR – Die Rechtslage aufgrund des Einigungsvertrages. In: DtZ, (1991b), S. 7-12
Templin, W.: Der Verfassungsentwurf des Runden Tisches. Hintergründe und Entstehungsbedingungen. In: Guggenberger, B./Stein, T. (Hrsg.): Die Verfassungsdiskussion im Jahr der deutschen Einheit. München/Wien: Carl Hanser Verlag, 1991, S. 350-356
Thaysen, U.: Der Runde Tisch. Oder: Wo blieb das Volk? Der Weg der DDR in die Demokratie. Opladen: Westdeutscher Verlag, 1990
Wassermann, R.: Zur Reorganisation der Justiz in der DDR. In: Zeitschrift für Rechtspolitik, (1990)7, S. 159-264
Will, H.-J./Will, R.: Die Verfassungsfrage in der DDR auf dem Weg zur deutschen Einheit. In: Kritische Vierteljahresschrift für Gesetzgebung und Rechtswissenschaft, (1990)2, S. 157-166
Zimmermann, H.: Staat und Recht. In: Deutschland-Archiv, (1990)1, S. 13-23

Budgetäre Anpassung statt institutionellen Wandels. Zur finanziellen Bewältigung der Lasten des Beitritts der DDR zur Bundesrepublik

Wolfgang Renzsch

> *Baut der Bund in Bayern eine Autobahn, ist es eine Bundesaufgabe, baut er in Sachsen eine, ist es eine Transferleistung.*
>
> *Lothar de Maizière[1]*

1. Die deutsche Einheit als finanzpolitische Herausforderung

Der Bundesfinanzminister erließ eine am 15. März 1996 wirksam werdende Haushaltssperre, nach der Bundesministerien und -behörden bestimmte Zahlungen nur noch mit seiner Zustimmung tätigen durften. Angesichts von „Haushaltslöchern" in zweistelliger Milliardenhöhe sah sich der Bundesfinanzminister veranlaßt, die „finanzpolitische Notbremse" zu ziehen (Süddeutsche Zeitung, 14.3.1996: Finanzminister Waigel verkündet Haushaltssperre). Unter der Doppelbelastung der Finanzierung von einigungsbedingten Lasten einerseits und niedrigeren Steuereinnahmen als veranschlagt infolge einer rezessiven wirtschaftlichen Entwicklung andererseits drohte das Defizit des Bundeshaushalts das kalkulierte Niveau von knapp 60 Mrd. DM deutlich zu übersteigen (Bundesbank 1996a: 39; Finanzbericht 1996: 54) und damit die finanzpolitische Konsolidierungsstrategie des Bundes in Frage zu stellen (BMF 1996). Die Belastungen der öffentlichen Haushalte, insbesondere auch aus den Zinsbelastungen (1995: 11,4 vH der Ausgaben des öffentlichen Gesamthaushalt, vgl. Finanzbericht 1996: 93) infolge der kumulierten Schulden, drohten die staatliche Handlungsfähigkeit erheblich einschränken und veranlaßten die Bundesregierung, drastische Einsparungen und Kürzungen öffentlicher Leistungen anzukündigen (Bundesregierung 1996).

Im Jahre 7 der deutschen Einheit ist die finanzielle Situation von Bund, Ländern und Gemeinden und damit auch die Finanzpolitik insgesamt geprägt von den „Kosten der Einheit", d.h. von den finanziellen Lasten, die infolge des wirtschaft-

---

[1] Zit. nach Süddeutsche Zeitung, 1./2.6.1996, Die letzte Seite.

lichen und politischen Bankrotts der DDR nun von der vereinigten Bundesrepublik zu tragen sind. Zu dieser Hinterlassenschaft der DDR gehören nicht nur deren inneren und äußeren Schulden, sondern vielmehr auch die Aufwendungen, die nötig sind, um die veraltete, vielfach auf dem Stand der Vorkriegszeit verbliebene öffentliche Infrastruktur der neuen Länder zu modernisieren, die wirtschaftliche Entwicklung in einem umfänglichen Sinn zu fördern, ökologische Schäden zu beseitigen und Vorsorge für zukünftigen Umweltschutz zu treffen, soziale Verwerfungen insbesondere aufgrund der hohen Arbeitslosigkeit nach dem Wegbrechen nicht konkurrenzfähiger ostdeutscher Industrien abzufedern und die Lebensverhältnisse in den neuen Ländern insgesamt denen in den alten Ländern anzunähern.

Die beschriebenen Probleme resultieren aus der Tatsache, daß mit der staatlichen Vereinigung Deutschlands zwei unterschiedlich strukturierte und unterschiedlich wirtschaftsstarke Gebiete in einem Staat zusammengeschlossen wurden. Die Kluft in der wirtschaftlichen Leistungsfähigkeit verdeutlicht sich schlaglichtartig in der Wertschöpfung: Im Jahr 1991 lag das Bruttoinlandsprodukt je Einwohner in den neuen Ländern bei ca. 30 % des Durchschnitts der westlichen Länder (Datenreport 1992: 278, eigene Berechnung). Durch die Vereinigung sank damit das gesamtstaatliche Bruttoinlandsprodukt je Einwohner des vereinigten Deutschlands größenordnungsmäßig um etwa ein Sechstel oder auf ca. 85 % des Niveaus der alten Bundesrepublik (Renzsch 1994: 117f.; Czada 1995: 73f.).

Die gesamtstaatlichen öffentlichen Einnahmen nahmen infolgedessen – trotz zeitweise einigungsbedingter konjunktureller Einnahmeverbesserungen (Einigungsboom) und Steuererhöhungen – bezogen auf den Einwohner nominal und real ab.[2] Jedoch blieben die öffentlichen Ausgaben je Einwohner trotz Abbau staatlicher Leistungen nicht stabil, sondern stiegen wegen der Herausforderungen der Einheit deutlich an.[3] Kurz gesagt: Von einem ärmer gewordenen Staat wurden mehr Leistungen verlangt.

Es ist unverkennbar: Die Vereinigung der beiden deutschen Staaten war auch für die Finanz- und Haushaltspolitiker der alten Bundesrepublik eine unerwartete, eine unerhörte Begebenheit – wie konnte es auch anders sein? Die politische Dynamik zwischen der Maueröffnung vom 9. November 1989 und dem Beitritt der DDR zur Bundesrepublik am 3. Oktober 1990 traf auf ein finanz- und haushalts-

---

2   Die Einnahmen des öffentlichen Gesamthaushalts der Bundesrepublik stiegen von 674,4 Mrd. DM 1989 (dem letzten Jahr vor der Einheit) auf 849,6 Mrd. DM 1991 (dem ersten vollständigen Haushaltsjahr nach der Einheit). Zugleich wuchs die Bevölkerungszahl von 62,063 Mio. (1989) auf 79,984 Mio. (1991). Pro Einwohner verminderten sich die Einnahmen des öffentlichen Gesamthaushalts damit von 10.864 DM auf 10.622 DM oder um ca. 2,2 vH (Finanzbericht 1996, S. 92; Datenreport 1994, S. 21; eigene Berechnung).
3   Die Ausgaben des öffentlichen Gesamthaushalts stiegen in derselben Periode von 701,5 Mrd. DM auf 972,3 Mrd. DM. Bezogen auf den Einwohner war dies eine Steigerung von 11.303 DM auf 12.156 DM oder rd. 7,5 vH (Finanzbericht 1996, S. 92; Datenreport 1994, S. 21; eigene Berechnung).

politisches Instrumentarium, das auf Berechenbarkeit, Stabilität und Verläßlichkeit sowie die Vermeidung oder zumindest Minimierung von Risiken hin angelegt ist. Die Herausforderungen waren neu und bisher einmalig: Revolutionen und ihre Folgen sind in dem Modell der mittelfristigen Finanzplanung üblicherweise nicht vorgesehen.

Die Dimension der finanzpolitisch zu bewältigenden Probleme wird durch einen Blick auf die öffentlichen Leistungen in den und zugunsten der neuen Bundesländer deutlich. Größenordnungsmäßig werden diese Leistungen derzeit auf jährlich etwa 6 vH des westdeutschen Bruttoinlandsprodukts veranschlagt. Dabei sollte nicht verkannt werden, welche Probleme die Berechnung der sogenannten „Transferleistungen" bereitet. Je nach Berechnungsweise werden beispielsweise für das Jahr 1992 eine Summe von 100 Mrd. DM oder aber von 234 Mrd. DM ermittelt (Fuest/Kroker 1993: 10). Die Problematik der Berechnung begründet sich aus der Abgrenzung der Institutionen: Zählen die Nettoleistungen der Treuhandanstalt, der Bundespost und der Bundesbahn zum privaten Unternehmenssektor, also nicht zum „Staat", oder sind sie aufgrund ihrer Aufgaben dem öffentlichen Sektor zuzurechnen? Die Übernahme der Schulden dieser Institutionen durch den Bund (Erblastentilgungsfonds, Bundesbahnsondervermögen) rechtfertigen eine Zuordnung zum öffentlichen Sektor. Ab 1994 (Bundesbahn) bzw. 1995 („Erblasten") werden diese Schulden formal als Sondervermögen des Bundes ausgewiesen (Bundesbank 1996b: 37; Dietz 1995: 485).

Zusätzlich zu diesem Abgrenzungsproblem stellt sich die Frage, wie mittel- oder unmittelbar erbrachte zentralstaatliche Leistungen – dazu zählen auch die Parafisci wie die Haushalte der Arbeitslosen- und Rentenversicherungen – in den neuen Länder zugeordnet werden. Im Grundsatz sind die Kosten der Wahrnehmung von Bundesaufgaben im vergrößerten Bundesgebiet kein Transfer. Der Bau einer Autobahn in Sachsen ist im Grundsatz nicht anders zu betrachten als in Bayern. Jedoch würde man die finanzielle Tragweite verkennen, wenn man bei der zentralstaatlichen Aufgabenwahrnehmung in den neuen Ländern die Leistungen der Sozialversicherungsträger (Czada 1995: 81ff.) und die „Nachholbedarfe" gegenüber dem westlichen „Normalzustand" öffentlicher Investitionen ignorieren würde. Zeitlich befristete besonders hohe Nettobelastungen (also nach Abzug des Steuer- oder Beitragsaufkommens in den neuen Ländern) des Bundes infolge von Aufwendungen zur Entwicklung der Infrastruktr oder der Sozialversicherungen, zur sozial- und arbeitsmarktpolitischen Flankierung des wirtschaftlichen Umstellungsprozesses, also von Arbeitslosenunterstützungen, ABM-Maßnahmen und Umschulungen bis hin zur Aufbau funktionsfähiger Kommunikationssysteme (Fernstraßenbau, Eisenbahn, Telekommunikation) können nicht unberücksichtigt bleiben. Im Grunde müßten auch die Effekte einer erhöhten vereinigungsbedingten öffentlichen Kreditaufnahme auf das allgemeine Zinsniveau berücksichtigt werden, denn die Zinsbelastung der öffentlichen Hand erhöhte sich u.a. auch durch das infolge der ausgeweiteten Kreditaufnahme nach Einheit angehobene

Zinsniveau. Schließlich führten das – politisch gewollte – Engagement von westdeutschen Unternehmen in Ostdeutschland wie auch die Umlenkung der Vergabe von öffentlichen Aufträgen an ostdeutsche Firmen zu Minderungen z.B. bei dem Gewerbesteueraufkommen der westdeutschen Gemeinden (Postleb 1992: 38f.). Besonders schwierig gestaltet sich die Berücksichtigung von einigungsbedingten Einnahmen bzw. der Wegfall von Ausgaben. Dazu zählen Steuermehreinnahmen des Bundes, der alten Länder und ihrer Gemeinden durch die einigungsbedingte Sonderkonjunktur 1991/92, der Abbau teilungsbedingter Ausgaben und Steuervergünstigungen sowie die Aufhebung des Strukturhilfegesetzes. Jede Vergleichsrechnung – was wäre ohne Vereinigung gewesen – bliebe notwendigerweise mit großen Unsicherheitsfaktoren belastet und damit letztlich spekulativ und kontrovers.

Unter Berücksichtigung der Einnahmen der öffentlichen Hand in Ostdeutschland, aber unter Ausschluß von einigungsbedingten Mehreinnahmen oder Minderausgaben im Westen schwanken die verschiedenen Schätzungen für 1992 zwischen einer Nettotransfersumme von 162,5 Mrd. DM und 183 Mrd. DM. Mit dem mittleren Wert von rund 170 Mrd. DM wurden 1992 etwa die bereits erwähnten 6 vH des westdeutschen Bruttoinlandsprodukts in die neuen Länder transferiert. Diese Leistung belief sich auf etwa 60 vH des ostdeutschen Bruttoinlandsprodukts (Fuest/Kroker 1993: 8ff.).[4]

Die finanzpolitische Herausforderung der Einheit bestand jedoch nicht nur darin, daß finanzielle Ressourcen bereitgestellt werden mußten, um die vielfältige Kluft zwischen Ost und West abzubauen, sondern es war auch nötig, die Lasten zwischen den Gebietskörperschaften des Bundesstaates angemessen zu verteilen und die neuen Länder in die Lage zu versetzen, als gleichberechtigte Glieder im Bundesstaat agieren zu können. Der Kern des Problems ruhte in den regionalen Disparitäten: War die „alte" Bundesrepublik trotz aller Differenzen zwischen armen und reichen Ländern eine relativ homogene Gebietskörperschaft, so zerfiel die „neue" deutlich in zwei Teile, den relativ reichen Westen und den vergleichsweise armen Osten. Wollte man auf den hohen Grad des interregionalen Ausgleichs, den die „alte" Bundesrepublik erreicht hatte (der ja auch zu deren sozialen und demokratischen Stabilität beigetragen hatte), nicht verzichten (was politisch gegenüber den ostdeutschen Neu-Bundesbürgern kaum zu vertreten gewesen wäre), dann war die finanzpolitische Herausforderung der Einheit komplex. Es ging nicht nur um eine Neudefinition der finanzpolitischen Prioritäten und des bisherigen Verhältnisses von staatlichen Leistungen und Belastungen der Bürger durch die zentralstaatliche Ebene, sondern auch um eine Revision der Verteilung von öffentlichen Einnahmen und Lasten auf die verschiedenen Ebenen und Gebietskörperschaften im Bundesstaat. Der Steuern zahlende und staatliche Leistun-

---

4   Das Bundesfinanzministerium (BMF 1996, S. 6) veranschlagt des Beitrag der öffentlichen Haushalte (Nettotransfer) zum Aufbau der neuen Länder auf jährlich 4 bis 5 vH des westdeutschen BIP, der Finanzbericht 1994 (S. 11) nennt 5 vH des westdeutschen BIP.

Budgetäre Anpassung statt institutionellen Wandels 53

gen empfangende Bürger war damit in mehrfacher Weise getroffen: Als Bürger des Bundes, eines Landes und einer Gemeinde sowie als Mitglied einer gesetzlichen Sozialversicherung. Bei ihm focussierten sich die verflochtenen vertikalen und horizontalen Konfliktlinien.

Es bestand politischer Konsens darüber, daß der Auftrag des Grundgesetzes, gleichwertige Lebensverhältnisse in der Bundesrepublik zu schaffen (Art. 72 Abs. 2 GG), nach der Vereinigung nicht an Bedeutung verloren hatte. Eine unabdingbare Voraussetzung für die Verwirklichung dieses Postulats war es, die neuen Länder in die Lage zu versetzen, die ihnen obliegenden Aufgaben trotz des Mangels an eigener Finanzkraft selbständig wahrzunehmen. Damit war neben der Neuorientierung der finanzpolitischen Prioritätensetzungen zugunsten der neuen Länder die Sicherung ihrer Finanzausstattung ein zentrales Problemfeld bei der Bewältigung der einigungsbedingten Herausforderungen. Allerdings – insoweit bestand unter den Beteiligten und Beobachtern Einvernehmen – war das bestehende System des bundesstaatlichen Finanzausgleichs, das diesem Zweck unter den alten Ländern diente, nicht geeignet, die immensen Finanzkraftunterschiede zwischen alten und neuen Ländern zu überbrücken. Die neuen Länder verfügten 1991 pro Kopf lediglich über originäre Steuereinnahmen von nur einem Drittel der alten Länder (Finanzbericht 1993: 128). Diese Kluft zwischen alten und neuen Ländern auszugleichen, hätte das unveränderte System überfordert (Peffekoven 1990a und 1990b), insbesondere die finanzschwachen alten Länder wären durch eine unmittelbare Einbeziehung der neuen Länder in den unveränderten Länderfinanzausgleich vor unüberwindbare Haushaltsprobleme gestellt worden (Benz 1991: 593). Es war daher unter diesem Gesichtspunkt, aber auch weil in den neuen Ländern noch keine funktionierende Finanzverwaltung existierte, angezeigt, Übergangsinstrumente und Verfahren zu entwickeln, die dieser neuen Situation eher gerecht wurden als die unmittelbare und volle Einbeziehung der neuen Länder in die Finanzverfassung des Grundgesetzes.

Auf diese komplexe und schwierige finanzpolitische Herausforderung reagierte der Staat mit einer vierfachen Strategie: *haushaltspolitisch* mit Einsparungen durch die Einschränkung oder Privatisierung kostenintensiver staatlicher Leistungen, *kreditpolitisch* mit einer deutlichen Ausweitung der Nettokreditaufnahme und der öffentlichen Verschuldung, *steuerpolitisch* einerseits mit Einnahmeverbesserungen durch Erhöhungen von Steuern und Abgaben und andererseits durch Anreize für Investitionen in den neuen Ländern, und *finanzausgleichspolitisch* mit einer Neujustierung der Lastenverteilung insbesondere durch eine Anpassung der bundesstaatlichen Finanzbeziehungen an die veränderten Verhältnisse nach der Einheit.

Allerdings wäre es verfrüht, davon auszugehen, daß dieser alle staatlichen Ebenen einbeziehende Anpassungs- und Reformprozeß bereit abgeschlossen ist. Im Gegenteil, die Auseinandersetzungen um die Senkung des Solidaritätszuschlags im Frühjahr und Herbst 1996 und der – allerdings in der Debatte um den

Wegfall der Vermögenssteuer nicht wieder aufgenommene – Vorschlag des Bundesfinanzministers, den Ländern Steuergesetzgebungskompetenzen einzuräumen (Süddeutsche Zeitung, 6.2.1996: Waigel regt mehr Steuerautonomie für Länder an), belegen, daß der Prozeß, um den es im folgenden gehen wird, noch nicht abgeschlossen ist.

2. Die Gestaltung des rechtlichen Rahmens

2.1 Der Staatsvertrag über die Schaffung einer Währungs-, Wirtschafts- und Sozialunion: Der Fonds „Deutsche Einheit"

Die sich überstürzenden politischen Ereignisse nach der Maueröffnung am 9. November 1989 ließen in kurzer Zeit deutlich werden, daß eine Vereinigung oder ein Zusammenschluß der beiden deutschen Staaten auf der politischen Tagesordnung stand. Die möglichen Formen – eine Konföderation, eine Vereinigung nach Art. 146 a.F. GG oder ein Beitritt der DDR nach Art 23 a.F. GG – und die möglichen Abläufe – rascher Beitritt oder mehrjährige Übergangsphase – waren hingegen völlig offen.

Die Bundesregierung strebte erst einmal eine „Vertragsgemeinschaft" mit der DDR an, deren (längerfristiges) Ziel die Wiedervereinigung war (Lehmann 1995: 390ff.). Zentral dafür war eine Währungsgemeinschaft in Verbindung mit einer Wirtschaftsreform in der DDR, um drängende Versorgungsengpässe zu überwinden und den anhaltenden Strom von Übersiedlern von Ost nach West zu beenden. Mit dem am 18. Mai 1990 unterzeichneten Vertrag über die Schaffung einer Währungs-, Wirtschafts- und Sozialunion (BGBl. II S. 537), der zum 1. Juli 1990 in Kraft trat, wurde die DDR sehr weitgehend in die Wirtschaftsordnung der Bundesrepublik einbezogen. Zur Finanzierung der erwarteten Defizite des DDR-Haushalts bis 1994 wurde der Fonds „Deutsche Einheit" aufgelegt, über dessen Grundzüge sich die Regierungschefs des Bundes und der westdeutschen Länder am 16. Mai 1990 geeinigt hatten. Nach dessen Konzeption sollten die Haushaltsdefizite der DDR zu je einem Drittel von der DDR selbst, vom Bund und den westdeutschen Ländern getragen werden. Aufgrund von Schätzungen über die Entwicklung des DDR-Haushalts nach der Währungsumstellung wurde der westdeutsche Anteil – Bund und Länder – für den Zeitraum bis 1994 auf 115 Milliarden DM beziffert. 20 Milliarden DM der genannten Summe wollte der Bund durch Einsparungen teilungsbedingter Kosten aufbringen, der Rest sollte jeweils hälftig auf den Bund und die westdeutschen Länder verteilt und auf dem Kreditwege finanziert werden. Mit dieser Verständigung wurde zugleich unter Suspendierung des Deckungsquotenverfahrens die geltende Umsatzsteuerverteilung zwischen Bund und alten Ländern bis Ende 1992 fortgeschrieben (Art. 31 §§ 2, 5f., Art. 32 Staatsvertragsgesetz vom 25.6.1990, BGBl. II, S. 518). Der Fonds „Deutsche Einheit" war damit erst einmal ein Instrument zur Finanzierung der erwarteten Haushaltsdefizite eines noch selbständigen Staates, der sich zwar mit dem Ziel der staatlichen Einheit in die Wirtschafts- und Sozialordnung der Bundesrepublik integrierte, und ein Instrument zur Regelung der Lastenverteilung zwischen Bund und westdeutschen Länder. Ein Instrument zur Deckung der Finanzierungsbedürfnisse von noch zu schaffenden ostdeutschen Ländern in einem gesamtdeutschen Bundesstaat war er jedoch nicht.[5]

Diese Verständigung über die Lastenverteilung erschien den Beteiligten – Bund und westdeutschen Länder – akzeptabel. Sie war für die Länder kalkulierbar und beteiligte Bund und Länder in gleicher Weise an den erwarteten – allerdings viel zu optimistisch geschätzten – (Netto-)Teilungslasten der Jahre 1990 bis 1994 mit jeweils 47,5 Mrd. DM. Sie vertagte zudem den Streitpunkt Neuverteilung des Umsatzsteueraufkommens. Eine andere Lösung, die das Deckungsquotenverfahren (dazu: Maßstäbe 1981) nicht ausgesetzt hätte, wäre für den Bund riskanter gewesen als für die Länder. Bei einem *langandauernden* Vereinigungsprozeß hätten sich die Länder auf den Standpunkt zurückziehen können, es handele sich hier um eine gesamtdeutsche Aufgabe, die eine (ungeschriebene) Bundeskompetenz sei. Eine finanzielle Länderbeteiligung durchzusetzen, wäre für den Bund nicht einfach gewesen.[6] Bei einem *raschen* Vereinigungsprozeß hätten die absehbaren Defizite der Haushalte der neuen Länder nach der Vereinigung eine Erhöhung des Länderanteils an der Umsatzsteuer gerechtfertigt (Exler 1991: 100f.; Benz 1993: 464f.).

Aus der Sicht der westdeutschen Länder waren die von ihnen aufzubringenden 47,5 Milliarden DM zweifellos eine erhebliche Belastung. Sie erschien ihnen jedoch hinnehmbar, weil damit die Forderung des Bundes, seinen Umsatzsteueranteil um sechs Prozentpunkte auf 71 % (ca. 10 Milliarden DM jährlich) zu erhöhen, abgewehrt werden konnte. Da der Fonds „Deutsche Einheit" die Belastungen der Länder im Zuge der deutschen Vereinigung nach Ansicht sowohl des Bundesrates wie auch der Bundesregierung abschließend regelte (BT-Drs. 11/7351, S. 5, 8, jeweils Nr. 13), sahen sich die alten Länder von weiteren finanziellen Risiken freigestellt (Geske 1991: 36).

Diese Vereinbarung war auch ein Konzept zur Begrenzung der Lasten der westdeutschen Länder. Bei aller Bereitschaft, Lasten mitzutragen, berücksichtigte es vorrangig deren Interessen an der Bewahrung und Sicherung ihrer Finanzkraft.

---

5   Auf den finanzausgleichspolitischen Handlungsbedarf für den Fall der staatlichen Einheit weist Art. 31 § 2 Abs. Staatsvertragsgesetz, der die Neuregelung der Bund-Länder-Finanzbeziehungen bis zum 1. Januar 1995 verlangt. Weil es beim Staatsvertrag noch um die Finanzierung der Lücken des DDR-Haushaltes ging, nicht um die Finanzausstattung von ostdeutschen Ländern, konnte das letztgenannte Problem erst einmal vertagt werden.
6   Bisher haben sich die Länder z.B. erfolgreich gegen eine Beteiligung an den Zahlungen des Bundes an die EG/EU gewehrt.

Aus ihrer Sicht war es nicht hinnehmbar, daß der Bund seine Vereinigungspolitik als gesamtdeutsche Aufgabe weitgehend unter Ausschluß der Länder verfolgte (Lehmbruch 1992: 25f.), sie zugleich aber in eine unüberschaubare finanzielle Mitverantwortung nehmen wollte. Es war daher für die Länder wichtig, ihre Beteiligung an den Aufwendungen zugunsten der DDR im Übergang zu begrenzen und durch eine langfristige Finanzierung die Auswirkungen möglichst gering zu halten.

2.2 Der Vertrag über die Herstellung der Einheit Deutschlands (Einigungsvertrag)

Der Vertrag zwischen der Bundesrepublik und der DDR über die Herstellung der Einheit Deutschlands – Einigungsvertrag – vom 31.8.1990 (BGBl. II S. 889) hatte politisch eine qualitativ andere Aussage als der Staatsvertrag vom 18.5.1990. Letzterer war zwar bereits im Hinblick auf eine Vereinigung der beiden deutschen Staaten abgeschlossen worden und sollte insbesondere mit der Währungsunion – Einführung der Deutschen Mark in der DDR als offizielles Zahlungsmittel zum 1.7.1990 – eine nicht revidierbare Grundlage für den Weg zur Einheit schaffen, die damit notwendig werdenden weiteren Rechtsüberleitungen regelte er jedoch noch nicht. Dies nicht zuletzt deswegen, weil bei Abschluß des Staatsvertrages der Termin der Vereinigung der beiden deutschen Staaten noch völlig offen war, zumal die außenpolitischen Rahmenbedingungen noch nicht geklärt waren. Der Staatsvertrag regelte im Prinzip die Verhältnisse zwischen zwei – ungleichen – Partnern, von denen der eine bestimmte Dinge vom anderen übernehmen wollte. Der Einigungsvertrag sollte demgegenüber die Voraussetzungen dafür schaffen, daß die beitretende DDR bzw. die dort wieder errichteten Länder nunmehr gleichberechtigt Teil der Bundesrepublik wurden. Aus diesem Grunde enthält der Einigungsvertrag eine höhere Regelungsdichte und besitzt politisch ein wesentlich bedeutenderes Gewicht.

Der Einigungsvertrag regelte zwei für die nächsten Jahre wichtige finanzpolitische Weichenstellungen:

1. Im Grundsatz wurden die neuen Länder teils unmittelbar mit der Vereinigung, teils – haushaltstechnisch bedingt – zum 1.1.1991 in die Finanzordnung der Bundesrepublik Deutschland gleichberechtigt, materiell in einigen Bereichen auch privilegiert einbezogen, allerdings auch mit gewichtigen Ausnahmen.
2. Die Ausnahmen betrafen vor allem die horizontal wirksamen Elemente der Bund-Länder-Finanzbeziehungen (Finanzausgleich, Art. 107 GG).

Budgetäre Anpassung statt institutionellen Wandels 57

2.2.1 Die Einbeziehung der neuen Länder in das Regelwerk der bundesdeutschen Finanzordnung zum Termin des Beitritts

Aufgrund des Einigungsvertrages wurde am 3.10.1990 auch die Finanzverfassung (Art. 91a und 91b, 104a ff. GG) grundsätzlich, allerdings mit einigen Ausnahmen, auf die neuen Länder erstreckt (Art. 7 Abs. 1 EV). Ohne Ausnahme übertragen wurden der Konnexitätsgrundsatz (Art. 104a Abs. 1 GG), der eine aufgabengerechte Finanzausstattung der neuen Länder dringend erforderte, und die Kostenregelung der Bundesauftragsverwaltung (Art. 104a Abs. 2 GG), die Steuergesetzgebung (Art. 105 GG), die Bestimmungen über die Steuerverteilung zwischen Bund und Ländern (Art. 106 GG) sowie über die Finanzverwaltung, Haushaltswirtschaft und Kreditbeschaffung (Art. 108ff. GG). Sofern nicht bereits zum 1.7.1990 eingeführt (Art. 31 Staatsvertrag), wurde damit zum 3.10.1990 die Steuer- und Abgabenordnung der Bundesrepublik – teilweise mit befristeten Sonder- und Übergangsbestimmungen – in den neuen Ländern in Kraft gesetzt (Anlage I Kap. IV Sachgebiet B Abschnitt II Ziff. 7ff. EV). Die Ausnahmeklauseln begründeten sich teils aus den verwaltungstechnisch fehlenden Möglichkeiten, die bundesdeutschen Regelungen sofort einzuführen[7], und aus dem Bestreben, die wirtschaftliche Entwicklung durch steuerliche Maßnahmen zu fördern (Anlage I Kap. IV Sachgebiet B Abschnitt II Ziff. 16ff. EV).

2.2.1.1 Die Mischfinanzierungen

Die Bestimmungen über die sogen. Mischfinanzierungen – die Gemeinschaftsaufgaben (Art. 91a und 91b GG), Geldleistungsgesetze (Art. 104a Abs. 3 GG) und die Finanzhilfen des Bundes für besonders bedeutsame Investitionen der Länder und Gemeinden (Art. 104a Abs. 4 GG) – traten haushaltstechnisch begründet mit einer Verzögerung von knapp drei Monaten zum Beginn des neuen Haushaltsjahres am 1.1.1991 in den neuen Ländern in Kraft.

2.2.1.2 Gemeinschaftsaufgaben nach Art. 91a GG

Zum 1.1.1991 wurden die neuen Länder in die Rahmenpläne der Gemeinschaftsaufgaben nach Art. 91a GG (Aus- und Neubau der Hochschulen einschließlich der Hochschulkliniken, Verbesserung der regionalen Wirtschaftsstruktur, Verbesserung der Agrarstruktur und des Küstenschutzes) einbezogen. Im Bereich des *Aus- und Neubaus der Hochschulen* stellte der Bund ab 1991 1,6 Mrd. DM[8] pro Jahr zur Verfügung, wovon 300 Mio. DM in die neuen Länder flossen. Außerdem wurden die ostdeutschen Hochschulen auch in den verschiedenen Hochschulsonderprogrammen (Finanzbericht 1991: 25) und bei den Förderwegen nach Art. 91b

---

7 So wurde bis Ende 1992 die KfZ-Steuer noch durch Steuermarken, wie es in der DDR üblich war, erhoben (Anlage I Kap. IV Sachgebiet B Abschnitt II Ziff. 35f. EV).
8 Ab 1994 wurde diese Summe um 80 Mio DM p.a. erhöht. Finanzbericht 1994, S. 32f.

GG (siehe Kapitel 2.2.1.3) berücksichtigt. Im Rahmenplan 1995 – 1998 wurde der Bundesanteil auf 1,8 Mrd. DM jährlich erhöht, ohne daß jedoch über die regionale Verteilung informiert wird (Finanzbericht 1995: 31).[9]

Im Rahmen der Gemeinschaftsaufgabe „*Verbesserung der regionalen Wirtschaftsstruktur*" wurde den neuen Länder ein herausragender Förderstatus eingeräumt. Die Finanzplanung des Bundes wies für 1991 bis 1993 ursprünglich Bundesmittel in Höhe von 2 Mrd. DM jährlich, für 1994 1,5 Mrd. DM aus, die von den Ländern um dieselbe Summe zu ergänzen waren.[10] Hierzu kamen weitere Mittel des Europäischen Fonds für regionale Entwicklung (EFRE) von 1 Mrd. DM jährlich für 1991 bis 1993, die im Umfang von 500 Mio. DM vom Bund mitzufinanzieren waren (Finanzbericht 1991: 22). Ab 1992 wurden die Ansätze erhöht, wobei die Angaben für die Gemeinschaftsaufgabe nicht eindeutig sind.[11] Für die Jahre 1991 bis 1995 stellte der Bund auf diesem Förderweg insgesamt 10,4 Mrd. DM bereit. In der Finanzplanung für 1996 sind 3,25 Mrd. DM vorgesehen. Ab 1998 sollen die Bundesleistungen auf ein „Normalmaß" zurückgeführt werden. Für 1999 sind noch 855 Mio. DM vorgesehen (Finanzbericht 1996: 25).

Mit Hilfe der Gemeinschaftsaufgabe „*Verbesserung der Agrarstruktur und des Küstenschutzes*" wurde in Ostdeutschland schwerpunktmäßig die Wiedereinrichtung bäuerlicher Familienbetriebe unterstützt. Nach den Daten der Finanzplanung flossen 1991 für diese Gemeinschaftsaufgabe 500 Mio. DM in die neuen Länder, 1992 bis 1994 jeweils 1,4 Mrd. DM, für die alten stellte der Bund jeweils 1,7 bis 1,9 Mrd. DM zur Verfügung (Finanzbericht 1991: 18f.). Später wurden diese Ansätze für die neuen Länder um 200 Mio. DM reduziert (Finanzbericht 1992: 18). Ab 1995 beabsichtigte der Bund seine Aufwendungen für alte und neue Länder zusammen um rund 700 Mio. DM jährlich zu reduzieren (Finanzbericht 1995: 23; ders. 1996: 21).

2.2.1.3 Gemeinschaftsaufgaben nach Art. 91b GG

Aufgrund der Bestimmungen des Einigungsvertrages wurden die neuen Länder mit Wirkung ab 1.1.1991 auch in die Gemeinschaftsaufgaben nach Art. 91b GG (Bildungsplanung und Forschungsförderung) einbezogen. Sie traten dem Verwaltungsabkommen über die gemeinsame Bildungsplanung, der Rahmenvereinbarungen zu Modellversuchen im Bildungswesen und der Forschungsförderung sowie

---

9   In den Jahren 1997 bis 1999 beabsichtigt der Bund, 1,94 Mrd. DM jährlich zur Verfügung zu stellen, Finanzbericht 1996, S. 29.
10 Für die alten Länder waren 1991 noch Bundesmittel in Höhe von insgesamt 670 Mio. mit sinkender Tendenz vorgesehen, Finanzbericht 1991, S. 22.
11 In den Finanzberichten werden die unterschiedlichen Förderwege nicht immer deutlich unterschieden. So werden im Finanzbericht 1992, S. 21, die Bundesmittel für das Gemeinschaftswerk Aufschwung-Ost der Gemeinschaftsaufgabe regionale Wirtschaftsförderung zugeschlagen. Das ist nicht korrekt, denn allein die Finanzierungsschlüssel des Gemeinschaftswerks (Gemeinschaftswerk Aufschwung-Ost 1991, S. 36) sind nicht mit den Vorschriften für die Gemeinschaftsaufgabe (Art. 91a Abs. 4 Satz 1 GG) zu vereinbaren.

den Vereinbarungen über Hochschulsonderprogramme einschließlich der jeweils dazugehörigen Ausführungsvereinbarungen (Deutsche Forschungsgemeinschaft, Max-Planck-Gesellschaft, „Blaue-Liste"-Institute etc.) bei (BLK 1991). Die finanziellen Aufwendungen des Bundes erhöhten sich aufgrund des Mehrbedarfes für die gesamtdeutsche Forschungslandschaft etwa um ein Drittel (Finanzbericht 1991: 24). Umschichtungen von Fördermitteln aus den alten in die neuen Länder sind darin nicht erfaßt.

Das Hochschulerneuerungsprogramm (HEP) gehörte formal ebenfalls in den Rahmen der Gemeinschaftsaufgaben nach Art. 91b GG. Insgesamt wurden über dieses Programm 1991-1996 insgesamt 2,427 Mrd. DM für die Universitäten und Hochschulen in den neuen Ländern zur Verfügung gestellt. Der Bund trug davon einen Anteil in Höhe von 75 vH der Aufwendungen (1,82 Mrd. DM, Finanzbericht 1993, S. 26, 123).

2.2.1.4 Geldleistungsgesetze nach Art. 104 Abs. 3 GG

Nach Art. 104a Abs. 3 GG können Bundesgesetze, die Geldleistungen gewähren und von den Ländern ausgeführt werden, bestimmen, daß die Geldleistungen ganz oder teilweise vom Bund getragen werden. Hierunter fällt eine Vielzahl von Gesetzen, die dem Bürger einen Anspruch auf finanzielle Leistungen der öffentlichen Hand gewährt, so beispielsweise das Bundesausbildungsförderungsgesetz (BAföG), das Bundeserziehungsgeldgesetz, das Wohnungsbau-Prämiengesetz, das Zweite Wohngeldgesetz und mehrere andere.[12] Es war im Zuge der Vereinigung nicht streitig, daß den Bürgern der neuen Ländern derselbe Rechtsanspruch auf staatliche Leistungen zusteht wie denen der alten Länder.

2.2.1.5 Investitionshilfen des Bundes nach Art. 104 Abs. 4 GG

Der Bund kann den Ländern Finanzhilfen für besonders bedeutsame Investitionen der Länder und Gemeinden gewähren (Art. 104a Abs. 4 GG). Im wesentlichen handelt es sich hierbei um meist längerfristig angelegte Investitionshilfen für bestimmte andauernde und zugleich kostenintensive Aufgaben der Länder (z.B. Städtebauförderungs- oder Gemeindeverkehrsfinanzierungsgesetz) oder für bestimmte Problembereiche (z.B. Strukturhilfegesetz). Besondere Verteilungs- oder Finanzierungsregelungen über allgemeine Grundsätze wie Angemessenheit und Gleichbehandlung der Empfänger hinaus kennt das GG nicht. Voraussetzung für die Gewährung ist, daß sie „zur Abwehr einer Störung des gesamtwirtschaftlichen Gleichgewichts oder zum Ausgleich unterschiedlicher Wirtschaftskraft im Bundesgebiet oder zur Förderung des wirtschaftlichen Wachstums erforderlich sind"

---

12 Nicht unter die Geldleistungsgesetze fällt hingegen das Sozialhilfegesetz, weil es auch Sachleistungen gewährt. An den Leistungen der Länder und Kommunen nach dem Bundessozialhilfegesetz beteiligt sich der Bund nicht.

(Art. 104a Abs. 4 Satz 1 GG). Diese sehr weite und wenig konkrete Bestimmung erlaubt einen flexiblen Einsatz dieses Finanzierungsinstruments, zumal die Vergabe nicht notwendigerweise eines besonderen Gesetzes bedarf, sondern auch aufgrund des Bundeshaushaltsgesetzes und von Verwaltungsvereinbarungen möglich ist (Art. 104a Abs. 4 Satz 2 GG).

Die neuen Länder erhielten vom Bund im Rahmen dieser Finanzhilfen z.B. für die Stadtentwicklung 1991 bis 1994 380 Mio. DM jährlich, die sie um dieselbe Summe aufzustocken hatten. Insgesamt stellte der Bund in diesen Jahren rund 1,6 Mrd. DM zugunsten der neuen Länder bereit. Ab 1995 wurden die Zuweisungen auf 310 Mio. DM reduziert. Die Verpflichtung der neuen Länder, in derselben Höhe Komplementärmittel aufzubringen, blieb bestehen. Für den sozialen Wohnungsbau flossen in demselben Zeitraum 1 Mrd. DM jährlich in die neuen Länder (Finanzbericht 1991: 124; ders. 1995: 148). Damit wurden diese beiden Bereichen ein Förderschwerpunkt in den neuen Ländern. Die Bundesregierung strebt eine Reduzierung der Finanzhilfen an, wovon auch Ostdeutschland betroffen sein wird (Finanzbericht 1995: 33).

Angesichts der nicht befriedigenden wirtschaftlichen Entwicklung in den neuen Ländern, insbesondere wegen der rasant steigenden Arbeitslosigkeit, aber auch wegen der Defizite in der öffentlichen Infrastruktur bestand Konsens, daß über die Einbeziehung der ostdeutschen Länder in laufende Förderprogramme hinaus weitere Maßnahmen zur Förderung von Investitionen notwendig seien, die diese nicht aus eigener Kraft finanzieren konnten. Um die Finanzhilfen des Bundes zu verstärken, vereinbarten der Bundeskanzler und die Ministerpräsidenten der neuen Länder am 28. Februar 1991 unter anderen die Auflage eines *Gemeinschaftswerks „Aufschwung Ost"*, in dessen Rahmen den neuen Länder in den Jahren 1991 und 1992 jeweils Investitionshilfen des Bundes nach Art. 104 a Abs. 4 GG in Höhe von 12 Mrd. DM, zusammen 24 Mrd. DM, zur Verfügung gestellt werden sollten.[13] Im einzelnen wurden diese Mittel als kommunale Investitionspauschale (nur 1991: 5 Mrd. DM), für Arbeitsbeschaffungsmaßnahmen, Verkehrsinvestitionen, den Wohnungs- und Städtebau, die Förderung privater Unternehmensinvestitionen, für regionale Wirtschaftsförderung, die Werftenhilfe, den Umweltschutz, für Hochschulen Ost und die Instandsetzung von Gebäuden vergeben. Die Finanzierungsanteile von Bund und Ländern bzw. Gemeinden waren für die einzelnen Investitionsbereiche unterschiedlich geregelt.

Dieses Investitionsförderprogramm des Bundes wurde von den neuen Länder zwar als hilfreich, aber als zu kurzfristig angelegt, beurteilt. Insbesondere die Beschränkung der im Programm enthaltenen kommunalen Investitionspauschale auf das Jahr 1991 rief Kritik hervor. Zwar hätten die Länder auch 1992 ihre Gemein-

---

13 Gemeinschaftswerk Aufschwung-Ost 1991: Die Nachtragshaushalte 1991 und 1992 erhöhten die Ansätze um jeweils 200 Mio. DM, so daß das Gesamtvolumen auf 24,4 Mrd. DM anstieg, vgl. Aktuelle Beiträge zur Wirtschafts- und Finanzpolitik, Nr. 4/1995: Der Aufbau in den neuen Bundesländern, S. 66.

den am Gemeinschaftswerk „Aufschwung Ost" in der gleichen Weise wie 1991 beteiligen können, jedoch war dieses 1992 – im Unterschied zu 1991, als 40 vH als kommunale Investitionspauschale ausgewiesen waren – wegen der Zweckbindungen schwierig. Die neuen Länder drängten infolgedessen auf eine Wiederauflage der Pauschale. In einer Verwaltungsvereinbarung vom 30. 6. 1993 kamen Bund und neue Länder dann für 1993 überein, eine erneute Investitionspauschale in Höhe von 1,5 Mrd. DM aufzulegen (Finanzbericht 1994: 141).[14]

2.3 Die Ausnahmeklauseln des Einigungsvertrages: der Finanzausgleich

Soweit der Einigungsvertrag eine Einbeziehung der neuen Länder in das Regelwerk der Finanzverfassung des GG zum Tag des Beitritts oder zum Beginn des nächsten Haushaltsjahres am 1.1.1991 vorsah, verlief der Eingliederungsprozeß ohne größere Probleme und war im Grunde wenig kontrovers. Anders sah es hingegen bei den Bestimmungen der Finanzverfassung aus, deren Inkrafttreten durch den Einigungsvertrag auf das Jahr 1995 verschoben oder unter einen Änderungsvorbehalt gestellt worden waren. Hierzu zählten Bestimmungen der Art. 106 (Steuerverteilung) und 107 GG (Finanzausgleich).

Aus dem gesamten Regelwerk der Art. 106 und 107 GG wurden nur die Vorschriften über die originäre Steuerverteilung (Art. 106 Abs. 1f. GG) unverändert auf die neuen Länder übertragen. Danach standen ihnen die Landessteuern und Länderanteile an der Einkommen- und Körperschaftsteuer (Art. 107 Abs. 1 Satz 1 GG) nach dem örtlichen Aufkommen sowie nach den Steuerzerlegungsvorschriften (Art. 107 Abs. 1 Satz 2 GG; Zerlegungsgesetz vom 29.3.1952 i.d.F. vom 25.2.1971, BGBl. I S. 145), im letzteren Fall ab 1.1.1991 zu (Anlage 1 Kap. IV, Sachgebiet B Abschnitt II Nr. 4 EV). Damit wurde sichergestellt, daß den neuen Ländern die Lohnsteueranteile „ihrer" Einwohner, auch wenn sie anderorts abgeführt wurde, sowie die Körperschaftsteuer „ihrer" Unternehmen sowie anteilig die von in den neuen Ländern tätigen Unternehmen mit Sitz in den alten Ländern zustanden. Alle anderen Regeln, die die originäre Steuerverteilung im Sinne eines Ausgleichs modifizierten, wurden nicht oder nur verändert auf die neuen Länder übertragen.

In Anlehnung an den Staatsvertrag zur Schaffung der Währungs-, Wirtschafts- und Sozialunion vom 18. Mai 1990 wurde – abweichend von den Bestimmungen des GG – im einzelnen durch Art. 7 Abs. 2 und 3 EV bestimmt, daß

– die Grundsätze und Maßstäbe für die Aufteilung des Umsatzsteueraufkommens zwischen Bund und Ländern (Art. 106 Abs. 3 Satz 4 und Abs. 4 GG) bis zum 31.12.1994 außer Kraft gesetzt werden,

---

14 Infodienst Kommunal. Informationen der Bundesregierung für Städte, Gemeinden und Kreise, Nr. 75, 5.7.1993, hrsg. vom Bundesministerium des Innern: Verwaltungsvereinbarung über die Gewährung von Finanzhilfen des Bundes.

- die Gemeindeanteile an der Einkommensteuer in den neuen Ländern (Art. 106 Abs. 5 GG) bis Ende 1996 mangels finanzstatistischer Daten nicht aufgrund der Einkommensteuerleistung der Einwohner, sondern nach der Einwohnerzahl festgelegt werden,
- der kommunale Anteil vom Aufkommen der Landessteuern und des Länderanteils der Gemeinschaftssteuern 20 vH (*Art. 106 Abs. 7 GG schreibt vor, daß die Bestimmung der Höhe dieses Anteils eine Angelegenheit der Landesgesetzgebung ist*) sowie an den Mitteln des Fonds „Deutsche Einheit" 40 vH beträgt,
- bis Ende 1994 zwischen den alten und neuen Ländern weder der Umsatzsteuerausgleich (Art. 107 Abs. 1 Satz 4, 2. Halbsatz GG) noch der Länderfinanzausgleich (Art. 107 Abs. 2 Satz 1 und 2 GG) stattfindet und die neuen Länder auch nicht bei den Ergänzungszuweisungen des Bundes berücksichtigt werden (Art. 107 Abs. 2 Satz 3 GG),
- sowie der Umsatzsteueranspruch je Einwohner der neuen Länder in Abweichung von Art. 107 Abs. 1 Satz 4, 1. Halbsatz GG für
1991 auf   55 vH
1992 auf   60 vH
1993 auf   65 vH
1994 auf   70 vH des Niveaus der alten Länder festgeschrieben wird.

In der Anlage 1 zum EV wurden diese Ausnahmeregelungen teilweise noch einmal bestätigt und die entsprechenden Novellierungen der einschlägigen Gesetze vorgenommen (Anlage 1 Kap. IV, Sachgebiet B Abschnitt II Nr. 1 – 3 EV).[15]

Als Ersatz für den Ausschluß der neuen Länder von den horizontalen Ausgleichselementen des bundesstaatlichen Finanzausgleichs nach Art. 107 GG (Umsatzsteuerausgleich, Länderfinanzausgleich, Bundesergänzungszuweisungen) diente nun der Fonds „Deutsche Einheit". Obwohl ursprünglich lediglich ein Instrument zur Deckung der Defizite des DDR-Haushalts für den bei Abschluß des Staatsvertrages offenen Übergangszeitraum von der Wirtschafts-, Währungs- und Sozialunion zur staatlichen Einheit, wurde er im Einigungsvertrag sowohl konzeptionell als auch materiell bestätigt (Art. 7 Abs. 5 EV; Anlage 1 Kap. IV Sachgebiet B Abschnitt II Nr. 1 EV). Aus ihm, ein dem Grundgesetz fremden Instrument (Engel 1991, S. 171f.), wurde nun ein Finanzierungsinstrument für die neuen Länder im Bundesstaat. Seine Mittel wurden – nach den ursprünglichen Bestimmungen des Einigungsvertrages nach Abzug von 15 vH seines Volumens zur Finanzierung von zentralstaatlichen Aufgaben des Bundes in Ostdeutschland – auf die neuen Länder nach ihrer Einwohnerzahl verteilt (Anlage I Kap. IV Sachgebiet B Abschnitt II Nr. 1 EV vom 31. 8. 1990, BGBl. II 889; Fiedler 1990, S. 1265; Geske 1991, S. 33ff.).

---

15 Hier – Anlage 1 Kap. IV, Sachgebiet B Abschnitt II Nr. 2 d) EV – findet sich der Ausschluß der neuen Länder von den Bundesergänzungszuweisungen, der im EV selbst nicht genannt ist.

Aus der Sicht der alten Länder war die vereinbarte Lösung ein Gesamtpaket, das ihnen für die nächsten Jahre Planungsicherheit und Schutz vor weiteren Ansprüchen des Bundes auf Mitfinanzierung von Lasten der Einheit bieten sollte (Engel 1991: 172). Mit dem Ziel, sich vor weiteren Ansprüchen des Bundes bei einer Neuaufteilung des Umsatzsteueraufkommens zwischen Bund und Länder möglichst über 1992 hinaus zu sichern, wurde das Deckungsquotenverfahren bis 1994 ausgesetzt (Art. 7 Abs. 2 Nr. 1 EV). Ziel dieser Klausel war es, das Risiko erhöhter Aufwendungen für die neuen Länder beim Bund zu belassen und aus den Auseinandersetzungen um den vertikalen Ausgleich herauszuhalten.

Als verfassungsrechtlich bedenklich galt vor allem die Regelung über die reduzierte Beteiligung der ostdeutschen Länder am Umsatzsteueraufkommen (Art. 7 Abs. 3 Satz 2 EV; Selmer 1991, S. 204f.), dessen Länderanteil im Grundsatz nach Einwohnern verteilt wird (Art. 107 Abs. 1 Satz 4, 1. Halbsatz GG). In den Verhandlungen über den EV bestand ein deutlicher Dissens zwischen der Bundesregierung und den westdeutschen Ländern über die Beteiligung Ostdeutschlands am gesamtstaatlichen Umsatzsteueraufkommen. – Die Sichtweise der DDR-Regierung war bestenfalls von untergeordneter Bedeutung. – Die Bundesregierung ging davon aus, daß für die verbliebenen knapp drei Monate des Haushaltsjahres 1990 die Regelungen des Staatsvertrages vom 18.5.1990 (Art. 28 Abs. 1) weiter gelten (Fiedler 1990: 1266f., Anm. 19), mit dem Beginn des Haushaltsjahres 1991 aber der Länderanteil an der Umsatzsteuer entsprechend der Regelung von Art. 107 Abs. 1 Satz 4 1. Halbsatz GG ab 1991 auf alle Länder nach ihrer Einwohnerzahl verteilt werde, also die neuen Länder in gleicher Weise daran beteiligt würden wie die alten. Ohne besondere Regelung wäre so verfahren worden. Die westdeutschen Länder lehnten jedoch dieses Verfahren, das sie wegen der geringeren Umsatzsteuereinnahmen in Ostdeutschland nach damaligen Berechnungen mit weiteren rund 4 bis 5 Milliarden DM belastete hätte (Peffekoven 1990c), mit dem Argument ab, Bundesrat und Bundesregierung hätten übereinstimmend festgestellt, durch den Fonds „Deutsche Einheit" seien ihre Beiträge zur Finanzierung der staatlichen Vereinigung abschließend geregelt (Engel 1991: 172f.; BT-Drs. 11/7351, Nr. 13). Sie verlangten getrennte Umsatzsteuergebiete, so daß den westdeutschen Länder die Umsatzsteueranteile aus der alten Bundesrepublik, den ostdeutschen lediglich die erheblich niedrigeren aus dem Bereich der ehemaligen DDR zukommen sollten.

Gegen diese Argumentation der westdeutschen Länder konnte natürlich eingewandt werden, daß es sich bei den Regelungen des Staatsvertrags um die Finanzierung der Haushaltsdefizite einer staatsrechtlich noch selbständigen DDR handelte, durch den Einigungsvertrag nun aber für eine verfassungskonforme und aufgabengerechte Beteiligung der neuen Länder am gesamtstaatlichen Steueraufkommen gesorgt werden müsse. Daher war es fragwürdig, den Konsens über die abschließende Beteiligung der alten Länder an der Finanzierung der Defizite des DDR-Haushalts auch als Verständigung über die abschließende Beteiligung an der

Finanzierung der Haushalte der neuen Länder zu verstehen. Für die Finanzierung der Währungs-, Wirtschafts- und Sozialunion waren durchaus Instrumente außerhalb der Finanzverfassung des GG angemessen, jedoch schwerlich für die neuen Länder als nun gleichberechtigte Gliedstaaten der Bundesrepublik.

Die Bundesregierung und die Regierungen der alten Länder verständigten sich schließlich auf den dargestellten Kompromiß zur Umsatzsteuerbeteiligung der neuen Länder, der Bestandteil des Einigungsvertrages wurde. Anstelle der von den Ländern verlangten gänzlichen Trennung der Steuergebiete war nun das schrittweise Heranführen des ostdeutschen Länderanteils an der Umsatzsteuer an das westdeutsche Niveau vorgesehen (Renzsch 1991: 274ff.; Fiedler 1990: 1265ff.; Mäding 1992: 188ff.).

Auch dieser Umsatzsteuerkompromiß, der allerdings nie in die Praxis umgesetzt wurde, verweigerte den neuen Ländern sowohl formal wie materiell die Gleichberechtigung (Schneider 1992: 250). Zudem wurde mit dieser Art der Teilung des vereinigten Deutschlands in ein west- und ein ostdeutsches Umsatzsteuergebiet ein Verfahren gewählt, das den Intentionen des Finanzverfassungsgesetzgeber von 1969 deutlich entgegenlief. Gerade den Länderanteil an der Umsatzsteuer will das GG nicht nach dem örtlichen Aufkommen verteilt sehen. Die Umsatzsteuerverteilung soll strukturelle Unterschiede zwischen den einzelnen Teilen der Bundesrepublik nicht widerspiegeln, sondern deren Folgen ausgleichen helfen. Das 1969 für die Umsatzsteuer bewußt abgelehnte Verteilungsprinzip des örtlichen Aufkommens (Renzsch 1991: 229ff.) sollte nun quasi durch eine verfassungspolitische Hintertür, nämlich die Schaffung getrennter west- und ostdeutschen Steuergebiete für die Gebiete der alten Bundesrepublik und der ehemaligen DDR wieder eingeführt werden (kritisch auch Fiedler 1990: 1265ff.; Peffekoven 1990b: 485ff. und andere).

Es war zweifellos ein Nachteil für die neuen Länder, daß deren finanzielle Eingliederung in die vereinigte Bundesrepublik weniger auf der Grundlage von Verhandlungen zwischen der Bundesregierung und der Regierung der DDR, sondern im wesentlichen aufgrund von vorab getroffenen Vereinbarungen der westdeutschen Ministerpräsidenten mit der Bundesregierung bestimmt worden war. In den Verhandlungen waren die Vertreter der DDR-Regierung den bundesdeutschen „Verhandlungsprofis" verständlicherweise nicht gewachsen. Zudem wurden die für ostdeutsche Politiker schwerlich nachvollziehbaren Debatten über die Finanzierung der neuen Länder von der parteipolitisch motivierten Kontroverse um die Perspektiven der ostdeutschen Wirtschaftsentwicklungen überlagert. Es blieb ihnen kaum eine andere Möglichkeit, als die Argumente ihrer jeweiligen westdeutschen Parteifreunde zu übernehmen. Daher wurden auch Versuche des DDR-Finanzministers Walter Romberg, aufgrund neuerer finanzwirtschaftlicher Daten die absehbare Verschlechterung der Finanzausstattung der neuen Länder in den Verhandlungen zu thematisieren, von Ministerpräsident Lothar de Maizière abgeblockt. Romberg wurde daraufhin von den weiteren Verhandlungen ausge-

Budgetäre Anpassung statt institutionellen Wandels 65

schlossen (Geske 1991: 38), die ohnehin schon fragile CDU/SPD-Koalition in Ost-Berlin zerbrach daran endgültig. Eine ausführliche Debatte der Probleme der finanziellen Eingliederung der neuen Länder in die vereinigte Bundesrepublik mag angesichts des vordringlichen Interesses vor allem der Bundesregierung an einem schnellen Abschluß des formellen Vereinigungsverfahrens vertretbar gewesen sein. Erfahrungsgemäß ist die Regelung föderaler Finanzbeziehungen sehr langwierig. Eine Rolle mag auch der Umstand gespielt haben, daß die Bonner Regierungsparteien im Vorfeld der ersten gesamtdeutschen Bundestagswahl vom 2. Dezember 1990 weitere Auseinandersetzungen um die Finanzierung der ostdeutschen Länder verhindern wollten, zumal sie im Wahlkampf Steuererhöhungen zur Finanzierung der Einheit ablehnten. Kaum vertretbar waren hingegen die Behauptungen des Verhandlungsführers der DDR, Günther Krause, die Regelungen des Einigungsvertrages seien ein „entscheidender Beitrag zur Sicherung der finanziellen Ausstattung" der neuen Länder und von „katastrophaler Verschuldung" könne keine Rede sein.[16]

2.3.1 Die Korrekturen: volle Beteiligung der Länder an der Umsatzsteuer und Verstetigung des Fonds „Deutsche Einheit"

Die zwischen der Bundesregierung und den westdeutschen Ländern ausgehandelten Finanzregelungen erwiesen sich – wie sich in den Wochen und ersten Monaten nach der Vereinigung zeigte – als völlig unzureichend (Renzsch 1991: 277f.). Die Haushaltslage der ostdeutschen Länder entwickelte sich zu Beginn des Jahres 1991 geradezu katastrophal. In dramatischen Erklärungen schilderten deren Ministerpräsidenten die unhaltbare Situation. Erst durch den Druck der ostdeutschen Länder, die nun nicht mehr Objekt der Konferenzen der Regierungschefs von Bund und Westländern waren, sondern selbst ihre Interessen in die Bund-Länder-Verhandlungen einbringen konnten, und unter dem Eindruck einigungsbedingter Steuermehreinnahmen beim Bund und den Westländern zeichnete sich nach einigem Hin- und Herschieben der Verantwortung im Februar 1991 eine Korrektur der Finanzregelungen des Einigungsvertrages ab. Danach erhielten die neuen Länder ab Beginn des Jahres 1991 den ihrer Einwohnerzahl entsprechenden vollen Länderanteil des Umsatzsteueraufkommens (Haushaltsbegleitgesetz vom 24. Juni 1991, BGBl. I, S. 1314, Art. 6 Nr. 2; Finanzbericht 1992, S. 39.; Renzsch 1991, S. 278f.). Die alten Länder, die erhebliche einigungsbedingte Steuermehreinnahmen zu verzeichnen hatten, wurden dadurch 1991 gegenüber dem Kompromiß des Einigungsvertrages zusätzlich mit weiteren 4,8 Mrd. DM belastet (BT-Drs. 12/221, S. 13), bis 1994 summiert sich nach dieser Projektion die zusätzliche

---

16 Zitiert nach Die Zeit, 19.10.1990: Klaus-Peter Schmid, Arme helfen Ärmsten. Es mutet überraschend an, daß Krause in der Bild-Zeitung vom 11. 1. 1991 (Krause: 1. Bundesland in wenigen Tagen pleite) behauptete, er habe als Verhandlungsführer der DDR „immer deutlich gemacht", daß die „Bonner Vorschläge" zu niedrig angesetzt seien.

Transferleistung der alten Länder auf 46,8 Mrd. DM (BT-Drs. 12/8552, Nr. 14). Gleichwohl blieb formal die Aufteilung des Länderanteils der Umsatzsteuer in einen West- und Ostteil bestehen, weil die Verteilung von bis zu einem Viertel des Länderanteils der Umsatzsteuer nach unterdurchschnittlicher Steuerkraft (Art. 107 Abs. 1 Satz 4, 2. Halbsatz GG) nur jeweils in der Gruppe der alten und neuen Länder, nicht jedoch gesamtdeutsch vorgenommen wurde.[17] Weil kein gesamtdeutscher Finanzkraftausgleich unter den Länder bis 1994 durchgeführt wurde, wurde auch dieses Element der Finanzverfassung noch nicht gesamtstaatlich in Kraft gesetzt.

Parallel zu dieser Mehrbelastung der alten Länder verzichtete der Bund ab 1991 auf den 15-vH-Anteil am Fonds „Deutsche Einheit", der für zentralstaatliche Aufgaben im Gebiet der ehemaligen DDR reserviert war, und ließ diese Mittel – 5,25 Mrd. im Jahr 1991 – ebenfalls den neuen Länder zukommen (Art. 5 Haushaltsbegleitgesetz 1991; BT-Drs. 12/221, S. 13). Insgesamt verbesserte sich dadurch die Finanzlage der neuen Länder im Jahre 1991 um ca. 10 Milliarden DM (BT-Drs. 12/221, S. 9,13).

Im Rahmen weiterer Korrekturen der Regelungen des EV wurde der Fonds „Deutsche Einheit" wurde in den nächsten Jahren noch zweimal aufgestockt, so daß er im Ergebnis von 115 Mrd. DM auf 160,705 Mrd. DM erhöht wurde.[18]

3. Verschuldung und Kreditaufnahme

In den Jahren 1989 bis 1995 kletterte die kumulierte öffentliche Verschuldung von 925 Mrd. DM um mehr als 1000 Mrd. DM auf gute 2000 Mrd. DM – oder zwei Billionen DM – und erreichte damit einen besorgniserregenden Höchststand: Die öffentliche Verschuldung überschritt 1995 erstmals die 60-vH-Marke des Bruttoinlandsprodukts (BIP) und verfehlte damit in diesem Punkt die Maastrich-

---

17 Eine gesamtdeutsche Regelung hätte zur Folge gehabt, daß 25 vH des Länderanteils der Umsatzsteuer vornehmlich zu Lasten der finanzschwachen Ländern der alten Bundesrepublik nach Ostdeutschland geflossen wären (BT-Drs. Nr. 12/221, S. 23). Damit wäre der unerwünschte Verteilungseffekt eingetreten, daß die finanzschwachen westdeutschen Länder einen überproportionalen Anteil zur Finanzierung der neuen Länder hätten leisten müssen.

18 Art. 2 des Gesetzes zur Aufhebung des Strukturhilfegesetzes und zur Aufstockung des Fonds „Deutsche Einheit" vom 16.3.1992, BGBl. I, S. 674; Art. 36 FKPG vom 23.6.1993, BGBl. I S. 944, 938. Die erste Erhöhung um insgesamt 31,3 Mrd. DM auf 146,3 Mrd. DM wurde im wesentlichen durch die Aufhebung des Strukturhilfegesetzes und durch die Erträge der zum 1.1.1993 in Kraft getretenen Umsatzsteuererhöhung von 14 vH auf 15 vH (Art. 12, Nr. 3 Steueränderungsgesetz vom 25.2.1992, BGBl. 1992 I, S. 316; BT-Drs. 12/4748, S. 186; BT-Drs. 12/4801, S. 182.) finanziert, die zweite um 14,4 Mrd. DM auf 160,7 Mrd. DM aus den Erträgen des Zinsabschlaggesetzes vom 9.11.1992 (BGBl. I S. 1853) und im übrigen je zur Hälfte von Bund und Ländern aus deren Anteilen am Umsatzsteueraufkommen.

ter Kriterien für die Teilnahme an der europäischen Währungsunion (BMF 1996, S. 28; Bundesbank 1996b, S. 39, 41). Wenn auch nach Berechnungen des Bundesfinanzministerium 1997 die Nettoneuverschuldung wieder deutlich sinken soll, werden die angehäuften Staatsschulden bis dahin weiter auf 61,5 vH des BIP anwachsen (Süddeutsche Zeitung, 5./6.6.1996: Deutschland wird auch 1997 Maastricht-Kriterien verfehlen).

Bis zum Haushaltsjahr 1989 war die Finanzpolitik von Bund, Ländern und Gemeinden durch ein moderates Wachstum der öffentlichen Ausgaben von rund 3 vH jährlich seit 1983, durch eine Rückführung der Staatsausgaben am BIP gegenüber 1982 um 4 Prozentpunkte auf 44,6 vH, eine damit einhergehende sinkende Nettoneuverschuldung und Kreditfinanzierungsquote gekennzeichnet (Finanzbericht 1990: 11, 108ff.). Das Finanzierungsdefizit[19] des öffentlichen Gesamthaushalts lag 1989 bei 1,2 vH des BIP[20], einem Wert der letztmals zuvor 1973 unterboten worden war (Finanzbericht 1996: 92). Die Gemeinden erwirtschafteten in den Jahren 1988 und 1989 – erstmals wieder nach 1984 und 1985 – im Bundesdurchschnitt Haushaltsüberschüsse (Finanzbericht 1990: 114f., ders. 1993: 92). Insgesamt zeichnete sich die haushaltspolitische Strategie von Bund und Ländern dadurch aus, daß das Wachstum der Ausgaben deutlich langsamer verlief als das der Einnahmen. Den finanzpolitischen Anstrengungen der 80er Jahre konnte „daher insgesamt ein gewisser Konsolidierungserfolg bescheinigt werden" (Kitterer 1993: 42).

3.1 Das Jahr der Vereinigung

Die Ereignisse des Jahres 1990 veränderten diesen finanzpolitischen Trend grundlegend: Der Bundeshaushalt expandierte im Haushaltsjahr 1990 um rund 90 Mrd. DM (statt 10 Mrd. DM wie in der Finanzplanung ursprünglich vorgesehen) auf gut 380 Mrd. DM, das Finanzierungsdefizit wuchs um 28 Mrd. DM auf 48 Mrd. DM (Finanzbericht 1995: 101).[21] Die Mehrausgaben, die diese Steigerung verursachten, waren im wesentlichen einigungsbedingt. So wurden u.a. 5,8 Mrd. DM für die Bürger der DDR als Soforthilfe, z.B. für den Reisedevisenfonds, und 2,75 Mrd. DM als Anschubfinanzierung für die Renten- und Arbeitslosenversicherung in der DDR bereitgestellt. Mit dem Beitritt der DDR am 3.10.1990 wurde

---

19 Das Defizit des Haushalts ist der Fehlbetrag zwischen laufenden Einnahmen und Ausgaben. Es ist Grundlage der öffentlichen Verschuldung, in die jedoch noch besondere Finanzierungsvorgänge eingehen, wie Schuldentilgung oder -verminderung, z.B. durch die Veräußerung von öffentlichem Eigentum (Privatisierung) oder durch Einstellen von Teilen des Bundesbankgewinns in den Bundeshaushalt. Defizit und Verschuldung sind daher nicht gleichzusetzen..
20 Nach anderen Berechnungen verzeichnete der öffentliche Gesamthaushalt 1989 sogar einen Überschuß, vor allem aufgrund der günstigen Finanzlage der Sozialversicherungen, BMF 1996, S. 7.
21 Nach BMF 1996, S. 28, waren es 51 Mrd. DM.

deren Haushalt (64 Mrd. DM Ausgaben) übergeleitet und wurden zusätzliche Ausgaben in Höhe von 18 Mrd. DM in den Bundeshaushalt eingestellt. Neben der unmittelbaren Neuverschuldung des Bundes wurden noch weitere 48 Mrd. DM einigungsbedingte neue Schulden im Fonds „Deutsche Einheit" und im Kreditabwicklungsfonds „versteckt".

Dem Augenschein nach war die Finanzierung der Einheit über eine Ausweitung der Schuldenaufnahme durch den Bund und über Schattenhaushalte durchaus handhabbar: Gegenüber den Ansätzen blieben im Ergebnis die Ausgaben niedriger – teilweise auch infolge einigungsbedingte Einsparungen – und die Einnahmen entwickelten sich günstiger als veranschlagt. Das Finanzierungsdefizit des Bundes erreichte deshalb 1990 nicht die erwartete Summe von 68,5 Mrd. DM, sondern – trotz Einnahmeausfällen infolge der dritten Stufe der Steuerreform – nur von 48 Mrd. DM und lag damit „unter dem Strich" lediglich um 20 Mrd. DM über dem des Vorjahres (Finanzbericht 1991, S. 82; ders.1995: 102).

Die finanziellen Folgen des Revolutionsjahres 1989 schlugen sich aber nicht nur beim Bund und in den Nebenhaushalten nieder, sondern auch bei den Ländern und Gemeinden der alten Bundesrepublik. Unmittelbar betroffen waren sie durch die Annuitäten für den Fonds „Deutsche Einheit", die sie anteilig aus Umsatzsteueranteilen (Länder) und aus der Gewerbesteuerumlage (Gemeinden)[22] mitzutragen hatten. Diese Lasten, formal zwar keine Ausgaben, sondern steuerliche Mindereinnahmen, schlugen sich in den Haushaltsdefiziten und in der Nettoneuverschuldung nieder. Das gesamte Finanzierungsdefizit von Ländern und Gemeinden 1990 im Umfang von knapp 24 Mrd. DM (Finanzbericht 1995: 103f.) läßt sich damit allerdings nicht allein erklären, sondern es darf nicht übersehen werden, daß – nach mehreren Jahren erstmals wieder – die Ausgaben insgesamt deutlich rascher stiegen als die Einnahmen: so beispielsweise die Ausgaben für Personal (alte Länder: 5 ½ vH, Gemeinden: 6½ vH), für den laufenden Sachaufwand (8 ½ vH/ 8 vH), hier insbesondere für die Bereitstellung von Unterkünften für Aus- und Übersiedler, für Sachinvestitionen (7 ½ vH/ 8 vH) und insbesondere für die Sozialhilfeaufwendungen der Gemeinden (9 vH). Die überdurchschnittliche Zunahme der Investitionsausgaben ist zu einem wesentlichen Teil auf das 1989 in Kraft getretene Strukturhilfegesetz zurückzuführen, die Steigerung der konsumtiven kommunalen Ausgaben auf hohe Kosten infolge der Zunahme der Aus- und Übersiedler sowie der Sozialhilfempfänger (Finanzbericht 1991: 82ff.; ders., 1994: 104; ders. 1995: 103). Mittelbar sahen sich damit auch die Gemeinden finanziell mit den Folgen des Zusammenbruch der kommunistischen Herrschaft in Europa konfrontiert.

Das Haushaltsjahr 1990 führte zwar zu deutlich höheren Defiziten und damit zu einer merklich höheren Neuverschuldung als in der Finanzplanung vorgesehen, insgesamt jedoch hatte sich die Kreditfinanzierung als noch beherrschbar erwie-

---

22 Art. 33 des Gesetzes vom 25.6.1990 zum Staatsvertrag über die Schaffung einer Währungs-, Wirtschafts- und Sozialunion, BGBl. II S. 518, 534.

sen. Wie es schien, war das Konzept der Bundesregierung, die Lasten der Einheit ohne Steuererhöhungen zu finanzieren, nicht unrealistisch. Ausgabeminderungen und durch einigungsbedingte wirtschaftliche Wachstumsimpulse erhöhte Einnahmen rechtfertigten die Erwartung einer beachtlichen Selbstfinanzierung der Einheit. Vor diesem Hintergrund erschien der Bundesregierung eine zeitlich begrenzte Ausweitung der Nettoneuverschuldung über langfristig zu tilgende Nebenhaushalte in Verbindung mit einem mittelfristigen Konsolidierungskonzept zur raschen Rückführung der Nettokreditaufnahme vertretbar. Von Steuererhöhungen meinte man daher – im Vorfeld der Bundestagswahl vom 2. Dezember 1990 – absehen zu können (Finanzbericht 1991: 121).

3.2 Das Jahr 1991: Verschuldung als Finanzierungsstrategie

Der öffentliche Haushalt des Jahres 1991 wurde der erste vollständig gesamtdeutsche. Aufgrund der Einbeziehung der neuen Länder in die Finanz- und Haushaltsordnung ist er nur sehr begrenzt mit denen der Vorjahren vergleichbar. Ab 1991 mußte sich erweisen, ob das Konzept des sanften Übergangs, für den mit dem Staatsvertrag und dem Einigungsvertrag die grundlegenden Regeln für die vorgesehene vierjährige finanzpolitische Übergangsperiode definiert worden waren, ohne weitere Friktionen funktionieren würde oder korrigiert werden müßte. Jedoch standen zusätzlich zu den Kosten der Einheit weitere finanzielle Belastungen aus der Vollendung des europäischen Binnenmarktes, wegen des Golfkrieges sowie aufgrund des Migrationsdruck aus Osteuropa, Rußland und der Dritten Welt ins Haus. Diese Umstände veranlaßte die Bundesregierung, sich von der bisherigen Politik, Steuererhöhungen auszuschließen, zu verabschieden und 1991 die Versicherungsteuer, die Mineralöl- und Erdgassteuer zu erhöhen sowie ab dem 1.7.1991 einen auf ein Jahr befristeten Solidaritätszuschlag in Höhe von 7,5 vH der Einkommen- und Körperschaftsteuerschuld einzuführen (Finanzbericht 1992: 35; siehe dazu Kapitel 4).

Die Finanzplanung der Bundesregierung ging für 1991 von einigungsbedingten Bundesausgaben in Höhe von 81 Mrd. DM aus. Diese sollten zu ²/₃ durch Kredite finanziert werden. Außerdem würden infolge des Golfkrieges 1991 Lasten in Höhe von 11 Mrd. DM entstehen (1990: 5 Mrd. DM). Um die Neuverschuldung des Bundes 1991 auf 69,6 Mrd. DM zu begrenzen, wurden Entlastungsmaßnahmen in Höhe von 37 Mrd. DM geplant. Längerfristig sollte die Nettoneuverschuldung wieder gesenkt, bis 1994 sollte sie auf 30,9 Mrd. DM vermindert werden (Finanzbericht 1991: 12). Der Vollzug des Bundeshaushalts führte jedoch zu anderen Ergebnissen: Die einigungsbedingten Ausgaben fielen um rund 12 Mrd. DM höher aus und erreichten etwa 93 Mrd. DM. Das entsprach 22 vH der Ausgaben des Bundes. Diese Erhöhung der Leistungen für die neuen Länder wurden durch das Gemeinschaftswerk „Aufschwung Ost" (12 Mrd. DM) und dem Verzicht des

Bundes auf „seinen" 15-Prozent-Anteil am Fonds „Deutsche Einheit" zugunsten der neuen Länder verursacht. (Finanzbericht 1992: 90). Das Finanzierungsdefizit, das auf 67, 4 Mrd. DM veranschlagt worden war (ebd.), reduzierte sich trotzdem in der Endabrechnung auf nur 53,2 Mrd. DM (Finanzbericht 1996: 94), die Nettoneuverschuldung des Bundes belief sich „unter dem Strich" auf lediglich 44 Mrd. DM, die Schulden des Fonds „Deutsche Einheit" nahmen um 31 Mrd. DM auf 51 Mrd. DM zu (BMF 1996: 28).

Auch die alten Länder mußten – ebenso wie der Bund – einheitsbedingte höhere Lasten hinnehmen. Im Rahmen des Haushaltsbegleitgesetzes vom 24.6.1991 (BGBl. I S. 1314) wurde die Regelung des Einigungsvertrages, nach der die neuen Länder nicht entsprechend ihrer Einwohnerzahl, sondern mit geringeren Anteilen an der Umsatzsteuer partizipieren sollten (Anl. I Kap. IV Sachgebiet B Abschn. II Ziff. 2 b EV), aufgehoben. Die gleichberechtigte Beteiligung der neuen Länder an der Umsatzsteuer „kostete" die alten Länder brutto – ohne Berücksichtigung von einigungsbedingten steuerlichen Mehreinnahmen – 1991 insgesamt bereits 10,8 Mrd. DM[23], bis 1994 summierte sich der Einnahmeverlust auf knapp 47 Mrd. DM (BT-Drs. 12/8552, Nr. 14). Ihnen stand – im Unterschied zum Bund – das Instrument der Steuererhöhung nicht zur Verfügung. Aufgrund kräftiger als erwartet sprudelnder Steuern erreichte das Finanzierungsdefizit der westdeutschen Länder allerdings nicht die prognostizierten 21½ Mrd. DM, sondern nur 17 Mrd. DM (Finanzbericht 1992: 90f.; ders. 1993: 91), ihre Schulden nahmen dem gegenüber um 18 Mrd. DM zu (BMF 1996: 28).

Die neuen Länder vollzogen 1991 ihren ersten eigenen Haushalt. Erwarteten Steuereinnahmen von 19 Mrd. DM[24] standen Zuweisungen in Höhe von rund 54 ½ Mrd. DM (35 Mrd. DM Fonds „Deutsche Einheit", 19 Mrd. DM aus dem Bundeshaushalt) gegenüber. Das Finanzierungsdefizit wurde auf 19 ½ Mrd. DM veranschlagt (Finanzbericht 1992: 91). In der Endabrechnung waren es dann lediglich 12 ½ Mrd. DM (Finanzbericht 1993: 93), von denen nur 4 Mrd. DM über Kredite finanziert wurden (BMF 1996: 28).

Die Gemeinden der alten Länder steigerten 1991 abermals ihre Ausgaben. Mit einer Zuwachsrate von 9,3 vH gegenüber dem Vorjahr verzeichneten sie das höchste Ausgabenwachstum seit 1980. Trotz günstiger Einnahmeentwicklung schlossen sie mit einem deutlich gestiegenen Defizit in Höhe von 5,5 Mrd. DM ab (Finanzbericht 1992: 91; ders. 1993: 85, 92), die Nettoneuverschuldung lag in etwa derselben Höhe (BMF 1996: 28). Die Gemeinden der neuen Länder, die nur über geringe eigene Einnahmen verfügten und finanziell von Zuweisungen aus dem Fonds „Deutsche Einheit", dem Gemeinschaftswerk „Aufbau Ost" und dem kommunalen Steuerverbund abhingen, verzeichneten dem gegenüber einen Haus-

---

23 Im Vergleich zu einer vollständigen Trennung der Steuergebiete, nicht zum Kompromiß des EV.
24 Hierin sind die erhöhten Umsatzsteueranteile aufgrund des Haushaltsbegleitgesetzes 1991 enthalten.

Budgetäre Anpassung statt institutionellen Wandels 71

haltsüberschuß von 1,5 Mrd. DM, der allerdings nur widerspiegelt, daß 1991 zugewiesene Investitionsmittel zwar eingenommen, aber noch nicht abgeflossen waren (Finanzbericht 1992: 91f; ders. 1993: 86, 93).

Wie auch schon 1990 wurde auch 1991 ein wesentlicher Teil der öffentlichen Defizite in Nebenhaushalten versteckt. Insgesamt entstand bei den „Sonderrechnungen" ein Defizit in Höhe von 43 Mrd. DM. Wesentlich dazu beigetragen haben das ERP-Sondervermögen, über das Aufbaukredite in den neuen Bundesländern vergeben wurden, mit 7 Mrd. DM, der Fonds „Deutsche Einheit", von dessen Ausgabenvolumen von rund 37 Mrd. DM insgesamt 30,9 Mrd. DM über Kredite finanziert wurden, und schließlich der Kreditabwicklungsfonds, in dem die Altschulden der DDR und Lasten aus der Währungsumstellung aufgefangen worden waren, mit einer Nettokreditaufnahme von 4,9 Mrd. DM (Finanzbericht 1992: 92).

3.3 Alarmsignale 1992

Die Finanzierung der Lasten der Einheit zu einem maßgeblichen Teil über Kredite erschien in den Jahren 1990 und 1991 vertret- und beherrschbar. Trotz der Neuverschuldung lag die Entwicklung der Zinslastquote, der Anteil der Zinsen an den Ausgaben der öffentlichen Hand, wegen der einigungsbedingten Ausweitungen des Haushaltes unter dem Wert von 1989. Im öffentlichen Gesamthaushalt beliefen sich die Zinsaufwendungen 1991 und 1992 auf 7,9 vH der gesamten Ausgaben – für 1989 lautete die Vergleichszahl 8,6 vH. Beim Bund machten die Zinsen 1990 rund 9 vH und 1991 etwa 9,9 vH der Ausgaben aus – 1989 waren es noch 11,0 vH. Im Jahr 1992 änderte sich die Situation dann allerdings grundlegend. Die Zinslasten des öffentlichen Gesamthaushalts wuchsen geradezu explosionsartig von 76,8 Mrd. DM auf 100,2 Mrd. DM oder um 34 vH gegenüber dem Vorjahr. Trotz Einnahmesteigerungen um mehr als ein Zehntel, bedingt durch Steuererhöhungen, beliefen sich die Schuldzinsen auf 9,4 vH der gesamten öffentlichen Ausgaben. Der Bund war von dieser Zinslasten besonders betroffen. Seine Kreditfinanzierungsquote erreichte mit 10,4 vH der Gesamtausgaben wieder den zweistelligen Bereich. Hierin schlugen sich auch die infolge der Staatsverschuldung gestiegenen Zinsen, die im Sommer 1992 mit einem Diskontsatz 8,75 vH eine Rekordhöhe erreichten (Bundesbank 1993: 55) und die Zinsbelastungen aus den Nebenhaushalten – Kreditabwicklungsfonds und Fonds „Deutsche Einheit" – nieder. So stiegen die Zuweisungen des Bundes an den Kreditabwicklungsfonds von 1 Mrd. DM auf 8 Mrd. DM, die Zuweisungen an den Fonds „Deutsche Einheit" von 6 Mrd. DM auf 15 Mrd. DM. Ein Drittel davon, rund 5,1 Mrd. DM, waren Schuldendiensthilfen (Finanzbericht 1993: 87). – Schulden und Zinsverpflichtungen der Treuhandanstalt waren hierin noch gar nicht berücksichtigt, da deren Finanzverpflichtungen den aufgelaufenen Schulden zugeschlagen wurden. Im übrigen wurde die Treuhand formal noch nicht dem öffentlichen Sektor zugerechnet. Dieser Schritt erfolgte erst zum 1.1.1995. – Das Finanzierungsdefizit des öffentlichen Gesamthaushalts sank zwar um knapp 6 Mrd. DM auf knapp 117 Mrd. DM (3,8 vH des BIP), blieb damit aber erstmals seit mehreren Jahren deutlich über den Daten der Finanzplanung, die von 112½ Mrd. DM oder 3½ vH des BIP ausgingen (Finanzbericht 1993: 84, 87; ders. 1996: 92).

Unverkennbar waren trotz des Verschiebens der Kreditaufnahmen in die Nebenhaushalte die Alarmsignale des Bundeshaushalts: Die Zinsausgaben des Bundes wuchsen 1992 mit 11,8 vH gegenüber dem Vorjahr überproportional auf 44,2 Mrd. DM und erreichten damit ein Niveau von mehr als der Hälfte der Ausgaben des Bundes „für die neuen Länder" (86 Mrd. DM). Den Abbau des Defizits des Bundeshalts um knapp 14 Mrd. DM gegenüber dem Vorjahr (Finanzbericht 1993: 87, ders. 1996: 94) und die Beschränkung der Neuverschuldung auf 21 Mrd. DM wurde relativiert durch die Entwicklung der Nebenhaushalte – ERP, Fonds „Deutsche Einheit" und Kreditabwicklungsfonds –, die Kredite im Umfang von 95 Mrd. DM aufnehmen mußten (BMF 1996: 28).

Die alten Länder verzeichneten – im Unterschied zum Bund – ein wesentlich moderateres Ausgabenwachstum mit 4½ vH. Ihre Zinsbelastung stieg aber mit 6 vH trotzdem überproportional an. Allerdings blieb das leicht gesunkene Finanzierungsdefizit mit 4,8 vH der Ausgaben deutlich unter dem des Bundes (Finanzbericht 1993: 85; ders. 1996: 97). Die Gemeinden der alten Länder verzeichneten mit 4 ½ vH dieselben Ausgabensteigerungen wie die alten Länder. Überproportionale Steigerungen hatten die Gemeinden bei den Personalausgaben und insbesondere der Sozialhilfe (12 vH) hinzunehmen. Ihr Finanzierungsdefizit erreicht mit 10,1 Mrd. DM das Doppelte der erwarteten Summe. (Finanzbericht 1993: 85; ders. 1994: 106; ders. 1996: 97). Das Defizit der neuen Länder stieg von 12,4 Mrd. DM 1991 auf 15,0 Mrd. DM 1992. Diese Steigerung, die die Investitionsoffensive der ostdeutschen Länder zum Abbau des Rückstandes ihrer Infrastruktur widerspiegelt, wurde wegen ihres schuldenfreien Neubeginns für hinnehmbar gehalten. Die Gemeinden der neuen Länder verzeichneten ein Defizit von 7,7 Mrd. DM (Finanzbericht 1996: 97).

3.4 1993/94: Die Schuldenfalle öffnet sich

Im Jahr 1992 deutete sich an, daß das Konzept eines überwiegend kreditfinanzierten Anschubs der wirtschaftlichen Entwicklung in den neuen Ländern mit einem darauf folgenden raschen selbsttragenden und sich selbst finanzierenden Aufschwung nicht durchzuhalten sein würde. Dieses Modell setzte auf dauerhaft optimale wirtschaftliche Rahmenbedingungen, die jedoch so nicht bestehen blieben. Das Abflachen der wirtschaftlichen Entwicklung im Verein mit einem – wegen der rasant gestiegenen Kreditaufnahme der öffentlichen Hand – hohen Zinsniveau ließen die Zinsquote der öffentlichen Haushalte überproportional steigen. Die Finanzierungsstrategie der Bundesregierung drohte in einen Teufelskreis von rezessiver wirtschaftlicher Entwicklung, steigenden öffentlichen Defiziten und hohem Zinsniveau zu geraten.

Budgetäre Anpassung statt institutionellen Wandels 73

Im Jahr 1993 realisierte sich das, was 1992 erkennbar war: Die günstige wirtschaftliche Entwicklung der Vorjahre setzte sich nicht fort, sondern konjunkturelle Einbrüche erforderten von der öffentlichen Hand Mehrausgaben (z.B. Bund 21 Mrd. DM für arbeitsmarktpolitische Maßnahmen) und verursachten gleichzeitig Mindereinnahmen (Bund: 5 Mrd. DM). Den um 6 vH wachsenden Ausgaben stand lediglich ein Plus von 2 ½ vH bei den Einnahmen gegenüber. Entsprechend erhöhte sich das öffentliche Finanzierungsdefizit um gut 20 Mrd. DM auf 137,7 Mrd. DM und erreicht 4,4 vH des BIP (Bund: 66,9 Mrd. DM, Zunahme um 27,6 Mrd. DM gegenüber dem Vorjahr, 14,6 vH der Ausgaben), die Gesamtverschuldung nahm um 167 Mrd. DM zu (BMF 1996: 28). Die Zinsausgaben erreichten 105 Mrd. DM, d.h. 9,4 vH der öffentlichen Ausgaben (Bund 9,9 vH), aber dank des wieder gesunkenen Zinsniveau stieg die Quote gegenüber dem Vorjahr nur um 0,5 vH. Weitere Steigerungen der Zinslasten 1994 und 1995 waren allerdings absehbar. Die Sonderrechnungen wiesen eine Steigerung von 7 vH aus und erreichten 1993 das Volumen von 110½ Mrd. DM. Deren Finanzierungsdefizit sank um 4½ Mrd. DM auf 24 Mrd. DM. Die großen Posten hierbei waren das ERP-Sondervermögen mit einem Defizit von 9½ Mrd. DM, der Fonds „Deutsche Einheit" mit einem Minus von 14 Mrd. DM und der Kreditabwicklungsfonds mit ½ Mrd. DM (Finanzbericht 1994: 99ff.; ders. 1996: 92ff.). Die kritische Finanzlage der Gemeinden der alten Länder verbesserte sich auch 1993 nicht. Ihr Finanzierungsdefizit sank gegenüber den Vorjahr um eine knappe Mrd. DM auf 9,2 Mrd. DM (Finanzbericht 1994: 106; ders. 1996: 97).

Übertraf 1993 noch das Wachstum der Ausgaben sehr deutlich das der Einnahmen, so kehrte sich 1994 diese Relation wieder um, insbesondere wegen einer vergleichsweise niedrigen Zunahme der Ausgaben. Mit einem Plus von 3,9 vH wurde der niedrigste Wert seit der deutschen Einheit erreicht. Zugleich stiegen die öffentlichen Einnahmen um 6,7 vH. Im Ergebnis verringerte sich das Finanzierungsdefizit um 21,7 Mrd. DM auf 116 Mrd. DM oder 3,5 vH des BIP (Bund: 50,6 Mrd. DM, Defizitquote: 10,7 vH). Das proportional größte Wachstum verzeichneten allerdings die Zinsausgaben, die 1994 um 20 Mrd. DM auf 121½ Mrd. DM (Bund: plus 7 Mrd. DM auf 52,8 Mrd. DM, + 15,2 vH) anstiegen. Die Zinsausgabenquote stieg damit von 9 vH im Jahr 1993 auf 10½ vH in 1994 (Bund: 11 vH). Diese Steigerung ergab sich vor allem aus der Finanzierung der Vorjahresdefizite und dem Schuldendienst für die Sonderrechnungen. Wesentlich hierbei war die Übernahme von Altschulden der bundeseigenen Bahnen in Höhe von 66 Mrd. DM (BMF 1996: 71 Mrd. DM). Die Übernahme der Schulden der Bahn machte etwa die Hälfte der öffentlichen Neuverschuldung des Jahres 1994 aus (BMF 1996: 28). Die Sonderrechnungen hatten 1994 ein leicht rückläufiges Defizit zu verzeichnen, im wesentlichen weil der Bund und teilweise auch die Länder finanzielle Lasten übernahmen (Finanzbericht 1995: 108f.).

3.5 1995: Das Ende der Übergangsperiode

Mit dem Beginn des Jahres 1995 liefen die Instrumente zur Übergangsfinanzierung der deutschen Einheit aus, und die öffentliche Finanzwirtschaft Gesamtdeutschlands wurde von Sonder- und Ausnahmeregelungen weitgehend befreit. Die „Sonderrechnungen" hatten ihre Funktion erfüllt und bestehen seitdem nur noch als zu tilgende Schulden in Form von Sondervermögen des Bundes fort. Der ausgewiesene öffentliche Schuldenstand kletterte 1995 um gut 344 Mrd. DM auf rund 2000 Mrd. DM (BMF 1996: 28; Bundesbank 1996b: 41). Um Mißverständnisse zu vermeiden: Diese Schulden sind zum größeren Teil nicht 1995 entstanden, sondern es handelte sich um aufgelaufene Verbindlichkeiten der Vorjahre, die 1995 in den öffentlichen Gesamthaushalt übernommen wurden.

Entscheidend für das Ansteigen der formell ausgewiesenen öffentlichen Schulden war die Einrichtung des Erblastentilgungsfonds zum 1.1.1995 (Erblastentilgungsfonds-Gesetz vom 23.6.1993, BGBl. I S. 944, 984) mit Verbindlichkeiten in Höhe von 334 Mrd. DM (BMF 1996: 28). In ihm wurden der Kreditabwicklungsfonds (Schuldenstand rund 103 Mrd. DM) sowie die Schulden der DDR-Wohnungsbauunternehmen (rund 31 Mrd. DM) und die der ebenfalls Ende 1994 aufgelösten Treuhandanstalt (rund 205 Mrd. DM) überführt. Während der Laufzeit dieser Schattenhaushalte wurden die Zinsen auf deren Verbindlichkeiten ebenfalls über Kredite finanziert und den Schulden zugeschlagen (Kitterer 1993: 52). Ein erheblicher Teil des Volumens des Erblastentilgungsfonds resultiert somit aus einer Kumulation von Schulden und gestundeten Zinsen. Der Fonds „Deutsche Einheit" verzeichnete Ende 1994 einen Schuldenstand von knapp 90 Mrd. DM. Ab 1995 sind darauf Annuitäten in Höhe von 10 vH der ursprünglichen Kreditermächtigung, 9,5 Mrd. DM, jährlich fällig (Finanzbericht 1996: 101). Außerdem fällt das Bundeseisenbahnvermögen in die Verantwortung des Bundes, bei dem 1995 ein Finanzierungsdefizit von 7 Mrd. DM anfiel (Bundesbank 1996b: 41).

Die vereinbarten Finanzierungsregeln für den Erblastentilgungsfonds und den Fonds „Deutsche Einheit" gehen auf einen Bund-Länder-Kompromiß zurück. Der Kreditabwicklungsfonds sollte nach den ursprünglichen Bestimmungen des Staatsvertrages (Art. 27 Abs. 3) mit Überschüssen der Treuhandanstalt verrechnet werden, verbleibende Schulden je zur Hälfte den neuen Ländern und dem Bund zufallen.[25] Mit Schulden der Treuhandanstalt hatte allerdings zu diesem Zeitpunkt niemand gerechnet. Im Gegenteil, Überschüsse wurden erwartet. Ein Eintreten der neuen Länder in die dann tatsächlich aufgelaufenen Schulden aus Kreditabwicklungsfonds und Treuhandanstalt hätte sie finanziell stranguliert und war daher nicht vertretbar. Die alten Länder hingegen sahen weder eine rechtliche Ver-

---

25   Der Einigungsvertrages (Anlage I Kap. IV Sachgebiet B Abschnitt II Nr. 47 §§ 6, 11) bestätigte diese Regelung, nach der die Treuhandanstalt, der Bund und die neuen Länder entsprechend Art. 27 Abs. 3 Staatsvertrag die Schulden des Kreditabwicklungsfonds zum 1. Januar 1994 übernehmen sollten.

pflichtung noch eine politische Veranlassung, der Forderung des Bundes zu folgen, die im Erblastentilgungsfonds zusammengefaßten Schulden hälftig mitzutragen. Nach intensiven und schwierigen Verhandlungen zwischen Bund und Ländern (Renzsch 1994: 128f.) verständigten sich beide Seiten darauf, daß der Bund Zins und Tilgung für den Erblastentilgungsfonds in Höhe von 7,5% des ursprünglichen Schuldenstandes zuzüglich des an ihn ausgezahlten Bundesbankgewinns, soweit er 7 Mrd. DM übersteigt, leistet (§§ 2, 6 Erblastentilgungsfonds-Gesetz) und die Länder hiervon freigestellt werden. Zur Refinanzierung seiner Last führte der Bund zum 1. Januar 1995 den Solidaritätszuschlag in Höhe von 7,5 % der Einkommen- und Körperschaftsteuerschuld, der dem Bund 1995 Einnahmen in Höhe von gut 26 Mrd. DM (Süddeutsche Zeitung, 4.6.1996) einbrachte, wieder ein. Mit der Verwendung eines Teils des Bundesbankgewinns zur Bedienung der Fondsannuitäten konnte ein bereits länger schwelender Bund-Länder-Streit über dessen Berücksichtigung des bei der vertikalen Steueraufteilung beigelegt werden.[26] Aufgrund gesunkener Zinsen und des Bundesbankgewinns (1995: 10 Mrd. DM) überstiegen 1995 die Fondseinnahmen die Zinsausgaben um 7½ Mrd. DM, die zur Rückführung der Schulden verwandt wurden (Bundesbank 1996b: 41).

Nach den Vorschriften des Einigungsvertrages sollten die Annuitäten des Fonds „Deutsche Einheit" in Höhe von 9,5 Mrd. DM jährlich je zur Hälfte vom Bund und den alten Länder getragen werden. Im Rahmen der Solidarpaktverhandlungen sagten die alten Länder zu, dem Bund davon jährlich 2,1 Mrd. DM abzunehmen. Ihnen obliegen nun 6,85 Mrd. DM, der Bund trägt die übrigen 2,65 Mrd. DM (Finanzbericht 1996: 101). Die alten Länder tragen damit gut 72 % der Zins- und Tilgungsleistungen des Fonds.

Seit 1989 sind die Zinsausgaben der öffentlichen Hand damit um etwa 130 vH gestiegen. Der öffentliche Gesamthaushalt wuchs dem gegenüber nur um 75 vH. In ihm schlägt sich der kumulierte Schuldenstand in einer deutlich angestiegenen Zinslastquote nieder. Mit 139½ Mrd. DM beanspruchen 1995 die Zinsaufwendungen (ohne Tilgungsleistungen) fast 11½ vH des gesamten öffentlichen Budgets (Finanzbericht 1996: 91ff.). Die Zinsausgaben überschreiten 1995 erstmals seit 1989 wieder das öffentliche Defizit.[27] Anders gesagt, die Zinsbelastung der öffentlichen Haushalte ist mittlerweile größer als die Nettoneuverschuldung. Mittel-

---

26 Nach Art. 106 Abs. 3 Ziff. 1 GG haben Bund und Länder im „Rahmen der laufenden Einnahmen ... gleichmäßig Anspruch auf Deckung ihrer notwendigen Ausgaben." (Vgl. dazu Maßstäbe 1981.) Bei der Berechnung der Deckungsquoten vertrat der Bund den Standpunkt, der Bundesbankgewinn sei keine „laufende Einnahme" und werde daher nicht berücksichtigt. Die Länder hingegen verlangten dieses, was ihren Anspruch auf Umsatzsteueranteile erhöht hätte. Mit der Zusage des Bundes, den Bundesbankgewinn, soweit er 7 Mrd. DM überschreitet, für die Annuitäten des Erblastentilgungsfonds zu verwenden, wurde dieser Streit (einstweilen) beigelegt.

27 Bei diesem Zahlenvergleich darf nicht übersehen werden, daß 1989 das öffentliche Defizit mit 27,1 Mrd. DM niedriger lag als die Zinsbelastung, *weil das öffentliche Defizit abgebaut worden, nicht weil die Zinsbelastung gestiegen war.*

fristig wird mit einer weiter steigenden Zinslast gerechnet, für 1998 werden bereits Zinsausgaben in Höhe von 165 Mrd. DM oder 12½ vH der öffentlichen Ausgaben erwartet (Finanzbericht 1995: 99, 105; ders. 1996: 92).
Die Finanzierung der deutschen Einheit über eine massive Ausweitung der Staatsverschuldung[28] hat sich als höchst problematisch erwiesen (dazu: Kitterer 1993: 39ff.). Diese Finanzierungsstrategie diente dazu, gegenüber den Bürgern und Wählern, die letztlich doch die Rechnung werden übernehmen müssen, die tatsächlichen Lasten des ökonomischen und politischen Zusammenbruchs der DDR einstweilen zu verharmlosen. Der Weg zum Kapitalmarkt ist im föderal verflochtenen und parteipolitisch versäulten System der Bundesrepublik Deutschland zudem einfacher zu beschreiten (Czada 1994: 83), weil er mit geringeren Verhandlungskosten belastet ist als das Reduzieren von Ausgaben (Heinemann 1994: 24ff., 43). Gegenüber den Ländern, ohne deren Zustimmung eine grundlegende Anpassung des institutionellen Rahmens der Finanz- und Steuerpolitik nicht möglich gewesen wäre, vermied man die Auseinandersetzung – nicht nur, weil die Bundesregierung den Konflikt fürchtete, sondern auch, weil es an einem intelligenten Konzept fehlte.[29] Der anstehende Streit zwischen Bund und Ländern um die Lastenverteilung animierte eher zu einer expansiven Ausgabenpolitik als zu Konsolidierungsmaßnahmen, denn ungedeckte Ausgaben – Defizite – konstituieren im vertikalen Finanzausgleich höhere Ansprüche auf Umsatzsteueranteile zugunsten jeweils derjenigen staatlichen Ebene, die ihre Ausgaben erhöht. Eine expansive Ausgabenpolitik hilft, Forderungen der „anderen Seite" abzuwehren: dem sprichwörtlichen „nackten Mann" kann man nicht in die Tasche greifen (Mäding 1995: 108). Die Steuerverteilung nach dem Deckungsquotenverfahren bietet Anreize zur Verschuldung, nicht zur Konsolidierung (Färber 1993: 306), Defizite werden systembedingt durch erhöhte Ansprüche „belohnt", Ausgabekürzungen „bestraft". Im Hinblick auf die anstehenden Auseinandersetzungen um die Lastverteilung hatten daher weder Bund noch Länder ein Interesse an einer restriktiven Ausgabenpolitik; im Gegenteil, die Ausgabensteigerungen der Jahre 1991 und 1992 dienten wohl auch dazu, sich bei der Verteilung der Kosten der Einheit möglichst schadlos zu halten. Die politische Lösung reduzierte sich dann auf Konfliktvermeidung durch Externalisierung der Kosten in der Form einer Verlagerung auf künftige Generationen. Nach Modellrechnungen werden die nach 1992 Geborenen in ihrer Gesamtlebenszeit wegen der Kreditfinanzierung der Einheit eine um ein gutes Viertel höhere Steuerbelastung hinnehmen müsse als ältere Generationen: die Finanzierung der Einheit weist eine deutlich Schieflage zu Lasten der jüngeren auf (Gokhale/Raffelhüschen/Wallisier 1995: 141ff.).
Diese Schieflage bleibt zweifellos abstrakt. Ebenso wenig konkret sind die negativen sozialpolitischen Verteilungswirkungen der Staatsverschuldung. Die Zinsen auf öffentliche Kredite werden aus dem allgemeinen Steueraufkommen finan-

---

28 Allerdings liegt die Neuverschuldung der Jahre 1989 bis 1995 deutlich über den Aufwendungen für die Einheit.
29 Wie sehr das Denken im Bundesfinanzministerium traditionellen Bahnen verhaftet ist, zeigt der Beitrag von Quantz 1996, S. 695ff.

ziert, zu dem alle Bürger ihren Beitrag leisten, sie fließen jedoch nur denjenigen zu, die in der Lage sind, dem Staat Kredite zur Verfügung zu stellen. Damit trägt Staatsverschuldung tendenziell zur Vermögenskonzentration bei.

4. Steuerpolitische Maßnahmen und Abgaben

Nach der Kompetenzordnung des Grundgesetzes liegt die Steuergesetzgebung mit Ausnahme der über örtliche Verbrauch- und Aufwandsteuern teils als ausschließliche, teils als konkurrierende beim Bund. Die Gesetzgebung über Steuern, die ganz oder teilweise den Ländern oder Gemeinden zufließen, bedarf der Zustimmung des Bundesrates (Art. 105 GG; Frey/Renzsch 1995: 44f.). Damit ist der Bund – im Unterschied zu den Ländern – in der Lage, seine Lasten durch die eigene Gesetzgebung beim Steuerzahler zu refinanzieren. Die Steuergesetzgebung entwickelte sich in der Folge der Einheit zu einem wichtigen Instrument des Bundes zur Einnahmebeschaffung, aber auch zur Steuerung von Investitionen in den neuen Ländern.

Die steuerpolitische Ausgangslage beim Start in die deutsche Einheit war für die öffentliche Hand eher ungünstig: Am 1. Januar 1990 trat als dritte Stufe der Steuerreform das Steuerreformgesetz 1990 in Kraft, das den Steuerzahlern eine Nettoentlastung von 25 Mrd. DM bei der Einkommensteuer bescherte. Zusammen mit den zuvor umgesetzten Stufen verzichtete der Staat – verteilt auf alle Ebenen – auf rund 50 Mrd. DM Steuereinnahmen. Zum 1. Januar 1991 wurde das bundesdeutsche Steuerrecht voll auf die neuen Länder ausgedehnt. Zugleich wurden mit dem Steueränderungsgesetz 1991 vom 24.6.1991 (BGBl. I S. 1322) die steuerlichen Rahmenbedingungen für Investitionen in den neuen Ländern befristet durch Sonderabschreibungen und Investitionszulagen sowie Tariffreibeträge für Arbeitnehmer verbessert (Fördergebietsgesetz vom 24.6.1991, BGBl. I S. 1322, 1331; Investitionszulagengesetz vom 24.6.1991, BGBl. I S. 1322, 1333). Zudem wurde in den neuen Ländern (befristet) auf die Erhebung der Gewerbekapital- und der Vermögensteuer verzichtet, bei der Gewerbeertragsteuer wurden Staffeltarife eingeführt (Art. 3 Nr. Standortsicherungsgesetz vom 13.9.1993, BGBl. I S. 1569, 1582; § 37 Gewerbesteuergesetz i.d.F. v. 21.3.1991, zuletzt geändert durch Jahressteuer-Ergänzungsgesetz vom 18.12.1995, BGBl. I S. 1959). Zum Teil wurden die dadurch entstandenen Mindereinnahmen durch den Abbau der Berlin- und Zonenrandförderung refinanziert (Finanzbericht 1991:33, 103ff.).

Mit dem Steueränderungsgesetz 1991, dem Haushaltsbegleitgesetz 1991 (BGBl. I S. 1314) und dem Solidaritätsgesetz (BGBl. I S. 1318), die zeitgleich verkündet wurden, rückte der Bund von seiner Politik, die Kosten der Einheit ohne Steuererhöhungen zu finanzieren, ab. Einnahmeverbesserungen entwickelten sich nun neben der Kreditaufnahme zur zweiten Säule der Einheitsfinanzierung. Durch das Haushaltsbegleitgesetz wurde die Ablieferung der Deutschen Bundespost an den Bundeshaushalt bis 1993 auf 10 vH der Betriebseinnahmen erhöht

(Art. 3). Mit dem Solidaritätsgesetz wurde zum 1.7.1991 befristet auf ein Jahr eine Ergänzungsabgabe (Solidaritätszuschlag) zur Einkommen- und Körperschaftssteuer in Höhe von 7,5 vH der Einkommen- und Körperschaftsteuerschuld eingeführt (Art. 1) und wurden zum 1.7.1991 die Versicherung-, die Mineralöl-, Erdgas- und Tabaksteuer, letztere zum 1.3.1992 erhöht (Art. 2-6; Finanzbericht 1991:35, 109ff.). Durch diese steuerlichen Maßnahmen erhöhte der Bund 1991 und 1992 seine Einnahmen um rund 46 Milliarden DM.[30]

Mit dem Steueränderungsgesetz vom 25.2.1992 (BGBl. I S. 297) wurde zum 1.1.1993 der allgemeine Umsatzsteuersatz von 14 auf 15 vH erhöht. Zwar folgte die Bundesregierung damit den Bestrebungen zur Harmonisierung der Umsatzsteuersätze in der EU, begründete die Steuererhöhung auch mit finanziellen Lasten infolge des Golfkrieges, haushaltspolitisch jedoch dienten die Erträge zur Finanzierung der neuen Länder, denn die erwarteten Erträge aus der Steuererhöhung − 1993: 10,5 Mrd. DM, 1994: 12,9 Mrd. DM − flossen unmittelbar in den Fonds „Deutsche Einheit", der zusätzlich 1993 und 1994 um diese Beträge und je eine weitere Milliarde DM aus Bundesmittel aufgestockt wurde (Art. 2 Gesetz zur Aufhebung des Strukturhilfegesetzes und zur Aufstockung des Fonds „Deutsche Einheit" vom 16.3.1992, BGBl. I S. 674). Teilweise wurde die Belastung der Steuerzahler durch eine Verbesserung des Familienlastenausgleichs und eine Reduzierung der Belastungen aus der Gewerbeertragsteuer und der Vermögensteuer kompensiert (Finanzbericht 1993: 105). Neben der Erhöhung der Umsatzsteuer wurde zum Jahresbeginn 1993 auch die Zinsabschlagsteuer (Zinsabschlagsgesetz vom 9.11.1992, BGBl. I S. 1853), deren Erträge ebenfalls dem Fonds „Deutsche Einheit" zufließen sollten, eingeführt.

Das Gesetz zur Umsetzung des Föderalen Konsolidierungsprogramm vom 23.6.1993 (BGBl. I S. 944), dessen Kernpunkt die Neuregelung des föderalen Finanzbeziehungen ab 1995 war, enthielt auch eine Vielzahl kleinerer steuerlicher Maßnahmen, die zu Einnahmeverbesserungen von Bund und Ländern führten. So erzielten die öffentlichen Hände beispielsweise Zinsvorteile aus der Streichung von „Schonfristen" für Scheck- und Barzahler von Steuerschulden, wurden Ausschüttungen ausländischer Investitionsfonds in den Zinsabschlag einbezogen, wurde das Umsatzsteuergesetz dahingehend geändert, daß jugendgefährdende Schriften und Filme nicht mehr mit dem ermäßigten (7 vH), sondern dem allgemeinen Steuersatz (15 vH) belastet wurden, wurde die Versicherungsteuer schrittweise auf 15 vH (ab 1.1.1995) angehoben und − das war die bedeutendste steuerpolitische Maßnahme − ab 1.1.1995 ein unbefristeter Solidaritätszuschlag in Höhe von 7,5 vH auf die Einkommen- und Körperschaftssteuerschuld wieder eingeführt (Finanzbericht 1994: 117ff.).[31]

---

30   Vgl. Handelsblatt, 27.2.1991: Bund kassiert 1991 und 1992 zusätzlich 46 Mrd. DM bei den Steuerzahlern.
31   Die Ziele und Auswirkungen des Jahressteuergesetz 1996 vom 11.10.1995 (BGBl. I S. 1250) werden hier nicht behandelt, weil es sich trotz erwarteter Einnahmeverbesserungen

Neben dem Bund haben auch die Gemeinden einen Teil ihrer Lasten der Einheit (40 vH des Länderanteils am Fonds „Deutsche Einheit, Kürzungen der Landeszuweisungen usw.) beim Bürger durch Abgaben- und Gebührenerhöhungen refinanzieren können. Im Unterschied zu den Ländern sind sie nämlich in der Lage, in einem begrenzten Rahmen die Höhe ihre Einnahmen durch die Festsetzung von Hebesätzen bei den Realsteuern oder von Gebühren und Abgaben zu bestimmen. Sie nutzten diese Möglichkeiten, z.b. durch Anhebungen der Hebesätze für die Grund- und Gewerbesteuer, höhere Eintrittspreise für Museen, gestiegene Gebühren für die Benutzer kommunaler Bibliotheken oder Abgabenerhöhungen für Wasser und Müllabfuhr (Mäding 1995: 107ff.). Erhöhte Eintrittspreise für kommunale Schwimmbäder beispielsweise sind auch eine mittelbare Folge der Einheit.

Ebenfalls von Bedeutung für die betroffenen Bürger sind die Anhebungen der Beiträge zu den Sozialversicherungsträgern (Czada 1995: 81ff.). Die Arbeitnehmer- und Arbeitgeberbeiträge zur Sozialversicherung (Renten- und Arbeitslosenversicherung) stiegen von 23 vH des Bruttoarbeitsentgelts (bis zur Höhe der Bemessungsgrenze) 1989 auf 25,7 vH im Jahr 1994, erreichten 1995 bereits 26,1 vH und beliefen sich in der zweiten Jahreshälfte 1996 – einschließlich der Pflegeversicherung (1,7 vH) – auf 27,4 vH der Bruttolöhne und Gehälter (Auskunft Bundesministerium für Arbeit und Sozialordnung). Innerhalb von sieben Jahren stieg damit – ohne Berücksichtigung der Erhöhung der Bemessungsgrenze – dieser Teil der Lohnnebenkosten um etwa ein Fünftel. Diese Beitragserhöhungen dienten zur Refinanzierung der Transfers der Rentenversicherungen und der Bundesanstalt für Arbeit, die von 1991 bis 1995 insgesamt 135 Mrd. DM aus den alten in die neuen Länder überwiesen (Ragnitz 1996: 4).

5. Abbau und Privatisierung staatlicher Leistungen und Aufgaben

Im Rahmen der Instrumente zur Bewältigung der finanziellen Folgen des Bankrotts der DDR war die Entlastung der öffentlichen Haushalte durch den Abbau staatlicher Leistungen und die Privatisierung bisher öffentlicher Aufgaben zweifellos das brisanteste, denn hier ging es um Streichung konkreter Leistungen, von denen die Bürger unmittelbar Vorteile hatten. Ist der Weg an den Kapitalmarkt für die Regierung zumindest in der aktuellen Situation nahezu „schmerzfrei", denn die Lasten werden erst später spürbar, so ist die Erhöhung von Steuern legislatorisch aufwendiger und bedarf zumindest gegenüber den Betroffenen eines größeren Erklärungsaufwandes. Im Vergleich zu Kürzungen staatlicher Leistungen bleiben Erhöhungen von Steuern und Abgaben, insbesondere der weniger unmittelbar spürbaren, jedoch relativ abstrakt. Daher sind sowohl der gesetzgeberische

---

in Höhe von 20 Mrd. DM jährlich (Aktuelle Beiträge zur Wirtschafts- und Finanzpolitik, Nr. 19/1995) hierbei nicht mehr zentral um einigungsbedingte Problembereiche geht.

Aufwand als auch der Begründungszwang für die Rücknahme staatlicher Leistungen und die Privatisierung öffentlicher Aufgaben höher zu veranschlagen als für andere Maßnahmen, zumindest dann, wenn in vermeintliche Besitzstände oder sozialpolitische Errungenschaften eingegriffen wird. Zusätzlich zu Lastenverschiebungen vom Staat auf den Bürger sind bei der Verlagerung von bisher von der öffentlichen Hand wahrgenommenen Aufgaben oftmals Reorganisationen der Aufgabenwahrnehmung nötig. Daher ist es nicht verwunderlich, daß wegen des höheren legislatorischen und administrativen Aufwandes Entlastungen des Staates durch Privatisierung von Lasten erst in einer späteren Phase des Übergangszeitraums verwirklicht werden konnten.

Im wesentlich dienten neben zahlreichen kleineren Veränderungen vor allem im Bereich der sozialen Sicherung (Finanzbericht 1995: 16f.; ders. 1996: 15) drei hier einschlägige Reformvorhaben dem Ziel, die finanziellen Lasten der öffentlichen Hände zu mildern: die Bahnreform[32], die Asylgesetzgebung und die Einführung der Pflegeversicherung. Allerdings sind die finanziellen Auswirkungen im Zusammenhang mit der deutschen Einheit – und nur um die geht es hier – kaum oder nur sehr schwer zu quantifizieren. Im Bereich des Asylrechts kann gesichert kaum mehr gesagt werden, als daß die Ausgabensteigerungen insbesondere der Kommunen in den Jahren 1992 bis 1994 zu einem erheblichen Teil auch durch Asylbewerber verursacht wurden und daß das rückläufige Finanzierungsdefizit der Kommunen ab 1994/95 auch eine Folge der rückläufigen Zahl von Asylbewerbern ist. Ebenfalls zur Entlastung der Kommunen sollte die Einführung der Pflegeversicherung beitragen. Für 1996 wird nach Modellrechnungen eine Entlastung der von den Kommunen zu tragenden Sozialhilfe um netto 4,7 Mrd. DM erwartet (Recker 1995: 104). Der Deutschen Städtetag bezweifelt allerdings eine Entlastung in dieser Größenordnung (Karrenberg/ Münstermann 1996: 124).

Die Bahnreform erforderte insgesamt wohl den größten gesetzgeberischen und administrativen Aufwand. Im Zuge der Überführung der bundeseigenen Bahnen in die „Deutsche Bahn AG" (Eisenbahnneuordnungsgesetz vom 27.12.1993, BGBl. I S. 2378), für die acht Änderungen oder Ergänzungen des Grundgesetzes (40. Gesetz zur Änderung des GG vom 20.12.1993, BGBl. I 2089) und ca. 130 weitere Gesetzes- und Verordnungsänderungen erforderlich waren, sollte ein privatwirtschaftlich geführtes Wirtschaftsunternehmen entstehen. Ziel war hierbei in erster Linie eine Lösung zu finden, nach der die negativen Wirtschaftsergebnisse der Vergangenheit vermieden werden konnten: Ende 1993 belief sich der kumulierte Schuldenstand der Bahnen – Deutsche Bundesbahn und Deutsche Reichsbahn – auf rund 70 Mrd. DM (Finanzbericht 1994: 29). Allein 1992 belief sich die

---

32 Die Postreform, in ihren Dimensionen der Bahnreform vergleichbar, beruht auf EU-Vorgaben. Die erwarteten steuerlichen Mehreinnahmen aufgrund der Steuerpflichtigkeit der Postunternehmen ab 1996 wurde mittelfristig auf mehrere Mrd. DM jährlich veranschlagt (Finanzbericht 1995, S. 14). Allerdings entfallen mit der Steuerpflichtigkeit der privatisierten Postunternehmen deren bisherigen Abführungen an den Bundeshaushalt.

„Kostenunterdeckung" auf ca. 15 Mrd. DM (Bundesrat, 656. Sitzung, 7.5.1993: 152). Durch Privatisierung und Regionalisierung der bisherigen Bundesaufgabe – die Zuständigkeit für den schienengebundenen öffentlichen Personennahverkehr wurde vom Bund auf die Länder übertragen – sollte der gesamte Schienenverkehr effizienter und kostengünstiger gestaltet werden, allerdings auch mit finanziellen Risiken für die zukünftigen Träger (Kiepe 1994: 218ff.). Der subventionsbedürftige Nahverkehr wurde in die Verantwortung der Länder übertragen, denen dafür weitere Steueranteile des Bundes (15 Mrd. DM für 1996) zugestanden wurden (Art. 106 a GG). Mit einer Entschuldung und Bundeszuwendungen für die Entwicklung der Schieneninfrastruktur insbesondere in den neuen Länder sollte die Grundlage für einen weniger defizitären Schienenverkehr und damit eine „dauerhafte Entlastung der öffentlichen Haushalte" (Bundesrat, ebda.: 155) erreicht werden (Bundesrat Pressemitteilung Nr. 223/93, 17.12.1993).

6. Die Verteilung der Lasten der Einheit im Rahmen der föderalen Finanzordnung

Für den Bundesstaat stellt sich eine große finanzpolitische Herausforderung wie die der deutschen Einheit nicht nur als steuer-, kredit- und haushaltspolitisch zu lösendes Problem dar, sondern wegen der föderalen Finanzverflechtung auch als eines der Lastenverteilung zwischen Bund, Ländern und Gemeinden. Die Gestaltung und Finanzierung des Vereinigungsprozesses als alleinige Bundesangelegenheit zu betrachten, z.B. als Kriegsfolgelast in Anlehnung an Art. 120 GG, wurde niemals ernsthaft erwogen. Die Länder und Gemeinden demonstrierten mit ihrer Bereitschaft zu Verwaltungs- und Personalhilfen ihr Engagement zugunsten der neuen Länder. Allerdings war insbesondere für die Länder eine Rollenaufteilung, nach der der Bund gestaltete, die Länder aber nur bloße Mitfinanciers waren, nicht hinnehmbar (Renzsch 1994: 118f.). Ihre Bereitschaft zur Mitfinanzierung der Lasten infolge des Endes der DDR und deren Beitritt zum Geltungsbereich des Grundgesetzes hatten die Länder bereits bei der Auflegung des Fonds „Deutsche Einheit" unter Beweis gestellt, allerdings ohne dabei dem Bund einen Blankoscheck auszustellen, sondern sie ließen deutlich werden, daß sie ihre Belastungen begrenzt und kalkulierbar halten wollten (Renzsch 1991: 276).

Die Verteilung der finanziellen Lasten infolge des Beitritts der DDR zur Bundesrepublik Deutschland stellte sich damit als eines der wohl schwierigstes Probleme bei der Bewältigung der finanzpolitischen Herausforderungen überhaupt heraus. Es ging darum, wie die Belastungen auf Bund, Länder und Gemeinden sowie zwischen Ost und West austariert werden könnten, ohne einzelne Glieder oder Ebenen des Bundesstaates über Gebühr zu überfordern. Daß das System der föderalen Finanzbeziehungen, so wie es vor der Maueröffnung bestand, nicht ohne weitere Anpassung dazu geeignet sei, die neuen Länder und ihre Gemeinden in das Regelwerk einzubeziehen (z.B. Peffekoven 1990a: 348f.), war mehrfach betont worden und nicht weiter kontrovers. Von früheren Anpassungserfordernissen oder Finanzreformen (dazu Renzsch 1991) unterschied sich diese Lage jedoch dramatisch durch die Dimension der Aufgabe und durch den Ausfall des probaten Lösungsweges: Finanzierung von neuen Lasten aus Wachstumsgewinnen. Erstmals mußten alle Beteiligten davon ausgehen, daß zur Finanzierung der Einheit der finanzwirtschaftliche Status quo nicht gehalten werden konnte und gravierende Eingriffe in Besitzstände unvermeidlich seien.

Hinsichtlich der *politischen* – im Unterschied zur finanzverfassungsrechtlichen[33] – Gestaltung der Lastenverteilung wird man unterscheiden müssen zwischen den eher pragmatischen, aber weitaus zu optimistischen Regelungen der Jahre 1990/91 (Fonds „Deutsche Einheit", Finanzierung der Altschulden der DDR aus Erträgen der Treuhand ...) und der realistischeren Phase ab etwa 1992, als sich die Gestaltung der Übergangsfinanzierung bis 1994 bereits mit dem Komplex der Einbeziehung der neuen Länder in den bundesstaatlichen Finanzausgleich ab 1995 eng verband. In den Vereinbarungen des Föderalen Konsolidierungsprogramms (FKP) von 1993 (FKP-Gesetz vom 23.6.1993, BGBl. I S. 944) wurden nicht nur die Regelungen des Finanzausgleichs ab 1995 vereinbart, sondern auch die finanzpolitische Übergangsphase bis 1994 abschließend geregelt.

6.1 Die Grundlage: Die Finanzverfassungsreform von 1969

Die Finanzverfassungsreform von 1969 stiftete im Bereich der oft hoch streitigen föderalen Finanzbeziehungen für einige Jahre relativen Frieden. Die finanzielle Situation der ausgleichsberechtigten Länder hatte sich infolge der Intensivierung des Länderfinanzausgleichs deutlich gebessert, die von den ausgleichspflichtigen Länder zu tragenden Lasten waren zwischen vier „Zahlern" – Baden-Württemberg, Hamburg, Hessen und Nordrhein-Westfalen – relativ gleichmäßig verteilt worden. Die Lage der finanzschwachen Länder wurde ab 1970 durch die (Wieder-) Einführung von Bundesergänzungszuweisungen, deren Volumen kontinuierlich verstärkt wurde, weiter gehoben. Die Intensivierung des Finanzausgleichs und die neu geschaffene Möglichkeit der gemeinschaftlichen Planung und Finanzierung von aufwendigen und kostenintensiven Landesaufgaben durch Bund und Länder (Gemeinschaftsaufgaben nach Art. 91 a und 91 b GG) sowie andere Mischfinanzierungen (insbesondere nach Art. 104 a Abs. 3 und 4 GG) erlaubten auch den finanzschwächeren Ländern eine wirksame Erfüllung ihrer Aufgaben und trugen damit erheblich zur Schaffung gleichwertiger Lebensverhältnisse im Bundesgebiet bei (Renzsch 1991: 229ff.). Zugleich konservierten diese Instrumente aber auch die bestehende Länderstruktur (Scharpf 1991: 146ff.) und trugen dazu bei, den

---

33 Selmer 1995, S. 235ff., entwickelt hierzu ein 3-Phasen-Modell, bei dem allerdings die dritte Phase sehr spekulativ bleibt.

Verfassungsauftrag des Art. 29 Abs. 1 GG, „Das Bundesgebiet ... *ist* neu zu gliedern", wie es bis zur 33. GG-Änderung vom 23. 8. 1976 (BGBl. I: 2381, meine Hervorhebung, W.R.)[34] hieß, weniger dringlich erscheinen zu lassen.[35]

Die Verflechtungsproblematik aus dem Steuerverbund und aus den Mischfinanzierungen – insbesondere aus der Aufteilung der Umsatzsteuer zwischen Bund und Länder sowie den Gemeinschaftsaufgaben nach Art. 91 a GG[36] – wurde erst später erkannt. Erstmal standen die intendierten Effekte dieser Instrumente – gleichmäßigere Steuerentwicklung bei Bund und Ländern sowie Strukturverbesserung in den Ländern – im Vordergrund der Beurteilung.[37]

Bereits ab der Mitte der 70er Jahre ging die finanzwirtschaftliche Grundlage des 1969er Kompromisses infolge einer erheblichen Verschiebung des wirtschaftlichen und finanziellen Kräfteverhältnisses unter den Ländern verloren (Zabel 1985: 386). Die aufgrund dieser finanzwirtschaftlichen Entwicklung (Pagenkopf 1981: 159f.) fälligen Anpassungen (Finanzbericht 1983: 103) konnten jedoch die davon bevorteilten Länder, weil sie über die Mehrheit im Bundesrat verfügten, verhindern (Renzsch 1989).

Die 80er Jahren waren reich an Auseinandersetzungen um die bundesstaatlichen Finanzbeziehungen. Streitschlichtungen erfolgten in mehreren Fällen erst durch das Bundesverfassungsgericht, das mit seinen ausführlichen und umfangreichen Urteilen (z.b. BVerfGE, Bd. 72: 330 ff.) quasi als „Ersatzgesetzgeber" allerdings auch die politischen Gestaltungsmöglichkeiten erheblich einengte (Selmer 1995: 223). Im Ergebnis konnten die Länder in den 80er Jahre ihre finanzielle Position gegenüber dem Bund verbessern (Renzsch 1991: 266ff.).

6.2 Der Ruf nach einer Finanzreform und deutsche Einheit

Die politischen und juristischen Auseinandersetzung der 80er Jahren infolge der gewachsenen wirtschaftlichen und finanziellen Divergenzen zwischen den Ländern sind ein Indiz dafür, daß das 1969 verabschiedete Finanzausgleichsmodell zumindest partiell den Erwartungen nicht entsprochen hat. Zwar konnte sichergestellt werden, daß alle Länder in vergleichbarer Weise die ihnen obliegenden Aufgaben wahrnahmen, jedoch wurde das Ziel eines dauerhaften Ausgleichs der unterschiedlichen Wirtschafts- und Finanzkraft der Länder nicht erreicht. Mit Ausnahme Bayerns erhielten die Empfängerländer des Jahres 1970 auch 1989 noch Zuweisungen aus dem Länderfinanzausgleich. Hinzugekommen war Bremen. Auf der Seite der substantielle Beiträge leistenden Länder hatte sich die Zahl von vier

---

34 Zum Hintergrund der Änderung des Art. 29 GG vgl. Renzsch 1985, S. 168f.; Greulich 1995.
35 Hansmeyer/Kops 1990 betonen die verstärkte Notwendigkeit einer Neugliederung des Bundesgebietes nach der staatlichen Einheit. Ablehnend hingegen Albert 1992.
36 An diese knüpft die Theorie der Politikverflechtung an, vgl. Scharpf/Reissert/Schnabel 1976.
37 Die Ergebnisse der Finanzreform 1969 kritisch zusammenfassend: Loeffelholz 1993.

auf zwei reduziert: Aufgebracht wurden die Zuweisungen nur noch von Baden-Württemberg und Hessen[38], deren Belastungen überproportional gestiegen waren (Loeffelholz 1993: 52).[39] Wegen der Überzahl der empfangenden gegenüber den gebenden Ländern war das politische Gleichgewicht zwischen beiden Gruppen gefährdet: die Finanzausgleichslösungen orientierten sich zunehmend mehr, oftmals vorrangig an den Interessen der ausgleichsberechtigten Länder. Im Ergebnis aber konnten der Finanzausgleich und andere Maßnahmen trotz ihrer Intensivierung die schwächeren Länder – mit Ausnahme Bayerns – nicht aus dem Teufelskreis von höheren Soziallasten, geringeren Mitteln für die infrastrukturelle Entwicklung, höherer Kreditaufnahme und höheren Zinslasten mit der Folge einer wiederum geringerer Investitionsquote befreien. Der Finanzausgleich milderte damit zwar die zunehmenden Finanz- und Wachstumsdifferenzen zwischen den Bundesländern, konnte aber deren Verfestigung nicht verhindern.

Die Auseinandersetzungen der 80er Jahre resultierten damit zum einen aus der sich verschlechternden Gesamtlage der finanzschwachen Ländern, zum anderen aber auch aus einer Konzentration der Lasten bis Mitte der 80er Jahre auf drei, dann auf zwei Länder und deren gestiegenen Belastungen (Finanzbericht 1996: 127). Die Konfliktlösungsversuche nach parteipolitischen Gesichtspunkten und/ oder nach Kostenopportunitäten (Zugeständnisse an kleinere, „billige" Länder, nicht jedoch an große „teure") erwiesen sich nicht als friedenstiftend. Vor diesem Hintergrund war es kein Zufall, daß dem Bundesverfassungsgericht zum Zeitpunkt der Vereinigung der beiden deutschen Staaten am 3. Oktober 1990 von vier Ländern Normenkontrollanträge gegen das Finanzausgleichsgesetz vorlagen.[40] Allein dieser Umstand wies für sich genommen bereits auf die Reformbedürftigkeit der bundesstaatlichen Finanzbeziehungen hin. Dazu kamen die Schwierigkeiten, die einer Reform angesichts der Interessengegensätze der Beteiligten und

---

38 In dem hier zugrundegelegten Referenzjahr 1989 wurden vom Ausgleichsvolumen in Höhe von 3,5 Mrd. DM gut 1,4 Mrd. DM von Baden-Württemberg und reichlich 1,9 Mrd. DM von Hessen aufgebracht. Finanzbericht 1996, S. 127.

39 In den Jahren 1970 – 1990 erhöhten sich das Sozialprodukt auf das Dreieinhalbfache, die Umverteilungsmasse (einschl. Umsatzsteuerzerlegung und -ausgleich) auf das Viereinhalbfache, Loeffelholz 1993, S. 40. Die Belastungen beispielsweise von Nordrhein-Westfalen waren von 1970 – 1990 von knapp 3 vH auf rd. 7 vH seiner Ausgaben gestiegen. Im Fall von Bremen machen 1990 die empfangenen Zahlungen 12 vH, bei Niedersachsen und dem Saarland reichlich 15 vH der Einnahmen aus, Loeffelholz 1993, S. 47.

40 Das Verfahren aufgrund der Klagen der Länder Bremen, Hamburg, Saarland und Schleswig-Holstein wurde mit dem Urteil vom 27.5.1992 (BVerfGE Bd. 86, S. 148ff.) beendet. Die Entscheidung betraf vor allem die Einwohnerwertung der Stadtstaaten im Länderfinanzausgleich und die Berücksichtigung kommunalen Einnahmen, vgl. Häde 1993, S. 461ff. Für die Einbeziehung der neuen Länder in das bundesdeutsche Finanzausgleichssystem war diese Entscheidung des BVerfG von eher nachrangiger Bedeutung und kann hier vernachlässigt werden. Eine weitere Klage des Landes Baden-Württemberg aus dem Jahr 1992 wurde von diesem 1993 – nach der Einigung über einen gesamtdeutschen Finanzausgleich ab 1995 – zurückgezogen (2 BvF 2/92).

der die Handlungsspielräume einengenden Rechtsprechung durch das Bundesverfassungsgericht entgegenstanden.

Angesichts dieser Lage zeigten die entscheidenden politischen Akteure wenig Neigung, sich in diesem Problemkreis zu engagieren. Bei den Wählern läßt sich erfahrungsgemäß mit politischem Engagement im Finanzausgleich wenig Lorbeer verdienen. Seine Probleme lassen sich nicht auf den „binären Code" (Beyme 1993: 26) des Parteienwettbewerbs, auf griffige Formeln nach dem Rechts-Links-Schema reduzieren. Im Gegenteil, weil die unterschiedlichen Interessen im Regelfall quer durch die Parteien gehen, nicht zwischen ihnen verlaufen, besteht auf der politischen Ebene eher die Tendenz, sich dieser Fragen nicht anzunehmen, denn tendenziell gefährden sie die nach den Regeln der Parteienkonkurrenz als notwendig erachtete innerparteiliche Geschlossenheit.

Die politische Klasse schien diese Innovationen wenig förderliche Haltung jedoch angesichts der säkularen Herausforderungen der deutschen Einheit zu ändern und nahm nun die von der Wissenschaft[41] lange formulierte Forderung nach einer Finanzreform auf. Die Ministerpräsidenten beschlossen am 5. Juli 1990 „Eckpunkte" für den Föderalismus im vereinigten Deutschland (Thaysen 1990: 462) und verlangten darin u.a. eine Überprüfung der Finanzbeziehungen zwischen Bund und Ländern mit dem Ziel einer Stärkung der Länder und dem Abbau von finanziellen Bund-Länder-Verflechtungen. Das Gesetz zum Staatsvertrag zur Schaffung einer Währungs-, Wirtschafts- und Sozialunion vom 25.6.1990 (BGBl. II S. 518) nahm dann – wie bereits erwähnt – diese Forderungen der Ministerpräsidenten auf und sprach sich für eine Neuregelung zum 1. Januar 1995 aus (Art. 31, § 2 Abs. 1).

Auch die Präsidentinnen und Präsidenten der deutschen Landtage legten am 24. September 1991 einen umfassenden Vorschlag für eine Reform der Finanzverfassung vor (abgedruckt: Niedersächsischer Landtag, Drs. 12/2797: 22ff.). Dieser war sehr viel weitergehender als die „Eckpunkte" der Ministerpräsidenten. In ihm wurde eine sehr weitgehende finanzielle Entflechtung verlangt (Abschaffung der Gemeinschaftsaufgaben nach Art. 91 a und 91 b GG; Zuordnung von Lasten zum Veranlasser, nicht der administrativ zuständigen Ebene; Abschaffung der Pflicht der Länder, Komplementärmittel bei Finanzhilfen des Bundes bereitzustellen; Steuergesetzgebungshoheit der Länder).[42]

---

41 Ohne Anspruch auf Vollständigkeit dazu: Peffekoven 1987, 1990a und 1990b; Buhl/ Pfingsten 1991; Franke 1991a und 1991b; Littmann 1991; Milbradt 1991; Taube 1990; Färber 1992; Boss 1993; Föttinger/Spahn 1993; Henke 1993; Hüther 1993; Schneider 1993; Schuppert 1993; Wissenschaftlicher Beirat 1992; DIW Wochenbericht 25/92; Jahresgutachten 1990/91 (ff.) des Sachverständigenrates.

42 Nur am Rande soll hier darauf hingewiesen werden, daß die vom Landtag Nordrhein-Westfalen eingesetzte Kommission „Erhaltung und Fortentwicklung der bundesstaatlichen Ordnung innerhalb der Bundesrepublik Deutschland – auch in einem vereinten Europa" ebenfalls Vorschläge für die Weiterentwicklung der Finanzverfassung vorlegte, vgl. Große-Sender 1990, Teil 2, S. 49ff.

Damit wurde neben der Finanzverteilung auch die damit eng verbundene Frage nach der föderalen Substanz der Bundesrepublik thematisiert. Nach Ansicht von Beobachtern hatte sich die Bundesrepublik – gerade auch aufgrund der unitarisierenden Elemente der Finanzverfassung (Gemeinschaftsaufgaben, Mischfinanzierungen, Steuergesetzgebung allein beim Bund) – bereits vom „unitarischen Bundesstaat" (Hesse 1962) zu einem „verkappten Einheitsstaat" (Abromeit 1992) fehl-entwickelt. Wie schon 1969 war damit das Problem einer Reform der föderalen Finanzbeziehungen zugleich und zentral auch eine Frage der Bundesstaatsreform, eine Frage des Austarierens von Einheit und Vielfalt im föderalen System.

Allerdings fehlten unter den Reformbefürwortern diejenigen Stimmen, deren politisches Gewicht für das Gelingen einer „Finanzreform 1995" unerläßlich gewesen wären, nämlich die der Finanzminister (des Bundes und der Länder), die der Bundesregierung und der großen politischen Parteien. Anders gesagt: die entscheidenden politischen Akteure auf der Bundesebene engagierten sich nicht zugunsten einer Reform der föderalen Finanzordnung. Damit war im Grunde absehbar, daß die Voraussetzungen für eine Überwindung der einer Reform entgegenstehenden Widerstände fehlten. Im Verlauf der weiteren Debatte sollte sich zeigen, daß nicht nur der politische Wille zur Reform zu schwach war, sondern – im Unterschied zu 1969 – auch ein Konzept fehlte und die unterschiedlichen Interessen zu disparat waren, um die notwendigen Reformmehrheiten, insbesondere die dafür notwendige Verständigung zwischen Bund und Ländern, herzustellen.

6.3 Die Einbeziehung der neuen Länder in das System der bundesstaatlichen Finanzbeziehungen

Der Bundesgesetzgeber stand unter Handlungszwang. Die Übergangsregelungen des Staatsvertrages zur Schaffung der Währungs-, Wirtschafts- und Sozialunion sowie des Einigungsvertrages waren bis Ende 1994 befristet. Wäre diese Frist ohne eine Anpassung der Bund-Länder-Finanzbeziehungen abgelaufen, dann wären die Sonderregelung für die neuen Länder zwar ausgelaufen und diese hätten grundsätzlich in das bestehende Regelsystem einbezogen werden müssen. Eine „unveränderte Übertragung der geltenden Regelung auf gesamtdeutsche Verhältnisse" schaffe jedoch – so die Bundesregierung im Oktober 1992 – angesichts der extremen Finanzkraftunterschiede zwischen alten und neuen Ländern „keinen verfassungsgemäßen Zustand" (BT-Drs. 12/3551, Nr. 18) und war daher nicht hinnehmbar. Eine Novellierung des bundesstaatlichen Finanzausgleichs war damit unausweichlich. Der Bundesgesetzgeber stand nun vor der Herausforderung, die föderalen Finanzbeziehungen bis zum Ablauf der Übergangsfrist so zu modifizieren, daß die neuen Länder zum 1.1.1995 integriert werden konnten. Bund und Länder erarbeiteten dafür jeweils für sich eigene Konzepte (dazu Renzsch 1994: 122ff.).

Zentral für die folgenden Auseinandersetzungen, die an anderer Stelle dargestellt sind (Neuordnung 1993; Renzsch 1994; Carl 1995; Schuppert 1995), wurde

Budgetäre Anpassung statt institutionellen Wandels   87

die Frage, ob es dem Bund gelingen würde, die Länder nach ihren jeweiligen Interessen auseinanderzudividieren und sich dann durchzusetzen, oder ob es die Länder erreichen könnten, unter sich ein Konzept zu entwickeln, daß ihre gemeinsamen Interessen so weit in den Vordergrund stellte, daß sie sich mit ihren Anliegen gegen den Bund durchsetzten. Anders gefragt, waren die Länder in der Lage, ihre verteilungspolitisch gegenläufigen Interessen zurückzustellen, um gegenüber dem Bund eine gemeinsame Position zu vertreten? Zurückstellen der verteilungspolitischen Interessen der Länder hieß aber, unter den Ländern den finanzwirtschaftlichen Status quo zu bewahren und damit die für 1995 vorgesehene Neuordnung der bundesstaatlichen Finanzbeziehungen auf eine Bund-Länder-Verteilungsfrage oder konkreter: auf eine Frage der Finanzierung der neuen Länder und der Lastenverteilung zwischen Bund und alten Ländern zu reduzieren.

Die im Föderalen Konsolidierungsprogramm vereinbarten Regelungen des Finanzausgleichs (Art. 33 FKPG)[43] reflektierten diese Ausgangslage: keine Reform der Finanzverfassung, sondern lediglich einigungsbedingte Anpassungen, konkret: Sicherung des Status quo unter den alten Länder (möglichst gleiche pro-Kopf-Belastung) sowie gleichberechtigte Einbeziehung der neuen Länder in das System und Zuweisungen für deren besonderen Bedarfe. Ermöglicht wurde dies in erster Linie durch eine Änderung der vertikalen Steuerverteilung zugunsten der Ländergesamtheit.

Die Verständigung zwischen Bund und Ländern, wie sie im Gesetz über das Föderale Konsolidierungsprogramm (Art. 33 FKPG) niedergelegt ist, umfaßt die folgenden zentralen Punkte (Carl 1995: 170ff.; Färber 1993: 305ff.; Neuordnung 1993: 62ff.; Renzsch 1994: 136ff.):

- Die neuen Länder einschl. Berlins werden mit Wirkung ab 1.1.1995 vollständig in die unveränderte Finanzverfassung des Grundgesetzes und in das nur leicht angepaßte bundesstaatliche Finanzausgleichssystem einbezogen.
- Die Lasten der Einbeziehung der neuen Länder teilen sich Bund und alte Länder im Verhältnis 2 : 1; für das Referenzjahr 1995 wird eine Transfersumme von 55,8 Mrd. DM zur Grundlage genommen.
- Der Bund tritt an die Länder 7 Prozentpunkte des Umsatzsteueraufkommen ab und finanziert damit im wesentlichen den Umsatzsteuerausgleich nach § 2 Abs. 2 FAG (Anhebung der Finanzkraft der ausgleichsberechtigten Länder auf 92 vH des Durchschnitts).
- Im Rahmen des Länderfinanzausgleichs (im engeren Sinn, §§ 4ff. FAG) wird die Finanzkraft der ausgleichsberechtigten Länder auf 95 vH des Durchschnitts angehoben.
- Durch Fehlbetrags-Bundesergänzungszuweisungen (§ 11 Abs. 2 FAG) werden weitere 90 vH der Fehlbeträge an den Durchschnitt ausgeglichen, den aus-

---

43   Die Finanzverfassung und der Finanzausgleich, wie sie seit dem 1.1.1995 in Kraft sind, werden erläutert in Frey/Renzsch 1995.

gleichsberechtigten Ländern wird damit eine Finanzausstattung von 99,5 vH des Durchschnitts in der Abgrenzung des Länderfinanzausgleichs garantiert.
- Außerdem gewährt der Bund des kleinen Länder Bundesergänzungszuweisungen wegen überdurchschnittlich hoher Kosten politischer Führung (§ 11 Abs. 3 FAG).

Aufgrund dieser Schritte sollte nach den den Verhandlungen zugrunde liegende Modellrechnungen (Grundlage Steuerschätzung Mai 1993) ein Transfer in die neuen Länder und Berlin in Höhe von knapp 37 Mrd. DM erreicht werden, zu dem der Bund gute 19 Mrd. DM und die alten Länder knappe 18 Mrd. DM beisteuerten.

- Die Zielmarke von knapp 56 Mrd. DM sollte durch Sonderleistungen für die neuen Länder und Berlin im Umfang 20,6 Mrd. DM jährlich (Laufzeit 10 Jahre) erreicht werden. Im einzelnen erhalten sie in diesem zweiten Block des Transfers ab 1995 zur Abdeckung teilungsbedingter Lasten und wegen der besonderen Finanzschwäche der ostdeutschen Gemeinden Sonder-Bundesergänzungszuweisungen in Höhe von 14 Mrd. DM (§ 11 Abs. 4 FAG) und Investitionshilfen nach Art. 104a Abs. 4 GG in Höhe von 6,6 Mrd. DM (Investitionsförderungsgesetz Aufbau Ost, Art. 35 FKPG). Diese Mittel sind summenmäßig festgeschrieben und unabhängig von der weiteren Entwicklung der Steuerkraft bei Bund und Ländern.
- Um systembedingte überproportionale Belastungen der finanzschwachen alten Länder (und unterproportionale der finanzstarken) auszugleichen, wurde degressive Übergangs-Bundesergänzungszuweisungen für die „ärmeren" westdeutschen Länder (1995: 1,345 Mrd. DM, § 11 Abs. 5 FAG) und Ausgleichszahlungen unter den alten Ländern für die Jahre 1995 bis 2005 vereinbart. Das Ausgangsvolumen beträgt 848 Mio. DM und wird ab 1996 stufenweise abgebaut (§ 1 Abs. 3 FAG).
- Zum Ausgleich der Lastenverteilung zwischen Bund und alten Länder übernehmen letztere zusätzlich (zu der bereits früher vereinbarten Hälfte) Annuitäten des Fonds „Deutsche Einheit" in Höhe von 2,1 Mrd. DM jährlich (§ 1 Abs. 2 FAG).
- Durch „steuerliche Maßnahmen" sollten ferner bei Bund und Ländern 1995 6,6 Mrd. DM und durch Ausgabekürzungen knapp 11 Mrd. DM eingespart werden.

Insgesamt wurde damit zwar nach der Modellrechnung die vereinbarte Lastenverteilung von zwei zu eins (Bund ca. 39 Mrd. DM, alte Länder ca. 19 Mrd. DM) für 1995 erreicht[44], jedoch zeigt die nähere Betrachtung, daß diese Lösung in der längeren Perspektive für Bund und Länder unterschiedliche Auswirkungen hat. Im Zuge der zu erwartenden Steigerung der originären Finanzkraft der neuen Länder

---

44 Hier nicht berücksichtigt sind 3,4 Mrd. DM zur Haushaltssanierung von Bremen und Saarland, die zwar auch im Rahmen des Solidarpaktes mit beschlossen wurden (§ 11 Abs. 6 FAG), jedoch nichts mit dem Transfer in die neuen Länder zu tun haben.

werden die Überweisungen an sie im Umsatzsteuer- und Länderfinanzausgleich – entsprechend der Angleichung der Steuereinnahmen – sinken. Diese Lastenverminderung kommt den alten Ländern zugute. Der Bund befindet sich dem gegenüber in einer deutlich weniger komfortablen Position, denn seine Leistungen ergeben sich nicht aus den Finanzkraftrelationen, sondern sie sind, insbesondere soweit es sich um die an die Länder abgetretenen Umsatzsteueranteile, Bundesergänzungszuweisungen oder Finanzhilfen nach dem Investitionsförderungsgesetz „Aufbau Ost" handelt, gesetzlich fixiert und können daher nur durch eine gesetzliche Regelung, zu der es der Zustimmung der Länder im Bundesrat bedarf, verändert werden.

Nachdem die Steuerschätzungen mehrfach korrigiert werden mußten, zuletzt im Mai 1996 (BMF Finanznachrichten 12/96 vom 22.5.1996), stellt sich das Bild für 1995 deutlich anders dar als 1993 angenommen. Nach der vorläufigen Abrechnung des Finanzausgleichs für das Jahr 1995[45] beliefen sich die vom Bund an die Länder abgetretenen Umsatzsteueranteile (7 vH-Punkte) auf knapp 16,5 Mrd. DM, von denen gut 14,5 Mrd. DM im Rahmen des Umsatzsteuerausgleich und weitere 400 Millionen nach Einwohnern, zusammen knapp 15 Mrd. DM in die neuen Länder geflossen sind. Die restlichen 1,5 Mrd. DM stärkten die Finanzen der alten Länder. Im Länderfinanzausgleich transferierten die westdeutschen Länder knapp 9,8 Mrd. DM in die neuen. Ferner überweist der Bund gut 3,4 Mrd. Fehlbetrags-Bundesergänzungszuweisungen nach Ostdeutschland. Im Ergebnis erhalten die neuen Länder aus dem finanzkraftabhängigen Teil des bundesstaatlichen Finanzausgleich rund 28 Mrd. DM, von denen der Bund rund 20 Mrd. DM, die alten Länder gut 8 Mrd. DM trugen. Unter Berücksichtigung der summenmäßig fixierten weiteren Bundesleistungen in Höhe von gut 20 Mrd. DM[46] trägt der Bund nicht die vereinbarten zwei Drittel, sondern fünf Sechstel der hier in Rede stehenden Transferleistungen. Die Leistungen zugunsten der neuen Länder bleiben damit um 8 Mrd. DM hinter dem 1993 angenommenen Wert von knapp 56 Mrd. DM zurück. Die hinter den früheren Kalkulationen zurückbleibenden Transfers sind ein systembedingter Reflex auf das geringe Wachstum der Steuereinnahmen, das weit hinter den Erwartungen der Steuerschätzung vom Mai 1993, die den Solidarpaktverhandlungen zugrunde lag, zurückblieb; nicht hingegen – wie man sich gewünscht hätte – auf ein überproportionales Wirtschaftswachstum in den neuen Ländern.

Weil die westlichen Länder einen deutlich geringeren Beitrag zugunsten der neuen leisteten als 1993 kalkuliert, verlangte der Bund im Frühjahr 1996, Um-

---

45 Das Bundesfinanzministerium hat mir dankenswerter Weise die vorläufige Berechnung zur Verfügung gestellt. Die endgültige Abrechnung (2. Verordnung zum Finanzausgleich) wird erst nach Zustimmung des Bundesrates veröffentlicht. Diese liegt noch nicht vor.

46 ... und unter Vernachlässigkeit der „kleineren" festen Elemente wie dem erhöhten Länderanteil an den Annuitäten zum Fonds „Deutsche Einheit" einerseits und Bundesergänzungszuweisungen für die finanzschwachen alten Länder sowie für Kosten der politischen Führung in kleinen Ländern andererseits ...

satzsteueranteile, die den Ländern im Rahmen des FKP übertragen worden waren, wieder an den Bund zurückzugeben (BMF-Finanznachrichten Nr. 1/96, 4.1.1996). Unterstützung für seine Argumentation fand er beim Wissenschaftlichen Beirat beim Bundesministerium der Finanzen. Dieser (1995) sieht wegen des erheblich stärkeren Anstiegs der Nettoausgaben, der Nettokreditaufnahme, des Schuldenstandes und der Zinsausgabenquote beim Bund als bei den westdeutschen Ländern (S. 8) einen Revisionsbedarf der Steuerverteilung zugunsten des Bundes (S. 16). Insbesondere sieht er die Schieflage in der unterschiedlichen Schuldenentwicklung und der Zinsausgabenquote begründet: Die Bundesschuld nahm von 1989 bis 1995 um 110 vH zu, die der westdeutschen Länder und Gemeinden hingegen nur um 45 vH. Entsprechend stieg die Zinsquote des Bundes von 9,3 vH (1989) auf 18½ vH (1995), die der westdeutschen Länder in demselben Zeitraum lediglich von 8,2 vH auf 9½ vH (Berechnet nach Tabelle 2: 11).

Diesem Vergleich kann so nicht ohne weiteres gefolgt werden, die Daten stimmen zum Teil nicht mit anderen Angaben des Bundesfinanzministeriums überein. Zudem werden die Sondervermögen (Erblastentilgungsfonds, Fonds „Deutsche Einheit" usw.) entsprechend der Annuitätenaufteilung Bund und Ländern zugerechnet, und es wird dabei vernachlässigt, daß für den Erblastentilgungsfonds eine gesonderte Finanzierung – Solidaritätszuschlag und Teile des Bundesbankgewinns – vereinbart wurde. Dieses Sondervermögen sollte daher nicht in den Lastenvergleich zwischen Bund und Ländern einbezogen werden. Ein Vergleich, der die besondere Finanzierung berücksichtigt, würde zu deutlich anderen Ergebnissen führen.

Die besonderen Vereinbarungen werden auch außer acht gelassen, wenn die Auswirkungen des Föderalen Konsolidierungsprogramms bei Bund und westdeutschen Ländern gegenüber gestellt werden. Hier kommt der Wissenschaftliche Beirat zu dem Ergebnis, daß der Bund mehr als 47 Mrd. DM zu tragen habe, während die alten Länder ihren Finanzstatus um 300 Millionen DM[47] verbessern konnten (Tabelle 5: 15). Auch hier sähe der Vergleich anders aus, wenn die gut 26 Mrd. DM Einnahmen des Bundes aus dem Solidaritätszuschlag und die Verluste, die alten Länder bereits über einen längeren Zeitraum infolge von Kürzungen von Bundesleistungen hinnehmen mußten (Färber 1993: 305f.), mit berücksichtigt würden.[48]

---

47 In den 300 Millionen DM Plus für die alten Länder sind u.a. 1,3 Mrd. DM Übergangs-Bundesergänzungszuweisungen für die alten finanzschwachen Länder zur befristeten Abfederung von deren Verlusten und 3,4 Mrd. DM für die Haushaltssanierung von Bremen und Saarland enthalten.

48 Schwer nachzuvollziehen ist ebenfalls die Darstellung der Belastungen aus dem Fonds „Deutsche Einheit", wie sie der Wissenschaftliche Beirat (Anhangtabelle 1, S. 51) vornimmt. Er attestiert dem Bund, ca. 35 Mrd. DM mehr geleistet zu haben als die Länder. Fragwürdig ist dabei, wenn dem Bund ersparte Teilungskosten in Höhe von 20 Mrd. DM (u.a. Zahlungen an die DDR), die in den Fonds geflossen sind, als Last zugerechnet werden. Dieselben Zweifel bestehen für die Umsatzsteuererhöhung zum 1.1.1993, deren Er-

Budgetäre Anpassung statt institutionellen Wandels 91

Die Länder haben eine andere Sichtweise. Das Finanzministerium des Landes Nordrhein-Westfalen (1996) hat ebenfalls einen (allerdings nicht veröffentlichten) Belastungsvergleich zwischen Bund und Ländern erstellt und kommt zu dem Ergebnis, daß die alten Länder für die neuen von 1991 bis 1994 insgesamt 116 Mrd. DM (Anlage 5) aufgebracht hätten, der Bund – nach eigenen Angaben – 255 Mrd. DM. Während die Länder keine Möglichkeit zur Refinanzierung hatten, verzeichnete der Bund während des genannten Zeitraumes zusätzliche Einnahmen in Höhe von rund 54 Mrd. DM – 24 Mrd. DM aus dem ersten, befristeten Solidaritätszuschlag 1991/92 sowie bis 1994 30 Mrd. DM Mehreinnahmen aus den diversen Verbrauchsteuererhöhungen (S.7). Auch aufgrund der Zinsbelastungen kann Nordrhein-Westfalen keine Schieflage zwischen Bund und Ländern feststellen. Dort hält man nur etwa 25 vH der 1991 bis 1994 entstandenen Bundesschulden für einigungsbedingt, für 1995 wird dieser Anteil auf ca. 39 vH geschätzt (S. 8). Nordrhein-Westfalen sieht seine Verschuldung 1991 – 1994 ebenfalls zu etwa 25 vH einigungsbedingt, 1995 allerdings zu ca. 57 vH (S.9).

Beide hier kurz dargestellten Positionen – die des Landes Nordrhein-Westfalen und die vom Wissenschaftlichen Beirat für den Bund entwickelte – sind Ausgangspunkte für zukünftige Auseinandersetzungen um die Steuerverteilung zwischen Bund und Ländern. Es ist kaum bestreitbar, daß die Länder durch den Solidarpakt ihren Anteil am gesamtstaatlichen Steueraufkommen verbessern konnten, allerdings nicht in dem Maße, wie der Bund unterstellt. Die Länder werden aber in der Zukunft Korrekturen zu ihren Lasten hinnehmen müssen, wenn nicht im Rahmen der Umsatzsteuerverteilung, dann durch anstehende Steuerrechtsänderungen und weitere Kürzungen von Bundesleistungen (Peffekoven 1994: 306). Künftige Steuersenkungen werden – abgesehen von einer möglichen Reduzierung des Solidaritätszuschlags – eher zu Lasten der Länder (Wegfall der Vermögensteuer und der Gewerbekapitalsteuer, Abbau weiterer direkter Steuern) gehen, Erhöhungen hingegen zum Vorteil des Bundes (Erhöhungen der indirekten und Verbrauchsteuern, Energie-/Ökosteuern) ausfallen. Die Reduzierung von Bundesleistungen im z.B. Sozialbereich – Arbeitslosenhilfe – sowie bei Finanzhilfen und

---

träge in den Fonds geflossen sind. Im Belastungsvergleich werden die Beiträge dem Bund und den alten Ländern (nach Abzug des „Ostanteils" an der Erhöhung) im Verhältnis der Umsatzsteueraufteilung (65:35 bzw. 63:37) als Leistung angerechnet. Nicht erwähnt wird im Belastungsvergleich des Wissenschaftlichen Beirats, daß der Bund seinen Barzuschuß teilweise durch Wegfall der Strukturhilfemittel (1992: 950 Millionen DM, ab 1993 2,45 Mrd. DM p.a.) refinanzierte. Unerwähnt bleiben auch andere Refinanzierungsmaßnahmen des Bundes, wie der erste, auf ein Jahr befristete Solidaritätszuschlag und andere Steuererhöhungen seit 1991. Völlig außer Betrachtung bleibt, daß die alten Länder infolge der Einbeziehung der neuen Länder in die Umsatzsteuerverteilung ab 1991 – der Einigungsvertrag sah ein gestaffeltes Heranführen vor – in den Jahren 1991 bis 1994 ca. 46,8 Mrd. DM Steuermindereinnahmen zu verkraften hatten (BT-Drs. 12/8552, Nr. 14). Es dürfte nicht allzu schwierig sein, andere, möglicherweise sinnvollere Abgrenzungen vorzunehmen und damit zu einem entgegen gesetzten Ergebnis zu kommen.

Gemeinschaftsaufgaben führen bei den Ländern zu höheren Lasten oder sinkenden Einnahmen (Mäding 1995: 109). Daher wehren sich die Länder vehement gegen die vom Bund verlangte Rückübertragung von Umsatzsteueranteilen, denn die Lasten- und Finanzverteilung im Bundesstaat wird bereits durch andere Instrumente zum Nachteil der Länder beeinflußt, deren Gestaltung ihrer Mitwirkung weitgehend oder gänzlich entzogen ist.

6.3.1 Das Investitionsförderungsgesetz „Aufbau Ost"

Es blieb – wie Kritiker zu Recht behaupteten – im System des bundesstaatlichen Finanzausgleichs „alles beim alten" (Peffekoven 1993b), allerdings verdient diese Feststellung eine Einschränkung: Eine Neuerung im System der Bund-Länder-Finanzbeziehungen verdient eine Erwähnung, nämlich das im Rahmen des FKP verabschiedete Investitionsförderungsgesetz „Aufbau Ost" vom 23.6.1993 (BGBl. I: 944, 982f.), in dem den neuen Ländern für die Jahren 1995 bis 2004 Investitionshilfen des Bundes in Höhe von 6,6 Mrd. DM jährlich zugesagt wurden, samt der dazugehörigen Verwaltungsvereinbarung vom 9.6.1994 (VV IFG, unveröffentlicht). Das Volumen der Finanzhilfen wurde auf die einzelnen neuen Länder – mangels eines anderen überzeugenden Maßstabs – nach ihrer Einwohnerzahl verteilt (§ 2 Abs. 1 IFG).

Die Mischfinanzierungen unterliegen vielfacher und zutreffender Kritik. Durch seine Finanzmacht nehme der Bund Einfluß auf die Angelegenheiten der Länder, unterwerfe diese durch seine Auflagen seiner Fremdbestimmung („goldener Zügel) und binde Landesmittel. Die Verfahren gelten als bürokratisch und wenig effizient (Scharpf/ Reissert/ Schnabel 1976; Borell 1981 und die meisten der erwähnten Kritiker). Im Fall der neuen Länder wird man allerdings andere Gesichtspunkte als bei den alten Ländern gelten lassen müssen: Die Investitionsmaßnahmen zum Ausbau der rückständigen Infrastruktur haben mittlerweile ein hohes Niveau erreicht, das noch einige Zeit erhalten bleiben sollte. Allerdings haben sich die neuen Länder für diese Maßnahmen bereits in einem so hohen Maße verschuldet, daß sie teilweise – bezogen auf den Einwohner – denselben Schuldenstand erreichen wie die alten Länder. Daher ist nicht der primäre Zweck der Finanzhilfen des Bundes, die öffentliche Förderung von Investitionen auszuweiten, sondern in erster Linie investitionsbedingten Haushaltsdefizite der neuen Länder zu begrenzen (Präambel VV IFG; Renzsch 1996: 85f.). Daher ist die Kritik, im Fall der Finanzhilfen und der Sonder-Bundesergänzungszuweisungen (§ 11 Abs. 4 FAG) handle sich um einen „Nebenfinanzausgleich" (Selmer 1995: 245f.), nicht gänzlich von der Hand zu weisen.

Es sollte bei der Beurteilung aber nicht übersehen werden, daß mit dem Investitionsförderungsgesetz „Aufbau Ost" (und den Sonder-Bundesergänzungszuweisungen) versucht wurde, das Instrument der Bundeshilfe für bedeutsame Investitionen der Länder zu erhalten, zugleich aber den Bundeseinfluß auf die Landespolitik gering zu halten oder abzubauen und die Verwaltungsverfahren deutlich zu vereinfachen. Nachdem bereits beim Strukturhilfegesetz der Maßnahmekatalog bewußt breit gefaßt worden war, um den Ländern die Auswahl solcher Investitionen zu ermöglichen, die ihnen zur Stärkung der Wirtschaftskraft besonders geeignet erschienen, zudem auch auf die Zweckbindung bestimmter Prozentanteile für bestimmte Maßnahmen verzichtet wurde (Finanzbericht 1992: 118), wurden beim IFG „Aufbau Ost" dieselben Grundsätze angewandt. Wegen der vielfältigen infrastrukturellen Defizite in den neuen Länder, aber auch um die Fremdsteuerung der Landespolitik durch finanzielle Einflußnahme des Bundes zu vermeiden, wurden die Förderbereiche, für Mittel eingesetzt werden können, sehr breit angelegt. Es nennt einen derartig umfassenden Katalog von förderungsfähigen Maßnahmen, daß es schwer fällt zu definieren, welche Investitionen nicht darunter subsumiert werden könnten.[49]

Zudem wurden die Verwaltungsverfahren gegenüber der früheren Praxis deutlich vereinfacht. Das noch beim Strukturhilfegesetz praktizierte Antragsverfahren (§ 5 Abs. 2 Strukturhilfegesetz vom 20.12.1988, BGBl. I S. 2358) wurde nicht in das IFG „Aufbau Ost" übernommen. Die Länder stellen keine Anträge mehr beim Bund, sondern es wurde vereinbart, daß die Länder den Bund lediglich über ihre Planungen informieren (§ 3 Abs. 1 und 2 VV IFG). Die Informationen über die Planungen sind nicht bindend, denn die „endgültige Zuordnung der Fördermittel auf die Förderbereiche ... ergibt sich aus den Verwendungsnachweisen..." (§ 3 Abs. 3 VV IFG). Anders gesagt, im Unterschied zum früher praktizierten Antragsverfahren für Einzelprojekte mit Festlegungen zumindest für das nächste Haushaltsjahr (§ 5 Abs. 2f. Strukturhilfegesetz) informieren die Länder nunmehr den Bund nur noch über ihre Vorhaben im Rahmen von Förderlisten, ohne daß daraus für sie eine definitive Bindung entsteht, und weisen lediglich ex post die Mittelverwendung nach (§ 4 VV IFG). Bei einer nicht gesetzeskonformen Mittelverwendung können die dafür verwandten Finanzhilfen zwar vom Bund zurückgefordert werden, jedoch gehen sie dem betroffenen Land nicht verloren, sondern können – auch in den Folgejahren – für andere Vorhaben verausgabt werden (§ 5 Abs. 3 IFG, § 6 Abs. 1 VV IFG). Da dem Bund nur das Recht zu einer nachträglichen Prüfung zufällt, zudem eine nicht-gesetzeskonforme Mittelverwendung nicht den Verlust der Bundesmittel nach sich zieht, kann von wesentlichen Steuerungsmöglichkeiten des Bundes kaum mehr die Rede sein.

6.3.2 Gelöst? Zur Problematik der kommunalen Altschulden

Im Jahr 1995 zeigte sich eine Lücke in den Vereinbarungen des Föderalen Konsolidierungsprogramms. Aus der Sicht der neuen Länder und ihrer Gemeinden wurde keine hinreichende Entlastung der ostdeutschen Gemeinden von DDR-Altschulden vereinbart. Die Regierung der DDR hat Kredite für die Finanzierung

---

49 Festgelegt sind nach § 2 Abs.2 IFG „Aufbau Ost" lediglich 700 Mio. DM (von 6,6 Mrd. DM) jährlich als Finanzhilfen nach dem Krankenhausfinanzierungsgesetz, s. auch § 1 Abs. 1 VV IFG „Aufbau Ost".

von zentral angeordneten „gesellschaftlichen Einrichtungen" in unterschiedlicher Weise den Gemeinden angelastet, diese aber zum Teil auch in wenig nachvollziehbarer Weise wieder davon entlastet (zur Gesamtproblematik: Harms 1995). Infolgedessen waren etliche ostdeutsche Gemeinden aufgrund von willkürlichen Entscheidungen der DDR-Regierung nach der Einheit faktisch überschuldet. Aufgrund dieser Belastungen mit zentralstaatlich veranlaßten Schulden war es nicht vertretbar, diese Altschulden den Gemeinden anzulasten. Herrschte darüber auch Einvernehmen, so war damit die Frage, wer nun diese Schulden übernehmen sollten, noch keineswegs gelöst. Die Länder fordern in einer Gesetzesinitiative die Übernahme dieser Schulden in Höhe von mittlerweile 8,73 Mrd. DM einschließlich der aufgelaufenen Zinsforderungen in den Erblastentilgungsfonds mit der Maßgabe, daß Zins- und Tilgungsleistungen vom Bund zu erbringen seien (BRat-Drs. 47/96 (Beschluß)). Weder der Bundesfinanzminister – Waigel: „Das sind nicht meine Schulden" – noch die Bonner Regierungsfraktionen folgten diesem Anliegen der Länder und erklärten sich lediglich bereit, die Hälfte der Altschulden zu Lasten des Bundes zu übernehmen (BT-Drs. 13/4098).

In diesem Streit wurde am 2. Oktober 1996 ein einstweiliger Kompromiß zwischen dem Bund und den neuen Ländern gefunden, der allerdings unter dem Vorbehalt einer endgültigen Zustimmungserklärung der ostdeutschen Landesregierungen stand. Der Bund folgte in dieser Vereinbarung dem Vorschlag der Länder, diese Altschulden gänzlich in den Erblastentilgungsfonds zu übernehmen, allerdings mit dem finanziell relevanten Vorbehalt, daß die ostdeutschen Länder die Hälfte der Annuitäten in Höhe von 7,5 % oder 315 Millionen DM jährlich übernehmen (Süddeutsche Zeitung, 4.10.1996: 8,4 Mrd. Mark in Erblasten-Tilgungsfonds; dies., Späte Einsicht). Materiell, nämlich in der Frage der Lastenverteilung zwischen Bund und neuen Länder, hatte sich damit im wesentlichen der Bund durchgesetzt.

Dieser Kompromiß hielt allerdings nicht, denn die neuen Länder erzielten keine Einigung über die Verteilung der Zinslasten untereinander. Im Grundsatz ging es darum, ob diese Lasten nach Einwohnern oder nach dem – willkürlichen und sehr ungleichmäßig streuenden[50] – Schuldenstand aufgeteilt werden. Berlin und Sachsen (Dresden und Leipzig), deren kommunale Schulden in erheblichem Umfang von der DDR-Regierung übernommen worden waren, widersprechen einer Verteilung der Lasten nach Einwohnern. Berlin weigerte sich, über den Schuldenstand von 3 Millionen DM hinaus weitere zu übernehmen. Umgekehrt war für die besonders belasteten Länder Sachsen-Anhalt, Brandenburg und Mecklenburg-

---

50 Von den 8,4 Mrd. DM kommunalen Altschulden entfallen auf Sachsen-Anhalt 2 Mrd. DM, Brandenburg 1,89 Mrd. DM und auf Mecklenburg-Vorpommern 1,59 Mrd. DM. (Ost-)Berlin, das anläßlich der 750-Jahr-Feier von der DDR-Regierung entschuldet wurde, verzeichnet dem gegenüber mit nur 3 Millionen DM den geringsten Betrag. In einer ähnlich günstigen Situation wie Berlin befindet sich auch Sachsen. Vgl. Der Tagesspiegel, 16.10.1996: Was Onkel Erich netterweise übrigließ; Magdeburger Volksstimme, 17.10.1996: Im Streit um die kommunalen Altschulden ist kein Ende in Sicht.

Vorpommern jede Regelung, die daran anknüpfte, „was Onkel Erich netterweise übrigließ" (Der Tagesspiegel, 16.10.1996), nicht hinnehmbar. Der Versuch, die Meinungsverschiedenheiten zwischen den ostdeutschen Ländern durch einen höheren Anteil des Bundes (zwei Drittel statt der Hälfte) beizulegen, scheiterte an dessen Widerstand (Die Welt, 18.10.1996: Der Poker um die Altschulden geht weiter; Berliner Zeitung, 31.10.1996: Länder akzeptieren ein Drittel der Altschulden). Anfang November einigten sich die Chefs der ostdeutschen Staatskanzleien dahingehend, daß ein Drittel der von den Ländern zu tragenden Annuitäten (105 Millionen DM jährlich) aus Mitteln des DDR-Parteienvermögens[51] finanziert werden sollte. Der Rest sollte von den sechs Ländern zu gleichen Teilen – 35 Millionen DM pro Jahr und Land – übernommen werden (Handelsblatt, 5.11.1996: Parteivermögen soll Lasten mindern; dass., 6.11.1996: Berlin trägt Kompromiß über die Altschulden nicht mit).

Nachdem die Verhandlungslösung am Widerstand Berlins und Sachsens gescheitert war, versuchten die Bonner Koalitionsfraktionen nun, sie per Gesetz zu realisieren (BT-Drs. Nr. 13/6088; 138. Sitzung, 14.11.1996, S. 12469ff.). Dieses Vorhaben endete – einstweilen – am 19. Dezember 1996 im Bundesrat (BR-Drs. 913/86, Beschluß), der den Vermittlungsausschuß anrief und damit eine weitere Verhandlungsrunde zwischen Bund und Ländern erzwang.

Der Bund schien in einer stärkeren Verhandlungsposition – zumindest gegenüber den neuen Ländern. Zum einen hatte er aufgrund seiner Verfügungsmacht über das Vermögen der DDR-Parteien, das dem Aufbau in den neuen Ländern dienen soll, ein finanzielles Druckmittel. Zum zweiten brauchte er eine verfassungsrechtliche Auseinandersetzung kaum zu fürchten, weniger allerdings aus juristischen, sondern vielmehr aus taktischen Gründen. Das Ergebnis einer noch immer möglichen Klage vor dem Bundesverfassungsgericht kann aus seiner Sicht im ungünstigsten Fall die ursprüngliche Forderung der Länder bestätigen – dieses aber erst nach einem Urteil, das erst in einigen Jahren vorliegen dürfte. Die Zeit begünstigte damit den Bund, den Ländern und ihren Gemeinden bliebe für die Dauer der weiteren Auseinandersetzungen die Unsicherheit über deren Ausgang. Sie waren weit mehr als der Bund an einer baldigen Regelung interessiert, wodurch ihre Verhandlungsposition geschwächt wurde.

Mehrere Gründe veranlaßten trotzdem den Bundesrat, der Vorlage der Koalition nicht zuzustimmen. Es sprachen sachliche Gründe, aber auch politische gegen sie. Politisch gab es für die SPD-regierten alten Länder keinen Grund, sich dem Votum vor allem Berlins und Sachsens zum Anruf des Vermittlungsausschusses zu verweigern, denn aus ihrer Perspektive deckten sich föderative und parteipolitische Konfliktlinien. In Übereinstimmung mit der SPD-Bundestagsfraktion war

---

51 Hierbei handelt es sich um ein Vermögen von gut einer Mrd. DM der DDR-Parteien, das für gemeinnützige Zwecke und die wirtschaftliche Entwicklung in den neuen Ländern verwandt werden sollte. Vgl. Handelsblatt, 5.11.1996: Parteivermögen soll Lasten mindern; dass., 11.11.1996: Parteivermögen kann Altschulden tilgen.

es möglich, zusammen mit den CDU-Regierungschefs von Sachsen und Berlin gegen die Bundesregierung zu stimmen, sich zugleich für die finanziellen Probleme der neuen Länder zu engagieren ohne von populistischen PDS-Forderungen übertrumpft zu werden und schließlich föderative Interessen gegenüber dem Bund zu vertreten. Das war eine klare politische Profilierungschance, die man nicht ungenutzt verstreichen lassen wollte. Nach der Ankündigung Berlins, gegen die vom Bundestag verabschiedete Regelung gegebenenfalls vor dem Bundesverfassungsgericht zu klagen, wäre mit dem Gesetz auch kein Rechtsfrieden hergestellt worden.

Zudem war die vom Bund verfolgte Regelung von der Sache her problematisch, denn er verabschiedete sich mit ihr von den politischen Grundlagen des Solidarpaktes. Teil der politischen – nicht rechtlichen – Vereinbarung war der Nexus, daß die DDR-Altschulden in den Erblastentilgungsfonds übernommen werden, diesen der Bund verzinst und tilgt, er dafür den Solidaritätszuschlag zur Einkommens- und Körperschaftssteuer erhebt und die Länder auf ihre Forderung nach Berücksichtigung des Bundesbankgewinns bei der vertikalen Steuerverteilung verzichten. Mit der vom Bund unterstützten Altschuldenregelung wären die neuen Länder an einem Teil der DDR-Altschulden finanziell beteiligt worden, dessen Umfang auf willkürliche Entscheidungen der DDR-Regierung zurückgeht. Problematisch wäre auch die Lastenverteilung unter den neuen Ländern – 35 Millionen DM pro Land und Jahr – geblieben; denn die kleineren Länder wären damit erheblich mehr belastet worden als das deutlich größere Sachsen.

Nach der Anrufung des Vermittlungsausschusses bleibt nun abzuwarten, wann welche Lösung gefunden wird.

7. Zur finanziellen Lage der Gebietskörperschaften 1990 bis 1995

7.1 Der öffentliche Gesamthaushalt

Die Bewältigungsstrategien der finanzpolitischen Herausforderungen infolge der deutschen Einheit schlagen sich in den Strukturdaten der öffentlichen Haushalte nieder. Die Ausgaben der öffentlichen Hand (Staatsquote) stiegen von 45,8 vH des Bruttoinlandsprodukts 1989 auf 50,7 vH im Jahr 1995 (BMF 1996: 10), nahmen also etwa um ein gutes Zehntel zu. Die Steuerquote stieg zugleich von 23½ vH (1990) auf 25 vH (1995), die Abgabenquote (d.h. einschl. der Beiträge zu den gesetzlichen Sozialversicherungen) von 40½ vH (1990) auf 44½ vH (1995), also ebenfalls etwa um ein Zehntel (BMF-Dokumentation 3/95). Das Defizit des öffentlichen Gesamthaushalts stieg von 1,2 vH des BIP 1989 auf 4,4 vH im Jahr 1993 um dann wieder leicht abzusinken (Finanzberichte 1994 – 1996: Tabelle 1). Für 1995 wird es nach neueren Schätzungen auf 3,6 vH veranschlagt

Budgetäre Anpassung statt institutionellen Wandels 97

(BMF 1996: 7). Der Schuldenstand der öffentlichen Haushalte hat sich in den Jahren 1989 bis 1995 von 925 Mrd. DM (1989) auf rund 2000 Mrd. (2.000.000.000.000) DM mehr als verdoppelt (BMF 1996: 28; Bundesbank 1996b: 41). Von der öffentlichen Neuverschuldung seit 1990 von mehr als 1000 Mrd. DM verbucht das Bundesfinanzministerium rund 600 Mrd. DM unter „vereinigungsbedingt" (BMF 1996: 27).

Tabelle 1: Defizitentwicklung und Zinsbelastung des öffentlichen Gesamthaushalts und des Bundes in Mrd. DM (Quelle: Finanzberichte 1994-1996, eigene Berechnungen)

Jahr	Bruttoinlandsprodukt (Mrd.DM)	Ausgaben des öffentlichen Gesamthaushalts (Mrd.DM)	Defizit des öffentlichen Gesamthaushalts (Mrd.DM)	Defizit in vH desBIP	Defizit in vH der Ausgaben	Zinsausgaben in Mrd.DM	Zinsen in vH derAusgaben
1989	2224,4	701,5	27,1	1,2	3,9	60,8	8,6
1990	2426,0	818,5	94,4	3,9	11,5	64,3	7,9
1991	2853,6	972,3	122,7	4,3	12,6	76,8	7,9
1992	3075,6	1065,2	116,9	3,8	11,0	100,2	9,4
1993	3159,1	1119,3	137,7	4,4	12,3	101,6	9,1
1994	3321,1	1163,5	116,0	3,5	10,0	113,6	9,8
1995*	3495½	1226½	102½	3**	8,4	139½	11,4

* Schätzung
** Laut Süddeutscher Zeitung (2.5.1996: Staatsschulden immer höher) ist für 1995 mit einem 5,7 Mrd. DM höheren Defizit als hier angegeben zu rechnen. 1995 erreicht es die Höhe von 3,5 vH des BIP, für 1996 werden 3,8 vH erwartet (Handelsblatt, 13./14.12.1996: Stabilitätsskepsis).

Jahr	Ausgaben des Bundes (Mrd. DM)	Defizit des Bundes (Mrd. DM)	Defizit in vH der Ausgaben	Zinsausgaben (Mrd. DM)	Zinsen in vH der Ausgaben
1989	289,8	20,0	6,9	32,1	11,0
1990	380,2	48,1	12,7	34,2	9,0
1991	401,8	53,2	13,2	39,6	9,9
1992	427,2	39,2	9,2	43,8	10,3
1993	457,5	66,9	14,6	45,8	10,0
1994	471,2	50,6	10,7	53,1	11,3
1995*	477,7	49,5	10,4	54,2**	11,3

* Schätzung
** Hierin nicht enthalten sind die Annuitäten (Zuschüsse) zu den Sondervermögen.

7.2 Die Länder

Die finanzielle Lage der Länder seit der Vereinigung ist ebenso wie die der anderen Ebenen geprägt durch hohe Defizite. In den alten Ländern wurden sie in entscheidendem Maße durch Mindereinnahmen infolge des Inkrafttretens der dritten Stufe der Einkommensteuerreform 1990, durch eine starke Ausweitung der Ausgaben 1991 und 1992 sowie durch konjunktur- und einigungsbedingte Einnahmeminderungen seit 1993 verursacht (Bundesbank 1995: 35).

Im Jahr 1989 war das Finanzierungsdefizit der westdeutschen Länder dank des Konsolidierungskurses der Jahre zuvor und des langanhaltenden Wirtschaftsaufschwungs deutlich zurückgegangen und betrug nur noch knapp 3 vH der Ausgaben. Infolge der dritten Stufe der Einkommensteuerreform erhöhte sich 1990 das Finanzierungsdefizit der Länder allerdings auf knapp 7 vH ihrer Ausgaben. Den kräftigen Einnahmezuwachs der Jahre 1991 und 1992 nutzten die alten Länder nicht, ihre negative Finanzierungssalden wieder zu verringern, sondern sie weiteten 1991 ihre Ausgaben ebenfalls um knapp 7 vH aus. Infolge dieser Ausgabenexpansion verstetigte sich das Defizit der westdeutschen Länder 1991 bis 1993 bei knapp 5 vH bis gut 6 vH der Ausgaben. Rückläufige Einnahmesteigerungen ab 1993, teils konjunkturell, teils durch Kürzungen von Finanzhilfen des Bundes (Aufhebung des Strukturhilfegesetzes) und durch Transferleistungen in die neuen Länder (Barzuweisungen an den Fonds „Deutsche Einheit") verursacht, veranlaßten die westdeutschen Länder zu einer Wende in der Ausgabenpolitik. Trotz eines Ausgabewachstums von nur gut 1 vH erreicht das Defizit 1994 mit 24 Mrd. DM einen Rekordstand und entsprach wieder etwa 7 vH des Ausgabevolumens (Bundesbank 1995: 35; Finanzbericht 1996: 97).[52] 1995 konnten die alten Länder ihren Sparkurs nicht in derselben Weise fortsetzen. Ihre Ausgaben nahmen um knapp 5 vH zu, ihre Einnahmen um 6 vH. Das Finanzierungsdefizit sank damit auf weniger als 6 vH. Allerdings sind die Zahlen für 1995 wegen des Auslaufens der Übergangsregelungen und des Inkrafttretens der neu geordneten bundestaatlichen Finanzbeziehungen kaum mit denen für 1994 zu vergleichen; denn höheren Ländereinnahmen infolge der Umschichtung von Umsatzsteueranteilen vom Bund auf die Länder standen in den Haushalten der alten Länder die Überweisungen im Länderfinanzausgleichs an die neuen gegenüber.[53]

In dem Jahrfünft 1990 bis 1994 stiegen die Einnahmen der westdeutschen Länder damit um durchschnittlich 4,5 vH jährlich, damit etwa um ein halbes Pro-

---

52 Die Zahlenangaben der Bundesbank 1995 differieren teilweise mit denen des Finanzberichts 1996. Ursache dafür ist die unterschiedliche Abgrenzung von Berlin. Die Bundesbank geht von Berlin als Ganzem aus, das sie den alten Ländern zurechnet. Der Finanzbericht rechnet nur West-Berlin den alten Ländern zu, Ost-Berlin den neuen. Ich folge bei Differenzen den Zahlen des Finanzberichts.
53 Der Finanzbericht 1996 weist für 1995 Länderausgaben in Höhe von 489½ Mrd. DM, für die westdeutschen in Höhe von 375 Mrd. DM, für die ostdeutschen in Höhe von 122 Mrd. DM (Finanzbericht 1996, S. 95, 97).

zent weniger als im vergleichbaren Zeitraum zuvor. Die Ausgaben kletterten um 5 vH pro Jahr, nachdem die durchschnittliche Steigerungsrate in den fünf Jahren zuvor bei 3½ vH lag. Erst 1994 kehrten die westdeutschen Länder mit einem Ausgabewachstum von 1½ vH wieder zu den moderaten Zahlen der zweiten Hälfte der 80er Jahre zurück. Die Ausgabenentwicklung ist damit gekennzeichnet einerseits von einem kontinuierlichen Wachstum der Zinsausgaben um durchschnittlich jährlich 5 vH einerseits und einem jährlich Rückgang der Sachinvestitionen um 3 vH andererseits. Die Verschuldung (*einschl.* West-Berlins) stieg um ca. ein Drittel auf gut 414 Mrd. DM Ende 1994, die Zinsquote blieb mit 7,6 vH der Ausgaben allerdings aufgrund der vergleichsweise niedrigen Kapitalmarktzinsen ein wenig unter dem Stand von 1989 (Bundesbank 1995: 37ff.).

Der vereinigungsbedingte Anteil an der Neuverschuldung[54] der alten Länder ist mit Ausnahme ihres Anteils am Fonds „Deutsche Einheit" kaum exakt zu quantifizieren.[55] Die Verschuldung der alten Länder *ohne* Berlin stieg von 1989 bis 1994 um lediglich gut 70 Mrd. DM an (Finanzbericht 1996: 122, 124) und lag damit lediglich um 5 Mrd. DM über den Einnahmeverzichten und Leistungen zugunsten der neuen Länder.[56] Nicht hierin enthalten sind die Belastungen der alten Länder durch die Einbeziehung der neuen in den Länderfinanzausgleich ab 1995.[57]

54 Die Verschuldung der alten Länder in den Jahren ab 1991resultiert nur zu einem geringen Teil aus unmittelbaren Leistungen zugunsten der neuen Länder (Verwaltungshilfen im Gesamtumfang von ca. 1 Mrd. DM jährlich), im wesentlichen schlugen sich das Abtreten vom Umsatzsteueranteilen und direkte Bareinzahlungen in den Fonds „Deutsche Einheit" in den Kassen der alten Länder nieder und führten somit mittelbar zu einer erhöhten Neuverschuldung. Insgesamt – darauf wurde bereits weiter hingewiesen – wurden 1991 bis 1994 ca. 46,8 Mrd. DM Umsatzsteueranteile an die neuen Länder abgetreten (BT-Drs. 127740 Ziff. 17), 14,4 Mrd. DM an Bareinzahlungen in den Fonds „Deutsche Einheit" geleistet und 2,5 Mrd. DM verloren sie durch die Aufhebung des Strukturhilfegesetzes. Bis 1994 hatten die alten Länder „brutto" – d.h. ohne Berücksichtigung von kaum zu quantifizierenden einigungsbedingten Steuermehreinnahmen – Einnahmeverluste von knapp 64 Mrd. DM zu verkraften (zusammengestellt nach Finanzministeriums des Landes Nordrhein-Westfalen 1996). Diese Belastung erhöhte die Nettoneuverschuldung der alten Länder.
55 Im Regelfall wurden die Einzahlungen der alten Länder in den Haushalten nicht aus Ausgaben verbucht, sondern als Steuermindereinnahmen (NRW in Zahlen o.J., Ziff. 77).
56 Bemerkenswert ist, daß das Land Nordrhein-Westfalen laut seiner Finanzplanung 1989 bis 1993 (LT NRW Drs. 10/4601, Stand Juli 1989) die Kreditfinanzierungsquote von 8,3 vH (1989) über 9,0 vH (1990) und 8,1 vH (1991) auf 6,5 vH (1992) und 5,6 vH (1993) zurückfahren wollte. Die Finanzplanung 1990 bis 1994 (LT NRW Drs. 11/801, Stand November 1990) verfolgte – angesichts der Einheit – ehrgeizigere Ziele: Die Kreditfinanzierungsquote sollte von 7,8 vH (1990) auf 6,8 vH (1991) und 6,7 vH (1992) und dann auf 5,4 vH (1993) und schließlich 4,5 vH (1994) reduziert werden. Die tatsächlichen Daten lauten:
1989: 3,6 vH; 1990: 6,4 vH; 1991: 5,9 vH; 1992: 3,0 vH; 1993: 5,6 vH; 1994 (Soll): 8,6 vH (NRW in Zahlen o.J., Ziff. 31).
57 Nordrhein-Westfalen veranschlagt seine Nettokreditaufnahme 1992 bis 1994 zu gut einem Viertel einigungsbedingt, für 1995 geht es aufgrund seiner Beiträge im Länderfinanzaus-

Die ostdeutschen Länder befanden sich von 1990 bis 1994 in einer Übergangsphase und sind erst ab 1995 voll in das bundesstaatliche Finanzausgleichssystem einbezogen worden. Angesichts ihrer schmalen Steuerbasis waren sie auf Leistungen aus dem Fonds „Deutsche Einheit" und auf ergänzende Finanzhilfen des Bundes angewiesen.[58] 1991 stammten gut 70 vH der gesamten Einnahmen aus Westtransfers. Obwohl das eigene Steueraufkommen jährlich um gut ein Fünftel wuchs, waren es 1994 – bei gestiegenen Transfers – noch immer fast 60 vH. Die gesamten Einnahmen aus eigenen Steuern und Zuweisungen vom Bund und aus dem Fonds „Deutsche Einheit" stiegen 1991 bis 1994 durchschnittlich um gut 6 vH jährlich. Zuletzt belief sich die Finanzausstattung pro Einwohner auf 115 vH der westdeutschen Länder. Allerdings waren die Haushalte der neuen Länder in weit höheren Maße als die der alten Länder durch durchlaufende Mittel an die Gemeinden (40 vH des Fonds „Deutsche Einheit", Gemeinschaftswerk „Aufschwung Ost, kommunale Investitionspauschale) aufgebläht, so daß ein Vergleich höchst problematisch ist.

Die Ausgaben expandierten dem gegenüber jährlich um durchschnittlich 7½ vH, sie erreichten 1994 – bezogen auf den Einwohner – gut 125 vH des Westniveaus. Allerdings auch diese Zahlen sind verzerrt durch die besonders hohen Zuweisungen an die Kommunen und erlauben daher nur sehr bedingt einen Ost-West-Vergleich. Ursache für diese Steigerungsrate waren hohe Personalausgaben sowie ein großer Mittelbedarf für Investitionen und die Sicherstellung der finanziellen Grundlagen der ostdeutschen Gemeinden. In der Folge wurden Defizite in der Größenordnung von gut 12 Mrd. DM (1991) bis knapp 20 Mrd. DM (1993 und 1994) verursacht. Diese beliefen sich auf 14 bis 18 vH der Ausgaben. Defizite dieser Größenordnung ließen sich für eine Übergangszeit nur mit dem schuldenfreien Start der neuen Länder und deren ungewöhnlich hohen Investitionsquote – sie verwandten bis zu einem Drittel ihrer Haushalte für investive Maßnahme (Renzsch 1996: 83f.) – zum Abbau der infrastrukturellen Entwicklungsdefizite rechtfertigen.

Dieses außergewöhnlich hohe Investitionsniveau wurde nicht nur mittels der verschiedenen Finanzhilfen finanziert, sondern die neuen Länder mußten sich für die Bereitstellung von Komplementärmittel und darüber hinausgehende Maßnahmen in einem hohen Maß selbst verschulden. Ihre Kreditaufnahme einschließlich der ihrer Gemeinden erreichte bis Ende 1994 mit einem Volumen zwischen 4261 DM (Sachsen) und 6568 DM (Brandenburg) je Einwohner in nur vier Jahren in etwa das Niveau das alten Länder (Durchschnitt DM 5899 pro Einwohner) – allerdings, die alten Länder hatten knapp fünfzig Haushaltsjahre gebraucht, um die-

---

gleich von einer zu 57 vH einigungsbedingten Neuverschuldung aus (Finanzministerium des Landes Nordrhein-Westfalen 1996).
58 Neben den unmittelbaren Zahlungen unterstützten Bund und alte Länder die neuen durch die Entsendung von Personal, durch Personalkostenzuschüsse für „Westbeamte" und durch die Bereitstellungen von sächlichen Ausrüstungen wie Polizeifahrzeuge usw.

sen Schuldenberg aufzuhäufen.[59] Nachdem im Bereich der öffentlichen Verschuldung die neuen Länder bereits „Westniveau" erreicht haben, ist angesichts der nach wie vor bestehenden immensen Entwicklungsrückstände absehbar, daß – zumindest für einige der neuen Länder – über kurz oder lang die große Gefahr besteht, in eine extreme Haushaltsnotlage (Häde 1993: 467f.) zu geraten.

Eine solche Entwicklung wird offensichtlich von einigen der neuen Länder bereits antizipiert. Das Urteil des Bundesverfassungsgerichtes vom 27. Mai 1992, das den Bund und die Länder im Fall einer „extremen Haushaltsnotlage" aufgrund des „bündischen Prinzips des Einstehens füreinander" zu entsprechenden Hilfsmaßnahmen verpflichtet (BVerfGE 86, 148, 258ff.), wird als verbriefter Hilfsanspruch verstanden, denn man ist zu der Schlußfolgerung gekommen, daß „diese Grundsätze nicht nur für die alten finanzschwachen Länder zu gelten haben, sondern in noch viel größerem Maße für die neuen Länder."[60]

Durch die Einbeziehung der neuen Länder in den bundesstaatlichen Finanzausgleich verbessert sich ab 1995 deren Finanzlage um ca. 13 Mrd. DM. Diese Verbesserung des Finanzstatus soll nicht zu einer Ausweitung der Ausgaben führen, sondern in erster Linie zu einem Abbau der Finanzierungsdefizite beitragen (Renzsch 1996: 84). Für 1995 wird eine Verminderung der Defizite um gut 7 Mrd. DM erwartet. Sie würden damit auf gut 10 vH der Ausgaben sinken (Bundesbank 1995: 36f.; Finanzbericht 1996: 97).

Tabelle 2: Defizitentwicklung und Zinsbelastung der Ländern in Mrd. DM (Quelle: Finanzberichte 1994-1996, eigene Berechnungen)

Jahr (West/Ost)	Ausgaben der Länder (Mrd. DM)	Defizit der Länder (Mrd. DM)	Defizit in vH der Ausgaben	Zinsausgaben	Zinsen in vH der Ausgaben
1989	282,7	7,6	2,7	21,3	7,5
1990	299,6	19,4	6,5	22,1	7,4
1991	408,6(320,1/88,5)	28,9(16,5/12,4)	7,1(5,2/14,0)	24,2	5,9
1992	437,0(336,8/100,3)	31,1(16,1/15,0)	7,1(4,8/15,0)	25,8	5,9
1993	462,9(352,8/110,1)	42,1(22,4/19,8)	9,1(6,3/18,0)	28,4	6,1
1994	471,4(357,3/114,1)	43,8(24,0/19,7)	9,3(6,7/17,3)	30,0	6,4
1995*	489,5(375/122)	34,5(22/12½)	7(5,9/10,2)	33	6,7

* Schätzung, andere im Text verwandte Zahlen beruhen auf unterschiedlichen Abgrenzungen in den Quellen.

---

59 Im Jahr 1994 erreichten die alten Länder einschl. ihrer Gemeinden einen durchschnittlichen Schuldenstand von DM 5899 pro Einwohner (Spanne von 4055 DM (Bayern) bis 24.954 DM (Bremen).) Die Verschuldung der neuen Länder erreichte zu diesem Zeitpunkt: Sachsen 4261 DM, Mecklenburg-Vorpommern 4383 DM, Thüringen 5543 DM, Sachsen-Anhalt 5796 DM und Brandenburg 6568 DM je Einwohner. Finanzbericht 1996, S. 123f.

60 Quelle im Privatbesitz des Verfassers.

7.3 Die Gemeinden

Die Finanzentwicklung der Gemeinden in der ersten Hälfte der 90er Jahre ist der der Länder ähnlich. Insgesamt war ihre finanzielle Situation Ende der 80er Jahre recht günstig, sie verzeichneten einen positiven Finanzierungssaldo, jedoch gerieten in den 90er Jahren tief ins Defizit. Während des einigungsbedingten Booms stiegen zwar die Einnahmen der westdeutschen Kommunen kräftig an, jedoch verzeichneten ihre Ausgaben merklich höhere Zuwachsraten. Mit dem Beginn der Rezession wurden umfassende Konsolidierungsmaßnahmen unabweisbar, so daß die Gemeinden der alten Länder ab 1993 auf einen Sparkurs umschwenkten (Bundesbank 1994: 19).

Die Finanzentwicklung der westdeutschen Gemeinden wird schlaglichtartig mit dem Blick auf die Finanzierungssalden deutlich: Dem Überschuß des Jahres 1989 in Höhe von 1,7 Mrd. DM stand 1992 ein Defizit von gut 10 Mrd. DM gegenüber, eine Verschlechterung von nahezu 12 Mrd. DM. Ursache dafür war eine deutliche Beschleunigung der Ausgaben: 1989 wuchsen die Ausgaben um 5 vH, 1990 um 8 vH, 1991 um gut 9 vH und 1992 um fast 10½ vH. Im Durchschnitt übertrafen sie die Zunahme der Einnahmen um zwei Prozentpunkte. – In diesen Zahlen ist nicht einmal erfaßt, daß die Gemeinden vielfach kommunale Aufgaben privatisierten oder auf Eigenbetriebe übertrugen und damit nicht mehr den Gemeindehaushalten geführt wurden, was die statistisch erfaßte Haushaltsentwicklung bremste. – Der Schuldenstand der westdeutschen Gemeinden kletterte um 14 vH von 111½ Mrd. DM Ende 1989 auf gut 127 Mrd. DM Ende 1992.

Diese Defizite entstanden trotz einer relativ guten Einnahmeentwicklung, die sich zwischen 1990 bis 1992 im Jahresdurchschnitt auf 7 vH belief. Sie lag damit um 2½ Prozentpunkte über der der zweiten Hälfte der 80er Jahre. Diese Einnahmesteigerungen sind zu einem wesentlichen Teil auf die einigungsbedingte „Sonderkonjunktur" zurückzuführen. Einigungsbedingte Lasten blieben dem gegenüber gering. Der kommunale Anteil am Fonds „Deutsche Einheit" belief sich 1991 und 1992 zusammengenommen auf Einnahmeminderungen in Höhe von rund 1½ Mrd. DM. Dazu traten allerdings noch im Rahmen von Städtepartnerschaften gewährte, aber nicht bezifferbare Personal- und Sachhilfen (Bundesbank 1994: 20f.).

Das für die Defizite ursächliche vergleichsweise schnelle Ansteigen der Ausgaben der Kommunen der alten Länder rührte im wesentlichen aus einem durchschnittlichen jährlichen Anstieg der Personalkosten um 8 vH, einer Erhöhung des Sachaufwandes um 8¾ vH (vermehrte Aufwendungen für Asylbewerber und Flüchtlinge, z.B. infolge der Unterbringung in Hotels und Pensionen auf kommunale Kosten) und einer Steigerung der Sozialhilfe, deren Zuwachsrate von 1990 bis 1992 von 8 vH auf 12½ vH anstieg (Sozialhilfe zur Pflege alter Menschen, Eingliederungshilfen für Behinderte, Leistungen für den laufenden Lebensunterhalt insbesondere für Asylbewerber). Dieses kräftige Ausgabenwachstum hatte zur Folge, daß die Zuweisungen der Verwaltungs- an die Vermögenshaushalte

Budgetäre Anpassung statt institutionellen Wandels 103

rückläufig waren. Die „freien Spitzen" sanken von 14½ Mrd. DM 1989 auf gut 10 Mrd. DM 1992. Gleichwohl wuchsen die Ausgaben für Sachinvestitionen bedingt durch Zuweisungen aus Strukturhilfegesetz weiterhin mit der hohen Rate von 8 vH im jährlichen Durchschnitt.

Die Expansion der Gemeindeausgaben 1989 bis 1992 überschritt deutlich den Spielraum, der durch die günstige Einnahmeentwicklung entstanden war. Zu einem erheblichen Teil handelte es sich dabei um Ausgaben, die von den Gemeinden nicht oder höchstens marginal zu beeinflussen waren: Tariferhöhungen für den öffentlichen Dienst, gestiegene Anforderungen und erhöhter Personalbedarf im Betreuungs- und Pflegebereich, der Mittelbedarf für Sozialhilfe und Investitionen im Umweltbereich verursachten kaum vermeidbare Mehrausgaben (Bundesbank 1994: 22ff.). Schließlich trug auch das alte Dilemma der Förderung kommunaler Investitionen durch Zuschüsse des Landes zur Ausgabenexpansion bei (dazu Renzsch/Schieren 1996). Welcher Bürgermeister, welcher Kämmerer verzichtet auf Zuschüsse z.B. aus dem Strukturhilfegesetz, wenn er damit kommunale Investitionen bis zu neun Zehnteln finanzieren kann, auch wenn das Geld für das verbleibende Zehntel nur über weitere Kredite beschafft werden kann und die geschaffenen Einrichtungen nicht einmal Priorität besitzen? Man „darf" doch einen Zuschuß nicht verfallen lassen – koste es, was es wolle.

Mit der einbrechenden Rezession dramatisierte sich die finanzielle Lage der westdeutschen Gemeinden ab 1993. Zwar bemühten sich die Gemeinden um Einsparungen – die Zunahme der Ausgaben war deutlich rückläufig –, jedoch wuchsen sie noch immer schneller als die Einnahmen. Hier schlug sich vor allem der nach wie vor dramatische Anstieg der sozialen Leistungen um 14 vH nieder. Das Defizit erreichte 1993 und 1994 jeweils gut 9 Mrd. DM (Bundesbank 1994: 27f., Finanzbericht 1996: 97).

Die Finanzausstattung der ostdeutschen Gemeinden beruhte zwischen der Schaffung der Währungs-, Wirtschafts- und Sozialunion zum 1. Juli 1990 und Ende 1990 im wesentlichen auf Zuweisungen aus dem DDR-Staatshaushalt bzw. dem Bundeshaushalt. Insgesamt sahen die zentralen Haushaltsansätze Zuweisungen in Höhe von 22½ Mrd. DM für die zweite Jahreshälfte 1990 vor. Anfang 1991 wurde westdeutsche Gemeindefinanzsystem (mit einigen zeitlich befristeten Einschränkungen und Modifikationen[61]) übernommen. Als Ausgleich für das schwache Steueraufkommen erhielten die Gemeinden einen Anteil von 40 vH der Leistungen des Fonds „Deutsche Einheit". Nach der Verstetigung des Fonds flossen den ostdeutschen Gemeinden in den Jahren 1991 bis 1994 daraus insgesamt 64 Mrd. DM zu. Daneben wurde anstelle von landesgesetzlichen Regelungen im Einigungsvertrag bis Ende 1994 festgeschrieben, daß die Gemeinden einen An-

---

61 Verzicht auf Erheben der Gewerbekapitalsteuer, zeitweiliges Aussetzen der Gewerbesteuerumlage, Sonderregelung für die Gewerbeertragsteuer, befristete Verteilung des kommunalen Anteils an der Einkommensteuer nach Einwohnern statt nach örtlichem Aufkommen.

spruch auf mindestens 20 vH des Steueraufkommens der Länder als Landeszuweisungen besitzen. Die Gesamteinahmen der ostdeutschen Gemeinden wuchsen von knapp 45 Mrd. DM 1991 auf gut 49 Mrd. DM 1992 und rund 54 Mrd. DM 1993. Mit gut 3700 DM je Einwohner verfügten die Kommunen der neuen Länder über etwas mehr Mittel als die der alten Länder – allerdings, bei einer kaum vergleichbaren Problemlage.

Die Steuereinnahmen blieben gegenüber den Zuweisungen trotz rasanter Steigerungsraten gering. 1993 erreichten die Steuern nur ein Viertel des westdeutschen Niveaus. Wesentliche Komponente des Steueraufkommens war dabei der kommunale Anteil an der Lohn- und veranlagten Einkommensteuer. Hier schlug sich die schrittweise Anpassung an das westdeutsche Lohn- und Gehaltsniveau nieder. Außerdem machte sich die Lohnsteuerzerlegung für Pendler[62] positiv in den ostdeutschen Gemeindekassen bemerkbar. Demgegenüber war das Ergebnis der veranlagten Einkommensteuer in vielen Fällen wegen der Investitionszulagen sogar negativ. Die Gewerbesteuerkraft – die Erhebung der Gewerbekapitalsteuer blieb ausgesetzt – war gering, sie lag etwa bei einem Zehntel der westlichen Standards (Bundesbank 1994: 30ff.).

Entgegen ursprünglichen Befürchtungen schlossen die ostdeutschen Gemeinden das Haushaltsjahr 1991 nicht mit einem Defizit, sondern einem Überschuß von knapp zwei Mrd. DM ab. Mehrere Gründe waren dafür entscheidend: So waren die mit der bundesdeutschen kommunalen Finanzordnung noch wenig vertrauten Verwaltungen noch nicht in der Lage, die ihnen zugewiesenen Mittel sinnvoll einzusetzen. Nicht übersehen werden darf auch, daß der planerische Vorlauf für Investitionen fehlte. 1992 änderte sich die Situation dann allerdings grundlegend. Das Defizit von gut 7½ Mrd. DM – bezogen auf den Einwohner dreimal so hoch wie im Westen – war ein Indiz für die Aufnahme einer regen kommunalen Investitionstätigkeit. 1993 lag das Defizit dann bei knapp 4½ DM.

Die Ausgaben der ostdeutschen Gemeinden lagen 1993 mit 4100 DM pro Einwohner knapp 8 vH über denen der westdeutschen (3800 DM pro Einwohner). Die Ausgabenstrukturen wiesen jedoch erhebliche Differenzen auf: Bei den Sachinvestitionen wurde das westdeutsche Niveau um etwa drei Viertel überschritten, aber auch die Personalausgaben übertrafen – trotz geringerem Lohn- und Gehaltsniveau – die westdeutschen um gut ein Drittel. Dagegen erreichten die Sozialausgaben nur die Hälfte und die Zinsausgaben ein Viertel der Beträge im Westen (Bundesbank 1994: 32f.).

Die Jahre 1994 und 1995 unterschieden sich sowohl in den alten wie den neuen Ländern deutlich von den Vorjahren. In diesen beiden Jahren schlugen sich die Folgen der Rezession von 1993 massiv in den kommunalen Einnahmen nieder, zugleich stiegen die sozialen Leistungen überproportional an. Der Deutsche Städtetag rechnet für 1995 mit einem deutlichen Wiederanstieg des Finanzie-

---

62 Überweisung des kommunalen Anteils von 15 vH an der Lohnsteuer vom Ort der Steuerabführung (Betriebsstättenfinanzamt) an den Wohnsitz des Steuerpflichtigen.

rungsdefizits auf 13½ Mrd. DM (Karrenberg/Münstermann 1996: 119). Für 1996 zeichnet sich keine Besserung ab. Die Klemme aus stagnierenden Einnahmen und zunehmenden Lasten zwang die Kommunen zu einem drastischen Konsolidierungskurs, sollten die Defizite nicht in Uferlose steigen.

Die westdeutschen Kommunen waren 1994 mit rückläufigen Einnahmen und wachsenden sozialen Lasten konfrontiert. Aufgrund von weit hinter den Erwartungen zurückbleibenden Einkommensteuer- (-0,6 vH) und rückläufigen Gewerbesteuererträgen (-8 vH) nahmen die gesamten Einnahmen nur um 1,9 vH gegenüber dem Vorjahr zu. Hinter dieser Zahl verbirgt sich, daß im Einzelfall Städte 1994 geringere Einnahmen zu verzeichnen hatten als 1993, u.a. auch aufgrund der Verschiebung von Einkommensteuereinnahmen von den Kernstädten in das Umland (in die „Speckgürtel"). Durch das Nahezu-Einfrieren der Personal- (+0,3 vH) und Sachausgaben (+ 1,4) bei gleichzeitigem Reduzieren der kommunalen Investitionen (-8,3 vH) konnten die Ausgabenzuwächse trotz um 8,5 vH gestiegener Sozialleistungen auf gut 1 vH beschränkt werden, so daß das Finanzierungsdefizit noch einmal merklich (um gut 3½ Mrd. DM) – im wesentlichen zu Lasten der Investitionen – verringert werden konnte (Karrenberg/ Münstermann 1995: 115f.).

1995 und 1996 setzte sich diese Entwicklung zum Nachteil der westdeutschen Gemeinden weiter fort: Auch 1995 hat sich die Finanzlage der westdeutschen Städte schlechter entwickelt als zu Jahresbeginn befürchtet. Die Steuereinnahmen fielen gegenüber 1994 um 4 vH. Der für 1995 erwartete Gewerbesteueranstieg blieb trotz einer guten Ertragslage der Unternehmen aus. Infolge der erhöhten Gewerbesteuerumlage in den alten Länder zur Finanzierung der Einheit nahmen die Gewerbesteuereinnahmen um 11,8 vH ab. Nach drei Jahren rückläufiger Gewerbesteuererträge liegt deren Niveau nun unter dem von 1989. Auch die Erwartungen hinsichtlich der Entwicklung der Einkommensteueranteile der Kommunen erfüllten sich nicht: Anstelle eines Wachstums waren die Einnahmen rückläufig und fielen unter das Niveau von 1992. Eine wesentliche Ursache dafür war der Verfall der veranlagten Einkommensteuer. Die rückläufigen Steuereinnahmen wurden nicht durch Landeszuweisungen ausgeglichen, im Gegenteil: die laufenden Zuweisungen kletterten zwar um 0,8 vH, die Investitionszuweisungen aber gingen um 7,7 vH zurück. Dem standen Zuwächse bei den sozialen Leistungen um 6 vH gegenüber. Für die nähere Zukunft erwarten die Kommunen keine finanzielle Besserung, denn auf sie kommen zusätzliche Lasten zu, für die keine finanzielle Kompensation vorgesehen ist. Der Rechtsanspruch auf einen Kindergartenplatz (Isensee 1995: 6ff.) für alle Dreijährigen wird die Gemeinden zusätzlich mit mehr als 4 Mrd. DM laufenden Kosten pro Jahr belasten. Darin sind Aufwendungen für Investitionen nicht enthalten. Die Kürzung der Arbeitslosenhilfe wird zu weiteren Belastungen der Sozialhilfeetats der Städte führen. Dazu kommen Mindereinnahmen infolge des Jahressteuergesetzes 1996 vom 11. Oktober 1995 (BGBl. I: 1250), die insbesondere durch die Freistellung des Existenzminimums von der Einkommensteuer verursacht werden.⁶³ Die Erwartungen des Bundes hinsichtlich einer Entlastung der Sozialhilfe durch die Pflegeversicherung teilen die Kommunen nicht, sie rechnen damit erst ab 1997 (Karrenberg/Münstermann 1996: 119ff.).

Die westdeutschen Städte und Gemeinden sehen sich darüber hinaus übermäßig durch die Einheit belastet. Im Finanzierungsdefizit der westdeutschen Gemeinden im Jahre 1995, das der deutsche Städtetag auf mehr als 10 Mrd. DM veranschlagt, sind aus dessen Sicht gut 8 Mrd. DM Transferbelastungen zugunsten der neuen Länder und deren Gemeinden enthalten (Karrenberg/Münstermann 1995: 117; Heilemann/Loeffelholz/Rappen 1993: 193). Die Lasten der westdeutschen Länder im Rahmen des Finanzausgleichs zugunsten der neuen Länder (einschl. Berlins) fielen mit ca. 8 Mrd. DM nur etwa halb so hoch aus wie bei den Solidarpaktverhandlungen erwartet (Abrechnung Finanzausgleich 1995). Gleichwohl wurde der Anteil der westdeutschen Gemeinden, die mittels eine erhöhten Gewerbesteuerumlage 40 vH des Länderanteils übernehmen sollten, nicht entsprechend reduziert. Sie sehen sich in der Situation, mit ca. 6½ Mrd. DM etwa vier Fünftel der Transferleistungen der westdeutschen Länder zu finanzieren. Außerdem haben sie noch ihren Anteil für die Annuitäten des Fonds „Deutsche Einheit" zu tragen. Die Städte und Gemeinden halten ihre Belastung für um 3½ Mrd. DM zu hoch (Karrenberg/Münstermann 1996: 140ff.).

Die Gemeinden der neuen Länder setzten 1995 ihren Konsolidierungskurs, vor allem den Abbau des überhöhten Personalbestandes fort. Trotz Tariferhöhungen und weiterer Annäherungen an das westdeutsche Gehaltsniveau konnten die Personalausgaben um 1,5 vH gesenkt werden. Der laufende Sachaufwand stieg lediglich um 1,5 vH. Hingegen explodierten die von den Kommunen nicht oder nur geringfügig beeinflußbaren sozialen Leistungen mit einer Zuwachsrate von 17,4 vH. Sie erreichten etwa drei Viertel des Westniveaus. Die Investitionsausgaben verharrten nicht auf dem hohen Niveau der Vorjahre, sondern wurden um 10 vH zurückgeführt. Die Einnahmen stiegen 1995 um 7 vH, allerdings im wesentlichen aufgrund eines Sondereffektes: Aufgrund von Nachzahlungen aus der Lohnsteuerzerlegung stiegen die Einkommensteuereinnahmen einmalig um mehr als 14 vH. Dem gegenüber verharrte die Gewerbesteuer auf niedrigem Niveau: pro Kopf nahmen die Gemeinden der neuen Länder weniger als ein Viertel der westdeutschen Kommunen ein. An den Gewinnen aus dem Länderfinanzausgleich wurden die Gemeinden nur stiefmütterlich beteiligt. Die Zuweisungen nahmen insgesamt lediglich um 3 vH zu. Trotz der ab 1995 gewährten Bundeszuweisungen in Höhe von 6,6 Mrd. DM jährlich an die neuen Länder nach dem Investitionsförderungsgesetzes „Aufbau Ost" verblieben die Investitionszuweisungen an die Gemeinden unter dem Niveau der Jahre 1991 bis 1993.

---

63 Die Länder konnten dem gegenüber bei der Umstellung der Zahlung des Kindergeldes auf Abzug von der Steuerschuld durchsetzen, daß ihre Leistungen durch eine Erhöhung ihres Umsatzsteueranteils um 5,5 Prozentpunkte ausgeglichen wurden.

Im Ergebnis beliefen sich die Ausgaben der ostdeutschen Städte und Gemeinden 1995 pro Kopf auf 109 vH der westdeutschen, die Personalausgaben auf 125 vH und die Investitionen auf 176 vH. Für 1996 wird eine Verschlechterung der Finanzsituation infolge geringerer Steuereinnahmen und gestiegener Sozialhilfe- und Zinslasten erwartet. Die Konsequenzen werden geringere Investitionen und höhere Defizite sein (Karrenberg/ Münstermann 1996: 124ff.). Die von der Bundesregierung geplanten Sparmaßnahmen und das Jahressteuergesetz 1997 geben keinen Anlaß für die Erwartung, daß die finanzielle Lage der Gemeinden sich 1997 bessern könnte.

Tabelle 3: Defizitentwicklung und Zinsbelastung der Gemeinden in Mrd. DM (Quelle: Finanzberichte 1994 -1996, eigene Berechnungen)

Jahr, (West/Ost)	Ausgaben der Gemeinden (Mrd. DM)	Defizit der Gemeinden (Mrd. DM)	in vH der Ausgaben	Zins ausgaben	Zinsquote
1989	194,3	+1,7**	+0,9	7,6	3,9
1990	209,9	4,2	2,0	8,1	3,9
1991	277,1(228,9/48,2)	4,1(6,0/+1,9**)	1,5(2,6/+5,4)	9,1	3,3
1992	314,8(250,7/64,2)	17,7(10,1/7,7)	5,6(4,0/12,0)	10,2	3,2
1993	328,7(260,9/67,7)	13,5(9,2/4,3)	4,1(3,5/6,4)	11,2	3,4
1994	331,4(264,2/67,3)	11,3(5,5/5,7)	3,4(2,1/8,5)	11,5	3,5
1995*	341(271/70)	9(5/4)	2,6(1,8/5,7)	13,0	3,8

*   Schätzung
**   Finanzierungsüberschuß

8. Erfolgreiche Anpassung oder verpaßte Reform?

Die öffentlichen Lasten infolge des politischen und wirtschaftlichen Endes der DDR wurden bewältigt durch eine Strategie der

- *Ausweitung der öffentlichen Kreditaufnahme* mit dem Ergebnis einer Verdoppelung der Staatsverschuldung zwischen 1990 und 1995,
- *Steigerung der öffentlichen Einnahmen* mittels Steuererhöhungen (z.B. der Umsatzsteuer, Mineralölsteuer, Versicherungsteuer, Tabaksteuer und die Einführung eines Solidaritätszuschlag) und Erhöhungen der Beiträge zu den gesetzlichen Sozialversicherungen,
- *Entlastung der öffentlichen Hände* von bisherigen Finanzlasten (so beispielsweise durch die Bahn- und Postreform, die Einführung der Pflegeversicherung, die Novellierung des Asylrechts und die Kürzung verschiedener staatlicher Leistungen) sowie

– *Aufteilung der Lasten* auf Bund, Länder und Gemeinden.

Von 1989 bis 1995 ist die „Staatsquote", der Anteil des Bruttoinlandsprodukts, über den die öffentlichen Hände verfügen, um etwa ein Zehntel von 45,8 vH auf 50,7 vH des BIP gestiegen (BMF 1996: 14). Die öffentlichen Schulden kletterten von 925 Mrd. DM auf rund 2000 Mrd. DM. Die Kriterien des Maastrichter Vertrages für die Qualifikation zur Teilnahme an der europäischen Währungsunion werden z.Zt. verfehlt, denn die Schuldenquote überspringt 1996 die 60 vH-Marke des BIP, 1997 wird sie weiter ansteigen. Das Haushaltsdefizit wird 1996 – mit weiter steigender Tendenz – mit mindestens 3,9 vH, wenn nicht noch erheblich mehr, die 3 vH-Marke noch deutlicher verfehlen als 1995 mit 3,6 vH (Handelsblatt, 22.5.1996: Rainer Nahrendorf, Qualität zählt; BMF 1996: 19). Die Zinslast der öffentlichen Haushalte stieg 1995 auf 131 Mrd. DM oder auf 16 vH der Steuereinnahmen (BMF 1996: 30).

Aufgrund des rasanten Anstiegs der öffentlichen Verschuldung ist die Bundesrepublik in der Rezession zur Jahreswende 1995/96 wirtschafts- und finanzpolitisch in ein Dilemma geraten: Die Verschuldungspolitik der letzten Jahre hat der öffentlichen Hand die finanziellen Spielräume genommen, die sie zur Bewältigung der Rezession benötigte; der Bundesfinanzminister steht ihr „mit gebundenen Händen"[64] gegenüber. In einer Phase mit offiziell rund 4 Millionen Arbeitslosen und rückläufigen Steuereinnahmen entpuppten sich Ausgabekürzungen als einzige staatliche Handlungsmöglichkeit (Bundesregierung 1996).[65] Wenn auch angesichts der Entwicklung der Staatsverschuldung im Grundsatz eine restriktive Haushaltspolitik und Konsolidierungsstrategie anstelle einer weiteren Kreditausweitung oder Steuererhöhungen vorzuziehen ist, so erscheint jedoch in der aktuellen Situation eine solche Politik fragwürdig. Die dann anstehenden Spar- und Konsolidierungsbemühungen würden die Rezession und damit auch die Arbeitslosigkeit verschärfen, insbesondere weil der Rotstift vor allem die öffentlichen Investitionen bedroht. Die Rezession wird durch eine Minderung öffentlicher Ausgaben eher verstärkt als gemildert (Herz 1996; Littmann 1996). Weil aber die Möglichkeiten zur Kreditaufnahme im wesentlichen ausgereizt sind, sich zudem die Bundesregierung mit ihrer rigiden Interpretation der sogen. „Maastricht-Kriterien" (Art. 104 c Abs. 2, 109j Abs. 1 EGV in Verbindung mit den Protokol-

---

64 So die Frankfurter Allgemeine Zeitung, 16.7.1996: Heike Göbel, Waigel mit gebundenen Händen.
65 Die Behauptung des Bundesfinanzministers, im Jahr 1995 blieben die Bundesausgaben – erstmals seit 1953 – unter denen Vorjahres (Süddeutsche Zeitung, 2.5.1996: Staatsschulden immer höher), beruht auf einem Taschenspielertrick. Das Jahressteuergesetz 1996 vom 11.10.1995 (BGBl. I S. 1250) führt in der Neufassung des Einkommensteuergesetzes (§ 73) für die Kindergeldzahlungen die sogen. Finanzamtslösung ein: Der Arbeitgeber zahlt das Kindergeld aus, er verrechnet es mit der Lohnsteuerabführung. Dadurch schlägt sich das Kindergeld haushaltsmäßig nicht mehr in Form von Ausgaben nieder, sondern in verminderten Einnahmen. „Unter dem Strich" ist keine wirkliche Reduzierung von Bundesausgaben festzustellen, sondern lediglich eine Umbuchung.

len zum EUV über das Verfahren bei einem übermäßigen Defizit und über die Konvergenzkriterien nach Art. 109j EGV) für eine europäische Währungsunion selbst Handlungsmöglichkeiten verbaut hat, bleibt ihr nur eine kontraktive Finanzpolitik.

Dieses Dilemma ist hausgemacht: Als sich bald nach der Maueröffnung vom 9. November 1989 abzeichnete, daß die deutsche Wiedervereinigung überraschend auf die politische Tagesordnung gesetzt worden war – wenn auch kaum absehbar war, wie schnell dann der Beitritt der DDR zum Geltungsbereich des Grundgesetzes erfolgen würde –, wurde kompetenten Beobachtern sehr bald deutlich, daß die industrielle, infrastrukturelle, ökologische, gesundheitspolitische etc. Sanierung Ostdeutschlands ein kostspieliges Unterfangen werden würde, auch wenn kaum jemand die tatsächlichen Dimensionen erahnte. Die Bundesregierung versäumte, die Gunst der Stunde zu nutzen, frühzeitig die Bürger auf die anstehenden Kosten vorzubereiten und sie auf die notwendig werdenden Opfer hinzuweisen. Während der – auch emotional – mitreißenden Ereignisse im Herbst 1989 und während des Jahres 1990 wäre die Bereitschaft dafür vorhanden gewesen. Stattdessen wurde die Illusion gepflegt, durch die Einführung der D-Mark in Ostdeutschland werde dort ein Wirtschaftswunder entfesselt, das dem in den Westzonen nach der Währungsreform von 1948 gleiche: Die erwartete Wirtschaftsentwicklung erlaube es, die Kosten der Einheit aus den Zuwächsen zu finanzieren. Vorkehrungen für den Fall, daß diese optimistische Variante – aus welchen Gründen auch immer – nicht eintreten sollte, wurden nicht getroffen. Kritiker dieser Strategie wurden entweder ignoriert oder – wie der damalige Präsident der Deutschen Bundesbank, Karl-Otto Pöhl – „abgekanzlert" (Czada 1994: 75).

Bereits in den Wochen nach dem 3. Oktober 1990 zeichnete sich ab, daß das Finanzierungskonzept des Einigungsvertrages für die neuen Länder unzureichend war. Infolge dessen wurden ab 1991 die Transferleistungen in mehreren Stufen angehoben. Angesichts dieser Belastungen änderte die Bundesregierung 1991 ihre finanzpolitische Strategie, indem sie anläßlich des Golfkrieges das Wahlversprechen der sie tragenden politischen Parteien des Vorjahres hintanstellte und zum 1. Juli 1991 einen auf ein Jahr befristeten Zuschlag zur Einkommen- und Körperschaftsteuer (Solidaritätszuschlag) einführte und Erhöhung mehrerer Verbrauchsteuern beschloß. Insgesamt schien diese Strategie erfolgreich, denn die Bundesrepublik erlebte – im Unterschied zu ihren Nachbarn – bis in das Frühjahr 1992 eine wirtschaftliche Boomphase, während derer die Kreditermächtigungen des Haushaltsgesetzes nicht voll ausgeschöpft werden brauchten. Die Einheitskonjunktur schien zu einem nicht unerheblichen Teil zur Finanzierung der Einheit beizutragen.

Jedoch entpuppte sich der Einheitsboom als kurzlebig. Trotz weiterer Steuererhöhungen zum 1. Januar 1993 – u.a. Erhöhung des allgemeinen Umsatzsteuersatzes auf 15 vH – öffnete sich erneut die Schere zwischen den öffentlichen Ausgaben und Einnahmen: das Defizit nahm beim Bund um die Hälfte, bei den Ländern um ein knappes Drittel zu. Aufgrund der rasanten Zunahme der öffentlichen Verschuldung sah sich die Bundesbank gezwungen, die Zinsen für die D-Mark auf eine Rekordhöhe – der Diskontsatz stieg im Sommer 1992 auf 8,75 vH – anzuheben. Die daraus folgenden Aufwertung der D-Mark zusammen mit den hohen Kosten für Kredite zerstörten Hoffnungen auf einen sich selbst finanzierenden Aufschwung in den neuen Ländern. 1993, dramatischer dann noch 1995 und 1996, zeigte sich, daß die Finanzierung der Einheit, wie sie die Bundesregierung verfolgte, ein Schönwetterkonzept war. Die Phasen, in denen diese Strategie erfolgreich schien, wurden nicht oder nicht hinreichend genutzt, um die öffentlichen Ausgaben und Einnahmen für schwierigere Zeiten zu rüsten. Im Ergebnis wurden dann 1995 und 1996 – in einer konjunkturellen Krisenlage – gleichzeitig staatliche Ausgaben reduziert, Steuern erhöht und die staatliche Kreditaufnahme ausgeweitet. Die Rezession ist zu einem erheblichen Teil hausgemacht.

Die Entwicklung der öffentlichen Haushalte erleichterte die Verteilungsfragen zwischen Bund und Länder nicht. Im Gegenteil, unter dem doppelten Druck von steigenden Lasten und nur marginalen Steuerzuwächsen, unter Bedingungen, die nicht erlaubten, Mehrbelastungen aus Zuwächsen zu finanzieren, sondern dafür Einschnitte in Besitzständen unvermeidlich waren, drohten Finanzausgleichsfragen noch konfliktträchtiger zu werden als üblich. Eine Einigung unter den Kontrahenten, insbesondere im vorgegebenen Zeitrahmen, schien den meisten Beobachtern mehr als ungewiß.

Das Ergebnis der Solidarpaktverhandlungen vom Frühjahr 1993 überraschte. Bei aller berechtigten Kritik an der Lösung gelang eine begrenzte Problembewältigung, deren politische Stabilität vom Konsens aller Beteiligten bei der Verabschiedung abhing, nicht hingegen von der Perfektion im Detail, der Systemlogik[66] oder der Eleganz der Lösung. Im Ergebnis fand zwar weder eine Finanzreform statt noch wurden die Probleme der Bund-Länder-Finanzbeziehungen gelöst; man wird aber von einer relativ erfolgreichen mittelfristigen budgetären Anpassungsleistung sprechen können. Mehr war allerdings auch kaum zu erwarten.

Eine Finanzreform, die diesen Namen verdiente, wie etwa die von 1969, war unter den gegebenen Bedingungen der Jahre 1990 bis 1994 nicht zu realisieren. Nachdem sich in den 80er Jahren die Bund-Länder-Finanzbeziehungen krisenhaft entwickelt hatten, die Disparitäten eher zu- als abnahmen und die wachstumsbedingten finanzpolitischen Verteilungsspielräume eher schrumpften, war – durchaus berechtigte – Kritik an der föderalen Finanzverfassung ubiquitär. Der vielfache Ruf nach *einer* Finanzreform beantwortete noch lange nicht die Frage: *Wel-*

---

66 Geradezu absurd ist beispielsweise das Verfahren der Gewährung von Bundesergänzungszuweisungen wegen überdurchschnittlich hoher Kosten für politische Führung in kleinen Ländern (§ 11 Abs. 3 FAG). Die progressive Staffelung der Zuweisungen nach der Größe – die „großen" kleinen Länder erhalten mehr als die „kleinen" kleinen – widerspricht zudem der grundlegenden Annahme, daß die Kosten für politische Führung je Einwohner bei den kleinsten Länder am höchsten liegen, die Zuweisungen daher mit zunehmender Einwohnerzahl degressiv gestaffelt sein müßten.

che Reform? Ein Konzept fehlte. Es war in keiner Weise zu erkennen, in welche Richtung die Finanzverfassung weiterentwickelt werden sollte: mehr Einheitlichkeit der Lebensverhältnisse[67] oder – so die Mehrheit zumindest der akademischen Kritiker – mehr Unterschiedlichkeit und Wettbewerb der Länder (z.b. Boss 1993; Homburg 1994). Oder anders formuliert: wie sollen die allokativen und distributiven Zielsetzungen des Finanzausgleichs in Zukunft gegen einander austariert werden (Peffekoven 1993a). Eine mögliche Verständigung, ein Konsens über ein zukunftsfähiges umfassendes Modell der Bund-Länder-Finanzbeziehungen war nicht erkennbar.

Die besondere Situation unmittelbar nach der Einheit Deutschlands implizierte zudem Risiken, die es angeraten sein ließen, auf sofortige tiefgreifende Änderungen der föderalen Finanzbeziehungen zu verzichten. Unter Bedingungen von hochgradiger Planungsunsicherheit, unter der die Erwartungen bezüglich der wirtschaftlichen und finanziellen Leistungsfähigkeit Ostdeutschlands mehrfach und erheblich nach unten korrigiert werden mußten, von hohen Belastungen und des Fehlens von wachstumsbedingten Verteilungsspielräumen war es für eine politisch verantwortliche Person kaum vertretbar, zusätzlich zu diesen Ungewißheiten auch noch die Risiken einer Finanzreform auf sich zu nehmen. Als „haltbar" haben sich Lösungen im Bereich der bundesstaatlichen Finanzbeziehungen nur dann erwiesen, wenn durch Überschau- und Berechenbarkeit der Folgen die Risiken vermindert und wenn zugleich die Zustimmung aller Beteiligten gewonnen werden konnte (Renzsch 1995b: 183f.). Für die politischen Akteure hätte eine gleichzeitige Verteilung der finanziellen Lasten der Einheit und der Versuch einer Änderungen der „Spielregeln" dafür – beides für die Beteiligten mit ungewissem Ausgang – kein Minimieren, sondern ein Potenzieren der Risiken bedeutet und damit die Legitimationsgrundlagen ihres Handelns gefährdet. Unter der ohnehin säkularen Belastung „Einheit" hätte der ernsthafte Versuch einer Finanzreform die Problemlösungskapazitäten des politischen Systems überfordert.

Unter diesen Bedingungen fehlte der politische Wille zur Finanzreform. Für die entscheidenden politischen Akteure – und das kann eigentlich kaum noch überraschen – war eine Finanzreform kein vordringliches Thema. Weder die Bundesregierung noch insbesondere der Bundesfinanzminister, keine der großen Parteien und letztlich nicht einmal die gemeinsame Verfassungsreformkommission von Bundestag und Bundesrat engagierten sich für eine Neuordnung der bundesstaatlichen Finanzbeziehungen (Renzsch 1995a: 13). Auch hier galt: Eine Abwägung zwischen Risiken des Scheiterns einer Reform mit unkalkulierbaren Folgen nicht nur für die bundesstaatlichen Finanzbeziehungen, sondern für das föderale System als Ganzes einerseits und den zweifellos geringen Chancen auf einen „großen

---

67 So z.B. der Vorschlag von Carl 1995, S. 181ff., der – aus saarländischer Perspektive – einen bedarfsorientierten Ausgleich mit einem horizontalen Deckungsausgleich vorschlägt. Vgl. auch Hohmann 1991.

Durchbruch" andererseits ließen eher den kleineren, den berechenbaren Schritt angezeigt sein.

Mit der Novellierung der Bestimmungen über die bundesstaatlichen Finanzbeziehungen zum 1. Januar 1995 ist deren Reform noch nicht erledigt. Im Gegenteil, ein gravierendes, die Haushaltsautonomie der Länder und damit das Finanzausgleichssystem als Ganzes berührende Problem steht ins Haus: Nach dem Maastrichter Vertrag unterliegen die Teilnehmer einer Europäischen Währungsunion einer haushaltspolitischen Kontrolle durch die EU-Kommission mit dem Ziel, die öffentliche Verschuldung zu beschränken (Art. 104c EGV). Im Fall des Überschreitens bestimmter Richtwerte können Sanktionen verhängt werden. Wird nun die jährliche Nettoneuverschuldung der Bundesrepublik Deutschland aufgrund europäischer Regelungen begrenzt, stellt sich das Problem, dieses Verschuldungsvolumen innerstaatlich auf Bund, Länder, Gemeinden und Sozialversicherungen zu verteilen (Süddeutsche Zeitung, 13.6.1996: Bonn will Defizite von Ländern und Gemeinden stoppen). Völlig offen ist, welche Ebene und welcher Haushalt Schulden in welcher Höhe machen darf, welche innerstaatlichen Konsequenzen ein Überschreiten der zulässigen Obergrenzen haben würde und wer schließlich die Last von Sanktionen (z.B. Geldbußen) zu tragen hätte (Schulte 1992: 131f.). Ob in diesen Fragen einfache Lösungen möglich sind, darf füglich bezweifelt werden. Um die Verteilung von „Verschuldungskontingenten" wird möglicherweise in einigen Jahren ebenso heftig gerungen wie heute um die Verteilung der Steuererträge.

Daneben ist der weitere finanz- und steuerpolitische Handlungs- und Regelungsbedarf ist außerordentlich groß. In der nächsten Zukunft stehen eine wirksame Konsolidierung der Haushalte von Bund, Ländern und Gemeinden, eine Reform der Gemeindefinanzverfassung im Zusammenhang mit der geplanten Abschaffung der Gewerbekapitalsteuer und der Reform der Gewerbesteuer sowie des gesamten Einkommensteuerrechts an. Letztere soll zum 1.1.1999 in Kraft treten, das heißt, sie muß vor den Bundestagswahlen 1998 im Bundesgesetzblatt stehen. Einen Vorgeschmack auf die Schwierigkeiten, diese Probleme, die sowohl gesellschafts- und damit parteipolitische als auch föderale Verteilungskonflikte zwischen Bund und Ländern auslösen, bei steigenden Haushaltsdefiziten zu lösen, geben die Auseinandersetzungen um das Jahressteuergesetz 1997 (BT-Drs. 13/ 4839). Die finanziell schwerwiegenden zentralen politischen Streitpunkte sind die Rücknahme der im Jahressteuergesetz 1996 vom 11.10.1995 beschlossenen Erhöhung des Kindergeldes (Einnahmeausfall 3,9 Mrd. DM), der steuerlichen Kinderfreibeträge (unter 100 Mio. DM) und des steuerfreien Existenzminimums (1,5 Mrd. DM) zum 1.1.1997 (Art. 1 Nr. 59: Änderung § 52 Abs. 22a, 22b Nr. 1 EStG; Art. 2 § 20 Abs. 1 BKGG, BGBl. I S. 1250, 1273, 1382), der Wegfall der Vermögensteuer (9,3 Mrd. DM), eine Anpassung der Erbschaftsteuer an die Vorgaben des Bundesverfassungsgerichts (Vogel 1996: 40ff) und – damit zusammenhängend – des Bewertungsgesetzes (Mehreinnahmen aus Bundessicht 1,4 Mrd.

Budgetäre Anpassung statt institutionellen Wandels 113

DM, aus Sicht der Länder 100 Mio. DM), die Umsatzsteueraufteilung zwischen Bund und Ländern (streitig: 1,2 Mrd. DM), die Erhöhung der Grunderwerbsteuer und zahlreiche „kleinere" Punkte (vgl. die Berichte im Handelsblatt vom 22./23.11.1996; 29./30.11.1996; 3.12.1996; 6./.12.1996; 9.12.1996).

Angesichts der Verschränkung föderaler und parteipolitischer Konfliktlagen, föderaler Verflechtung und parteienstaatlicher Versäulung des politischen Systems wäre für die Zukunft eine größere Konkordanz zwischen Gesetzgebungszuständigkeiten, Vollzug und Finanzverantwortung bei einer klareren Aufgabentrennung zwischen Bund und Ländern anstelle der Aufgabenwahrnehmung im ebenenübergreifenden Verbund angezeigt. Sie wäre die notwendige Voraussetzung für eine umfassende Reform des bundesdeutschen föderalen Struktur, die die gegenseitigen Abhängigkeiten und Bindungen abbaut. Sie wäre Voraussetzung, nicht Folge einer Finanzreform, die die Anreize abschafft, Lasten auf die andere Ebene abzuwälzen oder sich dort zu refinanzieren. Denn die Finanzverflechtung spiegelt die Aufgabenverflechtung wider, ohne Reform der Aufgabenverflechtung ist eine Finanzreform nicht möglich.

Im Frühjahr 1996 schien es so, daß der Bundesfinanzminister Vorstellungen der Länder – oder zumindest ein Teil von ihnen[68] – aufgriffe, im Abbau der finanzpolitischen Verflechtungen zwischen Bund und Ländern eine Strategie zur Vereinfachung von Problemlösungen zu sehen (Süddeutsche Zeitung, 6.2.1996: Waigel regt mehr Steuerautonomie für Länder an). Allerdings vollzog der Bundesfinanzminister ein halbes Jahr später im Zusammenhang mit der Abschaffung der Vermögensteuer bereits wieder eine Kehrtwendung und lehnte landesgesetzlich geregelte Steuererhebungen ab. Solange der Bundesgesetzgeber den Weg nicht für landesgesetzliche Regelungen freimacht, ist den Ländern verfassungsrechtlich eine eigene Vermögensteuergesetzgebung untersagt.[69]

Infolge der staatlichen Einheit sind die Grenzen der Leistungsfähigkeit von bereits zuvor reformbedürftigen institutionellen Strukturen offensichtlich geworden. Die Einheit war für sich genommen bereits eine exzeptionelle Herausforderung für das politische System. Damit eine zweite Herausforderung, nämlich eine grundlegende Reform des Kernbereichs der bundesstaatlichen Ordnung zu verbinden, war eine Überforderung. Die Einheit mit den vielen mit ihr verbundenen Ungewißheiten konnte schwerlich der Zeitpunkt für eine Reform der föderalen

---

68 Schreiben des nordrhein-westfälischen Finanzministers Schleußer an BMF Waigel vom 30.8.1994, s.a. Süddeutsche Zeitung, 8.9.1994: Finanzverfassung reformieren; Süddeutsche Zeitung, 9.2.1996: Bayerns Finanzminister erwägt Steuer-Alleingang.
69 Aufgrund des Urteils des Bundesverfassungsgerichts vom 22.6.1995 (Vogel 1996, S. 31ff.) darf nach dem 31.12.1996 § 10 Nr. 1 des geltenden Vermögensteuergesetzes nicht mehr angewandt werden mit der Konsequenz, daß – sofern der Gesetzgeber keine verfassungskonforme Neuregelung schafft – in Deutschland ab 1997 keine Vermögensteuer mehr erhoben wird. Da die übrigen verfassungskonformen Teile des Gesetzes formell geltendes Bundesrecht bestehen bleiben, ist den Ländern die Möglichkeit zu eigenen Gesetzgebung nach Art. 105 Abs. 2 GG verschlossen.

Finanzordnung sein. Unter diesen Bedingungen war die mittelfristige Lösung der finanzpolitischen Probleme im wesentlichen durch eine quantitativ orientierte budgetäre Anpassung der Steuerertragsverteilung im Bundesstaat ein – vorläufiger – Schritt zur Bewältigung der drängenden Probleme. Nachdem nun die neuen Länder in das bestehende System einbezogen worden sind, stellt sich wegen dessen durch die Einheit deutlicher hervorgetretenen Unzulänglichkeiten – auch im Hinblick auf eine europäische Währungsunion – verstärkt die Frage nach dem institutionellen Wandel.

Literatur

Abromeit, H. Der verkappte Einheitsstaat, Opladen: Leske + Budrich, 1992
Albert, H.: Die Föderalismusdiskussion im Zuge der deutschen Einheit. In: Bohr, K. (Hrsg.), Föderalismus. Demokratische Struktur für Deutschland und Europa, München: C. H. Beck, 1992, S. 1-29
Benz, A.: Perspektiven des Föderalismus in Deutschland. In: DÖV, 44. Jg., 1991, 586-589
Benz, A.: Reformbedarf und Reformchancen des kooperativen Föderalismus nach der Vereinigung Deutschlands. In: Seibel, W./Benz, A./Mäding, H. (Hrsg.), Verwaltungsreform und Verwaltungspolitik im Prozeß der deutschen Vereinigung. Baden-Baden: Nomos Verlag, 1993, S. 454-473
Beyme, K.v.: Die politische Klasse im Parteienstaat, Frankfurt/Main: Suhrkamp Taschenbuch Wissenschaft, 1993
BLK: Informationen über die Bund-Länder-Kommission für Bildungsplanung und Forschungsförderung (BLK), Bonn, 1991
BMF: Finanzpolitik 2000. Neue Symmetrie zwischen einem leistungsfähigen Staat und einer wettbewerbsfähigen Wirtschaft, hektographiert (Kurzfassung in: BMF Finananznachrichten 6/96), 1996
Borell, R.: Mischfinanzierungen. Darstellung, Kritik, Reformüberlegung, Wiesbaden: Bund der Steuerzahler, 1981
Boss, A.: Wettbewerb der Regionen und Finanzverfassung. Prinzipien einer Reform des Finanzausgleichs in der Bundesrepublik Deutschland. In: Probleme des Finanzausgleichs in nationaler und internationaler Sicht. Tagungsband zur Jahresversammlung der Arbeitsgemeinschaft deutscher wirtschaftswissenschaftlicher Forschungsinstitute e.V. im Mai 1993 in Bonn: Berlin: Duncker & Humblot, 1993, 79-98
Buhl, H.-U./Pfingsten, A.: Zehn Gebote für Finanzausgleichsverfahren und ihre Implikationen. In: Wirtschaftsdienst, 71(1991), S. 481-484
Bundesbank: Deutsche Bundesbank, Geschäftsbericht 1992. 1993
Bundesbank: Die Finanzentwicklung der Gemeinden seit Beginn der neunziger Jahre. In: Deutsche Bundesbank, Monatsbericht März 1994, 46(1994)3, S. 19-34
Bundesbank: Die Finanzentwicklung der Länder seit der Vereinigung. In: Deutsche Bundesbank, Monatsbericht April 1995, 47(1995)4, S. 35-50
Bundesbank: Öffentliche Finanzen. In: Deutsche Bundesbank, Monatsbericht Februar 1996, 48(1996a)2, S. 39-50
Bundesbank: Deutsche Bundesbank, Geschäftsbericht 1995. 1996b
Bundesregierung: Bulletin des Presse- und Informationsamtes der Bundesregierung. Nr. 33, 1996, 29. April, S. 329-334
BVerfGE: Entscheidungen des Bundesverfassungsgerichtes, Bd. 1ff., 1952ff.

Budgetäre Anpassung statt institutionellen Wandels 115

Carl, D.: Bund-Länder-Finanzausgleich im Verfassungsstaat. Baden-Baden: Nomos Verlag, 1995

Czada, R.: Der Kampf um die Finanzierung der deutschen Einheit. In: Lehmbruch, G. (Hrsg.): Einigung und Zerfall: Deutschland und Europa nach dem Ende des Ost-West-Konflikts. Opladen: Leske + Budrich, 1995, S. 73-102

Datenreport: Zahlen und Fakten über die Bundesrepublik Deutschland, hrsg. v. Statistischen Bundesamt (Hrsg.), München, 1992

Datenreport: Zahlen und Fakten über die Bundesrepublik Deutschland, hrsg. vom Statistischen Bundesamt, München, 1994

Dietz, O.: Schulden der öffentlichen Haushalte 1994. In: Wirtschaft und Statistik Nr. 6/1995, S. 485-487

DIW Wochenbericht: Finanzprobleme der neuen Bundesländer und Länderfinanzausgleich: Verteilungskonflikte programmiert. 25/1992, S. 315-325

Engel, H.: Finanzverfassung im vereinten Deutschland und Einigungsvertrag. Leistungen für die neuen Länder. In: Deutsche Wiedervereinigung. Die Rechtseinheit, Arbeitskreis Staats- und Verfassungsrecht, Bd. 1, Eigentum – Neue Verfassung – Finanzverfassung, hrsg. von Klaus Stern. Köln/ Berlin/ Bonn/ München: Carl Heymanns Verlag, 1991, S. 169-178

Exler, U.: Aktuelle Probleme der Finanzpolitik und des Finanzausgleichs. In: Hirscher, G. (Hrsg.): Die Zukunft des kooperativen Föderalismus. München: Hanns-Seidel-Stiftung, 1991, S. 83-104

Färber, G.: Länderfinanzausgleich und Gemeindefinanzen – Anmerkungen zu einigen häufig übersehenen Tatsachen. In: Bohr, K. (Hrsg.): Föderalismus. Demokratische Struktur für Deutschland und Europa. München: C. H. Beck, 1992, S. 85-122

Färber, G.: Reform des Länderfinanzausgleichs. In: Wirtschaftsdienst, 73(1993), S. 305-313

Fiedler, J.: Die Regelung der bundesstaatlichen Finanzbeziehungen im Einigungsvertrag. In: DVBl., Bd. 105, 1990, S. 1263-1270

Finanzbericht 1983ff., hrsg. vom Bundesministerium der Finanzen, Bonn

Finanzministerium des Landes Nordrhein-Westfalen 1996: Finanzierung der „Deutschen Einheit". Historische Entwicklung von der Errichtung des Fonds „Deutsche Einheit" über den Abschluß der Solidarpaktverhandlungen und das Jahressteuergesetz 1996 bis zur Sonder-MPK am 3. Februar 1996, Düsseldorf (unveröffentlicht)

Föttinger, W./Spahn, P.B.: Für einen kostenorientierten Länderfinanzausgleich. In: Wirtschaftsdienst, 73(1993), S. 237-246

Franke, S.: Zur Neuordnung der Finanzverfassung im vereinten Deutschland. In: Verwaltungsarchiv, 82. Bd., 1991a, S. 526-542

Franke, S.: Zur Einbeziehung der neuen Länder in den Finanzausgleich. In: Steuer und Wirtschaft, Nr. 4/1991b, S. 311-323

Frey, D./Renzsch, W.: Die Finanzverfassung der Bundesrepublik Deutschland. Hagen: Fernuniversität, 1995

Fuest, W./Kroker, R.: Die Finanzpolitik nach der Wiedervereinigung. Beiträge zur Wirtschafts- und Sozialpolitik 213, Köln: Deutscher Instituts-Verlag, 1993

Gemeinschaftswerk Aufschwung-Ost: Eine Dokumentation der wichtigsten Beschlüsse und Vorhaben, hrsg. vom Presse- und Informationsamt der Bundesregierung, Bonn, 1991

Geske, O.-E.: Die Finanzierung der ostdeutschen Länder nach dem Einigungsvertrag. In: Wirtschaftsdienst, 71(1991), S. 33-39

Gokhale, J./Raffelhüschen, B./Wallisier, J.: The Burden of German Unification: A Generational Accounting Approach. In: Finanzarchiv NF, Bd. 52, 1995, S. 141-165

Greulich, S.: Länderneugliederung und Grundgesetz. Entwicklungsgeschichte und Diskussion der Länderneugliederung nach dem Grundgesetz. Baden-Baden: Nomos Verlag, 1996

Große-Sender, H.A. (Hrsg.): Kommission „Erhaltung und Fortentwicklung der bundesstaatlichen Ordnung innerhalb der Bundesrepublik Deutschland – auch in einem vereinten Europa". Teil 1 und 2, Düsseldorf: Landtag Nordrhein-Westfalen, 1990
Häde, U.: Solidarität im Bundesstaat. – Die Entscheidung des Bundesverfassungsgerichts vom 27.5.1992 zum Länderfinanzausgleich (BVerfGE 86, 148). In: DÖV, 46(1993), S. 461-470
Hansmeyer, K.-H./Kops, M.: Die Gliederung der Länder in einem vereinten Deutschland. In: Wirtschaftsdienst, 70(1990), S. 234-239
Harms, W.: Rechtsgutachten zur Rückforderung sog. Altkredite für gesellschaftliche Einrichtungen von ostdeutschen Kommunen, hektographisch vervielfältigt, 1995
Heilemann, U./Loeffelholz, H.D.v./Rappen, H.: Finanzielle Auswirkungen des Föderalen Konsolidierungsprogramms auf die Gemeinden und die Gemeindeverbände – dargestellt am Beispiel Nordrhein-Westfalens. In: der gemeindehaushalt, Heft 9/1993, S. 193-198
Heinemann, F.: Staatsverschuldung. Ursachen und Begrenzung. Beiträge zur Wirtschafts- und Sozialpolitik 214. Köln: Deutscher Instituts-Verlag, 1994
Henke, K.-D.: Maßnahmen zur Stärkung der Eigenstaatlichkeit der Länder und Finanzierung der deutschen Einheit. In: Staatswissenschaften und Staatspraxis, 4(1993), S. 10-25
Herz, W.: Sanieren, aber später. In: Die Zeit, 51(1996)22 vom 24.5.1996
Hesse, K.: Der unitarische Bundesstaat. Karlsruhe: C. F. Müller, 1962
Hohmann, H.: Der Verfassungsgrundsatz der Herstellung einheitlicher Lebensverhältnisse im Bundesgebiet. Erläutert anhand der fünf neuen Bundesländer. In: DÖV 44(1991), S. 191-198
Homburg, S.: Anreizwirkungen des deutschen Finanzausgleichs. In: Finanzarchiv, NF, Bd. 51, 1994, S. 312-330
Hüther, M.: Reform des Finanzausgleichs: Handlungsbedarf und Lösungsvorschläge. In: Wirtschaftsdienst, 73(1993), S. 43-52
Isensee, J.: Der Rechtsanspruch auf einen Kindergartenplatz. Ein Verfassungsproblem des Bundesstaates und der kommunalen Selbstverwaltung. In: DVBl., 110(1995), S. 1-9
Jahresgutachten 1990/91 (ff.) des Sachverständigenrates zur Begutachtung der gesamtwirtschaftlichen Entwicklung, (gedruckt als BT-Drucksache)
Karrenberg, H./Münstermann, E.: Gemeindefinanzbericht 1995. Städtische Finanzen '95 – unter staatlichem Druck. In: der städtetag, 48(1995), S. 115-193
Karrenberg, H./Münstermann, E.: Gemeindefinanzbericht 1996. Städtische Finanzen '96 – in der Sackgasse. In: der städtetag, 49(1996), S. 119-211
Kiepe, F.: Die Regionalisierung des Schienenpersonennahverkehrs und ihre finanzielle Auswirkungen auf die Städte. In: Zeitschrift für Kommunalfinanzen, 44(1994), S. 218-223
Kitterer, W.: Rechtfertigung und Risiken einer Finanzierung der deutschen Einheit durch Staatsverschuldung. In: Hansmeyer, K.-H. (Hrsg.): Finanzierungsprobleme der deutschen Einheit I, Staatsverschuldung, EG-Regionalfonds, Treuhandanstalt. Berlin: Duncker & Humblot, 1993, S. 39-76
Lehmann, H.G.: Deutschland-Chronik 1945 bis 1995, Bonn: Bouvier Verlag, 1995
Lehmbruch, G.: Die deutsche Vereinigung. Strukturen der Politikentwicklung und strategische Anpassungsprozesse. In: Kohler-Koch, B. (Hrsg.): Staat und Demokratie in Europa. 18. Wissenschaftlicher Kongreß der Deutschen Vereinigung für Politische Wissenschaft. Opladen: Leske + Budrich, 1992, S. 22-46
Littmann, K.: Über einige Untiefen der Finanzverfassung. In: Staatswissenschaften und Staatspraxis. 2(1991), S. 31-45
Littmann, K.: Mit Schulden aus der Krise. In: Die Zeit, 51(1996)17 vom 19.4.1996
Loeffelholz, H.D.v.: Finanzreform 1969: Anspruch und Wirklichkeit. In: Probleme des Finanzausgleichs in nationale und internationaler Sicht 1993: Tagungsband zur Jahresversammlung der Arbeitsgemeinschaft deutscher wirtschaftswissenschaftlicher Forschungsinstitute. Berlin, 1993, S. 29-52

Mäding, H.: Die föderativen Finanzbeziehungen. In: Hartwich, H.H./Wewer, G.: Regieren in der Bundesrepublik IV. Opladen: Leske + Budrich, 1992, S. 188-213

Mäding, H.: Reform oder Rekonstruktion: föderative Finanzkonflikte im Einigungsprozeß und ihre Beurteilung. In: Lehmbruch, G. (Hrsg.): Einigung und Zerfall: Deutschland und Europa nach dem Ende des Ost-West-Konflikts. Opladen: Leske + Budrich, 1995, S. 103-114

Maßstäbe: Maßstäbe und Verfahren zur Verteilung der Umsatzsteuer nach Art. 106 Abs. 3 und Abs. 4 Satz 1 GG. Gutachten, erstattet den Regierungschefs von Bund und Ländern (=Schriftenreihe des BMF, Heft 30), Bonn, 1981

Milbradt, G.: Finanzausstattung der neuen Bundesländer und gesamtstaatlicher Finanzausgleich im Dienste der Einheit. In: Staatswissenschaften und Staatspraxis, 2(1991), S. 304-315

Neuordnung: Neuordnung des Finanzausgleichs zwischen Bund und Ländern und ihre Auswirkungen auf das Land Bremen, hrsg. vom Senator für Finanzen der Freien Hansestadt Bremen. Bremen, 1993

NRW in Zahlen o.J.: Daten, Tabellen, Grafiken, hrsg. vom Finanzministerium des Landes Nordrhein-Westfalen, Düsseldorf

Pagenkopf, H.: Der Finanzausgleich im Bundesstaat – Theorie und Praxis. Stuttgart/ Berlin/ Köln/ Mainz: W. Kohlhammer, 1981

Peffekoven, R.: Zur Neuordnung des Länderfinanzausgleichs. In: Finanzarchiv, NF, Bd. 45, 1987, S. 181-228

Peffekoven, R.: Finanzausgleich im vereinigten Deutschland. In: Wirtschaftsdienst, 70(1990a), S. 346-252

Peffekoven, R.: Deutsche Einheit und Finanzausgleich. In: Staatswissenschaft und Staatspraxis, Heft 4/1990b, S. 485-511

Peffekoven, R.: Die Bundesländer entziehen sich ihrer Pflicht. In: Frankfurter Allgemeine Zeitung, 20. 7. 1990c

Peffekoven, R.: Finanzausgleich im Spannungsfeld zwischen allokativen und distributiven Zielsetzungen. In: Probleme des Finanzausgleichs in nationale und internationaler Sicht 1993: Tagungsband zur Jahresversammlung der Arbeitsgemeinschaft deutscher wirtschaftswissenschaftlicher Forschungsinstitute, Berlin, 1993a, S. 11-27

Peffekoven, R.: Im Finanzausgleich alles beim alten. In: Süddeutsche Zeitung, 26. April 1993b

Peffekoven, R.: Reform des Finanzausgleichs – eine vertane Chance. In: Finanzarchiv, NF, Bd. 51/ 1994, S. 281-311

Postleb, R.-D.: Einigungsbedingte Belastungen des Bundes, der alten Bundesländer und ihrer Gemeinden. In: Wirtschaftsdienst, 72(1992), S. 37-42

Quantz, J.: Reform der Finanzverfassung. In: Staatswissenschaften und Staatspraxis, 6) 1996), S. 695-699

Ragnitz, J.: Zur Kontroverse um die Transferleistungen für die neuen Bundesländer. In: Wirtschaft im Wandel, hrsg. v. Institut für Wirtschaftsforschung Halle, 2(1996)5, S. 3-7

Recker, E.: Entlastung der Sozialhilfe durch die Pflegeversicherung. In: Zeitschrift für Kommunalfinanzen, 45(1995), S. 98-104

Renzsch, W.: Alfred Kubel. 30 Jahre Politik für Niedersachsen. Eine politische Biographie, Bonn: J. H. W. Dietz Nachf., 1985

Renzsch, W.: Föderale Finanzbeziehungen im Parteienstaat. Eine Fallstudie zum Verlust politischer Handlungsmöglichkeiten. In: ZParl, 20(1989), S. 331-345

Renzsch, W.: Finanzverfassung und Finanzausgleich. Die Auseinandersetzungen um ihre politische Gestaltung in der Bundesrepublik Deutschland zwischen Währungsreform und deutscher Vereinigung (1948 bis 1990), Bonn: J. H. W. Dietz Nachf., 1991

Renzsch, W.: Föderative Problembewältigung: Zur Einbeziehung der neuen Länder in einen gesamtdeutschen Finanzausgleich ab 1995. In: ZParl, 25(1994), S. 116-138

Renzsch, W.: „Mit blauem Auge" ... „auf Grund gesetzt." Über den Zusammenhang von Staatsmodernisierung und Grundgesetzreform nach der deutschen Einheit. In: Politische Bildung, 28(1995a)2, S. 7-27

Renzsch, W.: Konfliktlösung im parlamentarischen Bundesstaat: Zur Regelung finanzpolitischer Bund-Länder-Konflikte im Spannungsfeld von Administration und Politik – Vorläufige Überlegungen. In: Voigt, R. (Hrsg.): Der kooperative Staat. Baden-Baden: Nomos Verlag, 1995b, S. 167-192

Renzsch, W.: Finanzpolitische Rahmenbedingungen des Regierungshandelns in den neuen Ländern. Das Beispiel des Landes Brandenburg. In: Murswieck, A. (Hrsg.): Regieren in den neuen Bundesländern. Opladen: Leske + Budrich, 1996, S. 79-88

Renzsch, W./Schieren, S.: Zur Pauschalierung kommunaler Investitionen. Eine Betrachtung unter besonderer Einbeziehung der neuen Länder. In: Verwaltungsarchiv, 87(1996), S. 618-643

Scharpf, F.W./Reissert, B./Schnabel, F.: Politikverflechtung: Theorie und Empirie des kooperativen Föderalismus in Deutschland. Kronberg/Ts.: Scriptor Verlag, 1976

Scharpf, F.W.: Entwicklungslinien des bundesdeutschen Föderalismus. In: Blanke, B./Wollmann, H. (Hrsg.): Die alte Bundesrepublik. Kontinuität und Wandel. Opladen: Leviathan Sonderheft 12/1991, S. 146-159

Schneider, H.P.: Die bundesstaatliche Ordnung im vereinigten Deutschland. In: Huhn, J./Witt, P.C. (Hrsg.): Föderalismus in Deutschland. Traditionen und gegenwärtige Probleme. Baden-Baden: Nomos Verlag, 1992, S. 239-261

Schneider, H.P.: Neuorientierung der Aufgaben- und Lastenverteilung im „sozialen Bundesstaat". In: Staatswissenschaften und Staatspraxis, 4(1993), S. 3-9

Schulte, H.: Länderbelange bei der Wirtschafts- und Währungsunion. In: Borkenhagen, F.H.U./Bruns-Klöss, C./Memminger, G./Stein, O.: Die deutschen Länder in Europa. Baden-Baden: Nomos Verlag, 1992, S. 127-137

Schuppert, F.G.: Maßstäbe für einen künftigen Länderfinanzausgleich. In: Staatswissenschaften und Staatspraxis, 4(1993), S. 26-42

Schuppert, G.F.: Der bundesstaatliche Finanzausgleich: Status-quo-Denken oder Reformprojekt? In: Staatswissenschaften und Staatspraxis, 6(1995), S. 675-693

Selmer, P.: Die bundesstaatliche Finanzverfassung und die Kosten der Einheit. In: Deutsche Wiedervereinigung. Die Rechtseinheit, Arbeitskreis Staats- und Verfassungsrecht, Bd. 1, Eigentum – Neue Verfassung – Finanzverfassung, hrsg. von Klaus Stern, Köln/ Berlin/ Bonn/ München: Carl Heymanns Verlag, 1991, S. 189-211

Selmer, P.: Finanzverfassung im Umbruch. In: Verfassungsrecht im Wandel, hrsg. von Jörn Ipsen, Hans-Werner Rengeling, Jörg Manfred Mössner und Albrecht Weber, Köln/ Berlin/ Bonn/ München: Carl Heymanns Verlag, 1995, S. 231-250

Taube, R.: Ein Vorschlag zur Reform des Länderfinanzausgleichs. In: Wirtschaftsdienst, 70(1990), S. 372-380

Thaysen, U.: Die „Eckpunkte" der Bundesländer für den Föderalismus im vereinten Deutschland. Beschluß vom 5. Juli 1990. In: ZParl, 21(1990), S. 461-463

Vogel, K.: Zur Bemessung der Vermögen- und Erbschaftsteuer auf Grundbesitz. In: Juristen-Zeitung, 51(1996), S. 31-45

Wissenschaftlicher Beirat beim Bundesministerium der Finanzen: Einnahmeverteilung zwischen Bund und Ländern. Probleme und Lösungsmöglichkeiten, Bonn, 1995

Wissenschaftlicher Beirat beim Bundesministerium der Finanzen: Gutachten zum Länderfinanzausgleich in der Bundesrepublik Deutschland, Bonn, 1992

Zabel, G.: Die Entwicklung des Länderfinanzausgleichs. In: Räumliche Aspekte des kommunalen Finanzausgleichs. Veröffentlichungen der Akademie für Raum- und Landesplanung, Forschungs- und Sitzungsberichte, Bd. 159. Hannover, 1985, S. 353-292

Vermögens- und Aufgabenzuordnung nach Üblichkeit

Klaus König/Jan Heimann[1]

1. Öffentliches Vermögen im geteilten Deutschland

Öffentliches Vermögen ist nach deutscher Rechts- und Verwaltungstradition nicht „öffentliches Eigentum" und der Privatrechtsordnung entzogen (Salzwedel 1992: 525ff., 534f.). Vielmehr wird die Privatrechtsordnung gegebenenfalls durch öffentlich-rechtliche Zweckbestimmungen überlagert. Insofern zählt zum Verwaltungsvermögen, was unmittelbar öffentlichen Aufgaben dient (Salzwedel 1992: 538).

Im öffentlichen Sektor nehmen aber nicht nur Sachmittel der Aufgabenerledigung Vermögenscharakter an. Träger der öffentlichen Verwaltung können aus vielfältigen Gründen Vermögen erwerben: bis zur Erbschaft, die ein Bürger seiner Gemeinde hinterläßt. So tritt neben das Verwaltungsvermögen das Finanzvermögen, das den Zwecken der öffentlichen Verwaltung nur mittelbar, nämlich nicht durch seinen Gebrauch, sondern durch Vermögenswert und Erträgnisse, dient (Maunz 1957). Zwar zieht dann das Haushaltsrecht und weiter das Gemeinderecht im Hinblick auf wirtschaftliche Unternehmen gewisse Grenzen. Bund, Länder und Kommunen dürfen solche nur errichten oder sich an ihnen beteiligen, wenn ein öffentliches Interesse vorliegt und der angestrebte Zweck nicht besser und wirtschaftlicher auf andere Weise erreicht werden kann.[2] Aber in der politischen Praxis lassen sich leicht Gründe – Verbraucherschutz, Wirtschaftsförderung, Arbeitsplatzsicherung usw. – finden, die eine Bewertung zugunsten des öffentlichen Sektors erlauben. Man muß schon reine Erwerbsinteressen – das Brillengeschäft einer öffentlichen Krankenkasse – identifizieren, um die öffentliche Hand in rechtliche Schwierigkeiten zu bringen.

Die Bundesrepublik ist nach dem Zweiten Weltkrieg der tradierten Ordnung öffentlichen Vermögens gefolgt. Mit der Zunahme öffentlicher Aufgaben im Staat

---

1 Dieser Bericht beruht auf einem Forschungsvorhaben zum „Neuzuschnitt zwischen privatem und öffentlichem Sektor – Aufgabentransformation in den neuen Bundesländern", das wir im Forschungsinstitut für Öffentliche Verwaltung bei der Hochschule für Verwaltungswissenschaften Speyer durchgeführt haben.
2 Vgl. § 65 Bundeshaushaltsordnung vom 19. August 1969, BGBl. I S. 1284.

der Daseinsvorsorge – von der Bildungspolitik bis zur Gesundheitspolitik, von der Verkehrspolitik bis zur Forschungspolitik, von der Sozialpolitik bis zur Kommunikationspolitik – ist auch das Verwaltungsvermögen expandiert. Mit dem Wachstum der Wirtschaft hat sich auch das Finanzvermögen ausgeweitet, wie es von industriell-kommerziellen Komplexen – Volkswagenwerk, VEBA, VIAG – bis zum kommunalen Erbe – Mühlen, Brauereien, Salinen usw. – reichte und reicht (Knauss 1989). Die achtziger Jahre brachten dann freilich eine vermögenspolitische Wende. Die Träger öffentlicher Verwaltung zeigten deutliche Zeichen der Überlastung, wie zu hohe Personalkosten, Haushaltsdefizite, Normüberflutungen. Der alte ideologische Streit über Privatisierung und Deregulierung mußte zurückgestellt werden. Die öffentliche Hand veräußerte in großem Umfang industriell-kommerzielle Beteiligungen (König 1989). Mit der Privatisierung herkömmlicher öffentlicher Aufgaben wurde aber auch Vermögen, das diesen diente, zur Disposition gestellt, also: Schlachthöfe, Nahverkehrsbetriebe, Wasserwerke usw. (König 1989: 67).

Demgegenüber bedeuteten die Entwicklungen auf mittel- und ostdeutschem Boden nach 1945 bis schließlich zur Verfassung der DDR von 1968/1974 einen historischen Bruch mit dem Konzept eines mit der privatrechtlichen Eigentumsordnung verschränkten öffentlichen Vermögens. Öffentliches Vermögen konnte nach marxistisch-leninistischer Doktrin nur Volkseigentum sein. Wesentlicher als die Umwandlung von Staatseigentum in Eigentum des Volkes war aber der Umfang des Volkseigentums. Dazu gehörten in der ehemaligen DDR nicht nur die Bereiche des für Verwaltungszwecke bestimmten Vermögens und die Summe aller staatlichen Beteiligungen an privatwirtschaftlichen Unternehmen und das sonstige Finanzvermögen. Volkseigen war außerdem prinzipiell die gesamte Wirtschaft. Fast jedes Unternehmen gehörte dem Staat. Ausgenommen waren nur wenige private Einzelunternehmen und der Bereich der Genossenschaften und der Massenorganisationen, wo es andere Formen des sozialistischen Eigentums, nämlich genossenschaftliches Gemeineigentum werktätiger Kollektive und Eigentum gesellschaftlicher Organisationen der Bürger gab.[3] So gab es zum Zeitpunkt der Vereinigung ca. 14 Mio. Flurstücke mit einer Gesamtfläche von rd. 10,7 Mio. ha. in der ehemaligen DDR. (Bange 1994: 65ff., 79). Davon gehörten rd. 5,3 Mio. Flurstücke mit rd. 5,5 Mio. ha zum Volkseigentum.

Es dominierte ein von der marxistisch-leninistischen Nomenklatura geleiteter Etatismus mit umfassenden Staatsfunktionen, insbesondere der wirtschaftlichorganisatorischen Funktion (König 1991). In diese real-sozialistische Staatlichkeit wurde das öffentliche Vermögen eingeebnet, und zwar ohne eine Binnendifferenzierung, die autonome Verwaltungen ermöglicht hätte. Denn für die Organisation der sozialistischen Staatsgewalt galt das Prinzip des sogenannten demokratischen Zentralismus: in der Realität eine Hierarchisierung der gesamten Herrschafts-, Wirtschafts- und Sozialordnung von der Partei- und Staatsspitze her (König

---

3   Vgl. Art. 10 der Verfassung der DDR vom 27. September 1974, GBl. DDR I S. 432.

Vermögens- und Aufgabenzuordnung nach Üblichkeit 121

1991: 25ff.). Der demokratische Zentralismus wurde ideologisch legitimiert durch die Grundannahme des Marxismus-Leninismus, nach der die sozialistische Gesellschaft der planmäßigen und einheitlichen Führung und Leitung durch die Arbeiterklasse und deren Partei bedarf (Bundesministerium für innerdeutsche Beziehungen 1985). Einheitlichkeit der Führung bedeutet zugleich, daß eine politische Opposition oder Elemente eines politischen Pluralismus verhindert werden sollten. Entsprechend des Prinzips des demokratischen Zentralismus wurden in den fünfziger Jahren die Länder in der DDR aufgelöst, die Reste der kommunalen Selbstverwaltung aufgehoben (Hauschild 1991). Es ging insoweit nur noch um örtliche Organe der Staatsmacht, die sich unterhalb der Zentralebene in die Räte der Bezirke, Räte der Kreise und Räte der kreisangehörigen Städte und Gemeinden gliederten.[4]

Für die verbleibende, bloß noch arbeitsteilige, nicht mehr gewaltenteilende Staatsorganisation kam es dann nicht mehr auf Vermögensrechte, sondern nur noch auf Nutzungszuständigkeiten an. Diese wurden zwar in Rechtsträgerschaften (für volkseigene Grundstücke und Gebäude) und Fondinhaberschaften (für das übrige volkseigene Vermögen) eingekleidet. Aber es ging dabei um die instrumentelle Qualität des sozialistischen Rechts. Rechtsträger an volkseigenem Vermögen konnten in diesem Sinne neben den staatlichen Organen und staatlichen Einrichtungen auch volkseigene Betriebe und Kombinate, Genossenschaften und gesellschaftliche Organisationen sein.[5] Entsprechende Vermögensaufteilungen erfolgten in den Plänen, Normen, Weisungen nach den Zwecken der marxistisch-leninistischen Partei- und Staatsspitze. So erstreckte sich die Rechtsträgerschaft der Räte der Bezirke auf gesundheitliche, soziale, kulturelle und Bildungseinrichtungen mit überregionaler Bedeutung, wie Bezirkskrankenhäuser, Theater und Museen (Bartsch 1991: 111f.). Die Rechtsträgerschaft der Räte der Kreise umfaßte Schulen und Einrichtungen der Berufsbildung, der Kultur, der Jugendbetreuung und des Sports sowie des Gesundheits- und Sozialwesens und der Kinderbetreuung. Der Rat des Kreises war damit der Rechtsträger wesentlicher lokaler Einrichtungen. Die Räte der kreisangehörigen Städte und Gemeinden stellten die unterste Stufe der Verwaltungsorganisation der DDR dar. Sie verfügten indessen über kein nennenswertes Vermögen der kommunalen Wirtschaft und Daseinsvorsorge. Der Grund dafür war die Aufteilung solchen Vermögens an andere staatliche Organe. So waren Wohnungsverwaltungen, Kinder- und Gesundheitseinrichtungen, Dienstleistungsbetriebe, Straßenreinigungen und anderes den Räten der Landkreise zugeordnet. Für die Wasser- und Abwasserversorgung, den öffentlichen Personennahverkehr und die Energieversorgung existierten eigene bezirks- bzw. zen-

---

4   Die Stellung der örtlichen Organe der Staatsmacht ist staatsorganisatorisch insbesondere normiert im Gesetz über die örtlichen Volksvertretungen in der DDR vom 4. Juli 1985, GBl. DDR I S. 213.
5   Vgl. § 2 der Anordnung über die Rechtsträgerschaft an volkseigenen Grundstücken vom 15. August 1969, GBl. DDR I S. 433.

tralgeleitete Kombinate und volkseigene Betriebe. Darüber hinaus war den Kombinaten und volkseigenen Betrieben, und zwar unabhängig davon, um welchen Produktionszweig es sich handelte, neben ihrem Betriebsvermögen eine ganze Reihe von lokalen Vermögen in Rechtsträgerschaft zugeordnet. So standen in Rechtsträgerschaft der volkseigenen Betriebe und Kombinate z.b. 713 betriebliche Berufsschulen, 151 betriebliche Polikliniken, 364 Betriebsambulatorien, 851 betriebliche Kinderkrippen, 1477 betriebliche Kindergärten sowie vielzählige Sportanlagen (Statistisches Amt der DDR 1990: 330, 336, 373). Damit war der marxistischen Doktrin Rechnung getragen, soziale Leistungen an der Produktionsstätte selbst zu organisieren.

2. Vermögenszuordnung nach dem Transformations- und Vereinigungsrecht

Mit der Transformation der realsozialistischen Gesellschafts-, Wirtschafts- und Staatsordnung und der Vereinigung Deutschlands wurde die tradierte Ordnung öffentlichen Vermögens auf mittel- und ostdeutschem Boden wieder hergestellt. Das galt wirtschaftsorganisatorisch in Abgrenzung zur Privatisierung von Produktionsmitteln, wie staatsorganisatorisch im Hinblick auf eine dezentrale Binnendifferenzierung, insbesondere Föderalismus und kommunale Selbstverwaltung. Der Systemwandel der DDR vollzog sich als formal-legalistische Revolution (Quaritsch 1992). Die Umordnung zu privatem und öffentlichem Vermögen erfolgte nicht durch gewaltsame Besetzung von Fabriken und Behörden, sondern im Wege von Gesetzen, Verordnungen, Verträgen, konkretisierenden Rechtsakten.

2.1 Vermögenszuordnung nach dem Transformationsrecht

Bereits vor der Vereinigung Deutschlands hatte die Legislative der DDR Gesetze erlassen, die eine neue Vermögenszuordnung zum Gegenstand hatten. War dies im Unternehmensbereich das Treuhandgesetz vom 17. Juni 1990[6] mit seinen Durchführungsverordnungen,[7] so erfolgte im staatlichen und kommunalen Bereich die entsprechende Umordnung durch das Kommunalverfassungsgesetz vom 17. Mai 1990 und das Kommunalvermögensgesetz vom 6. Juli 1990.[8]

---

6   Gesetz zur Privatisierung und Reorganisation des volkseigenen Vermögens (Treuhandgesetz), GBl. DDR I S. 300.
7   1. Durchführungsverordnung (DVO) zum Treuhandgesetz vom 15. August 1990, GBl. DDR I S. 1076; 2. DVO zum Treuhandgesetz vom 22. August 1990, GBl. DDR I S. 1260; 3. DVO zum Treuhandgesetz vom 29. August 1990, GBl. DDR I S. 1333; 4. DVO zum Treuhandgesetz vom 12. September 1990 GBl. DDR I S. 1465; 5. DVO zum Treuhandgesetz vom 12. September 1990, GBl. DDR I S. 1466.
8   Gesetz über das Vermögen der Gemeinden, Städte und Landkreise (Kommunalvermögensgesetz), GBl. DDR I S. 660.

Die Treuhandanstalt hat den Auftrag, das ihr übertragene Vermögen zu privatisieren, § 1 Abs. 1 S. 1 TreuhG. Weiter heißt es, daß volkseigenes Vermögen auch, in durch Gesetz bestimmten Fällen, Gemeinden, Städten, Kreisen und Ländern sowie der öffentlichen Hand als Eigentum übertragen werden kann, § 1 Abs. 1 S. 2 TreuhG. Das kommunalen Aufgaben und kommunalen Dienstleistungen dienende Vermögen ist den Kommunen durch Gesetz zu übertragen, § 1 Abs. 1 S. 3 TreuhG. Diese im Treuhandgesetz schon angekündigten Vermögensübertragungen auf die öffentliche Hand wurden in dem kurz nach dem Treuhandgesetz, am 6. Juli 1990, in Kraft getretenen Kommunalvermögensgesetz[9] geregelt. Die seit dem Kommunalverfassungsgesetz wieder mit Selbstverwaltungsaufgaben ausgestatteten Kommunen benötigten dafür Vermögen, das ihnen in der ehemaligen DDR aufgrund der dortigen Vermögens- und Aufgabenorganisation entzogen war. Allerdings kam es nur zu wenigen Vermögensübertragungen nach dem Kommunalvermögensgesetz (Lipps 1992). Ursache dafür war einerseits die nur knapp drei Monate betragende uneingeschränkte Geltungsdauer der Regelung, andererseits aber auch die Notwendigkeit des Abschlusses sogenannter Übergabe-/Übernahmeprotokolle für einen wirksamen Eigentumsübergang auf die Kommunen (Becker 1992, Eckert 1994; Hecktor/Lühmann 1993: 211). Diese Protokolle waren notwendig, da durch das Kommunalvermögensgesetz die Übertragungen nicht kraft Gesetz erfolgten. Hinzu kam eine fehlende Abstimmung zwischen Treuhandgesetz und Kommunalvermögensgesetz. Da die Treuhandunternehmen ihr gesamtes ehemals in Rechtsträgerschaft gehaltenes Vermögen am 1. Juli 1990 zu Eigentum erhielten, gehörte es ab diesem Zeitpunkt nicht mehr zum Volkseigentum und konnte nicht von dem späteren Kommunalvermögensgesetz erfaßt werden. Dieses bezieht sich in § 1 ausdrücklich auf volkseigenes Vermögen.[10] Damit konnten die Kommunen beispielsweise die sozialen Einrichtungen, die sich ehemals in Rechtsträgerschaft der Betriebe befanden, wie die Betriebskindergärten, -polikliniken oder -sportstätten, nicht erhalten. Das entsprach nicht dem Willen des Gesetzgebers. Die Kommunen sollten die Vermögenswerte erhalten, die sie zur Erfüllung der ihnen nach dem KVerfG übertragenen Aufgaben benötigen.

2.2 Vermögenszuordnung nach dem Vereinigungsrecht

Es war das Vereinigungsrecht, in dem die wirklich maßgeblichen Weichenstellungen der Vermögenszuordnung im öffentlichen Bereich vorgenommen wurden, und zwar der Einigungsvertrag insbesondere in seinen Artikeln 21 und 22.

Abgesehen von einigen Ausnahmen verteilen die Artikel 21 und 22 Einigungsvertrag das am 3. Oktober 1990 im öffentlichen Bereich noch vorhandene Volkseigentum der DDR (Schmidt-Räntsch 1993). Sie gruppieren das öffentliche Ver-

---

9 Gesetz über das Vermögen der Gemeinden, Städte und Landkreise (Kommunalvermögensgesetz), GBl. DDR I S. 1466.
10 So das BVerwG in seinem Urteil vom 24. März 1994, 7 C 34.93, VIZ 1994, S. 291.

mögen nach herkömmlicher Weise in Verwaltungsvermögen (Art. 21) und Finanzvermögen (Art. 22). Darüber hinaus wird das Restitutionsvermögen genannt. Damit wird einem Konzept gefolgt, wie es schon bei der Übernahme des Reichsvermögens dem Grundgesetz für die Bundesrepublik Deutschland (Art. 134 GG) zugrunde gelegt wurde.

Das Kommunalvermögensgesetz gilt insofern fort, als den Kommunen Vermögen nur in Übereinstimmung mit den genannten Bestimmungen zu übertragen ist.[11] Die bis jetzt genannten Vorschriften regeln die materiell-rechtliche Aufteilung des ehemaligen volkseigenen Vermögens im öffentlichen Bereich. Das Vermögenszuordnungsgesetz ergänzt diese und enthält vor allem verfahrensrechtliche Regelungen zur Umsetzung der materiell-rechtlichen Vorschriften.

2.2.1 Verwaltungsvermögen

In Art. 21 Abs. 1 Satz 1 des Einigungsvertrages heißt es zum Verwaltungsvermögen: „Das Vermögen der Deutschen Demokratischen Republik, das unmittelbar bestimmten Verwaltungsaufgaben dient (Verwaltungsvermögen), wird Bundesvermögen, sofern es nicht nach seiner Zweckbestimmung am 1. Oktober 1989 überwiegend für Verwaltungsaufgaben bestimmt war, die nach dem Grundgesetz von Ländern, Gemeinden (Gemeindeverbänden) oder sonstigen Trägern öffentlicher Verwaltung wahrzunehmen sind." Sinn und Zweck dieser gesetzlichen Vorschrift ist eine Verteilung des Verwaltungsvermögens der DDR auf denjenigen Träger, der nach dem Grundgesetz für die Verwaltungsaufgabe zuständig ist. Man folgt hierbei dem klassischen Verwaltungsgrundsatz „Vermögensausstattung folgt Aufgabenbestand".

2.2.2 Finanzvermögen

Art. 22 Abs. 1 S. 1 Einigungsvertrag lautet: „Öffentliches Vermögen von Rechtsträgern in dem in Artikel 3 genannten Gebiet einschließlich des Grundvermögens und des Vermögens in der Land- und Forstwirtschaft, das nicht unmittelbar bestimmten Verwaltungsaufgaben dient (Finanzvermögen), ausgenommen Vermögen ... unterliegt ... mit Wirksamwerden des Beitritts der Treuhandverwaltung des Bundes". Von dem Finanzvermögen, welches der Bund am 3. Oktober 1990 erhalten hat, muß er später die Hälfte wieder abgeben. In Art. 22 Abs. 1 S. 3-6 Einigungsvertrag wird er zum Erlaß eines Verteilungsgesetzes verpflichtet. Danach ist das Finanzvermögen später gesetzlich so aufzuteilen, daß der Bund und die fünf neuen Bundesländer je die Hälfte erhalten. Am Länderanteil sind die Kommunen angemessen zu beteiligen. Der Bund muß sein Finanzvermögen zur Erfüllung öffentlicher Aufgaben im Beitrittsgebiet verwenden. Dieser Verteilungsregelung lag der Gedanke zugrunde, daß das Finanzvermögen in demselben Verhältnis aufgeteilt werden soll wie die nach Art. 23 verteilten Staatsschulden.

---

11 Vgl. Anlage I, Kapitel IV, Abschnitt III, Nr. 2 Einigungsvertrag.

In Art. 22 Abs. 1 S. 1 Einigungsvertrag ist geregelt, daß das Finanzvermögen nicht in treuhänderisches Bundeseigentum übergeht, „soweit es ... der Treuhandanstalt übertragen ist". Fraglich ist, welches Vermögen von dieser Regelung erfaßt wird. Nicht erfaßt werden Vermögenswerte, die als Gesellschaftsvermögen vor der Vereinigung an Treuhandunternehmen übertragen wurden und auch die Anteile dieser Unternehmen, die zum selben Zeitpunkt der Treuhandanstalt zu Eigentum übertragen wurden; denn dieses Vermögen ist am 3. Oktober 1990 nicht mehr volkseigen gewesen. Es bleibt nur das der Treuhandanstalt nach dem Transformationsrecht zur treuhänderischen Verwaltung übertragene Volkseigentum. Mit den Durchführungsverordnungen zum Treuhandgesetz erhielt die Treuhandanstalt nämlich auch volkseigene Vermögenswerte zur treuhänderischen Verwaltung übertragen. Hierbei handelte es sich um Vermögenswerte aus ausgesondertem Militärvermögen (2. DVO), aus dem Bereich der Land- und Forstwirtschaft (3. DVO) und um bestimmte Vermögenswerte des ehemaligen Ministeriums für Staatssicherheit (4. DVO).

In Art. 22 Abs. 1 S. 1 Einigungsvertrag ist weiter geregelt, daß das Finanzvermögen, das „durch Gesetz gemäß § 1 Abs. 1 Sätze 2 und 3 des Treuhandgesetzes Gemeinden, Städten oder Landkreisen übertragen wird, ..." nicht in Bundeseigentum übergeht. Mit dem Gesetz ist das Kommunalvermögensgesetz gemeint (Schmidt, M. 1992). Das Kommunalvermögensgesetz gilt allerdings nach der Vereinigung nur mit der Maßgaberegelung „Den Gemeinden, Städten und Landkreisen ist nur das ihren Verwaltungsaufgaben unmittelbar dienende Vermögen (Verwaltungsvermögen) und das sonstige Vermögen (Finanzvermögen) in Übereinstimmung mit den ... Artikeln 21 und 22 Einigungsvertrag zu übertragen" fort.[12] Es ist umstritten, in welchem Rahmen die Maßgaberegelung das KVermG und damit die Vermögensübertragungen auf Kommunen nach Art. 22 Abs. 1 S. 1 Einigungsvertrag einschränkt (Schillo 1991; Försterling 1993; Ipsen/Koch 1993; Albrecht 1991: 88ff., 91; Eckert 1994: 187). Gewollt war jedenfalls von den Vertragsparteien des Einigungsvertrages, daß die Kommunen zum Aufbau ihrer kommunalen Selbstverwaltung sofort auch mit Finanzvermögen ausgestattet werden, und nicht erst die spätere gesetzliche Aufteilung des Finanzvermögens abwarten müssen (Schmidt, M. 1992: 155). In der Praxis haben sich deshalb die zuständigen Bundesminister und Vertreter kommunaler Spitzenverbände im April 1991 auf eine Definition des den Kommunen nach Art. 22 Abs. 1 S. 1 Einigungsvertrag i.V.m. dem KVermG zustehenden „kommunalen Finanzvermögens" geeinigt (Bundesministerium des Innern 1991). Danach sind „Kommunales Finanzvermögen ... die volkseigenen Betriebe und Einrichtungen, Grundstücke und Bodenflächen, die – soweit sie nicht unmittelbar kommunalen Zwecken dienen (Verwaltungsvermögen) – bis zum 3. Oktober 1990 in Rechtsträgerschaft der ehemaligen Räte der Gemeinden, Städte und Kreise standen oder von den Kommunen vertraglich genutzt worden sind und in beiden Fällen schon zu diesem Zeitpunkt

---
12 Einigungsvertrag Anlage II Kapitel IV Abschnitt III Nr. 2 a.

für kommunale Zwecke im üblichen Rahmen vorgesehen waren. Für die Beurteilung der Üblichkeit werden die Verhältnisse in den alten Bundesländern zugrunde gelegt." Diese Definition wurde mit Beispielen für das kommunale Finanzvermögen in der Schriftenreihe „Infodienst Kommunal", die vom Bund für die Kommunen in den neuen Bundesländer herausgegeben wird, verbreitet und entsprechend praktiziert. Beispiele für kommunales Finanzvermögen sind danach: Kapitalanteile an ehemals volkseigenen Betrieben, die kommunalen Aufgaben dienen und in Kapitalgesellschaften umgewandelt wurden, wie z.B. Betriebe der Wasserversorgung und Verkehrsbetriebe, sowie gewisse volkseigene Grundstücke, die in Rechtsträgerschaft der ehemaligen Räte der Gemeinden, Städte und Kreise standen (Bundesministerium des Innern 1991: 12).

Schließlich gehört zum kommunalen Finanzvermögen auch das in Art. 22 Abs. 4 Einigungsvertrag geregelte Wohnungswirtschaftsvermögen. Die allgemeine Regelung des kommunalen Finanzvermögens in Art. 22 Abs. 1 Einigungsvertrag wurde erst spät in den Verhandlungen zum Einigungsvertrag eingefügt (Frenzel 1994). Die Regelung des Art. 22 Abs. 4 bestand schon vorher; denn man war sich einig, daß die Kommunen das ehemalige Volkseigentum erhalten sollten, welches in der DDR zur Wohnungswirtschaft gehörte. Dieses Vermögen ist kraft Gesetz am 3. Oktober 1990 in das Eigentum der Kommunen übergegangen (Schmidt/ Leitschuh 1994).

2.2.3 Restitutionsvermögen

In Art. 21 Abs. 3 des Einigungsvertrages, der gemäß Art. 22 Abs. 1 S. 7 Einigungsvertrag entsprechend auf das Finanzvermögen angewendet wird, heißt es zum Restitutionsvermögen: „Vermögenswerte, die dem Zentralstaat oder den Ländern und Gemeinden (Gemeindeverbänden) von einer anderen Körperschaft des öffentlichen Rechts unentgeltlich zur Verfügung gestellt worden sind, werden an diese Körperschaft unentgeltlich zurückübertragen; früheres Reichsvermögen wird Bundesvermögen."

Der in Art. 21 Abs. 3 erster Halbsatz Einigungsvertrag geregelte öffentliche Restitutionsanspruch erfaßt systemgerecht grundsätzlich nur das Vermögen, welches Regelungsgegenstand der Art. 21 und 22 Einigungsvertrag ist (Frenzel 1994: 68). In einigen Fällen ist der Restitutionsanspruch aber durch das Registerverfahrenbeschleunigungsgesetz (RegVBG) erweitert worden. So erfaßt er nunmehr auch das Gesellschaftsvermögen der Treuhandunternehmen[13]. Diese Regelung

---

13 In § 11 Abs. 1 S. 2 VZOG heißt es: „Die Rückübertragung eines Vermögenswertes wird nicht allein dadurch ausgeschlossen, daß dieser gemäß § 11 Abs. 2 des Treuhandgesetzes in das Eigentum einer Kapitalgesellschaft, deren sämtliche Aktien oder Geschäftsanteile sich noch in der Hand der Treuhandanstalt befinden, übergegangen ist." Diese Regelung ist auf Vorschlag des Bundesrates aufgenommen worden. Er begründete den Vorschlag wie folgt: „Zudem bedarf es einer dahingehenden Klarstellung, daß der gesetzliche Eigentumsübergang nach § 11 Abs. 2 des Treuhandgesetzes nicht eine Vermögenszuordnung

Vermögens- und Aufgabenzuordnung nach Üblichkeit

war notwendig, weil es umstritten war, ob es Restitutionsansprüche gegen Treuhandunternehmen gibt. Unklar war bis zum Inkrafttreten des RegVBG außerdem, welcher öffentliche Vermögensanspruch den Vorrang hatte: der öffentliche Restitutionsanspruch oder der Anspruch auf die Übertragung von Verwaltungsvermögen. Im RegVBG wurde nunmehr ausdrücklich festgelegt, daß der Anspruch auf die Übertragung von Verwaltungsvermögen den Vorrang hat.

Außerdem ist der Anwendungsbereich des Restitutionsanspruchs durch das RegVBG auf kommunales Finanzvermögen und der Treuhandanstalt erst am 3. Oktober 1990 zu Eigentum übertragene Vermögen i.s.d. Art. 22 Abs. 1 Einigungsvertrag erweitert worden.[14] Vorher war umstritten, ob diese Vermögenswerte nur von dem Eigentumsübergang an den Bund oder auch von dem im gleichen Absatz geregelten Restitutionsanspruch ausgenommen sind.[15] Schließlich unterliegen seit dem RegVBG auch die in den Artikeln 26, 27 und 36 Einigungsvertrag geregelten Vermögensgruppen der Restitution.[16]

3. Vermögensübertragung nach Sektoren

3.1 Statistik zur Vermögensübertragung

Wenn wir uns hiernach der Arbeit der Zuordnungsinstanzen zuwenden, dann sind für die Bundesanstalt für vereinigungsbedingte Sachaufgaben (BVS; ehemals Treuhandanstalt) mit Stichtag vom 31. Mai 1996 folgende Daten festzuhalten. Städte, Gemeinden und Landkreise haben rund 332.000 Kommunalisierungsanträge bei der BVS gestellt. Hiervon entfallen in die Zuständigkeit der BVS rund 196.000 Anträge. 95.681 Anträge wurden bis zum genannten Zeitpunkt entschieden, davon 40.782 Anträge positiv. Die Ablehnungsquote der Kommunalisierungsanträge liegt also bei ca. 57 %. Dabei zeigt sich, daß die Ablehnungsquote

---

nach den Artikeln 21 und 22 des Einigungsvertrages ausschließt"; BT-Drs. 12/5553, S. 205, Nr. 90.

14 In § 11 Abs. 1 S. 1 VZOG heißt es: „Eine Rückübertragung von Vermögensgegenständen nach Art. 21 Abs. 3 erster Halbsatz und Art. 22 Abs. 1 S. 7 in Verbindung mit Art. 21 Abs. 3 erster Halbsatz des Einigungsvertrages (Restitution) kann unbeschadet der weiteren Voraussetzungen des Art. 21 und 22 ... beansprucht werden." In der Begründung des Bundesrates zu dieser Regelung, die auf seinen Vorschlag hin in das RegVBG aufgenommen wurde, heißt es: „Darüber hinaus wird klargestellt, daß Art. 22 Abs. 1 S. 7 des Einigungsvertrages nicht dem Regelungsgehalt des Art. 22 Abs. 1 S. 1 bis 6 des Einigungsvertrages unterliegt. Insbesondere können auch solche Vermögenswerte restituiert werden, die nicht der Treuhandverwaltung des Bundes nach Art. 22 Abs. 1 unterliegen, sondern anderen Verfügungsberechtigten übertragen wurden"; BT-Drs. 12/5553, S. 205, Nr. 90.

15 Das BVerwG hat dies in seiner Entscheidung vom 18. März 1993, 7 C 13.93, ZOV 1993, S. 193 offen gelassen.

16 § 21 Abs. 2 VZOG.

bei den kleinen Kommunen tendenziell höher ist als bei den großen Kommunen (Schöneich 1992). Gegen die Bescheide wurde in 994 Fällen geklagt, so daß die „Streitquote" (Anzahl Verwaltungsprozesse/Anzahl negative Bescheide) bei ca. 1 % liegt.

Insgesamt ergeben sich 95.681 Erledigungen und – bezogen auf die 196.145 Anträge – eine Erledigungsquote von ca. 49 %. Bis zum genannten Zeitpunkt wurde den Kommunen im Wege der Zuordnung von Verwaltungsvermögen z.b. übertragen: 1.211 Betriebskindergärten, 1.970 Sporteinrichtungen, 454 Berufsschulen, 132 Betriebspolikliniken, 229 polytechnische Einrichtungen. Während es sich bei den bislang genannten Objekten vorwiegend um einzelne Vermögensgegenstände handelt, wurden auch vollständige Unternehmen an die Kommunen übertragen (Treuhandanstalt 1993a). Dabei handelt es sich um Wasserversorgungs- und Abwasserentsorgungsunternehmen, Unternehmen des öffentlichen Personennahverkehrs, leitungsgebundene Energiebetriebe, Binnenhafengesellschaften, Seehafengesellschaften (Rostock, Wismar, Stralsund) und eine Reihe sonstiger Betriebe, von denen 223 übertragen wurden.

Bund und Länder haben bis zum 28. Februar 1994 Anträge für die Übertragung von 8.513 bzw. 39.627 Flurstücken gestellt (Bange 1994: 70). Beschieden wurden 5.234 Flurstücke für den Bund und 16.107 Flurstücke für die Länder (ohne Berlin, denn diese Zuordnungen sind enthalten in der Kommunalisierungsstatistik). Die Erledigungsquote lag bei 60,76 %. Auch den Ländern werden vollständige Unternehmen übertragen, wie die Flughäfen Berlin-Schönefeld, Leipzig-Halle, Dresden und Erfurt zeigen, die mehrheitlich an die jeweiligen Länder übertragen wurden. Darüber hinaus werden Bund und Ländern Minderheitsbeteiligungen an solchen Unternehmen gewährt, die überregionale Bedeutung haben, wie zum Beispiel dem Seehafen Rostock, an welchem das Land Mecklenburg-Vorpommern beteiligt wurde.

Wöchentlich gingen allein im Rahmen der Kommunalisierung mehr als 1.000 Anträge ein, wobei damit gerechnet wird, daß diese Flut bis zum Ende der Antragsfristen anhalten wird. So ging die Treuhandanstalt Anfang 1994 davon aus, daß die Vermögenszuordnung noch drei bis vier Jahre in Anspruch nehmen wird (Bange 1994: 73).

Für die Oberfinanzdirektionen sind mit Stichtag vom 31.12.95 die folgenden Daten festzuhalten (Trendelenburg 1994: 193ff., 207f.). Es liegen von Bund, Ländern und Gemeinden insgesamt über 2.000.000 Anträge vor. Erledigt sind davon über 1.100.000 Anträge. Die Erledigungsquote liegt damit bei rd. 57 %.

Der Schwerpunkt der Tätigkeit der Zuordnungsinstanz, d.h. in diesem Fall der Treuhandanstalt, lag allerdings bei der Privatisierung des ehemals volkseigenen Vermögens. Mit dieser Aufgabe hatte die Treuhandanstalt u.a. die Verantwortung für rund 8.500 ehemals volkseigene Betriebe und Kombinate mit rund 4,1 Mio. Beschäftigten übernommen. Allein durch Entflechtung und Abspaltung hat die Treuhandanstalt aus den anfangs rund 8.500 ehemals volkseigenen Betrieben und

Kombinaten ca. 14.000 Unternehmen herausgebildet (Frankfurter Allgemeine Zeitung 1994a). Von 1990 bis Ende 1994 hat die Treuhandanstalt von den ursprünglich rund 14.000 Betrieben die meisten privatisiert, reprivatisiert oder kommunalisiert (Treuhandanstalt 1994). Die Investoren haben der Anstalt die Erhaltung von knapp 1,5 Mio. Arbeitsplätzen und 206,5 Mrd. DM an Investitionen zugesagt. Dabei wurden 64,9 Mrd. erlöst. Bei der Privatisierung von Unternehmen und Betriebsteilen wurden rund 2.700 Management-Buy-Outs gezählt, d.h. es wurde an Mitarbeiter der Firmen verkauft. Ausländische Investoren haben 855 Unternehmen bzw. Betriebsteile für 6,2 Mrd. DM erworben. Damit verbunden waren 150.187 Beschäftigungszusagen und 21,7 Mrd. DM Investitionszusagen. Von Liquidationen betroffen waren 3.527 Unternehmen mit 333.000 Mitarbeitern. Erhalten blieben dabei rund 101.000 Arbeitsplätze. Hinzu kommen 134 Unternehmen, für die die Liquidation zum genannten Zeitpunkt bereits abgeschlossen war. Rund 3.500 Unternehmen wurden stillgelegt (Frankfurter Allgemeine Zeitung 1994b). Gekostet hat dieses Ergebnis 275 Mrd. DM, so hoch werden jedenfalls die Schulden der Treuhandanstalt angegeben.

3.2 Ausgewählte Sektoren

3.2.1 Energieversorgung

Der gesamte Energieversorgungssektor bestand aus insgesamt 27 Kombinaten, davon 15 Bezirks-Energiekombinate, die für die Versorgung der Endabnehmer zuständig waren, sowie 12 weitere Kombinate, die mit der Förderung, Erzeugung und dem Transport von Energie beschäftigt waren. Mit dem Treuhandgesetz wurden sowohl die 15 Bezirkskombinate als auch alle anderen mit der Erzeugung und Verteilung von Energie beschäftigten Kombinate in Kapitalgesellschaften umgewandelt, deren Anteile seither von der Treuhandanstalt gehalten werden.

Die drei westdeutschen Stromkonzerne RWE, PreußenElektra und Bayernwerk standen bereits im Mai 1990 in Verhandlung mit der DDR-Regierung über ihren Einstieg in die ostdeutsche Energiewirtschaft. Die Konzerne sollten gemeinsam die Erzeugungs- und Verbundnetzstufe sowie jeweils einzeln 50 % plus 1 Aktie der 14 regionalen Energieversorgungsunternehmen (ohne Berlin) übernehmen. Stadtwerke unterhalb dieser Regionalstufe sollte es, wie dies auch in der DDR der Fall war, nicht geben. Am 22. August 1990 kam es schließlich zum Abschluß der 16 Stromverträge zwischen DDR-Regierung, Treuhandanstalt sowie RWE, PreußenElektra und Bayernwerk für die Verbundstufe und die 15 regionalen Energieversorgungsunternehmen. Gegenüber der ursprünglichen Fassung sahen die Stromverträge nun auf Drängen des Bundeskartellamtes eine Beteiligung anderer europäischer und westdeutscher Stromkonzerne an der Erzeugungs- und Verbundnetzgesellschaft einerseits und der regionalen Energieversorgungsunternehmen andererseits vor. Im einzelnen gliederten sich die Stromverträge in einen

Verbundvertrag und 15 Regionalverträge. Der Verbundvertrag hatte zum Inhalt, daß gemeinsam von den drei westdeutschen Stromkonzernen RWE, PreußenElektra und Bayernwerk eine Gesellschaft gegründet werden sollte, die die Geschäftsbesorgung der Energieerzeugungsunternehmen und des für die überregionale Verteilung zuständigen Unternehmens übernehmen sollte. 75 % der Anteile der Unternehmen sollten von ihnen zum 1. Januar 1991 übernommen werden. Die restlichen 25 % sollten den deutschen und danach europäischen Verbundgesellschaften reserviert sein. Die Regionalverträge beinhalten, daß die drei Konzerne in 11 der 15 Bezirke, in denen 60 % des Stroms abgesetzt wurde, zunächst je eine Geschäftsbesorgungsgesellschaft gründen und später mindestens 51 % des Kapitals der regionalen Energieversorgungsunternehmen zu übernehmen haben. Die Vereinbarungen des Stromvertrages wurden im Einigungsvertrag übernommen. Dort wird den Kommunen ein Anspruch auf die Übertragung von insgesamt 49 % der Anteile der regionalen Energieversorgungsunternehmen gewährt.[17]

Das Bundeskartellamt kam zu der Auffassung, daß mit den Stromverträgen die „Jahrhundertchance" vergeben worden sei, Stromerzeugung und Stromverteilung voneinander zu trennen (Kartte 1990: 838ff.). Für diese aus wettbewerbspolitischer Sicht optimale Lösung habe es allerdings unter den gegebenen Umständen keinerlei Unterstützung gegeben. So vertrat man gemeinsam mit der Bundesregierung die Auffassung, daß die aus ökonomischen und ökologischen Gründen notwendigen Investitionen, die im Jahre 1990 auf 30-40 Milliarden DM geschätzt wurden, nur über eine starke Beteiligung der westdeutschen Stromkonzerne gesichert werden könnten (Arndt/Zinow 1992: 5). Diese waren hierzu jedoch nur bereit, wenn ihnen eine Mehrheitsbeteiligung an den regionalen Energieversorgungsunternehmen zugesichert würde. Um darüber hinaus einen vielfach befürchteten Zusammenbruch der Stromversorgung zu verhindern, wurde diese Bedingung im Stromvertrag akzeptiert und durch die Übernahme im Einigungsvertrag gesichert (Schäuble 1991: 224ff.). Darüber hinaus wollte man durch die Stromverträge auch zur Sicherung der Braunkohle in der Verstromung beitragen (Würzen 1990).

164 Kommunen haben bis Mitte 1991 Verfassungsbeschwerde erhoben gegen die Regelung des Einigungsvertrags zur Übertragung von lediglich 49 % der Anteile an regionalen Energieversorgungsunternehmen und zum anderen auch dagegen, daß ihnen nur ein Anspruch auf Übertragung der Gesellschaftsanteile, nicht aber von Vermögensgegenständen gewährt wurde. Die beschwerdeführenden Kommunen beriefen sich dabei auf die kommunale Selbstverwaltungsgarantie gemäß Art. 28 Abs. 2 GG. Sie bezweckten damit die Herausgabe der örtlichen Stromversorgungsanlagen zum Aufbau kommunaler Elektrizitätsversorgungen (Harms 1992).

---

17 Vgl. Anlage II, Kapitel IV, Abschnitt III, Nr. 2 Lit. b) Einigungsvertrag, der das Kommunalvermögensgesetz um einen § 4 Abs. 2 S. 2 ergänzt.

Beim Streit um die Gründung und Ausstattung von Stadtwerken geht es aber nicht nur um das Prinzip der kommunalen Selbstverwaltung. Hierbei sind vielmehr auch wirtschaftliche Interessen im Spiel. So werden allein im Stromgeschäft Umsatzzahlen von jährlich rund 25 Milliarden DM genannt (Der Spiegel 1991). Insofern ist es verständlich, daß die Kommunen auf eine eigene Durchführung der Energieversorgung drängen. Vorbilder sind auch in diesem Fall die westdeutschen Stadtwerke, deren Gewinne oftmals zur Deckung von Verlusten im öffentlichen Personennahverkehr eingesetzt werden. Als Beispiel sei die Stadt Mannheim genannt. Diese erwirtschaftet mit ihrem eigenen Großkraftwerk Mannheim AG Erträge von jährlich etwa 100 Millionen DM, mit dem unter anderem das Defizit der städtischen Verkehrsbetriebe von 70 Millionen DM ausgeglichen wird (Frankfurter Allgemeine Zeitung 1992a).

Letztlich kam es aber zu keiner Entscheidung des Bundesverfassungsgerichts. Dies legte stattdessen Ende 1992 einen Vergleichsvorschlag vor, der folgendes beinhaltet (Frankfurter Allgemeine Zeitung 1992b): Den Kommunen, die Stadtwerke gründen wollen, werden alle dafür erforderlichen Anlagen übertragen. Allerdings müssen die Kommunen die Altverbindlichkeiten und Umweltaltlasten übernehmen, wobei teilweise Kosten in dreistelliger Millionenhöhe entstehen. Als Ausgleich für die Anlagen müssen die Kommunen ihren Anteil an den 14 regionalen Energieversorgungsunternehmen (außer Berlin) abgeben, so daß dann sämtliche Anteile zu 51 % privatisiert und zu 49 % kommunalisiert werden können. Der Vergleich enthält ferner die Abrede, daß alle Gemeinden, die eigene Stadtwerke gründen, im Durchschnitt nur 30 % ihres Strombedarfs selbst erzeugen. Im Einzelfall darf der Eigenanteil allerdings höher liegen. Die neue Regelung, die auch den Braunkohleabsatz in den neuen Ländern sichern soll, soll 20 Jahre gelten. Ende Juli 1993, fast drei Jahre nach Abschluß der Stromverträge, stimmte schließlich die letzte beschwerdeführende Kommune dem Kompromißvorschlag des Bundesverfassungsgerichts zu (Frankfurter Allgemeine Zeitung 1993).

Man mag die Beteiligung der West-Konzerne an den regionalen Energieversorgungsunternehmen im formellen Sinne als Privatisierung beurteilen. Indessen ist eine differenzierte Betrachtungsweise erforderlich. Es darf nämlich nicht übersehen werden, daß es sich bei den West-Konzernen sowohl um private, als auch um gemischtwirtschaftliche Unternehmen handelt. Als Beispiel seien Bayernwerk, RWE und PreußenElektra genannt. Bei RWE haben nordrhein-westfälische Kommunen aufgrund von Mehrheitsstimmrechtsaktien bei einem Kapitalanteil von 29,8 % einen Stimmrechtsanteil von 60,1 % (Das Wertpapier). Das Bayernwerk ist ein Privatunternehmen, denn es wurde an die VIAG verkauft. PreußenElektra gehört zum VEBA-Konzern, der 1987 endgültig privatisiert wurde (Bundesregierung 1994). In materieller Zuspitzung könnte man sagen, daß in vielen Fällen die regionalen Energieversorgungsunternehmen und unter Umständen auch die Stadtwerke, an denen zum Teil westdeutsche Stromkonzerne beteiligt wurden, nicht privatisiert werden, sondern kommunalisiert bzw. auf Länder übertragen werden, allerdings an westliche. Eine ähnliche Aussage ließe sich auch für die Verbund- und Erzeugungsunternehmen treffen. Diese werden von RWE, Bayernwerk und PreußenElektra übernommen und nicht von den Gebietskörperschaften im Versorgungsgebiet, wie dies in den alten Bundesländern häufig der Fall ist.

3.2.2 Wasserversorgung und Abwasserentsorgung

Während in der alten Bundesrepublik Deutschland nach dem zweiten Weltkrieg der kommunale Charakter der Wasserversorgung und Abwasserentsorgung erhalten blieb, wurde systembedingt in der ehemaligen DDR ein Zentralisierungsprozeß eingeleitet und diese Betriebe in Volkseigentum umgewandelt (Kähler 1994). So lag die Rechtsträgerschaft bzw. Fondsinhaberschaft für das wasserwirtschaftliche Vermögen schließlich bei den volkseigenen, zentralgeleiteten Betrieben der Wasserwirtschaft, den sogenannten „VEB WAB". Ähnlich wie bei der Energieversorgung und dem öffentlichen Personennahverkehr gab es insgesamt 15 VEB WAB, deren großräumige Ver- und Entsorgungsgebiete sich in der Regel nach den politischen Bezirksgrenzen orientierten. Mit dem Treuhandgesetz wurden diese volkseigenen Betriebe in Kapitalgesellschaften umgewandelt, deren Eigentümer seitdem die Treuhandanstalt war. Da die Wasserversorgungs- und Abwasserentsorgungsunternehmen zum kommunalen Finanzvermögen gezählt wurden, war die grundsätzliche Entscheidung gefallen: Die Aufgabe der Wasserversorgung und Abwasserentsorgung war von den zentralistischen großräumigen Einrichtungen der wasserwirtschaftlichen Unternehmen auf die nunmehr zuständigen Städte und Gemeinden und von diesen ggf. zu bildenden Zweckverbände zu übertragen.

Die 15 Wasserversorgungs- und Abwasserentsorgungsbetriebe, die ihrerseits in 129 Bereichsdirektionen aufgeteilt waren, beschäftigten Mitte 1993 ca. 20.000 Mitarbeiter und haben 1992 – trotz der aufgrund der Kommunalisierung schwierigen Situation der Betriebe – Investitionen in Höhe von 2,5 Mrd. DM getätigt (Treuhandanstalt/Direktorat Kommunalvermögen 1993). Der Umsatz von 13 der 15 ehemals volkseigenen Wasserversorgungs- und Abwasserentsorgungsbetrieben lag 1991 bei 3.135 Mio. DM (Verband der Unternehmen für die kommunale Wasserversorgung und Abwasserbehandlung e.V. 1991: 55).

Aufgrund der EG Richtlinie 90/656 EWG besteht die Verpflichtung Deutschlands, die Qualität des Trinkwassers bis Ende 1995 vollständig in Übereinstimmung mit bestehenden Rechtsnormen zu bringen. Vor dem Hintergrund des desolaten Zustandes der Wasserversorgungsanlagen ist zu verstehen, daß für die neuen Bundesländer ca. 21,7 Mrd. DM notwendig sein werden, um allein dieses Ziel zu erreichen (Ad hoc Gruppe der Fachkommission Soforthilfe Trinkwasser 1992). Schätzungen für die Sanierung der ostdeutschen Abwasserentsorgungen gehen darüber hinaus und bewegen sich zwischen 100 und 150 Mrd. DM (Bundesministerium für Umwelt, Naturschutz und Reaktorsicherheit 1993: 10). Trotz verrotteter Anlagen hat die ost- und mitteldeutsche Wasser- und Abwasserwirtschaft auch positive Seiten zu bieten (Frankfurter Allgemeine Zeitung 1991). Als vorbildlich gilt die Zusammenfassung der Aufgabe der

Wasserversorgung und Abwasserentsorgung in einer betrieblichen Einheit, die in der ehemaligen DDR die Regel war, in den alten Bundesländern aber nicht besonders verbreitet ist (Deutscher Städte- und Gemeindebund 1994: 111). Begründet werden die Vorteile der Zusammenfassung insbesondere mit den daraus resultierenden Synergieeffekten (Scholz 1992). Ein Anbieter erhält damit die Verantwortung für den gesamten Produktkreislauf. Aber nicht nur die gesamte Verantwortung für ein geliefertes Gut spricht für eine organisatorische Zusammenlegung, sondern auch die gegenseitige Beeinflussung der Kosten des Wasser- und Abwasserbereiches. Führt nämlich die Abwasserwirtschaft nicht hinreichend geklärtes Abwasser in den Naturkreislauf zurück, führt das unweigerlich zu höheren Investitionen und damit zu höheren Kosten der Trinkwasserversorgung. Hinzu kommen betriebliche Synergieeffekte in der Folge von Größenvorteilen, verbesserter Auslastung des Personals und der Maschinen, gemeinsamer Nutzung der Lager, der Werkstätten, des Fuhrparks, der Verwaltung.

Was die Neustrukturierung der Wasserversorgungs- und Abwasserentsorgungsunternehmen angeht, beschloß die Treuhandanstalt im Frühjahr 1991, deren erforderliche Neuordnung nicht selbst durchzuführen, sondern die Kommunen daran zu beteiligen. Für die Wasser- und Abwasserunternehmen ist dazu das Vereinsmodell entwickelt worden. Danach bilden die Kommunen im Einzugsgebiet eines Wasserversorgungs- und Abwasserentsorgungsunternehmens einen Eigentümerverein, dem die Gesellschaftsanteile übertragen werden.

Der erste Schritt der Kommunalisierung, d.h. die Übertragung der Gesellschaftsanteile auf die Eigentümervereine, wurde bis zum 8. April 1993 in allen Fällen abgeschlossen (Treuhandanstalt/Direktorat Kommunalvermögen 1993). Beim zweiten Schritt, d.h. der Entflechtung, wird das Vermögen – davon 5.900 Wasserwerke und 1.090 Kläranlagen (Verband der Unternehmen für die kommunale Wasserversorgung und Abwasserbehandlung e.V. 1991: 6) – auf kommunale Zweckverbände bzw. Stadtwerke verteilt und das Unternehmen dann letztlich liquidiert.

Hinsichtlich der Entflechtung kam die Treuhandanstalt Mitte 1993 für alle neuen Bundesländern zu dem Ergebnis, daß zu viele kleine Strukturen entstehen würden (Treuhandanstalt/Direktorat Kommunalvermögen 1993). So wird in einer anderen Quelle die Anzahl der Zweckverbände für das Land Brandenburg mit über 100 angegeben, ebenso in Sachsen-Anhalt (Frankfurter Allgemeine Zeitung 1994c). Für Thüringen wurden Ende 1994 200 neue Aufgabenträger genannt, die aus drei ehemaligen Kombinatsbetrieben entstanden seien (Freies Wort 1994). Angesichts des genannten immensen Investitionsbedarfs würden sich kleine und kleinste Einheiten schwer tun, die kommunale Pflichtaufgabe Wasserver- und Abwasserentsorgung zu tragbaren Gebühren bzw. Entgelten zu erfüllen. Es sei nach Auffassung der Treuhandanstalt die Aufgabe der Länder, hier gegebenenfalls regulierend einzugreifen.

Im europäischen Vergleich stellt die auf viele Unternehmen verteilte Wasserversorgung in den alten und bald wohl auch in den neuen Bundesländern eine

Ausnahme dar (Schmitz 1992: 248). So wird in Frankreich die Wasserversorgung maßgeblich durch zwei große private Versorgungsunternehmen durchgeführt, in Großbritannien versorgen rund 40 private Unternehmen die Bevölkerung, in den Niederlanden rund 50 Unternehmen. Die Konzentration auf wenige Unternehmen wird in den betroffenen Ländern mit Rationalisierungen und Effizienzsteigerungen der Betriebsführung der Wasserversorgungsunternehmen begründet, die auch die bekannten Stadt/Land-Unterschiede als Solidargemeinschaft nivellieren soll.

Die dargestellte vielfach zu beobachtende Atomisierung der Wasserver- und Abwasserentsorgung ist aus ökonomischer Sicht sicher nicht als optimal zu bezeichnen. Hingegen positiv zu werten ist, daß man sich im Zuge der Neugestaltung weitgehend bemüht hat, die vorgefundene Zusammenfassung der Aufgaben der Wasserversorgung und Abwasserentsorgung aufrecht zu erhalten (Schmitz 1992: 275). Wasserwirtschaftlich wird diese Zusammenfassung, wie schon ausgeführt, als optimal angesehen, ist aber in den alten Bundesländern nicht besonders verbreitet (Scholz 1992). So hat die Finanzverwaltung eine Zusammenfassung bislang nicht anerkannt, sondern ihre bisherige Zweiteilung – Wasserversorgung = wirtschaftliches Unternehmen und Abwasserbeseitigung = Hoheitsbetrieb –, die vielfach nur noch historisch zu erklären ist, aufrechterhalten und Querverbunden zwischen Ver- und Entsorgung damit eine steuerliche Anerkennung versagt (Bundesministerium für Finanzen 1992; Der Betrieb 1992). Allerdings hat auch in den alten Bundesländern die Diskussion einer möglichen Zusammenfassung unter einem Dach, nicht zuletzt unter dem Einfluß der Entwicklung in den neuen Bundesländern, zugenommen (Bundesministerium für Umwelt, Naturschutz und Reaktorsicherheit 1993). Insofern werden Rückwirkungen auf die Gemeinden in den alten Bundesländern nicht ausgeschlossen (Deutscher Städte- und Gemeindebund 1994: 112).

Es lassen sich indessen Tendenzen zur materiellen Privatisierung in diesem Bereich in den neuen Bundesländern beobachten. So haben sich der Bundeswirtschaftsminister, der Bundesumweltminister sowie die Minister für Wirtschaft und Umwelt aller neuen Bundesländer am 4. Dezember 1991 grundsätzlich für eine verstärkte Einbeziehung der Privatwirtschaft in diesem Bereich ausgesprochen (Deutscher Städte- und Gemeindebund 1994: 112). Angesichts des genannten Sanierungsbedarfs von über 100 Mrd. DM erhofft man sich dadurch einerseits eine Entlastung der öffentlichen Haushalte und andererseits eine schnellere Umsetzung der notwendigen Maßnahmen. Im Dezember 1992 waren ca. 50 privatwirtschaftliche Abwasserentsorgungsprojekte in Deutschland bekannt, davon der Großteil in den neuen Bundesländern (Bundesministerium für Umwelt, Naturschutz und Reaktorsicherheit 1993: 89ff.). Es wird ebenso wie im Falle der Zusammenfassung von Wasserver- und Abwasserentsorgung beobachtet, daß die Privatisierung von Abwasseranlagen in den neuen Bundesländern zu einem verstärkten Interesse auch in den alten Ländern geführt hat.

3.2.3 Verkehrswesen

Das oberste Organ für die Leitung des Verkehrswesens in der ehemaligen DDR war das Ministerium für das Verkehrswesen. Dieses war im Auftrag des DDR-Ministerrates für die einheitliche Leitung und Planung des gesamten Transportwesens verantwortlich. Vom Ministerium für Verkehrswesen zentral geleitet wurden vor allem diejenigen Transportzweige, deren Schwerpunkte im Ferntransport oder internationalen Transport lagen oder die eine besondere strategische Bedeutung hatten. Dies waren für den öffentlichen Eisenbahnverkehr die Deutsche Reichsbahn, für die Seeschiffahrt das Kombinat Seeverkehr und Hafenwirtschaft mit dem VEB Deutfracht/Seereederei als Stammbetrieb, für die Binnenschiffahrt das VEB Kombinat Binnenschiffahrt und Wasserstraßen und für den zivilen Luftverkehr das Luftfahrtunternehmen Interflug GmbH. Dekonzentriert geleitet wurden Transportzweige mit überwiegend territorialer Bedeutung wie Kraftverkehr und städtischer Nahverkehr. Deren Kombinate, wie z.B. die Kraftverkehrskombinate, waren den Räten der Bezirke, Kreise und Städte unterstellt, die allerdings gemäß dem Prinzip der doppelten Unterstellung ebenfalls der Anleitung, der Kontrolle und den Weisungen des Ministeriums für Verkehrswesen unterlagen. Mit dem Treuhandgesetz bzw. der Umwandlungsverordnung wurden die Kombinate und volkseigenen Betriebe, bis auf die Deutsche Reichsbahn, in Kapitalgesellschaften umgewandelt, deren Eigentümer seitdem die Treuhandanstalt war.

Die Deutsche Reichsbahn konnte mit 248.773 Beschäftigten (52 % aller Beschäftigten des Verkehrswesens im Jahre 1986) als das größte Kombinat in der ehemaligen DDR bezeichnet werden (Schneider 1988). Die Deutsche Reichsbahn erbrachte 1989 im binnenländischen Güterfernverkehr über 71 % der Verkehrsleistung (Bundesministerium für Verkehr 1993: 221ff.). Derselbe Anteil lag in den alten Bundesländern bei 21,6 % (Bundesministerium für Verkehr 1993). So lag der Anteil der Eisenbahn an der Güterbeförderung mehr als dreimal so hoch wie in der Bundesrepublik. Der hohe Anteil der Eisenbahn an der Verkehrsleistung erklärt sich daraus, daß dem Verlader in der ehemaligen DDR auch das zu benutzende Verkehrsmittel vorgeschrieben wurde, wobei seit 1980 bei Entfernungen über 50 km Straßentransporte wegen des akuten Mangels an Dieseltreibstoff im Gefolge der zweiten Ölkrise grundsätzlich ausgeschlossen waren (Aberle 1990). Gemäß Artikel 26 des Einigungsvertrages ist die Deutsche Reichsbahn als Sondervermögen Deutsche Reichsbahn Vermögen des Bundes, wie dies auch für die Deutsche Bundesbahn der Fall ist. Verantwortlich für die Koordinierung der beiden Sondervermögen sind der Vorsitzer des Vorstandes der Deutschen Bundesbahn und der Vorsitzer des Vorstandes der Deutschen Reichsbahn. Diese – oder besser: dieser, denn beide Vorstände werden in Personalunion von einer Person geführt – haben auf das Ziel hinzuwirken, die beiden Bahnen technisch und organisatorisch zusammenzuführen.[18]

---

18 Vgl. Art. 26 Abs. 3 Einigungsvertrag.

Um die Leistungsfähigkeit der Eisenbahn zu erhöhen und sie in die Lage zu versetzen, an dem zu erwartenden künftigen Verkehrswachstum mehr als bisher teilzuhaben, hat man sich zu einer Strukturreform der Bundeseisenbahnen entschlossen.[19] Außerdem sollen die finanziellen Risiken für den Bund in berechenbaren Grenzen gehalten werden. Kern der Strukturreform ist eine formelle Privatisierung der deutschen Eisenbahnen. Dazu werden die beiden bundesdeutschen Eisenbahnen zu einem einheitlichen Bundeseisenbahnvermögen zusammengefaßt. Nach Zusammenfassung wird der unternehmerische Bereich aus dem Bundeseisenbahnvermögen ausgegliedert und in eine Aktiengesellschaft, die Deutsche Bahn Aktiengesellschaft (DBAG) umgewandelt, deren Inhaber der Bund ist. Der Bund kann bis zu 49,9 % der Aktien der DBAG veräußern. Darüber hinausgehende Veräußerungen bedürfen der Zustimmung des Bundesrates.

Die hoheitlichen Aufgaben des Bundeseisenbahnvermögens werden auf ein Eisenbahn-Bundesamt übertragen.

Bei der Kommunalisierung der Betriebe des öffentlichen Personennahverkehrs geht es um die 15 bezirksgeleiteten Kraftverkehrskombinate (Wagener 1985: 159ff.). Die 15 Kraftverkehrskombinate waren auf Bezirksebene neben der Erbringung von Beförderungsleistungen im öffentlichen Personennahverkehr (ÖPNV) zuständig für den Straßengüterverkehr, die Instandsetzung von Fahrzeugen sowie die Erbringung spezieller Dienstleistungen (Spedition, Fahrschule, Autovermietung). Zu den Kraftverkehrskombinaten gehörten jeweils eine unterschiedliche Anzahl von VEB Kraftverkehrsbetrieben, VEB Städtischen Nahverkehrsbetrieben und VEB Kraftfahrzeug-Instandhaltungsbetrieben, die damit die kleinsten Einheiten bildeten. Mit Inkrafttreten des Treuhandgesetzes wurden die Kombinate und volkseigenen Betriebe in 142 Kapitalgesellschaften umgewandelt, wobei die Kombinate in aller Regel Holdinggesellschaften wurden, die die Anteile der in Kapitalgesellschaften umgewandelten volkseigenen Betriebe hielten. Die 15 ehemaligen Kraftverkehrskombinate beschäftigten Anfang 1991 ca. 85.000 Mitarbeiter, von denen ca. ein Drittel im öffentlichen Personennahverkehr beschäftigt war (Treuhandanstalt/Direktion Verkehr 1992). Aufgabe der Treuhandanstalt war es, die zum kommunalen Finanzvermögen zählenden ÖPNV-Betriebe auf die jeweils zuständigen Landkreise und kreisfreien Städte zu übertragen (Bundesministerium des Innern 1991: 12). Da die ehemaligen Kombinate auch Betriebe enthielten, die privatisiert werden – Werkstätten, Taxibetriebe, Speditionen -, müssen die Betriebe des öffentlichen Personennahverkehrs zunächst aus den Unternehmen herausgelöst (entflochten) werden. Anschließend werden die Betriebe des öffentlichen Personennahverkehrs den sich räumlich anbietenden Landkreisen bzw. kreisfreien Städten zugeordnet und die übrigen Bereiche werden privatisiert. Von den 142 Kraftverkehrsgesellschaften zum 1. Juli 1990 boten 111 öffentlichen Personennahverkehr an. Von diesen 111 sind 21 reine ÖPNV-Gesellschaften, d.h.

---

19 Vgl. Gesetz zur Neuordnung des Eisenbahnwesens (Eisenbahnneuordnungsgesetz – ENeuOG) vom 30. Dezember 1993, BGBl. I S. 2378.

Vermögens- und Aufgabenzuordnung nach Üblichkeit

90 Gesellschaften müssen entflochten werden (Treuhandanstalt/Direktion Verkehr 1992). Die Entflechtung und Zuordnung umfaßt nicht nur Vermögen, sondern auch Altverbindlichkeiten, Beschäftigungsverhältnisse sowie die Kosten für die Beseitigung ökologischer Altlasten. Die Zuordnung setzt deshalb intensive Verhandlungen mit den Kommunen voraus, um eine Einigung über die genannten Punkte herbeizuführen. Die Treuhandanstalt hat für diese schwierigen Zuordnungsfragen eigene Teams eingesetzt, die aus Nahverkehrsfachleuten, Juristen und Wirtschaftsprüfern bestehen. Bis zum 26. August 1993 wurde die Zuordnung der Betriebe des öffentlichen Personennahverkehrs in 208 der insgesamt 215 Fälle (Anzahl der Landkreise und kreisfreien Städte) abgeschlossen (Treuhandanstalt/ Direktion Verkehr 1993). Dabei wurden statt der ursprünglich geplanten Anzahl von 18.800 Mitarbeitern 24.820 Mitarbeiter von den Kommunen übernommen. In 7 Fällen wurde der öffentliche Personennahverkehr in Übereinstimmung mit dem jeweiligen Landkreis privatisiert.

Der zivile Luftverkehr wurde in der ehemaligen DDR ausschließlich von der zentralgeleiteten Interflug GmbH betrieben (Wagener 1985: 168f.). Für die zur Interflug GmbH gehörenden Verkehrsflughäfen Berlin-Schönefeld, Leipzig-Halle, Dresden und Erfurt wurde von der Treuhandanstalt ein Konzept entwickelt, wonach diese in jeweils unterschiedlicher Weise Bund, Ländern und Kommunen zugeordnet werden (Treuhandanstalt 1991a). Dazu sollten zunächst vier Flughafengesellschaften gegründet werden, denen dann das Betriebsvermögen der jeweiligen Flughäfen kostenlos übertragen werden sollte. Anschließend sollten die Anteile der Flughafengesellschaften den jeweiligen Gebietskörperschaften übertragen werden. Die Flughafen Berlin-Schönefeld GmbH sollte zu 74 % an das Land Brandenburg und zu 26 % an das Land Berlin übertragen werden. Anschließend sollte die Flughafen Berlin-Schönefeld GmbH gemeinsam mit der Berliner Flughafen GmbH, die Eigentümerin der Berliner Flughäfen Tegel und Tempelhof ist, in die Berlin Brandenburg Flughafen Holding GmbH eingebracht werden, an der der Bund zu 26 % und das Land Berlin und Brandenburg zu jeweils 37 % beteiligt sind. Aus verkehrspolitischer Sicht wurde diese Holdinglösung, in der alle Berliner Flughäfen enthalten sind, gewählt, um ein einheitliches Verkehrskonzept für den Berliner Luftverkehr zu gewährleisten. Die Beteiligung des Bundes kann damit begründet werden, daß die Berliner Flughäfen erstens überregionale Bedeutung haben und zweitens dem Bund eine Reihe von Grundstücken der Berliner Flughäfen gehören. Die Anteile der Flughafen Leipzig-Halle GmbH sollten an den Freistaat Sachsen (26 %), das Land Sachsen-Anhalt (25,4 %), die Stadt Halle (14,6 %), die Stadt Schkeuditz (1,0 %), die Stadt Leipzig (15 %), den Landkreis Leipzig (14,0 %) und den Landkreis Delitzsch (4,0 %) übertragen werden. Die Anteile der Flughafen Erfurt GmbH sollten an das Land Thüringen (56 %), die Stadt Erfurt (28 %), und den Landkreis Erfurt (16 %) übertragen werden. Die Anteile der Flughafen Dresden GmbH sollten an den Freistaat Sachsen (51 %), die Stadt Dresden (37 %), den Landkreis Dresden (10 %) und die Gemeinde Weixsdorf (2 %) übertragen werden.

Bis Ende 1991 wurden die Anteile aller Verkehrsflughafengesellschaften unentgeltlich an die oben genannten Gebietskörperschaften übertragen.

Der wesentliche Teil des Seeverkehrs war in der ehemaligen DDR im zentralgeleiteten Kombinat Seeverkehr und Hafenwirtschaft – Deutfracht/Seereederei – konzentriert (Wagener 1985: 163f.). Zu dem Kombinat gehörten u.a. die VEB Seehafen Rostock, Wismar und Stralsund. Daneben gab es den Fährhafen Mukran, der in Rechtsträgerschaft der VEB Deutfracht/Deutsche Seereederei stand. Mit Inkrafttreten des Treuhandgesetzes wurde der Seehafen Rostock in eine Aktiengesellschaft, die Seehafen Rostock AG, umgewandelt. Die Seehäfen Stralsund und Wismar wurden jeweils in GmbH umgewandelt. Da die Häfen nach übereinstimmender Meinung von Bundesverkehrsministerium, Bundesjustizministerium und Bundesfinanzministerium zum kommunalen Finanzvermögen gezählt werden (Bundesministerium des Innern 1991: 12), wurden diese Mitte 1991 mehrheitlich an die jeweiligen Städte übertragen. So wurde der Seehafen Rostock zu 74,9 % an die Hansestadt Rostock und zu 25,1 % an das Land Mecklenburg-Vorpommern übertragen. Das Land Mecklenburg-Vorpommern wurde beteiligt, da man dies bei Häfen mit überregionaler Bedeutung als zweckmäßig erachtete (Treuhandanstalt 1991b). Die Häfen Wismar und Stralsund sind jeweils zu 100 % an die Städte übertragen worden. Hinsichtlich der Privatisierung von Teilen der Seehafen Rostock AG wurde in den Übertragungsvertrag ein Modell einer Hafenordnung angefügt. Dieses Modell sieht die Trennung zwischen der sogenannten Infrastruktur und der Suprastruktur vor. Dabei gehören zur Infrastruktur solche Produktionsmittel, die nur mittelbar dem Güterumschlag dienen, wie z.B. Grundstücke, Hafenbecken und Kaimauern, während zur Suprastruktur solche Produktionsmittel gehören, die unmittelbar dem Güterumschlag dienen, wie z.B. Kräne, Verladebrücken und Kaischuppen. Im Übertragungsvertrag wurde festgelegt, daß die übernehmenden Parteien die Suprastruktur privaten Umschlagsfirmen anbieten sollen. Die Infrastruktur sollte demgegenüber im Eigentum der übernehmenden Parteien verbleiben.

Der Kommunalisierung des Fährhafens Mukran ging zunächst dessen Ausgliederung bei gleichzeitiger Umwandlung in eine 100 % Tochtergesellschaft der Deutschen Seereederei GmbH (vormals VEB Deutfracht/Deutsche Seereederei) voraus. Damit wurde außerdem die Deutsche Seereederei GmbH von nicht schiffahrtsbezogenen Aktivitäten entlastet, um dadurch ihre Privatisierung zu ermöglichen. Übertragen wurde die Fährhafen Mukran GmbH schließlich an die Gemeinde Saßnitz (Treuhandanstalt 1993b). Dabei wurden Verbindlichkeiten der Fährhafen Mukran GmbH gegenüber der Deutschen Seereederei GmbH bzw. der Treuhandanstalt in Höhe von 304,2 Millionen DM entschuldet und die Übernahme der Verluste des ersten Quartals 1993 bis zur Höhe von 3,8 Millionen DM garantiert. Weiter wurde, wie im Fall der Seehafen Rostock AG, vereinbart, daß Hafenumschlagsbetriebe, die in Mukran entstehen, durch private Investoren errichtet werden sollen. Dies war das Ergebnis einer Reihe von Verhandlungen zwischen der Stadt Saßnitz, dem Bundesverkehrsministerium, dem Bundesfinanzministerium, der Regierung des Landes Mecklenburg-Vorpommern sowie der Treuhandanstalt.

3.2.4 Wohnungswirtschaft

In der Wohnungswirtschaft der ehemaligen DDR hatten die politisch Verantwortlichen das Ziel, den Wohnungsbestand möglichst weitgehend in sozialistisches Eigentum zu überführen (Hoffmann 1972). Auf diese Weise sollte der gesamte Wohnraum der zentralen Planung und Lenkung unterworfen werden. Wieweit dieses Ziel erreicht wurde, zeigen die folgenden Daten zur Verteilung des Wohnungsbestandes auf die unterschiedlichen Eigentumsformen im Jahre 1989. Im genannten Jahr befanden sich von den insgesamt ca. 6,6 Mio. Wohnungen (Behrend 1992):

- 41 % des Wohnungsbestandes in Volkseigentum,
- 18 % in genossenschaftlichem Eigentum und
- 41 % in Privateigentum.

Gemäß dem Einigungsvertrag (Art. 22 Abs. 4) geht mit Wirksamwerden des Beitritts das zur Wohnungswirtschaft genutzte volkseigene Vermögen, das sich in Rechtsträgerschaft der volkseigenen Betriebe der Wohnwirtschaft befindet, mit gleichzeitiger Übernahme der anteiligen Schulden in das Eigentum der Kommunen über. Danach haben die Kommunen ihren Wohnungsbestand unter Berücksichtigung sozialer Belange schrittweise in eine marktwirtschaftliche Wohnungswirtschaft zu überführen. Dabei soll die Privatisierung auch zur Förderung der Bildung individuellen Wohneigentums durchgeführt werden, heißt es weiter in Art. 22 Abs. 4 des Einigungsvertrages.

Vergleicht man die Verhältnisse in den neuen Bundesländern mit denen in den alten Bundesländern, so ergibt sich folgendes Bild (Bundesministerium für Raumordnung, Bauwesen und Städtebau 1993: 81f.):

- Infolge geringerer Neubautätigkeit ist der Wohnungsbestand älter: die Hälfte stammt aus der Zeit von vor 1949, im Westen nur ein Drittel.
- Da nach 1949 in der DDR kaum Einfamilienhäuser gebaut wurden, liegt der Anteil der Ein- und Zweifamilienhäuser bei einem Drittel des gesamten Bestands – im Westen bei der Hälfte.
- Die Wohneigentumsquote (der Anteil der von Eigentümern bewohnten Wohnungen) liegt bei 25 %, im Westen bei 40 %. Dies wiederum ist bedingt durch folgende Faktoren (in der Reihenfolge ihres Einflußgewichtes):
- der geringere Anteil der Ein- und Zweifamilienhäuser,
- die bisher nicht vorhandene Möglichkeit, Wohnungseigentum im Mehrfamilienhausbestand zu bilden,

– der geringere Anteil privater Mietwohnungsbestände und damit die geringere Zahl der von Gebäudeeigentümern bewohnten Wohnungen.

Vergleicht man demnach alte und neue Bundesländer miteinander, so zeigt sich in der Wohnungswirtschaft der neuen Bundesländer ein deutlich größerer öffentlicher Anteil als in den alten Bundesländern. Noch deutlicher als bei einem Vergleich der Wohneigentumsquote wird dies bei einem Vergleich des privaten und öffentlichen Wohnungsbestandes in alten und neuen Bundesländern. So standen in den alten Bundesländern 1987 73 % des gesamten Wohnungsbestandes im Privateigentum und 6 % im Eigentum von Bund, Ländern und Gemeinden (Bundesministerium für Raumordnung, Bauwesen und Städtebau 1993: 83). Demgegenüber standen in den neuen Bundesländern lediglich 42 % des gesamten Wohnungsbestandes im Privateigentum, während 36 % im Eigentum der Kommune stand. Vor diesem Hintergrund wird auch deutlich, warum bereits im Einigungsvertrag Vorkehrungen getroffen wurden, damit sich die Kommunen wieder von einem Teil ihrer Wohnungen trennen und diese privatisieren. Allerdings ist die Privatisierung des wohnungswirtschaftlichen Vermögens von Kommunen und auch von Genossenschaften von 1990 bis 1993 nur schleppend vorangekommen. So wurden im genannten Zeitraum rund 54.000 Wohnungen in den neuen Bundesländern veräußert, davon im Jahre 1993 rund 29.000 Wohnungen (Gesamtverband der Wohnungswirtschaft e.V. 1994: 4f.). Das sind knapp 2,45 % des voraussichtlich nicht-restitutionsbehafteten Bestandes von Genossenschaften und Kommunen (Gesamtverband der Wohnungswirtschaft e.V. 1994: 4f.).

Der nach den Kommunen und Genossenschaften drittgrößte Anbieter von Wohnungen in den neuen Bundesländern ist die Treuhandanstalt. Deren Liegenschaftsgesellschaft (TLG) verwaltet in den neuen Bundesländern ca. 150.000 Wohnungen. Davon sind bis Ende 1993 ca. 30.000 Wohnungen privatisiert worden. Die Wohnungen wurden vorrangig den derzeitigen Mietern zum Kauf angeboten. Dabei handelt es sich insbesondere um Ein- bis Zweifamilienhäuser, die vom Gesamtbestand 40 % ausmachen. Mit dem genannten Privatisierungsergebnis hat die Treuhandanstalt bereits rund 20 % ihres Gesamtbestandes verkauft. Im Vergleich zu den Kommunen und Genossenschaften ist dies ein weitaus besseres Ergebnis. Fraglich ist, wie sich dieses bessere Ergebnis erklären läßt. Ein wichtiger Grund dafür dürften die gesetzlichen Grundlagen sein. Im Treuhandgesetz ist der Treuhandanstalt unmißverständlich die Aufgabe übertragen, das ehemals volkseigene Vermögen zu privatisieren. Eine entsprechende Regelung wurde bei den kommunalen und genossenschaftlichen Unternehmen erst mit dem Altschuldenhilfe-Gesetz eingeführt. Davor gab es weder institutionelle noch andere Sicherungsmechanismen zur Durchsetzung einer Privatisierungspflicht. So wurden die wohnungswirtschaftlichen Betriebe lediglich in Kapitalgesellschaften umgewandelt und deren Anteile auf die Kommunen übertragen. Auf den Einfluß, den diese Organisationen ausüben, wird hingewiesen: „Die alten Gesellschaften waren nicht ohne Einfluß, die Kommunalverwaltungen standen vor neuen Problemen. So kam es, daß die bisherigen KWV- (kommunalen Wohnungsverwaltungen, d.A.) und VEB-Betriebe fast durchweg nur das Etikett wechselten. Sie erhielten die Rechtsform der GmbH – die Anteile hält die Gemeinde. Offenbar sind nicht viele Diskussionen darauf verwandt worden, ob es nicht besser sei, die Bestände aufzuteilen und mehrere kleinere Unternehmen einzurichten. ... Eine gewisse Konkurrenz der Gesellschaften – zumindest in den Großstädten – wäre sicherlich positiv zu werten, wenn man die gewachsenen Monopolstellungen bedenkt. Es ist Sache der Gemeinden, eventuell nachträglich noch eine Teilung der großen Wohnungsunternehmen herbeizuführen" (Schönfelder 1993). Allerdings ist bislang kein Fall bekannt, in dem das geschehen ist. „In diesem Bereich herrscht in organisatorischer Hinsicht also ein hohes Maß an Kontinuität" (Schönfelder 1993). Tatsächlich erscheint es doch fraglich, ob die wohnungswirtschaftlichen Unternehmen an einer Privatisierung überhaupt interessiert sind oder ob sie nicht vielmehr ihr Eigeninteresse, nämlich Existenzsicherung, verfolgen.

Für diese These könnte sprechen, daß von der TLG einerseits und den Kommunen andererseits ganz unterschiedliche Verkaufsmodelle präferiert werden. Die Treuhandanstalt präferiert das sogenannte „Käufermodell" (Woche im Bundestag 1994), die Kommunen und Genossenschaften das sogenannte „Verkäufermodell" (Gesamtverband der Wohnungswirtschaft e.V. 1993). Beiden Modellen gemein ist die gesetzliche Verpflichtung, die Wohnungen vorrangig den derzeitigen Mietern anzubieten. Ansonsten sind die Unterschiede aber groß. Beim „Käufermodell" wird die Sanierung der Wohnung vorrangig den Erwerbern überlassen. Beim „Verkäufermodell" wird die Wohnung erst saniert und dann privatisiert. Beim „Käufermodell" könnten die Wohnungseigentümer das Sanierungstempo entsprechend ihrer Leistungsfähigkeit selbst bestimmen. Demgegenüber würden durch eine Vorabsanierung die Möglichkeiten der Eigenleistungen deutlich reduziert werden, womit die finanzielle Belastung für die Käufer anstiege. Dies führe nicht selten dazu, daß der Erwerb der Wohnungen für die Mieter unerschwinglich werde. Für die TLG sei auch maßgebend, daß sich nach diesem Modell die Wohnungen schneller veräußern ließen. Andererseits wird etwa vom Gesamtverband der Wohnungswirtschaft die Auffassung vertreten, daß das „Käufermodell" sozial nicht vertretbar sei (Gesamtverband der Wohnungswirtschaft e.V. 1993). Hervorgehoben wird dabei insbesondere das Risiko, dem der Käufer ausgesetzt sei. Dieser könne die Folgekosten häufig nicht abschätzen.

Für die These, daß die wohnungswirtschaftlichen Unternehmen Existenzsicherung und nicht etwa die Privatisierung präferieren, spricht auch, daß an die Teilentschuldung des wohnungswirtschaftlichen Vermögens eine Privatisierungsverpflichtung gekoppelt wurde. Dazu sei darauf verwiesen, daß das wohnungswirtschaftliche Vermögen gemäß Art. 22 Abs. 4 des Einigungsvertrages „mit gleichzeitiger Übernahme der anteiligen Schulden in das Eigentum der Kommunen" übergegangen ist. Der Wohnungsbau der ehemaligen DDR wurde durch die Staatsbank der ehemaligen DDR finanziert. So lastete auf dem wohnungswirtschaftlichen Vermögen zum Zeitpunkt der Vereinigung eine Schuldenlast von ca. 45 Mrd. DM. Aufgrund der schlechten Finanzlage der Kommunen hatte man sich zuerst darauf geeinigt, daß bis 1994 keine Zinsen und Tilgungen gezahlt werden müssen (Moratorium). Zur Lösung des Schuldenproblems wurde dann am 23. Juni 1993 das bereits erwähnte Altschuldenhilfe-Gesetz erlassen.[20] Darin ist eine Kappung der auf dem wohnungswirtschaftlichen Vermögen lastenden Schulden von durchschnittlich 400 DM/m^2 Wohnraum auf 150 DM/m^2 Wohnraum vorgesehen. Übernommen werden die Schulden vom Erblastentilgungsfonds (§ 4 Abs. 1 Altschuldenhilfe-Gesetz). Damit wird der Erblastenfond ca. 31 Mrd. DM, d.h. über die Hälfte der nach dem Ablauf des Zahlungsmoratoriums am 31. Dezember 1993 aufgelaufenen Verbindlichkeiten übernehmen, schätzt die Bundesregierung (Woche im Bundestag 1993). Hinzu kämen Zinshilfen in Höhe von rund 7 Mrd. DM, die vom Bund und den neuen Bundesländern bis 1995 je zur Hälfte getragen würden. An die Entschuldung ist aber die Verpflichtung geknüpft, innerhalb von 10 Jahren 15 % des Wohnungsbestandes zu privatisieren. Hinzu kommt eine Belohnung der Genossenschaften und Kommunen bei einer frühzeitigen Privatisierung der Wohnungen.[21] So sind bei einer Veräußerung bis zum 31. Dezember 1994 nur 20 % von dem Veräußerungserlös, der 150 DM pro m^2 verkaufter Fläche zuzüglich der in Verbindung mit dem Verkauf entstandenen Sanierungskosten übersteigt, bis zur Höhe des Teilentlastungsbetrags an den Erblastenfonds abzuführen. Ab 1. Januar 2003 bis zum 31. Dezember 2003 steigt der abführungspflichtige Anteil bis auf 90 %.

Insgesamt erscheint es derzeit schwierig zu prognostizieren, wie sich die Trennungslinie zwischen öffentlichem und privatem Sektor bei der Wohnungswirtschaft künftig entwickeln wird. Immerhin haben 90 % der kommunalen Gesellschaften und der Genossenschaft eine Entschuldung nach dem Altschuldenhilfe-Gesetz beantragt. Auf dieser Grundlage müßten in den nächsten Jahren etwa 400.000 Wohnungen privatisiert werden, was nach derzeitiger Erfahrung wohl kaum zu realisieren sein wird (Frankfurter Allgemeine Zeitung 1994c). Festzuhalten bleibt, daß der öffentliche Sektor in den neuen Bundesländern derzeit noch sehr viel stärker mit wohnungswirtschaftlichem Vermögen belastet ist, als dies in den alten Bundesländern der Fall ist.

---

20 Vgl. Gesetz über Altschuldenhilfe für Kommunale Wohnungsunternehmen, Wohnungsgenossenschaften und private Anbieter in dem in Artikel 3 des Einigungsvertrages genannten Gebiet (Altschuldenhilfe-Gesetz), BGBl. I S. 944, 986.
21 Vgl. § 5 Altschuldenhilfe-Gesetz.

4. Vermögenszuordnung nach Verwaltungsebenen

4.1 Die Ebene des Bundes

Der Bund ist gemäß Einigungsvertrag Eigentümer des Sondervermögens Deutsche Reichsbahn (Art. 26 Einigungsvertrag) und des Sondervermögens Deutsche Post (Art. 27 Einigungsvertrag) geworden. Verwaltungsvermögen des Bundes ist darüber hinaus das Vermögen, welches unmittelbar zur Erfüllung von Verwaltungsaufgaben dient, die nach dem Grundgesetz Bundesaufgaben sind; dazu gehören insbesondere Grundstücke und Gebäude, die folgenden Zwecken dienen (Trendelenburg 1994: 194f.):

- Oberste Bundesbehörden bzw. die entsprechenden „Spiegeleinrichtungen" der DDR einschließlich der nachgeordneten Oberbehörden und der angegliederten Dienststellen; eingeschlossen sind auch Wohnungen nebst Fürsorge- und Sozialeinrichtungen sowie Objekte für die staatliche Repräsentation;
- Verteidigung einschließlich Wehrverwaltung und zugehöriger Einrichtungen. Verteidigungszwecken dienten sowohl die Objekte der damaligen NVA als auch der WGT;
- Bundespolizei (BGS, Bahnpolizei);
- Bundesfinanzverwaltung (z.B. Zoll) einschließlich Wohnungen sowie Fürsorge- und Sozialeinrichtungen;
- Bundesstraßen und Bundeswasserstraßen sowie die dazugehörigen Verwaltungseinrichtungen einschließlich Wohnungen, Fürsorge- und Sozialeinrichtungen;
- Luftverkehrsverwaltung;
- Nachgeordnete Dienststellen des Ministeriums für auswärtige Angelegenheiten;
- Arbeitsverwaltung.

Zum Restitionsvermögen des Bundes gehört insbesondere das ehemalige Reichsvermögen.

Das umfangreichste, dem Bund gemäß Einigungsvertrag übertragene Vermögen bildete allerdings das Vermögen der Treuhandanstalt. Aufgabe der Treuhandanstalt war es gemäß dem Treuhandgesetz vom 17. Juni 1990, die unternehmerische Tätigkeit des Staates so weit wie möglich zurückzuführen, die Wettbewerbsfähigkeit möglichst vieler Unternehmen herzustellen und Grund und Boden für wirtschaftliche Zwecke bereitzuhalten. Mit dieser Aufgabe hatte die Treuhandanstalt u.a. die Verantwortung für rd. 8.500 ehemals volkseigene Betriebe und Kombinate mit 4,1 Mio. Beschäftigten übernommen. Ende 1994 waren schließlich nur noch rund 100 Unternehmen mit ca. 40.000 Mitarbeitern im Bestand der Treuhandanstalt.

Insgesamt kann man festhalten, daß das Gesamtergebnis von Privatisierung und Reprivatisierung in nur ca. 4 Jahren bemerkenswert ist und man angesichts des genannten Anfangsbestandes von schnellen Vollzügen sprechen kann. Hinzuweisen ist auf die Privatisierung des kommerziell-industriellen Vermögens des Reichs und des Landes Preußen, das der Bund nach dem Zweiten Weltkrieg übernommen hat. Genannt seien Veba AG, Viag AG, Salzgitter AG (Bundesregierung 1994). Es hat im Grunde bis in die achtziger Jahre gedauert, bis politische Intention und Mehrheit, gesellschaftliche Bewertung und Akzeptanz, ökonomische Bedingungen bei Unternehmen und auf dem Markt so zusammenfielen, daß sich ein „window of opportunity" für umfassende Privatisierungen dieser kommerziell-industriellen Produktionen in Staatsbeteiligung öffnete, Produktionen, deren Güter vielfach schon längst nicht mehr als zu den öffentlichen gerechnet wurden (König 1989). Es ist schwer vorzustellen, was es an Geld und Arbeitsplätzen gekostet hätte, wenn ein Großteil der Treuhandunternehmen durch die Rezession geschleppt worden wäre (Breuel 1994). Das zeigen auch die Kosten für die noch im Portfolio des Bundes stehenden Unternehmen der Management-KG. Hinsichtlich des Neuzuschnittes zwischen öffentlichem und privatem Sektor hat die Privatisierung durch die Treuhandanstalt zur Folge, daß der Bund künftig nicht zusätzlich mit kommerziell-industriellem Vermögen belastet ist. Außerdem verringert sich dadurch die Gefahr, daß aufstrebende Privatunternehmen mit staatlich subventionierten Staatsunternehmen konkurrieren müssen.

4.2 Die Ebene des Landes

Verwaltungsvermögen der Länder ist nach Art. 21 Abs. 2 Einigungsvertrag das Vermögen, welches am 1. Oktober 1989 unmittelbar der Erfüllung von Aufgaben diente, die nach dem Grundgesetz von den Ländern wahrzunehmen sind. Hierzu gehören insbesondere Bereiche von:

- Obersten Landesbehörden einschließlich nachgeordneter oder angegliederter Dienststellen nebst Fürsorge- und Sozialeinrichtungen sowie Wohnungen;
  Universitäten einschließlich angeschlossener Einrichtungen;
- Einrichtungen der Krankenversorgung und Rehabiliation, die über den Bereich der kommunalen Vorsorge hinausgehen;
- Landesstraßen;
- Theater und Museen, die über den Bereich kommunaler Einrichtungen hinausgehen;
- Rundfunkanstalten und entsprechende Einrichtungen unter Berücksichtigung der Sonderregelung in Art. 36 Einigungsvertrag.

Beim Restitutionsvermögen handelt es sich neben einzelnen Liegenschaften auch um vollständige Unternehmen, wie das Beispiel Sachsen zeigt. 1993 war der Freistaat Sachsen an 24 Unternehmen beteiligt (Milbradt 1993). Bei neun dieser

Unternehmen handelt es sich um Minderheitsbeteiligungen von weniger als 25 %. Bei 15 Unternehmen beträgt die Höhe der Beteiligung mindestens 25,1 % der Anteile. Bei den Beteiligungen des Freistaates Sachsen handelt es sich aber nicht nur um Restitutionsvermögen. Hinzu kommen Neugründungen und Beteiligungen an bereits bestehenden Unternehmen.

Sachsens Restitutionsansprüche an Gesellschaften resultieren aus einer Vielzahl von Kapitalbeteiligungen von vor dem Ende des 2. Weltkrieges. Davon waren 1993 ca. 60 Gesellschaften bekannt. Es handelt sich um Gesellschaften in den Bereichen Land- und Forstwirtschaft, Bergbau, Fremdenverkehr, Verkehr, Bauwirtschaft, um nur einige zu nennen. Zuständig für die Zuordnung von Beteiligungen an Kapitalgesellschaften, sei es Restitutions- oder Verwaltungsvermögen, ist die Treuhandanstalt. Rückübertragen wurde beispielsweise die Staatliche Porzellan-Manufaktur Meissen GmbH als auch die Sächsische Binnenhäfen Oberelbe GmbH. Beispiele für Neugründungen sind die Sächsische Landesbank Girozentrale oder die Sächsische Entwicklungsgesellschaft. Beispiele für Beteiligungen an bereits bestehenden Unternehmen sind die Kreditanstalt für Wiederaufbau oder die Süddeutsche Klassenlotterie.

Im Bereich der Verkehrsinfrastruktur ist der Freistaat beteiligt an den Flughäfen Dresden (69,9 %) und Leipzig-Halle (35,6 %) sowie zu 100 % an der bereits genannten Sächsische Binnenhäfen Oberelbe GmbH. Im Bankenbereich ist der Freistaat beteiligt an der Kreditanstalt für Wiederaufbau (3,75 %) und an der Sächsischen Landesbank Girozentrale, an der der Freistaat und der Beteiligungszweckverband der sächsischen Sparkassen je 37,45 und die Südwest Landesbank Stuttgart/Mannheim 25,1 % der Anteile halten. Im Glücksspielsektor ist der Freistaat zur Zeit mit zwei Beteiligungen tätig, und zwar der Süddeutschen Klassenlotterie, an der außerdem Baden-Württemberg, Bayern, Hessen und Rheinland-Pfalz beteiligt sind, und der Sächsischen Lotto-GmbH (100%). Die Gründung von Spielbanken steht noch bevor. Derzeit liegt der Entwurf eines Spielbankengesetzes vor, der ausschließlich den Betrieb staatlicher Spielbanken vorsieht. Begründet wird das ausschließlich staatliche Engagement in diesem Sektor mit ordnungspolitischen als auch mit fiskalpolitischen Gründen. Schließlich hält der Freistaat Sachsen eine Reihe von Beteiligungen im Bereich der Wirtschaftsförderung. Genannt sei die Leipziger Messe GmbH, die gemeinsam mit der Stadt Leipzig von der Treuhandanstalt übernommen wurde und nun an einem anderen Standort modern ausgebaut wird. Darüber hinaus hält der Freistaat 51 % der Sächsischen Dampfschiffahrtsgesellschaft, die von der Treuhandanstalt übernommen wurde. 49 % der Gesellschaft werden von einem privaten Unternehmer gehalten, dem die unternehmerische Führung obliegt. Zur Förderung des Wohnungs- und Städtebaus sowie des ländlichen Raumes wurden die Sächsische Landsiedlungsgesellschaft und die Sächsische Entwicklungsgesellschaft begründet. Im Rahmen der Förderung von Wissenschaft, Forschung und Lehre hält der Freistaat Minderheitsbeteiligungen an der Großforschungseinrichtung „Umweltforschungszentrum

Leipzig-Halle", der Hochschulinformationssysteme GmbH, an der der Bund und alle Bundesländer beteiligt sind, und an dem Institut für Film und Bild in Wissenschaft und Unterricht, an dem ebenfalls alle Bundesländer beteiligt sind. Im Rahmen der Erfüllung arbeitsmarktpolitischer Aufgaben wurde 1991 das Aufbauwerk im Freistaat Sachsen gegründet, dessen Gesellschafter der Freistaat, Gewerkschaften, die Treuhandanstalt, Arbeitgeberverbände u.a. sind.

Insgesamt hat die Privatisierung der Zentralverwaltungswirtschaft demnach weder zu einem bedeutendem Bestand des Bundes noch der Länder an kommerziell-industriellem Vermögen geführt. Eine gewisse Ausnahme bildet das ehemaligen Zeiss-Kombinat der optischen Industrie in Jena mit seinen 69.000 Mitarbeitern zu DDR-Zeiten (Frankfurter Allgemeine Zeitung 1992c). Hier waren es regionalpolitische, beschäftigungspolitische, strukturpolitische Erwägungen, die dazu führten, daß das Unternehmen bereits 1991 zum Teil vom Land Thüringen übernommen wurde. Genannt werden könnte auch die Staatliche Porzellan-Manufaktur Meißen GmbH, die dem Freistaat Sachsen rückübertragen wurde. Wesentliches Motiv hierfür war die Verwaltung des kulturhistorischen Erbes Meißener Porzellans. Insofern geht es hierbei um ein Symbol merkantilistischen Herkommens, das sich auch in einer Gesellschaft mit privaten Unternehmen und marktwirtschaftlich ausdifferenziertem ökonomischen System in den ordnungspolitischen Toleranzrahmen einfügt.

Der Freistaat Sachsen hat seit der Wiedervereinigung eine Reihe von Unternehmen und Beteiligungen in seinen Besitz genommen. Durch die Restitution von Unternehmen wird sich diese Zahl noch erhöhen. Wünsche nach einer unmittelbaren staatlichen Beteiligung an Industrieunternehmen konnten bislang indessen vom Freistaat weitgehend abgewehrt werden.

Verglichen mit westdeutschen Ländern hält sich der Umfang sächsischer Unternehmensbeteiligungen im üblichen Rahmen. Auch diese halten in aller Regel Beteiligungen in den Bereichen Verkehrsinfrastruktur, Banken, Glücksspielwesen, Wirtschaftsförderung. Unterschiede gibt es allerdings im Energiesektor. Hier halten die westdeutschen Länder in aller Regel Beteiligungen an überregionalen Energieversorgungsunternehmen. Bedingt durch den Stromvertrag haben die neuen Bundesländer keine Beteiligungen in diesem Sektor.

4.3 Die Ebene der Kommune

Verwaltungsvermögen der Kommunen ist nach Art. 21 Abs. 2 Einigungsvertrag das Vermögen, welches am 3. Oktober 1990 unmittelbar der Erfüllung von Verwaltungsaufgaben der Gemeinden, Gemeindeverbände, Städte und Kreise diente. Zu diesem Vermögen gehören insbesondere (Trendelenburg 1994: 195f.):

- Schulen, einschließlich Berufsschulen, Volkshochschulen und Musikschulen;
- Sportanlagen, Schwimmbäder, Grünanlagen, Spielplätze, Friedhöfe, kommunale Gärtnereien;

Vermögens- und Aufgabenzuordnung nach Üblichkeit

- Kindergärten, -krippen, Alters- und Pflegeheime;
- Gemeinde- und Kreisstraßen;
- Büchereien, Bürgerhäuser, ferner Theater und Museen, soweit sie nicht den Ländern zuzuordnen sind;
- kommunale Verwaltungseinrichtungen einschließlich Wohnungen;
- kommunale Einrichtungen des öffentlichen Nahverkehrs, der Ver- und Entsorgung sowie der Vorsorge.

Wie im Abschnitt über die rechtlichen Grundlagen der Vermögenszuordnung ausgeführt, gehört zu dem den Kommunen zuzuordnenden Vermögen neben dem Restitutionsvermögen auch das kommunale Finanzvermögen. Dabei handelt es sich um Vermögen (volkseigene Betriebe und Einrichtungen, Grundstücke und Bodenflächen), welches üblicherweise in den alten Bundesländern den Kommunen zusteht und nicht Verwaltungsvermögen darstellt.

In der Hauptsache handelt es sich hier um Wohnungsvermögen.
Zum kommunalen Finanzvermögen gehören im einzelnen (Trendelenburg 1994: 198f.):

- Kapitalanteile an ehemals volkseigenen Betrieben, die kommunalen Aufgaben dienen und in Kapitalgesellschaften umgewandelt wurden, z.B. Betriebe der Wasserver- und Abwasserentsorgung, Verkehrsbetriebe usw. Insoweit kommt es auf den Stichtag 3. Oktober 1990 nicht an (§ 4 Abs. 2 S. 2 Kommunalvermögensgesetz);
- bebaute Grundstücke (Ein-, Zwei- und Mehrfamilienhäuser), die sich am 3. Oktober 1990 in Rechtsträgerschaft der ehemaligen Räte der Gemeinden, Städte und Kreise befanden und zu Zwecken der Wohnungsversorgung genutzt wurden;
- für kommunale Zwecke am 3. Oktober 1990 planerisch ausgewiesene unbebaute Flächen;
- unbebaute Grundstücke in der Rechtsträgerschaft der Gemeinden, Städte und Kreise, die bis zum 3. Oktober 1990 zur Strukturanpassung der Wirtschaft und zur Schaffung von Arbeitsplätzen als Standort für kleinere Gewerbesiedlungen geplant waren;
- in kommunaler Rechtsträgerschaft stehende Grundstücke, die vertraglich als Kleingärten oder für sonstige Erholungszwecke genutzt werden;
- MfS-Vermögen, soweit es in der Zeit vom 1. Oktober 1989 bis zum 2. Oktober 1990 als Finanzvermögen kommunalen Zwecken zugeführt worden ist;
- Wohnungsvermögen i.S. von Art. 22 Abs. 4 Einigungsvertrag, d.h. zur Wohnungsversorgung genutztes volkseigenes Vermögen, das sich am 3. Oktober 1990 in Rechtsträgerschaft der ehemals volkseigenen Betriebe der Wohnungswirtschaft befand;

– volkseigene Grund- und Bodenflächen, die am 3. Oktober 1990 zum Zwecke der Wohnungsversorgung bereits in eine konkrete Ausführungsplanung einbezogen waren und bei denen der Baubeginn bis spätestens 1994 vorgesehen ist;
– der von den Wohnungsgenossenschaften am 3. Oktober 1990 für Wohnzwecke genutzte Grund und Boden in Rechtsträgerschaft der ehemaligen Räte der Gemeinden, Städte und Kreise mit der Auflage, ihn in das Eigentum der Wohnungsgenossenschaften zu überführen (Ziffer 13 – zu Art. 22 Abs. 4 – des Protokolls zum Einigungsvertrag).

Im folgenden soll der Kommunalisierungsprozeß am Beispiel der Stadt Leipzig illustriert werden. Vor der Wende hatte die Stadt Leipzig 7.500 Mitarbeiter. Durch den Kommunalisierungsprozeß ist diese Zahl bis Ende 1993 auf ca. 24.000 Mitarbeiter angeschwollen. Für Karl-Marx-Stadt wurden vor der Wende auf zentralstädtischer Ebene rd. 600 und für die drei Stadtbezirke weitere rd. 550 Mitarbeiter angegeben (Krähmer 1993). Mitte 1991 waren es bei der Stadt Chemnitz infolge einer Reihe von Kommunalisierungen mehr als 12.000 Mitarbeiter, wobei die Beschäftigten städtischer Unternehmen mit privater Rechtsform wie z.b. der Nahverkehrs-AG noch hinzuzurechnen wären.

Die Stadt Leipzig hat ungefähr so viele Einwohner wie die westdeutsche Stadt Düsseldorf, hat aber doppelt so viele städtische Bedienstete. Die Zahlen decken sich mit den Angaben aller ostdeutscher Kommunen: Je Einwohner waren die Personalausgaben 1992 in den ostdeutschen Gemeinden um ca. 40 % höher als in den westdeutschen Gemeinden (Deutsches Institut für Wirtschaftsforschung 1993: 405ff., 406), obwohl nur ca. 70 % der entsprechenden Westtarife (Krähmer 1993: 34) gezahlt wurden.

Während für die Kernverwaltung vergleichsweise wenig Personal eingesetzt wird – zum Teil sogar Personalbedarf besteht – besteht der Personalüberhang schwerpunktmäßig bei sozialen Einrichtungen und Versorgungsbetrieben, die aufgrund des Kommunalvermögensgesetzes und des Einigungsvertrages in kommunale Trägerschaft überführt wurden (Deutsches Institut für Wirtschaftsforschung 1993: 406; Scheytt 1993). Die Einrichtungen im Bereich der Kultur, des Gesundheitswesens und der Jugendwohlfahrt wären nach dem Aufgabenverteilungsmuster der alten Bundesländer häufig vom sogenannten dritten Sektor zu übernehmen, werden in den neuen Bundesländern jedoch den Kommunen zugeordnet und stehen zum großen Teil noch in deren Trägerschaft. Freilich ist die höhere Personalausstattung zuweilen wegen fehlender Technik (keine Informations- und Kommunikationstechnik) oder unzureichender Ausstattung (Betrieb von veralteten Kohlenheizungen etc.) erforderlich (Deutscher Städtetag 1993a: 24). So befanden sich Ende 1991 in den neuen Bundesländern und Ost-Berlin 94 % der Jugendhilfeeinrichtungen in öffentlicher und nur knapp 6 % in Trägerschaft von Organisationen des dritten Sektors, während 1990 in den alten Bundesländern 69 % dieser Einrichtungen in Trägerschaft von Organisationen des dritten Sektors waren (Deininger 1993: 292ff., 299). Eine ähnliche Aussage läßt sich auch für den Bereich der Alten- und Pflegeeinrichtungen treffen (Deutscher Städte- und Gemeindebund 1994). Auch hierbei sind kommunale Träger in den neuen Bundesländern noch stärker vertreten als in den alten Bundesländern, wie das Beispiel Sachsen-Anhalt mit 49,1 % (Stand 1992) zeigt. Demgegenüber schwankt das Engagement der kommunalen Träger in den alten Bundesländern zwischen 15,1 % in Bayern (Stand 1992) und 2,9 % in Rheinland-Pfalz (Stand 1993). Entsprechend niedriger sind in den neuen Bundesländern die Träger des dritten Sektors bzw. private Träger vertreten. So liegt dieser Anteil in Sachsen-Anhalt für Träger des dritten Sektors bei 43,3 % und für private Träger bei 7,6 %. In den alten Bundesländern liegen die Anteile bei Alten- und Pflegeeinrichtungen für Träger des dritten Sektors beispielsweise zwischen 67,7 % im Saarland und 18,6 % in Schleswig-Holstein, das gleichzeitig einen mit 66,7 % sehr hohen Anteil privat-gewerblicher Träger aufweist. So war es nicht anders zu erwarten, daß auch die Stadt Leipzig eine Vielzahl solcher Einrichtungen übernommen hat.

Hinsichtlich einer verbesserten Effizienz der Aufgabenerfüllung hat sich beispielsweise die Stadt Leipzig zu einer formellen Privatisierung ihrer größeren Betriebe entschlossen, soweit dies nicht schon durch die Umwandlung in Kapitalgesellschaften gemäß dem Treuhandgesetz präjudiziert war. Insgesamt hält die Stadt Leipzig 32 Beteiligungen an privatrechtlichen Gesellschaften. Fünf der Gesellschaften haben ein Stammkapital von 10 Millionen DM und mehr. Im einzelnen handelt es sich hierbei um eine Minderheitsbeteiligung von 15 % an der Flughafen Leipzig-Halle GmbH (Stammkapital 10 Millionen DM) sowie vier Mehrheitsbeteiligungen. Dies sind die Leipziger Verkehrsbetriebe GmbH (Leipzig 83 %, Stammkapital 20 Millionen DM), die Leipziger Wohnungsbaugesellschaft mbH (Leipzig 100 %, Stammkapital 750 Millionen DM) mit 1993 rund 123.000 Wohnungen (Weber 1994: 239ff., 244), die Leipziger Messe GmbH (Leipzig 50 %, Freistaat Sachsen 50 %, Stammkapital 100 Millionen DM) und die Stadtwerke Leipzig GmbH (Leipzig 60 %, RWE 40 %, Stammkapital 41,7 Millionen DM). Bei den kleineren Beteiligungen handelt es sich um Gesellschaften im Bereich Wirtschaftsförderung, Flächensanierung, Straßeninstandhaltung und Bildungsförderung.

5. Vermögenszuordnung im Entscheidungsprozeß

5.1 Verwaltungsverfahren

Die Vermögensübertragungen finden in einem Verwaltungsverfahren statt, das den Antrag eines möglichen Berechtigten voraussetzt und in einen Zuordnungsbescheid mündet, aus dem sich der neue Eigentümer ergibt. Der Vermögenszuordnungsbescheid hat konstitutiven oder deklaratorischen Charakter, letzteres wenn der Eigentumsübergang kraft Gesetz erfolgt ist. Ein solches herkömmliches Bild einlinigen Verwaltungshandelns entspricht indessen nicht den komplexen Sachverhalten der Vermögenszuordnung. Nicht nur die Privatisierung mit ihren schwierigen Entscheidungen über Verkaufserlös, Investitionszusage, Beschäftigungsgarantie usw. setzt einen intensiven Dialog der Beteiligten voraus. Angesichts des Antragsprinzips und des oft unzureichenden Informationsstandes möglicher Berechtigter wird eine umfassende Aufklärung praktiziert. Auch ist die Vermögenszuordnung in der Praxis nur als solche unentgeltlich. Als Zuordnung kann sie mehr als das bloße Vermögen umfassen, nämlich auch Altverbindlichkeiten, Beschäftigungsverhältnisse, Kosten für ökologische Altlasten usw. So prägt der Verhandlungsstil nicht nur die Privatisierung, sondern auch die Vermögenszuordnung. Es findet jenes kooperative Verwaltungshandeln (Bullinger 1989) – Vorverhandlungen, Arrangements, Agreements usw. – statt, wie es für die moderne Verwaltung vielerorts und nicht nur bei technischen Großprojekten charakteristisch ist. Am Schluß der gefundenen Verhandlungslösung steht dann formal ein Zuordnungsbescheid. Öffentlich-rechtliche Verträge sind indessen nicht ausgeschlossen.

So wird auch von der Möglichkeit, bei öffentlichem Interesse von Amts wegen zu entscheiden,[22] wenig Gebrauch gemacht (Schöneich 1993: 390). Es geht hier beispielsweise um die Zuordnung von Mülldeponien, bei der die mit der Zuordnung verbundenen Belastungen höher sind, als der Grundstückswert (Schmidt/Leitschuh 1994). Man vermeidet auch in solchen Fällen „aufdrängende Bescheide" und sucht eher nach „einvernehmlichen Zuordnungen". Die Möglichkeit der „einvernehmlichen Zuordnungen" ist nunmehr auch durch das Registerverfahrensbeschleunigungsgesetz ausdrücklich bestätigt worden, wenn es heißt: „Bei vorheriger Einigung der Beteiligten, die, ohne die Rechte anderer Zuordnungsberechtigter zu verletzen, auch von den in § 1 genannten Bestimmungen (materiellen Regeln der Verteilung des Volkseigentums) abweichen darf, ergeht ein dieser Absprache entsprechender Bescheid."[23]

Die Zuständigkeiten für die zu treffenden Feststellungen und Entscheidungen sind nach dem Vermögenszuordnungsgesetz gespalten.[24] Soweit die Treuhandanstalt selbst Eigentümer oder treuhänderische Verwalterin ist, ist der Präsident der Treuhandanstalt in diesem Fall als Bundesbehörde zuständig. In allen anderen Fällen entscheiden die Oberfinanzpräsidenten der jeweiligen Bundesländer.[25] Vergleicht man die Zuständigkeitsbereiche der beiden Behörden nach den Grundstücksflächen, über deren Zuordnung zu entscheiden ist, so mag folgender Hinweis signifikant sein: Die Gesamtfläche der neuen Bundesländer beträgt 10,8 Mio. Hektar (Staatliche Zentralverwaltung für Statistik 1989). Davon erfaßt die Verwaltung der Treuhandanstalt ca. 4 Mio. Hektar land- und forstwirtschaftliche

---

22 § 1 Abs. 6 VZOG eröffnet diese Möglichkeit.
23 § 2 Abs. 1 S. 6 VZOG.
24 Vgl. § 1 Abs. 1 VZOG.
25 § 1 Abs. 1 S. 2 VZOG.

Flächen sowie ca. 2,5 Mio. Hektar Bergbau-, Industrie- und sonstige Grundstücksflächen. Zusammen erstreckt sich die Zuständigkeit der Treuhandanstalt auf mehr als die Hälfte der Gesamtfläche der ehemaligen DDR.

5.2 Rechtliche und organisatorische Aspekte

Das Vermögenszuordnungsrecht hat sich vom Transformationsrecht über das Vereinigungsrecht bis zu den Neuregelungen und Novellen des Reparaturgesetzgebers zu einer außerordentlich komplexen und schwierigen Rechtsmaterie entwickelt (Schuppert 1994). Man meint dazu: „Betrachtet man die verwirrende Gemengelage, so scheint das Charakteristische darin zu bestehen, daß die unübersichtliche Verschachtelung von jeweils für sich genommen unterkomplexen Gesetzen zu einem insgesamt überkomplexen Regelungsgeflecht führt, einem Regelungsgeflecht, das zudem aus verschiedenen Regelungswerken besteht, die jeweils ihrer eigenen Regelungslogik folgen und damit nicht nur bloße Ungereimtheiten, sondern tiefgreifende Wertungswidersprüche die notwendige Folge sind." (Schuppert 1994). Ein Wertungswiderspruch lautet: Funktionsadäquate Amtsausstattung (d.h. Anspruch auf die Übertragung von Verwaltungsvermögen) versus Restitution (Löwer 1993). Es ging um die Frage, welcher Vermögensanspruch bei konkurrierenden Ansprüchen von zwei Gebietskörperschaften den Vorrang genießt. Gelöst wurde dieser Widerspruch erst mit der Novellierung des Vermögenszuordnungsgesetzes durch den Reparaturgesetzgeber. § 11 des Vermögenszuordnungsgesetzes statuiert nunmehr einen Vorrang des Amtsausstattungsanspruchs.

Ein anderer Wertungswiderspruch lautete: Kommunalisierung versus Privatisierung. Dieser Widerspruch bezog sich auf das Vermögen von Treuhandkapitalgesellschaften, das von Kommunen beansprucht wird. Behoben wurde dieses Problem erst durch die zahlreichen Novellierungen des Vermögenszuordnungsgesetzes. Bis zur Schaffung eindeutiger Rechtsgrundlagen ist viel Zeit verstrichen, während der die Treuhandanstalt ihre politisch gewollten rasanten Privatisierungsaktivitäten durchführte. Dabei wurde auch kommunales Vermögen mitveräußert. Genannt werden für die neuen Bundesländern ca. 150 Kindergärten und Sportstätten sowie eine noch unbekannte Anzahl von Straßenkilometern, Straßenbahnkilometern und sonstigen Einrichtungen, die insbesondere im Wege der Geschäftsanteilsveräußerung mitprivatisiert wurden (Strauch 1994: 87ff., 91). In diesem Zusammenhang wurde die Auffassung vertreten, daß infolge des Wartens auf nähere Verfahrensregeln bereits eine Abkopplung der Kommunalisierung von der Privatisierung erfolgt sei, „so daß die Kommunalisierung von Anfang an ins Hintertreffen geriet und seitdem ständig der Privatisierung nachläuft" (Schöneich 1994: 313ff.). Man mag bezweifeln, ob diese Konflikte zu verhindern gewesen wären. So sind die in Kapitalgesellschaften umgewandelten ehemals volkseigenen Betriebe und Kombinate kraft Gesetz Eigentümer des in ihrer Rechtsträgerschaft stehenden Vermögens geworden. Demgegenüber wäre es beispielsweise auch möglich gewesen, beim Eigentumsübergang nicht an die Rechtsträgerschaft, sondern an die Betriebsnotwendigkeit anzuknüpfen. Das hätte allerdings einen sehr viel längeren Prüfungsaufwand als einen Eigentumsübergang kraft Gesetz erfordert und damit u.U. auch die politisch gewollte schnelle Privatisierung in Frage stellen können. Nimmt man an, daß eine schnelle Privatisierung die vernünftigere Möglichkeit gewesen ist, so wird man die aufgezeigten Konsequenzen hinnehmen müssen. Tatsächlich mußte es zunächst einmal vor allem darum gehen, die Wirtschaft wieder in Gang zu bekommen. Letztlich wird es nur durch eine funktionierende Privatwirtschaft gelingen, die öffentlichen Leistungen zu finanzieren, die unter Zuhilfenahme der zugeordneten Vermögensgegenstände bereitgestellt werden.

Konflikte im Rahmen der Zuordnung ehemals volkseigenen Vermögens berühren aber nicht nur die aufgezeigten Wertungswidersprüche. Zur Illustration sei in diesem Zusammenhang das Land Berlin genannt, das an 112 Verfahren zur Zuordnungsstreitigkeit beteiligt ist, die gegen die Treuhandanstalt oder die Oberfinanzdirektionen geführt werden. Inhaltlich berühren diese 112 Verfahren neben der Übertragung von Vermögen aus Treuhandkapitalgesellschaften auch die Zuordnung von Verbindlichkeiten, die Rechtsnachfolge hinsichtlich des Vermögens des Preußischen Staates, die Wirksamkeit von Rechtsträgerwechseln nach den Bestimmungen des DDR-Rechts, Tatbestandsvoraussetzungen des Eigentumserwerbs nach der 5. Durchführungsverordnung zum Treuhandgesetz, Behandlung der Liegenschaften in Rechtsträgerschaft kommunal unterstellter Betriebe gem. § 11 Abs. 3 Treuhandgesetz und vieles mehr. Hinzuweisen ist auch darauf, daß die neuen Bundesländer eine Beteiligung des Bundes am Finanzvermögen der ehemaligen DDR nicht für verfassungskonform halten.

Zusammenfassend erscheinen die rechtlichen Probleme der Vermögenszuordnung im wesentlichen auf folgenden Ursachen zu beruhen (Lange 1994: 97ff., 110):

Erstens wurden durch die Geringschätzung der kommunistischen Machthaber für das „bürgerliche, formale" Recht undurchsichtige, inkonsequente und in sich widersprüchliche Regelungen geschaffen.

Zweitens produzierten Volkskammer und Ministerrat in der Wendezeit in großer Hast Gesetze und Verordnungen, die z.T. technisch unzulänglich und nicht genügend durchdacht waren. Ein Beispiel dafür ist § 4 Abs. 2 des Kommunalvermögensgesetzes, der die Kommunalisierung ganzer Wirtschaftsbetriebe, wie z.B. der Betriebe des öffentlichen Personennahverkehrs, regelt. Dort heißt es:

„Sofern Betriebe und Einrichtungen, die nach den Grundsätzen dieses Gesetzes in kommunales Eigentum überführt werden müssen, bereits in Kapitalgesellschaften umgewandelt worden sind, gehen die entsprechenden ehemals volkseigenen Anteile in das Eigentum der Gemeinden und Städte über."

Was aber die „ehemals volkseigenen Anteile" sind, läßt das Gesetz offen, und lange war darüber auch keine Übereinstimmung zu erzielen. Angesichts des wirtschaftlichen Wertes der davon betroffenen Unternehmen war dies eine unzureichende Formulierung (Schöneich 1994: 318). Darüber hinaus nahmen manche dieser Regelungen wenig Rücksicht auf die Erfordernisse des künftigen Gesamtstaates. Gleichwohl wurden viele dieser Normen teils unverändert, teils mit Maßgaben im Rahmen des Einigungsvertrages übernommen.

Drittens wurde auch der Einigungsvertrag in ca. 8 Wochen in größter Eile erarbeitet. Vielfach fehlten auf beiden Seiten die Kenntnisse über den jeweils anderen Teil Deutschlands. Arbeitsgruppen arbeiteten parallel, ohne sich abstimmen zu können. Daraus erklären sich z.B. Art. 26 und 27 des Einigungsvertrages (Reichsbahn und Deutsche Post), die zu dem zentralen Art. 21 des Einigungsvertrages nicht so recht passen.

Viertens schließlich führte das hohe Tempo der Einführung neuer und der Novellierung vorhandener Gesetze dazu, daß die neuen Regelungen nicht nur Probleme lösen, sondern auch neue Zweifelsfragen aufwerfen. Dies kann versehentlich durch technische Fehler geschehen oder auch dadurch, daß neue unklare Regelungen aufgenommen werden.[26]

Es stellt sich die Frage, wer dazu berufen ist, die entstandenen Unsicherheiten auszuräumen. Vermutlich wird es auch künftig noch eine Reihe von Problemen geben, die ein Eingreifen des Gesetzgebers erfordern. Gleichzeitig wird aber eine stärkere Zurückhaltung des Gesetzgebers erforderlich sein und die Klärung vieler offener Fragen sollte der Rechtsprechung überlassen werden (Lange 1994: 111). Grund für die geforderte Zurückhaltung sind die Schwierigkeiten in der Verwaltungspraxis mit dem immer komplexer und schwieriger werdenden Zuordnungsrecht.

Die dargestellten rechtlichen Schwierigkeiten sollten aber nicht zu der Annahme verleiten, daß sich die Gebietskörperschaften im Rahmen der Zuordnung ehemals volkseigenen Vermögens nur miteinander streiten würden. Streitig ist nur ein Bruchteil aller Zuordnungen. Bei einer Einschätzung des Streitpotentials sollte weiter auch berücksichtigt werden, daß bei der Zuordnung ehemals volkseigenen Vermögens schon viel erreicht wurde, wie ein Vergleich mit der Zuordnung des Reichsvermögens nach dem Zweiten Weltkrieg zeigt. Im Zuständigkeitsbereich der Treuhandanstalt wurden per 31. Mai 1996 ca. 49 % der vorliegenden Kommunalisierungsanträge erledigt. Hinzu kommt, daß diese Erledigungsquote mehr sagt als die bloße Zahl. Zu berücksichtigen ist nämlich, daß bei den Anträgen bislang weniger nach zeitlichem Eingang, sondern mehr nach deren wirtschaftlicher Bedeutung entschieden wurde (Schöneich 1994: 321). Im Vergleich dazu trat das Grundgesetz im Jahr 1949 und das Reichsvermögensgesetz im Jahre 1961 in Kraft. Damit trat das Reichsvermögensgesetz erst 16 Jahre nach dem Zweiten

---

26 Ein Beispiel hierfür ist die in § 11 Abs. 3 VZOG enthaltene Regelung der Funktionsnachfolge insbesondere für berufsständische Körperschaften.

Weltkrieg in Kraft und konnte erst hiernach mit dem Verwaltungsvollzug begonnen werden. Auch damals wurde zwischen Bund, Ländern und Kommunen über die Verteilung des Vermögens gestritten. Verglichen mit dem ehemaligen Reichsvermögen haben wir es aber bei dem ehemals volkseigenen Vermögen mit einer schwierigeren Materie zu tun. Erstens war das ehemals volkseigene Vermögen vom Volumen her sehr viel größer und zweitens traten beim Reichsvermögen auch nicht im gleichen Umfang die jetzt zu beobachtenden schwierigen Gemengelagen auf. Vor diesem historischen Hintergund erscheint der bisher erreichte Verfahrensstand als bemerkenswert.

Erreicht werden konnte diese Leistung nur durch eine Fülle von Verhandlungslösungen, die die gesetzlichen Schwächen überbrückt haben (Schöneich 1994: 321).

Der Bund hat im Vereinigungsprozeß bislang die dominierende Rolle gespielt. Die Rolle des Bundes zeigte sich im internationalen Feld, bei der Wirtschafts- und Währungsunion, bei der Aushandlung des Einigungsvertrages, bei den Finanztransfers und dann besonders auch in Gestalt der Treuhandanstalt. Es hat in der deutschen Geschichte noch keine Behörde gegeben, die die zeitweilige Verfügung über so viel Vermögen hatte, das jetzt über Privatisierung und Zuordnung wieder abgebaut wird. Die Treuhandanstalt verkörpert einen Zentralismus der Entscheidung, der nach deutschem Herkommen eher unüblich ist und wohl nur aus der Gründungsgeschichte, also der Errichtung unter den einheitsstaatlichen Verhältnissen der alten DDR zu verstehen ist. Demgegenüber muß man für die mittel- und ostdeutschen Gemeinden, Städte und Landkreise von einer politischen und Verwaltungskraft ausgehen, in der noch die Schwäche der ehemaligen lokalen Organe der realsozialistischen Staatsmacht nachwirkt. Andererseits organisieren sich Kommunen in Interessenverbänden. Sie können von Fall zu Fall mit Unterstützung der Länder rechnen. Jedenfalls sind die Entscheidungsprozesse der Vermögenszuordnung nicht nur unter dem Vorzeichen des Rechts, sondern auch dem der Macht interessant. Man wird in diesem Zusammenhang fragen müssen, ob die Änderung der föderativen Machtverteilung zugunsten des Bundes dauerhaft oder nur vorübergehend ist. Manche befürchten angesichts der Neuorganisation der Treuhandanstalt, daß auch künftig eine Schwächung des Föderalismus zu erwarten sei.

Daran knüpft sich die Frage an, ob der Bund diesen Steuerungsgewinn im Einigungsprozeß auch für die eigene Vermögensseite eingesetzt hat. Dafür könnte die Regelung des Einigungsvertrages sprechen, daß das ehemalige Reichsvermögen kraft Gesetz Bundesvermögen wird – es handelt sich demnach also um Restitutionsvermögen –, während Länder und Kommunen lediglich einen Anspruch auf Restitutionsvermögen haben. Aus den Regelungen zum Reichsvermögen resultieren im übrigen auch die Konflikte zwischen Bund und Ländern über das Preußenvermögen. Es gibt aber auch Gegenbeispiele. So werden auch Zuordnungsanträge des Bundes abgelehnt. Weiter wird aus dem Bundesfinanzministerium beklagt, daß alle Gemeinden, die an Grundstücken interessiert seien, den Versuch machen würden, auf Kosten des Bundes ihre Finanzen zu sanieren. Sie täten das durch eine bestimmte Art von Arena-Wechsel, indem sie ihre Rechte aus der Planungshoheit einsetzten. Um nämlich die Grundstückspreise zu drücken, verschleppten die Kommunen die Entwicklung von Planungs- und Nutzungskonzepten. Im übrigen zeigt sich dieser Verteilungskonflikt nicht nur zwischen Bund auf der einen und Ländern und Kommunen auf der anderen Seite. Konflikte zeigen sich ebenso zwischen Ländern und Kommunen. So gibt es Rathäuser und andere kommunalen Zwecken dienende Vermögensgegenstände, die früher preußisches Eigentum waren, nun aber entsprechend der Rechtsauffassung des Bundes den Kommunen zugeordnet werden. Dagegen wehren sich die Länder mit der Begründung, daß dies als ehemals preußisches Vermögen nun das Vermögen der Länder sei.

Hinzu kommt weiteres: Wird die Verteilung des ehemals volkseigenen Vermögens zwischen Bund, Ländern und Kommunen behandelt, geht es meistens nur um die Aktiva. Unberücksichtigt bleiben häufig die Passiva. Zu berücksichtigen ist aber, daß die Hauptlast der deutschen Einheit vom Bund getragen wird, und das sind unter anderem 275 Mrd. DM Defizit der Treuhandanstalt, eine zwei- bis dreistellige Milliardensumme aus den Bereichen Haushaltsschulden der ehemaligen DDR, ca. 31 Mrd. DM Wohnungsschulden, die voraussichtlich durch das Altschuldenhilfegesetz übernommen werden, und sonstige Verbindlichkeiten, wie beispielsweise Rückstellungen in zweistelliger Milliardenhöhe für ökologische Altlasten des stillgelegten Uranbergbaus in Wismut. Das ändert nichts an der Notwendigkeit einer sachgerechten Ausstattung der Gebietskörperschaften mit Vermögen, dürfte aber zu einer Relativierung der Frage nach vermögensmäßigen Vereinigungsgewinnen des Bundes beitragen.

6. Neuordnung des öffentlichen Vermögens

6.1 Probleme des Üblichkeitsprinzips

Ausgangspunkt der Aufgaben- und Vermögenstransformation waren die politisch-ökonomischen Verhältnisse in Mittel- und Ostdeutschland bis 1989, die, wenn auch komplex, so doch historisch verfestigt waren. Denn in den achtziger Jahren verdichteten sich in der DDR die Zeichen der Stagnation (König 1991: 39f.). Im Gegensatz zu anderen realsozialistischen Ländern schien man selbst zu systemimmanenten Reformen nicht mehr in der Lage zu sein. Die Nomenklatura wandte sich sogar gegen die Veränderungsabsichten der sowjetischen Vormacht (König 1991: 40). Hingegen ist das Ende der Transformation weniger sicher, und zwar nicht nur einfach deswegen, weil es in der Zukunft liegt. Zwar sind im deutschen Fall, anders als in Polen, in Ungarn, in Rußland usw., politische und ökonomische

Ordnung der Bundesrepublik nach dem Beitritt zum Geltungsbereich des Grundgesetzes – bei gewissen vertraglichen Modifikationen – konstitutioneller Bezugspunkt. Die Transformation von Staat, Wirtschaft, Gesellschaft der ehemaligen DDR und im Kern der alten Zentralverwaltungswirtschaft ist demnach ein geschichtlicher Prozeß mit gewisser Finalität. Deutlich war der Einigungsvertrag von der Vorstellung des Institutionentransfers von West nach Ost (Lehmbruch 1992). und dem Leitbild der sozialen Marktwirtschaft (Sachverständigenrat zur Begutachtung der gesamtwirtschaftlichen Entwicklung 1992/93) geleitet (Schäuble 1991). Ein Wandel der westdeutschen Staats-, Gesellschafts- und Wirtschaftsordnung stand nicht zur Diskussion. Dafür galten auch die Richtlinien der Politik (Lehmbruch 1994). Selbst ein „Daraufsatteln" von Reformen, für die man nach westdeutschen Interessen jetzt eine günstige Gelegenheit sah, wurde ausgeschlossen.

Dennoch lassen sich Staat und Wirtschaft der alten Bundesrepublik nicht in statischer Betrachtungsweise als Zielzustand der Transformation begreifen. Dazu ist in Westdeutschland zu viel in Bewegung geraten, und zwar gerade an der Grenzlinie zwischen öffentlichem und privatem Sektor (König 1992). Überdies lassen sich angesichts der europäischen Integration öffentliche Aufgaben nicht einmal mehr einfach nationalstaatlich definieren (König 1990).

Vermögenszuordnungen auf Bund, Länder, Kommunen und andere Träger der öffentlichen Verwaltung scheinen sich demgegenüber am Herkömmlichen in Deutschland zu orientieren. Schon das Gesetz über die Selbstverwaltung der Gemeinden und Landkreise in der DDR vom 17.5.1990 knüpfte beim tradierten Verständnis kommunaler Aufgaben an (§§ 2 und 72). Charakteristisch ist insbesondere die Auslegung des Begriffes „Kommunales Finanzvermögen", bei der vom „üblichen Rahmen" die Rede ist und für die Beurteilung der Üblichkeit die Verhältnisse in den alten Bundesländern zugrunde gelegt werden (Bundesministerium des Innern 1991). Man kann jetzt gleichsam von einem Üblichkeitsprinzip bei der Zuordnung von Vermögensrechten an die öffentliche Hand sprechen.

Zu fragen ist aber, ob die Zuordnungsinstanzen im Hinblick auf Veränderungen bei den kommunalen Aufgaben in den alten Bundesländern und auf Vorfindlichkeiten in Mittel- und Ostdeutschland gewisse Innovationen für das öffentliche Vermögen eingeführt haben. Dabei geht es nicht nur um Privatisierung im strengeren Sinne, also die Übertragung von bisher von der öffentlichen Hand wahrgenommenen Aufgaben und öffentlichen Vermögenswerten auf Private. Man spricht bei uns von Privatisierung im formellen Sinne, wenn die öffentliche Verwaltung zwar Aufgabenträger bleibt, sie aber zu privatrechtlichen Organisationsformen mit gewissen Folgen der Rationalisierung wechselt; andernorts wird der Privatisierungsbegriff schon in Anspruch genommen, wenn öffentliche Einrichtungen zu privatwirtschaftlichen unternehmerischen Handlungsmustern übergehen (von Loesch 1987). Im Grunde kann man die Frage stellen, ob mit der Neuordnung jenes Vermögens, das man herkömmlicherweise als öffentliches – Verwaltungs- oder Finanzvermögen – begreift, auch neue wirtschaftsorganisatorische Formen gefunden worden sind, von denen eine effizientere und effektivere Erstellung von Gütern und Dienstleistungen zu erwarten ist.

Wie unser Bericht zur Arbeit der Zuordnungsinstanzen bzw. zu den einzelnen Sektoren und Verwaltungsebenen zeigt, sind innovative Lösungen nicht mit der Vermögenszuordnung verbunden. Blicken wir hierzu auf die Ebene des Bundes, so wird am Beispiel der Deutschen Reichsbahn deutlich, daß bei deren Zuordnung an den Bund die Frage nach einer geeigneten Organisationsform nicht gestellt wurde. Es wurde auf die für die Deutsche Bundesbahn übliche Organisationsstruktur zurückgegriffen. Eine innovative Lösung, d.h. die Strukturreform der Bundeseisenbahnen wurde erst nach vollzogener Vermögenszuordnung durchgeführt. Als Beispiel für die kommunale Ebene kann die Wasserversorgung und Abwasserentsorgung angeführt werden. So entsprach die zentralisierte Wasserversorgung und Abwasserentsorgung in den neuen Bundesländern nicht den Üblichkeiten in den alten Bundesländern, wo die Wasserversorgung und Abwasserentsorgung in der Regel von den Kommunen wahrgenommen wird. So versorgen in den alten Bundesländern rd. 6.500 zumeist gemeinde- und stadteigene Unternehmen die Bevölkerung mit Wasser (Schmitz 1992). Die Wasser- und Abwasserunternehmen werden deshalb auch in den neuen Bundesländern auf die Kommunen übertragen. Die Kommunalisierung dieser Unternehmen läuft damit auf die Liquidierung der alten Unternehmen zugunsten eher kleinbetrieblicher Versorgungs- und Entsorgungseinheiten hinaus. Blickt man auf die Probleme des Know-How, der Technologienutzung, der Personalkosten usw., so kann man bezweifeln, ob man sich damit in Richtung auf optimale Betriebsgrößen bewegt, wenn man nicht sogar wegen des Investitionsbedarfs auf private Betreiber und mithin auf Privatisierung angewiesen ist. Auf der anderen Seite zeigt der Streit um das Sanierungskonzept für die mittel- und ostdeutsche Stromwirtschaft, wohin Pläne führen, die vom Herkommen kommunaler Selbstverwaltung abweichen. Insbesondere hat sich an diesem Beispiel gezeigt, daß derartig Abweichungen von dem westdeutschen Modell, zumindest in der Zuordnungsphase, nicht durchsetzbar gewesen sind.

Im Gegensatz zum Üblichkeitsprinzip gingen viele Meinungsäußerungen (Abromeit 1993; Benz 1993; Klein 1993; Liebert/Merkel 1991; Reißig 1993; Sturm 1991; Wollmann 1991) zur Vereinigungspolitik davon aus, daß die Zeit der alten Bundesrepublik abgelaufen sei und eine ganz neue, eine Dritte Republik an ihre Stelle treten müsse (Czada 1994a: 166ff.). Es gab kaum einen Politikbereich für den nicht weitreichende Neuerungsvorschläge gemacht wurden. Die Vorschläge reichten von einer Länderneugliederung über die Reform der föderalen Finanzbeziehungen bis zu neuen Konzepten der Arbeitsmarktpolitik. Das Festhalten am Üblichen wird sich schwerlich mit einem Mangel an Konzepten erklären lassen; davon gibt es inzwischen eher zuviel als zuwenige (Grözinger 1991; Hankel 1993; Rühl 1992; Schmidt, Helmut 1993; Zeschmann 1992). Das Festhalten am Üblichen ist aber von den relevanten Akteuren umso stärker vertreten worden, je weitreichendere und ausgefeiltere Innovationsmodelle geboten wurden – vor allem, wenn sie das sozial-marktwirtschaftliche Konzept der Vereinigungspolitik in Frage stellten (Grözinger 1991; Priewe/Hickel 1991) oder die Vereinigung als Anlaß einer grundlegenden Verfassungsreform ausmachten (Guggenberger 1994).

Was die Zuordnung von Vermögen an Bund, Länder und Kommunen betrifft, so wurde etwa angeregt, diese auf der Grundlage von wohlfahrtsökonomischen Überlegungen durchzuführen, um auf diese Weise zu einer effizienten (d.h. pareto-optimalen) Bereitstellung von Gütern und Dienstleistungen zu gelangen (Hedtkamp 1994). So heißt es etwa: „Eine schablonenhafte Restitution des Eigentums an die Gebietskörperschaften oder auch eine Verteilung des infrage stehenden Eigentums nach dem Üblichkeitsprinzip führt noch zu keinen effizienten Lösungen. Vielmehr ist zu prüfen, welche Aktivitäten von den jeweiligen Gebietskörperschaften oder deren Kooperationseinheiten und in welchen Wirkungsbereichen wahrzunehmen sind, d.h. welche Güter für welche Räume zur Verfügung gestellt werden sollen. Danach ist zu entscheiden, was davon nach dem Subsidiaritätsprinzip von Privaten oder von welcher Ebene der öffentlichen Hand bereitzustellen ist. Schließlich ist zu entscheiden, welche Bereiche in der Eigenproduktion verbleiben müssen und welche Gestaltung der Eigentumsrechte mit welcher institutionellen Regelung effizient ist" (Hedtkamp 1994).

Daß man so theoretisch fundierte Vorschläge nicht berücksichtigt und stattdessen an üblichen Lösungen festgehalten hat, läßt sich wiederum wissenschaftlich begründen (Simon 1955; Heiner 1983), nämlich daß auch der fähigste Experte es sich nicht zutrauen würde, angesichts der Unberechenbarkeiten des Vereinigungsprozesses ein komplexes, in der Praxis unerprobtes Modell des besten Aufgabenzuschnittes verwirklichen zu wollen (Czada 1994a: 168). So verschwanden alle Vorstellungen über Neuerungen in dem Maße zugunsten der unveränderten Übertragung westdeutscher Institutionen und Konzepte, in dem eine Vereinigungskrise wahrscheinlich wurde, und das gemeinsame Interesse aller Beteiligten an Situationsbeherrschung in den Vordergrund rückte (Czada 1994b: 255, 261).

Im Falle der Vermögenszuordnung kommt hinzu, daß die Zuordnungsinstanzen gar nicht die Zuständigkeit besaßen, um neue Lösungswege zur Definition öffentlicher Aufgaben zu beschreiten. Öffentliches Vermögen – sei es Verwaltungsvermögen, sei es Finanzvermögen – ist zweckgebundenes Vermögen und spiegelt insofern Prozesse des Aufgabenwandels und der Strukturveränderung von Staat und Verwaltung wider. Die Konsequenz davon ist, daß die Vermögenszuordnung kein Instrument der Aufgabenumverteilung oder des Neuzuschnitts zwischen öffentlichem und privatem Sektor in der Transformation sein konnte; Vermögenszuordnung setzt in einer solchen komplexen Entscheidungssituation eine bestehende und sich möglicherweise verändernde Aufgabenverteilung voraus: sie folgt ihr nach, ist aber kein Vehikel der Aufgabenzuweisung (Schuppert 1994: 232). Die Zuordnungsinstanzen tragen mit ihren Vermögensübertragungen zur Ausstattung mit sachlichen und indirekt finanziellen Mitteln bei, die die Kommunen zur Durchführung ihrer Aufgaben brauchen (Schöneich 1992). Vermögenszuordnung ist selbstverwaltungsermöglichende Vermögensausstattung. Damit sind und bleiben auch Entscheidungen über die Modalitäten öffentlicher Aufgabenerfüllung – also Entscheidungen über eine privat-rechtliche oder öffentlich-rechtliche Organisationsform, Entscheidungen über Modelle von Public-private-partnership, Betreibermodelle, Contracting-out und weiteres – Entscheidungen des Aufgabenträgers, nicht der Zuordnungsinstanz. Der Zuordnungsinstanz fehlt es für solche Entscheidungen über Intensität, Art und Weise der Erfüllung öffentlicher Aufgaben an der erforderlichen Legitimation; sie findet sich insbesondere nicht im Vermögenszuordnungsgesetz (Schuppert 1994: 323). Man wird deshalb für die Zuordnungsinstanzen feststellen müssen, daß ihr Auftrag zu Vermögensübertragungen auf die öffentliche Hand prinzipiell nicht die Befugnis einschließt, vom konstitutionellen Muster der Aufgabenverteilung zwischen Bund, Ländern und Kommunen nach dem Grundgesetz abzuweichen. Auch innerhalb der kommunalen Ebene ist die Selbstverwaltung der einzelnen Gemeinden, Städte, Landkreise im jeweiligen territorialen Bestand zu respektieren. Abweichende Lösungen sind allenfalls einvernehmlich und im Rahmen der Gesetze möglich. Damit ist die Innovationsfrage freilich nicht vom Tisch. Sie richtet sich indessen nicht an die Zuordnungsinstanzen, sondern an die neuen Länder und Kommunen. Die Vermögenszuordnung für sich schafft dazu lediglich die Voraussetzung.

Eine den Üblichkeiten in den alten Bundesländern folgende Vermögenszuordnung führt aber dazu, daß der öffentliche Sektor in den neuen Bundesländern in besondere Weise belastet ist. Der Grund dafür ist, daß das Üblichkeitsprinzip in der Praxis nur aufgabenspezifisch angewandt werden kann und angewandt wird. Unberücksichtigt bleiben dabei erstens Unterschiede zwischen Ost und West bei dem Umfang der Aufgabenwahrnehmung und zweitens bei der Art der Aufgabenwahrnehmung. Hinsichtlich von Unterschieden im Umfang der Aufgabenwahrnehmung ist erstens zu beachten, daß sich in den Kommunen der alten Bundesländer schon seit den siebziger Jahren Verschiebungen zwischen öffentlichem und privatem Sektor vollzogen haben. Privatisierungen herkömmlicher kommunaler Aufgaben sind in vielen Politik- und Verwaltungsfeldern zu nennen: im Verkehrswesen – Straßen- und Winterdienste, Parkeinrichtungen, Personenbeförderung usw. – oder bei Versorgung und Entsorgung – Strom- und Gasversorgung, Müllabfuhr, Abwasserbeseitigung usw. (Deutscher Städtetag: 1993b). Dazu sind Einrichtungen des Kultur-, Freizeit- und Bildungsbereichs, des Gesundheitswesens, des Jugend- und Sozialwesens aus dem öffentlichen Sektor herausverlagert worden. Städtische Betriebe wie Stadtwerke, Viehhöfe, Hafen- und Bahnbetriebe, Markteinrichtungen, Stadthallen, Kur- und Fremdenbetriebe und anderes mehr sind privatisiert worden (König 1992). Das Ganze läßt sich statistisch erfassen, hat sich aber noch nicht so verdichtet, daß von Üblichkeit gesprochen werden kann, vielleicht mit Ausnahmen wie städtische Schlachthöfe oder Einrichtungen zur Reinigung öffentlicher Gebäude.

Wenn man sich bei der Kommunalisierung am Herkömmlichen orientiert hat, konnten diese Verschiebungen zwischen öffentlichem und privatem Sektor, die in den vergangenen zwanzig Jahren in den alten Bundesländern partiell stattgefunden haben, nicht berücksichtigt werden. Daraus folgt, daß die neuen Bundesländer und deren Kommunen bei der Privatisierung vergleichsweise im Rückstand sind. Das gilt ebenso für Aufgaben, die in den alten Bundesländern vom dritten Sektor wahrgenommen werden, wie beispielsweise Einrichtungen der Jugendhilfe oder der Altenpflege. Diese Einrichtungen werden in den alten Bundesländern zu einem Großteil von Organisationen des dritten Sektors getragen. Anders ist es in den neuen Bundesländern: Aus Mangel an Organisation des dritten Sektors sind diese Einrichtungen den Kommunen zugeordnet worden und stehen noch häufig in deren Trägerschaft.

Hinsichtlich von Unterschieden im Umfang der Aufgabenwahrnehmung ist zweitens zu berücksichtigen, daß in der ehemaligen DDR Aufgaben, die auch in Westdeutschland als öffentliche Aufgaben begriffen wurden, in sehr viel stärkerem Maße von der öffentlichen Hand wahrgenommen wurden, als dies in Westdeutschland der Fall war. Diese Aufgaben sind mit einer Vermögenszuordnung nach dem Üblichkeitsprinzip aber in dem DDR-spezifischen Umfang den Gebietskörperschaften in den neuen Bundesländern zugeordnet worden. Ein Beispiel dafür ist die Versorgung der Bevölkerung mit preisgünstigem Wohnraum. Zu diesem Zweck stehen auch in den alten Bundesländern Wohnungen im Eigentum von Kommunen. Entsprechend wurde auch den Kommunen in den neuen Bundesländern das volkseigene wohnungswirtschaftliche Vermögen zugeordnet. Der Umfang des den Kommunen in den neuen Bundesländern übertragenen Vermögens ist allerdings erheblich größer als in den alten Bundesländern. Der Gesetzgeber hat deshalb an die erste Stufe der Vermögenszuordnung unmittelbar eine zweite Stufe der Privatisierung geknüpft. Inwieweit diese Soll-Vorschrift umgesetzt wird, ist allerdings noch offen (Schöneich 1994: 320).

Die Konsequenz des Privatisierungsrückstandes ist nicht einfach „mehr Vermögen", sondern zugleich eine stärkere Belastung des öffentlichen Sektors in den neuen Bundesländern. Damit lautet die Erbschaft aus der ehemaligen DDR für den öffentlichen Sektor der neuen Bundesländern „mehr Staat" als in den alten Bundesländern. Abzuwarten bleibt, ob es sich dabei um einen dauerhaften Zustand handelt (Trendelenburg 1994: 208ff.).

Hinzu kommt eine weitere Belastung des öffentlichen Sektors in den neuen Bundesländern infolge von Unterschieden in der Art der Aufgabenwahrnehmung. So werden Aufgaben der Daseinsvorsorge infolge von Produktivitätsrückständen häufig personalintensiver wahrgenommen als in den alten Bundesländern. Hinzuweisen ist in diesem Zusammenhang auch auf die unterschiedlichen durchschnittlichen Größen der Gebietskörperschaften, die in Mittel- und Ostdeutschland kleiner als in Westdeutschland sind. Da bei der Zuordnung öffentlichen Vermögens nach dem jeweiligen Stand öffentlicher Aufgaben und dem territorialen Zuschnitt (abgesehen von Restitutionsvermögen) zu befinden ist, wird man in diesem Zusammenhang von einer niedrigeren Effizienz infolge von fehlenden Größenvorteilen ausgehen können.

Es gibt indessen auch ökonomisch-normative Begründungen für das Üblichkeitsprinzip (Friedrich/Lindemann 1993). Nach solcher Auffassung ist eine Vermögensübertragung nach dem Üblichkeitsprinzip notwendig, um die Wettbewerbsfähigkeit der Gebietskörperschaften herzustellen. Ausgangspunkt dieser Überlegung ist, daß die Gebietskörperschaften in den neuen Bundesländern einem weltweiten Standortwettbewerb ausgesetzt sind. Sollen sie im Sinne eines Workable Competition Konzeptes diesen Wettbewerb künftig bestehen, so müßten die notwendigen Voraussetzungen bezüglich der Marktstruktur gelegt werden, damit sie über ihre Marktverhaltensweisen das Marktergebnis selbst in ihrem Sinne beeinflussen könnten. Dazu sei es insbesondere notwendig, gleiche Startbedingungen zu schaffen. Dies erfordere es u.a., die Gebietskörperschaften der neuen Bundesländer mit einer vergleichbaren institutionellen, personellen und materiellen Infrastruktur auszustatten, wie dies in Westdeutschland üblich ist. Man kommt zu dem Ergebnis, daß eine Vermögensübertragung nach dem Üblichkeitsprinzip nicht nur notwendig sei, sondern daß die Zuordnungsinstanzen auch danach verfahren.

Diesen Überlegungen ist entgegenzuhalten, daß erstens ein Standortwettbewerb zwischen Gebietskörperschaften, auch wenn er de facto existiert, schon aus Gründen der Allokationseffizienz als nicht unproblematisch erscheint. Zweitens hätte die Herstellung der Wettbewerbsfähigkeit gegenüber den westlichen Bundesländern erfordert, daß die Zuordnung öffentlichen Vermögens gleichsam nach statistischer, nicht struktureller Üblichkeit erfolgen hätte müssen. Die strukturelle Üblichkeit mußte zu einer überschießenden Staatlichkeit führen.

6.2 Perspektive der Weiterordnung

Indessen wird deutlich, daß die Frage nach der Innovation, die die Treuhandanstalt nicht beantworten konnte, auf der Tagesordnung der jetzt zuständigen öffentlichen Institutionen in den neuen Bundesländern steht. Überlegungen zu einer Neuabgrenzung zwischen öffentlichem und privatem Sektor werden vielerorts angestellt. Ein umfangreiches Konzept zur Privatisierung hat insbesondere die Regierung von Sachsen erarbeitet (Sächsische Staatskanzlei 1993). Kostendruck, Verschuldungsgrad, Investitionsbedarf kennzeichnen die Ausgangssituation des Konzepts. Man verweist auf die entsprechende Einengung von Handlungsfähigkeit und Gestaltungsspielräumen des Staates. Alle Aufgaben, bei denen weder die Verfassung noch die „Natur der Sache" einer Privatisierung entgegenstehen, gelten als privatisierungsfähig. Leitprinzip soll die Subsidiarität sein, d.h., die öffentliche Hand sollte keine Aufgabe wahrnehmen, die private Unternehmen und freie Berufe mindest gleich gut oder rascher und wirtschaftlicher erfüllen können. Bemerkenswert ist die Aussage, daß in den Fällen, in denen die Gesamtkosten der öffentlichen Hand niedriger liegen als bei privater Leistungserbringung, ausnahmsweise der Private zum Zuge kommen könne, wenn damit ein erheblicher Zeitgewinn bei der Schaffung einer modernen Infrastruktur in Sachsen einhergehe. Um die Leistungssicherheit bei einer privaten Aufgabenerfüllung zu gewährleisten, sieht das Privatisierungskonzept vor, zu Gunsten des Staates oder der Kommune ein Mindestmaß an Kontrolle und die Möglichkeit der Rückführung der Aufgabe in die öffentliche Verwaltung vorzubehalten. Gegenüber eventuellen Kostensteigerungen bei privater Aufgabenerfüllung zeigt das Konzept keine grundsätzlichen Bedenken. Als Ursache der höheren Entgelte wird nicht die Privatisierung, sondern die bisherige Leistungserbringung zu nicht kostendeckenden Preisen angesehen. Sofern die erhöhten Kosten aus sozialen oder sonstigen politischen Gründen nicht vertretbar erscheinen, sollten die bisher versteckt geleisteten indirekten Subventionen ganz oder teilweise als Zuschuß geleistet werden.

Das Privatisierungskonzept wendet sich gegen Monopolbildung bei privater Leistungserbringung. Andererseits soll diese im gleichen Umfang gefördert werden, wie das im Falle der Aufgabenerledigung durch die kommunale Ebene geschieht. Im Steuerrecht soll „Waffengleichheit" zwischen kommunaler und privater Aufgabenerledigung hergestellt werden. Allgemein erwartet man von der Privatisierung mehr Wettbewerb, weiteren Rationalisierungs- und Innovationsdruck, kostengünstigere Bereitstellung von Produktion und Diensten, Personalabbau. Das Privatisierungskonzept nennt etwa 50 Bereiche der staatlichen Verwaltung, in denen ein Privatisierungspotential identifiziert wird, darunter etwa Arbeitsschutz, Autobahnverwaltung, Brückenüberwachung, Datenverarbeitung, Erstellung und Prüfung von Förderanträgen im Umwelt-, Bau- und sonstigen technischen Bereich, Fortbildung von Bediensteten, gewerbeärztlicher Dienst, Landesmusikschulen, Staatshochbau, Staatsweingüter, Straßenbauverwaltung, Verwaltung der staatlichen Liegenschaften, Vermessungstätigkeiten u.v.m. Für die Kommunalebene werden wiederum etwa 50 Bereiche mit Privatisierungspotential genannt. Dazu zählen Abwasserbeseitigung, Alten-, Kranken- und Behindertenhilfe, Betrieb von Sportstätten, Fremdenverkehrsförderung, Friedhöfe, Jugendeinrichtungen, Konzertveranstaltungen, Märkte und Markteinrichtungen, Müllabfuhr, öffentlicher Personennahverkehr, Schlacht- und Viehhöfe, Schwimmbäder, Verkehrsplanung, Wartung von Verkehrseinrichtungen, Trinkwasserversorgung, Wohnungsvermittlung u.v.m.

Solchen Ideen und Konzepten stehen die eher punktuellen Ansätze zu gemischtwirtschaftlichen Unternehmen, formellen und materiellen Privatisierungen insbesondere in Bereichen der Versorgung und Entsorgung in den neuen Bundesländern gegenüber. Es ist eine offene Frage, ob die Lebensverdichtungen des Transformationsprozesses mit Erwartungen an öffentliches Vermögen und Enttäuschungen über finanzielle Belastungen eine andere kontraktive Aufgabenpolitik hervorbringen werden als jenen Inkrementalismus, wie er angesichts leerer öffentlicher Kassen auf westdeutschem Boden in den siebziger und achtziger Jahren praktiziert worden ist.

Literatur

Aberle, G.: Deutsche Verkehrsunion: Derzeit mehr Probleme als Lösungsmöglichkeiten. In: Wirtschaftsdienst Vol. 70 (1990), S. 360ff.

Abromeit, H.: Die „Vertretungslücke". Probleme im neuen deutschen Bundesstaat, Gegenwartskunde, 1993, S. 281ff.

Ad hoc Gruppe der Fachkommission Soforthilfe Trinkwasser. Bericht an den Bundesminister für Gesundheit über notwendige Sanierungsmaßnahmen bei der Trinkwasserversorgung der neuen Bundesländer vom Juli 1992, Berlin 1992, S. 14f.

Albrecht, A.: Wer kann ehemals volkseigenes Vermögen veräußern? In: Zeitschrift für Investition und Vermögen, 1991, S. 88ff.

Arndt, H.-W./Zinow, B.-M.: Zu den Rechtsansprüchen der Städte und Gemeinden der neuen Bundesländer bei der Gründung von Stadtwerken. In: Landes- und Kommunalverwaltung, 1992, S. 1ff.

Bange, H.-J.: Zuordnung öffentlichen Vermögens – Die Perspektive der Zuordnungsinstanz. In: König, K./Schuppert, G.F./Heimann, J. (Hrsg.): Vermögenszuordnung – Aufgabentransformation in den neuen Bundesländern. Baden-Baden, 1994, S. 65ff.

Bartsch, H.: Aufgaben und Struktur der örtlichen Verwaltung. In: König, K. (Hrsg.): Verwaltungsstrukturen der DDR, Baden-Baden, 1991, S. 109ff.

Becker, P.: Probleme des Kommunalvermögensrechts in den neuen Bundesländern. In: Landes- und Kommunalverwaltung, 1992, S. 209ff.

Behrend, J.: Die Transformation einer zentralverwalteten Wirtschaftsordnung in eine soziale Marktwirtschaft am Beispiel der Wohnungswirtschaft. Dissertation, Köln, 1992, S. 12

Benz, A.: Reformbedarf und Reformchancen des kooperativen Föderalismus nach der Vereinigung Deutschlands. In: Seibel, W./Benz, A./Mäding, H. (Hrsg.): Verwaltungsreform und Verwaltungspolitik im Prozeß der deutschen Einigung. Baden-Baden, 1993, S. 474ff.

Bundesministerium für Finanzen, BMF-Schreiben vom 7. Mai 1992 – IV B 7-S.2706-15/92-.

Breuel, B.: Frankfurter Allgemeine Zeitung vom 16. September 1994, S. 17

Bullinger, M.: Kooperatives Verwaltungshandeln (Vorverhandlung, Arrangements, Agreement und Verträge) in der Verwaltungspraxis. In: Die Öffentliche Verwaltung, 1989, S. 277ff.

Bundesministerium für Verkehr (Hrsg.): Verkehr in Zahlen, Bonn, 1993, S. 221ff.

Bundesministerium des Innern: Arbeitsanleitung zur Übertragung kommunalen Vermögens und zur Förderung von Investitionen durch die Kommunen. In: Infodienst Kommunal, Nr. 24 (1991) vom 19. April 1991, S. 11f.

Bundesministerium für innerdeutsche Beziehungen (Hrsg.): DDR-Handbuch, Bd. 1, 3. überarb. u. erw. Aufl., Köln, 1985, S. 268

Bundesministerium für Raumordnung, Bauwesen und Städtebau (Hrsg.): Querschnittanalyse von Modellvorhaben zur Wohnungsprivatisierung in den neuen Bundesländern, Bonn, 1993

Bundesministerium für Umwelt, Naturschutz und Reaktorsicherheit: Privatwirtschaftliche Realisierung der Abwasserentsorgung. In: Infodienst Kommunal Nr. 66(1993) vom 12.2.1993, S. 10, 89ff.

Bundesregierung: Bericht der Bundesregierung zur Verringerung von Beteiligungen und Liegenschaften des Bundes. BT-Drs. 12/6889 vom 25. Februar 1994

Bundesministerium für Umwelt, Naturschutz und Reaktorsicherheit (Hrsg.): Privatwirtschaftliche Realisierung der Abwasserentsorgung, Bonn, 1993, S. 10.

Czada, R.: „Üblichkeitsprinzip" und situativer Handlungsdruck – Vermögenszuordnung im Transformationsprozeß aus sozialwissenschaftlicher Sicht. In: König, K./Schuppert, G.F./ Heimann, J.: Vermögenzuordnung – Aufgabentransformation in den neuen Bundesländern, Baden-Baden, 1994a, S. 166ff.

Czada, R.: Schleichweg in die „Dritte Republik". Politik der Vereinigung und politischer Wandel in Deutschland. In: Politische Vierteljahresschrift 35, 1994b, S. 255ff.
Das Wertpapier: 19 (1992) vom 11.9.1992, S. 50
Deiniger, D.: Einrichtungen der Jugendhilfe in den neuen Ländern und Ost-Berlin. In: Wirtschaft und Statistik, 1993, S. 292ff.
Der Betrieb, Heft 31(1992), S. 1555
Der Spiegel, Nr. 26 vom 24.6.1991, S. 50
Deutscher Städte- und Gemeindebund (Hrsg.): Privatisierung in Städten und Gemeinden, Göttingen, 1994, S. 58ff.
Deutscher Städtetag: Kommuale Selbstverwaltung in den ostdeutschen Städten, Vorbericht für die 27. ordentliche Hauptversammlung des Deutschen Städtetages, Aktenzeichen: Dir 04-00/270/09-00, Köln, 1993a, S. 24
Deutscher Städtetag: Möglichkeiten und Grenzen der Privatisierung öffentlicher Aufgaben, DST – Beiträge zur Kommunalpolitik, 1993b
Deutsches Institut für Wirtschaftsforschung: Zur Entwicklung der Finanzlage der ostdeutschen Kommunen, Wochenbericht 30(1993), S. 405ff.
Eckert, L.: Öffentliches Vermögen der ehemaligen DDR und Einigungsvertrag. Schriftenreihe des Bundesministeriums der Finanzen. Heft 53(1994), Bonn
Försterling, W.: Recht der offenen Vermögensfragen. München, 1993, S. 72ff.
Frankfurter Allgemeine Zeitung vom 8. August 1991, S. 12
Frankfurter Allgemeine Zeitung vom 13. Oktober 1992a, S. 18
Frankfurter Allgemeine Zeitung vom 23. Dezember 1992b, S. 1
Frankfurter Allgemeine Zeitung vom 7. Dezember 1992c, S. 20
Frankfurter Allgemeine Zeitung vom 27. Juli 1993, S. 15
Frankfurter Allgemeine Zeitung vom 29. Dezember 1994a, S. 10
Frankfurter Allgemeine Zeitung vom 11. Januar 1994b, S. 13
Frankfurter Allgemeine Zeitung vom 4. Januar 1994c, S. 13
Frankfurter Allgemeine Zeitung vom 16. Februar 1994d, S. 12
Freies Wort vom 12. Dezember 1994
Frenzel, C.: Der kommunale Restitutionsanspruch im Gefüge des Einigungsvertrages. Bornheim/Bonn, 1994
Friedrich, P./Lindemann, S.: Die Treuhandanstalt ein Instrument zum Aufbau des Föderalismus? In: Hansmeyer, K.-H. (Hrsg.): Finanzierungsprobleme der deutschen Einheit I („Schriften des Vereins für Sozialpolitik" Bd. 229/1), Berlin, 1993, S. 77ff.
Gesamtverband der Wohnungswirtschaft e.V. (Hrsg.): Bericht 1992/93, Köln, 1993, S. 54
Gesamtverband der Wohnungswirtschaft e.V. (Hrsg.): Daten und Fakten 1993 der unternehmerischen Wohnungswirtschaft in den neuen Ländern, GdW Information vom Juni 1994. Berlin, 1994
Grözinger, G.: Nur Blut, Schweiß und Tränen? Marburg, 1991
Guggenberger, B.: Klammheimlicher Themenwechsel. Die deutsche Verfassungsdiskussion zwischen Wiedervereinigung und Maastricht. In: Guggenberger, B./Meier, A. (Hrsg.): Der Souverän auf der Nebenbühne. Essays und Zwischenrufe zur deutschen Verfassungsdiskussion, Opladen, 1994, S. 14ff.
Hankel, W.: Die sieben Todsünden der Vereinigung, Berlin, 1993
Harms, W.: Zwischen Privatisierung, Wettbewerb und Kommunalisierung – Zur Umgestaltung des Energiesektors in den neuen Bundesländern, Köln, 1992
Hauschild, C.: Die örtliche Verwaltung im Staats- und Verwaltungssystem der DDR. Baden-Baden, 1991, S. 57ff.

Hecktor, P./Lühmann, H.: Kommunalisierung von Liegenschaften, die sich in Rechtsträgerschaft der ehemaligen staatseigenen Betriebe befanden? In: Landes- und Kommunalverwaltung, 1993, S. 209ff.

Hedtkamp, G.: Eigentumszuweisung an Gemeinden aus wirtschaftswissenschaftlicher Sicht. In: König, K./Schuppert, G.F./Heimann, J. (Hrsg.): Vermögenszuordnung – Aufgabentransformation in den neuen Bundesländern. Baden-Baden, 1994, S. 141ff.

Heiner, R.A.: The Origin of Predictable Behavior. American Economic Review, 1983, S. 560ff.

Hoffmann, M.: Wohnungspolitik in der ehemaligen DDR. Düsseldorf, 1972, S. 80

Ipsen, J./Koch, T.: Zuordnung volkseigenen Vermögens und Restitution früheren Eigentums der öffentlichen Hand. In: Deutsches Verwaltungsblatt, 1993, S. 1ff.

Kähler, K.: Wasserversorgung und Abwasserentsorgung. In: König, K./Schuppert, G.F./Heimann, J. (Hrsg.): Vermögenszuordnung – Aufgabentransformation in den neuen Bundesländern. Baden-Baden, 1994, S. 275ff.

Kartte, W.: Ein erträglicher Kompromiß. In: Energiewirtschaftliche Tagesfragen, 1990, S. 838ff.

Klein, D.: Ost-West-Einflüsse im Gefolge östlicher Transformation. In: BISS Public, 1993, S. 63ff.

Knauss, F.: Privatisierungspolitik in der Bundesrepublik Deutschland. Köln, 1989

König, K.: Kritik öffentlicher Aufgaben. Baden-Baden, 1989, S. 54ff.

König, K.: Die Übertragung öffentlicher Aufgaben: Eine europäische Sicht. In: Verwaltungsarchiv, 1990, S. 436ff.

König, K.: Zum Verwaltungssystem der DDR. In: ders. (Hrsg.): Verwaltungsstrukturen der DDR, Baden-Baden, 1991, S. 9ff.

König, K.: Systemimmanente und systemverändernde Privatisierung in Deutschland. In: Verwaltung/Organisation/Personal, 1992, S. 279ff.

Krähmer, R.: Probleme der Kommunalisierung von Verwaltungsvermögen und kommunalen Betrieben in den neuen Bundesländern. In: Verwaltungsrundschau, 1993, S. 238ff.

Lambsdorff, K.: Vermögensübergang bei ehemals volkseigenen Betrieben. In: Deutsch-deutsche Rechtszeitschrift, 1992, S.102ff.

Lange, M.: Wem gehört das ehemalige Volkseigentum? – Grundfragen der Art. 21 und 22 Einigungsvertrag. In: Deutsch-deutsche Rechtszeitschrift, 1991, S. 335

Lange, M.: Vermögenszuordnung – Vermögensneuordnung? Probleme der Aufteilung des ehemaligen Volksvermögens. In: König, K./Schuppert, G.F./Heimann, J. (Hrsg.): Vermögenszuordnung – Aufgabentransformation in den neuen Bundesländern. Baden-Baden, 1994, S. 97ff.

Lehmbruch, G.: Institutionentransfer im Prozeß der Vereinigung. Zur Logik der Verwaltungsintegration in Deutschland. In: Seibel, W./Benz, A./Mäding, H. (Hrsg.): Verwaltungsreform und Verwaltungspolitik im Prozeß der deutschen Einigung. Baden-Baden, 1992, S. 41ff.

Lehmbruch, G.: Sektorale Variationen in der Transformationsdynamik der politischen Ökonomie Ostdeutschlands, Konstanz, 1994

Liebert, U./Merkel, W. (Hrsg.): Die Politik zur deutschen Einheit. Opladen, 1991

Lipps, W.: Die Zuordnung ehemals volkseigenen Vermögens. In: Zeitschrift für Vermögens- und Investitionsrecht, 1992, S. 14ff.

Loesch, A.v.: Privatisierung öffentlicher Unternehmen, 2. Aufl., Baden-Baden, 1987, S. 42

Löwer, M.: Artikel 21 Einigungsvertrag: Funktionsadäquate Amtsausstattung versus Restitution. In: Sächsisches Verwaltungsblatt, 1993, S. 97ff.

Maunz, T.: Das Recht der öffentlichen Sachen und Anstalten. 4. Aufl., Braunschweig, 1957, S. 1ff.

Milbradt, G.: Unternehmen und Beteiligungen des Freistaates Sachsen. In: Zeitschrift für öffentliche und gemeinwirtschaftliche Unternehmen, Heft 3(1993), S. 275ff.

Priewe, J./Hickel, R.: Der Preis der Einheit. Frankfurt/M., 1991
Quaritsch, H.: Eigenarten und Rechtsfragen der DDR-Revolution. In: Verwaltungsarchiv, 1992, S. 314ff.
Reißig, R.: Rückweg in die Zukunft. Über den schwierigen Transformationsprozeß in Ostdeutschland. Frankfurt/Main, 1993
Rühl, C. (Hrsg.): Institutionelle Reorganisation in den neuen Ländern. Selbstverwaltung zwischen Markt und Zentralstaat. Marburg, 1992
Sächsische Staatskanzlei: Privatisierungskonzept der Staatsregierung vom 24.8.1993.
Sachverständigenrat zur Begutachtung der gesamtwirtschaftlichen Entwicklung, Jahresgutachten 1992/93. In: BT-Drs. 12/3774
Salzwedel, J.: Anstaltsnutzung und Nutzung öffentlicher Sachen. In: Erichsen, H.-U./Martens, W. (Hrsg.): Allgemeines Verwaltungsrecht. 9. Aufl., Berlin, 1992, S. 515ff.
Schäuble, W.: Der Vertrag. Wie ich über die deutsche Einheit verhandelte. Stuttgart, 1991, S. 115f.
Scheytt, O.: Personalwirtschaft der Städte in den neuen Ländern. In: Verwaltungsorganisation, Heft 2(1993), S. 11ff.
Schillo, M.: Die Verteilung des kommunalen Finanzvermögens im Gebiet der ehemaligen DDR. In: Neue Justiz, 1991, S. 291ff.
Schmidt, H.: Handeln für Deutschland. Wege aus der Krise. Berlin, 1993
Schmidt, M.: Rechtsnachfolge bei Kommualvermögen. In: Landes- und Kommualverwaltung, 1992, S. 154ff.
Schmidt, M./Leitschuh, T.: Kommentierung zu Art. 21 und 22 Einigungsvertrag. In: Brunner, G. (Hrsg.): Rechtshandbuch Vermögen und Investitionen in der ehemaligen DDR. Bd. 1, Stand 1994, München, 1994
Schmidt-Räntsch, J.: Eigentumszuordnung, Rechtsträgerschaft und Nutzungsrechte an Grundstücken: Rechtspraxis in den neuen Bundesländern und Auswirkungen des RegVBG. 2. Aufl., Köln, 1993, S. 26
Schmitz, M.: Die Trinkwasserversorgung in den neuen Bundesländern – Ziele, Probleme, Lösungen. In: Neue BELIWA-Zeitung, 1992, S. 247ff.
Schneider, R.: Institutionelle Organisationsstruktur des Verkehrswesens der DDR auf sektoraler und regionaler Ebene. FS-Analysen, Heft 3(1988), Berlin, S. 16
Scholz, O.: Wasser und Abwasser in einer Hand – eine unternehmenspolitische Entscheidung. Vortrag, gehalten auf der Haupttagung des deutschen Gas- und Wasserfaches am 2./3. Juni 1992
Schöneich, M.: Kommunale Wirtschaftsentwicklung – Anforderungen an die Treuhandanstalt. Redemanuskript, gehalten am 1.10.1992 beim Forschungsinstitut für Öffentliche Verwaltung bei der Hochschule für Verwaltungswissenschaften Speyer
Schöneich, M.: Die Kommunalisierung von öffentlichen Aufgaben in den neuen Bundesländern nach der Praxis der Treuhandanstalt. In: Verwaltungsarchiv, 1993, S. 383ff.
Schöneich, M.: Kommentar zum Neuzuschnitt zwischen öffentlichem und privatem Sektor. In: König, K./Schuppert, G.F./Heimann, J. (Hrsg.): Vermögenszuordnung – Aufgabentransformation in den neuen Bundesländern. Baden-Baden, 1994, S. 313ff.
Schönfelder, B.: Das Privatisierungsproblem im Bereich der Wohnungswirtschaft. In: Thieme, J.H. (Hrsg.): Privatisierungsstrategien im Systemvergleich, München, 1993, S. 93
Schuppert, G.F.: Zuordnung ehemals volkseigenen Vermögens als rechts- und verwaltungswissenschaftliches Problem. In: König, K./Schuppert, G.F./Heimann, J. (Hrsg.): Vermögenszuordnung – Aufgabentransformation in den neuen Bundesländern, Baden-Baden, 1994, S. 115ff.
Simon, H.: A Behaviorial Theory of Rational Choice. In: Quarterly Journal of Economics, 1955, S. 99ff.

Staatliche Zentralverwaltung für Statistik (Hrsg.): Statistisches Jahrbuch der DDR 1989, Berlin, 1989

Statistisches Amt der DDR (Hrsg.): Statistisches Jahrbuch der DDR 1990, Berlin, 1990, S. 336ff.

Strauch, T.: Zuordnung öffentlichen Vermögens: Die Perspektive der Vermögensberechtigten. In: König, K./Schuppert, G.F./Heimann, J. (Hrsg.): Vermögenszuordnung – Aufgabentransformation in den neuen Bundesländern. Baden-Baden, 1994, S. 87ff.

Sturm, R.: Die Zukunft des deutschen Föderalismus. In: Liebert, U./Merkel, W. (Hrsg.): Die Politik zur deutschen Einheit. Opladen, 1991, 161ff.

Trendelenburg, I.: Aufgaben- und Vermögenszuschnitt nach Verwaltungsebenen: Die Ebene des Bundes. In: König, K./Schuppert, G.F./Heimann, J. (Hrsg.): Vermögenszuordnung – Aufgabentransformation in den neuen Bundesländern, Baden-Baden, 1994, S. 193ff.

Treuhandanstalt: Vorlage für den Verwaltungsrat der Treuhandanstalt vom 21.6.1991, Titel: Übertragung der Flughäfen Berlin-Schönefeld, Leipzig-Halle, Dresden und Erfurt auf die zuständigen Gebietskörperschaften, 1991a

Treuhandanstalt: Fragen und Antworten zur Übertragung von Vermögenswerten an Städte, Gemeinden und Landkreise, Berlin, Juni 1991b, S. 8

Treuhandanstalt: Monatsinformation der Treuhandanstalt vom 31.8.1993a

Treuhandanstalt: Fährhafen Mukran gehört der Stadt Saßnitz, Pressemitteilung vom 5.4.1993b

Treuhandanstalt: Statistik auf den Stichtag 30. September 1994

Treuhandanstalt/Direktion Verkehr: Zwischenbilanz der Direktion Verkehr zum 30. September 1992

Treuhandanstalt/Direktion Verkehr: Schlußbilanz der Direktion Verkehr zum 26. August 1993

Treuhandanstalt/Direktorat Kommunalvermögen: Bericht für den Vorstand der Treuhandanstalt über den Stand der Kommunalisierung der Wasserversorgungs- und Abwasserentsorgungsunternehmen vom 9. Juni 1993

Verband der Unternehmen für die kommunale Wasserversorgung und Abwasserbehandlung e.V.: Jahresbericht 1991, Berlin, 1991, S. 6, 55

Wächter, G.H.: Übertragungsansprüche nach der 5. Durchführungsverordnung zum Treuhandgesetz und nach dem Kommunalvermögensgesetz. In: BB-Beilagen 9 zu Heft 12(1991), S. 6ff.

Wagener, H.: Ökonomie des Transports. Berlin (Ost), 1985

Weber, M.: Vermögenszuordnung und Aufgabentransformation aus der Sicht einer Großstadt. In: König, K./Schuppert, G.F./Heimann, J. (Hrsg.): Vermögenszuordnung – Aufgabentransformation in den neuen Bundesländern, Baden-Baden, 1994, S. 239ff.

Woche im Bundestag vom 27. Oktober 1993, S. 75

Woche im Bundestag vom 26. Januar 1994, S. 46

Wollmann, H.: Vierzig Jahre alte Bundesrepublik zwischen gesellschaftlich-politischem Status quo und Veränderung. Zwischenbilanz einer politikwissenschaftlichen Diskussion. In: Blanke, B./Wollmann, H. (Hrsg.): Die alte Bundesrepublik, Opladen, 1991, 547ff.

Würzen, D.v.: Solide Grundlage für die Sanierung des Stromsektors. In: Energiewirtschaftliche Tagesfragen, 1990, S. 836ff.

Zeschmann, P.: Ideen für ein wirtschaftliches Überleben Ostdeutschlands. Eine wirtschaftspolitische Konzeption zur Bewältigung des Strukturwandels in den neuen Bundesländern. Frankfurt/M., 1992

Die Treuhandanstalt – eine Studie über Hyperstabilität

Wolfgang Seibel

1. Was ist erklärungsbedürftig am Phänomen Treuhandanstalt und worin liegt seine Bedeutung für den politischen Systemwandel in Ostdeutschland seit 1989?

Die Treuhandanstalt kann als das spektakulärste institutionelle Produkt der Deutschen Einheit gelten. Ein Gradmesser hierfür ist ihr Bekanntheitsgrad und der Grad ihrer Umstrittenheit. Wenngleich es eine entsprechende Umfrage wohl nie gegeben hat, so wird man nicht fehlgehen in der Annahme, daß es keinen erwachsenen Ostdeutschen gab, dem die Treuhandanstalt zur Zeit ihres Bestehens unbekannt blieb. Dies ist für staatliche Einrichtungen mit Behördencharakter in hohem Maße ungewöhnlich. Es deutet darauf hin, daß diese spezielle Einrichtung in die Lebensführung nahezu jedes Ostdeutschen direkt oder indirekt eingegriffen hat.

Die Treuhandanstalt ist also „wichtig", ihr einen Abschnitt in einem Band über Institutionenbildung in Ostdeutschland nach 1989 zu widmen, wäre schon von daher eine Pflichtaufgabe. Jene Behörde mit ihrer Zentrale in Berlin und fünfzehn zunächst „Außenstellen", dann „Niederlassungen" genannten regionalen Vertretungen existierte unter dem Namen „Treuhandanstalt" vom 1. März 1990 bis zum 31. Dezember 1994. In diesem Zeitraum wurden durch ihre Tätigkeit 98,5 % des vormaligen „Volkseigenen Vermögens" privatisiert, reprivatisiert, anderen öffentlich-rechtlichen Körperschaften – typischerweise Kommunen – überwiesen oder der Liquidation zugeführt.[1] Die Tätigkeit der Treuhandanstalt wurde von ständiger politischer Aufmerksamkeit begleitet, die sich in einem kaum nachlassenden Medienecho (vgl. Kepplinger 1993) und einem Untersuchungsausschuß des Deutschen Bundestages niederschlug. Die Treuhandanstalt ist sicher auch die am intensivsten untersuchte Einzelinstitution, der sich die Transformationsforschung für Ostdeutschland bislang gewidmet hat.[2]

---

1 Bundesanstalt für vereinigungsbedingte Sonderaufgaben: Abschlußstatistik der Treuhandanstalt per 31.12.1994 [Berlin, 19.6.1995]. Vom Gesamtbestand (Bruttobestand) an Unternehmen der Treuhandanstalt von 12.354 Einheiten waren per 31.12.1994 6.546 (53%) privatisiert, 1.588 (13 %) reprivatisiert, 310 (2,5 %) kommunalisiert und 3.718 (30 %) liquidiert.
2 Erwähnt seien nur die wichtigsten Monographien und Sammelbände, insbesondere Brücker 1995, Fischer/Hax/Schneider 1993, Freese 1995, Kemmler 1994, Spoerr 1993. Die Pressestelle

Was also ist an der Treuhandanstalt interessant, was nicht durch einen – gewiß für sich bereits lohnenden – Überblick über die einschlägige Forschung abgehandelt werden könnte?

Wenig Aufmerksamkeit – sowohl in der allgemeinen Öffentlichkeit als auch in der einschlägigen Forschung – hat die Frage der Nachhaltigkeit der institutionellen Entwicklung der Treuhandanstalt gefunden (vgl. dazu Seibel 1994b). Diese Nachhaltigkeit kann als solche zum gegenwärtigen Zeitpunkt nur unvollständig abgeschätzt werden. Ihr gebührt aber schon deshalb erhöhte Aufmerksamkeit, weil eines als gesichert gelten kann: daß die als solche apostrophierte „Auflösung" der Treuhandanstalt zum 31. Dezember 1994 faktisch nicht stattgefunden hat. Dies wird sowohl durch die verfügbaren Dokumente[3] als auch durch die Rekonstruktion des betreffenden politischen Entscheidungsprozesses[4] belegt. Faktisch existiert die Treuhandanstalt fort, wenn auch, wie die Präsidentin der Anstalt in einem Schreiben an die verantwortlichen Bundesminister nicht ohne Sarkasmus feststellte, unter einem anderen Namen, nämlich „Bundesanstalt für vereinigungsbedingte Sonderaufgaben" (BVS).[5]

Dies ist nun in der Tat ein ebenso erklärungsbedürftiges wie politisch bedeutsames Faktum. Denn niemand der maßgeblichen Akteure hatte jemals einen Zweifel daran gelassen, daß die Treuhandanstalt eine „Organisation auf Zeit" sein sollte, und daß die angestrebte Auflösung zum 31. Dezember 1994 ernst gemeint war. Dafür sprachen überaus plausible Gründe. Nicht nur, daß die Treuhandanstalt entgegen erheblicher Skepsis selbst bei ihr freundlich gesonnenen Beobachtern ihren Privatisierungsauftrag innerhalb des vorgegebenen Zeitrahmens nahezu vollständig erfüllt hatte. Es war vor allem die mit den Verfassungs- und Wirtschaftsstrukturen der Bundesrepublik unvereinbare Existenz der Treuhandanstalt als solche, welche ihre Auflösung zu einem politischen Gebot ersten Ranges gemacht hatte[6]. Die Treuhandanstalt war ein institutionelles Erbe der DDR. Sie war

---

    der Treuhandanstalt hat kurz vor der formellen Auflösung der Anstalt im Dezember 1994 eine umfangreiche Dokumentation herausgegeben (Treuhandanstalt 1994). Beachtlichen Dokumentationswert hat auch der Abschlußbericht des Untersuchungsausschusses „Treuhandanstalt" des Deutschen Bundestages (Bundestags-Drucksache 12/8404 vom 31. 8. 1994).

3   Vgl. Treuhandanstalt 1994. Bd. 15: 285-292.

4   Hierzu wurde vom vormaligen Leiter der Abteilung „Unternehmensentwicklung" der Treuhandanstalt, Dr. Hartmut Maaßen, im Auftrag der KSPW eine Expertise erstellt (Maaßen 1996). Vgl. Seibel 1996: 64-70.

5   Das betreffende Schreiben mit Datum vom 30. März 1994 ist abgedruckt in der von der Treuhandanstalt herausgegebenen Dokumentation (Treuhandanstalt 1994. Bd. 15: 285-292). Es ist außer an den Chef des Bundeskanzleramtes als dem der Machtlage nach wichtigsten Adressaten auch an den Bundesminister der Finanzen und an den Bundesminister für Wirtschaft adressiert.

6   Diesem politischen Common sense, wie er bis dahin bestanden hatte, hielt die Treuhand-Präsidentin in dem genannten Schreiben vom 30. März 1994 nochmals als Erinnerungsposten fest: „Es wird mit der Auflösung der THA eine bundesunmittelbare Großorganisa-

Die Treuhandanstalt – eine Studie über Hyperstabilität 171

dies nicht nur in einem formellen Sinne, weil sie von der letzten kommunistisch geführten DDR-Regierung am 1. März 1990 ins Leben gerufen worden war. Die Treuhandanstalt war sowohl in ihrem äußeren Aufbau als auch in ihrer Binnenstruktur nichts anderes als die Fortsetzung der zentralen Wirtschaftsverwaltung der DDR mit anderer Aufgabenstellung. Mit dem Vorhaben, „sich selbst überflüssig zu machen" (nämlich im Wege der Privatisierung der staatseigenen Wirtschaft), war diese neue Aufgabenstellung treffend umschrieben. Wenn dieser Vorsatz nun nicht verwirklicht worden ist[7], dann haben wir es mit einem bedeutenden Phänomen institutioneller Persistenz des DDR-Regimes zu tun.

Dies wirft mindestens drei Fragen auf. Wie ist es zur Fortschreibung der Zentralverwaltungsstrukturen der DDR-Wirtschaft über die Währungsunion vom 1. Juli 1990 und die staatliche Einheit vom 3. Oktober 1990 hinweg gekommen? Welche Faktoren haben zur Stabilisierung der Treuhandanstalt trotz erheblichen politischen Drucks und erheblicher Zielkonflikte beigetragen? Wie ist es zum Scheitern der Auflösungspläne für die Treuhandanstalt im Jahre 1994 gekommen. Beim folgenden Versuch der Beantwortung dieser Fragen wird deutlich werden, daß es vor allem die Illusionen des Wiedervereinigungsjahres 1990 waren, die einer wirksamen Angliederung der Wirtschaftslenkungsstrukturen der DDR an die föderative und marktwirtschaftliche Ordnung der Bonner Republik im Wege standen.

---

tion der Wirtschaftsverwaltung aufgehoben [so sei es bis dahin Konsens gewesen; WS], deren Wirkungsfeld die neuen Länder waren; zugleich wird damit auch deutlich sichtbar, daß mit dem Ende der Treuhandanstalt eine in der Übergangszeit nach der Wiedervereinigung eingerichtete Sonderkompetenz des Bundes für die neuen Bundesländer beendet wird." – a.a.O.: 286.

7 „Die Treuhandanstalt, die wir immer als eine Übergangseinrichtung verstanden haben, bleibt erhalten, wenn auch unter einem anderen Namen. (...) Der Vorstand der Treuhandanstalt sieht es als seine Pflicht an, auf die erheblichen Nachteile hinzuweisen, die nach seiner Überzeugung mit dem faktischen Verzicht auf die Auflösung der Treuhandanstalt (sic!) verbunden sind. Diese bestehen vor allem in der Fortschreibung der Bündelung der vereinigungsbedingten wirtschaftlichen Aufgaben in einer Großeinheit Treuhandanstalt statt der geplanten Verteilung auf einzelne, spezialisierte Organisationseinheiten; in der Verlängerung des wirtschaftspolitischen ‚Sonderregimes' für die neuen Bundesländer, das eine Verlängerung der Übergangszeit nach der Wiedervereinigung statt eines Übergangs in die Normalität unserer bundesstaatlichen Ordnung bedeutet; in dem Verzicht auf die kaufmännische Dominanz bei den Entscheidungen im Bereich Vertragsmanagement, Reprivatisierung und Abwicklung; in dem Verzicht auf die Chance zur Rationalisierung und Effizienzsteigerung des BAROV [Bundesamt zur Regelung offener Vermögensfragen – W.S.] im Rahmen der Zusammenlegung mit den hoheitlichen Aufgaben der Treuhandanstalt." Birgit Breuel, Präsidentin der Treuhandanstalt, Schreiben an den Bundesminister der Finanzen, den Bundesminister für Wirtschaft und den Chef des Bundeskanzleramtes vom 30. März 1994 (zitiert nach Treuhandanstalt 1994. Bd. 15: 285-292 [289 – 290]).

2. Wie ist es zur Fortschreibung der Zentralverwaltungsstrukturen der DDR-Wirtschaft über das Jahr 1990 hinaus gekommen?

Die Fortschreibung der Zentralverwaltungsstrukturen der DDR-Wirtschaft über das Jahr 1990 hinaus ist weder den Beharrungskräften früherer Funktionseliten des SED-Regimes noch mangelnder Aufmerksamkeit westdeutscher Akteure zuzuschreiben. Diese Strukturen wurden von den nach der Währungsunion vom 1. Juni 1990 in die Leitungsgremien der Treuhandanstalt eingezogenen westdeutschen Managern unter der Führung von Detlev Karsten Rohwedder vorsätzlich wiederbelebt, obwohl die erste und letzte demokratisch gewählte Volkskammer der DDR kurz zuvor die Aufhebung dieser Strukturen beschlossen hatte. Dies geschah durch gezielte Reorganisationen nach der Ablösung des ersten Treuhand-Präsidenten Rainer Maria Gohlke durch den bis dahin als Verwaltungsratsvorsitzenden fungierenden Nachfolger Rohwedder, also ab dem 20. August 1990. Wie sahen diese Reorganisationsmaßnahmen aus, welche Entscheidungen lagen ihnen zugrunde, und was hat zu diesen Entscheidungen geführt?

Die Leitung der DDR-Wirtschaft erfolgte durch Industrieministerien, denen die zentralgeleiteten Kombinate und Volkseigenen Betriebe unterstanden. Die Industrieministerien waren der Plankommission beim Ministerrat der DDR berichtspflichtig. Neben den Industrieministerien gab es ein „Ministerium für bezirksgeleitete Industrie und Lebensmittelindustrie" (des weiteren „Ministerien anderer Wirtschaftsbereiche" wie Bauwesen, Verkehrswesen etc.) und „Ministerien mit Querschnittfunktionen" wie das Ministerium der Finanzen, das Ministerium für Materialwirtschaft etc. Dem „Ministerium für bezirksgeleitete Industrie und Lebensmittelindustrie" unterstanden die „Bezirkswirtschaftsräte" bei den Räten der Bezirke. Den Bezirkswirtschaftsräten unterstanden – ähnlich wie den Industrieministerien, nur in kleinerem Maßstab – Kombinate (die sogenannten „Bezirksgeleiteten Kombinate") und Volkseigene Betriebe.[8]

Die Regierung Modrow[9] hat diese Strukturen auch nach der Gründung der „Anstalt zur treuhänderischen Verwaltung des Volkseigentums" (Treuhandanstalt) am 1.3.1990 intakt gelassen.[10] Bei den Beratungen der am 18.3.1990 ge-

---

8 Einen Überblick über das Wirtschaftslenkungssystem der DDR geben die „Materialien zum Bericht zur Lage der Nation im geteilten Deutschland 1987", Bundestagsdrucksache 11/11 vom 18.2.1987 (dort vor allem der Abschnitt „Der institutionelle Aufbau des Wirtschaftssystems" von Kurt Erdmann und Klaus Krakat, a.a.O.: 111-118).

9 Die Amtszeit des letzten von der SED gestellten Ministerpräsidenten der DDR, Hans Modrow, dauerte vom 13.11.1989 bis zur Wahl seines Nachfolgers, Lothar de Maizière (Demokratischer Aufbruch/CDU) am 12.4.1990.

10 Auf die Vor- und Frühgeschichte der Treuhandanstalt kann hier nicht eingegangen werden. Vgl. dazu Fischer/Schröter 1993.

wählten Volkskammer über ein neues Treuhandgesetz und eine darauf fußende neue Satzung der Treuhandanstalt aber spielte die Frage, wie der Zentralismus der DDR-Wirtschaftsverwaltung zu überwinden sei, eine wichtige Rolle.[11] Aus den Protokollen der Volkskammerberatungen läßt sich deutlich ablesen, daß es von den Parteien der Regierungskoalition bis zum oppositionellen Bündnis 90/Grüne einen Konsens über die Schaffung dezentraler Strukturen, sei es auf der Basis der zu errichtenden ostdeutschen Länder, sei es auf der Basis branchenübergreifender Kapitalgesellschaften, gab. Das neue Treuhandgesetz vom 17. Juni 1990 sah dann die Bildung sogenannter Treuhand-Aktiengesellschaften vor (§§ 7 und 8 Treuhandgesetz). Diese sollten branchenübergreifend als marktnahe, dezentrale Einheiten operieren. Der Gedanke der Dezentralität hatte Vorrang[12].

Das Treuhand-Gesetz vom 17. Juni 1990 trat zum 1. Juli, dem Tag der Währungsunion, in Kraft. Die Währungsunion aber entzog der von der Volkskammer beabsichtigten, in prägnantem Gegensatz zum Zentralismus der Planwirtschaft konzipierten dezentralen Organisationsstruktur der Treuhandanstalt faktisch die Grundlage. Dies dürfte zu diesem Zeitpunkt freilich kaum einem der maßgeblichen Akteure bewußt gewesen sein. Die Folgen der Währungsunion entfalteten aber schnell einen Entscheidungsdruck, der zu erheblichen Spannungen zwischen dem Vorsitzenden des Verwaltungsrates der Treuhandanstalt, Rohwedder, und dem Treuhandpräsidenten Golke führte. Die Währungsunion war zu Umstellungskursen von 1:1 für Sparguthaben bis zur Höhe von 6.000 Mark der DDR und von 1:2 für darüber hinausgehende Beträge, also auch für das „Volkseigene Vermögen" der DDR, erfolgt. Löhne und Gehälter wurden ebenfalls 1:1 umgestellt. Dies waren „politische" Umstellungskurse, denn sie folgten nicht halbwegs verläßlichen ökonomischen Indikatoren (etwa der Relation der Arbeitsproduktivität in der Bundesrepublik und der DDR, geschweige denn den Umtauschkursen auf dem Schwarzmarkt, die sich im ersten Halbjahr 1990 bei etwa 1:10 eingespielt hatten), sondern den Erwartungen der ostdeutschen Bevölkerung in die schnelle Realisierung eines „Wirtschaftswunders" nach westdeutschem Muster, die zuvor – namentlich im Volkskammerwahlkampf des Frühjahrs – von westdeutschen Politikern zusätzlich geschürt worden waren.[13]

---

11 Vgl. Volkskammer der Deutschen Demokratischen Republik, 10. Wahlperiode, 15. Tagung, 17. Juni 1990 (zum Treuhandgesetz), sowie 26. Tagung, 20. Juli 1990 (zur Satzung der Treuhandanstalt), Stenographische Niederschriften.

12 „Die Treuhandanstalt verwirklicht ihre Aufgaben in dezentraler Organisationsstruktur über Treuhand-Aktiengesellschaften (...)." – § 7 Treuhand-Gesetz. „Die Treuhand-Aktiengesellschaften dienen der zügigen Erfüllungen der Aufgaben gemäß dem Treuhand-Gesetz zur Durchführung des dezentral zu verwirklichenden Privatisierungsauftrages." – § 1 Erste Durchführungsverordnung zum Treuhand-Gesetz (15. August 1990).

13 Die Entscheidungsprozesse, die zur Währungsunion mit den genannten Umstellungskursen führten, sind noch weitgehend unerforscht und werden dies mutmaßlich noch einige Zeit bleiben, solange sich die amtlichen Akten unter Verschluß befinden. Eine Einschätzung der sozialpsychologischen Dynamik, welche die in Aussicht gestellte Einführung der

Die Folgen der Währungsunion zu Umstellungskursen, für die es keine ökonomische Grundlage gab, waren von den wirtschaftswissenschaftlichen Beratern der Bundesregierung recht präzise vorhergesagt worden:[14] die Unternehmen der DDR gerieten in eine dramatische Preis-Kosten-Schere. Sie mußten ihre Vorprodukte und die Löhne und Gehälter nunmehr in D-Mark bezahlen, sie konnten jedoch in Anbetracht des veralteten Kapitalstocks und der daraus resultierenden Arbeitsproduktivität und Produktqualität ihre Produkte nicht im entferntesten zu kostendeckenden Preisen absetzen.[15] Nach einem halben Jahr, im 4. Quartal 1990, war das Bruttoinlandsprodukt im Gebiet der DDR bzw. der neuen Bundesländer auf 71,5 % des Niveaus vor der Währungsunion gefallen. Nach einem Jahr, im 2. Quartal 1991, betrug das Bruttoinlandsprodukt nur noch gut die Hälfte (55,5 %) des Standes im letzten Quartal vor der Währungsunion. Besonders dramatisch war der Einbruch im produzierenden Gewerbe. Hier betrug die Bruttowertschöpfung im 4. Quartal 1990 nur noch 65 % der Bruttowertschöpfung im 2. Quartal 1990, im 2. Quartal 1991 sank sie auf 47 % des Niveaus im 2. Quartal 1990 (Quelle: DIW/IWK 1992). Die Währungsunion hatte in Ostdeutschland eine Depression ausgelöst, die in der Wirtschaftsgeschichte der Industriestaaten beispiellos ist.[16]

D-Mark in der DDR unter der dortigen Bevölkerung freisetzte, findet sich bei Zatlin (1994). Vgl. a. Seibel 1995: 219-228.

14 Der Sachverständigenrat zur Begutachtung der gesamtwirtschaftlichen Entwicklung hatte am 20.1.1990 ein Sondergutachten „Zur Unterstützung der Wirtschaftsreform in der DDR: Voraussetzungen und Möglichkeiten" erstattet, in dem er sich für eine stufenweise Herstellung der Währungsunion aussprach, bei der sich die Wechselkurse zwischen D-Mark und Mark der DDR an der Wettbewerbsfähigkeit der DDR Wirtschaft orientiert hätten. Nachdem die Bundesregierung am 7.2.1990 die Einleitung von Verhandlungen mit der Regierung der DDR über die Herstellung einer Währungsunion beschlossen hatte, wandte sich der Sachverständigenrat nochmals in einem Brief vom 9.2.1990 an den Bundeskanzler, in welchem er seine „Vorbehalte gegen eine rasche währungspolitische Integration" geltend machte. Der Brief wurde der Öffentlichkeit zugeleitet, er hatte also den Charakter eines Offenen Briefes. Dies konnte nur als besondere Unterstreichung der Sorgen des Sachverständigenrates gewertet werden, auch wenn es sich formal, ebenso wie das Sondergutachten vom 20.2.1990, um ein „zusätzliches Gutachten" im Sinne von § 6 des Gesetzes über die Bildung eines Sachverständigenrates zur Begutachtung der gesamtwirtschaftlichen Entwicklung handelte. Das Sondergutachten und der Brief an den Bundeskanzler sind als Anhänge IV und V im Jahresgutachten 1990/91 des Sachverständigenrates abgedruckt (Sachverständigenrat 1990: 276-308). Am 6.2.1990 hatte ferner der Präsident der Deutschen Bundesbank, Karl-Otto Pöhl, während eines Besuches in Ost-Berlin vor der Herstellung einer „vorzeitigen" Währungsunion zu unrealistischen Umstellungskursen gewarnt. Vgl. Deutsche Bundesbank: Auszüge aus Presseartikeln. 12.2.1990.
15 Die gründlichste Analyse der Folgen der Währungsunion ist nach wie vor Sinn/Sinn 1993: 63-100. Vgl. a. Akerlof et al. 1991.
16 Vgl. auch Sinn/Sinn (1993: 34-38), die die ökonomische Depression in Ostdeutschland nach dem 1. Juli 1990 mit den Auswirkungen der Weltwirtschaftskrise 1928 – 1933 in Deutschland und den USA vergleichen. Die Industrieproduktion war in Deutschland nach den Angaben der Autoren während der Weltwirtschaftskrise – also: während eines mehrere Jahre umfassenden Zeitraums – um 40 % gesunken, in den USA um 35 %.

Die Folgen dieser Situation für die zum 1. Juli 1990 auf der Grundlage des Gesetzes vom 17. Juni 1990 neu installierte Treuhandanstalt können in ihrer Dramatik kaum überschätzt werden. Die Treuhandanstalt war im Besitz von schätzungsweise 8.000 Firmen mit ungefähr 4 Millionen Mitarbeitern, die Tag für Tag Verluste in mutmaßlich gigantischer, aber keineswegs kalkulierbarer Form machten. Bedeutsamer noch war die Tatsache, daß die scharfe ökonomische Depression jeder geordneten Privatisierungspolitik der Treuhandanstalt die Grundlage zu entziehen drohte. Die Treuhand-Firmen waren nicht nur in keiner Weise profitabel, sie waren aus diesem Grunde auch unter keinen Umständen profitabel verkäuflich. Die Treuhandanstalt und damit die Bundesregierung standen faktisch bereits am 1. Juli 1990 vor der Wahl, den Treuhandbesitz mit Subventionen unkalkulierbarer Größenordnung zu halten, in der Hoffnung, ihn nach staatlich finanzierter Sanierung zu einem vertretbaren Preis veräußern zu können – oder aber die ‚Flucht nach vorn' anzutreten und den Treuhandbesitz so schnell wie möglich loszuschlagen. Nach einem längeren Klärungsprozeß, der bis ins Frühjahr 1991 andauerte, war die Entscheidung zugunsten der zweiten Alternative gefallen. Zuvor jedoch, im zweiten Halbjahr 1990, mußte die Führung der Treuhandanstalt die chaotische Situation in den Griff bekommen, die sich mit dem 1. Juli 1990 für ihre Betriebe vollends eingestellt hatte.[17]

Über die unmittelbar anliegenden Aufgaben der Treuhandanstalt entspannen sich gleich nach der Konstituierung von Verwaltungsrat und Vorstand, die zum 15. Juli 1990 erfolgte, Konflikte zwischen dem Vorsitzenden des Verwaltungsrates, Rohwedder, und dem Präsidenten Gohlke.[18] Während Rohwedder auf Klärung der grundlegenden Organisationsprobleme der Treuhandanstalt drängte, verstrickte Gohlke sich in erste Großprivatisierungen, die keinen glücklichen

---

17 Bei der Betonung der fundamentalen Bedeutung der Währungsunion vom 1. Juli 1990 für den nachfolgenden Zusammenbruch der ostdeutschen Wirtschaft sollten freilich die Probleme der Treuhandanstalt im davorliegenden Zeitraum nicht übersehen werden. Bereits im ersten Halbjahr 1990 war die Entwicklung in den treuhandeigenen Betrieben weitgehend außer Kontrolle geraten, weil sich viele Betriebe und Betriebsteile auf der Grundlage des seit Januar in Kraft befindlichen Joint-Venture-Gesetzes mit Hilfe westlicher – zumeist: westdeutscher – Investoren selbständig zu machen suchten. Es kam zu einer regelrechten Flucht aus den Kombinaten, über deren Entwicklung die Treuhand-Zentrale in Berlin so gut wie keinen Überblick hatte.

18 Die nachfolgenden Ausführungen stützen sich auf meine Untersuchungen im Rahmen des von der Treuhandanstalt ins Leben gerufene „Forschungsprojekt Treuhandanstalt", getragen von einer interdisziplinären Forschergruppe unter der Koordination der Professoren Dres. Wolfram Fischer, Freie Universität Berlin, Herbert Hax und Hans Karl Schneider, beide Universität zu Köln, in den Jahren 1992 und 1993. Die Untersuchungen wurden in der Zwischenzeit fortgesetzt im Rahmen eines Projektes „Institutionenbildende Entscheidungsprozesse im Transformationsprozeß der ostdeutschen Wirtschaft", das von der Volkswagenstiftung gefördert wird. Vgl. zu der hier behandelten Entwicklungsphase Seibel 1993: 114-129, mit Nachweisen zu Dokumenten- und Interviewquellen.

Verlauf nahmen.[19] Rohwedder erachtete insbesondere die dezentrale Struktur, die durch die Treuhand-Aktiengesellschaften konstituiert werden sollte, als unvereinbar mit den Erfordernissen einer straffen und energischen Führung, wie sie unter den obwaltenden wirtschaftlichen Umständen als unabdingbar erscheinen mußte. Der Durchsetzung entsprechender Reorganisationsmaßnahmen stand aber sowohl das Gesetz, das die Bildung der Treuhand-Aktiengesellschaften zwingend vorsah[20], als auch die Person des Treuhand-Präsidenten im Wege. Über beide Hindernisse setzte sich der Verwaltungsratsvorsitzende Rohwedder hinweg. Gohlke wurde am 20. August 1990 durch Rohwedder selbst abgelöst. Das Gesetz hingegen wurde durch den neuen Treuhand-Präsidenten schlicht gebrochen. Rohwedder verkündete der Presse gegenüber, auf die Treuhand-Aktiengesellschaften verzichten zu wollen (Handelsblatt, 27.8.1990: 5).[21] Er erläuterte diese Entscheidung bei einem Besuch im Plenum der Volkskammer am 13. September 1990. Der Feststellung, daß er sich zum Bruch des Volkskammergesetzes vom 17. Juni 1990 entschlossen hatte, wich Rohwedder bei dieser Gelegenheit nicht aus, enthielt sich deutlicher Formulierungen aber doch zugunsten eines saloppen Kommentars: „Erst kommt das Leben und dann die Paragraphen."[22]

Mit dem Verzicht auf die Treuhand-Aktiengesellschaften wurde die Treuhandanstalt selbst und unmittelbar Träger des sogenannten operativen Geschäfts. Die Treuhandanstalt selbst mußte nun Personal und Sachverstand mobilisieren und sie mußte eine geschäftspolitische Strategie entwickeln und implementieren. Ein wesentlicher Bestandteil dieser Operationalisierung war eine umfassende Reorganisation. Bis zu diesem Zeitpunkt, also im Spätsommer und Frühherbst 1990, hatte die Zentrale der Treuhandanstalt in Berlin eine funktionale Organisationsgliederung, in denen die beiden Vorstandsbereiche für „Privatisierung" und „Sa-

---

19 Spektakulärstes Beispiel war die mißglückte Veräußerung der InterHotel-Kette an den westdeutschen Steigenberger-Konzern in den Monaten Juli und August 1990.
20 „Die Treuhandanstalt wird beauftragt, unverzüglich, spätestens innerhalb von zwei Monaten nach Inkrafttreten dieses Gesetzes, im Wege der Bargründung Treuhand-Aktiengesellschaften zu gründen." - § 7 Treuhandgesetz.
21 Kemmler (1994: 223) berichtet auf der Grundlage eines von ihm geführten Interviews mit Lothar de Maizière, daß Rohwedder mit dem Ministerpräsidenten über eine Änderung des Treuhandgesetzes im Sinne eines Verzichts auf die Treuhand-Aktiengesellschaften gesprochen habe. De Maizière habe für die geplante Reorganisationsmaßnahme sein Einverständnis gegeben, eine nochmalige Beratung und Änderung des Treuhandgesetzes in der Volkskammer jedoch für praktisch und politisch undurchführbar erklärt. Dabei habe auch der – zufällig ebenfalls, wie der Rücktritt Gohlkes, am 20. August 1990 erfolgte – Auszug der SPD-Minister aus der Regierung der DDR sowie deren starke Beanspruchung durch die Verhandlungen über den Einigungsvertrag, die vor ihrem unmittelbaren Abschluß standen, eine Rolle gespielt.
22 Volkskammer der Deutschen Demokratischen Republik, 10. Wahlperiode, 35. Tagung, 13. September 1990, Stenographische Niederschrift: 1680. Das Protokoll verzeichnet an dieser Stelle: „Beifall bei CDU/DA und DSU". Der Beifall hat mutmaßlich eher der volkstümlichen Formulierungskunst Rohwedders gegolten als dem Rechtsbruch und der darin enthaltenen Desavouierung des Parlaments.

nierung" dominierten. Außerdem existierten noch die fünfzehn „Außenstellen", die allerdings im Fall der Bildung von Treuhand-Aktiengesellschaften aufgelöst worden wären (dies war für das Jahresende 1990 vorgesehen). Die funktionale Organisationsgliederung der Treuhand-Zentrale war mit der direkten Übernahme des operativen Geschäfts dysfunktional geworden, denn sie behinderte – neben erheblichen praktischen Problemen wie der Zuordnung von Unternehmen zu den Bereichen „Privatisierung" bzw. „Sanierung" – vor allem die Bündelung branchenspezifischen Sachverstandes. Es lag jedoch auf der Hand, daß sowohl das Privatisierungs- als auch ein eventuelles Sanierungsgeschäft nur von intimen Branchenkennern in branchenfokussierten Arbeitszusammenhängen bewältigt werden konnte. Im November 1990 verabschiedete der Vorstand der Treuhandanstalt eine neue Organisationsstruktur für die Treuhand-Zentrale, deren Kern fünfzehn nach Branchen ausgerichtete Direktorate waren. Die ursprünglich im Zeichen der Bildung von Treuhand-Aktiengesellschaften zur Auflösung vorgesehenen „Außenstellen" der Treuhandanstalt wurden nun – dies hatte bereits Rohwedder in seiner Rede vor der Volkskammer am 13. September 1990 angekündigt – als regionale, der Treuhand-Zentrale in Berlin jedoch hierarchisch unterstellte Einheiten wiederbelebt[23] und in „Niederlassungen" umbenannt. Die noch im Amt befindlichen Außenstellen- bzw. Niederlassungsleiter wurden sämtlich abgelöst und an einem gemeinsamen Stichtag, dem 4. Oktober 1990, durch westdeutsche Manager ersetzt.

Mit der organisatorischen Ausrichtung der Treuhand-Zentrale nach Branchen und der Beibehaltung der vormaligen Treuhand-Außenstellen als „Niederlassungen" war der Wille der ersten und letzten demokratisch gewählten Volkskammer nicht nur in formaler Hinsicht konterkariert worden. Die seit Juli 1990 in Verwaltungsrat und Vorstand der Treuhandanstalt eingezogenen Westmanager, unter der energischen Führung Rohwedders, hatten damit auch materiell die Organisationsstruktur der DDR-Wirtschaftsverwaltung wieder hergestellt. Mit ihrer branchenmäßigen Untergliederung und den Durchgriffsrechten gegenüber den Betrieben entsprach die Zentrale der Treuhandanstalt den vormaligen Industrieministerien. Auch das Personal der Treuhandanstalt setzte sich auf der dritten und vierten Führungsebene (Abteilungsleiter und Referenten) teilweise, unterhalb dieser Ebene weitgehend aus früheren Mitarbeitern der Industrieministerien und der Plankommission zusammen. Die „Niederlassungen" waren die unmittelbaren Nachfolger der Bezirkswirtschaftsräte bei den Räten der Bezirke. Daher auch die Anzahl der Niederlassungen (fünfzehn), die der Anzahl der DDR-Bezirke (vierzehn) zuzüglich Ost-Berlin als Hauptstadt der DDR entsprach.

---

23 Nach den Worten von Rohwedder wollte man die Regionalvertretungen der Treuhandanstalt nun „sehr pflegen, ausbauen, durchpusten ... angucken, prüfen, personell neu besetzen". Volkskammer der Deutschen Demokratischen Republik, 10. Wahlperiode, 35. Tagung, 13. September 1990, Stenographische Niederschrift: 1681.

Die Wiederherstellung der DDR-Wirtschaftsverwaltungsstrukturen durch westdeutsche Manager hat in der Öffentlichkeit damals und auch später keine Aufmerksamkeit gefunden. Sie war aber den Schlüsselakteuren in der Treuhandanstalt selbst gut bewußt, darauf lassen selbst noch die oben zitierten Äußerungen der Treuhand-Präsidentin Breuel im Zusammenhang mit der gescheiterten Auflösung der Treuhandanstalt schließen. Die Herstellung einer straff geführten, zentralistischen und branchenorientierten Steuerungsinstanz für die Überführung des wirtschaftlichen Staatsbesitzes in marktwirtschaftliche Strukturen folgte einer Sachzwanglogik, niemand hatte es mutwillig auf die Wiederherstellung alter DDR-Strukturen angelegt. Dennoch waren die Dezentralisierungsvorstellungen, die in der Volkskammer bei der Vorbereitung des Treuhandgesetzes vom 17. Juni 1990 eine wichtige Rolle gespielt hatten, im Spätherbst 1990 vollständig in ihr Gegenteil verkehrt worden, während die Öffentlichkeit wenig später ein durchaus waches Interesse an der Treuhandanstalt entwickeln sollte. Was die Öffentlichkeit interessierte, war jedoch nicht die Organisationsform der Treuhandanstalt, sondern deren praktische Tätigkeit.

3. Welche Faktoren haben zur Stabilisierung der Treuhandanstalt trotz erheblichen politischen Drucks und erheblicher Zielkonflikte beigetragen?

Mit der Herbeiführung der Währungsunion zu Umstellungskursen, die durch die Wettbewerbsfähigkeit der ostdeutschen Wirtschaft nicht gedeckt waren, hatte die Bundesregierung – mutmaßlich ohne, daß sie sich darüber im Klaren war – die Initiative für eine politische Steuerung des wirtschaftlichen Strukturwandels in Ostdeutschland aus der Hand gegeben. Genau davor hatten die wirtschaftswissenschaftlichen Berater der Bundesregierung im Frühjahr 1990 gewarnt.[24] Die Treu-

---

24 „Es ist wohl unvermeidlich, daß die Einführung der D-Mark bei den Bürgern der DDR die Illusion wecken muß, mit der Währungsunion sei auch der Anschluß an den Lebensstandard der Bundesrepublik hergestellt. Davon kann jedoch keine Rede sein; das Einkommen ist an die Produktivität gebunden, die bisher weit hinter der in der Bundesrepublik zurückbleibt. (...) Die einheitliche Währung wird den Abstand der Einkommen schlagartig verdeutlichen, Forderungen nach einer Korrektur werden nicht auf sich warten lassen und schwer abzuweisen sein. Die Nominallöhne werden dann über die Zunahme der Produktivität hinaus ansteigen. Dies geht zu Lasten des Produktionsstandortes DDR, und der dringend erforderliche Kapitalzustrom aus dem Westen bleibt aus. Der Druck auf die Bundesrepublik würde anwachsen, den Abstand der Einkommen (Löhne und Renten) durch einen ‚Finanzausgleich' zugunsten der DDR zu verringern. Riesige Belastungen kämen auf die öffentlichen Haushalte zu, es wären nicht nur erhebliche Steuererhöhungen unvermeidlich, es würden vielmehr auch öffentliche Mittel in Transfers für konsumtive

handanstalt, dies muß betont werden, hatte nur noch eine Aufgabe: Die aus der Währungsunion resultierenden Sachzwänge für den wirtschaftlichen Staatsbesitz bei möglichst geringen politischen Kosten zu vollziehen. Zu strategischen Initiativen im Rahmen einer kontrollierten Politik ökonomischer Transformation war nach dem 1. Juli 1990 schon die Regierungsebene nicht mehr in der Lage, geschweige denn eine nachgeordnete bürokratische Instanz.

Die strategischen Rahmendaten wurden seit dem 1. Juli 1990 vom Markt diktiert. In der Tat waren die ostdeutschen Unternehmen dem zu diesem Zeitpunkt schlagartig einsetzenden Wettbewerbsdruck des Weltmarktes in keiner Weise gewachsen. Dem Einbruch der Industrieproduktion folgte ab dem Herbst 1990 die massive Freisetzung von Arbeitskräften.[25] Im Februar 1991 kam es zu einer massiven Protestwelle in den ostdeutschen Betrieben. Sie war begleitet von wilden Streiks, Betriebsbesetzungen und dem Wiederaufleben der sogenannten Montagsdemonstrationen in den großen Städten.[26] Treuhand-Betriebe, die Massenentlassungen vornehmen mußten, versuchten diese durch großzügige Sozialpläne für die Belegschaften akzeptabel zu machen. Zusätzlich zu den Verlusten aus den Betriebsergebnissen drohten der Treuhandanstalt nun Folgekosten aus Sozialplänen in unkontrollierbarer Größenordnung.

Zu Beginn des Jahres 1991 befand sich die Treuhandanstalt also recht plötzlich in einer dramatischen Situation, in der ihre Handlungsfähigkeit, wenn nicht sogar ihre Existenz auf dem Spiel stand. Es zeigte sich, daß die Eigendynamik der ökonomischen Depressionen in Ostdeutschland die Anstalt in ein Dilemma brachte: einerseits verursachte der Zusammenbruch der Industrieproduktion für den Eigentümer Treuhandanstalt Tag für Tag massive Verluste. Dies verschärfte den Zwang, den verlustbringenden Besitz so schnell wie möglich loszuschlagen. Andererseits waren einer rigorosen Beschleunigung der Privatisierungstätigkeit politische Grenzen gesetzt. Sowohl von den Gewerkschaften als auch von den ostdeutschen Landesregierungen kamen genau entgegengesetzte Forderungen: die Privatisierungstätigkeit solle gestreckt, die Tätigkeit der Treuhandanstalt mehr auf

---

Verwendungen gebunden, die bei der Finanzierung von Maßnahmen zur Verbesserung der Infrastruktur fehlen müßten." – Brief des Sachverständigenrates zur Begutachtung der gesamtwirtschaftlichen Entwicklung vom 9. Februar 1990 an den Bundeskanzler (Sachverständigenrat 1990: 306-308 [306]).

25 Die Zahl der Erwerbstätigen in Ostdeutschland sank innerhalb eines halben Jahres nach der Währungsunion von 9,13 Millionen auf 8,05 Millionen, also um rund 1,1 Millionen oder 12,5 %. Ein Jahr nach der Währungsunion, im III. Quartal 1991, hatte die Zahl der Erwerbstätigen bereits um 2,23 Millionen und 25 % (auf 6,9 Millionen) abgenommen. Quelle: DIW/IWK 1992.

26 Teilweise kam es zu landfriedensbruchartigen Szenen. Am 27. Februar 1991 drangen aufgebrachte Werftarbeiter in den Landtag von Mecklenburg-Vorpommern in Schwerin ein (Frankfurter Allgemeine Zeitung, 28.2.1991: 5). Aus einigen ostdeutschen Landesregierungen kamen Forderungen nach einer Auflösung der Treuhandanstalt und deren Umformung zu Landesanstalten (Leipziger Volkszeitung, 14.2.1991: 1; Magdeburger Allgemeine Zeitung, 6.3.1992: 4).

Sanierung orientiert werden. Hinzu kamen sachliche Zielkonflikte. Eine schnelle Privatisierung war z. B. für den gewaltigen Grundbesitz der Treuhandanstalt definitiv ausgeschlossen. Die Treuhandanstalt war Monopolanbieter auf dem ostdeutschen Bodenmarkt und hätte mit einer rigorosen Privatisierung von Grund und Boden einen Zusammenbruch des Preisgefüges in Ost- und Westdeutschland mit dramatischen Folgen für die dingliche Absicherung von Krediten aller Art auslösen können.

In diesen Dilemmata spiegelten sich die nicht-intendierten ökonomischen Folgen der politischen Entscheidungen des Jahres 1990 wider (Seibel 1995). Die strategische Richtschnur dieser Entscheidungen war die schnelle Realisierung der staatlichen Einheit von Bundesrepublik und DDR unter stabilen innen- und außenpolitischen Bedingungen. Als zentrales ökonomisches Mittel zur Realisierung dieses politischen Ziels hatte die Währungsunion vom 1. Juli 1990 gedient. Die Versprechungen und Hoffnungen, die in der politischen Öffentlichkeit mit der Währungsunion verknüpft worden waren – insbesondere die Aussicht auf schnelles wirtschaftliches Wachstum und breite Steigerung des Wohlstandes – erwiesen sich seit Anfang 1991 auch in der Wahrnehmung der ostdeutschen Bevölkerung als große Illusion. Davon zeugten die anschwellenden Proteste, die nur als Vorboten größerer sozialer Unruhen begriffen werden konnten. Hinzu kam die Zerstörung fiskalpolitischer Illusionen. Die Währungsunion und die nachfolgende scharfe Depression in Ostdeutschland hatten den Industriebesitz der Treuhandanstalt vorläufig – das heißt, so lange der staatliche Besitzer nicht in Sanierungsmaßnahmen investierte – weitgehend entwertet. Weil die Währungsunion schlagartig den krassen Mangel an Wettbewerbsfähigkeit der treuhandeigenen Unternehmen offenbarte, zeichnete sich ab, daß der Treuhandbesitz auch nicht gewinnbringend zu veräußern , eine Sanierung in staatlicher Regie aber ein ‚Faß ohne Boden' sein würde. Damit erwiesen sich die noch im Sommer 1990 auf westdeutscher wie auf ostdeutscher Seite gehegten Hoffnungen als gegenstandslos, die ‚Kosten der Einheit' könnten aus der Veräußerung des Volkseigenen Vermögens der untergegangenen DDR finanziert werden.[27]

3.1 Das deutsche Modell ökonomischer Transformation: Staatlich inszenierte Depression bei monetärer und institutioneller Dämpfung politischer Kosten

Wenn sich die ökonomische Depression in Ostdeutschland durch politische Mittel nicht mehr steuern ließ, so kam es entscheidend auf die Dämpfung ihrer politischen Kosten an. Vor allem mußte ein negativer circulus vitiosus durchbrochen werden: Wenn sich der Protest, den die sozialen Folgen der ökonomischen De-

---

27 Auch dies hatte freilich der Sachverständigenrat in seinem Brief an den Bundeskanzler vom 9. Februar 1990 prophezeit. S. Fußnote 14.

pression im Frühjahr 1991 ausgelöst hatte, verstetigte und in politischen Druck umsetzte, konnte die Bundesregierung gezwungen sein, den Privatisierungsprozeß in Ostdeutschland zu verlangsamen, die Treuhandanstalt also zu veranlassen, verlustbringende Betriebe mit einer hohen Zahl unterproduktiver Arbeitskräfte zu erhalten und dadurch weder die fiskalischen noch – als Nach-Wie-Vor-Eigentümer großer Teile der ostdeutschen Wirtschaft – die politischen Risiken der wirtschaftlichen Entwicklung in den neuen Bundesländern unter Kontrolle zu bringen.

Es kann nicht erstaunen, daß es in dieser Situation zu einer konsequenten Mobilisierung monetärer und institutioneller Mechanismen kam, auf denen der hohe Grad politischer Stabilität der Bonner Bundesrepublik seit ihrem Bestehen im wesentlichen beruht. Es handelt sich um eine Kombination aus fiskalischen und parafiskalischen Transferleistungen, Föderalstaatlichkeit, Neo-Korporatismus und Verwaltungsstaatlichkeit.

Die sich in der Öffentlichkeit Anfang des Jahres 1991 endgültig abzeichnende Erkenntnis, daß sich weder die Hoffnungen der Ostdeutschen auf einen raschen wirtschaftlichen Aufschwung und eine breite Steigerung des Wohlstandes noch die (weitaus schwächer ausgeprägten) Hoffnungen der Westdeutschen auf eine jedenfalls für *sie* „kostenfreie" Wiedervereinigung erfüllen würden, konnte nach Lage der Dinge nur zu dem Entschluß der Bundesregierung führen, die Enttäuschungen der Ostdeutschen durch monetäre Transferleistungen auf Kosten der Westdeutschen in Grenzen zu halten. Im Bundestagswahlkampf 1990 hatten die Koalitionsparteien, in dieser Frage hart bedrängt von der oppositionellen SPD, Steuererhöhungen zur Finanzierung der ‚Kosten der Einheit' strikt abgelehnt. Dies engte nun den Handlungsspielraum der Bundesregierung ein, den sie nicht zuletzt durch politische Rhetorik – etwa mit dem Verweis auf die von den Deutschen aufzubringenden Kosten des gerade zuende gegangenen Golfkrieges – vorsichtig zu erweitern suchte. Außerdem konnten die am deutlichsten sichtbaren Belastungen, nämlich die Steuererhöhungen, durch die Ausweitung der Neuverschuldung des Bundes und nicht zuletzt im Wege der parafiskalischen Umverteilung über die Sozialversicherungsträger beschränkt werden. Dies änderte aber alles nichts an dem monetären Struktureffekt, den das Aufeinandertreffen einer ökonomischen Depression mit hochgesteckten Prosperitätserwartungen in Ostdeutschland haben mußte: Güterverwendung und Bruttoinlandsprodukt klafften in Ostdeutschland bald weit auseinander und die Differenz konnte nur durch staatliche bzw. staatlich kontrollierte Transferleistungen wettgemacht werden.[28] An der

---

28 Das Deutsche Institut für Wirtschaftsforschung, Berlin, das Institut für Wirtschaftsforschung Halle und das Institut für Weltwirtschaft an der Universität Kiel gaben in dem – fünf Jahre nach der Währungsunion erstatteten – 13. Bericht „Gesamtwirtschaftliche und Unternehmerische Anpassungsfortschritte in Ostdeutschland" an, daß das regionale Bruttoinlandsprodukt für Ostdeutschland im Jahre 1994 nur drei Fünftel der Güterverwendung ausmachte. Die Summe von privatem Verbrauch und Staatsverbrauch einerseits und Bruttoinvestitionen andererseits („letzte Inländische Verwendung") betrug in Ostdeutschland 1994 562,4 Mrd. DM, das Bruttoinlandsprodukt lediglich 334,8 Mrd. DM. –

Umsetzung dieser Transferleistungen hatte übrigens die Treuhandanstalt einen nicht unerheblichen Anteil.[29]

Monetäre Transferleistungen allein hätten die politischen Risiken der ökonomischen Depression in Ostdeutschland nicht hinreichend dämpfen können, wenn es der Bundesregierung nicht gelungen wäre, diejenigen Akteure einzubinden, die als Interessenvertreter der ostdeutschen Bevölkerung bzw. der ostdeutschen Arbeitnehmer am ehesten geneigt sein mußten, die sozialen Folgen des wirtschaftlichen Niedergangs in den neuen Bundesländern in politischen Druck auf die Bundesregierung umzusetzen. Dies betraf die ostdeutschen Landesregierungen und die Gewerkschaften. Gewerkschaftsführer und ostdeutsche Ministerpräsidenten waren bereits im Herbst 1990 in den Verwaltungsrat der Treuhandanstalt kooptiert worden.[30] Nach der Protestwelle vom Februar 1991 kommt es dann zu einer geradezu kaskadenhaften Abfolge von Vereinbarungen zwischen Bundesregierung und Treuhandanstalt einerseits und ostdeutschen Landesregierungen und Gewerkschaften andererseits. Am 8. März 1991 verabschiedet das Bundeskabinett mit großem Medienecho ein „Gemeinschaftswerk Aufschwung Ost" mit einem Bündel von Finanz- und Aufbauhilfen für die ostdeutschen Länder.[31] Am 14. März 1991 werden „Grundsätze zur Zusammenarbeit von Bund, neuen Ländern und Treuhandanstalt für den Aufschwung Ost" verabschiedet.[32] Darin ist unter anderem die Einrichtung von „Treuhand-Wirtschaftskabinetten" bei den ostdeutschen Landesregierungen vorgesehen (dies sind regelmäßige Zusammenkünfte von Vorstandsmitgliedern der Treuhandanstalt mit Ministern des jeweiligen Bundeslandes). Am 13. April 1991 wird eine „Gemeinsame Erklärung" von Deutschem Gewerkschaftsbund, Deutscher Angestelltengewerkschaft und Treuhandanstalt verabschiedet, die eine Sozialplanrichtlinie enthält.[33] Am 17. Juli 1991 wird zwi-

---

DIW/IWH/IWK 1995: 464-465. Der Wissenschaftliche Beirat beim Bundesministerium der Finanzen nennt in seinem Gutachten „Einnahmeverteilung zwischen Bund und Länder. Probleme und Lösungsmöglichkeiten" (Schriftenreihe des Bundesministeriums der Finanzen, Heft 56, Bonn. Dezember 1995: 53) für das Jahr 1994 vereinigungsbedingte Mehrausgaben von Bund und Ländern in Höhe von 163 Mrd. DM (Bund 145 Mrd. DM, Länder 18 Mrd. DM).

29 Hanau (1993: 474-475) gibt an, daß die Treuhandanstalt für das Jahr 1993 für Investitionszuschüsse und Verlustausgleichszahlungen im Rahmen von Privatisierungsverträgen 75.000 DM je vertraglich gesicherten Arbeitsplatz veranschlagt hat.

30 Am 5. Oktober 1990 berief die Bundesregierung den Vorsitzenden der IG Chemie, Hermann Rappe, zum Mitglied des Verwaltungsrates, am 28. November 1990 den Vorsitzenden des Deutschen Gewerkschaftsbundes, Heinz-Werner Meyer, den Vorsitzenden der Deutschen Angestelltengewerkschaft, Roland Issen, und das Vorstandsmitglied der IG Metall, Horst Klaus. Am 18. Dezember 1990 folgt die Ministerpräsidenten der fünf neuen Bundesländer, das Land Berlin wurde ab 8. März 1991 durch seinen Finanzsenator (Pieroth) vertreten.

31 Bundespresse und Informationsamt. Bulletin. 12. März 1991.
32 Bundespresse und Informationsamt. Bulletin. 15. März 1991.
33 Abgedruckt in: Treuhandanstalt 1994. Bd. 9: 712-716.

schen den neuen Bundesländern, Gewerkschaften und Arbeitgeberverbänden sowie der Treuhandanstalt eine „Rahmenvereinbarung zur Bildung von Gesellschaften zur Arbeitsförderung, Beschäftigung und Strukturentwicklung (ABS)" abgeschlossen.[34]

Bereits am 1. März 1991 war es zu einer folgenreichen tarifpolitischen Entscheidung gekommen. An diesem Tag wurde von den Arbeitgeber- und Arbeitnehmervertretern der Metallindustrie ein Tarifvertrag vereinbart, nach dem die Tarifgrundlöhne bis zum Jahr 1994 und die tariflichen Nebenleistungen bis zum Jahre 1995 dem Niveau in Westdeutschland angeglichen sein sollten. Mit dieser Tarifvereinbarung war ein Signal für die Abkopplung der ostdeutschen Lohn- und Gehaltsentwicklung von der Arbeitsproduktivität gesetzt (vgl. auch Sinn/Sinn, 1993: 195-200). Was rückblickend nur als eine geradezu mutwillige weitere Beschränkung der Wettbewerbsfähigkeit der ostdeutschen Unternehmen erscheinen kann, war das Resultat der gleichgerichteten Interessenlage der Tarifpartner, der Bundesregierung und der ostdeutschen Beschäftigten. Die Tarifpartner, dies gilt sowohl für die Arbeitgeber als auch für die Gewerkschaften, waren zu Beginn des Jahres 1991 in Ostdeutschland erst schwach verankert. Es gab weder erfahrene und politisch unbelastete ostdeutsche Gewerkschaftsfunktionäre, noch waren die neuen, demokratischen Gewerkschaftsstrukturen nach westdeutschem Muster in den Betrieben nennenswert verankert. Auf Arbeitgeber- wie auf Arbeitnehmerseite wurden die Tarifverhandlungen faktisch von Westdeutschen geführt. Die Bundesregierung und der zu diesem Zeitpunkt mit Abstand größte und wichtigste Arbeitgeber in Ostdeutschland, die Treuhandanstalt, waren in Anbetracht der mit aller Schärfe hereingebrochenen Depression in Ostdeutschland sowohl auf die Einbindung der Gewerkschaften selbst als auch auf deren Ordnungsfunktion gegenüber den Beschäftigten angewiesen. Die Beschäftigten wiederum hatten als wichtigsten Indikator dafür, ob sich die Versprechungen der Regierenden vom Einigungsjahr 1990 halbwegs erfüllen würden oder nicht, in erster Linie die Höhe ihres persönlichen Einkommens. Dabei spielte auch eine Rolle, daß nach dem 1. Juli 1990 zwar sofort, wenn auch schrittweise, die staatlichen Subventionen für Güter und Dienstleistungen des täglichen Bedarfs gefallen waren, die Tarifverhandlungen mit gewisser Aussicht auf Kompensation für diese neuen Belastungen für die ostdeutschen Haushalte aber noch Monate, eben bis zu Beginn des Jahres 1991, auf sich warten ließen. Die aus Westdeutschland stammenden Vertreter der Tarifparteien schließlich hatten weder auf Arbeitgeber- noch auf Arbeitnehmerseite ein Interesse daran, in Ostdeutschland eine Billiglohnkonkurrenz entstehen zu lassen. Gegen dieses Interessenkartell hätte die Treuhandanstalt, selbst wenn ihre Repräsentanten dies gewollt hätten (worüber wir nichts wissen), bei der Wahrnehmung klassischer Arbeitgeberfunktionen – die selbstverständlich auf eine strikte Eindämmung der Lohnkosten hinauslaufen mußte – keinerlei Durchsetzungschance gehabt.

---

34   Abgedruckt in: Treuhandanstalt 1994. Bd. 9: 546-552.

Es ist eine offene, aber sicher lohnende Frage, ob sich die Mobilisierung der konfliktschlichtenden Stärken des „Deutschen Modells" nicht dereinst im Rückblick als ein Schlüsselfaktor des dauerhaften Niedergangs der ostdeutschen Wirtschaft erweisen könnte. Aber eine Politik, die mit dem Währungsschock vom 1. Juli 1990 eine langanhaltende Depression mit unverkennbaren Merkmalen einer Deindustrialisierung und einem Verlust von 3,3 Mio. Arbeitsplätzen innerhalb von nur zwei Jahren[35] auslöste und dennoch die sozialen Proteste und deren Verstärkung über die politischen Mechanismen der Interessenaggregation unter Kontrolle zu halten vermochte, liefert in jedem Fall einen nachhaltigen Beleg für das Stabilisierungspotential des deutschen Sozialstaats, seiner föderativen Ordnung und der konsensorientierten Beziehungen zwischen Staat und Tarifpartnern.

Zu den integrativen Stärken dieses politischen Systems zählt aber auch die deutsche Verwaltungsstaatlichkeit. In einem Land mit später politischer Modernisierung im 19. Jahrhundert und häufigen politischen Regimewechseln im 20. Jahrhundert mußte die Flexibilität und Stabilität von Staatlichkeit in erster Linie durch die öffentliche Verwaltung gesichert werden. Die deutsche Verwaltung hat daher ein relativ hohes Selbststeuerungspotential, dessen Merkmale ein hochqualifizierter öffentlicher Dienst, ein in weiten Bereichen auf exekutivischer Rechtssetzung (Verordnungsgebung) beruhendes System legaler Verwaltungssteuerung und ein breites Repertoire an unmittelbar-staatlichen und mittelbar-staatlichen Organisationsformen sind.

Die Treuhandanstalt steht in der Tradition dieser deutschen Verwaltungsstaatlichkeit und sie illustriert deren politische Funktionalität in besonders ausgeprägter Weise. Es war die Treuhandanstalt, die – der preußischen Verwaltung nicht unähnlich, der nach 1806 die Aufgabe zufiel, unterhalb der Schwelle einer Parlamentarisierung der Regierungsgewalt politische Integrationsleistungen zu erbringen, zu denen die politische Führung weder Willens noch in der Lage war – neben dem administrativen Vollzug des Privatisierungsauftrags elementare Funktionen der politischen Entlastung und der Bewältigung strategischer Dilemmata der Bundesregierung zu erfüllen hatte. Ausschlaggebend hierfür war der hohe Grad an Autonomie, der der Treuhandanstalt nicht nur einen faktischen, sondern auch einen symbolischen Handlungsspielraum gewährte und darüber hinaus Raum ließ für eine eigenständige organisatorische Differenzierung.

Seit dem 3. Oktober 1990 war die Treuhandanstalt auf der Grundlage von Art. 25 Einigungsvertrag eine rechtsfähige bundesunmittelbare Anstalt des öffentlichen Rechts. Die Fach- und Rechtsaufsicht oblag dem Bundesminister der Finanzen, der die Fachaufsicht im Einvernehmen mit dem Bundesminister für Wirtschaft bzw. mit dem jeweils zuständigen Bundesminister wahrzunehmen hatte. Praktisch

---

35 Vom 1. Quartal 1990 bis zum 2. Quartal 1992 verringerte sich die Zahl der Erwerbstätigen in Ostdeutschland von 9.568.000 auf 6.201.000. Dies entspricht einer Verringerung um 35 %. Seit 1993 hat sich die Zahl der Erwerbstätigen in Ostdeutschland zwischen 6,1 Mio. und 6,4 Mio. stabilisiert. Vgl. DIW/IWK 1992, DIW/IWK/IWH 1996.

war die Autonomie der Anstalt durch drei Faktoren abgesichert: durch den Mechanismus ihrer Refinanzierung, ihre geographische Lage und die Verselbständigung gegenüber der parlamentarischen Kontrolle.

Die Refinanzierung der Treuhandanstalt erfolgte zunächst auf der Grundlage von Art. 25 Abs. 4 Einigungsvertrag, der einen Kreditrahmen von 25 Mrd. Mark gesetzt hatte. Die Treuhandanstalt fungierte faktisch als Sondervermögen des Bundes und konnte sich entsprechend selbständig am Kreditmarkt bewegen. Die Möglichkeiten hierzu wurden erweitert und abgesichert durch das Treuhandkreditaufnahmegesetz vom 3. Juli 1992, in dem für die Jahre 1992 bis 1994 ein Kreditrahmen von jeweils 30 Mrd. DM und von weiteren 8 Mrd. DM bei besonderer Genehmigung durch den Bundesminister der Finanzen eingeräumt wurde (§§ 1 und 3 Treuhandkreditaufnahmegesetz).[36]

Die geographische Lage der Treuhandanstalt war von nicht zu unterschätzender Bedeutung für ihre politische Legitimationsleistung. Für die ostdeutsche Bevölkerung paßte die Treuhandanstalt mit ihrer augenscheinlich umfassenden Entscheidungskompetenz und der Lokalisierung in Berlin beziehungsweise in den vierzehn ehemaligen Bezirkshauptstädten der DDR nahezu perfekt in eingeübte Wahrnehmungsmuster, wenn es um die Zurechnung politischer Verantwortung für ökonomische Sachverhalte ging. Doch nicht nur in der Wahrnehmung der ostdeutschen Bevölkerung, sondern auch in der breiten deutschen Öffentlichkeit wurde „die Treuhand" zum zentralen Ort der Zurechnung der Verantwortung für die negativen sozialen Folgen des wirtschaftlichen Strukturwandels in den neuen Bundesländern. Die Treuhandanstalt, die die strategischen Rahmenbedingungen ihres Handelns zu keinem Zeitpunkt hatte beeinflussen können, übernahm die Funktion des Winkelried in der Schlacht von Sempach: Sie zog die Pfeile der Kritik und auch weitergehende aggressive Affekte auf sich, die ansonsten die politisch verantwortliche Bundesregierung in Bonn hätten treffen müssen. Nicht die Bundesregierung, sondern „die Treuhand" wurde zum Sündenbock für die betrieblichen und sozialen Folgen der Entscheidung, die ostdeutschen Unternehmen mit der Währungsunion vom ersten Juli 1990 schlagartig den Wettbewerbskräften des Weltmarktes auszusetzen (vgl.a. Kepplinger 1993).

Der dritte und heikelste der autonomieprägenden Faktoren war die weitgehende Unabhängigkeit der Treuhandanstalt von parlamentarischer Kontrolle. Dies ergab sich nicht aus den Buchstaben der Gesetze und Verordnungen, sondern ‚aus der Natur der Sache. Seit Oktober 1990 bestand als mit der Treuhandanstalt unmittelbar befaßte Kontrollinstanz des Bundestages zunächst ein Unterausschuß „Treuhandanstalt" des Finanzausschusses. Dieser wurde im April 1993 in einen

---

36 Kloepfer (1993: 58-59) weist darauf hin, daß die Treuhandanstalt wohl finanzwirtschaftlich, nicht aber haftungsrechtlich einem Sondervermögen des Bundes gleichgestellt war. Für die Verbindlichkeiten der Treuhandanstalt haftete der Bund unmittelbar. Dies ergab sich aus der Rechtsstellung als bundesunmittelbare Anstalt des öffentlichen Rechts und der daraus abzuleitenden „Anstaltslast".

eigenständigen Bundestagsausschuß umgewandelt. Die aus dem Einigungsvertrag beziehungsweise aus dem Treuhandkreditaufnahmegesetz resultierende Unabhängigkeit der Treuhandanstalt vom Bundeshaushalt schränkte jedoch die faktischen Einwirkungsmöglichkeiten des Parlaments von vornherein auf appellative und sonstige mehr oder weniger öffentlichkeitswirksame Mechanismen ein. Es bildete sich auch unter den ostdeutschen Bundestagsabgeordneten keine starke Persönlichkeit heraus, die entweder – soweit es die Koalitionsfraktionen betraf – eine Mittlerfunktion zwischen Abgeordneten und Exekutive oder – soweit es die Oppositionsfraktionen betraf – eine personifizierte Kontrollinstanz mit wirksamem Auftreten in der Öffentlichkeit hätte abgeben können.

Die parlamentarische Opposition suchte schließlich ihr Heil in der Einrichtung eines Untersuchungsausschusses, der im September 1993 eingerichtet wurde. Hier zeigte sich jedoch nur, wo die Grenzen einer substantiellen parlamentarischen Kontrolle lagen. Ein Faktor betraf Rechtsfragen und das damit verknüpfte Verhalten von Investoren. Die Einzelentscheidungen der Treuhandanstalt über Privatisierungen, Sanierungen, Kommunalisierungen und Liquidationen waren nicht nur zu zahlreich (dieses Problem hätte mit Stichprobenkontrollen umgangen werden können). In sie waren in dem eigentlich interessierenden Segment, nämlich bei den Privatisierungen, zwangsläufig Informationen über Privat- und Geschäftsgeheimnisse der Investoren eingegangen, also von Privaten. Hätte sich das hierin liegende Rechtsproblem noch durch entsprechende Vertraulichkeitsbestimmungen formell lösen lassen, so hätte allein die Unsicherheit über eine eventuelle politische Verwertung von Geschäftsgeheimnissen über den Mechanismus der parlamentarischen Kontrolle das Geschäft einer Privatisierungsagentur wie der Treuhandanstalt außerordentlich erschwert und bei bedeutenden Privatisierungen mit Großinvestoren womöglich unmöglich gemacht.[37] Hinter diesen Rechtsfragen verbarg sich jedoch ein weiterer Risikofaktor, der unbedingt unter Kontrolle gehalten werden mußte, sollte die Privatisierungspolitik der Bundesregierung handlungsfähig bleiben: Eine parlamentarische Kontrolle bis hinunter auf die Ebene von Einzelentscheidungen der Treuhandanstalt hätte zu einer Politisierung des gesamten Privatisierungsprozesses und damit zumindest zu dessen Verzögerung geführt. Daher verbargen sich hinter den Daten- und Geheimschutzfragen strategische Probleme, die den hartnäckigen Widerstand von Treuhandanstalt und Bundesministerium der Finanzen, sekundiert durch die Koalitionsabgeordneten im Untersuchungsausschuß „Treuhandanstalt", gegen die Kontrollbestrebungen der Opposition zusätzlich erklären.

Die verschiedenen Determinaten der Autonomie der Treuhandanstalt ergänzten einander auf eine Weise, die für die Bundesregierung in hohem Maße politisch funktional war. Der Status eines verselbständigten Verwaltungsträgers mit geo-

---

37 Der Untersuchungsausschuß „Treuhandanstalt" war daher lange Zeit mit der Klärung der Daten- und Geheimschutzfragen beschäftigt. S. Deutscher Bundestag, Drucksache 12/8404 vom 31.8.1994: 26-34.

graphischer Lage weitab vom Bonner Regierungszentrum machte die Treuhandanstalt zum ostdeutschen Fokus der öffentlichen Aufmerksamkeit und des sozialen und politischen Protestes. Ein Durchschlagen der massiven Kritik auf die Geschäftspolitik der Treuhandanstalt aber wurde durch die gesetzlich eingeräumten Refinanzierungsspielräume und die Begrenzungen der parlamentarischen Kontrolle durch die ‚Natur der Sache' (Schutz der Privat- und Geschäftsgeheimnisse Dritter) verhindert.

Eine eigenständige geschäftspolitische Strategie hat die Treuhandanstalt jedoch ungeachtet ihres hohen Autonomiegrades nicht entwickeln können. Die strategische Grundlinie war ihr vorgegeben, und zwar nicht durch eine ordnungspolitische Entscheidung der Bundesregierung, sondern durch das ungehinderte Wirken der Wettbewerbskräfte, die durch die Währungsunion vom 1. Juli 1990 freigesetzt worden waren. Darin war kein vollzugsmäßiger Automatismus angelegt. Selbst bei klarer strategischer Grundlinie hätte die Treuhandanstalt selbstverständlich scheitern können. Der massive politische Druck, der auf der Anstalt lastete und den aufzufangen eine ihrer vorrangigsten Funktionen war, hätte durchaus zu einer erheblichen Verlangsamung des Privatisierungsprozesses oder zu einer radikalen Umgestaltung der Treuhandanstalt bis hin zu einer Auflösung – oder zu beidem – führen können. Dazu ist es jedoch nicht gekommen. Die Treuhandanstalt hat nicht nur ihren Unternehmensbesitz mit hohem Tempo und bemerkenswerter Stetigkeit abgebaut, sie hat während dieses Prozesses noch an Stabilität gewonnen. Wie läßt sich das erklären?

3.2 Der institutionelle Faktor: organisatorische Differenzierung als Stabilisierungsmechanismus

Im Verlauf des Jahres 1991 differenzierte sich die Treuhandanstalt zu einem organisatorischen Gebilde mit flexibler Peripherie und rigidem Kern. Der Kern bestand aus fünfzehn Branchendirektoraten in der Berliner Zentrale und fünfzehn Niederlassungen, die das operative Geschäft der Privatisierung betrieben. In seinen rigiden Strukturen ähnelte dieser organisatorische Kern der DDR-Wirtschaftsverwaltung auf der Basis der Branchenministerien, deren Nachfolgerin die Treuhandanstalt institutionengeschichtlich tatsächlich darstellte. Die Peripherie aber war den prägenden Merkmalen des politischen Systems der westdeutschen Bundesrepublik angeglichen. Der föderative Staatsaufbau ebenso wie die neokorporatistischen Prinzipien der Sozialpartnerschaft spiegelten sich in der Mitgliedschaft der ostdeutschen Ministerpräsidenten und führender Gewerkschafter im Verwaltungsrat der Treuhandanstalt wider.

Die Peripherie der Treuhandanstalt wurde jedoch auch durch ein Feld von Trabantenorganisationen aufgelockert. Ursächlich für diese Ausgliederungen waren sowohl nach wie vor ungelöste politische Konfliktlagen als auch Zielkonflikte, die der Privatisierungspolitik immanent waren. Signifikant hierfür sind die Trabantenorganisationen ABS-Gesellschaften, Management-Kommanditgesellschaften, Bodenverwaltungs- und Verwertungsgesellschaft (BVVG) und Liegenschaftsgesellschaft der Treuhandanstalt (TLG).[38] Die Trabantenorganisationen der Treuhandanstalt lassen sich danach unterscheiden, ob ihre Ausdifferenzierung eher auf politische Kompromißerfordernisse oder auf die Bewältigung immanenter Zielkonflikte der Privatisierungspolitik zurückzuführen ist. Eindeutig in die erste Kategorie fallen die ABS-Gesellschaften, eindeutig in die zweite Kategorie fällt die Liegenschaftsgesellschaft der Treuhandanstalt (TLG). Als nicht eindeutig determiniert erscheinen dagegen nach dem heutigen Kenntnisstand die Fälle der Bodenverwaltungs- und Verwertungsgesellschaft (BVVG) und der Management-Kommanditgesellschaften (MKGen).

3.2.1 ABS-Gesellschaften

Die ABS-Gesellschaften sind Trägerinstitutionen des zweiten Arbeitsmarktes. Sie waren im Frühjahr 1991 von vielen Treuhandbetrieben spontan als Tochtergesellschaften zur Beschäftigung von Arbeitnehmern geschaffen worden, die der Mutterbetrieb entlassen hatte. Diese Entwicklung entzog sich der Kontrolle der Treuhandanstalt, ähnlich wie die in dieser Zeit von vielen Treuhandbetrieben in lokaler Absprache mit den Personalvertretungen und Gewerkschaften abgeschlossenen Sozialpläne. Aus der Sicht der Treuhandanstalt entstanden unkalkulierbare Finanzierungslasten, wenn mit der Freisetzung von Arbeitskräften durch Treuhandbetriebe die jeweiligen Arbeitsverhältnisse nicht tatsächlich endeten, sondern indirekt in Muttergesellschaften („Beschäftigungsgesellschaften") fortgesetzt wurden. Dies hätte die mittlerweile geklärte strategische Grundlinie der Treuhandanstalt konterkariert, den Bestand an Unternehmen und damit von Mitarbeitern in Staatsbetrieben so schnell wie möglich zu verringern. Auf der Arbeitnehmerseite waren dagegen die „Beschäftigungsgesellschaften" inzwischen zu einem Symbol für die Abmilderung der sozialen Folgen der ökonomischen Depression geworden. Ein scharfer Konflikt war die Folge, der sich in den Monaten Juni und Juli 1991 zuspitzte. Er gewann an Brisanz durch die Tatsache, daß die erst seit Mai 1991 im Amt befindliche Treuhandpräsidentin Breuel sich ebenso mit öffentlichen Äußerungen einschaltete wie Gewerkschaftsführer und hochrangige Politiker aus den neuen Bundesländern (so der sächsische Ministerpräsident Biedenkopf, der für die „Beschäftigungsgesellschaften" Partei ergriff; Leipziger Volkszeitung, 24. 6.1991: 2). Begleitet und verschärft wurde die Auseinandersetzung durch wochenlange Proteste in den Treuhandbetrieben, die sich in spontanen Betriebsversammlungen, Demonstrationen und Kundgebungen manifestierten.

Am 17. Juli 1991 wurde dann die „Rahmenvereinbarung zur Bildung von Gesellschaften zur Abeitsförderung, Beschäftigung und Strukturentwicklung (ABS) zwi-

---

38   Die sachliche und politische Logik dieser Ausdifferenzierungen wird erläutert in Seibel 1994a: 12-33.

schen Gewerkschaften, Arbeitgebern, Treuhandanstalt und den Ländern Berlin, Brandenburg, Mecklenburg-Vorpommern, Sachsen und Sachsen-Anhalt" getroffen. Danach beteiligte die Treuhandanstalt sich mit 10% Prozent an Landesdachgesellschaften für ABS-Gesellschaften, also nicht – und dies war aus der Sicht der Treuhandanstalt entscheidend – an den ABS-Gesellschaften selbst und unmittelbar. Die Beteiligung der Treuhandanstalt an den ABS-Landesdachgesellschaften hatte vor allem symbolischen Wert, für den die Höhe der Beteiligung (10 % des jeweiligen Gesellschaftskapitals) noch der unbedeutendste Indikator war. Die Treuhandanstalt hatte ihr wesentliches taktisches Ziel erreicht, nämlich eine klare Trennung zwischen Treuhandbetrieben und Einrichtungen des zweiten Arbeitsmarktes. Eine direkte Beteiligung der Treuhand an den ABS-Gesellschaften war nicht zustandegekommen. Andererseits konnte die Beteiligung der Treuhandanstalt an den ABS-Landesdachgesellschaften von Gewerkschaften und Landesregierungen wenigstens rhetorisch als ein klarer Verhandlungserfolg ausgewiesen werden.

Die ABS-Gesellschaften gehören somit einerseits zum Bündel der politischen Flankierungsmaßnahmen zur Absicherung der strategischen Grundlinie der Treuhandanstalt (s. Abschnitt 3.1). Andererseits hatte hier erstmals ein Konflikt um die Geschäftspolitik der Treuhandanstalt die Lösung einer organisatorischen Ausdifferenzierung erfahren. Die ABS-Gesellschaften beziehungsweise Landesdachgesellschaften waren im wahrsten Sinne des Wortes ein institutionalisierter Kompromiß. In sie konnte von den Konfliktpartnern jeweils hineininterpretiert werden, was unter dem Gesichtspunkt der eigenen strategischen Interessen und der Legitimation gegenüber der eigenen Machtbasis – dies war im Fall der Treuhandanstalt die Bundesregierung, insbesondere der Bundeskanzler selbst, im Fall der Gewerkschaften die Arbeitnehmerschaft – nützlich erschien. Ob die Gewerkschaften es wahrhaben wollten oder nicht: In Wirklichkeit hatte die Treuhandanstalt keinerlei Korrektur an der Strategie einer rigoros beschleunigten Privatisierung vorgenommen, sondern diese Strategie durch die Unterstützung der ABS-Landesdachgesellschaften lediglich auf spezifisch symbolkräftige Weise institutionell flankiert.

3.2.2 Management-Kommanditgesellschaften

Ein ähnliches, aber strukturell komplizierteres Muster läßt sich bei den Management-Kommanditgesellschaften (MKGen) erkennen, die im Herbst 1991 konzipiert wurden. Auch diese organisatorische Verselbständigung ist einerseits unverkennbar auf politische Kompromißerfordernisse zurückzuführen, denen die Treuhandanstalt Rechnung tragen mußte. Andererseits lassen sich wenigstens hypothetisch durchaus geschäftspolitische Gründe im Rahmen der strategischen Grundlinie der Treuhandanstalt für die Gründung der Mangement-Kommanditgesellschaften anführen.[39] Die Management-Kommanditgesellschaften, die auf der

---

39 Nur auf solche Gründe gehen zum Beispiel Horst Kern und Charles Sabel (1993: 495-500) in ihrer Interpretation der Management-Kommanditgesellschaften ein. Ohne eine gründli-

Jahrespressekonferenz der Präsidentin und des Vizepräsidenten der Treuhandanstalt am 18. Dezember 1991 vorgestellt wurden, waren Holdings für Treuhandunternehmen, für die „kurzfristig keine konkreten vertretbaren Privatisierungsmöglichkeiten" bestanden und „die – bei grundsätzlich gegebener Sanierungsfähigkeit – als schwierige Sanierungsfälle gelten" (so die Pressemitteilung der Treuhandanstalt, „Gründung weiterer Management-Kommanditgesellschaften", vom 17.2. 1993). Bei den einzubringenden Einheiten sollte es sich um Unternehmen mittlerer Größenordnung mit 400 bis 500 Beschäftigten (bei der zweiten Welle der MKG-Gründungen im Frühjahr 1993: ab 250 Beschäftigten) handeln und der Gesamtumsatz einer Management-KG sollte in der Größenordnung von 0,5 bis 1 Milliarde DM p.a. liegen. Als Rechtsform der Holding diente eine GmbH & Co. KG. Einziger Kommanditist dieser GmbH & Co. KG war die Treuhandanstalt, als Komplementär diente eine Management GmbH. Mehrheitsgesellschafter der Management GmbH wiederum waren mit einem Anteil von 96 % der Geschäftsanteile zwei bis drei Geschäftsführer, davon einer als geschäftsführender Gesellschafter. Die Treuhandanstalt hielt die restlichen 4 % des Gesellschaftskapitals der Mangement GmbH. Die Mangement GmbH (nicht zu verwechseln mit der Management KG, als deren Komplementär sie diente) nahm die operative Führungsholding gegenüber den eingebrachten Unternehmen wahr, ihr Geschäftsführer war also der eigentliche Chef und die zentrale Figur einer Management KG.

Die Management KGen waren faktisch Sanierungsholdings mit einer starken unternehmerischen Figur – einem klassischen Sanierer – an der Spitze. Daran war zunächst bemerkenswert, daß die Treuhandanstalt sich nun selbst in mehr oder weniger spektakulärer Form im Sanierungsmanagement engagierte. Dies widersprach der Grundlinie, die im Mitarbeiter-Rundbrief des Treuhandpräsidenten Rohwedder unmittelbar vor dessen Ermordung festgeschrieben war: „Privatisierung ist die wirksamste Sanierung".[40] Ohne genauere Erforschung der maßgeblichen Entscheidungsprozesse bleibt es eine offene Frage, ob mit der Gründung der Management-Kommanditgesellschaften tatsächlich eine Differenzierung der Geschäftspolitik erfolgen sollte oder ob es sich aus der Sicht der Treuhandanstalt

---

  che Erforschung der Entscheidungsprozesse wissen wir jedoch nicht, ob die maßgeblichen Akteure in der Treuhandanstalt und in deren Umfeld tatsächlich Handlungsmotive hatten, die der „Sachlogik" einer Verfeinerung der Privatisierungsstrategie entsprangen. Das Verhältnis zwischen Sachlogik, Interessenlogik und weiteren (zufälligen oder erratischen) Determinanten bei der Erklärung der organisatorischen Ausdifferenzierung der Treuhandanstalt ist noch nicht erforscht.

40 Der Brief Rohwedders vom 27. März 1991 war überschrieben mit den Worten „Schnelle Privatisierung – entschlossene Sanierung – behutsame Stillegung". Der – später viel zitierte und mitunter irrtümlich der Nachfolgerin Rohwedders, Breuel, zugeschriebene – Kernsatz lautete: „Privatisierung ist die wirksamste Sanierung" – Treuhandanstalt 1994. Bd. 15: A73-A75 (A74). Das Schreiben, datiert vom Mittwoch der Karwoche 1991, ging als „Osterbrief" Rohwedders in die Geschichte der Treuhandanstalt ein und galt nach dem Mordanschlag vom Ostermontag, dem 1. April 1991, als eine Art Vermächtnis des Treuhandpräsidenten.

lediglich um eine neuerliche organisatorische Maßnahme der politischen Flankensicherung handelte.

Für die Hypothese, daß es auch in der Treuhandanstalt und ihrem unmittelbaren politischen Entscheidungsumfeld – das bedeutet: im Bundeskanzleramt und im Bundesministerium der Finanzen – Überlegungen zur Modifizierung der Geschäftspolitik im Sinne verstärkter Sanierungsanstrengungen gab, spricht die Tatsache, daß es seit dem Sommer 1991 aus der Spitze der Treuhandanstalt Hinweise auf das Risiko einer Deindustrialisierung im Zuge des Transformationsprozesses gab. Eine von der Treuhandanstalt in Auftrag gegebene Studie der Unternehmensberatungen McKinsey und Goldman & Sachs hatte solche Risiken für die Chemieindustrie im Dreieck Leipzig/Halle/Bitterfeld benannt (Frankfurter Allgemeine Zeitung, 5.7.1991: 15). Solche Risiken bestanden in negativen Synergieeffekten in Branchen mit langen arbeitsteiligen Wertschöpfungsketten, wie sie für die Chemieindustrie typisch sind. Ohne ausreichendes Kapital und Mangagement-Know-How für angepaßte Unternehmenskonzepte in einem längerdauernden Strukturwandel drohten hier Zulieferbetriebe und Absatzwege zusammenzubrechen. Die Treuhandpräsidentin griff dieses Problem in einer Rede in Hamburg am 1. November 1991 auf und forderte, daß in Ostdeutschland „unter allen Umständen die ‚industriellen Kernregionen' erhalten bleiben" müßten (Handelsblatt, 2/3.11.1991: 70).[41] Die wenig später aus der Taufe gehobenen Management-Kommanditgesellschaften, die faktisch Sanierungsholdings waren, konnten durchaus als eine Schlußfolgerung aus dieser Einsicht begriffen werden.

Für die Gegenhypothese, daß die Gründung der Management-Kommanditgesellschaften lediglich ein taktischer Schachzug zur politischen Flankensicherung einer nach wie vor auf die rigorose Beschleunigung der Privatisierung setzenden Geschäftspolitik war, sprechen der politische Kontext dieser Maßnahme und die Art und Weise ihrer Durchführung. Was den politischen Kontext betrifft, so stand die Treuhandanstalt im Herbst 1991 nochmals unter massivem Druck der Gewerkschaften und der im Bund oppositionellen SPD. Dabei spielte die Forderung nach einer „Kurskorrektur" und eine durchgreifende Umgestaltung der Organisationsstruktur der Treuhandanstalt die zentrale Rolle.[42] Die Gründung der Management-Kommanditgesellschaften konnte in dieser Situation durchaus als ein Zei-

---

41 Die Formulierung von den „industriellen Kernregionen" oder schlicht „industriellen Kernen" sollte dann für längere Zeit die politische Diskussion über die wirtschaftlichen Perspektiven Ostdeutschlands prägen. Vgl. etwa „Zeitgespräch ‚Erhaltung industrieller Kerne in Ostdeutschland?'" (mit Beiträgen von Birgit Breuel, Tyll Necker, Lothar Späth und Juergen B. Donges). In: Wirtschaftsdienst 73/2 (Februar 1993): 59-70.

42 Die Industriegewerkschaft Metall forderte die Umformung der Treuhandanstalt in eine „Treuhand-Industrieholding AG" mit umfassenden Sanierungsaufgaben. Der wirtschaftspolitische Sprecher der SPD-Bundestagsfraktion, Wolfgang Roth, forderte eine Neufassung des Treuhandgesetzes mit stärkerer Betonung des Sanierungsauftrags. Vgl. Handelsblatt, 7.11.1991: 7; 28.11.1991: 5.

chen des „guten Willens" der Treuhandanstalt interpretiert werden. Deren Verlautbarungen gaben hierfür jedenfalls Anhaltspunkte.[43]

Die Annahme, daß es sich bei den Management-Kommanditgesellschaften eher um eine symbolische als um eine materielle Lösung des Konflikts „Privatisierung versus Sanierung" gehandelt haben könnte, wird auch durch die Art und Weise der Umsetzung dieses Konzepts gestützt. Management-Kommanditgesellschaften sollten nicht aus Prinzip – also nicht aufgrund einer Neuausrichtung der Geschäftspolitik in Richtung Sanierung –, sondern nur auf der Basis von Einzelfallprüfungen gegründet werden. Zum Stichtag 1.1.1993 waren in den Beteiligungsbetrieben der fünf bis dahin gegründeten oder in Aussicht genommenen Management-Kommanditgesellschaften 32.000 Mitarbeiter beschäftigt. Dies repräsentierte zum damaligen Zeitpunkt 10 % des Beschäftigtenstandes aller Treuhandbetriebe, eine Größenordnung, die vom Vizepräsidenten der Treuhandanstalt anläßlich des einjährigen Bestehens der ersten beiden Management-Kommanditgesellschaften auch als Größenordnung für die künftige Bedeutung der MKGen bezeichnet wurde (Welt am Sonntag, 11.4.1993: 7). Außerdem sollten die Management-Kommanditgesellschaften ausdrücklich keine Branchenholdings sein. Die Realisierung von Synergieeffekten – üblicherweise eine der klassischen Funktionen von Holdingkonstruktionen – wurde sogar kategorisch abgelehnt. Die gegenseitige Abstützung von Wertschöpfungsketten unter den Beteiligungsbetrieben einer Management-Kommanditgesellschaft wurde als Risiko für das Wiederaufleben der latent womöglich noch vorhandenen Zulieferer- und Absatzbeziehungen aus der Ära der DDR-Kombinate betrachtet.[44] Damit wurde aber faktisch auch einer Nutzung der Management-Kommanditgesellschaften als Instrument zur Erhaltung der – wie die Treuhandpräsidentin in ihrer Hamburger Rede vom 1. November 1991 formuliert hatte – „industriellen Kernregionen" eine Absage erteilt.

Was immer die tatsächlichen Entscheidungsmotive für die Gründung der Management-Kommanditgesellschaften gewesen sind: als Sanierungsgesellschaften war diesen Holdings kein nennenswerter Erfolg beschieden. Nach Pressemeldun-

---

43 Etwa wenn es hieß, in das Portfolio einer Management-Kommanditgesellschaft sollten Unternehmen eingebracht werden, für die „kurzfristig keine konkreten vertretbaren Privatisierungsmöglichkeiten" bestanden und „die als schwierige Sanierungsfälle gelten" sollten. Vgl. Treuhandanstalt. Pressemitteilung. „Gründung weiterer Management-Kommandit-Gesellschaften", 17.2.1993. Die der Treuhandanstalt freundlich gesonnene Presse bezeichnete die Management-Kommanditgesellschaften denn auch rundweg als „Sanierungsgesellschaften". Vgl. Handelsblatt, 19.12.1991: 18.

44 „Im Vordergrund muß klar die Sanierung an weitgehend eigenständigen Unternehmenseinheiten stehen und nicht die Suche nach vermeintlichen Synergieeffekten. Es darf und kann nicht Ziel der Management-KGen sein, die alte Kombinatspolitik neu aufzulegen und dabei das Risiko einzugehen, am Ende der auf drei Jahre befristeten Laufzeit nicht veräußerbare Konzerngebilde an die Treuhandanstalt zurückzugeben. Aus diesem Grund wurde bewußt darauf verzichtet, reine Branchenportfolios zu bilden." – Gründung von Management-Kommanditgesellschaften. Pressegespräch mit Hero Brahms, Vizepräsident der Treuhandanstalt, Berlin, 7. Mai 1992.

Die Treuhandanstalt – eine Studie über Hyperstabilität

gen vom Mai 1993 beliefen sich die Verluste der bis dahin operierenden zwei Management-Kommanditgesellschaften auf 56 % bzw. 36 % vom Umsatz.[45]

Die Management-Kommanditgesellschaften haben also unter Umständen sowohl in der symbolischen als auch in der operativen Dimension eher einen Beitrag zur Intensivierung statt zur Relativierung der einzelwirtschaftlich ausgerichteten Privatisierungsstrategie der Treuhandanstalt geleistet. In der symbolischen Dimension führten diese Sanierungsholdings drastisch vor Augen, welche enormen Geldbeträge Sanierungen in der Regie der Treuhandanstalt verschlingen würden. Dies konnte als Beleg dafür herangezogen werden, daß ein genereller Kurswechsel im Sinne umfassender Sanierungsanstrengungen in Treuhandregie nur in einem finanziellen bzw. fiskalischen Fiasko enden konnte (Schreiterer 1995). In der operativen Dimension erwiesen sich die Management-Kommanditgesellschaften als ein nicht unerheblicher Stimulus des treuhandinternen Privatisierungswettbewerbs. Die für das Portfolio einer Management-Kommanditgesellschaft vorgesehenen Betriebe oder auch Betriebsteile mußten aus dem Portfolio eines Branchendirektorats bzw. einer Niederlassung herausgelöst werden. Da es sich bei diesen Einheiten definitionsgemäß um, wenn auch nicht unmittelbar privatisierungsfähige, so doch prinzipiell sanierungsfähige, also relativ attraktive Einheiten handelte, bemühten sich Branchendirektorate und Niederlassungen nun um so intensiver um Privatisierungslösungen gerade für die für Management-Kommanditgesellschaften ins Auge gefaßten Unternehmen.[46]

3.2.3 Liegenschaftsgesellschaft der Treuhandanstalt (TLG) und Bodenverwaltungs- und Verwertungsgesellschaft (BVVG).

Grund und Boden entzogen sich ‚aus der Natur der Sache heraus, einer schnellen Privatisierung. Dies mußte auf Zielkonflikte innerhalb der Treuhandanstalt hinauslaufen, zumindest aber auf erhebliche geschäftspolitische Differenzierungen. Die damit drohenden Turbulenzen wurden gemildert durch die Ausgliederung zweier rechtlich selbständiger, jedoch im Auftrag und auf Rechnung der Treuhandanstalt arbeitenden Gesellschaften, der Liegenschaftsgesellschaft der Treuhandanstalt (TLG) und der Bodenverwaltungs- und Verwertungsgesellschaft (BVVG). Wie im Fall der Management-Kommanditgesellschaften können allerdings auch hier die tatsächlichen Ursachen für die organisatorische Ausgliederung ohne die –

---

45 So die Süddeutsche Zeitung, 10.5.1993: 26, die diese Zahlen aus einer Verwaltungsratsvorlage der Treuhandanstalt zitierte.
46 Dies war einer der Gründe für die erhebliche Verzögerung der Gründung der Management-Kommanditgesellschaften 3 bis 5, die erst im ersten Halbjahr 1993 – also rund ein Jahr nach der Bildung der Management-Kommanditgesellschaften 1 und 2 – erfolgen sollte (vgl. Treuhandanstalt: Pressemitteilung, 17.2.1993). Der andere Grund soll in den schwierigen Verhandlungen zwischen Treuhandanstalt und Bundesministerium der Finanzen über die Tantiemeregelung für die Geschäftsführenden Gesellschafter gelegen haben.

noch ausstehende – Erforschung der zugrundeliegenden Entscheidungsprozesse nicht hinreichend geklärt werden. TLG und BVVG weisen, soviel ist jedenfalls sicher, erhebliche Unterschiede nicht nur im Hinblick auf ihre Tätigkeitsbereiche, sondern auch im Hinblick auf die Motive zur Auslagerung aus der Kern-Treuhandanstalt auf. Ausgliederung und Geschäftspolitik der BVVG waren erkennbar stärkeren politischen Einflüssen ausgesetzt als dies für die TLG festgestellt werden kann[47].

Bei den land- und forstwirtschaftlichen Nutzflächen gab es über den Nutzungszweck im Prinzip keinen Zweifel. Allerdings sollten sich hier Flächen in Ortsrandlage bald als Streitfälle erweisen, weil die Zuordnung dieser zunächst noch land- und forstwirtschaftlichen Nutzflächen zur BVVG aufgrund der absehbaren Umwidmung zu Bauerwartungsland (daher „Umwidmungsflächen") die Zuordnung zur BVVG durchaus zweifelhaft machte. Zum Bestand der BVVG gehörten anfänglich 1,5 Millionen Hektar Landwirtschafts- und etwa 0,6 Millionen Hektar Forstwirtschaftsfläche. Dies entsprach nicht weniger als 20 Prozent der Fläche der früheren DDR (vgl. Treuhandanstalt 1994. Bd. 3: 341)[48]. Weder auf die TLG-Flächen noch auf die BVVG-Flächen war die geschäftspolitische Grundlinie der Treuhandanstalt – schnellstmögliche Privatisierung – übertragbar. Als faktischer Monopolanbieter für Grund und Boden hätte die Treuhandanstalt mit einer schnellen Privatisierung den Bodenmarkt nicht nur in Ostdeutschland, sondern wegen der Abwanderung von Nachfrage auch in Westdeutschland zum Einsturz bringen können. Das hätte in diesem Fall – anders als auf dem Markt für Unter-

---

47 In den Zuständigkeitsbereich der TLG fallen alle sogenannten nicht-betriebsnotwendigen Flächen, in den Zuständigkeitsbereich der BVVG die land- und forstwirtschaftlichen Nutzflächen. Schon die Ursprungsprobleme und -motive bei der Behandlung dieser beiden Flächenkategorien durch die Treuhandanstalt waren stark unterschiedlich. Bei den nicht-betriebsnotwendigen Flächen kam es nur einen darauf an, Investoren Spekulationsanreize zu nehmen. Das Unternehmen und nicht die ihm angegliederten Liegenschaften sollten den Investitionsanreiz bilden. Dabei war zu beachten, daß viele Betriebe in der DDR einen erheblichen Flächenbestand hatten, weil Grund und Boden vom Privatbesitz ausgeschlossen und kein handelbares Gut war. Zum anderen mußte der künftige Nutzungszweck dieser nicht-betriebsnotwendigen Flächen überhaupt erst festgelegt werden. Flächennutzungspläne waren in der DDR unbekannt, die Grundbucheintragungen hatten buchstäblich historischen Charakter, sie waren darüber hinaus unzuverlässig und nicht selten gar nicht auffindbar. Dem Bestand der TLG zugeschlagen wurden darüber hinaus die Immobilien des Staatssicherheitsdienstes und der Nationalen Volksarmee, die Liegenschaften aus dem Vermögen der Parteien und Massenorganisationen (soweit diese zur Verwertung freigegeben waren), die Wohnungsbestände der Landwirtschaftlichen Produktionsgenossenschaften und Volkseigenen Genossenschaften, Werkswohnungsbestände und in Einzelfällen Liegenschaften der HO (Handelsorganisation) – Nachfolgegesellschaften (vgl. Treuhandanstalt 1994. Bd. 3: 338).

48 Der Bestand an treuhandeigenen Forstflächen betrug zunächst 1,9 Millionen Hektar, von denen allerdings 1,4 Millionen Hektar an Länder und Gemeinden zu übertragen waren. Der Gesamtbestand an land- und forstwirtschaftlichen Nutzflächen in öffentlichem Besitz belief sich also auf 34 Millionen Hektar oder 31,5 % der Fläche der früheren DDR.

nehmen, auf dem die Treuhandanstalt genau diese Politik verfolgte – nicht allein einen Verfall der Marktpreise, sondern durch die nachfolgenden Wertberichtigungen immobiliengebundener Kreditbesicherungen schwerste Turbulenzen auf dem Kreditmarkt ausgelöst.[49]

Hinzu kamen bei den TLG-Flächen und den BVVG-Flächen jeweils spezifische Probleme. Bei den TLG-Flächen mußte eine ortsangemessene Widmung erfolgen, die das Fehlen von Flächennutzungs-, Bauleit- und Bebauungsplänen halbwegs kompensierte. Bei den BVVG-Flächen kamen im Bereich der Landwirtschaft strukturpolitische Erwägungen hinzu. Hier galt es, strukturpolitische Leitideen der Regierungskoalition (namentlich der Landwirtschaftspolitiker der Unionsfraktion), Restitutionsansprüche vormaliger Eigentümer – soweit diese nicht als „Bodenreformopfer" der sowjetischen Besatzungszeit zwischen 1945 und 1949 nach den politischen Erklärungen der Bundesregierung von Restitutionsansprüchen ausgeschlossen bleiben sollten –, Konkurrenzinteressen der westdeutschen Landwirtschaft und die Wettbewerbsfähigkeit der ostdeutschen Landwirtschaft miteinander in Einklang zu bringen.

Die Liegenschaftsgesellschaft der Treuhandanstalt (TLG) war am 18. März 1991 durch die Übernahme der Gesellschaftsanteile an der Ostberliner Wohnstätten Bau- und Betriebsgesellschaft durch die Treuhandanstalt entstanden. Zu diesem Zeitpunkt hatte sich in der Berliner Niederlassung der Treuhandanstalt bereits ein Verfahren für die Behandlung der Liegenschaftsproblematik etabliert, das durch das Zusammenwirken von Treuhandanstalt, Beratern aus der Maklerbranche und Behördenvertretern aus der Liegenschaftsverwaltung des Westberliner Senats gekennzeichnet war. Diese Vertreter konstituierten ein informelles Gremium, „Steuerungsgruppe" genannt, dessen wesentliche Funktion die Ersetzung der fehlenden marktlichen und staatlichen Rahmenbedingungen für einen funktionierenden Immobilienmarkt war. Die „Steuerungsgruppe" ersetzte zunächst den fehlenden Flächennutzungsplan, setzte also den Nutzungszweck für ein Grundstück fest, anschließend erfolgte grundsätzlich eine Ausschreibung durch die Treuhand-Niederlassung. Über den Zuschlag entschied ein Auswahlgremium, das im wesentlichen wiederum aus den Mitgliedern der „Steuerungsgruppe", ergänzt durch einen Vertreter der Industrie- und Handelskammer und der Handwerkskammer, bestand.[50]

---

49 Diese Erwägungen der Treuhandanstalt und der Vertreter der Bundesregierung sind dokumentiert im Protokoll der Konstituierenden Sitzung des Beirats der Vorgängereinrichtung der BVVG, des Sondervermögens Land- und Forstwirtschaft (SVL), am 28. 1 1991. s. Treuhandanstalt 1994, Bd. 8: 278-285 (283).
50 Dieses „Berliner Modell zur Vermarktung von Immobilien der Treuhandanstalt, Niederlassung Berlin, insbesondere von nicht-betriebsnotwendigen Grundstücken" ist festgehalten in einem Vermerk des Abteilungsleiters in der Berliner Niederlassung der Treuhandanstalt und späteren Geschäftsführers der TLG, Günther Himstedt, vom 26.2.1991, abgedruckt in: Treuhandanstalt 1994. Bd. 8: 390-395. Himstedt wurde im übrigen zum

Die Leistung des „Berliner Modells" der TLG (später schlicht „TLG-Modell" genannt) lag in der Verzahnung von immobilienspezifischem Sachverstand und öffentlicher Steuerung und Kontrolle. Dies dürfte maßgeblich dazu beigetragen haben, daß es im Ostteil Berlins, namentlich in den bevorzugten zentralen Lagen, nach 1990 nicht zur einer Welle der Immobilienspekulation gekommen ist. Mit der sonstigen Privatisierungspraxis der Treuhandanstalt stand das Modell allerdings nicht in Einklang, zum einen wegen des starken Einflusses der staatlichen Seite, einschließlich der Treuhandanstalt, auf die spätere Nutzung des veräußerten Treuhandbesitzes, zum anderen wegen der Generalisierung der Ausschreibungspraxis, auf die im Bereich der Unternehmensprivatisierung bewußt verzichtet wurde. Treuhandintern war das TLG-Modell daher durchaus umstritten. Bedenken wurden auch angemeldet gegen die Wahrnehmung quasi-hoheitlicher Aufgaben wie der Flächennutzungsplanung durch eine privatrechtliche Gesellschaft, wie die TLG es war und ist (als GmbH).[51] Außerdem mußte es immer wieder zu Abgrenzungsproblemen gegenüber den BVVG-Flächen kommen, vor allem, wie erwähnt, im Bereich der sogenannten Umwidmungsflächen. Dies alles hat jedoch die Existenz der TLG letztlich nicht gefährden können. Zur organisatorischen Ausgliederung einer Aufgabe, die aufgrund ihrer Langfristigkeit und der geschäftspolitischen Besonderheiten starke Abweichungen gegenüber dem Hauptgeschäft der Unternehmensprivatisierung aufwies, gab es offenbar keine Alternative.

Bei den BVVG-Flächen bestanden die spezifischen Probleme in der extremen Diskrepanz zwischen Verkehrswert und Ertragswert und in der Abweichung der ostdeutschen landwirtschaftlichen Betriebsflächenstruktur von den westdeutschen Verhältnissen und den dort vorherrschenden landwirtschaftspolitischen Leitbildern.

Bei den landwirtschaftlichen Flächen lag der Ertragswert, ausgedrückt in den in kurzer Zeit zu erwirtschaftenden Erträgen, in der Regel erheblich unter dem Verkehrswert der Flächen. Das bedeutete, daß im Fall einer Veräußerung praktisch nur kapitalkräftige Investoren, also entweder landwirtschaftliche Großbetriebe oder sogar landwirtschaftsfremde Investoren, in Frage gekommen wären. Auf der anderen Seite gab es ideologische und wettbewerbspolitische Vorbehalte gegen die in Ostdeutschland existierenden Großbetriebe, also die ehemaligen Landwirtschaftlichen Produktionsgenossenschaften (LPGen).

Dieses Konglomerat aus Sachzwängen und politischen Vorgaben wurde folgendermaßen geordnet: Forstwirtschaftliche Nutzflächen gingen grundsätzlich in den Besitz der betreffenden Länder über, ansonsten wurden sie sofort zur Privatisierung freigegeben. Forstwirtschafliche Nebenbetriebe, also namentlich Holzwirtschaftsbetriebe, wurden ebenfalls möglichst umgehend privatisiert. Dem Verkauf

---

1.1.1997 Präsident der Treuhandnachfolgerin „Bundesanstalt für vereinigungsbedingte Sonderaufgaben" (BvS).
51 Diese Bedenken gingen vom Direktorat Recht der Treuhandanstalt aus.

Die Treuhandanstalt – eine Studie über Hyperstabilität 197

der landwirtschaftlichen Nutzflächen hingegen wurde eine Pachtphase von zwölf bis achtzehn Jahren vorgeschaltet, damit sich, so die Hoffnung, die gewünschten Strukturentwicklungen einstellen konnten.[52] Für die Verpachtung wurde eine Prioritätenliste aufgestellt.[53] Die Lücke zwischen Verkehrswert und Ertragswert sollte durch ein speziell für diesen Zweck entwickeltes Kaufverfahren – als „Siedlungskauf" bezeichnet – überbrückt werden. Dabei sollte, um dem Preisverfall entgegenzuwirken, zwar zum Verkehrswert verkauft, die Zahlung jedoch mit Hilfe sehr langfristiger Kredite (30 Jahre Laufzeit) gestreckt werden.

Die politischen und die sachlichen Gründe gaben auch hier den Anstoß zur organisatorischen Verselbständigung.[54] Faktisch betrieb die Treuhandanstalt im Bereich der Landwirtschaft, was sie im industriellen Bereich strikt ablehnte, nämlich Strukturpolitik. Außerdem war die Aufgabe der Verwaltung und Verwertung der landwirtschaftlichen Nutzflächen sowohl aufgrund der strukturpolitischen Vorgaben der Bundesregierung als auch aufgrund der Sensibilität des Bodenmarktes gegenüber einem zu hohem Angebotsdruck langfristiger Natur, während das Privatisierungsgeschäft der Treuhandanstalt ansonsten gerade kurzfristiger Natur sein sollte. Aus der Langfristigkeit der Aufgabe in Verbindung mit dem strukturpolitischen Ziel, kapitalkräftige Investoren – im völligen Gegensatz zum industriellen Privatisierungsgeschäft – gerade nicht zum Zuge kommen zu lassen, ergab sich die Notwendigkeit der Einbindung von Kreditinstituten, wollte man kapitalschwachen Investoren eine Chance geben. So erfolgte am 1. Juli 1992 die Gründung der Bodenverwertungs- und Verwaltungsgesellschaft (BVVG), deren Gesellschafter außer der Treuhandanstalt drei einschlägig erfahrene und aktive öffentlich-rechtliche Banken waren.[55]

---

52 Zunächst wurden jedoch wegen ungeklärter Rechts- und Strukturverhältnisse lediglich kurzfristige, in der Regel einjährige Pachtverträge abgeschlossen. Dies war unter dem Gesichtspunkt langfristiger Planungs- und Investitionssicherheit ersichtlich kontraproduktiv.
53 1. Ortsansässige Wiedereinrichter (ostdeutsche Bauern, die – im Gegensatz zu Neueinrichtern – eigenes Vermögen besitzen und damit wieder einen landwirtschaftlichen Betrieb einrichten wollen) und Alteigentümer, die ihren ehemaligen Betrieb wieder einrichten und bewirtschaften wollen. 2. Ortsansässige Neueinrichter. 3. „Juristische Personen" (dies sind faktisch die Nachfolgebetriebe der ehemaligen Landwirtlichen Produktionsgenossenschaften). 4. Nicht-ortsansässige Neueinrichter (in der Regel westliche Großinvestoren).
54 Auch in diesem Fall kann über das jeweilige Verhältnis von politischen und ‚aus der Natur der Sache' geborenen Beweggründen ohne zureichende Erforschung der Entscheidungsprozesse nur spekuliert werden.
55 Die Deutsche Siedlungs- und Landesrentenbank, Bonn, die Landwirtschaftliche Rentenbank, Frankfurt a.M., und die Landeskreditbank Baden-Württemberg. Im Januar 1993 kam die Deutsche Girozentrale – Deutsche Kommunalbank, Frankfurt a.M., hinzu. Vgl. zu Gründung und Struktur der BVVG: Treuhandanstalt: Pressemitteilungen vom 18.12.1991, 15.06.1992, sowie Bodenverwertungs- und -Verwaltungs GmbH (BVVG): Pressemitteilung vom 25.8.1992.

Ob die strukturpolitischen Ziele, die bei der Gründung der BVVG Pate gestanden hatten, erreicht werden können, ist allerdings außerordentlich zweifelhaft.[56] In der Tat haben sich aufgrund der großflächigen Betriebseinheiten, die eine Hinterlassenschaft der Landwirtschaftlichen Produktionsgenossenschaften der DDR sind, in der ostdeutschen Landwirtschaft wettbewerbsfähige Strukturen herausgebildet.[57] Die bewirtschaftete landwirtschaftliche Nutzfläche je Betrieb liegt in Ostdeutschland bei landwirtschaftlichen Vollerwerbsbetrieben bei 152 Hektar gegenüber 34,5 Hektar in Westdeutschland.[58]

4. Wie ist es zum Scheitern der Auflösungspläne für die Treuhandanstalt im Jahre 1994 gekommen?

Die taktische Anpassungsfähigkeit der Treuhandanstalt in der geschäftspolitischen und in der organisationspolitischen Dimension hatte ihr ein enormes Maß an Stabilität verliehen. Bemerkenswert war ja nicht allein, daß die Bundesregierung den Kurs einer rigoros beschleunigten Privatisierung der ostdeutschen Wirtschaft ohne nachhaltige Einbuße an politischer Unterstüzung in den neuen Bundesländern durchhalten konnte.[59] Erstaunlich war auch, daß die ausführende Instanz dieser Politik, die Treuhandanstalt, trotz des erheblichen politischen Drucks, der auf ihr lastete, im Laufe der Zeit an Stabilität eher gewann als verlor. Die organi-

---

56 Eine Statistik des Bundesministeriums der Finanzen vom Oktober 1993 machte – wenn auch in verklausulierter Form – deutlich, daß in der ersten Runde der Verpachtungen der weitaus überwiegende Teil der Flächen an die ehemaligen Landwirtschaftlichen Produktionsgenossenschaften gegangen war. Die „juristischen Personen", also die ehemaligen LPGen, hatten danach einen Anteil von 54,4 % an den verpachteten Flächen. In Mecklenburg-Vorpommern, wo fast zwei Drittel (64 %) aller Pachtverträge abgeschlossen worden waren, lag der Anteil der LPGen an den verpachteten Flächen bei 59 %, in Berlin und Brandenburg (17% der verpachteten Flächen) bei 62 %. Quelle: Bundesministerium der Finanzen. Finanznachrichten 61/93. 12.10.1993: 2.
57 Dies allerdings um den Preis massiver Schrumpfungen an Betriebsflächen und Arbeitsplätzen. Die Zahl der in der ostdeutschen Landwirtschaft Beschäftigten sank von 834 108 im Jahre 1989 auf 164 800 im Jahre 1994. Dies ist ein Beschäftigungsabbau von 80 %. Quelle: Agrarbericht der Bundesregierung 1995. Materialband: 9. Vgl. a. Mittelbach 1995.
58 Quelle: Agrarbericht der Bundesregierung 1995 (Fn 49): 14f. Mittelbach (1995: 22) referiert die Ergebnisse einer Umfrage von Raiffeisen-Prüfverbänden, nach der sich die meisten der befragten ostdeutschen landwirtschaftlichen Genossenschaften nach eigener Einschätzung der Gewinnzone nähern.
59 Als einfache Indikatoren hierfür können die Bundestagswahl vom Oktober 1994 und die im gleichen Jahr stattfindenden Landtagswahlen in den neuen Bundesländern gelten. In keiner dieser Wahlen erlitt die Partei des Bundeskanzlers, die CDU beziehungsweise die Union, nennenswerte Einbußen.

Die Treuhandanstalt – eine Studie über Hyperstabilität 199

sationspolitischen Mechanismen, denen diese Stabilität zuzuschreiben war, wurden im vorangegangenen Abschnitt erläutert.

Im folgenden geht es nun um ein weiteres erstaunliches und in hohem Maße erklärungsbedürftiges Phänomen, nämlich die faktische Fortexistenz der Treuhandanstalt über ihre vorgebliche Auflösung zum 31. Dezember 1994 hinweg. Wiederum drängen sich – wie bei der Betrachtung jener Schlüsselphase im Jahre 1990, in der sich unter dem Namen „Treuhandanstalt" die zentralistischen Verwaltungsstrukturen der DDR- Wirtschaft re-etablierten – zunächst vielleicht die falschen Schlüsse auf. Die Persistenz der DDR-Wirtschaftsverwaltungsstrukturen im Jahre 1990 war nicht das Werk „alter Seilschaften", sie war das Werk der ab Juli 1990 in die Treuhandanstalt einziehenden westdeutschen Manager, vor allem des Treuhandpräsidenten Rohwedder. Die Persistenz der Treuhandanstalt über ihre vermeintliche Auflösung zum Jahresende 1994 hinweg war nicht das Werk ihrer Spitzenrepräsentanten und auch nicht Ergebnis institutionellen Beharrungsvermögens, wie man es jeder Großorganisation, zumal einer so bemerkenswert stabilen wie der Treuhandanstalt, plausiblerweise unterstellen mag. Ein Überblick über die immer noch ergänzungs- und interpretationsbedürftige Faktenlage (vgl. Maaßen 1996) ergibt vielmehr das Bild, daß die Repräsentanten der Treuhandanstalt mit ihrem Anliegen ernst machen wollten, sich selbst und die Institution „überflüssig zu machen"[60], daß sie damit jedoch im parlamentarischen Verfahren im März 1994 gescheitert sind – nicht zuletzt am Widerstand ostdeutscher Abgeordneter aus Koalition und Opposition, denen die Auflösung der bestgehaßten Institution Ostdeutschlands doch eigentlich hätte hochwillkommen sein müssen.

Die Erklärung solcher paradoxen Effekte verlangt nach Rekonstruktionen der maßgeblichen Entscheidungsprozesse, die im wesentlichen noch ausstehen. Soviel aber läßt sich feststellen:

Das Programm, sich „so schnell wie möglich überflüssig zu machen", hatte als Referenzpunkt den Privatisierungsauftrag der Treuhandanstalt. Wenn es angesichts der durch die Währungsunion ausgelösten Eigendynamik der ökonomischen Depression in Ostdeutschland zur schnellstmöglichen Privatisierung des Treuhandbesitzes keine Alternative gab und die Treuhandanstalt mit dem Privatisierungsauftrag als solchem identifiziert wurde, so war das Prinzip, „sich selbst überflüssig zu machen", zunächst eine griffige rhetorische Formel zur Umschreibung der geschäftspolitischen Grundlinie der Treuhandanstalt. Das Ende der Treuhandanstalt wurde damit rhetorisch an die Beendigung des Privatisierungs-

---

60 Dieses Credo war von den Spitzenrepräsentanten der Treuhandanstalt von Beginn an immer wieder und mit Nachdruck vorgetragen worden. Vgl. dazu die entsprechenden Bemerkungen in Grundsatzreferaten von Rohwedder und Breuel: Treuhandanstalt 1994. Bd. 12: 891 (Rohwedder: „Wir haben ja keine eigene, eigenständige Rolle zu spielen, wir arbeiten ja, wenn Sie so wollen, auf unsere eigene Auflösung hin ..." [28.2.1991]); 903 (Breuel: „Wir wollen uns so schnell wie möglich überflüssig machen." [September 1991]), 922 (Breuel: „Wir sind eine Organisation auf Zeit mit dem Ziel, uns so schnell wie möglich entbehrlich zu machen ..." [23.11.1991]).

auftrags gebunden. Dies bestimmte auch die Diskussion über die "Zeit danach", wie sie in den Führungsgremien der Treuhandanstalt geführt wurde. Diese begann nach den Angaben von Maaßen (1996: 306 – 310) systematisch nach einer Klausurtagung des Vorstandes der Treuhandanstalt, die am 21. und 22. August 1992 in Lindow stattfand und deren zentrales Thema die Planung für die – seinerzeit so bezeichnete – „Phase II" der Treuhandanstalt nach Erledigung ihres Privatisierungsauftrags war.[61]

Die Verknüpfung und Begründung der Auflösungsperspektive für die Treuhandanstalt mit ihrer Hauptaufgabe, der Privatisierung, war nach innen wie nach außen gut plausibel zu machen. Es schien ja geradezu ein Sachzwang zu bestehen, mit der Erledigung dieser wirtschaftspolitischen Hauptaufgabe in den ostdeutschen Bundesländern auch die Existenz der sie tragenden Institution zu beenden. Es gab aber noch einen weiteren, nämlich verfassungspolitischen Grund, für die Auflösung der Treuhandanstalt: Mit der föderativen Ordnung der Bundesrepublik und den staatlichen Kompetenzzuweisungen im Grundgesetz war eine Zentralinstanz des Bundes mit einer zweifelsfrei regionalpolitischen Aufgabe unvereinbar. Dessen war man sich in der Spitze der Treuhandanstalt und in der Bonner Regierung beziehungsweise der Ministerialbürokratie sehr wohl bewußt.[62] Dieses verfassungspolitische Motiv war jedoch in der öffentlichen Diskussion kaum brauchbar. Es hätte die Legitimität der immerhin noch tätigen Treuhandanstalt, die sich ohnehin einer öffentlichen Dauerkritik gegenübersah, nur zusätzlich in Frage ziehen können. Wir werden darauf noch im letzten Abschnitt dieser Abhandlung zurückkommen.

Insofern litt die Diskussion über die Auflösungsperspektiven der Treuhandanstalt von vornherein unter einer gewissen Selektivität der Aufmerksamkeiten und Kommunikationsmöglichkeiten. Weil die Treuhandanstalt in der Öffentlichkeit – im Negativen wie im Positiven – nahezu ausschließlich mit ihrer Privatisierungstätigkeit identifiziert wurde, waren die operativen Schlüsselprobleme bei der Planung für ihre Auflösung in der Öffentlichkeit – und dies galt bereits für den parlamentarischen Raum – nur schwer zu vermitteln. Diese Schlüsselprobleme bestanden gerade in der Differenzierung zwischen der Hauptaufgabe der Privatisierung einerseits und den verbleibenden Aufgaben der Treuhandanstalt andererseits und deren sowohl unter Effizienz- als auch unter verfassungspolitischen Gesichtspunkten angemessene organisatorische Ausgestaltung. Es kann hier bereits vor-

---

61　Die Ergebnisse der Klausurtagung sind abgedruckt in: Treuhandanstalt 1994. Bd. 15: 144-161.
62　In ihrem Schreiben an den Bundesminister der Finanzen, den Bundesminister für Wirtschaft und den Chef des Bundeskanzleramtes vom 30. März 1994, auf das noch mehrfach zurückzukommen sein wird, wies die Präsidentin der Treuhandanstalt nochmals darauf hin, daß „mit dem faktischen Verzicht auf die Auflösung der Treuhandanstalt" eine „Verlängerung des wirtschaftspolitischen ‚Sonderregimes' für die neuen Bundesländer" verbunden sei, was „eine Verlängerung der Übergangszeit nach der Wiedervereinigung statt eines Übergangs in die Normalität unserer bundesstaatlichen Ordnung" bedeute. Zitiert nach: Treuhandanstalt 1994. Bd. 15: 285-290 (289 -290).

weggenommen werden, daß das Scheitern der Auflösungspläne zu einem guten Teil durch diese kommunikativen Defizite erklärt werden kann (vgl. a. Seibel 1996: 84 -95, sowie Abschnitt 6 der vorliegenden Abhandlung).

Die Betonung der Privatisierungsaufgabe und deren „Endlichkeit" hatte in der Geschäftspolitik der Treuhandanstalt allerdings auch taktische Gründe. Es sollte nach außen, nicht zuletzt aber auch nach innen an dem festen Entschluß von Bundesregierung und Treuhandspitze kein Zweifel gelassen werden, den Unternehmensbestand so schnell wie möglich abzubauen, eine Verlangsamung des Privatisierungstempos unter keinen Umständen zuzulassen und die Bildung eines „Bodensatzes" an nicht-privatisierbaren Betrieben in jedem Falle zu verhindern. Diese Logik war ja in der strategischen Grundlinie der Treuhandanstalt spätestens seit dem Frühjahr 1991 angelegt. Sie war der „Befreiungsschlag", mit dessen Hilfe die Behörde für die treuhänderische Verwaltung des vormaligen Volkseigenen Vermögens der DDR die durch die Währungsunion vom 1. Juli 1990 ausgelöste ökonomische Depression in Ostdeutschland zu bewältigen hatte. Dies war, was die administrative Umsetzung betraf, vor allem durch den hohen Grad an Autonomie der Treuhandanstalt und die darin angelegte Flexibilität bei der Aufgabenerfüllung – einschließlich mehrfacher Schübe organisatorischer Ausdifferenzierung – auf bemerkenswerte Weise gelungen. Nun aber, also gewissermaßen auf der Zielgeraden des Privatisierungsgeschäfts und im Zeichen der geplanten Selbstauflösung, steuerte die Treuhandanstalt zwangsläufig wieder in turbulente Gewässer. Hier gab es, um im Bilde zu bleiben, Stromschnellen einerseits in der Zone der operativen Organisationspolitik, andererseits in der Zone der politischen Entscheidungsprozesse, die zur Absicherung der organisatorischen Operationen eingeleitet werden mußten.

Auf der operativen Ebene war die anstehende Aufgabe kompliziert genug. Es ging darum, die Organisation der Treuhandanstalt zugleich aufzulösen und auf hohem Niveau arbeitsfähig zu halten. Gerade die qualifiziertesten, aber auch mobilsten Mitarbeiter mußten nach Möglichkeit ‚bei der Stange gehalten' werden, zunächst, um das Privatisierungsgeschäft zügig abzuschließen, darüberhinaus aber, um für den verbleibenden Aufgabenbestand der Treuhandanstalt eine hinreichende Zahl befähigter Mitarbeiter zur Verfügung zu haben. Außerdem mußten die neu zu schaffenden Organisationsstrukturen so angelegt sein, daß das Ziel einer schrittweisen Auflösung auch der Nachfolgeinstitutionen der „klassischen" Treuhandanstalt nicht aus dem Auge verloren wurde und die Erreichung dieses Ziels befördert und nicht behindert wurde.

Die Meisterung dieser Aufgaben operativer Organisationsgestaltung durfte die Treuhandanstalt sich zutrauen. Daß die Anstalt zur Bewältigung auch anspruchsvoller Organisationsprobleme in der Lage war, hatte sie seit dem Sommer 1990 zur Genüge unter Beweis gestellt. Nach der erwähnten Klausurtagung des Vorstandes der Treuhandanstalt vom 21. und 22. August 1992 und der Unterrichtung des Verwaltungsrates über deren Ergebnisse am 12. September 1992 wurde die

Treuhandanstalt am 14. September 1992 durch ein Schreiben des Staatssekretärs Köhler im Bundesfinanzministerium förmlich aufgefordert, „zügig Vorschläge für die notwendigen organisatorischen Maßnahmen und Grundlagen für die Finanzplanung nach 1994 zu erarbeiten". Diese förmliche Aufforderung war – bei aller informellen Übereinstimmung zwischen der Ministerialbürokratie speziell des BMF und der Spitze der Treuhandanstalt – erforderlich, um den ungewöhnlichen Vorgang regierungsamtlich zu legitimieren, daß eine nachgeordnete Behörde des Bundes die Vorbereitung eines sie selbst betreffenden Gesetzgebungsprozesses übernahm, was in der hier einschlägigen Gemeinsamen Geschäftsordnung der Bundesministerien II, um es milde zu sagen, zumindest nicht vorgesehen ist.[63]

Dies verweist nun auf das eigentliche Dilemma von Bundesregierung und Treuhandanstalt bei den angestrebten Auflösungsmaßnahmen: Von den bislang so erfolgreich genutzten Vorteilen der extrem ausgeweiteten Autonomie der Treuhandanstalt konnte bestenfalls noch innerhalb einer gewissen Schonfrist Gebrauch gemacht werden. Letztlich aber würde der parlamentarische Gesetzgeber zu beteiligen sein. Dadurch wurde es prinzipiell schwer kalkulierbar, ob die auf der ‚Arbeitsebene' von Bonner Ministerialbürokratie und Berliner Treuhandanstalt zu konzipierenden Organisationsmodelle für eine Auflösung den parlamentarisch-politischen Prozeß unverändert überstehen würden. Die Voraussetzungen hierfür waren nicht günstig. Zum einen waren die Organisationsprobleme komplex und die zu schaffenden Organisationsstrukturen angesichts der komplizierten Anforderungen, denen sie genügen mußten, sensibel gegenüber Veränderungen, zumal, wenn diese selektiv und damit ohne Berücksichtigung eines Gesamtkonzepts für die Gestaltung der Treuhand-Nachfolgeinstitutionen erfolgen sollten. Zum anderen aber zeichneten sich nun die Nachteile der lange Zeit politisch so überaus funktionalen Autonomie der Treuhandanstalt ab. Weil sich die Treuhandanstalt der parlamentarischen Kontrolle wenn schon nicht de iure, so doch de facto weitgehend entzogen hatte, fehlte es auch an eingespielten Kommunikationskanälen zwischen dem Parlament und der Berliner Behörde. Waren die Details der operativen Auflösungsmaßnahmen schon kompliziert genug, so fehlte es an einflußreichen Parlamentariern, die mit der notwendigen Kombination aus Sachverstand und Durchsetzungsvermögen diese unsichere Flanke des parlamentarisch-politischen Prozesses hätten absichern können.[64] Durch die Einsetzung des Treu-

---

63   Daß es ohne den Gesetzgeber nicht ging, hatte etwas mit dem im Brief des Staatssekretärs enthaltenen Hinweis auf die „Finanzplanung nach 1994" zu tun. Der Bund hatte am 3. Juli 1992 das Treuhandkreditaufnahmegesetz verabschiedet (BGBl. I S.1190). Dieses war befristet bis zum Jahresende 1994. Für die beabsichtigte grundlegende Veränderung der Organisationsstruktur der Treuhandanstalt hätte es keines gesonderten Gesetzes bedurft, sondern lediglich – wie letztlich auch geschehen – einer Rechtsverordnung der Bundesregierung. Für diese aber bedurfte es wiederum einer gesetzlichen Verordnungsermächtigung, so daß auch hier der Gesetzgeber gefragt war.
64   Der für die Treuhandanstalt zuständige Parlamentarische Staatssekretär im Bundesfinanzministerium, Joachim Grünewald, hätte wohl das Format für eine solche Mittlerrol-

hand-Untersuchungsausschusses im September 1993 wurde außerdem der Zwang zur neuerlichen Abschottung der Treuhandanstalt gegenüber dem Parlament zu einem Zeitpunkt virulent, als es gerade auf eine Öffnung und auf Vertrauensbildung unter den Abgeordneten angekommen wäre.

So weit die Grundkonstellation. Im September 1992 wurde eine Arbeitsgruppe aus Vertretern des Bundesfinanzministeriums, des Bundeswirtschaftsministeriums und der Treuhandanstalt zur Erarbeitung eines Auflösungskonzeptes gebildet (Maaßen 1996: 309). Diese Arbeitsgruppe tagte erstmals am 12. Oktober 1992 und legte dabei ein Grundschema der nach dem 31. Dezember 1994 verbleibenden Aufgaben der Treuhandanstalt und Grundprinzipien für die organisatorische Bewältigung dieser Aufgaben fest (vgl. dazu Maaßen 1996: 317 – 320). Die verbleibenden, auch nach dem 31. Dezember 1994 wahrzunehmenden Treuhandaufgaben wurden in drei Gruppen aufgeteilt: verbleibende Unternehmen, unternehmensbezogene Aufgaben und hoheitliche Aufgaben. Zum einen rechnete man also durchaus mit einem gewissen Restbestand nichtprivatisierter, reprivatisierter, kommunalisierter oder liquidierter Unternehmen, wenngleich im Herbst des Jahres 1992 wohl Hoffnungen, aber selbstverständlich keine halbwegs präzisen Kenntnisse über den Umfang dieser Aufgabe existierten. Aus dem Bestand dieser verbliebenen Treuhand-Unternehmen heraus sollten natürlich weiterhin fortlaufend Unternehmen privatisiert werden. Zum Aufgabenkomplex „verbleibende Unternehmen" zählte aber insbesondere auch die Tätigkeit von TLG und BVVG. Schließlich handelte es sich bei der Verwaltung und Verwertung von Boden um die voraussichtlich langfristigste Aufgabe jeder Treuhand-Nachfolgekonstruktion. Zu den „unternehmensbezogenen Aufgaben" wurden die weiterlaufenden Reprivatisierungs- und Abwicklungsmaßnahmen gezählt, insbesondere aber das sogenannte Vertragsmanagement. Unter Vertragsmanagement war die Überprüfung der Einhaltung der abgeschlossenen Privatisierungsverträge zu verstehen, wohinter sich allerdings mehr als lediglich notarielle Aufgaben verbargen. Es war absehbar, daß das Vertragsmanagement nach wie vor quasi-unternehmerisches Denken und Entscheiden erforderlich machen würde. „Vertragsmanagement" bedeutete, daß Vereinbarungen über Investitionssummen, Arbeitsplätze oder die Beseitigung ökologischer Altlasten überprüft und gegebenenfalls nachverhandelt werden mußten. Zu den hoheitlichen Aufgaben zählten die Kommunalisierung und die sonstige Vermögenszuordnung.

Für diesen auch über den 31. Dezember 1994 hinaus verbleibenden Aufgabenbestand sollte nach den Vorstellungen der Arbeitsgruppe aus Vertretern der Treuhandanstalt, des Bundesfinanz- und des Bundeswirtschaftsministeriums eine hochgradig dezentralisierte bzw. diversifizierte Organisationsstruktur geschaffen werden. Die Einheitsbehörde Treuhandanstalt jedenfalls sollte tatsächlich aufhören zu bestehen. Statt dessen sollte eine behördenmäßige Kompetenz lediglich für

---

le gehabt, er wurde jedoch von seinen Parlamentskollegen augenscheinlich der Exekutive zugerechnet.

die hoheitlichen Aufgaben und für die finanzielle Abwicklung der verbleibenden Aufgaben (Aufnahme von Krediten, Gewährung von Bürgschaften, Einräumung von Ausgleichsforderungen etc.) beibehalten werden.[65] Mit diesem später als „Divisionalisierung" bezeichneten Konzept sollte dreierlei erreicht werden. Zum einen sollten die langfristigen von den mittelfristigen und die hoheitlichen von den nicht-hoheitlichen Aufgaben getrennt und jeweils spezifisch qualifizierten Trägerorganisationen überwiesen werden. Dabei ging man zu diesem Zeitpunkt, also im Herbst 1992, in der Treuhandanstalt sogar von einem Abschluß des Privatisierungsgeschäfts bis zum Ende des Jahres 1993 aus.[66] Für die verbleibenden Aufgaben sollten möglichst wenig öffentlich-rechtliche – also behördenähnliche – sondern vorwiegend privatrechtliche Organisationen in Anspruch genommen werden. Davon versprach man sich wiederum zwei Vorteile. Einerseits würden Gründung und Auflösung privatrechtlicher Organisationen leichter fallen als dies bei öffentlich-rechtlichen Konstruktionen der Fall war. Andererseits würde man bei privatrechtlichen Konstruktionen, so hoffte man, qualifizierte Mitarbeiterinnen und Mitarbeiter länger binden können. Wenn man davon ausging, daß der Schwerpunkt des Nachfolgegeschäfts beim Vertragsmanagement liegen würde, so konnten in diesem Bereich auf privatrechtlicher Basis die ohnehin schon existierenden Kooperationsbeziehungen zwischen Treuhandanstalt und Beratungs- und Prüfgesellschaften genutzt werden. Hier würde sich dann für qualifizierte Mitarbeiterinnen und Mitarbeiter auch die Perspektive eines ‚gleitenden Übergangs' von der Treuhandnachfolgetätigkeit zu einer anschließenden privatwirtschaftlichen Karriere ergeben können. Ansonsten war klar, daß die langfristige Aufgabe der Verwaltung und Verwertung von Grund und Boden von den bereits bestehenden privatrechtlichen Trägern TLG und BVVG auch nach dem 31. Dezember1994 besorgt werden sollte.

Dieses Grundkonzept wurde zwischen Herbst 1992 und Frühjahr 1993 in engen Abstimmungen zwischen Treuhandanstalt, BMF und BMWi präzisiert. Die Leitung der Treuhandanstalt kam dabei in die mißliche Lage, trotz der weitgediehenen Vorstellungen über die Zukunft der Institution die eigenen Mitarbeiter hierüber im Unklaren lassen zu müssen. Dies mag die Präsidentin der Treuhandanstalt veranlaßt haben, in einem Mitarbeiterbrief vom 30. März 1993 ein unverbindliches, im Kern aber den Sachstand der internen Meinungsbildung wiedergebendes Konzept für die „Überführung der Treuhandanstalt in die Phase II" bekanntzugeben (vgl. Treuhandanstalt. Bd. 15: 162-164). Dieser Schritt war nicht ohne Risiko, denn ein formeller Abschluß des Entscheidungsprozesses war noch gar nicht abzusehen, und bei den politischen Entscheidungsträgern, insbesondere

---

65 Die Beibehaltung einer Rumpfbehörde als unmittelbare Treuhandnachfolgerin wurde als unerläßlich für die symbolische und tatsächliche Absicherung der von der Treuhandanstalt aufgenommenen Kredite betrachtet.
66 Diese Zielsetzung war als Ergebnis der Klausurtagung in Lindow am 21. und 22. August 1992 festgehalten worden. Vgl. Treuhandanstalt 1994. Bd. 15: 144-161 (144).

sondere im Bonner Parlament, mochte so der Eindruck einer Präjudizierung durch die Berliner Privatisierungsbehörde entstehen. Eine Politisierung des Entscheidungsprozesses blieb jedoch zu diesem Zeitpunkt noch aus. Vielmehr ging das Auflösungskonzept mehr oder weniger reibungslos durch die verschiedenen Vorbereitungsinstanzen auf der Fachebene. Am 1. Juli 1993 wurde das Konzept – vorläufig abschließend – im Vorstand der Treuhandanstalt beraten, am 30. August 1993 erstellte das Bundesfinanzministerium nochmals eine zusammenfassende Darstellung (Treuhandanstalt 1994. Bd. 15: 178-188). In diesem Bericht des Bundesfinanzministeriums war die Leitidee festgehalten, die eigentliche Nachfolgeinstitution der Treuhandanstalt so „schlank" wie möglich zu halten. Deren Zuständigkeit sollte auf die hoheitlichen Aufgaben (Vermögenszuordnung, Investitionsvorrangentscheidungen, Grundstücksverkehrsgenehmigungen, Kommunalvermögenszuordnung) und auf nicht-delegierbare Aufgaben, insbesondere die Wahrnehmung von Mitwirkungs- und Kontrollpflichten bei den vorgesehenen privatrechtlichen Trägerorganisationen, beschränkt werden. Hierfür waren nicht mehr als 530 Mitarbeiter vorgesehen. Die Gesamtzahl der mit Treuhandnachfolgeaktivitäten befaßten Personen sollte gegenüber dem Personalbestand der „klassischen" Treuhandanstalt – dies waren rund 4.000 Mitarbeiter im Jahre 1993 – auf 2800 reduziert werden.[67]

Völlig ungeklärt war zu diesem Zeitpunkt auch noch die Art und Weise der Beteiligung der Länder an den Treuhandnachfolgeaktivitäten. In der im Herbst 1992 eingerichteten Arbeitsgruppe aus Vertretern der Treuhandanstalt, des BMF und des BMWi war die Idee einer „Verländerung" des Vertragsmanagements diskutiert worden. Dem lag der Gedanke zugrunde, daß das Vertragsmanagement, abgesehen von der Verwaltung und Verwertung von Grund und Boden, nicht allein quantitativ den bedeutendsten Teil der Treuhandnachfolgeaktivitäten ausmachen, sondern auch für die Qualität der regionalen Wirtschafts- und Strukturpolitik der ostdeutschen Länder von erheblicher Bedeutung sein würde. Ein Konzept der Arbeitsgruppe sah deshalb vor, einerseits die bis dahin in den Branchendirektoraten der Treuhandanstalt angesiedelten Zuständigkeiten für das Vertragsmanagement organisatorisch zu bündeln, andererseits aber länderorientierte Trägergesellschaften zu gründen. Bei dieser Konstruktion wäre die zentrale Stelle für die „großen Verträge" zuständig gewesen, die in vielen Fällen ohnehin länderübergreifende Bedeutung gehabt hätten. Die dezentralen Stellen in den länderorientierten Tochtergesellschaften aber wären für das Gros der Verträge mit

---

67 Vorgesehen waren für den Aufgabenbereich Vertragsmanagement 880 Mitarbeiter, für die BVVG 380 Mitarbeiter, für die TLG 800 Mitarbeiter, für die eigentliche Nachfolgeinstitution der Treuhandanstalt, wie erwähnt, 530 Mitarbeiter und für „Sonstiges" (u.a. Beteiligungsverwaltung der bis 31. Dezember 1994 noch nicht privatisierten Unternehmen) 210 Mitarbeiter. Der Personalbestand der Bundesbehörde, die die rechtliche Nachfolge der Treuhandanstalt anzutreten hatte – ein Name für die Behörde existierte zu diesem Zeitpunkt noch nicht – sollte nach diesen Planungen also weniger als 20 % des zunächst insgesamt verbleibenden Personalbestandes ausmachen.

lokaler oder regionaler Bedeutung zuständig gewesen. Die Gesamtkonstruktion hätte auf privatrechtlicher Grundlage erfolgen können, die den ostdeutschen Ländern die Möglichkeit eröffnet hätte, die Trägerschaft der regionalen Vertragsmanagementgesellschaften zu übernehmen.[68]

Zu einer „Verländerung" der Treuhandanstalt sollte es jedoch nicht kommen. Die ostdeutschen Länder selbst forcierten ein solches Projekt in keiner Weise, was in Anbetracht der immer wieder aufkommenden Klagen über den Zentralismus der Treuhandanstalt und die mangelnden Mitwirkungsmöglichkeiten der Länder erstaunen mochte. Die tatsächlichen Prozesse der Meinungsbildung und Entscheidungsfindung hinsichtlich des Bund-Länder-Verhältnisses bei den Treuhandnachfolgeaktivitäten ist nach wie vor unerforscht. Man wird aber nicht fehlgehen in der Annahme, daß den ostdeutschen Ländern in der Zwischenzeit die politischen und fiskalischen Risiken einer Übernahme von Treuhandnachfolgeaufgaben deutlich geworden waren. Der Bund seinerseits aber mußte darauf insistieren, nicht bloß Kompetenzen, sondern auch Verantwortung zu delegieren, wenn es um die Beteiligung der Länder ging. Beim langfristig ertragsträchtigen Kernbestand des Treuhandvermögens, dem Besitz an Grund und Boden, mußte sich der Bund zudem im wahrsten Sinne des Wortes schadlos halten für die gewaltigen öffentlichen Schulden, die in erster Linie zu seinen Lasten im Zuge der Deutschen Einheit aufgelaufen waren.

Der Spielraum für eine nachhaltige Übertragung von Treuhandnachfolgeaufgaben auf die Länder war also faktisch äußerst gering. Um so wichtiger wurde es, die Bundeskompetenzen organisatorisch „abbaufreundlich" zu gestalten. Die Vorstellungen von Treuhandanstalt und Bonner Ministerialbürokratie gingen genau in diese Richtung, sie mußten im Herbst 1993 aber endgültig in das parlamentarische Gesetzgebungsverfahren überführt werden.

Am 25. Oktober 1993 wurden die Koalitionsabgeordneten des Treuhandausschusses und des Haushaltsausschusses des Deutschen Bundestages von der Präsidentin der Treuhandanstalt über die Planungen für die Auflösung der Behörde unterrichtet. Für die Selbständigkeit und das Selbstverständnis der Leitung der Treuhandanstalt aber auch der zuständigen Bonner Ministerialbürokratie ist es sicher bezeichnend, daß man die Entscheidungsvorbereitung im parlamentarischen Raum erst begann, als über das Konzept für die Auflösung der Treuhandanstalt bereits seit mehr als einem Jahr intern beraten wurde. Dies ist zum einen auf das Bestreben zurückzuführen, jede vorzeitige Politisierung des Entscheidungsprozesses zu vermeiden. Zum anderen gab es aber in der Wahrnehmung der maßgeblichen Akteure in der Treuhandanstalt und der Ministerialbürokratie offenbar keine Koalitionsabgeordneten von nennenswertem Einfluß, deren Unterstützung man sich wenigstens auf informellem Wege hätte vorab vergewissern sollen. Dies sollte sich jedoch als Fehlkalkulation erweisen.

---

68 Über diese Vorstellungen unterrichtet ausführlich Maaßen (1996: 339-353).

Den Koalitionsabgeordneten des Treuhandausschusses und des Haushaltsausschusses konnte nicht verborgen bleiben, daß ihnen im Grunde nur noch eine akklamatorische Funktion zugedacht war. Dieser Eindruck wurde offenbar verstärkt durch einen weiteren Mitarbeiterbrief der Präsidentin der Treuhandanstalt vom 10. November 1993, in dem trotz salvatorischer Klauseln[69] die Umsetzung des Auflösungskonzepts von BMF und Treuhandanstalt – einschließlich der privatrechtlichen Lösung für den Bereich Vertragsmanagement, Abwicklung und Reprivatisierung – im Wesentlichen als Formsache dargestellt wurde. Am 2. Dezember 1993 verweigerte dann der Haushaltsausschuß des Bundestages dem ihm von der Bundesregierung zugeleiteten Auflösungskonzept mit den Stimmen von Koalitionsabgeordneten überraschend die Zustimmung. Der Leipziger CDU-Abgeordnete Pohler und der Klever FDP-Abgeordnete Friedhoff – beides Bundestagsneulinge – bildeten ein ‚Gespann', das sich an die Spitze der koalitionsinternen Kritiker des Auflösungskonzepts setzte. Pohler hatte sich bereits im November in einem Brief an den Bundesfinanzminister über die mangelnde Beteiligung der Koalitionsabgeordneten an den Entscheidungen über die Treuhandnachfolge beschwert (die Presse berichtete darüber im Dezember; vgl. Frankfurter Allgemeine Zeitung, 11.12.1993: 12). Friedhoff setzte im Haushaltsausschuß die Einholung eines Gutachtens zum vorliegenden Auflösungskonzept durch. Der Gutachterauftrag wurde an die Unternehmensberatung Kienbaum vergeben, der eine gewisse Nähe zur FDP nachgesagt wird (der Firmengründer war langjähriger FDP-Bundestagsabgeordneter). Hauptsächlicher Gegenstand der Sachkritik der Koalitionsabgeordneten war im übrigen die vorgesehene privatrechtliche Lösung für die Organisation von Vertragsmanagement, Reprivatisierung und Abwicklung (VRA). Der Gutachterauftrag wurde vom BMF am 6. Januar 1994 erteilt.

Mit diesen Rahmensetzungen hatten Treuhandanstalt und Ministerialbürokratie im Entscheidungsprozeß über die Auflösung der Treuhandanstalt die Initiative verloren. Es war eingetreten, was ausdrücklich hatte verhindert werden sollen: eine unkontrollierte Politisierung des Entscheidungsprozesses über die Treuhandnachfolge, die zudem von Seiten der maßgeblichen Koalitionsabgeordneten mit einem unverkennbaren Anti-Treuhandeffekt besetzt war. In der Treuhandspitze – also namentlich auf Seiten der Präsidentin und des Vizepräsidenten – mußten sich die Hoffnungen nun auf das Koalitionsmanagement und die Durchsetzungsfähigkeit der Ressortspitzen bzw. des Bundeskanzleramtes richten. Auch in dieser Hinsicht sollte man jedoch enttäuscht werden.

Eine „Zusammenfassung erster Ergebnisse" der Begutachtung des Konzeptes für die Neustrukturierung der Treuhandanstalt durch die Kienbaum-Unterneh-

---

69 „Unsere Verantwortung reicht bis zum 31. Dezember 1994. Über die Zeit danach wird die Politik ihre Entscheidungen treffen. (...) Die Politik wird entscheiden, wer die Träger dieser Einheiten sein werden. Sie aber werden schon wissen, welche Einheit ihr ‚neuer' Arbeitgeber sein wird." – Birgit Breuel, Präsidentin der Treuhandanstalt: An alle Mitarbeiterinnen und Mitarbeiter. Berlin, 10.11.1993.

mensberatung wurde am 3. März 1994, unmittelbar vor der ersten Bundestagsdebatte zum Thema (die am 4. März stattfand), vorgelegt. Darin wurde der tragende Pfeiler des Auflösungskonzepts, die Zusammenfassung von Vertragsmanagement, Reprivatisierung und Abwicklung in einer privatrechtlichen Organisationsform, grundlegend kritisiert.[70] In der Zwischenzeit, am 22. Februar 1994, hatte auch der Bundesrechnungshof eine überaus kritische Stellungnahme zum Auflösungskonzept von BMF und Treuhandanstalt abgegeben.[71] Der Haushaltsausschuß des Bundestages lehnte das Auflösungskonzept unter Hinweis auf das Kienbaum-Gutachten und die Stellungnahme des Bundesrechnungshofes dann am 9. März 1994 endgültig ab.[72]

Die Treuhandanstalt war nun beauftragt, bis April 1994 ein neues Konzept für die Organisation der Treuhandnachfolgeaufgaben vorzulegen. Von dem ursprünglichen „Divisionalisierungs"-Konzept – insbesondere: kleine und flexible organisatorische Einheiten und Trennung von unternehmerischen und hoheitlichen Aufgaben – sollte nach dem Willen der Treuhandspitze nun wenigstens die Substanz gerettet werden. Wenn schon der Aufgabenbereich Vertragsmanagement, Reprivatisierung und Abwicklung in öffentlich-rechtlicher Form weitergeführt werden sollte, so wollte man ihn wenigstens weiterhin von den hoheitlichen Aufgaben getrennt halten. Ein im März erarbeiteter Kompromißvorschlag der Treuhandanstalt sah deshalb vor, daß die hoheitlichen Aufgaben teils der unmittelbaren

---

70 Die wesentlichen Einwände lauteten, daß das Dienstleistungsgeschäft im Bereich von Vertragsmanagement, Reprivatisierung und Abwicklung in seinen finanziellen Dimensionen durch Vermögenssicherung mit bedeutenden Ermessensentscheidungen geprägt sei, daß die Übertragung dieser Aufgaben mittels Geschäftsbesorgungsvertrags zusätzliche Entscheidungs- und Kontrollaufgaben und -instanzen erfordere, was die Tendenz einer neuen Bürokratisierung beinhalte; daß die Gläubiger- und Schuldnerfunktion der geplanten privatrechtlichen Lösung für Vertragsmanagement, Reprivatisierung und Abwicklung einen zusätzlichen Regelungsbedarf von nicht unerheblicher Bedeutung hervorrufen müsse etc.
71 Der Bundesrechnungshof unterstellte, daß die Organisationsvorschläge vor allem von dem Bestreben geleitet seien, den Interessen der Führungskräfte und der Mitarbeiter der Treuhandanstalt Rechnung zu tragen. Dies war eine unverhohlene Anspielung auf die im Vergleich zum öffentlichen Dienst erheblich höheren Gehälter, die bei privatrechtlichen Lösungen für Treuhandnachfolgeaufgaben möglich sein würden. Darüber hinaus bemängelte der Bundesrechnungshof aber auch Mangel an Transparenz und Kontrolle bei der Auslagerung namentlich der VRA-Aufgaben auf privatrechtliche Träger. Bundesrechnungshof – Außenstelle Berlin: Bericht an den Vorsitzenden des Haushaltsausschusses des Deutschen Bundestages vom 22.2.1994. Az. IX 5 / 6008.
72 Maaßen (1996: 380) mutmaßt, daß den Koalitionsabgeordneten im Haushaltsausschuß diese Ablehnung umso leichter fiel, als sie die große Bedeutung der reinen Organisationsfragen womöglich nicht erfaßt hätten (darauf wird im abschließenden Abschnitt der vorliegenden Abhandlung ausführlicher eingegangen). Vielleicht habe man unter den Koalitionsabgeordneten die Auffassung geteilt, man könne in dieser Frage ohne große Folgen für die Bundesregierung „der Treuhand endlich einmal einen Denkzettel verpassen" (ebd.).

Nachfolgeinstitution der Treuhandanstalt – für die sich inzwischen auch der Name „Bundesanstalt für vereinigungsbedingte Sonderaufgaben" (BVS) gefunden hatte –, teils dem Bundesamt zur Regelung offener Vermögensfragen (BAROV), der Aufgabenbereich Vertragsmanagement, Reprivatisierung und Abwicklung jedoch einer weiteren selbständigen Bundesanstalt übertragen werden sollte (vgl. Treuhandanstalt 1994. Bd. 15: 291).

Auch diese Vorstellungen sollten sich jedoch innerhalb weniger Tage als Makulatur erweisen. Am 25. März 1994 kam es zu einem Gespräch zwischen den Spitzen der Ministerialbürokratie und dem Vorstand der Treuhandanstalt. Bei diesem Gespräch unterrichtet der Vertreter des Bundeskanzleramtes, Ministerialdirektor Ludewig, die Vertreter der Treuhandanstalt darüber, daß man hoheitliche Aufgaben und den Aufgabenbereich Vertragsmanagement, Reprivatisierung und Abwicklung in einer gemeinsamen Nachfolgeorganisation belassen wolle. Damit war auch der Kompromißvorschlag der Treuhandanstalt gescheitert. Es blieb bei einer zentralen Bundesbehörde als unmittelbare Nachfolgerin der Treuhandanstalt, in deren Zuständigkeitsbereich die hoheitlichen Aufgaben (Vermögenszuordnung, Investitionsvorrangentscheidungen, Grundstücksverkehrsgenehmigungen, Kommunalvermögenszuordnungen), der Aufgabenbereich Vertragsmanagement, Abwicklung und Reprivatisierung (VRA) einschließlich Finanzplanung und Finanzkontrolle, die Wahrnehmung der Gesellschafterfunktionen für eine zentrale Dienstleistungsgesellschaft für die Treuhandnachfolgeorganisationen (DISOS) und für die nach wie vor als Geschäftsbesorger tätige BVVG sowie einige weitere Stabs- und Servicefunktionen fielen. Ausgegliedert blieben bzw. wurden lediglich die TLG und die als „Beteiligungsmanagement GmbH (BMG)" firmierende Holding für die nach wie vor in Treuhandbesitz befindlichen Unternehmen. In ihrem Schreiben an den Bundesfinanzminister, den Bundeswirtschaftsminister und den Chef des Bundeskanzleramtes vom 30. März 1994 sprach die Präsidentin der Treuhandanstalt denn auch folgerichtig vom „faktischen Verzicht auf die Auflösung der Treuhandanstalt".

Der Bundestag verabschiedete am 28. April 1994 das „Gesetz zur abschließenden Erfüllung der verbliebenen Aufgaben der Treuhandanstalt". Im Vermittlungsverfahren wurde in Artikel 1 des Gesetzes die Ermächtigung zum Abschluß einer Verwaltungsvereinbarung zwischen Bund und neuen Ländern über die Mitwirkung der Länder „an der Erfüllung der Aufgaben der Treuhandanstalt" eingefügt. Eine entsprechende Rahmenvereinbarung wurde am 14. Juni 1994 abgeschlossen.[73] In ihr wurde die Beibehaltung von sechs Ländervertretern im Verwaltungsrat der künftigen Bundesanstalt für vereinigungsbedingte Sonderaufgaben sowie die Einrichtung von Beiräten mit Vertretern der BVS, des Bundes und der neuen Länder für die verschiedenen Teilaufgaben der Treuhandnachfolgeaktivitäten fest-

---

73 „Rahmenvereinbarung zur Konkretisierung der weiteren Zusammenarbeit von Bund und neuen Ländern in Erfüllung des Treuhandauftrages" vom 14. Juni 1994. Abgedruckt in: Treuhandanstalt 1994. Band 15: 350-354.

gelegt. Diese Mitspracherechte der ostdeutschen Bundesländer konnten als ein symbolischer Ersatz dafür gewertet werden, daß es zu einer – den föderativen Prinzipien des Grundgesetzes entsprechenden – echten Aufgabenübertragung auf die Länder nicht gekommen war. Das „Gesetz zur abschließenden Erfüllung der verbliebenen Aufgaben der Treuhandanstalt" wurde nach Abschluß des Vermittlungsverfahrens am 9. August 1994 vom Bundestag verabschiedet, es trat zum 1. Januar 1995 in Kraft.

5. Begrenzte Handlungsrationalität und Logik der Institutionenbildung – oder: wie es kommt, daß Akteure Strukturen erzeugen, die sie eigentlich verhindern wollten

Die Nachfolgerin der Treuhandanstalt, die Bundesanstalt für vereinigungsbedingte Sonderaufgaben (BVS), war im Jahre 1996 eine Bundesbehörde mit noch 1.800 Mitarbeitern in der Berliner Zentrale (seit dem Sommer 1996 wieder im Gebäude Alexanderplatz 6, wo die Treuhandanstalt bis zum Frühjahr 1991 ihren Sitz hatte) und fünfzehn „Geschäftsstellen" (den Nachfolgern der Treuhandniederlassungen). Sie geht in ihrem Organisationsaufbau also auf die Treuhandanstalt und damit indirekt auf ein tragendes Element der DDR-Staatsstruktur, nämlich deren Wirtschaftsverwaltung, zurück. Mit den hoheitlichen Aufgaben (Vermögenszuordnung, Investitionsvorrangentscheidungen, Grundstücksverkehrsgenehmigungen, Kommunalvermögenszuordnungen) und dem Vertragsmanagement für die von der Treuhandanstalt abgeschlossenen Privatisierungen nimmt die Bundesbehörde BVS Aufgaben wahr, die nach Buchstaben und Geist des Grundgesetzes eigentlich den Länderaufgaben sind. Das gilt ebenso für die unter Kontrolle der BVS stehende Bodenverwaltungs- und Verwertungsgesellschaft (BVVG) und für die unter Kontrolle des Bundesfinanzministeriums stehende Liegenschaftsgesellschaft der Treuhandanstalt (TLG). Letztere besaßen zusammen im Jahre 1996 noch rund 30 % der Fläche der ehemaligen DDR, die somit der direkten Disposition der ostdeutschen Länder und Kommunen auf lange Zeit entzogen sind.

Im Vergleich mit der Treuhandanstalt weist ihre Nachfolgerin noch einige zusätzliche Nachteile auf. Die BVS ist eine regelrechte Behörde. Ihr fehlt es sowohl an dem Pioniergeist als auch an den materiellen Anreizinstrumenten, durch die die Mitarbeiter der Treuhandanstalt zu einem Höchstmaß an Leistung angehalten werden konnten. Gleichwohl sind die gesetzlichen Kompetenzen der BVS für die ostdeutschen Länder nicht weniger einschränkend als im Fall der immer als Provisorium begriffenen Treuhandanstalt. Als dieses Provisorium wird die BVS aber in der Öffentlichkeit nicht mehr wahrgenommen. Sowohl im Hinblick auf das Engagement der Mitarbeiter als auch im Hinblick auf die öffentliche Aufmerksamkeit

Die Treuhandanstalt – eine Studie über Hyperstabilität 211

fehlt es daher an Impulsen, die zentralistischen Strukturen konsequent zurückzuführen. Mit dem Gesetz vom 9. August 1994 war lediglich eine Auflage des Haushaltsausschusses des Bundestages verbunden, den Personalbestand der BVS auf 2300 – später dann auf 1.800 – Mitarbeiter zurückzuführen. Dies ist eine beachtliche Reduzierung gegenüber den 4000 Mitarbeitern der Treuhandanstalt. Schon die absoluten Personalzahlen aber entsprechen nach wie vor denen eines sehr großen Bundesministeriums. Bezieht man dies auf die Bevölkerungszahl in den neuen Bundesländern, so müßte man den Personalbestand der BVS mit vier multiplizieren, um ihre Bedeutung als „Superbehörde" für die neuen Bundesländer angemessen einschätzen zu können.

Es kann also kein Zweifel daran bestehen, daß die Auflösung der zentralistischen Strukturen der DDR-Wirtschaftsverwaltung in Ostdeutschland in wesentlichen Teilen gescheitert ist. Die föderativen Staatsstrukturen der alten Bundesrepublik sind dadurch in Ostdeutschland in einem weiteren Bereich – neben den Finanzbeziehungen, wo der Bund gegenüber den neuen Bundesländern ebenfalls eine dominierende Stellung einnimmt (vgl. dazu den Beitrag von Rentzsch in diesem Band) – erheblich geschwächt. Die zahlreichen Beiräte, in denen die ostdeutschen Länder an der Erfüllung der Treuhandnachfolgeaufgaben mitwirken, ändern letzten Endes nichts an der zentralistischen Kompetenzzuweisung zugunsten des Bundes.

Was ist daran erstaunlich, was bleibt erklärungsbedürftig? Erstaunlich ist weniger das Faktum als solches. Es kann eigentlich nicht überraschen, daß die Staatsstrukturen der DDR nicht vollständig und überall von den gänzlich andersgearteten Staatsstrukturen der westdeutschen Bundesrepublik resorbiert wurden. Wo zusammenwächst, was nicht zusammengehört – eine föderalistische, dezentrale und eine unitarische, zentralistische Staatsstruktur – sind eher Hybrideffekte zu erwarten. Tatsächlich war die Treuhandanstalt und ist die BVS ein solcher institutioneller Hybrid, eben weil die dezentralen Gewalten, also die Länder, an der Erledigung ihrer Aufgaben durchaus mitwirken konnten und können. Der Kern der Hybridstruktur besteht dennoch aus institutionellem Erbmaterial der DDR. Erstaunlich ist also eher die Illusion, daß die zentralistische Staatsstruktur der DDR im Bereich der Wirtschaftsverwaltung ohne größere organisationspolitische Anstrengung überwunden werden könnte.

Diese Illusion war nicht etwa bei den unmittelbar beteiligten und verantwortlichen Akteuren verbreitet, also in der Spitze der Treuhandanstalt und in der Bonner Ministerialbürokratie. Hier war man sich des Dilemmas deutlich bewußt, im Interesse einer zügigen Aufgabenerledigung zunächst straffe Organisationsstrukturen befestigen zu müssen, die mit dem Zentralismus der DDR mehr gemein hatten als mit dem Föderalismus der alten Bundesrepublik. Hiervon zeugte noch einmal das hier mehrfach zitierte Schreiben der Treuhandpräsidentin an die zuständigen Bonner Minister vom 30. März 1994. Die Ironie lag darin, daß die verblüffende Stabilität der Treuhandanstalt, auf die nach 1990 so viel organisationspolitische Sorgfalt verwandt worden war, nun in politisch unerwünschte Hyperstabilität umzuschlagen drohte.

Erklärungsbedürftig bleibt somit, daß sich mit der gescheiterten Auflösung der Treuhandanstalt ein institutioneller Effekt einstellte – die Fortschreibung von DDR-Staatlichkeit – den niemand angestrebt hatte. Hierfür hatte es, wie nicht betont werden muß, keinerlei Option gegeben, weder bei denjenigen, die in der Treuhandanstalt und ihrem unmittelbaren Umfeld Verantworung trugen, noch bei denjenigen, die der institutionellen Seite des Treuhandphänomens und deren verfassungspolitischen Implikationen ohnehin keine Beachtung schenkten. Es handelt sich hier also offenkundig um einen nicht beabsichtigten Effekt von Enscheidungen in bester Absicht. Warum haben dann die beteiligten Akteure so entschieden und, wenn es eine Diskrepanz zwischen ihren Absichten und den Folgen ihres Handelns gab, warum hat sich dann gerade dieses und kein anderes institutionelles Ergebnis eingestellt?

Um die erste dieser Fragen zu beantworten, kann man ein gedankliches Experiment vornehmen. Versuchen wir uns vorzustellen, welche Entscheidungen die maßgeblichen Akteure hätten treffen müssen, um einen angemessenen Beitrag zur Auflösung der Treuhandanstalt und damit zur tatsächlichen Überwindung der Zentralverwaltungsstrukturen der DDR-Wirtschaft zu leisten. Fragen wir dann, warum sie nicht diese, sondern andere Entscheidungen getroffen haben, die jenem Ziel weniger dienlich waren. Zu den maßgeblichen Akteuren sind zu zählen die Spitze der Treuhandanstalt, die Bonner Ministerialbürokratie, die ostdeutschen Länder, die im Entscheidungsprozeß aktivierten Bundestagsabgeordneten und die Spitzen von Bundesfinanzministerium, Bundeswirtschaftsministerium und Bundeskanzleramt.

Beginnen wir mit den ostdeutschen Ländern. Sie hätten eine effektive Auflösung der Treuhandanstalt als erste einfordern und die Übertragung möglichst vieler Treuhandkompetenzen auf Länderbehörden durchsetzen müssen. Dies haben die Länder in der Frühphase der Treuhandanstalt auch getan (vgl. Seibel 1993: 131, m.w.N.). Während der Vorbereitung der Nachfolgeregelung für die Treuhandanstalt aber haben die ostdeutschen Länder diese Forderungen nicht erneuert. Konflikte zwischen Bund und Ländern über die Verteilung von Kompetenzen aus der Treuhanderbmasse sind nicht bekanntgeworden. Offenkundig hatten die Länder kein Interesse an einer nachhaltigen Kompetenzübertragung.

Dies ist leicht zu erklären, gerade soweit es die ländertypischen oder länderrelevanten hoheitlichen Aufgaben wie die Regelung offener Vermögensfragen – typischerweise eine Angelegenheit der Justiz- und Finanzverwaltungen – oder das Vertragsmanagement – mit besonderer Relevanz für die Entwicklung der regionalen Wirtschaftsstrukturen – betrifft. Für die angesichts komplizierter Rechtslagen anspruchsvollen hoheitlichen Aufgaben waren die ohnehin überlasteten Verwaltungen der neuen Bundesländer nach wie vor kaum gerüstet. Eine Übernahme von Vertragsmanagementaufgaben hätte für die Länder schwer kalkulierbare Risiken aus betrieblichen Verbindlichkeiten und ökologischen Altlasten mit sich gebracht.

Wir wissen dagegen nicht, warum die ostdeutschen Länder, soweit erkennbar, nicht auf einer Übertragung von Liegenschaften und land- und forstwirtschaftlichem Besitz insistiert haben. Man kann nur spekulieren, daß sich der Bund beim Grundbesitz schadlos halten wollte für die Schuldenlast, die er im Laufe des Einigungsprozesses auf sich genommen hat. Die ostdeutschen Länder dürften dies antizipiert und akzeptiert haben. Sie waren und sind nicht nur die unmittelbaren Nutznießer dieses Bundesengagements, sie konnten auch, wenn überhaupt, auf einen Zugewinn an Grundbesitz mit seinen langfristigen Erträgen nur um den Preis kurzfristiger Einbußen bei den Finanzhilfen des Bundes hoffen. Gerade dies verweist aber auf die entstandenen Strukturdefizite bei der Vermögensausstattung der ostdeutschen Länder und ihrer Gemeinden.

Damit ist auch bereits ein wichtiger Teil der Motivlage des Bundes erklärt. Es zeigt sich, daß „der Bund" in diesem Fall eine unzulässige Abstraktion ist. Die Bundesbene spaltete sich in mehrere Akteure auf – Abgeordnete, Minister und Beamte in Bonn, Treuhandspitze in Berlin – deren Wahrnehmungen und Handlungsorientierungen sich durchaus nicht deckten. Das Verständnis dieser Heterogenität von Akteuren und Motivlagen ist der Schlüssel für die Erklärung des Scheiterns einer effektiven Auflösung der Treuhandanstalt. Die hypothetische Frage, was denn der angemessene Beitrag zur Auflösung der Treuhandanstalt gewesen wäre, macht im Hinblick auf den Bund deutlich, wie wenig überzeugend die Konstruktion eines einzelnen „korporativen Akteurs" wäre. Natürlich: „Der Bund" hätte an seinem organisationspolitischen Ziel einer Auflösung der Treuhandanstalt konsequent festhalten sollen. Aber welche der Akteure auf Seiten des Bundes kamen hierfür in Frage und wie war es um ihren Durchsetzungswillen und ihre Durchsetzungsfähigkeit bestellt?

Das organisationspolitische Ziel der Treuhandauflösung wurde von allen relevanten Akteuren auf der Bundesebene unterstützt. Diese Klarheit und Einigkeit konnte jedoch nur bei einer Ausklammerung potentieller Zielkonflikte aufrechterhalten werden oder aber solange und soweit das organisationspolitische Oberziel nicht operationalisiert wurde. In der politischen Leitung und in der Bürokratie des Bundesfinanzministeriums konkurrierte das organisationspolitische Ziel einer Anpassung der Treuhandstrukturen an die föderative Normalverfassung der Bundesrepublik, wie wir sahen, mit dem fiskalpolitischen Ziel einer Vermögensabsicherung der im Einigungsprozeß entstandenen Bundesschuld. Das eine hätte die Übertragung von treuhandeigenen Vermögenswerten, insbesondere von Grund und Boden, auf die ostdeutschen Länder erfordert, das andere legte die Beibehaltung des Bundesbesitzes nahe. Dem Konflikt wurde die Brisanz durch die frühzeitige Festlegung auf die Beibehaltung des Bundesbesitzes an den Liegenschaften von TLG und BVVG genommen, die von den Ländern, wie erwähnt, nicht in Frage gestellt wurde. Aber der unvermeidliche Effekt war die Verwässerung des organisations- und verfassungspolitischen Ziels der Angleichung des Sonderregimes Treuhandanstalt an die föderative Normalverfassung der Bundesrepublik.

Man hätte nun, das heißt im Verlauf des Jahres 1993, gewissermaßen die Notbremse ziehen und auf eine wie immer geartete Auflösung der Treuhandanstalt vorläufig verzichten können. Mit der Treuhandanstalt unter ihrem angestammten Namen wäre dann ein deutlich sichtbares Symbol des verfassungspolitisch unerwünschten Sonderregimes bis zur Abarbeitung des restlichen Aufgabenbestandes erhalten geblieben. Ferner hätte man weiterhin auf eine Konsolidierung der Länderverwaltungen bauen und die Option einer Übertragung wenigstens der hoheitlichen Aufgaben und von Teilen des Vertragsmanagements auf die Länder offenhalten können. Tatsächlich hat es solche Überlegungen im BMF gegeben (Maaßen 1996). Sie kollidierten aber mit der politischen Selbstbindung der Bundesregierung, das Treuhandkreditaufnahmegesetz nicht über den 31.12.1994 hinaus zu verlängern und im Wahljahr 1994 die Auflösung der in Ostdeutschland ungeliebten Treuhandanstalt zu verkünden. Auch in der Spitze der Treuhandanstalt war man der Option einer schlichten Verlängerung der eigenen institutionellen Existenz nicht gewogen, weil mittlerweile die gesamte Binnenorganisation auf die Auflösung und die daraus abgeleitete nochmalige Intensivierung der Privatisierungstätigkeit abgestimmt war.

Angesichts der Ausklammerung der Liegenschaftsproblematik und der fehlenden Bereitschaft der ostdeutschen Länder zur Übernahme nennenswerter Nachfolgeaufgaben der Treuhandanstalt konnten die in enger Abstimmung zwischen Bonner Ministerialbürokratie und Treuhandspitze konkretisierten Planungen aber von vornherein nur auf eine zweitbeste Lösung hinauslaufen. Das Oberziel der Überführung der von der DDR erebten Treuhandstrukturen in die föderative Normalverfassung der alten Bundesrepublik war außer Reichweite gerückt. Dies fand allerdings in der Öffentlichkeit keine nennenswerte Aufmerksamkeit, unter anderem eben weil die ostdeutschen Länder diese Frage nicht zum Konfliktpunkt machten. Grundgedanke der zweitbesten Lösung war das Konzept der „Divisionalisierung". Die verbleibenden Aufgaben der Treuhandanstalt sollten auf eine größere Zahl fachlich spezialisierter Einheiten (Divisionen), vorzugsweise in privater Rechtsform ohne Behördencharakter, überführt werden. Diese Einheiten sollten flexibel geführt und leicht verändert und auch aufgelöst werden können. In dieser Hinsicht gab es bis zum März 1994 eine einheitliche Linie von Treuhandspitze, Ministerialbürokratie und den politischen Leitungen der betroffenen Ressorts, einschließlich des Bundeskanzleramtes.

Aber auch die Durchsetzung dieser zweitbesten Lösung scheiterte, und zwar am Widerstand von Koalitionsabgeordneten des Deutschen Bundestages. Die Wurzel dieser Probleme lag wiederum in der prekären Beziehung der Treuhandanstalt zu Parlament und Öffentlichkeit. Dazu muß man sich vor Augen halten, daß das gesamtdeutsche Parlament im Herbst 1993 erstmals direkt und letztinstanzlich mit strategischen Entscheidungen über Treuhandangelegenheiten befaßt war. Durch den faktischen Status als Sondervermögen auf der Grundlage von Einigungsvertrag und Treuhandkreditaufnahmegesetz hatte sich die Treuhandanstalt einer direkten parlamentarischen Kontrolle bis dahin weitgehend entziehen können. Für die Handlungsfähigkeit der Bundesregierung im wirtschaftlichen Transformationsprozeß war diese Konstruktion von elementarer Bedeutung, denn sie bot einen gewissen Schutz gegen die Politisierung des operativen Geschäfts der Treuhandanstalt. Daß hier ein parlamentarisches Kontrollvakuum entstanden war, stand aber ebenfalls außer Frage. Bei den Abgeordneten in den zuständigen Bundestagsausschüssen, auch bei Koalitionsabgeordneten, hatte sich weder eine intime Sachkenntnis noch Vertrauen in die maßgeblichen Akteure auf Seiten der Treuhandanstalt bilden können. Wenn es um die Auflösung der Treuhandanstalt ging, gelangte nun mit den Beziehungen zwischen Exekutive und Parlament diejenige Entscheidungsachse zu zentraler Bedeutung, die für solche Belastungen am wenigsten ausgelegt war.

In der Wahrnehmung der Parlamentarier dominierte ebenso wie in der Wahrnehmung der allgemeinen Öffentlichkeit die Privatisierungstätigkeit der Treuhandanstalt und deren soziale und regionalwirtschaftliche Folgen. Für die Nachfolgeaktivitäten außerhalb des Privatisierungsgeschäfts und deren institutionelle Ausgestaltung fehlte es an Verständnis und Interesse (Maaßen 1996:332-337). Nun war unverkennbar, daß Vertreter der Treuhandanstalt auch bei den Planungen zur Auflösung der Berliner Behörde die Initiative hatten. Schon dies weckte, wie sich zeigen sollte (etwa im Brief des CDU-Abgeordneten Pohler an den Bundesfinanzminister vom November 1993), bei einigen Parlamentariern das Mißtrauen, ‚schon wieder' wolle die Treuhandanstalt die parlamentarischen Entscheidungskompetenzen unterlaufen. Das Konzept, die verbleibenden Treuhandaufgaben auf eine größere Anzahl von Trägern, vornehmlich in privater Rechtsform, zu übertragen, schien in der Wahrnehmung mancher Abgeordneter diese mißtrauischen Annahmen zu bestätigen. Es konnte den Anschein erwecken als sollten durch die private Rechtsform neuerlich vor allem die Kontroll- und Eingriffsrechte von Regierung und Parlament und die Beschränkungen des öffentlichen Dienstrechts für die Vergütung leitender Mitarbeiter umgangen werden. Öffentlich wurden solche Bedenken zwar nur von Oppositionsabgeordneten vorgetragen[74], aber sie wurden offenbar auch von Koalitionsabgeordneten geteilt[75] und durch eine prononciert kritische Stellungnahme des Bundesrechnungshofes vom Februar 1994 und letztlich auch durch das vom BMF eingeholte Gutachten der Unternehmensberatung Kienbaum gestützt.

---

74 So in der Bundestagsdebatte vom 4. März 1994 von den Abgeordneten Hampel und Kuessner (beide SPD). Deutscher Bundestag, 12. Wahlperiode, 214. Sitzung, Stenografische Niederschrift: 18511-18513, 18522-18524.

75 Der Abgeordnete Friedhoff (FDP) bemerkte in der Bundestagsdebatte vom 4. März 1994, daß „die notwendige parlamentarische Kontrolle ... möglicherweise noch etwas verbessert werden kann." Deutscher Bundestag, 12. Wahlperiode, 214. Sitzung, Stenografische Niederschrift: 18515.

Damit verdichtete sich die Tendenz, die Treuhandnachfolgeaufgaben weiterhin von einer einzelnen öffentlich-rechtlichen Bundesbehörde bzw. unter unmittelbarer Kontrolle des Bundesfinanzministeriums wahrnehmen zu lassen. Hierzu entschlossen sich die Spitzen von Bundeskanzleramt, Bundesfinanz- und Bundeswirtschaftsministerium in der zweiten Märzhälfte des Jahres 1994. Ob dies aus besserer Überzeugung oder aus opportunistischem Zurückweichen vor koalitionsinternen Konflikten geschah, harrt noch der zeitgeschichtlichen Aufklärung. Die angestrebte Auflösung der zentralistischen Treuhandstrukturen und damit der bedeutendsten Hinterlassenschaft von DDR-Staatlichkeit in den neuen Bundesländern war damit jedenfalls gescheitert.

6. Politische Lebenslügen als Self-destroying Prophecies

Welche Lehren lassen sich aus der gescheiterten Auflösung der Treuhandanstalt im Hinblick auf Prozesse der Institutionenbildung in Ostdeutschland nach 1990 ziehen? Es sind zwei interpretationsbedürftige Phänomene, die ins Auge fallen.

Zum einen gab es in den verschiedenen Segmenten des angestrebten institutionellen Wandels offenkundig unterschiedliche Entscheidungsspielräume. Diese waren in der Schlüsselfrage der Aufgabenübertragung auf die Länder gering, bei der organisatorischen Ausgestaltung der Treuhandnachfolgeaufgaben in Bundesregie jedoch erheblich. Dies läßt Rückschlüsse zu auf den Determinierungsgrad des Institutionenbildungsprozesses. War die Persistenz von DDR-Staatlichkeit angesichts der administrativen und fiskalischen Schwäche der ostdeutschen Bundesländer unausweichlich? Gab es wirklich Spielräume für eine wirksame Reduzierung von Bundeszentralismus auf sekundärem, nämlich organisationspraktischem Wege, wie es Treuhandspitze und Bonner Ministerialbürokratie angestrebt haben?

Zum anderen gibt es eine offenkundige Diskrepanz zwischen der Realität der Ergebnisse des Institutionenbildungsprozesses und der öffentlichen Rhetorik der Ergebnisbewertung. Die Rhetorik von Bundesregierung und Medien hielt daran fest, die Treuhandanstalt sei „aufgelöst" worden, die vermeintliche Auflösung selbst wurde im Dezember 1994 medienwirksam in Szene gesetzt. Dies deutet darauf hin, daß es im öffentlichen Diskurs der deutschen Innenpolitik nur eine begrenzte Thematisierungskapazität gibt für Phänomene des Scheiterns im Rahmen des Generalprogramms der Wiedervereinigung nach dem Muster des „Beitritts" der DDR zur Institutionenordnung der Bonner Republik. Auch dies ist interpretationsbedürftig.

Zur ersten Frage, der nach den faktischen Entscheidungsspielräumen. Elemente der Pfadabhängigkeit bei der institutionellen Entwicklung der Treuhandanstalt und ihrer Nachfolgestrukturen sind unverkennbar. Unter den Bedingungen des schockartigen Eintritts der ostdeutschen Wirtschaft in den Weltmarkt mit der Währungsunion vom 1. Juli 1990 mußte die Bundesregierung im Umgang mit dem wirtschaftlichen Staatsbesitz in Ostdeutschland – nicht anders als das kommunistische Regime der DDR – einer Logik der Kontrolle folgen. Als Eigentümer mußte der Bund seine maroden Staatsbetriebe im Osten wirksam ‚in den Griff' bekommen. Dies war am ehesten zu gewährleisten durch den rigiden Zentralismus des Treuhandregimes, also durch die Beibehaltung der Zentralverwaltungsstrukturen der DDR-Wirtschaft. Die Tatsache, daß es einen im Westen routinemäßigen Auffangmechanismus – nämlich föderale Strukturen mit leistungsfähigen Länderverwaltungen – im Osten nicht gab, akzentuierte diesen Zwang. Zum Teil fungierte die Treuhandanstalt später als Surrogat für die fehlenden politischen Entlastungsleistungen föderativer Aufgabendelegation: einerseits durch ihre gegenüber dem Bonner Regierungszentrum periphere geografische Lage, andererseits durch die Kooptation der ostdeutschen Ministerpräsidenten in den Treuhandverwaltungsrat. Aber die Logik der Kontrolle bestimmte dann 1993/94 auch das Verhalten der Koalitionsabgeordneten im Bundestag, die das Auflösungskonzept von Ministerialbürokratie und Treuhandspitze zu Fall brachten. Sie wollten verhindern, daß mit den vorgesehenen vielfältigen Aufgabenträgern in privater Rechtsform intransparente und kontrollfeindliche Strukturen entstanden.

Die Metapher von der Pfadabhängigkeit (vgl. David 1985, Stark 1992) und ihre offensichtliche Einschlägigkeit für die institutionelle Entwicklung der Treuhandanstalt suggeriert jedoch, daß es zu den faktischen Abläufen keine Alternative gegeben hätte. Auf diese Weise werden die Akteure zu ausführenden Organen einer Entwicklungslogik degradiert. Daß im Handeln der Akteure eine solche Entwicklungslogik zum Tragen kam, ist unverkennbar. In welchem Umfang dies geschah, ist aber eine offene Frage. Die Rekonstruktion der Entscheidungsprozesse muß das Verhältnis zwischen Sachzwang und Entscheidungsfreiheit präzise ausloten. Dies ist erst recht unabdingbar, wenn Entscheidungsalternativen offensichtlich erwogen wurden und die Entscheidung sozusagen ‚auf der Kippe stand', also ganz offensichtlich auch anders hätte ausfallen können.

Diese Situation war im Herbst 1993 und im Frühjahr 1994 gegeben, als es um die organisatorische Konkretisierung der Auflösung der Treuhandanstalt ging. Daß sich das Auflösungskonzept von Ministerialbürokratie und Treuhandspitze nicht durchsetzen ließ, konnte seine Ursache weder in Sachzwängen haben noch in unterschiedlichen institutionellen Interessen. Die institutionellen Interessen liefen in der entscheidenden Dimension, der Interessenlage des Bundes, nicht auseinander. Alle Akteure betonten, die Existenz der Treuhandanstalt beenden zu wollen und es gibt keine Anhaltspunkte dafür, daß es ihnen damit nicht ernst war.

Das Problem lag offenbar in der kommunikativen Dimension. Die Vertreter der Exekutive vermochten die Vertreter der Legislative nicht davon zu überzeugen, daß das gemeinsame Ziel mit ihrem Konzept, nicht aber mit der Beibehaltung einer zentralen Bundesbehörde erreicht werden könne. Das wesentliche Handicap war, daß die für die parlamentarische Meinungsbildung besonders bedeutsame verfassungspolitische Dimension nicht offen thematisiert werden konnte. Eingeengt war also primär weniger der Handlungsspielraum als der Argumentationsspielraum derjenigen, die auf eine tatsächliche Auflösung der Treuhandanstalt abzielten[76]. Ihr Hauptmotiv, nämlich eine „Verlängerung des wirtschaftspolitischen ‚Sonderregimes' für die neuen Bundesländer" zu verhindern, wodurch „eine Verlängerung der Übergangszeit nach der Wiedervereinigung statt eines Übergangs in die Normalität unserer bundesstaatlichen Ordnung" bewirkt würde (so die Präsidentin der Treuhandanstalt in ihrem Schreiben an die Bundesminister der Finanzen, für Wirtschaft und den Chef des Bundeskanzleramtes vom 30. März 1994) – dieses Hauptmotiv war in der Öffentlichkeit und gegenüber dem Parlament nicht kommunizierbar. Der Hinweis, daß es bei der Auflösung der Treuhandanstalt um die Überwindung verbliebener DDR-Staatlichkeit ging, wäre in Öffentlichkeit und Parlament mit einiger Wahrscheinlichkeit nicht nur als Bestätigung der generellen Vorbehalte gegen die Treuhandanstalt aufgefaßt worden. Er hätte auch in erheblicher Spannung zu dem politischen Common sense gestanden, wonach sich die Staatlichkeit der DDR mit der Wiedervereinigung des Jahres 1990 erledigt hatte. Zu einem Zeitpunkt als die Treuhandanstalt schließlich noch existierte und ihren operativen Auftrag zu erfüllen hatte, mußte das Eingeständnis der Fortexistenz von DDR-Strukturen als ein unkalkulierbares Risiko erscheinen.

Diese beschränkte Kommunizierbarkeit verfassungspolitischer Erfordernisse war eine indirekte Folge des enormen Tempos, mit dem sich der noch im Sommer 1989 undenkbare Vorgang einer schnellen Vereinigung von Bundesrepublik und DDR abgespielt hatte. Zu den aus diesem Tempo resultierenden Notwendigkeiten der Problemvereinfachung (Lehmbruch 1991) gehörte und gehört die politische Lebenslüge der Deutschen, das wiedervereinigte Land sei nichts anderes als eine nach Osten erweiterte Bonner Republik (Seibel 1992). Das Generalmodell der Vereinigung, der „Beitritt" der DDR zum Geltungsbereich des Grundgesetzes, war die staatsrechtliche Form dieser Lebenslüge, die einen institutionellen Angleichungsautomatismus suggerierte. Konkretere Maßnahmen zur Überwindung von DDR-Staatlichkeit schienen nicht erforderlich zu sein, hatte sich diese doch mit dem 3. Oktober 1990 scheinbar erledigt.

Die Treuhandanstalt war das faktische Dementi dieser Illusion. Öffentliche Einsichten in diese Tatsache, geschweige denn Eingeständnisse der Illusionen hätten zu einer prekären öffentlichen Bewußtseinslage führen können, die aus der Individualpsychologie als kognitive Dissonanz geläufig ist (Festinger 1957): Wahrgenommene Diskrepanzen zwischen Norm und Wirklichkeit erzeugen Stress. Politische Lebenslügen sind, wie Timur Kuran (1995: 176-195) argumentiert, ein wesentlicher Mechanismus zur Milderung von Stress, der auf kognitive Dissonanzen zurückgeht. Wie alle Lügen verhüllen auch politische Lügen die

---

76 Zur Differenzierung von Handlungsspielräumen und Argumentationsspielräumen Saretzki (1996).

Die Treuhandanstalt – eine Studie über Hyperstabilität

Wahrheit, sie erzeugen Ignoranz gegenüber der Realität und den in ihr wirkenden Beziehungen von Ursache und Wirkung. Aber Lebenslügen werden selbst gegen die Evidenz ‚harter Fakten' beibehalten, weil sie Stabilität in einer dynamischen Welt verheißen (Kuran 1995: 194-195). Die Folge ist, daß sich diese Fakten der intellektuellen Kontrolle und damit intentionaler Steuerung entziehen.

Weil die Treuhandanstalt im öffentlichen Diskurs jedenfalls von Vertretern des Bundes nicht als das angesprochen werden konnte, was sie war, nämlich als Fortsetzung der DDR-Wirtschaftsverwaltung mit anderer Zielsetzung, fehlte es denjenigen, die ihren zentralistischen Charakter konsequent aufheben wollten, an Überzeugungskraft. Im öffentlichen Bewußtsein wurde die als „Auflösung" apostrophierte Umbenennung vom Dezember 1994 mit der Erledigung des Privatisierungsauftrags, also mit der Überwindung von DDR-Eigentumsstrukturen in Verbindung gesetzt, nicht mit der Überwindung von DDR-Staatsstrukturen. Dieses Problem schien es ja gar nicht zu geben. Der tatsächliche Charakter der Treuhandanstalt entzog sich also bei den letztlich entscheidenden Akteuren, nämlich den Parlamentariern, der wirklichkeitsgerechten Wahrnehmung, ihre tatsächliche Auflösung damit weitgehend intentionaler Steuerung.

Daraus kann man wiederum dreierlei schließen.

Erstens: Wahrnehmungen und Situationsdeutungen haben offenbar eine eigenständige Bedeutung für den Verlauf von Institutionenbildungsprozessen. Insofern bestätigen unsere Untersuchungsergebnisse entsprechende Hypothesen der Policy-Forschung (vgl. Nullmeier 1997). Durch die kontrafaktische, aber in der deutschen Öffentlichkeit dominante Definition, daß sich die materielle Staatlichkeit der DDR erledigt habe, fehlte es an einer angemessenen Wahrnehmung der faktischen Persistenz von DDR-Staatlichkeit über den 3. Oktober 1990 hinaus.

Zweitens: Kontrafaktische Situationsdefinitionen verhindern angemessene Maßnahmen institutionspolitischen ‚Gegensteuerns'. Dadurch erwies sich die politische Lebenslüge der Deutschen, daß das wiedervereinigte Land nichts anderes als eine nach Osten erweiterte Bonner Republik sei, im Fall der staatlichen Wirtschaftslenkungsstrukturen geradezu als *self-destroying prophecy*. Die Persistenz von DDR-Staatlichkeit in Gestalt der Treuhandanstalt war ein faktisches Dementi jener Lebenslüge und konnte deshalb nicht thematisiert werden. Die De-Thematisierung wiederum hat die Mobilisierung politischer Energien verhindert, die zur Angleichung der Treuhandstrukturen an die föderative Normalverfassung der alten Bundesrepublik erforderlich gewesen wären.

Drittens: Die eigenständige Determinationskraft von Wahrnehmungen und Situationsdeutungen eröffnet Argumentationsspielräume für ideologische Unternehmer (Denzau/North 1994: 26). Die Nutzung von Argumentationsspielräumen durch solche ideologischen Unternehmer schafft ihrerseits Handlungsspielräume. Die Handlungsspielräume durchbrechen die Pfadabhängigkeiten, wie sie aus Sachzwängen und Interessenkonstellationen resultieren. So ist die Persistenz von DDR-Staatlichkeit in Gestalt von Treuhandanstalt und BVS nicht allein ein Resultat von Sachzwängen und Interessenstrukturen. Es fehlte in Deutschland auch an politischem Führungspersonal, daß die Einsicht und den Mut gehabt hätte, als ideologische Unternehmer mit politischen Lebenslügen zu brechen.

Literatur

Akerlof, G. A./Rose, A. K./Yellen, J.L./Hessenius, H.: East Germany: In From the Cold. The Economic Aftermath of Currency Union. In: Brookings Papers for Economic Activity. Vol. 1 (1991), S. 1-101
Brücker, H.: Privatisierung in Ostdeutschland. Eine Institutionen-ökonomische Analyse. Frankfurt a. M.: Campus Verlag. 1995
David, P.: Clio and the Economics of QWERTY. In: American Economic Journal 75 (1985), S. 332-337
Denzau, A. T./North, D. C.: Shared Mental Models. Ideologies and Institutions. In: Kyklos 47 (1994), S. 3-31
Deutscher Bundestag: Beschlußempfehlung und Bericht des 2. Untersuchungsausschusses „Treuhandanstalt" nach Artikel 44 des Grundgesetzes. Drucksache 12/8404, 31.8.1994
Deutsches Institut für Wirtschaftsforschung (DIW) und Institut für Weltwirtschaft an der Universität Kiel (IWK): Gesamtwirtschaftliche und unternehmerische Anpassungsfortschritte in Ostdeutschland. 6. Bericht. Kieler Diskussionsbeiträge 190/191. Kiel: Institut für Weltwirtschaft. 1992
Deutsches Institut für Wirtschaftsforschung (DIW)/Institut für Wirtschaftsforschung Halle (IWH)/Institut für Weltwirtschaft an der Universität Kiel (IWK): Gesamtwirtschaftliche und unternehmerische Anpassungsforschritte in Ostdeutschland. 13. Bericht. DIW-Wochenbericht 27-28/95 (13.7.1995)
Deutsches Institut für Wirtschaftsforschung (DIW)/Institut für Wirtschaftsforschung Halle (IWH)/Institut für Weltwirtschaft an der Universität Kiel (IWK): Gesamtwirtschaftliche und unternehmerische Anpassungsfortschritte in Ostdeutschland. 14. Bericht. DIW-Wochenbericht 27/96 (4.7.1996)
Festinger, L.: A Theory of Cognitive Dissonance. Stanford: Stanford University Press. 1957
Fischer, W./Hax, H./Schneider, H.-K. (Hrsg.): Treuhandanstalt. Das Unmögliche wagen. Berlin: Akademie-Verlag, 1993
Fischer, W./Schröter, H.:. Die Entstehung der Treuhandanstalt. In: Fischer, W./Hax, H./Schneider, H.-K. (Hrsg.): Treuhandanstalt. Das Unmögliche wagen. Berlin: Akademieverlag, 1993, S. 17-40
Freese, C.: Privatisierungstätigkeit der Treuhandanstalt. Strategien und Verfahren der Privatisierung in der Systemtransformation. Frankfurt a. M.: Campus Verlag, 1995
Hanau, P.: Soziale Regulierung der Treuhandtätigkeit. In: Fischer, W./Hax, H./Schneider, H.-K. (Hrsg.): Treuhandanstalt. Das Unmögliche wagen. Berlin: Akademieverlag, 1993, S. 444-480
Kemmler, M.: Die Entstehung der Treuhandanstalt. Von der Wahrung zur Privatisierung des DDR-Volkseigentums. Frankfurt a. M.: Campus Verlag, 1994
Kepplinger, H.-M.: Die Treuhandanstalt im Bild der Öffentlichkeit. In: Fischer, W./Hax, H./Schneider, H.-K. (Hrsg.): Treuhandanstalt. Das Unmögliche wagen. Berlin: Akademieverlag, 1993, S. 357-373
Kern, H./Sabel, C.: Die Treuhandanstalt als Umfeld für die Generierung neuer Unternehmenstypen und -formen. In: Fischer, W./Hax, H./Schneider, H.-K. (Hrsg.): Treuhandanstalt. Das Unmögliche wagen. Berlin: Akademieverlag, 1993, S. 481-504

Kloepfer, M.: Öffentlich-rechtliche Vorgaben für die Treuhandanstalt. In: Fischer, W./Hax, H./Schneider, H.-K. (Hrsg.): Treuhandanstalt. Das Unmögliche wagen. Berlin: Akademieverlag, 1993, S. 41-84

Koselleck, R.: Preußen zwischen Reform und Revolution. Allgemeines Landrecht, Verwaltung und soziale Bewegung von 1791 bis 1848. 3. Aufl. Stuttgart: Klett-Cotta, 1981

Kuran, T.: Private Truths, Public Lies. The Social Consequences of Preference Falsification. Cambridge (Mass.): Harvard University Press. 1995

Lehmbruch, G.: Die deutsche Vereinigung. Strukturen und Strategien. In: Politische Vierteljahresschrift 32 (1991), S. 585-604

Maaßen, H.: Die Auflösung der Treuhandanstalt. In: Kommission für die Erforschung des sozialen und politischen Wandels in den neuen Bundesländern e. V. (KSPW). Berichtsgruppe III: Politische Interessenvermittlung, Kommunal- und Verwaltungspolitik. Expertisen. Kreisgebiets- und Gemeindereformen, Dritter Sektor, Treuhandanstalt. Koordination: Prof. Dr. Wolfgang Seibel. Konstanz/Halle. Vervielfältige Manuskriptsammlung, 1996, S. 302-411

Mittelbach, H.: Zur Lage der Landwirtschaft in den neuen Bundesländern. In: Aus Politik und Zeitgeschichte. B33-34/95 (1995), S. 14-24

Niskanen, W.: Bureaucracy and Representative Government. University of Chicago Press 1971

Nullmeier, F.: Interpretative Ansätze in der Politikwissenschaft. In: Benz, A./Seibel, W. (Hrsg.): Theorieentwicklung in der Politikwissenschaft. Eine Zwischenbilanz. Baden-Baden: Nomos Verlagsgesellschaft, 1997, S. 101-144

Sachverständigenrat zur Begutachtung der Gesamtwirtschaftlichen Entwicklung: Auf dem Wege zur wirtschaftlichen Einheit Deutschlands. Jahresgutachten 1990/91. Stuttgart: Metzler-Pöschel, 1990

Saretzki, T.: Wie unterscheiden sich Argumentieren und Verhandeln? Definitionsprobleme, funktionale Bezüge und strukturelle Differenzen in zwei verschiedenen Kommunikationsmodi. In: v. Prittwitz, V. (Hrsg.): Verhandeln und Argumentieren. Dialog, Interessen und Macht in der Umweltpolitik. Opladen: Leske und Budrich, 1996, S. 19-40

Schreiterer, P.: Die Treuhandanstalt: Gab es eine realistische Alternative? Wirtschaftswissenschaftliche Diplomarbeit. Universität Konstanz, 1995

Seibel, W.: Notwendige Illusionen. Der Wandel der Regierungsstrukturen im vereinten Deutschland. In: Journal für Sozialforschung 32 (1992), S. 337-362

Seibel, W.: Die organisatorische Entwicklung der Treuhandanstalt In: Fischer, W./Hax, H./Schneider, H.-K. (Hrsg.): Treuhandanstalt. Das Unmögliche wagen. Berlin: Akademieverlag, 1993, S. 111-147

Seibel, W.: Strategische Fehler oder erfolgreiches Scheitern? Zur Entwicklungslogik der Treuhandanstalt 1990-1993. In: Politische Vierteljahresschrift 35 (1994), S. 3-39

Seibel, W.: Das zentralistische Erbe. Die institutionelle Entwicklung der Treuhandanstalt und die Nachhaltigkeit ihrer Auswirkungen auf die bundesstaatlichen Verfassungsstrukturen. In: Aus Politik und Zeitgeschichte. B 43-44/94, 1994, S. 3-13

Seibel, W.: Nicht-intendierte wirtschaftliche Folgen politischen Handelns. Die Transformationspolitik des Bundes in Ostdeutschland seit 1990. In: Seibel, W./Benz, A. (Hrsg.): Regierungssystem und Verwaltungspolitik. Beiträge zu Ehren von Thomas Ellwein. Opladen: Westdeutscher Verlag, 1996. S. 216 -251

Seibel, W. (unter Mitarbeit von Stephanie Reulen): Verwaltungsaufbau in den neuen Bundesländern. Zur kommunikativen Logik staatlicher Institutionenbildung. Berlin: Edition Sigma/Rainer Bohn Verlag, 1996

Sinn, H.-W. /Sinn, G.: Kaltstart. Volkswirtschaftliche Aspekte der Deutschen Vereinigung. 3., überarbeitete Auflage. München: Deutscher Taschenbuch Verlag, 1993

Spoerr, W.: Treuhandanstalt und Treuhandunternehmen zwischen Verfassungs-, Verwaltungs- und Gesellschaftsrecht. Köln: Verlag Kommunikationsforum, 1993

Stark, D.: Path Dependence and Privatization Strategies in East Central Europe. In: East European Politics and Societies 6 (1992), S. 17-54

Treuhandanstalt: Dokumentation 1990-1994. 15 Bde. Berlin: Eigenverlag, 1994

Zatlin, J. R.: Hart Marks and Soft Revolutionaries: The Economics of Entitlement and the Debate on German Monetary Union, November 9, 1989-March 18, 1990. In: German Politics and Society, 1994, S. 57-84

Aufbau der Landesverwaltung nach Leitbildern

Klaus König[1]

1. Verwaltungstransformation und Vereinigung

1.1 Zur Konzeption der Verwaltungstransformation

Die Verwaltungswissenschaft braucht zur Erfassung der historischen Veränderungen auf ostdeutschem Boden und weiter in den postsozialistischen Ländern Mittel- und Osteuropas eine Konzeption jenseits eingeübter Begriffe wie Verwaltungsreform oder Entwicklungsverwaltung. Um Verwaltungsreformen geht es frühestens in der „zweiten Welle" der Verwaltungspolitik in den neuen Bundesländern. Aspekte der Entwicklungsverwaltung sind nur für jene ehemaligen realsozialistischen Länder relevant, die sich zugleich im Stande eines Entwicklungslandes befinden (König 1986). Für die Verwaltungswissenschaft ist auch der einseitige Ansatz bei den Herrschaftsverhältnissen etwa unter dem Vorzeichen des Regimewechsels nicht zureichend. Daran ändert sich auch nichts, wenn man auf die „Gleichzeitigkeit" der Veränderung des politischen Systems zu liberal-demokratischen Handlungsweisen und des wirtschaftlichen Systems zu marktwirtschaftlichen Verhältnissen hinweist. Es geht nicht einfach um den gleichzeitigen Wechsel ausdifferenzierter sozialer Teilsysteme. Der Staat war nach marxistisch-leninistischer Doktrin das „Hauptinstrument" zur Realisierung des Sozialismus. Eine seiner Hauptfunktionen war die wirtschaftlich-organisatorische

---

[1] Dieser Bericht beruht insbesondere auf einem Forschungsvorhaben „Organisations- und Personalprobleme der Verwaltungstransformation in Deutschland", das ich zusammen mit Herrn Dipl.-Staatswissenschaftler Dr. Volker Meßmann im Forschungsinstitut für Öffentliche Verwaltung bei der Hochschule für Verwaltungswissenschaften Speyer durchgeführt habe. Er stützt sich weiter auf eine empirische Untersuchung, mit der Herr Dipl.-Verwaltungswissenschaftler Andreas Keller im Auftrag der Kommission für die Erforschung des sozialen und politischen Wandels in den neuen Bundesländern und unter meiner wissenschaftlichen Betreuung die Thematik des Aufbaus der Landesverwaltung aktualisiert hat (Zitiert: Andreas Keller, Empirische Untersuchung 1996). Meinem wissenschaftlichen Mitarbeiter, Rechtsassessor Christian Theobald, habe ich für die Unterstützung bei dieser Zusammenfassung zu danken.

Funktion. Die Wirtschaft war so Zentralverwaltungswirtschaft, damit Bestandteil der Staatsverwaltung und durch sie dem Willen der nomenklaturistischen Partei unterworfen. Berücksichtigt man diese Dedifferenzierung nicht von vornherein, sind Einrichtungen wie die Treuhandanstalt nur schwer zu verstehen (König 1992; Seibel 1994).

Wenn hiernach von Verwaltungstransformation die Rede ist, dann ist deren erstes Merkmal, daß sie Teil eines umfassenden Systemwandels ist. Es geht um eine Veränderung der gesamten Ordnungen von Gesellschaft, Wirtschaft, Staat und damit der öffentlichen Verwaltung in all ihren Bezügen. Mit dem Abschied von der realsozialistischen Kaderverwaltung wird der Schritt zu einem ganz anderen Verwaltungstypus getan.

Die Verwaltungstransformation ist dann freilich mit einem Regimewechsel verbunden (von Beyme/Nohlen 1991; Derlien 1991). Dessen unübersehbare Symbolik in der ehemaligen DDR war es, daß die Volkskammer am 1. Dezember 1989 den Führungsanspruch „der Arbeiterklasse und ihrer marxistisch-leninistischen Partei" aus der Verfassung strich. Die öffentliche Verwaltung wurde dem politischen Primat der Demokratie unterworfen (Warbeck 1991; Quaritsch 1992).

Obwohl der Marxismus-Leninismus als Bewegung der Gegenmodernisierung bezeichnet werden kann – und als solche gescheitert ist –, war er doch durch Ähnlichkeitsbeziehungen mit den modernen Verwaltungen des Westens geprägt. Das zeigt sich etwa an der Beruflichkeit der Kader, weswegen man auch von „Halb-Beamten" sprechen kann. Solche Ähnlichkeiten sind ein weiteres Merkmal der Transformation, etwa im Unterschied zur Entwicklung traditionaler Verwaltungen.

Die Verwaltungstransformation wurde durch aktive Politik gebahnt. Die Transformation vollzog sich nicht als eine Art naturwüchsigen sozialen Wandels hinter dem Rücken der historisch Betroffenen. Sie war vielmehr Ergebnis aktiver Politik. In Polen, in Ungarn, in der Tschechoslowakei, in Rußland und auch in Deutschland gab es politische Kräfte und Bewegungen, die den Umbruch durch ihre Aktivitäten gestaltet haben. Deswegen stellte sich auch alsbald die Frage nach der Regierungskapazität (König 1993).

Die Verwaltungstransformation ist Teil einer „formal-legalistischen Revolution". Zwar gab es von Ort zu Ort in Mittel- und Osteuropa auch gewaltsame Aktionen. Aber läßt man die ethnischen Konflikte als nicht für die Transformation spezifisch beiseite, dann fand der Umsturz prinzipiell friedlich statt. Das Monopol des Staates für Rechtsetzung und Gewaltanwendung wurde im Grunde nicht angetastet. Der reale Sozialismus erhielt seinen Abschied durch neue Verfassungsregeln, Gesetze, Vorschriften, Haushaltspläne usw. Das mußte die öffentliche Verwaltung zwangsläufig ins Spiel bringen (König 1992; Quaritsch 1992).

Die Verwaltungstransformation ist Ausdruck eines staatszentrierten Systemwandels (König/Meßmann 1995). Das bedeutet nicht, daß der Staatsapparat und seine Kader an erster Stelle das Desaster des realen Sozialismus zu verantworten haben. Die Spitze der Herrschaftsordnung hielt der Nomenklatura-Stand. Er, nicht eine wie auch immer zu definierende Arbeiterklasse diktierte. Wir dürfen uns von Formeln wie „administrativ-zentralistisch organisierter" oder „bürokratischer" Sozialismus nicht auf die Spur bringen lassen, mit weniger Staat und Verwaltung wäre der reale Sozialismus ein Erfolg gewesen. Indessen kontrollierten die Großorganisationen des Staatsapparates das gesamte soziale, ökonomische, kulturelle Leben. Das wirkte insbesondere in seiner administrativen Qualität in den mittel- und osteuropäischen Ländern bis tief in die Transitionsphase nach. Denn es gab in vielen Handlungsbereichen der Wirtschaft, der Kultur, des Sozialen usw. nicht über Nacht jene gesellschaftlichen Kräfte, die aus dem Stand relativ autonome, sich selbst regulierende Gesellschaftssphären hätten schaffen können.

Das gilt selbst im deutschen Falle, in dem mit der Bundesrepublik Deutschland eine hochdifferenzierte Referenzgesellschaft, insbesondere mit marktwirtschaftlich ausdifferenziertem ökonomischen System bestand. Denn weder die Dynamik des Marktes noch die anderer autonomer sozialer Kräfte füllte die Lücke, die die untergehende realsozialistische Staatlichkeit aufriß, zufriedenstellend aus. Der an soziale Kompensationsleistungen gewohnte westliche Wohlfahrtsstaat mußte die sozioökonomischen Defizite ausgleichen. Dieses wurde durch öffentliche Verwaltungen vollzogen. Die Transformation der alten Kaderverwaltung wurde durch die Integration in ein wohlfahrtsstaatliches Verwaltungssystem westdeutscher Prägung überlagert (König 1993).

Mit der Verwaltungsintegration war der Veränderungsspielraum der Transformation auf dem Boden der ehemaligen DDR im Unterschied zu anderen mittel- und osteuropäischen Ländern von vornherein eingeengt. Durch den Beitritt zum Geltungsbereich des Grundgesetzes war ein bestimmter konstitutioneller Rahmen für die öffentliche Verwaltung festgelegt. Die auf Mittel- und Ostdeutschland ausgedehnte Bundesverwaltung hat ohnehin einen einheitlichen Grundzug. Aber auch die Verwaltungen ostdeutscher Länder und Kommunen sind bestimmten verfassungsrechtlichen Vorgaben unterworfen. Insbesondere sind die Länder an eine föderalistische Homogenitätsregel gebunden. Darunter haben sich freilich geschichtlich gewordene Organisationsformen der öffentlichen Verwaltung in den westdeutschen Ländern erhalten. Sie haben trotz vielfacher sachlicher Anpassungszwänge, die sich in den letzten Jahren verstärkt haben, ihre maßgebliche Bedeutung in Verwaltungsangelegenheiten nicht verloren. So muß beim Aufbau der Landesverwaltung in den neuen Bundesländern unterschieden werden, was den Altlasten des realsozialistischen Etatismus und was der Integration in eine neue Verwaltungsstaatlichkeit, was dem Einheitserbe der

Kaderverwaltung und was einer neuen Formvielfalt des Föderalismus zuzurechnen ist.

1.2 Dezentralisierung der Verwaltung

1.2.1 Föderalisierung

Die Einführung föderaler Strukturen in der ehemaligen DDR gehörte zu den staatspolitischen und staatsorganisatorischen Grundforderungen der demokratischen Wende 1989. Die Föderalisierung der zentralistischen DDR verkörperte gleichzeitig eine Grundbedingung für die sich abzeichnende und politisch angestrebte Wiedervereinigung beider deutscher Staaten. Erste Überlegungen zu einer „Reform der politisch-territorialen Gliederung der DDR" sind bereits vor der ersten demokratischen Wahl zur Volkskammer zu verzeichnen. Bereits während der „heißen Phase" der demokratischen Wende, also Mitte Oktober bis Dezember 1989, forderten unterschiedliche politische Stimmen die Wiedereinführung der Länderstrukturen (Bernet 1990; Schulze 1990). In der Volkskammersitzung vom 1. Dezember 1989 wurde ein lebhaftes Plädoyer für die Wiederherstellung der 1952 abgeschafften fünf Länder gehalten, wodurch große Einsparungen im Verwaltungsapparat bewirkt und zugleich den Menschen die Identifizierung mit ihrem politischen Gemeinwesen erleichtert werden könnten. Der Vorschlag stieß auf breite Zustimmung (Warbeck 1991). Auch die Alternative einer reformierten, eigenständigen DDR-Staatlichkeit basierte auf einem eindeutigen Bekenntnis zum Föderalismus. In Artikel 41 des vom Zentralen Runden Tisch vorgelegten Entwurfes für eine neue DDR-Verfassung wurde die staatliche Organisationsstruktur föderalistisch bestimmt: „Die Deutsche Demokratische Republik ist ein rechtsstaatlich verfaßter demokratischer Bundesstaat und besteht aus den Ländern."

Schon vor der demokratischen Volkskammerwahl war das Thema „Länderneugründung" zu einem festen Bestandteil der politischen Diskussion einer Neustrukturierung der Verwaltungsorganisation der DDR geworden, wobei Pläne diskutiert wurden, die die Neugründung von zwei bis acht Ländern vorsahen (König/Meßmann 1995; Laufer 1991). Die Herstellung föderaler und zur Bundesrepublik kompatibler Länderstrukturen gehörte dann auch folgerichtig zu den primären Zielen der demokratischen Regierung, die nach der Volkskammerwahl vom 18. März 1990 gebildet wurde. Organisatorisch wurde diesen Zielstellungen durch ein eigenes Ministerium für regionale und kommunale Angelegenheiten und eine Regierungskommission zur Verwaltungsreform entsprochen; vertraglich wurden diese Absichten im „Vertrag über die Schaffung einer Währungs-, Wirtschafts- und Sozialunion zwischen der

Bundesrepublik Deutschland und der Deutschen Demokratischen Republik vom 18. Mai 1990", der in seiner Präambel das Bekenntnis beider Vertragsparteien zur föderativen Grundordnung bekundet, fixiert und damit unterstützt. Anschließend beschloß die DDR-Volkskammer am 22. Juli 1990 mit verfassungsändernder Zwei-Drittel-Mehrheit das Ländereinführungsgesetz, das die Bildung der Länder mit Wirkung vom 14. Oktober 1990 vorsah.

1.2.2 Kommunalisierung

Die staatliche Ebene der Landesverwaltung ist in einem dezentralisierten politisch-administrativen System nicht nur gegenüber der Bundesverwaltung, sondern auch gegenüber der kommunalen Verwaltung abzugrenzen. Dabei war es klar, daß die überkommene Lokalverwaltung der DDR weder den demokratischen Ansprüchen noch dem aufgabenbezogenen Anforderungsprofil einer modernen Selbstverwaltung genügen konnte. Mit der Kommunalverfassung der DDR vom 17. Mai 1990, die das Gesetz über die örtlichen Volksvertretungen von 1985 außer Kraft setzte, wurden zunächst und prinzipiell die vertikalen Machtverhältnisse im politisch-administrativen System neu definiert. Gemeinden und Kreise erhielten den Status von Selbstverwaltungskörperschaften. Durch den Einigungsvertrag ist diese Kommunalverfassung als Landesrecht in den Gesetzesbestand der neuen Bundesländer überführt worden, wobei es den neuen Landesgesetzgebern freistand, die geltende Kommunalverfassung in ihrer ursprünglichen Fassung zu belassen, sie zu ändern bzw. zu ergänzen oder ganz bzw. teilweise aufzuheben und eigene Gesetze zu erlassen. Die Existenz der DDR-Kommunalverfassung (Knemeyer 1992), über deren Bestandsdauer von Anfang an zwar unterschiedliche Auffassungen geäußert wurden (Boden 1991; Knemeyer 1992) führte insgesamt zu einer Entlastung der neu konstituierten Landesgesetzgeber in der schwierigen Anfangs- und Aufbauphase.

Inzwischen ist die Kommunalverfassung in allen fünf neuen Ländern ergänzt und modifiziert bzw. in Sachsen und Sachsen-Anhalt gänzlich abgelöst worden. Dabei nehmen die Novellierungen keine Totalrevision der Kommunalverfassung von 1990 vor, und auch die Neufassungen lehnen sich überwiegend an den Text von 1990 an; denn diese Verfassung hat sich in weiten Teilen bewährt (Schmidt-Eichstaedt 1993). Die Absicht, an der Struktur der Kreise und Gemeinden zunächst nichts zu ändern, um als Gegenpol zur völlig neuzugestaltenden Staatsverwaltung auf kommunaler Ebene ein Element der Kontinuität zu bewahren, ließ sich nicht lange aufrechterhalten (Pappermann 1992). Dabei mag die Problematik der Verwaltungstransformation für die kommunale Ebene in Politik und Öffentlichkeit zunächst unterschätzt worden sein. Die innere Struktur, die Art der Aufgaben und die mangelnde juristische Ausprägung der DDR-Kommunen erforderten auch auf kommunaler Ebene vielfach einen völligen Neubau in politischer und administrativer Hinsicht, einen „Paradigmenwechsel", d.h. eine Neudefinition von Stellung und Aufgaben kommunaler Selbstverwaltung im bundesstaatlichen Handlungssystem, ein neues Verhältnis zwischen Vertretungskörperschaft und laufender Verwaltung, die Einführung rechtsstaatlicher Verwaltungsverfahren und Neustrukturierung kommunaler Binnenorganisation, eine Neudefinition des Verhältnisses von Politik und Verwaltung sowie von öffentlichem und privatem Sektor (Scheytt 1992b).

Die im Prinzip gelungene Kommunalisierung vormals lokaler Verwaltungen ist die Prämisse dafür, daß sich die staatliche Landesverwaltung in einem nach unten begrenzbaren Handlungsbereich einrichten konnte und noch weiter einrichten kann. Es können in weiteren Schritten staatliche Aufgaben, Organisationsteile, öffentliche Bedienstete, Sachmittel usw. „kommunalisiert" werden. Solche Reformen sind unter der Präferenz für Subsidiaritäten in deutschen Ländern vielerorts durchgeführt worden und werden auch in Mittel- und Ostdeutschland weiter verfolgt.

2. Organisation der Landesregierung

2.1 Ministerien

Die Institutionalisierung von Landesregierungen mit eigenen Ressortstrukturen und die Entwicklung einer funktionsfähigen Ministerialverwaltung stellten im Zusammenhang mit dem Aufbau von Landesverwaltungen wichtige Aufgaben dar. Zu regeln waren auch die Zuordnung überkommener und zunächst fortgeführter Einrichtungen zu den Geschäftsbereichen sowie die Entscheidung über ihren Fortbestand oder ihre Abwicklung, die Entscheidung über die Organisationsstruktur der unmittelbaren und mittelbaren Staatsverwaltung, Ausgestaltung einer konkreten Zuständigkeitsordnung, Ausstattung der Behörden und Einrichtungen mit Personal, Sach- und Finanzmitteln, Überführung überkommener und fortgeführter Institutionen in die neuen Strukturen (Müller 1992; Seeck 1992).

Der Aufbau der Landesverwaltungen stellte sich über weite Strecken als „Neubau", gewissermaßen ohne Anknüpfen an „Vorgängerinstitutionen", dar. Vor allem betrifft dies die Ministerialverwaltung der neuen Bundesländer, die weitgehend aus dem Nichts neugeschaffen werden mußte. Durch die Bestimmungen des Einigungsvertrages und das fortgeltende Ländereinführungsgesetz konnte auf zahlreiche Behörden und Einrichtungen der DDR, in diesem Zusammenhang vor allem Verwaltungselemente der ehemaligen Bezirksverwaltungsbehörden, die der Verwaltungssphäre der neuen Länder zugeordnet wurden, zurückgegriffen werden. „Landesverwaltungen", wenngleich ohne ausgeformte Ministerialebene, waren somit im Ansatz vorhanden (Müller 1992; Schuster 1993). „Es bleibt also festzuhalten: In der ersten Phase mußten Abbau der alten und Aufbau der neuen Verwaltung nebeneinander betrieben werden. Oft wurden die Ruinen der alten Dienststellen mit ihrem Personalbestand und ihrer sächlichen Ausstattung zum Steinbruch für die neuen Behörden" (Ruckriegel 1993).

In Brandenburg entstanden zehn Landesministerien, wobei die Grundlagen für die Bildung, Zusammensetzung und Arbeit der Landesregierung in den Artikeln 82 bis 95 der Brandenburgischen Landesverfassung geregelt sind.[2] Artikel 84 der Landesverfassung, nach dem der Ministerpräsident die Minister ernennt und entläßt, ist zugleich die Rechtsgrundlage für die Organisationsgewalt des Ministerpräsidenten im Bereich der Regierungs- und Ministerialorganisation, soweit es um die Errichtung und den Zuschnitt der Ministerien sowie um die Abgrenzung ihrer Zuständigkeiten geht (Jahn 1994); die Zahl der Minister muß dabei nicht mit der Zahl der Geschäftsbereiche übereinstimmen. Die aktuelle *Bekanntmachung der Geschäftsbereiche der obersten Landesbehörden* stammt vom 31. Mai 1995.[3]

Hinsichtlich des Aufbaus der Ministerialverwaltung in Mecklenburg-Vorpommern lieferte das Partnerland Schleswig-Holstein das Leitbild. Da es kein Landesorganisationsgesetz gab, wurden Behörden sukzessiv auf dem Weg von Organisationserlassen eingerichtet. Nach der Koalitionsvereinbarung der ersten Landesregierung sollten acht Ministerien gebildet werden, also eines weniger als in Schleswig-Holstein.[4] Das Ministerium für Natur und Umwelt wurde „aufgelöst" beziehungsweise neu zugeschnitten (Keller 1996: 67). Der Verwaltungsaufbau von Mecklenburg-Vorpommern ist grundsätzlich zweistufig (Margedant/Ellerbeck 1991), aber dreiteilig (Baltzer 1993). Im Geschäftsbereich der Ministerien gab es dem Amtlichen Verzeichnis der Landesbehörden zufolge im Jahr 1992 insgesamt 35 Landesoberbehörden.

In Thüringen wurde im Dezember 1990, also noch bevor die Landesverfassung in Kraft trat, ein Beschluß der vorläufigen Landesregierung zur Zuständigkeit der einzelnen Ministerien gefaßt.[5] Im Mai 1991 wurde dieser Beschluß geändert: aus dem Thüringer Justizminister wurde das Thüringer Ministerium für Justiz, Bundes- und Europaangelegenheiten.[6] Im März 1993 wurde die Zuständigkeit der einzelnen Ministerien neu geregelt.[7] So wurde das Ministerium für Bundes- und Europaangelegen-

---

2 Vgl. auch § 3 Landesorganisationsgestz des Landes Brandenburg.
3 GVBl. II, Nr. 45 vom 30.6.1995, S. 454-467.
4 Koalitionsvereinbarung zwischen dem Landesverband der CDU und dem der FDP, Protokolle vom 21.10.1990 und 24.10.1990.
5 GVBl. Thüringen vom 27.12.1990, Nr. 1, S. 1-12.
6 GVBl. Thüringen vom 17.06.1991, Nr. 10, S. 109.
7 Zuständigkeit der einzelnen Ministerien nach § 13 I der Vorläufigen Landessatzung für das Land Thüringen, in GVBl., vom 5.5.1993, Nr. 13, S. 245-259.

heiten neu geschaffen, Umbenennungen gab es beim Ministerium für Wirtschaft und Verkehr (zuvor: Wirtschaft und Technik) und beim Ministerium für Umwelt- und Landesplanung. Eine wesentliche Veränderung brachte der Beschluß der Landesregierung vom 24.03.1995 zur Zuständigkeit der Ministerien, u.a. wurde deren Zahl auf nunmehr neun reduziert.[8]

In Sachsen befaßte sich der Koordinierungsausschuß mit dem Konzept einer künftigen Landesverwaltung. Dieser Ausschuß war als eine sächsische Besonderheit im Mai 1990 gegründet worden, als die Räte der Bezirke nach der politischen Initiative bei der Neugründung Sachsens griffen (Vaatz 1994), wobei noch völlig unklar war, welche Ministerien es geben sollte. Für jedes künftige Ministerium wurde von dem Ausschuß schließlich im August 1990 ein Strukturbeauftragter ernannt (Schubert 1994). Dabei beschränkte man sich auf acht Ressorts, um konzentriert mit kleinen Stäben und einer „Schlanken" Verwaltung zu beginnen. Die „Strukturbeamten" hatten im weiteren Verlauf alle zwei Wochen vor dem Sächsischen Forum – dem Nachfolgegremium des Runden Tisches – Bericht zu erstatten. Bei der Besetzung der Ministerposten wurde nach dem „Tandem-Modell" verfahren, d.h. den grundsätzlich aus den neuen Bundesländern stammenden Ministern wurden erfahrene Staatssekretäre aus den alten Bundesländern zur Seite gestellt (Häußer 1995b).

In Sachsen-Anhalt war nach ersten Überlegungen vorgeschlagen worden, neben der Staatskanzlei neun Ministerien aufzubauen. Die Strukturen der zehn obersten Landesbehörden wurden dann in Unterarbeitsgruppen erarbeitet (Pook 1991: 6). Im Mai 1990 wurden durch die Arbeitsgruppe 3 „Landesregierung" erste Vorschläge zur Struktur der Landesregierung unterbreitet, die sich vornehmlich an dem niedersächsischen Vorbild orientierten und eine Zahl von 10 bis 12 obersten Landesbehörden mit insgesamt 60 Abteilungen und 300 Referaten ins Auge faßten. Nach mehreren Überarbeitungen umfaßte die Aufbauorganisation zum Oktober 1990 schließlich neun Ministerien und die Staatskanzlei (Pook 1991: 10). Im Unterschied zu den anderen neuen Bundesländern griff Sachsen-Anhalt nicht auf das Tandem-Modell zurück, sondern rekrutierte fast alle Minister aus den alten Bundesländern, die Staatssekretäre beinahe ausschließlich aus Niedersachsen. Im folgenden gab es zahlreiche Veränderungen, so wurden 1991 die neuen eigenständigen Ministerien für Raumordnung, Städtebau und Wohnungswesen, für Wissenschaft und Forschung und schließlich für Schulen, Erwachsenenbildung und Kultur eingerichet. Die beiden letzteren entstanden aus der Teilung des Ministeriums für Bildung, Wissenschaft und Kultur.[9] Bezüglich der Zukunft der Anzahl der Ressorts sah die Enquete-Kommission *Verfassungsre-*

---

8 GVBl., 20.04.1995, Nr. 8, S. 166-181.
9 Beschluß der Landesregierung über den Aufbau der Landesregierung Sachsen-Anhalt und die Abgrenzung der Geschäftsbereiche, in MBl., Nr. 19 vom 27.8.1991, S. 391.

form noch genügend Spielraum und empfahl, nach zwei Legislaturperioden eine etwaige Reduzierung auf sechs Ministerien neben der Staatskanzlei zu überdenken (Land Sachsen-Anhalt 1994). Die von der Kommission angeregte Auflösung des Ministeriums für Bundes- und Europaangelegenheiten unter Verlagerung dieser Aufgaben in die Staatskanzlei sowie die Zusammenlegung des Wissenschafts- mit dem Kultusministerium wurden inzwischen realisiert (Keller 1996: 169).

2.2 Staatskanzlei

In Brandenburg, Mecklenburg-Vorpommern, Sachsen, Sachsen-Anhalt, Thüringen wurde nach den Landtagswahlen vom 3. Oktober 1990 jeweils eine Staatskanzlei gegründet. In Berlin wurde der Zuständigkeitsbereich der bestehenden West-Berliner Senatskanzlei auf Gesamt-Berlin ausgedehnt.[10] Die neuen Regierungszentralen gingen wie die Landesministerien ansatzweise aus Aufbaustäben hervor, die bei den sogenannten Landesbevollmächtigten vor dem Wiederentstehen der Länder auf dem Boden der alten DDR eingerichtet worden waren (Seibel 1991). Die beim Bundesinnenministerium gebildete Clearingstelle hatte für das Personal der Staatskanzleien einen Umfang von 70 Stellen empfohlen. Für eine mittlere Bandbreite charakteristische Zahlen lauten insoweit in Niedersachsen 1990: Planstellen für 79 Beamte, davon 39 im höheren Dienst, dazu 71 Stellen für Angestellte und 12 für Arbeiter[11]; in Hessen 1991: Planstellen für 81 Beamte, davon 55 im höheren Dienst, dazu 75 Stellen für Angestellte und zwölf für Arbeiter.[12]

Es waren jedoch weniger quantitative, vielmehr qualitative Personalprobleme, die sich im Zusammenhang mit der Einrichtung neuer Staatskanzleien ergaben. Zunächst konnte man sich vielerorts auf die Hilfestellung aus westdeutschen Ländern stützen. Die Partnerschaften, die zu Zwecken des Verwaltungsaufbaus und der Verwaltungshilfe beschlossen worden waren, kamen auch den Regierungszentralen zugute (Meyer-Hesemann 1991). Diese Partnerschaften hatten teils mehr bilateralen – Brandenburg mit Nordrhein-Westfalen –, teils mehr multilateralen – Thüringen mit Bayern, Hessen, Rheinland-Pfalz – Charakter. Darüber hinaus gab es einzelne Verbindungen gerade zu Staatskanzleien, so von Rheinland-Pfalz auch nach Mecklenburg-Vorpommern. Überdies hatten die neuen Staatskanzleien an dem Heer der aus West-

---

10 Vgl. Verfassungsgesetz zur Bildung von Ländern in der Deutschen Demokratischen Republik – Ländereinführungsgesetz – vom 22.7.1990, DDR-GBl. I 1990 S. 955 i.V.m. Art. 9 Anlage II Kapitel II des Gesetzes zu dem Vertrag vom 31.8.1990 zwischen der Bundesrepublik Deutschland und der Deutschen Demokratischen Republik über die Herstellung der Einheit Deutschlands – Einigungsvertragsgesetz – vom 31.9.1990, BGBl. II S. 885ff.
11 Haushaltsplan des Landes Niedersachsen 1991, Bd. 1, Einzelplan 02, Kapitel 0201, S. 2ff.
12 Haushaltsplan des Landes Hessen für die Haushaltsjahre 1990-1991, Band 1, S. 363ff.

deutschland abgeordneten Beamten Anteil, aus welchen Behörden sie im Einzelfall auch immer kamen. In der Sache bedeutete das zweierlei. Erstens wurden bei der Einrichtung der neuen Staatskanzleien Aufbauleistungen wie Regierungsgeschäfte im Wege kommissarischer Wahrnehmung vielfach durch westdeutsche Beamte durchgeführt. Zweitens wurde die personelle Komponente durch Beratungen von Partnern aus den alten Bundesländern verstärkt. Dabei war der Übergang zwischen Durchführung und Beratung fließend.

3. Organisation der nachgeordneten Behörden

3.1 Bündelungsbehörden

3.1.1 Regierungspräsidium

Die Entscheidung für die Dreistufigkeit und damit die Regierungspräsidien gestaltete sich in Sachsen angesichts verschiedener Bedenken nicht nur von seiten der Bürgerrechtsbewegung zunächst schwierig. So scheuten die Landräte die Errichtung einer übergeordneten Instanz mit entsprechenden Zuständigkeitsverlusten (Hauswirth 1993). Der Feststellung, daß der Freistaat Sachsen praktisch ohne Landesverwaltung sei (Biedenkopf 1990), folgte im Januar 1991 der Beschluß, Regierungspräsidien unter einem Auflösungsvorbehalt zu bilden. Im Oktober 1991 wurde bereits die Anerkennung, der sich die Regierungspräsidien verdient gemacht hätten, hervorgehoben (Biedenkopf 1991). Im Mai 1994 wurde schließlich davon gesprochen, daß sich die Regierungspräsidien sehr bewährt hätten (Biedenkopf 1994a).

In Sachsen haben die Regierungspräsidien seit etwa 1992 jeweils sieben Abteilungen, wobei das Regierungspräsidium Chemnitz mit seiner Abteilung 8 die Vor-Ort-Aufgabe Landwirtschaft zu erfüllen hat. Das Regierungspräsidium Chemnitz ist auch zentrale Ausländerbehörde, zugleich ist ihm die Landesaufnahmestelle für Aussiedler unterstellt. Beim Regierungspräsidium Dresden sind zusätzlich ein Referat für Luftverkehr und ein Landesprüfungsamt für Medizin und Pharmazie eingerichtet worden. Alle drei Regierungspräsidien verfügen über eine Gleichstellungsbeauftragte. In Leipzig gibt es zudem einen Koordinierungs- und einen Bürgerbeauftragten.

Diskutiert wird gegenwärtig eine etwaige Reduzierung auf zwei Regierungspräsidien, seitdem Ende 1994 die Organisationsstruktur wieder in Frage gestellt wurde (Steinbach 1994; Keller 1996: 124). Es gibt aber auch Überlegungen, die Regierungspräsidien durch die Eingliederung von Sonderbehörden, namentlich Umwelt-

fach-, Straßenbau-, Schulämtern und Forstdirektionen, zu stärken und als Bündelungsbehörde zu etablieren (Keller 1996: 125).
Für Sachsen-Anhalt ist zum einen auf die dort bestehende Tradition der Regierungspräsidien zu verweisen. Bereits mit der Bildung der preußischen Provinz im Jahr 1816 wurden diese eingeführt und existierten in ihrer Struktur von 1826 bis 1844 unverändert als Regierungsbezirke Magdeburg, Merseburg und Erfurt fort (Kilian 1994). Zum anderen kommen den Mittelinstanzen besondere Funktionen zu: Die zwei bzw. einschließlich Erfurt drei früheren Regierungspräsidien waren neben der eigenständigen Verwaltung des Kleinstaates Anhalt die einzigen traditionellen höheren Verwaltungsinstanzen der Neuzeit im Bereich des heutigen Sachsen-Anhalt (Kontinuitätsfunktion). Damit einhergehend kommt dem Sitz eines Regierungspräsidiums ein Ausgleichseffekt für verlorene anderweitige Funktionen zu: für Halle infolge des negativen Ausgangs der Hauptstadtfrage, für Dessau als Ersatz für die ehemalige glanzvolle Residenz [Kompensationsfunktion] (Hoffmann 1993; Kilian 1994). Am 27.11.1990 hatte die Landesregierung Sachsen-Anhalt beschlossen, die Bezirksverwaltungsbehörden zum 31.12.1990 aufzulösen und Bezirksregierungen zu bilden.[13] Damit hatte sich Sachsen-Anhalts erste Landesregierung zunächst vorläufig für einen dreistufigen Verwaltungsaufbau entschieden. Es folgte die Bildung von Bezirksregierungen in Dessau, Halle und Magdeburg, wobei die Frage nach einem dauerhaften Bestand von Beginn an offen war (Demuth o.J.). Nach diesen anfänglichen Unsicherheiten wurden die Bezirksregierungen mit Kabinettsbeschluß vom 27.4.1993 in Regierungspräsidien umbenannt.[14] Von dieser Umbenennung erhoffte man sich eine größere Akzeptanz innerhalb der Bevölkerung (Keller 1996: 147). Gleichzeitig wurde der vorläufige Charakter dieser Behörden aufgehoben und festgestellt, daß auch nach der durchzuführenden Kreis- und Gebietsreform Regierungspräsidien auf Dauer notwendig seien, wenngleich – wie bereits im Mittelinstanzbericht (Land Sachsen-Anhalt 1992) vom März 1992 vermerkt – hiervon zwei ausreichend seien (Demuth o.J.). Der Bericht der Enquete-Kommission des Landtages Sachsen-Anhalt hält die Beibehaltung der Regierungspräsidien für unabdingbar, weshalb diese wenigstens für eine Übergangszeit von sechs bis acht Jahren beibehalten und dann erneut auf ihre Entbehrlichkeit überprüft werden sollten (Land Sachsen-Anhalt 1994, III-61). Mit dem Regierungswechsel am 26. Juni 1994 flammte die Diskussion über die Beibehaltung der Regierungspräsidien wieder auf, wobei die Koalition den gleichmäßigen Abbau der Mittelinstanzen anvisiert (SPD-Landesverband Sachsen-Anhalt 1995).

---

13 MBl., Nr. 1, 1991, S. 6 geändert mit Beschluß vom 29.1.1991, MBl., Nr. 3, 1991, S. 19.
14 MBl., Nr. 35, 1993, S. 1556.

Seit 1991 hat es beim Behördenaufbau und der Aufgabenzuweisung kleine Veränderungen gegeben. So hat das Regierungspräsidium Halle eine Vielzahl von Vor-Ort-Aufgaben erhalten, beispielsweise die Sonderversorgung bei der Polizei. Im Februar 1994 hat das Innenministerium einen Mustergeschäftsverteilungs- und Organisationsplan für die Regierungspräsidien Sachsen-Anhalt veröffentlicht[15], dessen Vorbild weitestgehend verwirklicht wurde, wobei sehr viele Parallelen zum Verwaltungsaufbau Niedersachsens festzustellen sind (Hoffmann 1993). Die drei Regierungspräsidien bündeln die Aufgaben der Ministerien sowie die Angelegenheiten der Landesoberbehörden mit Ausnahme der Landesfinanzverwaltung, des Justizbereichs, des Bereichs Versorgung und Soziales sowie der Straßenbauämter und des Autobahnamtes (Kilian 1994).

3.1.2 Landesverwaltungsamt

Für den Aufbau der Verwaltungsorganisation in Thüringen kommt der „Kompromißlösung" in Gestalt des Landesverwaltungsamtes zentrale Bedeutung zu (Bauer 1991; Bernet/Kulke 1992; Hoffmann 1992; Kulke 1991; Müller 1992; Schuster 1993). Hiermit wurde versucht, gewissermaßen – politisch – einen Mittelweg zwischen zwei- bzw. dreistufigem Verwaltungsaufbau zu finden, wobei die vertikale Verwaltungsorganisation Thüringens insgesamt dreistufig geprägt sein soll: oberste Landesbehörden (Landesregierung, Ministerpräsident, Staatskanzlei und Ministerien), obere bzw. mittlere Landesbehörden (z.B. Landesverwaltungsamt, Landesamt für Verfassungsschutz, Landesamt für Statistik) und untere Landesbehörden [z.B. Landratsämter, Straßenbauämter, Katasterämter] (Bauer 1991: 382f.; Müller 1992: 605; von Oertzen 1993: 115).

Nach der politisch gewollten Abwicklung der Bezirksverwaltungsbehörden (durch Nichtaufnahme in die sog. Positivliste), dem damit intendierten Verzicht auf Regierungspräsidien/-bezirke begann in Thüringen eine kontroverse Diskussion um den künftigen Verwaltungsaufbau, die mit der Errichtungsanordnung[16] zu einem gewissen Abschluß kam. Das Landesverwaltungsamt, ursprünglich für den Geschäftsbereich des Innenministeriums als Mittelbehörde vorgesehen, nimmt im Geschäftsbereich aller Ministerien – außer dem Justiz- und Finanzressort – Aufgaben als Bündelungsbehörde wahr und gewährleistet den dreistufigen Verwaltungsaufbau in Thüringen. Die von der Thüringer Landesregierung eingesetzte Sachverständigenkommission zur Funk-

---

15 Runderlaß des Ministerium des Inneren vom 16.12.1993 – 11.1-02200/10-01-57, in: MBl. Nr. 13, vom 25.2.1994, S. 455ff.

16 Vgl. Anordnung der Landesregierung und Verordnung des Innenministeriums über die Errichtung von Behörden und Einrichtungen des Landes Thüringen vom 18.6.1991, GVBl. 1991, S. 188ff.

Aufbau der Landesverwaltung nach Leitbildern

tionalreform, die sich u.a. auch mit der Notwendigkeit und den Aufgaben des Landesverwaltungsamtes beschäftigt, befürwortete dieses Amt als Bestandteil des dreistufigen Verwaltungsaufbaus, wodurch eine Entlastung der Ministerien erfolgt. Darüber hinaus empfahl die Kommission eine schlanke Organisation, u.a. die Auflösung der Außenstellen und der Hauptabteilungen des Landesverwaltungsamtes. Andererseits steht hinter dem „Vier-Regionen-Modell" mit den drei Außenstellen in Sondershausen, Meiningen und Stadtroda die Überlegung, den Konzentrations- und Zentralisationseffekt abzuschwächen. Die weiteren Überlegungen zur Struktur und den Aufgaben des Landesverwaltungsamtes und damit zu einer tragenden Säule der Thüringer Landesverwaltung werden im Kontext mit der auch in diesem neuen Bundesland anstehenden kommunalen Verwaltungsreform, einschließlich der Aufgabenverlagerung auf die Kreisebene, anzustellen sein (Schuster 1993: 20).

Das Landesverwaltungsamt besteht aus sieben Fachabteilungen und einer Zentralabteilung – dabei ist grundsätzlich jedem Fachressort eine Abteilung zugeordnet, mit Ausnahme des Wissenschaftsministeriums, das wegen der geringen Aufgabenzuschnitts beim Innenressort mitgeführt wurde. Dem Landesverwaltungsamt wurden bereits im August 1991 Aufgaben in Bereichen wie Bergbau und Geologie, die bislang von staatlichen Umweltinspektionen wahrgenommen worden waren, übertragen.[17] Durch § 1 II der Zweiten Verordnung zur Bestimmung von Zuständigkeiten im Geschäftsbereich des Thüringer Innenministeriums ist geregelt, daß das Landesverwaltungsamt zuständig ist, wenn für Aufgaben aus dem Geschäftsbereich des Thüringer Innenministeriums keine Zuständigkeit begründet ist oder eine etwaige andere nähere Regelung fehlt. Weitere Aufgaben wurden dem Landesverwaltungsamt im Mai 1994 übertragen.[18] Mit Hilfe einer unabhängigen Sachverständigenkommission wurde das Amt strukturell und personell neu gestaltet, wobei auch die Landwirtschafts- und die Umweltverwaltung neu strukturiert wurden (Vogel 1994: 19). Neuerdings wurden die im Landesverwaltungsamt mit Aufgaben der Kataster- und Vermessungswesen Beschäftigten in das Landesvermessungsamt übernommen.[19]

---

17 Vgl. hierzu die Thüringer Verordnung zur Änderung der Anordnung über die vorläufige Zuständigkeit von nachgeordneten Behörden im Geschäftsbereich des Umweltministeriums vom 13.08.1991, VBl., 18.9.1991, Nr. 19, S. 360.
18 Vgl. Thüringer Staatsanzeiger, Nr. 16, 1994, S. 1063.
19 Siehe § 2 der Thüringer Verordnung zur Änderung von Vorschriften aus dem Geschäftsbereich des Innenministeriums und des Ministeriums für Wirtschaft und Infrastruktur und die Anordnung über die Errichtung des Landesvermessungsamtes vom 28.9.1995, GVBl., 13.10.1995, Nr. 16, S. 316f.

3.1.3 Verzicht auf mittlere Stufe

Die Landesverwaltung von Mecklenburg-Vorpommern ist durch einen zweistufigen, aber dreiteiligen Verwaltungsaufbau gekennzeichnet. In Anlehnung an das vergleichbare Schleswig-Holstein hat man sich hier ziemlich rasch für einen Verzicht auf Mittelinstanzen entschieden, da sowohl die geringe Bevölkerungszahl als auch die Ablehnung der ehemaligen DDR-Bezirksverwaltungen, die durch Beschluß der Landesregierung vom 5.12.1990 zum 31.12.1990 aufgelöst und bis zum 30.6.1991 abgewickelt wurden, gegen einen dreistufigen Verwaltungsaufbau sprachen (Baltzer 1993: 60; Hoffmann 1992: 369ff.; Seeck 1992). Der dreigeteilte Behördenaufbau in Mecklenburg-Vorpommern besteht aus obersten Landesbehörden (Ministerpräsident, Landtagspräsident, Landesrechnungshof, Ministerien), 35 oberen Landesbehörden, die unmittelbar einer obersten Landesbehörde unterstehen und in ihrem Aufgabenbereich für das gesamte Land zuständig sind (z.B. Landespolizeiamt, Landesbesoldungsamt, Landesamt zur Regelung offener Vermögensfragen, Landesjugendamt), und unteren Landesbehörden (z.B. die Landräte der Kreise als untere staatliche Verwaltungsbehörde, Straßenbauämter, Schulämter, aber auch das Landeskriminalamt).

In Brandenburg ist als Konsequenz politischer Vorgaben, emotionaler Vorbehalte und fachlicher Überlegungen ein zweistufiger Verwaltungsaufbau entstanden (Ruckriegel 1993). Sowohl die Größe des Landes, die relativ geringe Einwohnerzahl und das Streben nach besserer Wirtschaftlichkeit und Effizienz der Verwaltung als auch das Bemühen um einen politischen Neuanfang, der mit den ehemaligen Bezirksverwaltungsbehörden als tragende Säule der Landesverwaltung in einer Mittelinstanz unmöglich gewesen wäre, haben zu dieser Organisationsentscheidung geführt (Linde 1991: 289; Ruckriegel 1993). Auch das Konzept eines Landesverwaltungsamtes, welches Verwaltungsaufgaben verschiedener Geschäftsbereiche zusammengefaßt hätte, wurde vor allem aus emotionalen Gründen nicht akzeptiert. Mit dem Gesetz über die Organisation der Landesverwaltung (Landesorganisationsgesetz) vom 25. April 1991[20] ist die Verwaltungsgliederung maßgeblich festgelegt. Die erste Stufe bilden die obersten Landesbehörden (Landesregierung, Ministerpräsident und Landesministerien) und 21 vorgesehene Landesoberbehörden (z.B. Landesvermessungsamt, Landeskriminalamt, Oberfinanzdirektion, Landesumweltamt). Diese Landesoberbehörden unterstehen unmittelbar einem Ministerium und sind für das ganze Land zuständig. Die zweite Stufe bilden die unteren Landesbehörden und Landkreise bzw. kreisfreien Städte (z.B. Landräte als allgemeine untere Landesbehörden, Polizeipräsidium, Finanzämter, Landesbauämter). Mit der Kreisgebietsreform und der

---

20 GVBl. Brandenburg 1991, S. 148.

Aufgabenübertragung im Zuge einer Funktionalreform kommt im Verwaltungsaufbau Brandenburgs der Kreisebene die wesentliche Bündelungsfunktion zu.

3.2 Sonderbehörden

Der vertikale Behördenaufbau der allgemeinen Verwaltung in Mecklenburg-Vorpommern ist in zwei Fällen durch die Errichtung von Sonderbehörden (Hill 1993b) durchbrochen: Landesamt für Umwelt und Natur als Landesoberbehörde mit 10 staatlichen Ämtern für Umwelt und Natur als untere Landesbehörden; drei Ämter für Regionalplanung als untere Landesbehörden im Geschäftsbereich des Wirtschaftsministers. Der Schwerpunkt der Zuständigkeiten liegt somit auf der unteren Verwaltungsebene, oberen und obersten Landesbehörden kommen hauptsächlich Aufsichtsaufgaben zu (Baltzer 1993; von Oertzen 1993: 106).

In Brandenburg ist aufgrund des zweistufigen Organisationsmodells eine Aufgabenausweitung und -überfrachtung der oberen Landesbehörden sowie der unteren staatlichen Sonderbehörden zu erkennen (Köstering 1994). So umfassen die 14 Grundsätze für eine effektive Aufgabenverteilung als Grundlage einer Funktionalreform auch den Vorrang kommunaler Aufgabenerfüllung vor der Fortführung oder Neueinrichtung von Sonderbehörden, damit Bündelung von Aufgaben unterer Landesbehörden in den Kreisverwaltungen (Ziel 1991). Entsprechend setzte die Landesregierung am 12.10.1993 eine neunköpfige Regierungskommission „Funktionalreform" ein, die in ihrem Abschlußbericht vorschlägt, beispielsweise die Ämter für Agrarordnung aufzulösen. Die Grundstücks- und Vermögensämter sollten grundsätzlich beibehalten, jedoch in ihrer Zahl reduziert werden (Land Brandenburg 1994: 18).

Ähnlich votierten in Mecklenburg-Vorpommern bereits am 02.10.1990 die drei Regierungsbevollmächtigten. Danach sollten Sonderbehörden nur in den Fällen eingerichtet werden, in denen die Spezifik der Aufgaben eine Wahrnehmung durch die Ministerien oder die kommunale Selbstverwaltung nicht ermöglicht (Keller 1996: 62). Dennoch führte der nicht befriedigende Zustand der Kommunalverwaltungen auch in der Kreisebene zur Verlagerung von Aufgaben auf staatliche Sonderbehörden, etwa im Umweltbereich (Becker 1991: 16). Stand anfangs die Bildung von Regierungspräsidien und Landschaftsverbänden im Mittelpunkt der Diskussion, verlagerte sich dies 1991 auf die Frage nach der Etablierung staatlicher Sonderbehörden. Das Landeskabinett hatte schließlich zugesichert, mit Umsetzen der Kreisgebietsreform über Zweckmäßigkeit und Umfang der staatlichen Sonderbehörden neu zu befinden. Die Begründung des Gesetzesentwurfs zur Funktionalreform[21] hebt dann auch

---

21 Gesetz über die Funktionalreform vom 5. Mai 1994, in GVBl. Nr. 12, vom 18.5.1994, S. 566-574.

das Ziel einer weitestgehenden Dezentralisierung hervor. Leitlinien waren größere Effektivität, Orts- und Bürgernähe, Wirtschaftlichkeit, Bündelung von Zuständigkeiten, Einräumigkeit und Verlagerung von Einzelentscheidungen auf die untere Ebene (Baltzer 1993: 66). Entsprechend führt die Abwägung dieser Kriterien zu der organisatorischen Konsequenz, die Zahl der staatlichen Sonderbehörden zu reduzieren, so in den Bereichen Kataster- und Vermessungswesen, Umwelt und Natur sowie Landwirtschaft. Damit soll die Möglichkeit der Integration dieser Fachbereiche in die allgemeine Verwaltung geschaffen werden, ohne daß die Beeinträchtigung fachspezifischer Belange befürchtet werden muß. Die Anzahl der Sonderbehörden hat dann tatsächlich eine Reduzierung erfahren, so wurde die Zahl dieser Ämter für Landwirtschaft und der Staatlichen Ämter für Umwelt und Naturschutz von zehn auf sechs reduziert (Keller 1996: 87).

Für Sachsen-Anhalt stufte die dort eingerichtete Enquete-Kommission die zwei dem Landesamt für Versorgung und Soziales nachgeordneten Ämter als *vorübergehend* notwendige Einrichtungen ein (Land Sachsen-Anhalt 1994, III-53). Darüber hinaus wurde konstatiert, daß im Bereich des Umweltschutzes zur Durchsetzung der Weisungen des Ministeriums sowohl die Regierungspräsidien als auch die staatlichen Ämter für Umweltschutz angewiesen werden mußten, weshalb beschlossen wurde, die Staatlichen Ämter für Umweltschutz auch fachaufsichtlich dem jeweiligen Regierungspräsidium zu unterstellen.[22]

4. Binnenorganisation der Verwaltungsbehörden

4.1 Allgemein

Der binnenorganisatorische Bereich der Landesverwaltungen der neuen Bundesländer hat sich im wesentlichen an dem Muster westdeutscher Regierungspraxis ausgerichtet (Häußer 1995a; Hesse 1991: 54) die Führungsebene, die Abteilungs- und Referatsstruktur sind die Grundelemente auch der neuen Verwaltungsstrukturen. Gibt es dennoch Abweichungen, so sind sie zumeist nicht Ergebnis gewollter Innovation, sondern entweder Reaktion auf personelle Engpässe oder aufbauspezifische Bedingungen, denen durch landespolitische Maßnahmen begegnet werden soll. Mit zunehmendem Organisationsaufbau und einhergehender Installation verstetigter Organisationsstrukturen traten unkonventionelle informelle Organisationsformen, die unter den komplizierten Bedingungen der Anfangsphase notwendigerweise funktionale Aspekte

---

22 Landtagsdrucksache 2/1194 vom 27.07.1995, S. 8.

berücksichtigten, verstärkt zurück: zunehmender Normalisierung des Verwaltungsalltags, soweit davon bereits gesprochen werden kann, wird mit kontinuierlicher Angleichung an bewährte formale Strukturen entsprochen.

Aufgrund spezifischen Handlungsbedarfs in den neuen Bundesländern ist die Arbeitsorganisation der dortigen Landesverwaltungen – übergangsbedingt – durch eine Reihe organisatorischer Sondereinheiten, z.B. Regionale Aufbaustäbe und Beauftragte bzw. Berater zu verschiedenen Politikfeldern oder Einzelproblemen geprägt: Ausländerbeauftragter, Berater für offene Vermögensfragen und Eigentum, Bürgerbeauftragter, Beauftragter bzw. Leitstelle für die Gleichstellung von Mann und Frau, Medienbeauftragter u.a.m.

Im Hinblick auf die komplizierten ökonomischen Rahmenbedingungen in den neuen Bundesländern wird vor allem zwischen den Ressortbereichen Wirtschaft, Finanzen, Arbeit und Soziales versucht, durch interministerielle Arbeitsgruppen oder „Teilkabinette" (Wirtschaftskabinett in Sachsen-Anhalt, Treuhandkabinett in Brandenburg) funktionalen Aspekten unabhängig von bestehenden Organisationsstrukturen verstärkt Beachtung zu schenken. Ob organisatorische Innovationen, z.B. die gebildeten „Regionalen Aufbaustäbe" in Brandenburg (Häußer 1995a), zudem auch die Bewältigung organisatorischer Probleme, z.B. Abstimmungsdefizite zwischen Land und Kommunen in Brandenburg aufgrund des Fehlens einer koordinierenden Mittelinstanz dienen, ist noch nicht abschließend zu beantworten.

4.2 Staatskanzlei

Die Staatskanzlei von Mecklenburg-Vorpommern ist in drei Abteilungen organisiert (Hartmann 1991: 60). Abteilung I wird als Zentralabteilung definiert. Sie umfaßt zunächst die Bereiche Personal, Finanzen und Haushalt, wobei sich die Leistungen in diesen Feldern auf die Staatskanzlei selbst beschränken. Darüber hinaus sind in dieser Abteilung die politischen Grundsatzfragen sowie die Bundes- und EG-Angelegenheiten sowie der Bereich Medien angesiedelt. In Anlehnung an ein separatives Muster der Geschäftsverteilung wird die Ressortkoordination in Landesangelegenheiten von der Abteilung II wahrgenommen. Abteilung III befaßt sich mit der Öffentlichkeitsarbeit für den Ministerpräsidenten sowie für die Landesregierung. Hervorzuheben ist, daß dem Ministerpräsidenten in Form einer Stabsstelle unmittelbar ein Bürgerbeauftragter zugeordnet ist, der insbesondere die Abwicklung der Petitionen von Bürgern mitbetreut.

Die Sächsische Staatskanzlei verfügt nunmehr nach Abschaffung der Doppelstruktur von Politik – mit einem Ministeramt – und Verwaltung im Leitungsbereich über einen Staatssekretär als Amtschef, dem unmittelbar drei Abteilungen zugeordnet sind (Hartmann 1991: 97). In der ersten Abteilung werden neben Personal, Haushalt und

Organisation auch Angelegenheiten der Streitkräfte wahrgenommen. Die Wahrnehmung der Landes-, Bundes- und Europaangelegenheiten erfolgt in Anlehnung an eine separative Organisationsform, allerdings mit der Eigenart, daß die Landesangelegenheiten in der zweiten Abteilung koordiniert werden, während die Bundes- und Europaangelegenheiten mittels einer von einem weiteren Staatssekretär geleiteten selbständigen Organisationseinheit, die unmittelbar dem Regierungschef zugeordnet ist, gesondert erfüllt werden. In der dritten Abteilung wird die Presse- und Öffentlichkeitsarbeit durchgeführt sowie Medienpolitik/-recht durch einen Rundfunkreferenten betreut. Der Abteilungsleiter ist zugleich der dem Ministerpräsidenten unmittelbar zugeordnete Regierungssprecher. Ferner gibt es in der Leitungsspalte eine Staatssekretärin für Gleichstellung. Ein Landesbeauftragter für den Datenschutz wie die Landeszentrale für politische Bildungsarbeit sind im Organigramm verzeichnet. Unmittelbar dem Ministerpräsidenten zugeordnet ist ferner eine Stabsstelle für Bürgernähe.

Die Organisation der Staatskanzlei des Landes Sachsen-Anhalt zeichnet sich zunächst dadurch aus, daß es für bestimmte Problemfelder unmittelbar dem Ministerpräsidenten zugeordnete Arbeitseinheiten gibt. So verfügt sie über einen Beauftragten für den Abzug der sowjetischen Truppen sowie einen für besondere Liegenschaftsfragen. Ferner besteht eine Leitstelle für Frauen- und Gleichstellungsfragen. Weiterhin ist dem Regierungssprecher ein Presse- und Informationsamt nachgeordnet (Hartmann 1991: 140). Auf der Abteilungsebene sind drei Abteilungen festzustellen, die durch eine Referatsgruppe „Zentrale Aufgaben" ergänzt werden. Diese Gruppe Z nimmt insbesondere Personalangelegenheiten sowie entsprechende Ressortkoordination wahr. Ferner werden Haushalt, Finanzplanung sowie Organisation und Informations- und Kommunikationstechnik der Staatskanzlei hier betreut. Die Abteilung I ist mit verfassungsrechtlichen Grundsatzfragen, Koordinierung der Aufbauhilfe, dem Protokoll der Landesregierung sowie dem Medienrecht befaßt. Hinsichtlich der Koordination von Landesangelegenheiten und der Kooperation in Bundesangelegenheiten erfolgt eine Orientierung an der integrativen Organisationsform, da diese Angelegenheiten gemeinsam überwiegend in der Abteilung II wahrgenommen werden. Hervorzuheben ist die Abteilung III, die sich mit Grundsatz- und Rechtsfragen der Raumordnung und Landesentwicklung beschäftigt sowie über Zentralstellen für die Organisation und die Informations- und Kommunikationstechnik der gesamten Landesverwaltung verfügt.

Die Staatskanzlei des Landes Thüringen hat heute mit Minister und Staatssekretär eine doppelte Amtsleitung. Sie weist drei Abteilungen auf. Abteilung I kann als typische Zentralabteilung für die Querschnittsfunktion Personal, Fortbildung, Haushalt und Organisation betrachtet werden. Sie wird ergänzt um die Bereiche Dokumentation, Datensicherheit sowie Protokoll und Verleihung von Auszeichnungen. In Anlehnung an separative Muster der Geschäftsverteilung werden Grundsatzfragen sowie

Landesangelegenheiten in Abteilung II und Bundes- und EG-Angelegenheiten zusammen mit der Medienpolitik in Abteilung III wahrgenommen. Als Besonderheit ist dabei das sogenannte Thüringen-Referat hervorzuheben, dessen Aufgabe es ist, sich insbesondere mit solchen Fragestellungen zu beschäftigen, die spezifischen Landesbezug im Hinblick auf historische, politische wie auch kulturelle Aspekte insgesamt aufweisen. Eine wichtige Aufgabe dieses Referats wird darin gesehen, die Identität Thüringens als historisch, regional gewachsener Raum wiederzubeleben (Häußer 1992: 10ff.).

Betrachtet man die jeweiligen Ausprägungen der Formalorganisation von Regierungszentralen in den neuen Bundesländern auch im Vergleich mit dem, wie die westdeutschen Staatskanzleien aufgebaut sind, dann läßt sich folgendes beobachten. Wir finden organisatorische Teilmuster, wie sie uns allgemein – etwa im Bereich von Querschnittsfunktionen wie Personal, Organisation, Haushalt –, dann aber nach Ländern unterschiedlich – etwa Separation oder Integration von Bundes- und Landesangelegenheiten – bekannt sind (Knöpfle 1967: 290ff.). Hier ist das Feld des Transfers organisatorischer Erfahrungen aus Westdeutschland. Allerdings mischen sich dann solche Teilmuster mit selbst gefundenen organisatorischen Lösungen, insbesondere aber nicht nur im Leitungsbereich. Es gilt, was auch bei den alten Staatskanzleien auffällt: Es gibt zwar einige organisatorische Universalien. Insgesamt entwickelt sich aber eine landesspezifische Organisation der Staatskanzlei, die internen Größen von Arbeits-, Einfluß-, Kompetenzverteilungen wie Rahmenbedingungen einer politischen, ökonomischen, sozialen Umwelt im Lande folgt (Winter 1991: 297ff.). Insofern mag manches in den neuen Bundesländern noch nicht als geglättet erscheinen. Maßgeblich ist jedoch, daß eine formale Grundorganisation vorgehalten wird, die den komplexen und schnell veränderlichen Entscheidungssituationen in Regierungszentralen Rechnung trägt, und zwar über die jeweils aktuellen Anforderungen und selbst Amtsperioden von Exekutivpolitikern hinaus (König 1991: 203ff.). Regierungsstil des jeweiligen Ministerpräsidenten, jeweilige Arbeitsweisen im Kabinett, jeweilige Bedeutung von Koalitionspartnern usw. können in der informalen Organisation aufgefangen werden (Vogel 1991).

5. Modernisierung der Verwaltung

5.1 Hinterlassenschaft und Leitbilder

Sieht man die Modernität der öffentlichen Verwaltung in ihrer funktionalen Ausdifferenzierung als eigenes, relativ selbständiges Handlungssystem und dessen Rationalisierung nach eigenen Prinzipien – politischer Primat, Rechtsbindung, Professionalismus usw. –, dann ist die Transformation der Kaderverwaltung der ehemaligen DDR und ihre Integration in das hochdifferenzierte administrative System der Bundesrepublik Deutschland eine Modernisierung. Denn der von der marxistisch-leninistischen Doktrin geprägte Staat des realen Sozialismus wies einen niedrigeren Grad der funktionalen Differenzierung aus, wie schon Formeln wie „demokratischer Zentralismus", „Einheit von Beschlußfassung, -durchführung und -kontrolle", „Leitung durch Recht", „Einheit von Wirtschafts- und Finanzplanung" usw. belegen. Blickt man im nachhinein auf einen Modernisierungsprozeß, so pflegen die Verwaltungswissenschaft insbesondere zwei Fragen zu interessieren, die nach der Hinterlassenschaft des Alten und die nach den Leitbildern des Neuen.

Die realsozialistische Verwaltung hat einiges hinterlassen, manches davon als Traditionsgut aus der Verwaltungsgeschichte vor dem marxistisch-leninistischen Regime. Hierzu gehört eine ausgebaute administrative Infrastruktur mit Verwaltungsterritorien, Verwaltungsstandorten, Verwaltungsgebäuden usw. Dazu zählen aber vor allem Tausende von Verwaltungskadern, die in die neuen Verwaltungen übernommen wurden und damit in ihrer Interaktion informale Muster von Organisation und Verfahren bilden konnten. Für das westliche Auge ergeben sich daraus Dysfunktionen in der Rechtsanwendung oder des Umgangs mit öffentlichen Finanzen. Andererseits vermuten manche solidarische Verhaltensmuster, wie sie der Unpersönlichkeit bürokratischer Verwaltungen des Westens nicht zu eigen seien. Es mag sein, daß „legacies" (Wollmann 1991: 253) der alten DDR in der Kommunalverwaltung mit ihrer Bindung an die Gegebenheiten vor Ort stärker erhalten geblieben sind. Für den hier berichteten Bereich staatlicher Institutionenbildung ist aber wohl nur ein Fall evident, in dem DDR-spezifische Institutionenmuster fortgelebt haben: Das ist die nicht-föderalistische Organisation der Treuhandanstalt, die ohne die zentralistische Vorgeschichte realsozialistischer Staatlichkeit kaum existiert hätte (Seibel/Reulen 1996).

Auf der Landesebene wurden zwar sogenannte Positiv- und Negativlisten aufgestellt, in denen die Landesregierungen aufführten, welche Institutionen – vorläufig – beibehalten oder aufgelöst werden sollten. So wären in Mecklenburg-Vorpommern die Wasser- und Abwasserbetriebe auf Bezirksebene wegen der ökonomisch-technischen Vorzüge ihrer Größe, gemessen an der Kleinformatigkeit westdeutscher Verhältnisse und dann im Vergleich zum westlichen Ausland, durchaus erhaltenswert gewesen. Aber wie in den anderen neuen Bundesländern scheiterte die Beibehaltung am Widerstand der Kommunen, und die Treuhandanstalt mußte ihre Hand zur „Zerschlagung" dieser Unternehmen reichen (König/Heimann 1996). Letztlich blieb es bei Einzelfällen. So wurde das Landeshygieneinstitut in Mecklenburg-Vorpommern teilweise aus den alten DDR-Verhältnissen übernommen wie auch das Landesamt für Bautechnik. Auch in Thüringen wurden die Hygieneinstitute als Medizinaluntersuchungsinstitute weitergeführt und übernommen. In Sachsen mußte z.B. eine Talsperrenverwaltung „irgendwo integriert werden". Die Hygieneinspektionen – nach russischem Vorbild mit dem Ziel der Seuchenverhinderung errichtet – wurden in Sachsen hingegen völlig aufgelöst. Die Straßenbauverwaltung wurde dort weitgehend übernommen.

Es gab auch politische Initiativen, die in der einen oder anderen Weise an Traditionen der ehemaligen DDR anknüpften. So wurde in Brandenburg vorgeschlagen, flächendeckend Schiedsstellen zu gründen, vergleichbar den Schieds- und Konfliktkommissionen der DDR. Diese Schiedsstellen sollten die Gerichte von Bagatellfällen entlasten und auch bei Streitigkeiten über vermögensrechtliche Ansprüche entscheiden. Aber die Bearbeitung und Lösung von Konflikten ist unter den Bedingungen einer hochdifferenzierten Gesellschaft, in der betriebliche Sphäre dem Wirtschaftssystem zugeordnet ist, nun einmal anders gelagert.

In der Landesverwaltung wird man eine gewisse Hinterlassenschaft wohl noch zuerst im Binnenbereich spezialisierter Verwaltungen wie etwa der Gesundheitsverwaltung oder der Forstverwaltung vermuten können. Hier bietet der Professionalismus des Spezialistentums noch am ehesten eine Kontinuitätsgewähr. Auf der anderen Seite müssen aber gerade spezialisierte Verwaltungen mit der Dynamik einer ebenfalls spezialisierten Umwelt Schritt halten, so daß sich über kurz oder lang alte Eigenheiten verwischen. Insgesamt muß man nicht nur feststellen, daß der reale Sozialismus in Verwaltungsangelegenheiten wenig hervorgebracht hat, was sich erhalten hat, sondern darüber hinaus, daß eine marxistisch-leninistische Kaderverwaltung auch wenig zu bieten hat, was attraktiv erscheint. Es ist kein Zufall, daß eine internationalisierte Verwaltungswissenschaft sozialistische Experimente in öffentlichen Angelegenheiten bis nach China mit Interesse verfolgt hat, die Kaderverwaltung der DDR aber nicht eine gleiche Anteilnahme gefunden hat. Selbst die kritische Theorie der öffentlichen Bürokratie wurde durch die Halb-Moderne der „vollziehend-verfügenden Tätigkeit" – wie die Verwaltung in der DDR hieß – nicht angezogen.

Fragt man nach der Finalität des Transformationsprozesses der realsozialistischen Verwaltung, dann unterscheidet sich der Systemwechsel in Mittel- und Ostdeutschland von denen in anderen mittel- und osteuropäischen Ländern. Mit dem Beitritt zum Geltungsbereich des Grundgesetzes war eine Grundrichtung vorgegeben und entsprechend der Gestaltungsspielraum konstitutiv eingegrenzt worden. Die Leitbilddiskussion bezieht sich mithin beim Aufbau der Landesverwaltung auf jene föderalistische Formenvielfalt, die der deutschen Organisationslandschaft auf dieser Verwaltungsebene traditionell eignet. Weiter darf man an den Leitbildbegriff keine zu hohen planerischen Ansprüche stellen. Es geht um „Muster" (Bayer 1991; Busch 1992: 16; Knemeyer 1994: 301), „Modelle" (Häußer 1995b; Hill 1993; Hill 1994;

Koch 1993; Pitschas 1993; Scheytt 1992a; Ziel 1995), „Leitgedanken" (Reusch 1991) usw., wie sie den Aufbau der Landesverwaltung geprägt haben.

Dabei konnten in den ersten Gesprächen und Bestandsaufnahmen zur Frage, welche Faktoren beim Aufbau der Landesverwaltung eine Rolle spielen würden, Leitbildgedanken hervortreten, aber eben in einem wenig programmatischen Sinne, nämlich in der Weise, daß z.B. „auf Erfahrungen im Bund und in den jeweiligen alten Bundesländern zurückgegriffen" oder, wie im konkreten Fall Mecklenburg-Vorpommerns, „der schleswig-holsteinische Verwaltungsaufbau zugrunde gelegt" werde. So kann man zwar beim Aufbau von Staatskanzleien von konkurrierenden Leitbildern sprechen, dann aber nicht in dem Sinne, daß es zu einer strategischen Auseinandersetzung um die besseren Organisationslösungen ging. Vielmehr brachten die in die neuen Regierungszentralen entsandten westdeutschen Beamten und Berater die jeweiligen Erfahrungsmuster ihres Heimatlandes mit. Auf diese Weise konnte es geschehen, daß beim Zusammentreffen von unterschiedlichen Organisationserfahrungen sich auch unterschiedliche Vorbilder gegenüberstanden. Später wurde freilich dann auch ein anspruchsvollerer Leitbildbegriff verwendet, wenn etwa im Falle Sachsens von einer Unternehmensberatung für ein Ministerium ein binnenorganisatorisches Leitbild verlangt wurde, oder im Falle Sachsen-Anhalts im Mittelinstanzbericht von einem Leitbild gesprochen wird, oder im Falle Brandenburgs sogar der Regierungschef erklärt, daß die Landesregierung ein „modernes Leitbild staatlichen Verwaltungshandelns entwickeln und umsetzen" werde.

Anfangs war es jedenfalls schwierig, angesichts des enormen Zeitdrucks über neue Leitbilder zu diskutieren. Außerdem gab es in der alten Bundesrepublik keine Vorarbeiten für den Fall der Vereinigung (Linde 1991). Da die Verwaltung innerhalb kurzer Zeit aufgebaut werden sollte, blieb eigentlich nur, das „nachzugestalten, was man aus westlichen Verwaltungen eben kannte". Dies bedeutete, daß etwa im Falle Brandenburgs Nordrhein-Westfalen und seine Verwaltung zum Leitbild wurde, jedoch nicht im Sinne eines unkritischen Nachahmens, sondern eher in einer Art mosaikhafter Zusammensetzung. In Brandenburg wurde z.B. im kommunalen Bereich die „Doppelspitze" nicht übernommen und im Polizeibereich die Trennung von Schutz- und Kriminalpolizei vermieden. Aber es wurden auch eigene Vorstellungen entwickelt, z.B. in der Raumordnungs- und Landesplanungspolitik, das der dezentralen Konzentration[23], das für die Landesentwicklung des Schalenlandes Brandenburg (Ziel 1995) um Berlin sowie bei der Kreisgebietsreform eine wichtige Rolle spielte.

Der Vergleich des Aufbaus der Verwaltung in Brandenburg mit den Verwaltungsstrukturen und den aktuellen Reformbemühungen im Partnerland Nordrhein-

---

23 Leitbild – „Dezentrale Konzentration", in: Brandenburger Umweltjournal, Nummer 6/7, Dezember 1992, S. 5 und vgl. LKV 1993, Heft 10, S. 342: Ländernachrichten.

Westfalen zeigt bei den Organisationsmodellen, daß zwar einige westliche Reformkriterien, insbesondere bei der Kreisgebietsreform, übernommen wurden. Im ganzen hat sich die Politik in Brandenburg in bezug auf die Organisation der Verwaltung aber mehr am schleswig-holsteinischen Modell orientiert, was sich beispielsweise bei der eigenständigen Polizeiorganisation in einem sogenannten 5er Modell sowie bei der Einführung der in Nordrhein-Westfalen 1975 abgeschafften Amtsverfassung für kreisangehörige Gemeinden zeigt. Hier entwickelte man die Kommunalverfassung der DDR weiter und übernahm einige Elemente aus Niedersachsen und den süddeutschen Ländern (Köstering 1995; Ruckriegel 1993/1994).

Für Sachsen wurde neben anderen schon früh das Leitbild einer „schlanken Verwaltung" genannt. Dieses Leitbild war davon geprägt, eine schnelle Funktionsfähigkeit der Verwaltung herzustellen. Effizienz- oder andere Optimierungsüberlegungen waren diesem Ziel untergeordnet. Aus der Staatskanzlei hingegen wurde die Existenz eines Leitbildes beim Aufbau der Landesverwaltung verneint, zumal das Fehlen von Leitbildern in externen Gutachten bemängelt wurde. Entsprechend wurde die sächsische Staatskanzlei in ihrer Organisation überprüft (Keller 1996: 20).

Als Leitbilder für Sachsen dienten in der Aufbauphase unter anderem der dreigliedrige Verwaltungsaufbau, wie er bei den Partnerländern Bayern und Baden-Württemberg vorzufinden war und an dem sich als Heimatländer die Aufbauhelfer weitgehend orientierten. Außerdem wurden als Leitbilder genannt: die Kommunalisierung der Landratsämter und die Verwirklichung einer schlanken Verwaltung mit geringem personellem Einsatz und zurückhaltender Verbeamtung (Keller 1996: 21). Bemerkenswert war – trotz des Zeit- und Erfolgsdrucks – das Bestreben, Fehler in den Landesverwaltungen der alten Bundesländer zu vermeiden. „Wenn ich die Fehler alle hätte wiederholen müssen, die man in den alten Ländern gemacht hat ... Schwächen hier nicht wiederholen ... Chancen nutzen ... und neue Wege gehen": Solche Aussagen wurden gleichsam als negative Leitbilder formuliert (Keller 1996: 21).[24] Die Grunderfahrung war es freilich, wie in anderen neuen Bundesländern, daß für die Verwirklichung von Visionen kein Raum blieb und dann auch politische Forderungen zu berücksichtigen waren (Mahn 1993).

Auf der anderen Seite kann aber auch eine blockierende Wirkung konkurrierender Leitbilder der verschiedenen Länder und auch des Bundes verzeichnet werden, so z.B. beim Aufbau der Mittelinstanzen. Bis zur Art der Stellenbewirtschaftung, bei der Bayern und Baden-Württemberg unterschiedliche Modelle vertreten hatten, war ein

---

24 Als Beispiele aus dem Staatsministerium für Umwelt und Landesentwicklung wurden genannt: zweistufiger Schulaufbau und Abitur in der 12. Klasse; Regelstudienzeit; Zusammenführung der Lebensmittelüberwachung statt einer Verteilung dieser Aufgabe auf einzelne Ressorts; Umweltbehörden.

Widerstreit von Vorstellungen der Partnerländer festzustellen. Viele Konflikte, die sich aus den Federführungen der Ressorts ergaben, traten erst in der Bündelungsinstanz des Regierungspräsidiums zutage. Die Leitbilder in den einzelnen Ressorts wurden auch vom jeweiligen Minister, der aus den alten Ländern kam, geprägt – so z.B. beim Wirtschaftsministerium und dessen saarländischem Personal oder beim Sozialministerium mit dessen eigenem Behördenunterbau. Entscheidend war mithin die Frage: „Wo kommen die Leute (und) ... Erfahrungen her?" Mit Personen waren Programme verbunden. Man bezog sich immer auf Leitbilder, die man hatte. Organisationsmodelle wurden gleichsam „1:1" übernommen – es war „nicht möglich, die Entwicklung reformistisch zu steuern" (Keller 1996: 22).

In der Staatskanzlei von Sachsen-Anhalt bezog man sich auf die Vorbilder Hessen und Rheinland-Pfalz, die aufgrund der Größenordnung vergleichbar erschienen. Man verwies aber darauf, daß zwischen rechtlichen und faktischen Leitbildern zu trennen sei. Mit diesen zwei Leitbildformen ließe sich der heutige Landesverwaltungsaufbau erklären: einerseits das rechtliche Leitbild des Verfassungsstaates Bundesrepublik Deutschland mit jenen im Grundgesetz festgelegten Prinzipien Rechtsstaat und kommunale Selbstverwaltung, andererseits die „verwaltungspraktischen oder tatsächlichen Leitbilder", die in den alten Bundesländern geformt wurden.

Das andere „Dilemma der Gleichzeitigkeit" (Kilian 1995: 93) – nämlich zum einen der Ab- und Aufbau von Verwaltungsstrukturen, zum andern die gleichzeitige staatliche Aufgabenerfüllung (Wallerath 1992: 165, 170) – ließ wohl keine andere Vorgehensweise zu. Bezeichnend ist in diesem Zusammenhang, daß etwa in Sachsen und Mecklenburg-Vorpommern die westdeutschen Modernisierungsthemen wie „Lean Administration" (Hill 1993a, 39ff.; Ziel 1995: 2) und „Schlanker Staat" eingeführt wurden. Daneben wurde aber auch immer wieder besonders darauf hingewiesen, daß man Fehler und Mängel, die aus der alten Bundesrepublik bekannt waren, in den neuen Ländern nicht wiederholen wolle. Zusammenfassend kann gesagt werden, daß Leitbilder vornehmlich bedingt durch den Personaltransfer und im wesentlichen aus den alten Ländern übernommen wurden. Andere Leitbilder wurden dagegen nur ansatzweise entwickelt.

5.2 Eigenständigkeit und Innovationen

Die dominierende Orientierung des Aufbaus der Landesverwaltung in den neuen Bundesländern an westdeutschen Leitbildern läßt sich in mehreren Beziehungen relativieren. Vor allem ist zu betonen, daß eine solche Orientierung keine Kolonisation nach einer „direct rule" von Seiten der Bundesrepublik bedeutet. Gerade die in Frage stehenden Organisationsformen von Ländern sind überwiegend älter als die Bundesrepublik Deutschland. Sie beruhen auf einer langen Verwaltungsgeschichte, deren Teil Mittel- und Ostdeutschland selbst bis zur marxistisch-leninistischen Reorganisation waren. Immerhin liegen viele Regionen auf dem Territorium eines der großen historischen Verwaltungsstaaten, nämlich Preußens, genau wie sich andere Gebiete der neuen Bundesländer auf vorsozialistische Verwaltungstraditionen beim Neuaufbau beziehen können.

Darüber hinaus ist vieles nicht einfach deutsch, sondern kontinentaleuropäisch und noch weiter international verbreitet. Das gilt insbesondere für die aufzubauende Stufe der Ministerialverwaltung. Hier gibt es etwa in der Ressortierung internationale Standards wie etwa die Ausdifferenzierung von Justizressorts oder Finanzressorts usw. Die Standards reichen soweit, daß man selbst, zumindest vordergründig, die alten DDR-Ministerien etwa für eine Abteilungsgliederung der Ministerialorganisation in Bezug nehmen könnte. Auch in der Frage der Mittelinstanz und der mittleren und unteren Sonderbehörden ließe sich viel aus historischen und internationalen Erfahrungsbeiträgen sammeln. Maßgeblich ist indessen, daß wir uns beim Aufbau der Landesverwaltung nicht auf einem Felde der bloßen Imitation befinden. Wie die vorgestellten Materialien belegen, bedeutet die Orientierung an westdeutschen Leitbildern nicht, daß man einfach an eine „exogene Pfadabhängigkeit" gebunden war (Wollmann 1996). Schon der bloße Umstand, daß die Verwaltung der westdeutschen Länder nicht uniform gestaltet ist, sondern daß eine geschichtlich gewachsene und heute noch bedeutsame Vielfalt der Organisationsformen besteht, daß auch heute noch ein und dasselbe Bundesgesetz in unterschiedlichen Vollzugsstrukturen der Länder umgesetzt wird, macht Auswahlentscheidungen vor Ort unvermeidbar.

Das bedeutet, daß „endogene Entscheidungsfaktoren" ins Spiel kommen (Eisen/Gabriel/Kaase/Niedermayer/Wollmann 1995; Lehmbruch 1994). Auch hier sollte man an die strategisch-rationale Qualität der Auswahlentscheidungen erster Stunde keine zu hohen Ansprüche stellen. Die Verarbeitung von Leitbildern erfolgte durchaus auch so, daß manches, was nun entstanden ist, als von unausgewogenen Einflüssen geprägt angesehen werden kann. Aber die Leitbilder wurden zumindest situativ ausgewählt und angepaßt. Das Ergebnis der Aufbauarbeit zeichnet sich entsprechend von Land zu Land durch Eigenständigkeiten aus. Und die neuen Bundesländer haben in den folgenden Reformen ihr eigenes Verwaltungsprofil fortentwickelt, ohne eine Uniformität der Landesverwaltung in Deutschland oder auch nur in Mittel- und Ostdeutschland anzustreben.

Von der Eigenständigkeit bei der Orientierung an Leitbildern bis zur Innovation – an die insbesondere der Maßstab der alten westdeutschen Bundesländer angelegt werden müßte – ist indessen ein weiter Schritt. Dazu müßte man überdies zwischen solchen Innovationen unterscheiden, die mit dem Transformationsprozeß verbunden sind und solchen, die in einer späteren reformatorischen Phase, in einer „zweiten Welle" der Veränderungen, eingeführt worden sind. Die Einschätzung der einschlägigen Erfahrungen ist eher zurückhaltend. Während man den Neuaufbau der Verwaltung etwa in Brandenburg von den Gedanken der Rezeption und Evolution getragen sieht, kommt man in der Beziehung des Landes zu Nordrhein-Westfalen zu dem Schluß, daß die Frage offen bleibt, ob der Angleichungsprozeß nicht auch wechselseitige prinzipielle Erneuerungsimpulse gebracht hat. So wird die These vertreten, daß die fortdauernden Aktivitäten in Brandenburg nach vier Jahren Verwaltungsaufbau zeigten, wie lebendig die Verwaltungsreformdiskussion dort nach wie vor verlaufe, und wie die Eigenständigkeit und das Selbstbewußtsein des Landes von Tag zu Tag wachse. Die Reformziele seien in beiden Partnerländern auf Evolution ausgerichtet, aber die Wege dorthin wichen voneinander ab (Köstering 1995: 88).

In diesem Zusammenhang wird immer wieder darauf verwiesen, daß die Zeitknappheit keine Experimente in der Verwaltungsorganisation zugelassen habe. Der Aufbau der Wirtschaft habe eine schnell funktionierende öffentliche Verwaltung benötigt, um Ansiedlungen und Investitionen nicht in einem rechtlichen Vakuum vornehmen zu müssen. Dabei muß man berücksichtigen, daß nicht nur von Anfang an alle Aufgaben, die auch in den alten Ländern zur Erledigung anstehen, erfüllt werden mußten. Darüber hinaus waren in den neuen Ländern weitere vereinigungsbedingte und vereinigungsspezifische Aufgaben wie die Klärung von Vermögensverhältnissen, die Rekonstruktion des Grundbuch-, Kataster- und Vermessungswesens, der Aufbau von Kläranlagen usw. zu erfüllen. Manche Aufgabe mußte mit einer weit höheren Dringlichkeit und Intensität erledigt werden, als dies in den alten Ländern der Fall ist, das gilt für weite Bereiche des Umweltschutzes, etwa im Hinblick auf die Altlasten der Besatzungsmacht oder die Umweltschäden, die die chemische Industrie verursacht hatte.

Strukturveränderungen hat es in der Landesverwaltung seit 1990 eher marginal gegeben: Ressorts wurden bezüglich ihres Geschäftsbereiches neu zugeschnitten, die Anzahl der Ressorts veränderte sich nach der politischen Verhandlungslogik, in der Ministerialverwaltung wurden Abteilungen neu zugeschnitten oder es kamen neue Abteilungen hinzu. Vor allem die Anzahl der Referate in den Ministerien stieg an. Einige Landesämter wurden aufgelöst oder wurden neu errichtet. Die Anzahl der unteren Sonderbehörden wurde – in der Regel – reduziert. In den Regierungspräsidien wurde der Zuschnitt von Abteilungen geringfügig verändert (Keller 1996: 189). Darüber hinaus wurden in allen neuen Ländern Kreisgebietsreformen und – in einem zweiten Schritt – Funktionalreformen vorgenommen. Die Kreisgebietsreform ermöglichte es erstmals, Aufgaben aus den Ministerien nach unten auf kommunale oder nachgeordnete Behörden zu verlagern, da mit der Kreisgebietsreform leistungsfähige Verwaltungseinheiten geschaffen wurden (Kilian 1995: 88).[25] Wie bei den Kreisge-

---

25 Die zweistufigen Länder Brandenburg und Mecklenburg-Vorpommern hatten die Reform bereits 1993 abgeschlossen; die dreistufigen und über Regierungspräsidien verfügenden Länder Sachsen und Sachsen-Anhalt folgten im Jahre 1994.

bietsreformen waren auch bei den Funktionalreformen die beiden nördlichen zweistufigen Länder den beiden südlichen dreistufigen Ländern zeitlich voraus. Umfangreiche Veränderungen der Verwaltungsstruktur haben diese Reformen auf Landesebene jedoch nicht nach sich gezogen. Die unteren Sonderbehörden wurden zumindest in ihrer Anzahl, nicht in ihrem jeweiligen Typus, verringert.

Für Brandenburg ist auf das Polizeiorganisationsmodell zu verweisen, zum einen wegen der Zusammenführung von Schutz- und Kriminalpolizei, zum andern auch wegen des flexiblen Laufbahnrechts, der zivilen Führung und der institutionalisierten Polizeibeiräte. Die in Nordrhein-Westfalen vorfindbaren Verwaltungsmodelle waren für Brandenburg weniger brauchbar. Das Partnerland Nordrhein-Westfalen ist dreistufig mit Bezirksregierungen organisiert, kennt keine Ämter und hat weniger Landesoberbehörden. Die demographischen und geographischen Unterschiede der beiden Länder sind augenfällig, wie sich schon aus der Berlin-Problematik ergibt. Zur Entscheidung für einen zweistufigen Verwaltungsaufbau konnte man sich auf das Saarland und Schleswig-Holstein beziehen. Aus dem letzteren Land konnte man auch das Amtsmodell übernehmen.

Hervorzuheben ist nochmals für den Fall Brandenburgs, daß die Kreisgebietsreform vom Dezember 1992 erstmals die Möglichkeit eröffnet hatte, Institutionen, Organisationen, Aufgaben auf ihren Bestand zu überprüfen, da eben erst zu diesem Zeitpunkt leistungsstarke untere Landesbehörden geschaffen wurden. Bis dahin waren die Ministerien derart mit Verwaltungs- und Vollzugsaufgaben eingedeckt und beschäftigt, daß deren Ressourcen eben für nichtministerielle Aufgaben in Anspruch genommen wurden. Entsprechend wird verzeichnet, daß gerade im Ministerium des Innern die Polizei- und die Kommunalabteilung überbelastet gewesen sein. Letzterer Bereich ging dann in einer neuen Abteilung auf.[26]

Das Landesumweltamt in Brandenburg stellt eine landesspezifische Behörde dar. Ferner mag man „Vorzeigeobjekte" der Funktionalreform, nämlich die Bereiche von Gewässerschutz und Wasserwirtschaft, ferner die Verlagerung von 90% der Vollzugsaufgaben vom Landesumweltamt auf die Kreise als innovativ bezeichnen. Die Organisation der gesamten Wasserwirtschaftsverwaltung in Brandenburg wird unter dem Gesichtspunkt der Kosteneinsparung als neu eingestuft. Auch die hohe Effizienz und Wirtschaftlichkeit der Ämter für Forstwirtschaft hat Aufmerksamkeit geweckt. Eine Innovation wäre es auch gewesen, wenn es Brandenburg gelungen wäre, die Flurbereinigung aus der Sonderverwaltung herauszunehmen und den Landkreisen zu übertragen.

---

26 Vgl. Brandenburg Kommunal, Nr.15, November 1995, S. 8-9, „Umstrukturierung der Abteilung II des Ministeriums des Innern".

Als Beispiele für Neuerungen in Mecklenburg-Vorpommern können zwei Institutionen angeführt werden: das Landesförderinstitut und die Landesanstalt für Personendosimetrie und Strahlenschutzausbildung. Die Koalitionsvereinbarung zwischen CDU und SPD aus dem Jahre 1995 besagt, daß sich das Land bei der Bündelung von Förderprogrammen der Dienstleistung des Landesförderinstituts bedient. Das Landesförderinstitut soll unter Effizienzgesichtspunkten über die Dienstleistungsfunktion hinaus entwickelt werden. Der Schwerpunkt soll dabei auf der Wirtschaftsförderung liegen.[27] Die Aufgaben des Landesbauförderungsamtes wurden zum 1.1.1995 dem Landesförderinstitut bei der Norddeutschen Landesbank übertragen. Damit soll jedem Ministerium die Möglichkeit gegeben werden, Förderaufgaben weiter zu übertragen. Inzwischen sind von den 100 Mitarbeitern des Landesbauförderungsamtes lediglich 30 übernommen worden. Gesetzlich war ausdrücklich vorgesehen, daß der Innenminister dieses Amt durch Rechtsverordnung auflösen könne.[28] Der Vorteil eines Landesförderinstituts wird vor allem in den geringeren Anfangsinvestitionen gesehen.

Neu ist auch die gemeinsame Einrichtung der Landesanstalt für Personendosimetrie und Strahlenschutzausbildung. Sie arbeitet seit dem 1. Juli 1991 für die fünf neuen Bundesländer.[29] Der Bundesminister für Umwelt, Naturschutz und Reaktorsicherheit hatte am 3. Oktober 1990 durch Erlaß die gemeinsame Einrichtung der neuen Länder gebildet, wobei diese die Einrichtungen des bisherigen, noch aus DDR-Zeiten stammenden staatlichen Amtes für Atomsicherheit und Strahlenschutz umfaßte. Die Aufgaben der kerntechnischen Sicherheit und des Strahlenschutzes haben die Länder wahrzunehmen. Sie handeln hierbei im Auftrag des Bundes.[30] Die gemeinsame Einrichtung der neuen Bundesländer beendete ihre Tätigkeit am 30. Juni 1991. Bereits während ihrer Tätigkeit wurde überlegt, was mit dem Institut für Weiterbildung und mit der Abteilung für die Personendosimetrie nach der Auflösung zu geschehen habe. In den Gesprächen zwischen den Mitarbeitern von Bundesbehörden und den Beauftragten der neuen Länder kristallisierte sich allmählich die Meinung heraus, die langjährigen Erfahrungen der Kursleiter bei der praxisorientierten Weiterbildung und die guten Demonstrations- und Übungsmöglichkeiten in den physikalischen und chemischen Laboren weiterhin gemeinsam zu nutzen. Die gleiche Überlegung traf auf die Personendosimetrie zu, da sich die technischen Geräte in Berlin-Karlshorst in einem

---

27 Koalitionsvereinbarung 1995, o.O., o.J., S. 12-13.
28 So § 3 des Gesetzes zur Übertragung hoheitlicher Aufgaben auf das Landesförderinstitut Mecklenburg-Vorpommern vom 26. Juli 1994, in: GVBl., Nr.18, 1994, S. 783.
29 Die überregionale Zusammenarbeit beruht auf zwei Verwaltungsabkommen aus dem Jahre 1995, in: Der Umweltminister des Landes Mecklenburg-Vorpommern: Landesanstalt für Personendosimetrie und Strahlenschutzausbildung, Schwerin, November 1993, S. 3.
30 Artikel 87 c Grundgesetz i.V.m. § 24 Absatz 1 Atomgesetz.

guten Zustand befanden (Land Mecklenburg-Vorpommern 1993). Die zuständigen Minister der neuen Länder vereinbarten deshalb, die Personendosismeßstelle und die Strahlenschutzausbildung in staatlicher Organisationsform weiterzuführen. Das führte zur Gründung der Landesanstalt. Für Mecklenburg-Vorpommern ist schließlich noch auf die Domänenverwaltung und die Teil-Privatisierung der Datenverarbeitungszentrale hinzuweisen. Diese Privatisierung gilt als erstmalig.

Wie in Brandenburg kann auch in Sachsen die enge Zusammenführung von Schutzpolizeibereich und Kommunalpolizeibereich als neuartig bezeichnet werden. Die Eingliederung der Polizei in die Regierungspräsidien nach bayerischem Vorbild gab es übrigens in „Württemberg" bis zur Gründung des Landes Baden-Württemberg auch schon. Als innovativ kann die Lösung für das Staatsministerium für Wirtschaft und Arbeit angesehen werden, weil der Bereich der Arbeit in den anderen Ländern beim Sozialministerium angesiedelt ist. Die Aufgabe der Lebensmittelüberwachung, die im Partnerland Baden-Württemberg bei der Gesundheit, der Landwirtschaft und der Umwelt untergebracht und damit verteilt und verstreut ist, ist in Sachsen hingegen bei den Bereichen Gesundheit und Landwirtschaft zusammengeführt worden. Der Veterinärbereich ist aus dem Bereich der Landwirtschaft ausgegliedert und stattdessen der Medizin zugeordnet und über die Landesuntersuchungsanstalt in einem Ressort gebündelt worden.

Zu nennen sind weiter die Umweltfachämter, die Aufgaben von Fachbehörden in einer Behörde konzentrieren. Im Partnerland Baden-Württemberg sind dagegen im Bereich des Umweltschutzes 42 Behörden vorzufinden[31], während in Sachsen nur fünf Behörden und ein Landesamt anzutreffen sind. In die Umweltfachämter ist all das aufgenommen worden, das zuvor im nachgeordneten Bereich angesiedelt war. Damit hat man alle medialen Bereiche „zusammengefaßt" und eine „integrierte Lösung" gefunden. Inzwischen gibt es allerdings Bemühungen, diese Umweltfachämter aufzulösen und den Regierungspräsidien unterzuordnen, da die Umweltfachämter eine Zwitterstellung zwischen Verwaltungsbehörde und wissenschaftlicher Arbeitsstelle einnehmen.

Für Sachsen spezifisch und aus der Entstehungsgeschichte des Freistaates resultierend gilt die Vielzahl der Beiräte, das Beauftragtenwesen und die Runden Tische. Hier gibt es Nachwirkungen des auf Konsens angelegten Koordinierungsausschusses. So gibt es heute einen landesweiten „Runden Tisch gegen Gewalt"[32], dem auch Mit-

---

31 Für Sachsen – mit der hälftigen Fläche – wären dies rein rechnerisch immer noch 21 Behörden.

32 Vgl. Landtagskurier. Freistaat Sachsen, 1995, Heft 2, S. 8-9 und ders., 1995, Heft 4, S. 12; am 22.05.1994 kam der landesweite Runde Tisch zu seiner 14. Sitzung zum Problem „Familie und Gewalt" zusammen; vgl. auch: Landesweiter Runder Tisch gegen Gewalt, in: Geschäftsbericht 1993-1994, Dresden, 1994, S. 17.

glieder angehören, die in der Aufbauphase des Freistaates maßgeblich mitgewirkt haben.

Als Beispiele für die Räte und Beiräte sind zu nennen: drei Räte im Geschäftsbereich des Innenministeriums, ein Landes-Umweltbeirat, ein Beirat für Tierschutz, ein Landesbildungsbeirat und im Geschäftsbereich des Landwirtschaftsministeriums ein Landesforstwirtschaftsrat. Für unklare Fälle gibt es spezielle Einrichtungen: Landwirtschaftstelefon, Vermittlungsausschuß und Runde Tische bei den Landwirtschaftsämtern. Der Begriff des Runden Tisches wird in Sachsen allerdings sehr weit gefaßt, wenn es heißt: „Ein tragendes Element unserer Arbeitsmarktpolitik ist das Aufbauwerk Sachsen. Seine Aufgabe ist, gleichsam als Runder Tisch für Beschäftigungsfragen Vertreter des Freistaates, der Treuhandanstalt, der Arbeitgeber und Gewerkschaften sowie der Kreditwirtschaft zusammenzuführen (Biedenkopf 1991). Zumindest für die Aufbauphase in Sachsen ist es charakteristisch, daß „bewußt überparteilich" möglichst viele gesellschaftlich relevante Akteure in Entscheidungen und deren Vorbereitung miteinbezogen wurden. Der Grundgedanke des Runden Tisches, Probleme einvernehmlich zu lösen, wirkt hier nach. Auch bei der Verabschiedung der Verfassung wollte man diesen überparteilichen Konsens erreichen.

Beim Vergleich Sachsen-Anhalts mit dem Partnerland Niedersachsen fällt auf, daß beim Aufbau der obersten Landesbehörden durchaus eigene Wege gegangen worden sind. Es gab in beiden Ländern jeweils elf Ministerien. Sachsen-Anhalt hatte aber ein eigenständiges Ministerium für Raumordnung und Städtebau gebildet, dessen Zuständigkeit in Niedersachsen beim Innenministerium lag. Des weiteren ist die Teilung der Sachgebiete Bildung, Wissenschaft und Kultur in zwei Ministerien zu erwähnen (Pook 1991: 12). Niedersachsen verfügt hingegen über ein Frauenministerium, während in Sachsen-Anhalt nur eine Leitstelle für Frauen- und Gleichstellungsfragen dem Ministerpräsidenten zugeordnet ist. Von Bedeutung ist auch, daß eine Planungsabteilung kurzzeitig in der Staatskanzlei eingerichtet wurde, wenngleich diese nicht die erwarteten Effekte erzielen konnte. Die Gesamtzahl der Abteilungen lag in Niedersachsen bei 56 – nur fünf mehr als in Sachsen-Anhalt. Allerdings existieren im Land Niedersachsen 80 Referate und 835 Stellen mehr.

Für die binnenorganisatorischen Vergleiche der beiden Landesverwaltungen können auch die Leitungsspannen in der Ministerialverwaltung und das Verhältnis von Bevölkerung zur Anzahl der Beschäftigten in der gesamten Landesverwaltung herangezogen werden. Im Jahre 1991 zeigt ein Vergleich der Leitungsspanne, daß diese auf Abteilungsleiterebene in beiden Ländern etwa gleich ist (1:7), aber auf Referatsleiterebene erhebliche Unterschiede aufweist: in Sachsen-Anhalt 1:5, in Niedersachsen 1:7. Kleine Bundesländer beschäftigen verhältnismäßig viel Personal. Insoweit können bei der Binnenorganisation der Landesverwaltung oft keine innovatorischen Verschlankungen festgestellt werden.

Als neuartig fällt die institutionelle Kombination von Brand- und Katastrophenschutz und der Forschungseinrichtung Feuerwehr auf. Hinzuweisen ist noch auf die Bezirkshygieneinstitute sowie anstelle der Einrichtung von Landwirtschaftskammern wie in Niedersachsen auf die Landwirtschaftsverwaltung des Landes. Nach der Auflösung der alten Forstverwaltung wird diese inzwischen wieder großräumiger – wie ehemals in der DDR – strukturiert. Das technische Polizeiamt faßt Aufgaben zusammen, die in Niedersachsen in mehreren Einrichtungen untergebracht sind. Zur informellen Organisation ist darauf hinzuweisen, daß die drei Umweltfachämter zu 90% aus Personal bestehen, das aus den neuen Ländern stammt.

Ob die vorgestellten Anschauungsfälle wegen gewisser Neuartigkeiten und Erstmaligkeiten die Kennzeichnung der Innovation verdienen, hängt davon ab, welche Merkmale man für diesen Begriff in Anspruch nimmt. Vieles mag, gemessen am Bezugssystem der alten Länder in der Bundesrepublik Deutschland, als nicht besonders originär erscheinen, sondern in die übliche Variationsbreite von Organisationsformen im Föderalismus passend angesehen werden. Deswegen ist zu unterstreichen, daß das eigentliche Innovationspotential in den neuen Bundesländern das der Transformation war, also das der Neuerung von der realsozialistischen Verwaltung der DDR zu einer modernen Verwaltung, die nicht nur deutsch ist, sondern sich in die europäische Integration einfügt. Jedenfalls zeigt aber das vorgelegte Anschauungsmaterial, daß die Transformation nicht einfach imitativ erfolgt ist (Wollmann 1996). In den neuen Bundesländern ist eine bemerkenswerte, dem deutschen Föderalismus auch sonst bekannte Eigenständigkeit bewiesen worden.

Ob damit Voraussetzungen für eine Modernisierung der modernen Verwaltung geschaffen worden sind – eine neuartige Bürgerorientierung, eine neuartige Partnerschaft zwischen öffentlichen und privaten Institutionen, ein neuartiges Verwaltungsmanagement usw. –, muß wohl die Zukunft zeigen. Die neuen Bundesländer könnten für ihre Verwaltungen deswegen bessere Innovationschancen haben, weil hier die hergebrachten Verwaltungsstrukturen noch nicht so tief eingeschliffen sind. Sieht man indessen auf die Staatszentriertheit der Transformation, wie sie der Etatismus der alten DDR mit seiner Zentralverwaltungswirtschaft als historischer Ausgangspunkt gleichsam erzwungen hat, dann wird man sich jedoch den Weg zum „schlanken Staat" in Mittel- und Ostdeutschland als schwer begehbar vorstellen müssen. Für die Transformationsphase gilt, daß es Leitbilder einer in Vielfalt tradierten föderalistischen Organisationslandschaft auf deutschem Boden waren, die sich in den alten Bundesländern erhalten hatten und dort von Fall zu Fall modernisiert worden waren, die dann die Grundorientierung für den Aufbau der Landesverwaltung in den neuen Bundesländern vermittelten.

Literatur

Baltzer, K.: Strukturprinzipien und Stand des Neubaus der Verwaltung im Land Mecklenburg-Vorpommern. In: von Oertzen, Hans Joachim (Hrsg.), Rechtsstaatliche Verwaltung im Aufbau II, Baden-Baden, 1993, S. 60ff.

Bauer, T.: Aufbau der Verwaltung in den fünf neuen Ländern – Erfahrungen eines bayerischen Beamten im Thüringer Innenministerium. Staatswissenschaften und Staatspraxis, 1991, S. 379ff.

Bayer, D.: Die Konstituierung der Bundesländer Brandenburg, Mecklenburg-Vorpommern, Sachsen, Sachsen-Anhalt und Thüringen. Deutsches Verwaltungsblatt, 1991, S. 1017

Becker, A.: Der Neubau der Verwaltung in Mecklenburg-Vorpommern, o.O., Februar 1991, S. 16

Bernet, W.: Zur landes- und kommunalrechtlichen Entwicklung in der DDR. Speyerer Forschungsberichte 91, Speyer, 1990

Bernet, W./Kulke, H.-J.: Zur Verwaltungsgeschichte und -gegenwart im Land Thüringen. In: Püttner, G./Bernet, G. (Hrsg.): Verwaltungsaufbau und Verwaltungsreform in den neuen Ländern, Köln, Berlin, Bonn, München, 1992, S. 95ff.

Biedenkopf, K.: Regierungserklärung vor dem Landtag am 25.10.1991 „Ein guter Anfang ist gemacht", 1991

Biedenkopf, K.: Regierungs- und Verwaltungsprobleme in einem neuen Bundesland, Speyer, 1994a, S. 23

Biedenkopf, K.: Regierungserklärung vom 8.11.1990, 1994b, S. 23f.

Boden, L.: Formen unmittelbarer Entscheidungen des Volkes in Entwürfen der Gemeinde- und Landkreisordnung für Sachsen. In: Landes- und Kommunalverwaltung, 1991, S. 156ff.

Busch, J.-D.: Der Aufbau der Landesverwaltung in Mecklenburg-Vorpommern. Mitteilungen des Schleswig-Holsteinischen Landkreistages, 1992, S. 8ff.

Demuth, H.: Aufbau der Verwaltung des Landes Sachsen-Anhalt, (o.O., o.J.), S. 4

Derlien, H.-U.: Regimewechsel und Personalpolitik – Beobachtungen zur politischen Säuberung und zur Integration der Staatsfunktionäre der DDR in das Berufsbeamtentum. In: Verwaltungswissenschaftliche Beiträge der Universität Bamberg, Nr. 27(1991), Bamberg, S. 8

Eisen, A./Gabriel, O.W./Kaase, M./Niedermayer, O./Wollmann, H.: Politische Interessenvermittlung und Verwaltungspolitik. In: Berliner Journal für Soziologie, Sonderheft Band 5(1995), S. 21ff.

Hartmann, R. (Hrsg.): Die Bundesrepublik Deutschland, – Staatshandbuch, Teilausgabe Neue Bundesländer. Juli/August 1991, S. 60

Hauswirth, D.: Regierung und Verwaltung des Landes Sachsen. In: Gerlach, D. (Hrsg.): Sachsen. Eine politische Landeskunde. Stuttgart et al., 1993, S. 252ff.

Häußer, O.: Dialog zwischen der öffentlichen Verwaltung und den Massenmedien – wie erreicht die Verwaltung erfolgreich den Bürger durch die Nachrichtenschleusen der Massenmedien? In: Die Öffentliche Verwaltung, 1992, S. 10ff.

Häußer, O.: Die Staatskanzleien der Länder: Aufgaben und Organisation unter Berücksichtigung des Aufbaus in den neuen Ländern. Baden-Baden, 1995a

Häußer, O: Zum Aufbau von Regierungszentralen in den neuen Ländern. In: Beck, J. u.a. (Hrsg.): Arbeitender Staat, Baden-Baden, 1995b, S. 123ff.

Hesse, J.J.: Der Aufbau der Landesverwaltungen: Handlungsbedarf und Handlungsmöglichkeiten. In: Pitschas, R. (Hrsg.): Rechtsvereinheitlichung und Verwaltungsreform in den neuen Ländern der Bundesrepublik Deutschland. Königswinter, 1991, S. 42ff.

Hill, H.: Die neue Verwaltung nachhaltig entwickeln. In: ders. (Hrsg.): Erfolg im Osten II. Baden-Baden, 1993a, S. 25ff.
Hill, H.: Integration von Sonderbehörden in die allgemeine Verwaltung. In: von Oertzen, H.J. (Hrsg.): Rechtsstaatliche Verwaltung im Aufbau II. Baden-Baden, 1993b, S. 23ff.
Hill, H.: Konzentration und Beweglichkeit als Leitprinzipien für den weiteren Aufbau der Verwaltung in den neuen Ländern. In: ders. (Hrsg.): Erfolg im Osten III. Baden-Baden, 1994, S. 34ff.
Hoffmann, G.: Die staatliche Mittelinstanz in den neuen Bundesländern. In: Die Öffentliche Verwaltung, 1992, S. 689ff.
Hoffmann, G.: Die Bezirksregierung Dessau – Aufbau und Arbeit einer Mittelbehörde in Sachsen-Anhalt. In: Die neue Verwaltung, 1993, S. 6
Jahn, H.: Die Landesregierung. In: Simon, H. u.a. (Hrsg.): Handbuch der Verfassung des Landes Brandenburg. Stuttgart et al., 1994, S. 213ff.
Keller, A.: Empirische Untersuchung, Konstanz, 1996
Kilian, M. Mittelinstanzen in Sachsen-Anhalt. LKV, 1994, S. 271ff.
Kilian, M.: Wiedererstehen und Aufbau der Länder im Gebiet der vormaligen DDR. In: Isensee, J./Kirchhof, P. (Hrsg.): Handbuch des Staatsrechts der Bundesrepublik Deutschland, Band VIII., Heidelberg, 1995, S. 93
Knemeyer, F.-L.: Die künftigen Kommunalverfassungen in den fünf neuen Ländern. In: Püttner, G./Bernet, W. (Hrsg.): Verwaltungsaufbau und Verwaltungsreform in den neuen Ländern. Köln, Berlin, Bonn, München, 1992, S. 121ff.
Knemeyer, Franz-Ludwig (1992), Kommunale Gebietsreformen in den neuen Bundesländern, in: Landes- und Kommunalverwaltung, S. 172ff.
Knemeyer, F.-L.: Vom zentralistischen Verwaltungsstaat DDR zum demokratischen Neubau einer dezentralisierten Verwaltung in den jungen Bundesländern. In: Neuhaus, H. (Hrsg.): Verfassung und Verwaltung. Köln, Weimar, 1994, S. 301
Knöpfle, F.: Tätigkeitssphären und Organisationsstrukturen. In: Zeitschrift für Politik, 1967, S. 290ff.
Koch, C.: Von der Verwaltungstransformation zur Verwaltungsintegration? In: Deutsches Verwaltungsblatt, 1993, S. 28ff.
König, K.: Zum Konzept der Entwicklungsverwaltung. In: ders. (Hrsg.): Öffentliche Verwaltung und Entwicklungspolitik, Baden-Baden, 1986, S. 11ff.
König, K.: Formalisierung und Informalisierung im Regierungszentrum. In: Hartwich, H.H./Wewer, G. (Hrsg.): Regieren in der Bundesrepublik Deutschland II – Formale und informale Komponenten des Regierens in den Bereichen Führung, Entscheidung, Personal und Organisation. Opladen, 1991, S. 203ff.
König, K.: Transformation der realsozialistischen Verwaltung und entwicklungspolitische Zusammenarbeit, Verwaltungsrundschau, 1992, S. 228ff.
König, K.: Transformation der realsozialistischen Verwaltung: Deutsche Integration und europäische Kooperation. In: Deutsches Verwaltungsblatt, 1993, S. 1292ff.
König, K./Heimann, J.: Aufgaben- und Vermögenstransformation in den neuen Bundesländern. Baden-Baden, 1996
König, K./Meßmann, V.: Organisations- und Personalprobleme der Verwaltungstransformation in Deutschland, Baden-Baden, 1995
Köstering, H.: Grundlagen und Probleme einer Funktionalreform im Land Brandenburg. In: Die Öffentliche Verwaltung, 1994, S. 238ff.

Köstering, H.: Vier Jahre Verwaltungsaufbau im Land Brandenburg. In: Verwaltungsrundschau, 1995, S. 83ff.

Kulke, H.-J.: Länderreport: Thüringen. In: Landes- und Kommunalverwaltung, 1991, S. 163

Land Brandenburg, Ministerium des Innern: Bericht der Kommission Funktionalreform an die Landesregierung Brandenburg, o.O., Juli 1994, S. 18

Land Mecklenburg-Vorpommern, Umweltministerium: Landesanstalt für Personendosimetrie und Strahlenschutzausbildung, Schwerin, November 1993, S. 8

Land Sachsen-Anhalt, Ministerium des Innern (Projektgruppe Mittelinstanzbericht): Verwaltungsaufbau in der Mittelinstanz und Erledigung staatlicher Aufgaben auf Ortsebene im Land-Sachsen-Anhalt, o.O., März 1992

Land Sachsen-Anhalt, Landtag, Enquete-Kommission „Verwaltungsreform": Vorschläge zur Neuorganisation der Verwaltung in Sachsen-Anhalt. Magdeburg, Mai 1994

Laufer, H.: Das föderative System der Bundesrepublik Deutschland, München, 1991, S. 64f.

Lehmbruch, G.: Institutionen, Interessen und sektorale Variationen in der Transformationsdynamik der politischen Ökonomie Deutschlands. In: Journal für Sozialforschung, 1994, S. 21ff.

Linde, J.: Der Neuaufbau eines Landes: das Beispiel Brandenburg. In: Staatswissenschaften und Staatspraxis, 1991, S. 282ff.

Mahn, H.-P.: Strukturprinzipien und Stand des Neubaus der Verwaltung im Land Sachsen-Anhalt. In: von Oertzen, H.J. (Hrsg.): Rechtsstaatliche Verwaltung im Aufbau II. Sonderbehörden und Einheit der Verwaltung. Baden-Baden, 1993, S. 45

Margedant, U./Ellerbeck, T. (Hrsg.): Politische Landeskunde Mecklenburg-Vorpommern. Schwerin, 1991, S. 52

Meyer-Hesemann, W.: Hilfen zum Aufbau von Verwaltung und Justiz in den neuen Ländern; dargestellt am Beispiel der Zusammenarbeit zwischen den Ländern Brandenburg und Nordrhein-Westfalen. In: Verwaltungsarchiv, 1991, S. 578ff.

Müller, H.: Zur Entwicklung der Verwaltungsorganisation in den neuen Bundesländern – Beispiel Thüringen. In: Verwaltungsarchiv, 1992, 592f.

O. Verf.: Leitbild – „Dezentrale Konzentration". In: Brandenburger Umweltjournal, Nummer 6/7, Dezember 1992, S. 5

Pappermann, E.: Kommunale Gebietsreform in den neuen Bundesländern. In: Verwaltungsrundschau, 1992, S. 149ff.

Pitschas, R.: Verwaltungsintegration in den neuen Bundesländern? In: Neue Justiz, S. 49ff.

Pook, W.: Der Aufbau der Landesverwaltung in Sachsen-Anhalt. Sachstandsberichte und Problemlagen, o.O., Dezember 1991

Quaritsch, H.: Eigenarten und Rechtsfragen der DDR-Revolution, Verwaltungsarchiv, (1992), S. 315

Reusch, U.: Starthilfe für die neuen Länder. Aufgaben und Arbeit der Bund-Länder-Clearingstelle für die Verwaltungshilfe, Deutschland-Archiv, 1991, S. 233

Ruckriegel, W.: Die Erfüllung eines Traumes im Zeichen der Wiedervereinigung. Rede des Staatssekretärs zum Abschied aus Brandenburg. In: Brandenburg Kommunal, Nr.7/8, 1993/1994, S. 8

Ruckriegel, W.: Neubau der Verwaltung in Brandenburg. In: von Oertzen, H.J. (Hrsg.): Rechtsstaatliche Verwaltung im Aufbau II. Sonderbehörden und Einheit der Verwaltung. Baden-Baden, 1993, S. 52ff.

Sachsen-Anhalt, Der Landtag: Vorschläge zur Neuorganisation der Verwaltung in Sachsen-Anhalt. Bericht der Enquete-Kommission „Verwaltungsreform". Magdeburg Mai 1994, S. III-61

Sachsen-Anhalt, Der Landtag: Vorschläge zur Neuorganisation der Verwaltung in Sachsen-Anhalt. Bericht der Enquete-Kommission „Verwaltungsreform". Magdeburg Mai 1994, S. III-53

Scheytt, O.: Reorganisation der kommunalen Selbstverwaltung. In: Rühl, C. (Hrsg.): Probleme der deutschen Einheit, Band 5: Institutionelle Reorganisation in den neuen Ländern. Selbstverwaltung zwischen Markt und Zentralstaat. Marburg, 1992a, S. 31f.

Scheytt, O.: Städte, Kreise und Gemeinden im Umbruch – Der Aufbau der Kommunalverwaltungen in den neuen Bundesländern. In: Deutschland Archiv, 1992b, S. 12ff.

Schmidt-Eichstaedt, G.: Kommunale Gebietsreform in den neuen Bundesländern. Aus Politik und Zeitgeschichte. Beilage zur Wochenzeitschrift Das Parlament. B 36/1993, 3.9.1993, S. 3ff.

Schubert, M.: Der Koordinierungsausschuß zur Bildung des Landes Sachsen. Tübingen, 1994, S. 116ff.

Schulze, G.: Wieder Länder und neue Verwaltungen. In: Deutsche Verwaltungspraxis. 1990, S. 287ff.

Schuster, F.: Neubau der Verwaltung im Land Thüringen. In: von Oertzen, H.J. (Hrsg.): Rechtsstaatliche Verwaltung im Aufbau II. Sonderbehörden und Einheit der Verwaltung. Baden-Baden, 1993, S. 15ff.

Seeck, E.: Vom Provisorium zur regulären Verwaltung – Aufbauhilfe für Mecklenburg-Vorpommern. In: Der öffentliche Dienst, 1992, S. 145ff.

Seibel, W.: Verwaltungsreform in den ostdeutschen Bundesländern. In: Die Öffentliche Verwaltung, 1991, S. 198ff.

Seibel, W.: Das zentralistische Erbe. Die institutionelle Entwicklung der Treuhandanstalt und die Nachhaltigkeit ihrer Auswirkungen auf die bundesstaatlichen Verfassungsstrukturen. In: Aus Politik und Zeitgeschichte. Beilage zur Wochenzeitung Das Parlament, B 43-44/1994, 28.10.1994, S. 3ff.

Seibel, W./Reulen, S.: Verwaltungsaufbau in den neuen Bundesländern. Zur kommunikativen Logik staatlicher Institutionenbildung. Berlin, 1996

SPD-Landesverband Sachsen-Anhalt (Hrsg.): Koalitionsvertrag der SPD mit Bündnis 90/DIE GRÜNEN. Magdeburg, September 1995, S. 73

Steinbach, W.C.: Aufgaben, Bündelungsfunktionen und effektives Verwaltungshandeln der staatlichen Mittelbehörden. In: Die Neue Verwaltung, 1994, S. 21ff.

Vaatz, A.: Die friedliche Revolution war ein guter Anfang. In: Lieberknecht, C./Vaatz, A./Heitmann, S. (Hrsg.): Unterwegs zur Einheit. Sankt Augustin, 1994, S. 21

Vogel, B.: Der Freistaat Thüringen – die Grundlagen sind geschaffen. Hrsg. vom Presse- und Informationsdienst der Thüringer Landesregierung. Regierungserklärung am 8. Juli 1994, 10, S. 19

Vogel, B.: Formelle und informelle Komponenenten des Regierens – Erfahrungen aus der Praxis. In: Hartwich, B./Wewer, G. (Hrsg.):Regieren in der Bundesrepublik II.Opladen, 1991, 97ff.

von Beyme, K./Nohlen, D.: Systemwechsel. In: Nohlen, D. (Hrsg.): Wörterbuch Staat und Politik. München, 1991, S. 690ff.

von Oertzen, H.J. (Hrsg.): Rechtsstaatliche Verwaltung im Aufbau II. Sonderbehörden und Einheit der Verwaltung. Baden-Baden, 1993

Wallerath, M.: Aufgaben und Aufbau der öffentlichen Verwaltung im Wandel. In: Die Verwaltung, 1992, S. 157ff.

Warbeck, H.J.: Die Deutsche Revolution 1989/1990. Die Herstellung der staatlichen Einheit. Berlin, 1991, S. 52

Winter, F.: Prüfung der Staatskanzlei des Landes Nordrhein-Westfalen – Rechtliche und allgemein-methodische Prüfungsansätze – (Teil 1). Verwaltungsführung, Organisation, Personal. 1991, S. 297ff.

Wollmann, H.: Kommunalpolitik und -verwaltung in Ostdeutschland: Institutionen und Handlungsmuster im paradigmatischen Umbruch. Eine Empirische Skizze. In: Blanke, B. (Hrsg.): Staat und Stadt. Systematische, vergleichende und problemorientierte Analysen dezentraler Politik. Opladen, 1991, S. 237ff.

Wollmann, H.: Institutionenbildung in Ostdeutschland: Rezeption, Eigenentwicklung oder Innovation? In: Eisen, A./Wollmann, H. (Hrsg.): Institutionenbildung in Ostdeutschland. Opladen, 1996

Ziel, A.: Regierungserklärung zu den Grundlagen der Funktionalreform im Land Brandenburg. 14 Grundsätze. Potsdam, 1991, S. 3ff.

Ziel, A.: Der Weg des Landes Brandenburg in eine rechtsstaatliche öffentliche Verwaltung. In: Landes- und Kommunalverwaltung, 1995, S. 1ff.

Transformation der ostdeutschen Kommunalstrukturen: Rezeption, Eigenentwicklung, Innovation

Hellmut Wollmann

0. Einleitung[1]

Dieses Kapitel handelt vom Umbruch und Neubau der kommunalen politischen und administrativen Strukturen. Von der *personalstrukturellen* Entwicklung soll an dieser Stelle weitgehend abgesehen werden.[2]

Im Beitrag wird versucht, die kommunale Institutionenbildung über den Zeitraum zwischen Mitte 1990 und Mitte 1996 zu verfolgen, eine Sechs-Jahre-Periode, in der gerade die ostdeutschen Kommunalstrukturen mit einer verwaltungshistorisch schier beispiellosen Rasanz umgestürzt und verändert wurden. Hierbei sind zwei maßgebliche Veränderungsschübe zu notieren.

- Seit Mitte 1990 durchliefen die kommunalen Strukturen, die als einzige institutionelle Ebene den Untergang der DDR überlebten (die DDR-Regierung ging zusammen mit dem DDR-Staat unter, die Bezirksverwaltungen wurden in drei der neuen Länder „abgewickelt"), im Übergang von der zentralistischen DDR-Staatsorganisation zur Integration in das dezentral-föderative Verfassungs-, Rechts- und Aufgabenmodell der Bundesrepublik einen fundamentalen institutionellen Umbruch und Neubau. Wir bezeichnen diese Periode als die *Gründungsphase* der kommunalen Institutionenbildung.
- Mit Beginn der 2. kommunalen Wahlperiode (Dezember 1993 in Brandenburg, Juni 1994 in den übrigen vier neuen Bundesländern) wurde die kommunale Institutionenwelt von einer weiteren Veränderungswelle erfaßt, deren Triebkräfte die neuen Kommmunalverfassungen, die Kreisgebietsreform, die Gemeindeverwaltungsreform und die einsetzende Funktionalreform und schließlich das Übergreifen der unter dem Stichwort des Neuen Steuerungsmodells geführten Verwaltungsmodernisierungsdebatte waren.

---

1   Für Recherchen zu diesem Bericht habe ich vor allem Sabine *Lorenz* (vgl. Lorenz 1996a, b, c, d), für große Umsicht und Streßresistenz bei der Herstellung eines druckbaren Manuskripts wiederum Uta *Kühn* zu danken.
2   Ausführlich Wollmann 1996b.

Konzeptionell wird die Darstellung von der (in der politikwissenschaftlich-institutionell interessierten Transformationsforschung verbreiteten) Fragestellung geleitet, ob und in welchem Umfang die Institutionenbildung durch von der Politik- und Verwaltungswelt der alten Bundesrepublik ausgehenden *exogenen* oder durch mit ostdeutschen Gegebenheiten verbundenen *endogenen* Bestimmungsfaktoren beeinflußt worden ist. Sind für die ersten die Grundstrukturen der Institutionen- und Regelungswelt der den Transformationsprozeß dominerenden alten Bundesrepublik, die aus der *Einigung durch Beitritt* vorgegebenen Angleichungsimperative und die Länder- und Kommunenpartnerschaften und ihre „Verwaltungshelfer" als *change agents* zu nennen, so kommen insbesondere institutionelle und mentale Hinterlassenschaften (*legacies*) der DDR, die transformationsspezifischen Sonderbedingungen, wie die Gleichzeitigkeit des Aufbaues neuer und der Auflösung („schöpferischen Zerstörung") alter Organisations- und Personalstrukturen, ebenso wie die jeweiligen Akteurs- und Parteienkonstellationen vor Ort und deren Interessen und Strategien (*will and skill*) in Betracht (Wollmann 1996a: 513ff.).

Die Wirkungsmächtigkeit, die diese Faktoren auf die Institutionenbildung in den jeweiligen Entscheidungsarenen und Akteurskonstellationen haben, läßt sich auf einer Skala abbilden, die von der (weitgehenden) Übernahme des „Westmodells" (*Imitation* oder *Rezeption*) über die (exogene wie endogene Vorgaben verarbeitende und „amalgamierende") *Eigenentwicklung* bis zu der (das westdeutsche Vorbild hinter sich lassenden) *Innovation* reicht.[3]

In einem ersten Abschnitt sollen die institutionellen Ausgangsbedingungen der kommunalen Strukturen im DDR-Staat kurz in Erinnerung gerufen werden (unten 1). Der zweite Abschnitt beschäftigt sich mit der *Gründungsphase* der kommunalen Institutionenbildung (unten 2), ein weiterer mit der *zweiten Veränderungswelle* (unten 3). Abschließend soll nach institutionellen Innovationen gefragt werden, die sich aus der Fortschreibung des bisherigen Institutionalisierungsprozesses abzeichnen (können) (unten 4).

1. Zur Stellung der Kommunen im politisch-administrativen System der DDR

Nach 1945 schien die Entwicklung in Ostdeutschland unter dem Besatzungsregime *der Sowjetischen Militäradministration in Deutschland* (SMAD) zunächst auf die Wiederherstellung des föderativen und kommunalen Aufbaues zuzulaufen

---

3   Von den unterschiedlichen in die Diskussion gebrachten typologisierenden und klassifizierenden Unterscheidungen seien hier nur an: Imitation/Persistenz/Innovation (Seibel 1996a, 1996b) und Rezeption/Evolution/Innovation (Köstering 1995) erinnert. Für weitere Nachweise des Diskussionsstands vgl. Wollmann 1996b: 47 FN 10. Die hier bevorzugte Typologie und façon de parler (Rezeption/Eigenentwicklung/Innovation) lehnt sich an Köstering 1995 an.

(vgl. Bernet 1993b: 29ff.). Zum einen wurden fünf Länder gebildet und Landtagswahlen durchgeführt. Zum andern knüpfte die „Demokratische Gemeindeordnung"[4], die unter Federführung der SMAD für die Sowjetische Besatzungszone erlassen und in den fünf Ländern in Kraft gesetzt wurde, formal durchaus an die deutsche Kommunaltradition an. Darüber hinaus bildeten in Ostdeutschland – ähnlich wie in Westdeutschland – „gerade die Kommunen ... (das) Hauptfeld für den Neubeginn und Neuaufbau. In den ersten Nachkriegsjahren erwies sich ... die kreative Kraft kommunaler Selbstverwaltung, um das Leben wieder in Gang zu bringen" (Melzer 1991: 323). Diese Ansätze fielen jedoch rasch dem Auf- und Ausbau des kommunistischen Regimes zum Opfer.

Nach der 2. Parteikonferenz der SED im Jahr 1952, welche die offiziell „Aufbau des Sozialismus" genannte Sowjetisierung der DDR vollends einleitete, beseitigte das *Gesetz über die weitere Demokratisierung des Aufbaus und der Arbeitsweise der staatlichen Organe in den Ländern der DDR* vom 23. Juli 1952 unter dem ideologischen Diktat der einheitlichen Staatsgewalt den föderativen Aufbau und die kommunale Selbstverwaltung. Es begründete einen Verwaltungsaufbau, der zur Durchsetzung und Sicherung der kommunistischen Herrschaft weitgehend das stalinistische Staatsorganisationsmodell der Sowjetunion mit den Maximen des *Demokratischen Zentralismus* und der *doppelten Unterstellung* übernahm.

Anstelle der fünf Länder wurden auf regionaler Ebene 14 Bezirksverwaltungen (plus Ost-Berlin) geschaffen, deren gebietlicher Zuschnitt historische Zusammenhänge ignorierte und von staatsorganisations- und machtpolitischen Kalkülen diktiert war. Gleichzeitig wurde das in der deutschen Verfassungs- und Verwaltungstradition wurzelnde Institut der kommunalen Selbstverwaltung abgeschafft. Die Kreise, kreisfreien Städte und Gemeinden wurden auf die Funktion von (örtlichen) „Organen der Staatsmacht" reduziert. Um die Kreise als untere Handlungs- und Vollzugsebene in die dreistufige vertikale Kommando- und Kontrollhierarchie vollends einzupassen, wurden sie verkleinert und ihre Zahl von 132 auf 217 (191 Land- und 26 Stadtkreise mit einer durchschnittlichen Bevölkerungszahl von 60.000 Einwohnern) erhöht. Nur Anzahl und Gebietszuschnitt der Städte und Gemeinden blieben von dieser Umwälzung der Staats- und Verwaltungsorganisation unberührt. 1952 bestanden knapp 10.000 Gemeinden, deren Zahl später in einer Neugliederungswelle zwischen 1973 und 1975 auf rund 7.640 verringert wurden, die Hälfte von ihnen mit weniger als 500 Einwohnern (Rösler 1991: 32). Auf diesem Gebietszuschnitt auf Bezirks-, Kreis- und Gemeindeebene beruhte die DDR bei ihrem Beitritt zur Bundesrepublik.

Stellung und Funktion der Kreise und Gemeinden im zentralistischen Planungs- und Lenkungssystem waren von dem Grundsatz des Demokratischen Zentralismus geprägt. Dieser kam organisationspolitisch zum einen darin zum Ausdruck, daß die innere Organisation der Verwaltung der Kreise, Städte und Gemeinden weitgehend zentral vorgeschrieben war und damit den Durchgriff von oben erleichterte (vgl. etwa

---

4   Text in: Knemeyer (Hrsg.) 1990: 99ff.

Schubert/Schwanengel 1991: 250). Im Herbst 1989 setzten sich die Räte der kreisfreien Städte (*Stadtkreise*) aus 18 Mitgliedern[5] und die der Landkreise aus 19 Mitgliedern[6] zusammen; jedem Ratsmitglied unterstand eine Fachabteilung. Für kreisangehörige Städte mit mehr als 20.000 Einwohnern war ein 13-köpfiger Rat, für kleinere Städte mit zwischen 5.000 und 20.000 Einwohnern ein Rat mit 5 bis höchstens 12 haupt- und ehrenamtlichen Mitgliedern vorgeschrieben.[7]

Formal wurde der Rat als kollektives Verwaltungsorgan von der kommunalen Volksvertretung gewählt, faktisch von der Parteileitung der SED eingesetzt. Auch die gesetzlich vorgeschriebene *doppelte Unterstellung* als Ausdruck des Demokratischen Zentralismus war von dieser für den Scheinkonstitutionalismus der realsozialistischen Herrschaftssysteme eigentümlichen Diskrepanz zwischen formal demokratischem Anschein und machtpolitischer Faktizität charakterisiert. Die eine Seite der doppelten Unterstellung, nämlich die des Rates gegenüber der örtlichen Volksvertretung, blieb eine Fiktion. Ihr wirkliches Gesicht zeigte sie in der Einbindung der Räte und ihrer Fachabteilungen in vertikale Anweisungs- und Kontrollstränge, die zum Rat bzw. zur jeweiligen Fachabteilung in der Bezirksverwaltung und von dort weiter zum zuständigen Ministerium liefen. Hierbei schlug das im realsozialistischen Staats- und Wirtschaftssystem allgegenwärtige vertikale Sektor- (*Zweig-*) Prinzip durch, das horizontale oder territoriale Entscheidung und Koordinierung hintanstellt. Die Fachabteilungen unterstanden den

---

5   Vgl. Deutscher Städtetag 1990: 26. Das Gliederungsschema beruhte auf dem Ministerratsbeschluß vom 30.1.1986 und sah für die Räte der Stadtkreise die folgende Ratszusammensetzung vor:
    Vorsitzender des Rates der Stadt („Oberbürgermeister"),
    Erster Stellvertreter des OB,
    Stellvertreter des OB und Vorsitzender der Stadtplankommission,
    Stellvertreter des OB für Inneres,
    Stellvertreter des OB für Handel und Versorgung,
    Sekretär des Rates,
    Stadtrat für Finanzen und Preise,
    Stadtrat und Stadtbaudirektor,
    Stadtrat für Wohnungspolitik und Wohnungswirtschaft,
    Stadtrat fur Arbeit,
    Stadtrat für örtliche Versorgungswirtschaft,
    Stadtrat für Energie,
    Stadtrat für Verkehrs- und Nachrichtenwesen,
    Stadtrat für Umweltschutz, Wasserwirtschaft und Erholungswesen,
    Stadtrat und Schulstadtrat,
    Stadtrat für Kultur,
    Stadtrat für Jugendfragen, Körperkultur und Sport,
    Stadtrat und Kreisarzt.
6   Vgl. das bei Schubel/Schwanengel 1991: 251 abgedruckte Gliederungsschema. Zu den ansonsten mit den Stadtkreisen weitgehend identischen Positionsträgern kam bei den Landkreisen die weitere Position eines Ratsmitgliedes „für Land- und Nahrungsgüterwirtschaft" hinzu.
7   Vgl. Deutscher Städtetag 1990: 26f.

übergeordneten Fachverwaltungen unmittelbar, also am Rat als kollektivem Verwaltungsorgan vorbei, und die durchgängige „zweigliche" Sektoralisierung (vertikale Versäulung) machte sich geltend. Hinzu kam, daß insbesondere die Großbetriebe (Kombinate), die innerhalb des staatswirtschaftlichen Sektor- (Zweig-) Prinzips vom jeweiligen Industrieministerium geleitet wurden, auf der kommunalen Ebene mächtige Akteure waren. Ihnen gegenüber waren die Kreise und Städte, wenn es um die Beschaffung von Ressourcen ging, kaum mehr als Bittsteller und Anhängsel. Schließlich ist als Grundzug der kommunistischen Parteidiktaturen daran zu erinnern, daß parallel zu den Strukturen des Staatsapparates auf allen Ebenen Parteiorganisationen der SED bestanden, über die diese ihr Herrschafts-, Lenkungs- und Kontrollmonopol sicherten – mit dem 1. Parteisekretär auf Bezirk- und Kreisebene als Schlüsselfiguren. Der beherrschende Einfluß der SED auf Entscheidungen der Räte und der Fachabteilungen war ferner dadurch gesichert, daß die Besetzung aller wichtigen Verwaltungspositionen in der Hand der Partei lag. Bis auf wenige den Blockparteien vorbehaltene Stellen waren die Positionen im Rat der SED-Elite vorbehalten.[8]

Die Kernverwaltungen der Kreise und kreisfreien Städte[9] umfaßten in den 80er Jahren zwischen 250 und 350 Mitarbeiter (einschließlich des sog. technischen Dienstes, wie Hausmeister, Kraftfahrer usw.).[10] Stellt man in Rechnung, daß die Räte der Landkreise und kreisfreien Städte als politisch-administrative Leitungsorgane 19 bzw. 18 Mitglieder umfaßten und sich deren Kernverwaltung dementsprechend in 19 bzw. 18 Abteilungen („Fachorgane") gliederte, springen die administrative „Kopflastigkeit" und „säulenartige" Fragmentierung der Verwaltungsorganisation ins Auge.

Die kreisangehörigen Gemeinden boten ein unterschiedliches Bild. Die größeren und mittelgroßen Kommunen verfügten – je nach Größenordnung mit zunehmender Kopflastigkeit – über einen mehrköpfigen Rat der Gemeinde und Verwaltungspersonal.[11] In der Mehrzahl der kreisangehörigen Gemeinden (über die

---

8   Für ein anschauliches Beispiel vgl. Berg 1994: 194, wonach 1989 von 14 Mitgliedern des Rates der Stadt 12, darunter die Schlüsselpositionen des Vorsitzenden („Bürgermeisters"), seiner Stellvertreter und der Sekretär des Rats, der SED angehörten, während der Stadtbaudirektor CDU- und der Stadtrat für Finanzen und Preise NDPD-Mitglied waren.

9   Zu den Beschäftigten der mit unmittelbarem staatlichen Aufgabenvollzug befaßten sog. *Kernverwaltung* kamen die der sog. nachgeordneten Einrichtungen (Kindergärten, Grundschulen). Diese machten bei den kreisfreien und größeren kreisangehörigen Städten ein Vielfaches der Kernverwaltung aus. Für das Beispiel der kreisangehörigen Stadt Bitterfeld (55 Beschäftigte der Kernverwaltung gegenüber 185 in den nachgeordneten Einrichtungen) vgl. Berg/Nagelschmidt/Wollmann 1996: 256).

10 Zur Verwaltungsgliederung und der Beschäftigtenzahl der Fachabteilungen einer kreisfreien Stadt am Beispiel der Stadt Brandenburg vgl. Berg/Nagelschmidt/Wollmann 1996: 257.

11 Für Verwaltungsgliederung und Beschäftigtenzahl der Kernverwaltung einer (mittleren) kreisangehörigen Stadt am Beispiel der Stadt Bitterfeld vgl. Berg/Nagelschmidt/Wollmann 1996: 256. Der Rat des Kreises umfaßte 13 Ratsmitglieder und dementsprechend 13 Fachabteilungen mit insgesamt 55 Beschäftigten (der Kernverwaltung).

Hälfte hatte weniger als 500 Einwohner) bestand die Verwaltung – neben dem von der Kommunalvertretung gewählten hauptamtlichen Bürgermeister – aus einem Verwaltungsmitarbeiter und einer Sekretärin.[12]

Die Kümmerfunktion, die das Gros der kreisangehörigen Gemeinden in der Staatsorganisation der DDR hatte, spiegelt die Tatsache wider, daß die Landkreise bzw. die kreisfreien Städte die maßgeblichen örtlichen Staatsorgane waren, die sich gegenüber den kreisangehörigen Gemeinden – und auch aus der Sicht der Bürger – als Vollzugsebene zentralistischer Lenkung, Kontrolle und Leistungserbringung darstellten.

Zur Aufgabenstellung der Kreise und Städte in der DDR ist einerseits daran zu erinnern, daß umfangreiche Aufgaben, die in der Bundesrepublik zur kommunalen Selbstverwaltung gehören (Sozial-, Gesundheits-, Kultureinrichtungen), in der DDR von volkseigenen Betrieben wahrgenommen wurden (Scheytt 1992: 26). Zum Aufgabenbestand der Kommunen rechneten andererseits aber Bereiche, die aus der Einbindung der Kommunen in die Staatswirtschaft folgten und insbesondere örtliche Kontrollaufgaben (Preis- und Sortimentskontrolle im Einzelhandel) und die örtliche Versorgungswirtschaft (Dienst- und Reparaturleistungen) betrafen. Die Gemeinden handelten teils durch Auflagen etwa für die Produktionsgenossenschaften und privaten Handwerker, teils durch ihnen unterstellte Dienstleistungsbetriebe (vgl. Einenkel/ Thierbach 1990: 95ff.). Dadurch, daß vor allem die Städte und Gemeinden – entlang einer breiten, an der Aufgabengliederung des Rates ablesbaren Aufgabenpalette (Einenkel/Thierbach 1990: 39ff.) – Koordinierungs- und Kontrollaufgaben gegenüber den ihnen unterstellten Einrichtungen hatten, bestand ein unübersichtliches Geflecht formaler und informeller Zuständigkeiten, das nach der Wende für den Übergang solcher Einrichtungen auf die Kommunen als Beschäftigungsträger bedeutsam werden sollte.

Die Haushalts- und Finanzwirtschaft der Städte war untrennbarer Bestandteil des einheitlichen Staatshaushalts (Einenkel/Thierbach 1990: 73ff.), der eigene budgetäre Handlungsspielraum der Kommunen minimal. Über sog. Kommunalverträge, die die Kommunen mit (nichtunterstellten) Betrieben abschlossen, waren sie bestrebt, Breschen in das rigide System der zentralen Mittelzuweisung und der Mängelwirtschaft (für die Durchführung von Bauarbeiten usw.) zu schlagen.

So stichwortartig diese Übersicht im Rahmen des Berichtes bleiben mußte, sollte sie doch folgendes ins Gedächtnis gerufen haben: Die Kommunen in der DDR wurden einerseits an einem zentralistischen Gängelband geführt, andererseits hatten sie jedoch die wichtige Aufgabe, unter den Restriktionen der realsozialistischen Mangelverwaltung für die Erbringung lokaler Versorgungsleistungen zu sorgen und als „legitimierender Puffer" zu dienen (Bernet/Lecheler 1991: 69).

---

12 Vgl. Däumer 1995: 16, wonach 1989 von den 56 kreisangehörigen Gemeinden des Saalekreises – außer dem (meist hauptamtlich tätigen) Bürgermeister – 50% höchstens zwei und weitere 30% höchstens vier Beschäftigte hatten.

2. Gründungsphase

Der Umbruch der politischen und administrativen Strukturen auf der kommunalen Ebene war generell zum einen dadurch gekennzeichnet, daß diese als einzige politisch-administrative Struktur den Untergang des DDR-Staats überlebte (die DDR-Regierung löste sich mit dem Beitritt zum 3.10.1990 auf, die Bezirksverwaltungen wurden in drei der neuen Länder beseitigt, die Verwaltungsstrukturen des DDR-Staates entweder „abgewickelt" oder in die neuen Länderstrukturen eingeschmolzen). Zum andern war der Um- und Neubau der kommunalen Strukturen dadurch charakterisiert, daß er bereits im Mai 1990 in seine entscheidende Gründungsphase trat – in einer Phase, in der einerseits die bisherigen zentralistischen Strukturen der Noch-DDR in zunehmende Agonie und Auflösung verfielen und andererseits die Neugründung der ostdeutschen Länder und der Aufbau ihrer Verwaltungsstrukturen noch in der Zukunft standen.

2.1 Rahmenbedingungen

2.1.1 DDR-Kommunalverfassung vom 17. Mai 1990

Das von der (am 6. März 1990 demokratisch gewählten) DDR-Volkskammer verabschiedete *Gesetz über die Selbstverwaltung der Gemeinden und Landkreise der DDR (Kommunalverfassung)* vom 17. Mai 1990[13] löste das DDR-Gesetz *über die örtlichen Volksvertretungen* in der Fassung vom 4. Juli 1985 ab und bildete – im Anschluß an die vorangegangenen Kommunalwahlen vom 7. Mai 1990, mit denen die Entmachtung der SED und der politische Umbruch auf der kommunalen Ebene vollends vollzogen wurde – die kommunalrechtliche Grundlage für den Umbau der politischen und administrativen Strukturen in den Kreisen, Städten und Gemeinden der DDR. Die DDR-Kommunalverfassung war im Verständnis ihrer Schöpfer von vornherein als Interimverfassung angelegt, die durch eigene landesgesetzliche Regelungen der neu zu bildenden ostdeutschen Länder abgelöst werden sollte. (Die DDR-Kommunalverfassung blieb – nach der Deutschen Einigung – in den neuen Ländern bis zum Inkrafttreten von deren eigener Kommunalgesetzgebung[14] in Geltung.)

Von den Vorschriften der DDR-Kommunalverfassung vom 17. Mai 1990[15,16] seien hier (ausschnitthaft) zunächst einige für die Institutionalisierung der *Gemeinden* relevante Regelungen hervorgehoben:

---

13 GBl. I S. 255.
14 In Brandenburg 6. Dezember 1993, in den anderen Ländern 6. Juni 1994.
15 DDR-GBl. I S. 255.

– In weitgehender Anlehnung an Art. 28 Abs. 2 GG wird den Gemeinden der DDR das Recht der kommunalen Selbstverwaltung wiedergegeben, wonach sie „das Recht und im Rahmen ihrer Leistungsfähigkeit die Pflicht haben, alle Angelegenheiten der örtlichen Gemeinschaft in eigener Verantwortung zu regeln, soweit die Gesetze nicht etwas anderes bestimmen" (§ 2 Abs. 1 KV). Dem schließt sich ein ungewöhnlich ausführlicher Katalog der *Selbstverwaltungsaufgaben* an (§ 2 Abs. 2 KV). Neben der politisch-programmatischen Emphase, mit der in Form einer umfassenden Aufzählung von kommunalen Zuständigkeiten mit der zentralistischen Vergangenheit gebrochen wird, ist eine politisch-didaktische Absicht zu erkennen, um die Mandats- und Amtsträger in den Gemeinden mit dem Umfang der neuen Aufgaben vertraut zu machen und Orientierungshilfen zu geben (Petzold 1994: 39). In der Wahrnehmung ihrer *eigenen* Aufgaben unterliegen die Gemeinden der Rechtmäßigkeit (nicht die Zweckmäßigkeit) ihres Handelns überprüfenden *Rechts*aufsicht der staatlichen Behörden. Außerdem können die Gemeinden „durch Gesetz verpflichtet werden, bestimmte öffentliche Aufgaben zu erfüllen. Für die Erledigung übertragener Aufgaben können die zuständigen staatlichen Behörden den Gemeinden Weisungen erteilen" (§ 3 Abs. 1 und 2 KV). Hinsichtlich dieser Aufgaben stehen die Gemeinden unter der sich auf die Rechtmäßigkeit *und* Zweckmäßigkeit ihres Handelns beziehenden staatlichen *Fach*aufsicht. Mit dieser Aufgabenregelung folgt die DDR-KV dem traditionellen deutschen Kommunalrecht[17] und dessen „dualistischen" Aufgabenverständnis, in dem zwischen eigenen (kommunalen) und übertragenen (staatlichen) Aufgaben unterschieden wird und wonach die Kommune neben ihren kommunalen mithin in staatlichem Auftrag auch staatliche Aufgaben erledigt (vgl. Bretzinger 1994: 76ff.)[18], und verschließt sich der „monistischen" Auffassung[19], die von einem einheitlichen kommunalen Aufgabenverständnis ausgeht und für die Übertragung öffentli-

---

16 Aus der umfangreichen Literatur zur DDR-Kommunalverfassung sei insbesondere verwiesen auf Knemeyer (Hrsg.) 1990, Bretzinger 1994, Petzold 1990a, 1990b, Schmidt-Eichstaedt u.a. 1990, vgl. auch Wollmann 1995a: 502ff.
17 Vgl. Bretzinger 1994: 77 FN 473 mit Nachweisen.
18 Konzeptgeschichtlich auf das Verständnis des Verhältnisses der Kommunen zum Staat zu Beginn des 19. Jahrhunderts zurückgehend, liegt das dualistische Aufgabenverständnis in den alten Bundesländern den Kommunalverfassungen von Niedersachsen, Rheinland-Pfalz und des Saarlands zugrunde.
19 Im neueren deutschen Kommunalrecht führt das monistische Aufgabenverständnis auf den 1948 von den Innenministern der westdeutschen Länder und den kommunalen Spitzenverbänden erarbeiteten sog. Weinheimer Entwurf einer Deutschen Gemeindeordnung zurück, vgl. Engeli/Haus 1975: 741f., Text ebda.: 744ff. Mit dem Weinheimer Entwurf wurde eine zeitgemäßere kommunalrechtliche Einordnung der Kommunen als Verwaltungsträger im Staatsaufbau angestrebt (vgl. Bretzinger 1994: 79f.). Unter den alten Bundesländern folgen Baden-Württemberg, Hessen, Nordrhein-Westfalen und Schleswig-Holstein einem monistischen Aufgabenverständnis.

cher Aufgaben die Form der (kommunalen) *Pflichtaufgabe zur Erfüllung nach Weisung* vorsieht.
- Zur *inneren Kommunalverfassung* orientiert sich die KV darin an einem „dualistischen" Modell der horizontalen Zuständigkeits- und „Machtverteilung" (Schmidt-Eichstaedt 1985), daß als „Selbstverwaltungsorgane der Gemeinde" sowohl die Gemeindevertretung als auch der – von der Gemeindevertretung auf vier Jahre zu wählende[20] – Bürgermeister genannt sind (§ 20 KV) und im Bereich der Selbstverwaltungsaufgaben die Gemeindevertretung zwar mit umfassenden Zuständigkeiten (§ 21 KV), jedoch auch der Bürgermeister mit eigenen Zuständigkeiten (§ 27 Abs. 4 KV) ausgestattet ist. Obgleich die Zuständigkeitsregelung grundsätzlich noch immer an eine (auch Einzelentscheidungen einbegreifende) Allzuständigkeit grenzt (insbesondere § 21, Abs. 2 Satz 1 KV), rückte die KV in ihren Ausgangsprämissen konzeptionell von räte- und vertretungsdemokratisch-monistischen Vorstellungen ab, wie sie (formal-ideologisch) dem sozialistischen Volksvertretungskonzept und auch dem (in einem völlig anderen Entwicklungsstrang nach dem 2. Weltkrieg auf englische radikal-parlamentarische Vorstellungen zurückgehenden) ursprünglich monistischen Kommunalverfassungstypus in Nordrhein-Westfalen (vgl. etwa Knemeyer 1994: 83) eigentümlich waren (Wollmann 1995a: 503, FN 15 mit Nachweisen).
- Als weitere kommunale Führungspersonen sind Beigeordnete vorgesehen, die von der Gemeindevertretung für vier Jahre gewählt werden und mit der Leitung von Dezernaten oder Ämtern beauftragt werden können (§ 28 KV). Ihre Anzahl ist in der KV nicht begrenzt, sondern ist von der Gemeindevertretung in der Hauptsatzung „gemäß den Erfordernissen der Gemeindeverwaltung" zu bestimmen.[21]

Hinsichtlich der *Landkreise* war in den vorbereitenden Diskussionen durchaus ernsthaft erwogen worden, diese in die neue Kommunalverfassung mit Blick darauf nicht zu übernehmen, daß ihnen als „örtliche Staatsorgane" in der zentralistischen DDR-Staatsorganisation „eine entscheidende Rolle bei der Entmündigung der Städte und Gemeinden der DDR zugekommen" sei (vgl. Knemeyer Hrsg. 1990: 62; Petzold 1990a: 30, 1994: 40). Von einem so radikalen Schnitt wurde dann aber Abstand genommen, da die Kreise angesichts der überkommenen

---

20 In den Vorberatungen zum Gesetz war überwiegend gefordert worden, in Anlehnung an die „süddeutsche Ratsverfassung" die Urwahl des Bürgermeisters durch die Bevölkerung als weiteres direktdemokratisches Element einzuführen. Aus pragmatischen Gründen – entsprechende Wahlvorbereitungen waren bis zu den bereits terminierten Kommunalwahlen am 5. Mai 1990 nicht mehr möglich – rückte man jedoch davon ab (vgl. Derlien 1994: 51).

21 In der kommunalen Praxis führte diese offene Regelung in vielen Städten – und die entsprechende Vorschrift, § 92 Abs.1 KV in den Kreisen – dazu, daß teilweise bis zu 10 Beigeordnete gewählt und eine entsprechend große Zahl von Dezernaten gebildet wurden, vgl. hierzu unten S. X.

Struktur kaum leistungsfähiger Gemeinden als verwaltungspolitisch unentbehrlich angesehen wurden und ihre Abschaffung überdies die Anschlußfähigkeit der neuen ostdeutschen Kommunalordnung an die Kommunalstruktur der alten Bundesrepublik gefährdet hätte.

Bei der institutionellen Regelung der *Landkreise* orientierte sich die DDR-Kommunalverfassung an der die deutsche Kommunaltradition prägenden *Doppelfunktion* des Landkreises darin, daß dieser einerseits als Träger von Selbstverwaltungsaufgaben im Sinne „originärer Rechte und Aufgaben" (Petzold 1994: 40) eingeführt (§ 71 Abs. 1 Satz 2 KV)[22] und andererseits der Landkreis als „Gebiet der unteren staatlichen Verwaltungsbehörde" (§ 71, Abs. 3) eingerichtet wurde, deren Aufgaben vom Landrat wahrzunehmen sind (§ 94 Abs. 1).[23] Damit folgte die DDR-Kommunalverfassung jener Institutionalisierungsvariante, in der die Kreisverwaltung – „janusköpfig" – teils kommunale, teils staatliche Behörde ist und vom Landrat (einerseits Organ des Landkreises, § 84 KV, andererseits auch ausführendes Organ der Aufgaben der unteren staatlichen Verwaltungsbehörde beim Kreis, § 94) verklammert wird (Thieme 1981: 138). Die Einbeziehung des Landratsamts *als untere staatliche Verwaltungsbehörde* in die Landesverwaltung wird durch die Vorschrift (§ 94 Abs. 5 KV) noch unterstrichen, „der Staat (stelle) das erforderliche Personal ... zur Wahrnehmung der Aufgaben der unteren staatlichen Verwaltungsbehörde zur Verfügung".[24]

Für die Erledigung öffentlicher Aufgaben durch den Landkreis sieht die DDR-Kommunalverfassung – neben dem Institut der unteren staatlichen Verwaltungsbehörde – die Verpflichtung des Landkreises in der Form der *Auftragsangelegenheiten* vor (§ 72, Abs. 4 KV). Auch dieser liegt das dualistische Aufgabenverständnis zugrunde, wonach es sich bei den Selbstverwaltungsangelegenheiten des Kreises um *eigene* und bei den übertragenen Aufgaben um *staatliche* handelt.

War einerseits die Institutionalisierung des Landratsamts bzw. des Landrats als untere staatliche Verwaltungsbehörde unverkennbar darauf angelegt, den Einfluß der Landesregierung auf den Verwaltungsvollzug auf Kreisebene zu sichern[25], schuf die neue KV andererseits im Verhältnis des Landkreises gegenüber den kreisangehörigen Gemeinden dadurch auffallende Eingriffsrechte des ersteren, daß – über die durchaus übliche vom Landrat als untere staatliche Verwaltungsbehörde wahrzunehmende Rechtsaufsicht (§ 94 Abs. 4) hinaus – den Landkreisen die Befugnis eingeräumt wurde, durch (mit 2/3-Mehrheit fassenden) Beschluß des

---

22 Der Landkreis „erfüllt die übergemeindlichen Aufgaben im Rahmen der Gesetze in eigener Verantwortung", § 71 Abs. 1 KV.
23 In der Form der sog. Organleihe.
24 In der Verwaltungspraxis der neuen Länder wurde von dieser Vorschrift, soweit ersichtlich, nur im Land Thüringen Gebrauch gemacht.
25 Vgl. hierzu Meyer 1995: 10: „Diese Konstruktion mag im Hinblick auf die erleichterte Zugriffsmöglichkeit der obersten Rechtsaufsichtsbehörde für die Kommunalaufsicht und für die Aufgaben nach dem Kommunalprüfungsgesetz in den Aufbaujahren nach der Wende eine Berechtigung gehabt haben".

Kreistages und mit Genehmigung der Rechtsaufsichtsbehörde gemeindliche Selbstverwaltungsaufgaben von kreisangehörigen Gemeinden dann einseitig an sich zu ziehen, „wenn die Übernahme notwendig ist, um einem Bedürfnis der Kreiseinwohner in einer dem öffentlichen Wohl entsprechenden Weise zu genügen, und die zu übernehmende Aufgabe das Leistungsvermögen der beteiligten Gemeinden übersteigt" (§ 72, Abs. 3 KV).[26] Wurde mit dieser Vorschrift einerseits dem Mißverhältnis von gemeindlichem Problemdruck und gemeindlicher Leistungsfähigkeit gerade in der Umbruchphase Rechnung getragen, wird in ihr andererseits die das administrative Übergewicht der Kreise in der DDR-Staatsorganisation und eine Tendenz zu dessen Perpetuierung sichtbar.

Die *Kommunalwahlen* vom 6. Mai 1990 fanden auf der Grundlage des von der DDR-Volkskammer am 6. Mai 1990 beschlossenen Kommunalgesetzes statt, das verhältnismäßig vielköpfige kommunale Vertretungsorgane – gestaffelt nach Bevölkerungszahl der Gemeinden und Kreise – vorsah. So hatten die Kommunalvertretungen in Städten und Landkreisen mit über 100.000 Einwohnern 100 Abgeordnete.[27]

2.1.2 „Paradigmatisch" neues Aufgaben- und Zuständigkeitsmodell der Kommunen

Durch die DDR-Kommunalverfassung vom 17. Mai 1990 und die von der DDR-Volkskammer zur Erfüllung des 1. Staatsvertrags vom 18. Mai 1990 in dichter Folge bis zum 1. Juli 1990 verabschiedete Gesetzgebung wurde das bisherige Zuständigkeits- und Aufgabenmodell der Gemeinden und Kreise in der DDR bereits weitgehend umgekrempelt und schon im Vorfeld der Vereinigung an das Rechtsmodell der Bundesrepublik weitgehend angepaßt.

Auf der einen Seite bewirkte dieser „paradigmatische" Umbruch (vgl. Wollmann 1991), daß vor allem jene bislang zentralen Tätigkeitsfelder der Kreise, Städte und Gemeinden wegfielen, die vermöge ihrer Einbindung in die zentralistisch gelenkte Staatswirtschaft deren überörtliche und örtliche Produktions- und Versorgungsfunktionen zu erfüllen hatten. Dies betraf z.B. die Preiskontrolle ebenso wie die örtliche Versorgung mit Waren und Dienstleistungen.

Zum andern verloren die Landkreise und Gemeinden Aufgabenfelder, die von ihnen bislang wenn auch nur in rudimentärer oder im staatssozialistischen System nur teilweise äquivalenter Weise wahrgenommen worden waren und die auf die im Aufbau befindlichen neuen staatlichen Verwaltungsstrukturen übertragen wurden. So wurden bereits im März 1990 aus den Kernverwaltungen der Kreise und kreisfreien Städte die *Ämter für Arbeit* und im Juli 1990 die Fachabteilungen *Finanzen und Prei-*

---

26 Vgl. Bullmann/Schwanengel 1995: 209 mit einer kurzen Diskussion der verfassungsrechtlichen Bedenklichkeit dieser „Kompetenz-Kompetenz" der Landkreise.

27 Mochte der DDR-Gesetzgeber hierbei noch die vielköpfigen lokalen Volksvertretungen der DDR-Vergangenheit im Sinne haben oder aber eine möglichst breite Partizipation von Bürgern eröffnet haben wollen, jedenfalls sollten sich die Übergröße der Kommunalvertretungen nicht eben günstig auf ihre Arbeitsfähigkeit auswirken. Vgl. Meyer 1994a: 16.

se organisatorisch und personell ausgegliedert und in den Aufbau der neuen Arbeitsämter unter der Ägide der Bundesanstalt für Arbeit (Wollmann 1996b: 62ff.) sowie in den der neuen Finanzverwaltung (Wollmann 1996b: 82ff.) eingebracht. Ähnliches galt beispielsweise für bisherige – wie immer rudimentär und nur teilweise kongruent ausgeprägten – Aufgaben im Bereich der Schul-, der Umwelt- und (im Falle der Kreise) der Landwirtschaftsverwaltung, die von den Städten und Kreisen an die im Aufbau befindlichen sonderbehördlichen Schul-, Umwelt- und Landwirtschaftsverwaltungen der neuen Länder übergingen (Koch 1996: 29).

Auf der anderen Seite sahen sich die Kommunen einem weitgehend völlig neuen Aufgabenfeld in den kommunalen Selbstverwaltungsaufgaben gegenüber. Ein besonders eindrucksvolles Beispiel hierfür gibt die kommunale Planungshoheit in der Bauleitplanung, die den Gemeinden der Noch-DDR durch die von der DDR-Volkskammer im Vorfeld der Währungs-, Wirtschafts- und Sozialunion und in Angleichung an die bundesdeutsche Rechtsordnung beschlossene *Bauplanungs- und Zulassungsverordnung* vom 20. Juni 1990 eingeräumt wurde[28] – von der Großstadt bis zur Kleinstgemeinde. Ähnliches gilt für die neuen Zuständigkeiten, die die Kommunen – als entscheidende Elemente ihres Rechts auf kommunale Selbstverwaltung (Stichwort: kommunale Haushalts-, Organisations- und Personalhoheit) in Fragen des Haushalts, der Organisation und des Personals erhielten.

Neuen Zuständigkeiten sahen sich die Kommunen – innerhalb der wieder eingeführten Doppelfunktion – auch durch die ihnen übertragenen staatlichen Vollzugsaufgaben gegenüber. Dies verdeutlicht die (angesichts der einsetzenden Bautätigkeit überaus wichtigen) Zuständigkeit der unteren *Bauaufsichts-/ Baugenehmigungsbehörde*, die in der DDR zuletzt von einer Abteilung im Rat des Bezirks wahrgenommen worden war (Bernet/Lecheler 1990: 14) und die am 20.7.1990 „bis zur Bildung der Länder" den Kreisen und kreisfreien Städten zugewiesen wurde.[29] Desgleichen gingen ordnungsbehördliche Zuständigkeiten (*Paß- und Meldewesen, KfZ-Zulassung* etc.), die bislang bei den dem DDR-Innenministerium unterstellten Kreisdienststellen der Volkspolizei lagen, auf die Kreise und kreisfreien Städte über.[30] Ähnliches ist zum *Sozialhilfegesetz* vom 21. Juni 1990[31] der Noch-DDR zu notieren, für dessen Aufgabenstellung die bisherige sozialfürsorgerische Zuständigkeit der DDR-Kreise nur entfernte Anknüpfungspunkte bot (Bernet/Lecheler 1990: 28ff.) und dessen örtliche Trägerschaft – in Angleichung an das westdeutsche Zuständigkeitsmodell – den Kreisen und kreisfreien Städten zugewiesen wurde.

Schließlich wurde eine massive Aufgaben-, Organisations- und Personalveränderung auf der kommunalen Ebene durch das Kommunalvermögensgesetz vom 6.

---

28 GBl. I S. 739.
29 § 4 Gesetz zur Einführung des Gesetzes vom 20.7.1990 über die Bauordnung vom 20.7.1990 (DDR-GBl. I S. 950).
30 Vgl. Berg/Nagelschmidt/Wollmann 1996: 149.
31 GBl. I Nr. 35 S. 392.

Juli 1990 ausgelöst, wonach „volkseigenes Vermögen, das kommunalen Aufgaben und Dienstleistungen dient,... den Gemeinden, Städten und Landkreisen kostenlos übertragen" werden sollte.[32] Bei den für die Rekommunalisierung in Betracht kommenden Betrieben, Einrichtungen und Anlagen handelte es sich um die breite Palette jener Einrichtungen im Volksbildungs-, Gesundheits-, Sozial- und Kulturbereich, um deren Leistungserfüllung – unabhängig von ihrer formalen Unterstellung und Trägerschaft – sich die Kreise, Städte und Gemeinden im Wege der Rechenschaftspflicht und Weisung zu kümmern hatten.[33] Teils bereits im Spätsommer 1990, dann vor allem nach dem 3. Oktober 1990 stellten die Gemeinden und Kreise bei der Treuhandanstalt ihre Anträge auf (Rück-) Übertragung.[34, 35] Deren Vollzug ließ die Stellenpläne der Kommunen binnen weniger Monate um ein Vielfaches (auf 3.000, 5.000 und mehr) hochschnellen; sie organisations- und personalpolitisch zu bewältigen stellte die ostdeutschen Kommunen in ihrer institutionellen Gründungsphase vor enorme Schwierigkeiten. Dies gilt besonders ausgeprägt für die kreisfreien Städte, denen aufgrund des komplexen Unterstellungs- und Unterordnungssystems des DDR-Staats besonders viele Betriebe und Einrichtungen kommunalvermögensrechtlich zugerechnet wurden.[36] Deutlich abgeschwächter traf dies auch auf die Landkreise[37], in merklich geringerem Umfang auf die (größeren) kreisangehörige Gemeinden zu.[38]

---

32 In § 2 Abs. 2 Kommunalvermögensgesetz heißt es weiter: „In das Vermögen der Gemeinden und Städte gehen über a) alle volkseigenen Betriebe, Einrichtungen und Anlagen, die zur Erfüllung der kommunalen Selbstverwaltungsaufgaben gemäß § 2 (DDR-Kommunalverfassung, H.W.) benötigt werden, unabhängig von ihrer bisherigen Unterstellung". Zu den die umfassende Regelung einschränkenden *Maßgaben* vgl. Anl. II Kap. IV Abschn. 3 Nr. 3. Vgl. Scheytt/Otto 1991: 60ff., auch die dort, S. 62, abgedruckte: Arbeitsanleitung zur Übertragung des kommunalen Vermögens des Bundesministeriums des Innern. Vgl. im Detail Schöneich 1993.
33 Vgl. Einenkel/ Thierbach 1990: 40ff.; Hauschild 1991b: 205ff.
34 Für ein Beispiel des „Rückübereignungsbeschlusses" (d.h. des an die Treuhandanstalt gerichteten Rückübereignungsantrags) einer kreisfreien Stadt (Stadt Brandenburg) vgl. Berg/Nagelschmidt/Wollmann 1996: 144 FN 31.
35 Zwar wurde die Vermögensübertragung durch den Antrag der Kommunen ausgelöst, was insofern „freiwillig" war, jedoch half die Treuhandanstalt, wenn die Kommune hinsichtlich einzelner Einrichtungen zögerte, offenbar „durch das Instrument einer möglichen ‚aufdrängenden Bescheidung' nach § 7 des neuen Vermögenszuordnungsgesetzes" (Meyer 1994a: 18) augenscheinlich nach, so daß Kommunalpraktiker davon sprachen, die zu übertragenden Einrichtungen seien den Kommunen „einfach überbürdet" worden (so Boock 1995: 61).
36 Für das Beispiel der kreisfreien Stadt Brandenburg vgl. Berg/Nagelschmidt/Wollmann 1996: 144ff.
37 Für Beispiele vgl. die (Alt-)Landkreise Brandenburg und Bitterfeld bei Berg/Nagelschmidt/Wollmann 1996: 148ff., 158ff., vgl. ferner Meyer 1994: 18, Koch 1996: 29.
38 Für das Beispiel der kreisangehörigen Stadt Bitterfeld vgl. Berg/Nagelschmidt/Wollmann 1996: 164ff.

2.1.3 Verwaltungshilfe

Eine maßgebliche Rahmenbedingung für die Restrukturierung der ostdeutschen Kommunen bildete die vielfach unter dem Stichwort *Verwaltungshilfe* gefaßten Unterstützungsleistungen der westdeutschen Kommunen.[39] Diese wurde meist im Rahmen der kommunalen Partnerschaften geleistet, die insbesondere nach dem Fall der Mauer in wachsender Zahl zwischen west- und ostdeutschen Städten und Kreisen geknüpft wurden. Neben Formen der materiellen Hilfe (Büromaterial, Kopiergeräte, Gesetzestexte, Informationsmaterial usw.) spielte zunächst die Beratung der ostdeutschen Kommunen bei der Vorbereitung und Durchführung des Um- und Neubaues der Kommunalverwaltungen eine große Bedeutung, der nach den demokratischen Kommunalwahlen vom 6. Mai 1990 und dem Inkrafttreten der neuen Kommunalverfassung vom 17. Mai 1990 in seine entscheidende Phase trat. Die hierauf gerichteten Diskussionen der ostdeutschen Kommunen mit ihren westdeutschen kommunalen Partnern setzten teilweise bereits zur Jahreswende 1989/1990 ein.[40] Im weiteren Verlauf wurde die Hilfeform der Beratung dadurch ergänzt und erweitert, daß die westdeutschen Kommunen Fachleute (im Wege der beamtenrechtlichen Abordnung) befristet als *Leihbeamte* entsandten und diese als *Leihbeamte* vorübergehend Leitungspositionen (Beigeordnete, Amtsleiter) in der Kommunalverwaltungen übernahmen. Diese Form der Unterstützung wurde finanziell durch den vom Bund Anfang 1991 eingerichteten (bis Ende 1994 befristeten) „Fonds zur Vergabe von Personal-, Ausbildungs- und Fortbildungszuschüssen" abgesichert.[41] Schließt man die Beratungsaufenthalte auch kürzerer Dauer (im Rahmen von Dienstreisen) ein, kann die Zahl der westdeutschen Kommunalbediensteten, die sich zwischen 1990 und 1994 in ostdeutschen Kommunen

---

39 Zur kommunalen Verwaltungshilfe vgl. Scheytt 1991: 193, Innenministerium NRW 1991, Blenk 1991, Willhöft 1993, Bundesvereinigung der kommunalen Spitzenverbände 1993, Diekelmann 1995, zur Verwaltungshilfe insgesamt zuletzt Grunow (Hrsg.) 1996, Wollmann 1996b: 54ff. mit weiteren Nachweisen.

40 Zum Beispiel der Stadt Neubrandenburg (und ihrer Partnerstadt Flensburg) vgl. Jaedicke/Wegrich/Lorenz/Wollmann 1997.

41 Den finanziellen Kern der Neuregelung der personellen Verwaltungshilfe (Richtlinie vom 26.3.1991) bildete die (steuerfreie) „pauschalisierte Aufwandsentschädigung", die dem Verwaltungshelfer (zusätzlich zur Weiterzahlung seines Salärs nach „West-Tarif") angeboten wurde und die sich – nach Einkommen gestaffelt – z.B. für den höheren Dienst anfangs auf 2.500,- DM monatlich belief (unter der ironischen Bezeichnung *Buschgeld* geriet sie in den Medien rasch in Verruf und sorgte unter den ostdeutschen Beschäftigten, die nach auf 60% West-Tarif abgesenktem Ost-Tarif entgolten wurden, für böses Blut). Aus diesem Programm wurde von 1991 bis 1994 die Entsendung von jahresdurchschnittlich rund 1.500 westdeutschen Leihbeamten in ostdeutsche Kommunen (mit Gesamtkosten von 219 Mio. DM) und von jahresdurchschnittlich weiteren rund 560 Fachleuten, überwiegend Juristen, zu den in Landkreisen und kreisfreien Städten eingerichteten Ämtern zur Regelung offener Vermögensfragen (mit Gesamtkosten von 118 Mio. DM) gefördert (vgl. Materialien zur Deutschen Einheit 1995: 66).

aufhielten, weit über 5.000 veranschlagt werden.⁴² Außer diesen Formen der personellen Verwaltungshilfe ist weiterhin auf umfangreiche Weiterbildungs- und Qualifizierungsmaßnahmen zu verweisen, an denen die Kommunen und ihre Spitzenverbände maßgeblichen Anteil hatten. Die Verwaltungshilfeaktivitäten der westdeutschen Kommunen sind im Verlaufe von 1994 weitgehend zum Ende gekommen. In der Summe kann ihre Bedeutung in der Gründungsphase der ostdeutschen Kommunen gar nicht hoch genug eingeschätzt werden.

2.1.4 Von „staatsaufsichtsfreier Autonomie" der Kommunen zu einer „Rezentralisierung" der staatlichen Strukturen

Zur Kennzeichnung der Rahmenbedingungen, unter denen die Restrukturierung der Kommunalverwaltungen im Mai 1990 einsetzte, sei schließlich daran erinnert, daß die Kreise, Städte und Gemeinden zwischen Mai 1990 und Frühjahr 1991 in einem weitgehend „staatsmitwirkungs- und -aufsichtsfreien" Raum agierten. Zunächst, bis zum 3. Oktober 1990, zeigte sich die DDR-Regierung, von den Verhandlungen über Einigung und Beitritt mit der Bundesregierung absorbiert und ansonsten der Erosion und Agonie verfallend, kaum interessiert und fähig, sich um die Entwicklung auf der kommunalen Ebene zu kümmern (Boock 1995: 64). Die Bezirksverwaltungen, ehemals Bollwerke der zentralistischen Lenkung und Aufsicht über die „örtlichen Staatsorgane" auf der kommunalen Ebene, waren eher mit der Vorbereitung der Länderneubildung und ansonsten mit ihren eigenen organisatorischen und personellen Überlebensinteressen beschäftigt. Das aufsichtslose Interregnum setzte sich zunächst auch nach dem 3. Oktober und dem Wiederentstehen der neuen Länder fort, da die im späten Oktober 1990 gebildeten neuen Landesregierungen in den ersten Monaten ihrer Existenz vollauf davon in Anspruch genommen waren, ihre eigenen Verwaltungsstrukturen aufzubauen. Eine Kommunalaufsicht der Landesbehörden über Kreise und Gemeinden konnte damit erst im Frühjahr 1991 wirksam werden. Die ostdeutschen Kommunen operierten mithin zwischen Mai 1990 und Frühjahr 1991 „fast ein Jahr lang praktisch ohne staatliche Aufsicht und Anleitung" (Hoesch 1993: 141; Polte 1994: 43).

Vor diesem Hintergrund war die „frisch gewonnene Freiheit (der Kommunen) ... in der Anfangsphase unvorstellbar groß" (Perschau 1994: 19). Auf die durch die neue DDR-Kommunalverfassung nunmehr bis zu den kleinsten Gemeinden eröffneten Entscheidungskompetenzen, insbesondere auf die ihnen jetzt zustehende Bauleitplanungsbefugnis nutzend, die regierungsoffiziell verheißene Erscheinung „blühender Landschaften" vor Augen und zunächst unerschöpflich scheinende Fördermittel vor allem des Bundes in Reichweite, ließen sich viele Gemeinden, einer staatlichen Aufsicht weitgehend ledig, auf die Ausweisung von Gewerbegebieten und auf Infrastrukturinvestitionen, zumal im Wasser- und Abwasserbe-

---

42 Nach Angaben des Deutschen Städtetages, vgl. FAZ vom 25.11.1994 „Finanzierung der Verwaltungshilfe endet".

reich, in einem Bedarf und Finanzkraft vielfach weit übersteigenden Maßstab ein.[43] (Dem Entwicklungs- und „Goldrausch des Wilden Ostens" folgte vielfach die Ernüchterung und die Einsicht der Kommunen auf dem Fuße, unseriösen Beratern und Spekulanten aufgesessen und „aus Unerfahrenheit in finanzielle Abenteuer, insbesondere mit westlichen Investoren gestürzt" zu sein, vgl. Mahn 1993: 46).

Institutionen- und verwaltungspolitisch wirkte sich diese Phase des Wilden Ostens und des staatsaufsichtslosen Interregnums auf das Verhältnis der politisch-administrativen Ebenen in mehrerer Hinsicht aus. Die Beziehungen zwischen den Landkreisen und ihren kreisangehörigen Gemeinden waren dadurch spannungsreich, daß die Kreise auch unter ihrer am 6. Mai 1990 gewählten neuen politischen Leitung die Neigung zeigten, an die Gemeinden eine bestimmende Rolle anzuknüpfen, die sie gegenüber den kreisangehörigen Gemeinden in der DDR-Staatsorganisation gehabt hatten (Frank 1992a: 50), während sich die kreisangehörigen Gemeinden – ungeachtet ihrer fehlenden administrativen Handlungsfähigkeit – auf die neue kommunale Autonomie beriefen. Beide kommunalen Ebenen wußten sich wiederum in der Kritik und Ablehnung des Vorgehens der neu gebildeten Landesregierungen einig, das darauf gerichtet war, die Handlungs-, Steuerungs- und Kontrollfähigkeit der Landespolitik nach dem kontrollfreien Interregnum nunmehr gegenüber der Kommunalebene zu stärken. Die Phase des Wilden Ostens dürfte – neben der fehlenden oder unzureichenden Verwaltungskraft der kreisangehörigen Gemeinden, aber auch der Kreise – wesentlich dazu beigetragen haben, in den (weitgehend von Westbeamten geleiteten) Landesministerien die Skepsis gegenüber der administrativen Vertrauenswürdigkeit der kommunalen Ebene zu nähren und statt dessen auf die Bildung landeseigener Behördenstrukturen durch die Schaffung von oberen und unteren Sonderbehörden – die letzteren außerhalb und neben den Kreis- und Stadtverwaltungen – zu setzen.

2.1.5 Transformationsspezifischer Handlungsdruck

Die Dramatik des organisations- und personalstrukturellen Umbruchs der Kommunalverwaltungen nach Mitte 1990 war durch die Gleichzeitigkeit der organisations- und personalpolitischen Aufgaben gekennzeichnet, auf der einen Seite Organisations- und Personalstrukturen, deren Trägerinnen die Kommunen waren oder nach der Wende geworden waren, tiefgreifend umzugestalten, wenn nicht zu zerstören, und andererseits neue Organisations- und Personalstrukturen aufzubauen. Das neue ostdeutsche kommunale Führungspersonal, aber auch die westdeutschen Berater und Verwaltungshelfer standen damit vor einer Restrukturierungsaufgabe, die nach Umfang und Art in der westdeutschen kommunalen Praxis, sieht man einmal von der Situation unmittelbar nach dem 2. Weltkrieg ab, kein Beispiel hatte.

---

43 Berg/Nagelschmidt/Wollmann 1996: 118ff.

2.2 Organisationsstruktureller Umbruch

2.2.1 Vorbereitung des kommunalen Strukturbruchs in der „Wendephase"

In den Städten und Kreisen spiegelte sich die Erosion der SED-Herrschaft, die nach der gewaltigen Montagsdemonstration in Leipzig am 9. Oktober 1989 einsetzte und sich nach der Maueröffnung am 9. November 1989 beschleunigte, politisch und institutionell vor allem darin wider, daß sich auch in den Städten und Kreisen – bis hin zu kleineren Orten[44] – die Gruppen und Kräfte der Widerstands- und Bürgerbewegung formierten und – parallel zur Entwicklung auf der zentralen Ebene, wo am 7. Dezember 1989 der Zentrale Runde Tisch zu seiner ersten Sitzung zusammentrat – die Einrichtung lokaler Runder Tische durchsetzten.[45] Die lokalen Runden Tische, an deren Bildung und Moderierung in dieser Phase auch „in der Provinz" die kirchlichen Gruppen wesentlichen Anteil hatten[46], erwiesen sich vielerorts als Form einer quasi-revolutionären Doppelherrschaft, ohne deren Mitwirkung die maßgeblichen personellen und organisatorischen Entscheidungen für die Übergangszeit bis zu den neuen Kommunalwahlen nicht mehr getroffen werden konnten.

Die Stadtverordnetenversammlungen und Kreistage, die durch die massiv manipulierten Kommunalwahlen vom 7. Mai 1988 in den Augen der Bevölkerung diskreditiert waren (in der DDR war über die Wahlfälschungen im Frühjahr 1988 von Bürgergruppen erstmals öffentlich diskutiert worden), wurden teilweise dadurch praktisch handlungsunfähig, daß Abgeordnete ihr Mandat niederlegten oder sich faktisch zurückzogen. Verbreitet fand eine personelle Veränderung und politische Erneuerung der Kommunalvertretungen dadurch statt, daß – unter dem Druck des lokalen Runden Tisches – Abgeordneten der Altparteien das Mandat entzogen und Vertreter der Widerstands- und Bürgerbewegungen kooptiert wurden. Diesem vom geltenden DDR-Kommunalrecht nicht gedeckten – in gewissem Sinne „revolutionär" ergriffenen – Kooptationsverfahren zollte die DDR-Volkskammer durch ihren Beschluß vom 19. Januar 1990 die rechtliche Anerkennung.[47]

---

44 In einer Untersuchung je eines Landkreises in Brandenburg und Sachsen-Anhalt wurde die Bildung von lokalen Runden Tischen in Ortschaften mit über 1.500 Einwohnern beobachtet, vgl. Berg/Nagelschmidt/Wollmann 1996: 44.

45 Für Fallberichte zu den Städten Brandenburg und Bitterfeld sowie den Kreisen Brandenburg und Bitterfeld vgl. Berg/Nagelschmidt/Wollmann 1996: 37ff., zur Stadt Jena vgl. Boock 1995, Meisel 1995: 14ff., zur Stadt Gotha vgl. Franz 1994.

46 In Brandenburg wurde Mitte Dezember 1989 der lokale Runde Tisch auf Initiative des ökumenischen Vorbereitungskreises der „Fürbittgebete für unser Land" eingerichtet mit Vertretern der neuen politischen Kräfte und der Altparteien (vgl. Berg/Nagelschmidt/ Wollmann 1996: 32).

47 Z.B. hob der Kreistag des Kreises Bitterfeld am 24.1.1990 12 Mandate (CDU, FDJ, FDGB, SED/PDS) auf und kooptierte am 1.3.1990 je fünf Vertreter der SPD, der DFP und des DA, vgl. Berg/Nagelschmidt/Wollmann 1996: 30, FN 3. Diese lokale Praxis wurde

Politische Bewegung kam in die Kommunalvertretungen weiterhin durch die Entscheidung der Blockparteien, auch in diesen die Nationale Front aufzukündigen, eigenständige Fraktionen zu bilden und eine „gewendete" Politik zu verfolgen. Auch die Räte der Kreise und Städte, die bisherige Machtposition der SED, gerieten ins Wanken. Teils versuchte die SED, das Gesetz des Handelns dadurch zu behalten, daß sie politisch nicht mehr haltbare Spitzenfunktionäre, etwa den Ratsvorsitzenden („Bürgermeister"), opferte und Genossen aus der zweiten Reihe nach vorne schob. Verbreitet gingen die Kommunalvertretungen, sei es unter dem Druck des lokalen Rundes Tisches, sei es aufgrund politisch „gewendeter" Mehrheiten in ihrer Mitte, dazu über, einzelne oder gar sämtliche[48] Ratsmitglieder abzuwählen und für die Übergangszeit neue Amtsträger zu benennen. Schließlich fand sich die Variante, daß die Stadtverordnetenversammlung zwar die Ratsmitglieder abberief, sie jedoch aufforderte, ihre Tätigkeit – unter Kontrolle des lokalen Runden Tisches – bis zu den neuen Kommunalwahlen geschäftsführend fortzusetzen. In einem ersten Schritt wurde die teilweise bestehende „Rats"-Struktur in Anpassung an und Vorgriff auf neuen Aufgabenbestand noch unter dem geltenden DDR-Gesetz umgebaut.[49]

Mit Blick auf die bevorstehenden Kommunalwahlen vom 6. Mai 1990 und die Wiedereinführung der kommunalen Selbstverwaltung wurden seit dem Frühjahr 1990 auf der kommunalen Ebene vielerorts die künftigen Organisationsstrukturen diskutiert und vorbereitet.[50] Hierbei gewannen die Beratungen durch westdeutsche Kommunalpraktiker insbesondere im Rahmen der immer zahlreicher geknüpften Partnerschaften zwischen ost- und westdeutschen Gemeinden (Städtetag 1992) bzw. Kreisen erheblichen Einfluß. So orientierten sich die Organisationsüberlegungen von vornherein an den Konzepten und Erfahrungen der Kommunen in der Bundesrepublik, die ihrerseits seit Jahren von den Organisationsgrundsätzen und -empfehlungen der KGSt (Kommunale Gemeinschaftsstelle für Verwaltungsvereinfachung), einer weitgehend aus kommunalen Beiträgen finanzierten Beratungseinrichtung, geprägt worden sind.

Durch die Kommunalwahlen vom 7. Mai 1990 wurden die bisherigen kommunalen Machtstrukturen vollends beseitigt. Dem bisherigen Organisationsmodell wurde mit der Ablösung des DDR-Gesetzes über die örtlichen Volksvertretungen

---

von der DDR-Volkskammer durch Beschluß vom 19. Januar 1990 anerkannt, in dem den Bürgergruppen das Recht gegeben wurde zu kooptieren.

48 Zu dieser Variante vgl. Boock 1995: 55 am Beispiel der Stadt Jena, wo eine sog. Interimsregierung gebildet wurde.

49 So wurde z.B. in der Kreisverwaltung Jena-Land Anfang März 1990 die Zahl der Ratsbereiche von 19 auf 13 reduziert. Aufgelöst wurden der Bereich Handel und Versorgung, der Bereich Jugendfragen, Körperkultur und Sport, die Kreisplankommission und der Sekretärsbereich (vgl. Schubel/Schwanengel 1991: 252).

50 Vgl. die Stadt Neubrandenburg, wo die konzeptionellen Vorbereitungen – in Beratungskontakten mit der Partnerstadt Flensburg – bereits Ende 1989 einsetzten (vgl. Jaedikke/Wegrich/Lorenz/Wollmann 1997).

vom 4. Juli 1985 durch die neue DDR-Kommunalverfassung vom 17. Mai 1990 auch rechtlich der Boden entzogen.

2.2.2 Organisationsstrukturelle Entscheidungen in der „Gründungsphase"

Der personal- und organisationsstrukturelle Umbruch nahm in den Kreisen, kreisfreien Städten und größeren bis mittleren kreisangehörigen Gemeinden einerseits und in der Vielzahl der kleinen und kleinsten kreisangehörigen Gemeinden (über die Hälfte der Gemeinden der DDR hatte weniger als 500 Einwohner) andererseits einen eklatant unterschiedlichen Verlauf. In den Städten und Kreisen war der Systemwechsel zum einen durch einen weitgehenden *Elitenwechsel* sowohl in der Zusammensetzung der Kommunalvertretungen wie auch in der Besetzung der administrativen Leitungspositionen gekennzeichnet (für Einzelheiten und Nachweise vgl. Wollmann 1996b: 100ff., 110ff.). Dieser Elitenwechsel kommt darin zum Ausdruck, daß es sich bei den Bürgermeistern und Landräten, die von den am 6. Mai 1990 demokratisch gewählten Kommunalvertretungen gewählt wurden, zum größten Teil um *Neupolitiker* handelte, also um solche, die vor der Wende keine politischen oder administrativen Positionen, schon gar nicht in der bisherigen kommunalen Machtelite als Mitglieder der Räte des Kreises oder der Stadt, innegehabt hatten (Wollmann 1996b: 111ff.). Auch organisationsstrukturell vollzog sich in den Kreisen, kreisfreien und größeren bis mittleren kreisangehörigen Städten bzw. Gemeinden ein tiefgreifender Umbruch (vgl. unten 2.2.2.1). Demgegenüber verlief die personal- und organisationsstrukturelle Transformation in den kleineren und kleinen kreisangehörigen Gemeinden im ländlichen Raum bemerkenswert anders. Zum einen vollzog sich der kommunalpolitische Elitenwechsel deutlich weniger ausgeprägt: Zwischen einem Drittel und einem Viertel der vor der Wende tätigen Bürgermeister der kreisangehörigen Gemeinden wurden von den neuen Kommunalvertretungen wiedergewählt.[51] Auch organisationsstrukturell waren die Veränderungen zunächst minimal (vgl. unten 2.2.2.2).

2.2.2.1 Organisationsumbruch in den Kreisen und Städten

Die Kreise, kreisfreien Städte und größeren kreisangehörigen Städte standen vor der Aufgabe, mit jenen dem institutionellen Transformationsprozeß eigentümlichen Akten „schöpferischer Zerstörung" die bisherige (in den kreisfreien Städten und Kreisen in 18 bzw. 19) Abteilungs- und Sachbereichsgliederung aufzulösen und die organisations- und personalstrukturellen Bruchstücke – zusammen mit den von außen hinzugekommenen Verwaltungsteilen und Personalbeständen – in ein neues Organisations- und Aufgabenschema einzubauen und einzuschmelzen.[52]

---

51 Vgl. unten FN 66.
52 Vgl. hierzu Berg/Nagelschmidt/Wollmann 1996 mit detaillierten Beschreibungen dieses Neustrukturierungsprozesses.

Vor allem die kreisfreien Städte waren zudem mit der Aufgabe konfrontiert, die Lawine der im Zuge der (Rück-)Übertragung von Kommunalvermögen übernommenen Einrichtungen organisations- und verwaltungspolitisch zu bewältigen.

Um- und Neubau der Kernverwaltung

Vereinzelt lagen in den Kommunen, wie erwähnt, als Ergebnis frühzeitig begonnener Vorarbeiten zum Zeitpunkt der Kommunalwahlen fertig ausgearbeitete Organisationsstruktur- und sogar Aufgabengliederungspläne vor, so daß nach dem 6. Mai 1990 und der Wahl der neuen kommunalen Führungsmannschaft (Bürgermeister, Beigeordnete), wie im Falle der Stadt Jena, „ab 23.5.1990 sofort die Arbeit beginnen konnte" (Boock 1995: 57). In den meisten Fällen beschlossen die neuen Kommunalvertretungen anläßlich ihrer konstituierenden Sitzung, auf der in der Regel der neue Bürgermeister bzw. Landrat gewählt und der bisherige „Rat" des Kreises bzw. der Stadt formal aufgelöst wurde, gleichzeitig die unverzügliche Ausarbeitung einer neuen Organisationsgliederung der Kommunalverwaltung.[53]

Die Organisationspläne wurden in den Kreisen und Städten binnen kurzer Zeit ausgearbeitet und beschlossen.[54] Sie sind auf der einen Seite wesentlich durch die Rezeption des Organisationsmodells bestimmt, das von der Kommunalen Gemeinschaftsstelle für Verwaltungsvereinfachung (KGSt) entwickelt und verbreitet worden ist und die Aufbauorganisation der westdeutschen Kommunen über die Jahre beeinflußt hat. Das KGSt-Modell ist wesentlich durch die hierarchische Unterstellung der Ämter unter Dezernate und das Nebeneinander von Querschnitts- (Personal, Organisation, Finanzen) und Fachämtern geprägt. Ab Frühjahr 1990 erarbeitete die KGSt – unter Beteiligung von ostdeutschen Kommunalpraktikern – in rascher Folge Organisationsmodelle für die ostdeutschen Kommunen.[55] Die Modelle waren speziell auf deren singuläre Ausgangsbedingungen und Handlungsprobleme ausgerichtet und wurden als Organisationsempfehlungen von der KGSt verbreitet. Daneben bzw. alternativ wurden die ostdeutschen Kommunen über ihre jeweilige westdeutsche Partnerkommune und deren institutionelle Regelungen und Erfahrungen über die Organisationsempfehlungen der KGSt in-

---

53 So beschloß der neugewählte Kreistag des Landkeises Cottbus am 31. Mai 1990 die Bildung einer Projektgruppe zur Einführung einer neuen Organisationsstruktur. Dieser gehörten Mitarbeiter der Kreisverwaltung und Berater des Partnerkreises Soest an. Dieser formulierte und dann umgesetzte Organisationsstrukturplan lehnte sich eng an die KGSt-Empfehlungen für Landkreise von 40.000 bis 50.000 Einwohnern an (Hanisch 1991: 74).

54 Zur Entwicklung der kommunalen Organisationsstrukturen in der „Gründungsphase" und 1. kommunalen Wahlperiode vgl. die Fallstudien (kreisfreie Stadt Brandenburg, kreisangehörige Städte Bitterfeld und Wolfen sowie die Kreise Brandenburg und Bitterfeld) bei Berg/Nagelschmidt/Wollmann 1996: 127ff.

55 Den Auftakt bildeten zwei Gutachten, die die KGSt im Auftrag des DDR-Ministeriums für Regionale und Kommunale Angelegenheiten erstattete, vgl. KGSt 1990a und 1990b. Die beiden Gutachten wurden allen Städten, Kreisen und Gemeinden der Noch-DDR übersandt, vgl. Scheytt/Otto 1991: 21 FN 2.

formiert. Gewiß gingen die ostdeutschen Akteure, wie noch zu behandeln ist, in vielen Einzelfragen der Institutionenbildung eigene Wege. Gleichwohl rezipierten sie zumindest das Grundschema des KGSt-Modells, insbesondere die Dezernats-/ Ämter- und die Querschnitts-/Fachverwaltungs-Struktur. Darin gehorchte die Neugründung der Stadt- und Kommunalverwaltungen also einer *exogenen Pfadabhängigkeit*.

Auf der anderen Seite wurden Verlauf und Ergebnis der kommunalen Institutionenbildung maßgeblich von den politischen und auch Karriereinteressen insbesondere der jeweils lokal regierenden Koalition gesteuert, deren Positionsinteressen schon ganz am Anfang den Personalpaketen ihren Stempel aufdrückten, in denen sich die lokalen Koalitionäre über die Besetzung des Oberbürgermeisterpostens, über die Zahl und den Zuschnitt der Beigeordneten- bzw. Dezernentenpositionen und wenn nicht bereits über deren personelle Besetzung, so doch über Aufteilung auf die Parteien verständigten. Wenn sich die kommunalen Führungsgruppen, die Vorgaben der KGSt insoweit ignorierend, in dieser Initialphase für die Einrichtung einer großen Zahl (bis zu 10) von Dezernaten und Ämtern[56] entschieden, so dürfte einer der Gründe in dem beispiellosen administrativen Handlungsbedarf und der Zweckmäßigkeit möglichst vieler zupackender Verwaltungsführer gelegen haben (so Boock 1995: 58f.). Die große Zahl von administrativen Leitungspositionen hatte vermutlich auch mit den politischen und persönlichen Interessen der neuen politischen Gruppierungen, der Parteienvielfalt und ihrer Vertreter zu tun, möglichst viele machtpolitisch, aber auch finanziell verlockende Positionen zu besetzen. Der Schaffung einer Vielzahl von administrativen Spitzenpositionen wurde zudem durch die zurückliegende Gewöhnung an 18 bzw. 19 Leitungspositionen in den DDR-Räten der Kreise und Städte Vorschub geleistet. Da die DDR-Kommunalverfassung die Zahl der von den Kommunalvertretungen zu wählenden Beigeordneten nicht begrenzte, sondern dies den von den Kommunalvertretungen zu beschließenden Hauptsatzungen überließ, waren einer Inflationierung dieser Positionen (und daraus folgend der vielfach von den Beigeordneten geleiteten Dezernaten) ein gesetzlicher Riegel nicht vorgeschoben. So wurde in der ersten Gründungsphase in den kreisfreien Städten und Kreisen bis zu 11 Beigeordneten- bzw. Dezernentenstellen besetzt. Diese Inflationierung der kommunalen Spitzenpositionen setzte sich in einer Vielzahl von Amtsleiterpositionen fort, deren Schaffung und Besetzung in der unmittelbaren Gründungsphase vielfach ebenfalls der Logik der Koalitionsabsprachen gehorchte (Meisel 1995: 56).

Auch im weiteren Institutionalisierungsprozeß blieb die Dezernatsstruktur mit der jeweiligen kommunalpolitischen Machtkonstellation und -balance eng verknüpft. Der vielerorts im Verlauf der 1. Wahlperiode zu beobachtende Bruch der Großen Koalition löste denn auch in der Regel prompt organisationspolitische

---

56 So – zwar überzogen, aber den Sachverhalt treffend – ein Kommunalpraktiker im Interview, zit. nach Berg/Nagelschmidt/Wollmann 1996: 115 FN 80.

Erdbeben und Verwerfungen in der Dezernatsstruktur aus[57], auch ein Hinweis auf den noch geringen Grad organisationspolitischer Verfestigung und den hohen Grad parteipolitischer und persönlicher Aufladung der Organisationsstruktur. Mithin lassen sich die lokalen Interessenstrukturen, lassen sich *will and skill* der lokalen Akteure als gewichtige endogene Bestimmungsfaktoren des Institutionalisierungsprozesses identifizieren.

Verbreitet war der unter extremem Zeit- und Problemdruck stehende Institutionalisierungsprozeß maßgeblich von institutioneller Improvisation bestimmt (Boock 1995: 95). „Die ständig praktizierten Veränderungen in den Strukturen der Kommunalverwaltungen – Ämter werden zusammengefaßt oder innerhalb der Dezernate neu zugeordnet; Dezernate werden aufgelöst oder wieder neu gegründet, wenn Defizite erkennbar sind – zeigen den Anpassungsbedarf an die Bedingungen einer funktionierenden Verwaltung" (Hammernick 1993: 131f)).

Damit sind in den ostdeutschen Städten und Kreisen Organisationsstrukturen entstanden, die sich zwar grundsätzlich an dem herkömmlichen Grundschema (*KGSt-Modell*) oder dessen Ausprägung in der westdeutschen Partnergemeinde orientieren, jedoch in mannigfachen Variationen den situativen Handlungskontext und seine endogenen Bedingungen widerspiegeln. (Für Einzelheiten sei auf vorliegenden ausführlichen Untersuchungen verwiesen).[58]

Im Zusammenhang damit, daß die international unter dem Begriff eines *New Public Management* geführte Diskussion über eine betriebswirtschaftlich angeleitete grundlegende Modernisierung der öffentlichen Verwaltung seit den frühen 90er Jahren auch in der Bundesrepublik unter dem Stichwort *Neues Steuerungsmodell* (Banner 1991) zunehmende Resonanz fand (Reichard 1994, 1996; Wollmann 1996a), wurde – teils im Rückblick – kritisch geltend gemacht, hierdurch seien „veraltete zentralistische westliche Verwaltungsmodelle in ostdeutsche Kommunen" (Reichard 1994: 68) transferiert und Innovationschancen verspielt worden (Hill 1993, Frank 1992: 47). Dem ist entgegenzuhalten, daß sich dieser Modernisierungsdiskurs in der Bundesrepublik in den Jahren eben erst 1990 und 1991, also in einer Phase entwickelte, in der – zwischen Mitte 1990 und Mitte 1991 – die grundlegenden Institutionalisierungsentscheidungen zu treffen waren; besonders ausgeprägt gilt dies für die kommunale Ebene, deren institutionelle Gründungsphase im Mai 1990 einsetzte. So war es durchaus einleuchtend und rational, wenn sowohl die westdeutschen Berater, einschließlich der in Organisationsfragen der Kommunen einflußreichen KGSt[59], und Leihbeamten als auch das

---

57 Vgl. auch hierzu die Fallstudien bei Berg/Nagelschmidt/Wollmann 1996.
58 Vgl. Berg/Nagelschmidt/Wollmann 1996, Jaedicke/Wegrich/Lorenz/Wollmann 1997 (mit Fokus auf Sozial- und Umweltverwaltung), zu Sozialämtern vgl. Schwarze 1993, Wollmann/Schnapp 1995; zu Jugendhilfe/Jugendämtern: Deutscher Städtetag 1995: 43ff.; zu Institutionalisierungsvarianten kommunaler Beschäftigungspolitik vgl. Wegener/Jaedicke/ Wollmann 1994.
59 So betrachtet, ist es nur scheinbar paradox, wenn die KGSt im Verlaufe von 1990 zeitlich parallel einerseits – im Kielwasser der internationalen New Public Management-Debatte

ostdeutsche Führungspersonal auf in ihren Stärken und Schwächen einigermaßen bekannten traditionellen Organisationsmuster und -prinzipien der westdeutschen Landes- und Kommunalverwaltungen setzten, anstatt sich auf Organisationskonzepte einzulassen, über die die Diskussion in der Bundesrepublik 1989/1990 eben erst begonnen hatte und dessen Praxistest noch ausstand (Czada 1995, Jann 1995). Zu dem Rückgriff auf organisationspolitisch Traditionelles gab es zu jenem Zeitpunkt überdies deshalb keine realistische Alternative, weil das neue politische Führungspersonal auf Landes- und Kommunalebene mit der Aufgabe konfrontiert war, unter extremem Zeit- und Problemdruck möglichst rasch handlungsfähige Organisations- und Personalstrukturen zu schaffen; der Logik der Systemtransformation folgend, konnte dies jedoch kaum anders als mit Hilfe des zentralistisch-hierarchischen Max Weberschen Bürokratiemodells geschehen, dem die überkommene Organisationsstruktur der deutschen Verwaltung tendenziell gehorcht. Die Vorstellung, man hätte in der Turbulenz des Transformationsprozesses von vornherein das (u.a. auf eine dezentrale Ressourcenverantwortung zielende) Neue Steuerungsmodell applizieren sollen, ist wirklichkeitsfremd, verkennt sie doch die Dramatik der Transformationssituation und das Fehlen jeglicher personeller, qualifikatorischer und sächlicher Voraussetzungen für die Installierung eines solchen Verwaltungsmodells, aber auch das transformationsbedingte Erfordernis robuster, zentripedaler statt dezentral fluider, tendenziell zentrifugaler Strukturen.

Organisations- und personalpolitische Auseinandersetzung der Kommunen mit den ihnen rückübereigneten Einrichtungen und Betrieben

Neben der Aufgabe des Um- und Neubaus ihrer *Kernverwaltungen* sahen sich vor allem die kreisfreien Städte, aber auch die Kreise und größeren kreisangehörigen Städte der gewaltigen Herausforderung gegenüber, die Vielzahl der Einrichtungen und Betriebe, deren Rückübertragung sie auf der Grundlage des DDR-Kommunalvermögensgesetzes beantragt hatten, organisations- und personalpolitisch zu bewältigen. Anders als der Bund und die Länder, die sich für die Auseinandersetzung mit der institutionellen und personellen Hinterlassenschaft des DDR-Staates nach Art. 13 Abs. 2 Einigungsvertrag das Recht und die Möglichkeiten geschaffen hatten, DDR-Einrichtungen unter Umständen „abzuwickeln" und sich hierdurch organisationspolitisch und (durch die „Warteschleifen"-Regelung) auch personalwirtschaftlich freie Hand zu haben[60], standen den Kommunen dieses Instru-

---

und insbesondere des *Tilburger Modells* – ihr Neues Steuerungsmodell konzeptionell und instrumentell entwickelte (vgl. Banner 1991) und andererseits mit Blick auf die singuläre Situation in Ostdeutschland ihre traditionellen, über die Jahre entwickelten und in den westdeutschen Städten insgesamt bewährten Organisationsmodelle und -empfehlungen setzte (vgl. KGSt 1990a, 1990b. Einem On-dit zufolge tagten bei der KGSt die entsprechenden Arbeitsgruppen zeitweise Tür an Tür.

60 Näheres bei Wollmann 1996b: 52 mit Nachweisen.

ment und Verfahren nicht zu Gebote, obgleich sie mit dem Übergang der Myriade nachgeordneter Einrichtungen und Betriebe auf sie eine Hauptlast des Umbaues des Volksbildungs-, Sozial- und Gesundheitswesens der DDR zu tragen hatten. Allerdings konnten die Kommunen von dem Sonderkündigungsrecht nach Einigungsvertrag Gebrauch machen.[61]

In der Auseinandersetzung mit dieser herkulischen organisationspolitischen und personalwirtschaftlichen Aufgabe, die die gesamte „Gründungsphase" in ihren Bann zog, zeigen sich unterschiedliche Tempi und Verläufe, in denen sich einerseits gemeinsam der extreme Spardruck geltend machte, der im Laufe von 1991 durch rigorose Vorgaben der Landesregierungen noch verschärft wurde. Auf der anderen Seite werden Unterschiede im jeweiligen kommunalpolitischen und auch parteipolitischen Verständnis von der Reichweite kommunaler Aufgaben und vom Stellenwert sozial- und beschäftigungspolitischer Verantwortung sichtbar. Ausschnitthaft seien die folgenden Handlungsfelder und -strategien notiert[62]:

- Teilweise ging es von vornherein darum, solche Einrichtungen „abzuwickeln", die in dem neuen Gesellschaftsmodell keinen Platz fanden. Dies galt für die Polikliniken, die von den Kommunen aufgelöst wurden; die Mediziner ließen sich als private Ärzte nieder.
- Zur Entlastung der kommunalen Stellenpläne wurden die auf die Kommunen übergangenen Betriebe „ausgelagert" oder privatisiert, vielfach in Form eines Eigenbetriebs mit 100% Beteiligung der Kommune. Dies enthob die Kommune zwar nicht des letztlichen wirtschaftlichen Risikos, aber ließ die Einrichtungen aus den kommunalen Stellenplänen verschwinden.
- Verbreitet wurde danach getrachtet, für Altenheime, Kindergärten usw. gemeinnützige oder private Träger zu finden. Allerdings war dem Grenzen dadurch gezogen, daß in Ostdeutschland die entsprechenden gesellschaftlich-gemeinnützigen Träger noch nicht hinlänglich vorhanden sind. Zudem schlagen gerade in dieser Frage bei den relevanten kommunalen Akteuren unterschiedliche gesellschaftliche Vorstellungen über die Reichweite kommunaler Verantwortung durch (Backhaus-Maul/Olk 1995: 288f.).

2.2.2.2 Organisationsveränderungen in den kleinen kreisangehörigen Gemeinden

Die politische, personelle und organisatorische Entwicklung der lokalen Politik und Verwaltung in den zahllosen Kleingemeinden war nach der Wende von einem eklatanten Widerspruch gekennzeichnet.

Auf der einen Seite wurden die Zwerggemeinden (mehr als die Hälfte der insgesamt ca. 7.500 ostdeutschen Gemeinden hatte weniger als 500 Einwohner)[63]

---

61 Vgl. EinigungsV, Anlage I, Kap. XIX, Sachg. A, Abschn. III, Nr 1 Abs. 4, vgl. Deutscher Städtetag 1992b: 12f.
62 Für Fallstudien vgl. Berg/Nagelschmidt/Wollmann 1996: 144ff.

dadurch, daß die neue DDR-Kommunalverfassung – und z.B. auch das neue Bauplanungsrecht – unabhängig von der Gemeindegröße für alle Gemeinden, auch die kleinsten, galten, Trägerinnen eines umfangreichen Katalogs kommunaler Rechte und Pflichten, nicht zuletzt der Planungshoheit in der Verabschiedung von Bebauungsplänen. Vor dem Hintergrunde der politisch-administrativen Kümmerfunktion, die die kreisangehörigen Gemeinden in der DDR-Staatsorganisation gehabt hatten, brachte das neue Kommunal- und Rechtsmodell gerade für die Kleingemeinden einen umstürzenden Zuständigkeits- und Aufgabenzuwachs.

In dem gelegentlich als Phase des Wilden Ostens apostrophierten Zeitabschnitt zwischen Frühjahr 1990 und Frühjahr 1991 machten denn die neugewählten Kommunalvertretungen besonders von den neuen Bauplanungszuständigkeiten teilweise überschießenden Gebrauch.

Auf der anderen Seiten gingen die politischen und administrativen Uhren in der Vielzahl der Kleingemeinden weitgehend anders als in den größeren Gemeinden und Städten. In der Regel wurden in ihnen der in der DDR oft schon jahrelang ehrenamtlich tätige Bürgermeister als Bürgermeister wiedergewählt.[64] Bestand die ganze Verwaltung solcher Kleinortschaften zu DDR-Zeiten aus kaum mehr als dem (ehrenamtlichen) Bürgermeister und einer Sekretärin, so änderte sich daran auch nach der Wende zunächst wenig; allerdings wurden die Bürgermeister vielfach hauptamtlich tätig.[65] Die Bürgermeister waren als „Allroundmanager" (Schneider 1994: 20) gefordert. Die ohnedies verhältnismäßig geringe Zahl der Beschäftigten der kreisangehörigen Gemeinden ging nach der Wende (u.a. durch Abwanderung gerade der qualifizierteren zu privaten Unternehmen) weiter zurück.[66]

Die völlig unzureichende administrative Handlungsfähigkeit der Myriade von Klein- und Kleinstgemeinden bildete eine schwere Hypothek für die Entwicklung einer belastungs- und leistungsfähigen kommunalen Ebene. Auch wenn sich die Kommunalpolitiker der kleinen Gemeinden, auf ihre neugewonnene Autonomie pochend, dagegen wehrten, lud deren administrative Handlungsschwäche die

---

63   Viele dieser Ortschaften waren kaum mehr als Streusiedlungen, die sich um Landwirtschaftliche Produktionsgenossenschaften gebildet hatten. Vgl. Bäumert u.a. 1995 mit Fallstudien zu drei brandenburgischen Ortschaften (zwischen 265 und 665 Einwohnern). Vgl. auch Schneider 1994: 18).

64   Vgl. Berg/Nagelschmidt/Wollmann 1996: 46, wonach in den untersuchten zwei Landkreisen (Brandenburg und Bitterfeld) zwischen einem Drittel und einem Viertel der „alten" Bürgermeister wiedergewählt wurde. Nach Däumer 1995: 13 waren dies im Saalkreis ein Drittel. Bäumert u.a.1993 notierten alte Bürgermeister in allen drei von ihnen untersuchten brandenburgischen Gemeinden (mit weniger als 500 Einwohnern).

65   Vgl. § 27 Abs. 1 KV: „In kleineren Orten kann der Bürgermeister ehrenamtlich tätig werden. Das Nähere regelt die Hauptsatzung". Viele der Kleingemeinden legten die Hauptamtlichkeit fest.

66   In den 56 kreisangehörigen Gemeinden des Saalkreises schrumpfte die Zahl der Beschäftigten von insgesamt 206 im Jahr 1989 auf 175 Anfang 1992 (oder um 15%), nach Däumer 1995: 17.

Kreise geradezu dazu ein, ihre im DDR-Staat ausgeformte Dominanz gegenüber den kreisangehörigen Gemeinden weiterzuführen. Konnten doch die Kreise kaum anders als die Versorgungsaufgaben, die nach dem neuen Modell den Gemeinden zukamen, sozusagen stellvertretend zu übernehmen (Willhöft 1995: 8) und erwartete die Bevölkerung – an die maßgebliche örtliche Betreuungs- und Versorgungsfunktion der Räte der Kreise gewöhnt – von der Kreisebene weiterhin die entsprechenden Aktivitäten.

3. Zweite Umgründungsphase auf der kommunalen Ebene

3.1 Rahmenbedingungen

- Kaum hatten die ostdeutschen Kommunen in der Gründungsphase den Umbruch der politischen und administrativen Strukturen der Kommunen eingeleitet, festgelegt und umgesetzt, sahen sie sich neuen Anstößen zu weiteren einschneidenden Organisationsveränderungen gegenüber, nämlich
- den neuen Kommunalverfassungen der ostdeutschen Länder,
- der Kreisgebietsreform,
- der Gemeindeverwaltungsreform,
- der Funktionalreform und
- dem Übergreifen der in den alten Bundesländern unter dem Stichwort des Neuen Steuerungsmodells in Gang gekommenen Verwaltungsmodernisierungsdebatte.

3.1.1 Die neuen Kommunalverfassungen der Länder

Bereits ab Sommer 1991 kamen in den Landtagen der neuen Bundesländer Gesetzgebungsverfahren in Gang, die zur Verabschiedung neuer Gemeinde- und Kreisordnungen zwischen dem 21. April 1993 (in Sachsen) und dem 18. Februar 1994 (in Mecklenburg-Vorpommern) führten. Die DDR-Kommunalverfassung vom 17. Mai 1990 ablösend, traten die neuen Gesetze zum Datum der nächsten Kommunalwahlen in Kraft, also am 5. Dezember 1993 in Brandenburg und am 12. Juni 1994 in den anderen ostdeutschen Bundesländern.[67]

Zwar knüpfen die neuen Gemeinde- und Kreisordnungen in erheblichem Umfang an die Vorschriften der DDR-Kommunalverfassung an, die sich in der Praxis durchaus bewährt hatten (Schmidt-Eichstaedt 1994: 222).[68] In einigen konzeptio-

---

67 Vgl. im einzelnen Schefold/Neumann 1995 mit Nachweisen zum jeweiligen Landesgesetzgebungsverfahren, vgl. auch Wollmann 1995b mit Nachweisen.
68 Vgl. ausführlich Hoffmann 1994, Derlien 1994, Wollmann 1996b. Zur jeweiligen Gesetzgebungsgeschichte detailliert mit Nachweisen Schefold/Neumann 1995.

nellen und institutionellen Schlüsselfragen sind jedoch bemerkenswerte Veränderungen eingetreten oder in Gang gekommen.

Das Aufgabenmodell der *Gemeinden* ist dadurch in Bewegung geraten, daß sich die neuen Gemeindeordnungen erkennbar von der *dualistischen* Aufgabenvorstellung lösen, die, konzeptgeschichtlich auf das letzte Jahrhundert zurückreichend, Staat und Gemeinde, die letztere gewissermaßen als gesellschaftliche Gegenveranstaltung zum Staat, gegenüberstellt, und sich an dem (maßgeblich vom Weinheimer Entwurf von 1948 angestoßenen moderneren) *monistischen* Konzeptstrang orientieren (Nierhaus 1995: 6), in dem die Gemeinden als integraler Bestandteil des demokratischen Staates angesehen werden. Indem die neuen Kommunalverfassungen die überkommene Unterscheidung zwischen *eigenem* und *übertragenem* Wirkungsbereich der Gemeinden ersichtlich aufgeben und in bezug auf die früheren übertragenen Aufgaben nunmehr von *Pflichtaufgaben zur Erfüllung nach Weisung* sprechen[69], wird ein einheitliches (monistisches) Verständnis von *kommunalen* Aufgaben sichtbar, zu deren Bestand – neben freiwilligen und pflichtigen Selbstverwaltungsaufgaben – die Pflichtaufgaben zur Erfüllung nach Weisung gehören. Im monistischen Aufgabenverständnis handelt es sich bei der Übertragung einer bislang von der Landesverwaltung wahrgenommenen Aufgabe (z.B. die Anwendung von Gesetzen) auf die Gemeinden in Form der Pflichtaufgabe zur Erfüllung nach Weisung um deren *Kommunalisierung* und bei deren Erledigung durch die Kommunen nicht um (übertragenen) staatlichen, sondern *kommunalen* Vollzug.

Angesichts der überragenden Bedeutung, die die Landkreise im Verwaltungsvollzug haben, und der verwaltungspolitisch folgenreichen Veränderung orientieren sich die neuen Kreisordnungen überwiegend nunmehr ebenfalls an dem monistischen Aufgabenverständnis. Für die Übertragung der öffentlichen Aufgaben, zu deren Erledigung die Landkreise – neben ihren Selbstverwaltungsangelegenheiten – verpflichtet werden können, ist als Regelfall jetzt die *Pflichtaufgabe zur Erfüllung nach Weisung*, also die *kommunalisierte* Erledigung durch den Kreis in kommunaler Trägerschaft, vorgeschrieben, wobei die Erledigung als *Auftragsangelegenheit* nur als Ausnahme zugelassen ist und sich die Vollzugsmodalität der *unteren staatlichen Verwaltungsbehörde* auf die Kommunalaufsicht über die kreisangehörigen Gemeinden beschränkt.[70] In den neuen Gemeinde- und Kreisordnungen ist mithin als Regelfall festgelegt (und in der bislang vorliegenden Funktionalreformgesetzgebung bekräftigt), daß die den Kreisen und kreisfreien Städten übertragenen (erstinstanzlichen) Verwaltungsaufgaben als Pflichtaufgaben zur Erfüllung nach Weisung, also nicht im „staatlichen" Aufgabenvollzug, sondern in *kommunaler* Trägerschaft erledigt werden und damit grundsätzlich „nach den

---

69 Vgl. z.B. § 3 Abs. 1 Kommunalverfassung Mecklenburg-Vorpommern, § 3, Abs. 4 Satz 3 Gemeindeordnung Brandenburg: „Aufgaben des Landes können den Gemeinden als Pflichtaufgaben zur Erfüllung nach Weisung übertragen werden".
70 Zu diesem Ausnahme-Regel-Verhältnis vgl. §§ 2 Abs. 3 und Abs. 5; 69 Abs 1 LKrO Brbg.

Verfahrensregeln der Gemeindeordnung und Kreisordnung" (Köstering 1994: 242) erledigt werden. Nimmt man hinzu, daß, wie inzwischen im Funktionalreformgrundsätzegesetz vom 30.6.1994 (insbesondere § 1 Abs. 2) des Landes Brandenburg ausdrücklich festgelegt ist, der Aufgabenvollzug von unteren Sonderbehörden der Landesverwaltung im Regelfall auf die Landkreise und kreisfreien Städte übergehen soll, zeichnet sich ein *kommunalisiertes* Verwaltungsvollzugsmodell ab, in dem das Hauptgewicht der Erledigung der erstinstanzlichen Verwaltungsaufgaben bei den Landkreisen und kreisfreien Städten als (kommunale) Pflichtaufgaben liegt.

Anders als bei den bisherigen (freiwilligen und pflichtigen) Selbstverwaltungsaufgaben, hinsichtlich derer die Landkreise und Gemeinden lediglich der sog. Rechtsaufsicht der Landesbehörden unterliegen, unterstehen sie bei den Pflichtaufgaben zur Erfüllung nach Weisung auch nach den neuen Kommunalverfassungen grundsätzlich deren – sich auf Rechtmäßigkeit *und* Zweckmäßigkeit erstreckenden – Fachaufsicht. In der verwaltungspolitischen Absicht, Vorkehrungen gegen eine „zentralistisch-hierarchische" Ausübung der Fachaufsicht zu treffen[71], schreiben die neuen Kommunalverfassungen – wie bereits die DDR-Kommunalverfassung (§ 63) – vor, die Aufsicht sei „so auszuüben, daß die Rechte der Gemeinden (bzw. der Kreise) geschützt und die Erfüllung ihrer Pflichten gesichert werden".[72] Ein bemerkenswerter weitergehender Reformschritt ist im Lande Brandenburg zu notieren, wo – in Anlehnung an eine Regelung in Nordrhein-Westfalen (Lörler 1994: 236) – in die neue Kommunalverfassung die *Sonderaufsicht* eingeführt worden ist, durch das die mit Einzelweisungsrechten verbundene Fachaufsicht grundsätzlich merklich abgeschwächt wird (§ 131 GemO Brbg)[73] und in der eine tendenzielle Beschränkung auf die reine Rechtsaufsicht zu erkennen ist.[74]

Wurde die überkommene Doppelstruktur der Landkreisverwaltung einerseits als Landkreis*selbst*verwaltung und andererseits als *untere staatliche Verwaltungsbehörde* (vor allem in Brandenburg und Mecklenburg-Vorpommern) dadurch zu-

---

71　Vgl. Enquetekommission Verwaltungsreform (Sachsen-Anhalt) 1994: 112: „Der Tendenz, daß Fachaufsichtsbeamte der Ministerien mit Einzelweisungen bis in die unterste Behörde hinein tätig werden, sollte jedoch begegnet werden... Es muß zweifelsfrei sein, daß an die Stelle des DDR-Zentralismus nicht durch eine perfektionierte Bürokratie eine neue zentralistische Abhängigkeit getreten ist".
72　Z.B. §§ 119 GO Brbg, 67 Abs. 2 LKrO Brbg.
73　Danach beschränkt sich das Weisungsrecht der Aufsichtsbehörde regelmäßig darauf, „allgemeine Weisungen (zu) erteilen, um die gleichmäßige Durchführung der Aufgabe zu sichern und besondere Weisungen (zu) erteilen, wenn das Verhalten der Gemeinde zur Erledigung der Pflichtaufgabe zur Erfüllung nach Weisung im Bereich der Gefahrenabwehr nicht geeignet erscheint oder überörtliche Interessen gefährdet sind".
74　Auch die sächsische Regelung („Pflichtaufgaben können den Landkreisen zur Erfüllung nach Weisung auferlegt werden [Weisungsaufgaben]. Das Gesetz bestimmt den Umfang des Weisungsrechts", § 2 Abs. 3 Satz 2 LKrO Sa) läßt die Möglichkeit einzelgesetzlicher Modifikation der Weisungsschärfe erkennen.

gunsten der ersteren abgeschwächt, daß die Zuständigkeit als untere staatliche Verwaltungsbehörde auf die Ausübung der Kommunal- und Fachaufsicht über die kreisangehörigen Gemeinden, Ämter bzw. Verwaltungsgemeinschaften beschränkt wurde, so hat sich das Land Sachsen in seiner Landkreisordnung vom 19.7.1993 zu dem radikalen Schritt entschlossen, die Einrichtung der unteren staatlichen Verwaltungsbehörde überhaupt abzuschaffen und das „Landratsamt als ausschließlich kommunale Behörde" festzuschreiben (Sponer 1995: 101). Findet sich für den Verzicht auf die in der deutschen Kommunaltradition dominante Doppelstruktur des Landratsamts bzw. Landrats in den alten Bundesländern bislang nur in *Niedersachsen* ein Beispiel (Thieme 1981: 145), so geht das Land *Sachsen* über dieses darin noch hinaus, indem es – anders als Niedersachsen, wo für die Übertragung von Aufgaben auf die *kommunalisierten* Kreisverwaltungen noch von dem überkommenen dualistischen Aufgabenmodell ausgegangen wird – der monistischen Konzeption folgt und die erstinstanzlichen Verwaltungsaufgaben den Kreisen und kreisfreien Städten als (kommunale) *Pflichtaufgaben nach Weisungen* überträgt. Auch in *Mecklenburg-Vorpommern* scheint die grundsätzliche verwaltungspolitische Entscheidung für eine Abschaffung der Doppelstruktur der Kreisverwaltungen und deren Einrichtung als ausschließlich kommunale Behörde gefallen zu sein.[75] Am stärksten bleibt die Thüringer Gemeinde- und Kreisordnung vom 16.8.1993 der herkömmlichen Doppelstruktur des Landratsamtes bzw. des Landrats verhaftet. Danach bleibt das Landratsamt eine duale – sowohl kommunale wie staatliche – Behörde, in der übertragene Aufgaben qua untere staatliche Verwaltungsbehörde vollzogen werden (Vetzberger 1996: 29).[76]

Hinsichtlich der *inneren Kommunalverfassung* ragt als Neuerung hervor, daß in allen ostdeutschen Ländern, an das süddeutsche Bürgermeister-Rats-Modell angelehnt, nunmehr die direkte Wahl (Urwahl) des (hauptamtlichen Bürgermeisters) und – mit Ausnahme von Brandenburg – auch des Landrats vorgesehen ist (in Mecklenburg-Vorpommern ab Beginn der nächsten kommunalen Wahlperiode 1999).[77]

Im Verhältnis von kommunaler Verwaltungsspitze und Kommunalvertretung blieb es hinsichtlich der *kommunalisierten* Aufgaben (*Pflichtaufgaben zur Erfüllung nach Weisung*) in der neuen Kommunalgesetzgebung zwar weitgehend bei der bisherigen Regelung, wonach für die Erledigung dieser Aufgaben allein der Landrat bzw.

---

75 Die von der Landesregierung Mecklenburg-Vorpommern eingesetzte „Deregulierungskommission" hat vorgeschlagen, die Organisationsform „Der Landrat als untere Verwaltungsbehörde" mit Beginn der 3. kommunalen Wahlperiode (ab 1999) abzuschaffen (vgl. Landesregierung Mecklenburg-Vorpommern 1996: 33f.). Damit würde in M-V – wie bereits in Sachsen – das Landratsamt nur noch „kommunale" Behörde sein.

76 Die „Verstaatlichung" des Landratsamtes findet in der personalwirtschaftlichen Regelung ihren beredten Ausdruck, daß das Land dem Landkreis zur Wahrnehmung der Aufgaben der unteren staatlichen Verwaltungsbehörde *Landes*bedienstete zur Verfügung stellt (§ 111, Abs. 3 GuKrO Thür).

77 Vgl. Wollmann 1995b: 505ff., 1996b: 90ff. mit Nachweisen.

Oberbürgermeister als Hauptverwaltungsbeamter zuständig ist (z.B. §§ 37,V,1; 115,IV, 1 MVKommVerf); er trifft die Einzelentscheidungen und ist Adressat etwaiger (fachaufsichtlicher) Weisungen. Bei den *Pflichtaufgaben zur Erfüllung nach Weisung* besitzt die Kommunalvertretung – anders bei den kommunalen Selbstverwaltungsaufgaben – überwiegend kein formales Mitwirkungsrecht. Insofern handelt es sich um eine *unechte*, „kupierte" Kommunalisierung von Verwaltungsaufgaben, die verwaltungspolitisch eher als *Dekonzentration* denn als Dezentralisierung der Verwaltung zu bezeichnen ist.

Jedoch zeigen die neuen ostdeutschen Kommunalverfassungen auch in dieser Frage zum Teil bemerkenswerte Weiterentwicklungen. So ist zum einen durchweg vorgeschrieben, daß der (Ober-)Bürgermeister bzw. Landrat die Kommunalvertretung „über alle wichtigen, den Landkreis und seine Verwaltung betreffenden Angelegenheiten zu unterrichten" hat (so § 52,V,1 SächsGO, § 48,IV,1 SächsLKO), was die *Pflichtaufgaben zur Erfüllung nach Weisung* einschließt und wodurch insoweit eine freilich auf ein Informationsrecht beschränkte Mitwirkung der Kommunalvertretung anerkannt wird. In Mecklenburg-Vorpommern wird dem kommunalen Verwaltungschef zudem nahe gelegt, sich, soweit er „bei der Durchführung dieser Aufgaben Ermessen hat, ... (mit der Kommunalvertretung) zu beraten" (§§ 37,IV,3; 115,IV,3 MVKommVerf). Zu einer weitreichenden Neuerung hat sich die Kommunalgesetzgebung in Brandenburg entschlossen. Die kompliziert formulierte neue Regelung (§§ 35,III; 63,I,c BbgGO, §§ 29,III; 52,I,c Bbg LKO)[78] besagt (nach überwiegender Interpretation)[79], daß die Kommunalvertretung auch für die *Pflichtaufgaben zur Erfüllung nach Weisung* – mit Ausnahme des (schmalen) Bereiches der „Angelegenheiten der Gefahrenabwehr" – ein formales, insbesondere ihre Kontrollfunktion begründendes Mitwirkungsrecht habe. Hierin ist eine bemerkenswerte institutionelle Innovation in Richtung auf die „echte" Kommunalisierung von bisherigen Landesverwaltungsaufgaben zu erkennen. Dadurch, daß in Brandenburg für *die Pflichtaufgaben zur Erfüllung nach Weisung* zwar an der Sonderaufsicht als Variante der Fachaufsicht der Landesbehörden festgehalten, jedoch gleichzeitig der Kommunalvertretung ein Mitwirkungs-, insbesondere Kontrollrecht, eingeräumt wird, unterliegt der Bürgermeister bzw. Landrat in der Erledigung dieser Aufgaben einer – verwaltungspolitisch allerdings nicht unproblematischen – zweifachen Aufsicht.

---

78 Die verwickelte Formulierung ist dem Vernehmen nach das Ergebnis eines Kompromisses, auf den sich die die Brandenburgische Landesregierung seinerzeit tragende „Ampel-Koalition" bei der Ausarbeitung der neuen Kommunalverfassung verständigte und in dem der Koalitionspartner „Bündnis 90" die Ausdehnung des Mitwirkungs- und Kontrollrechts der Kommunalvertretungen auf die Pflichtaufgaben zur Erfüllung nach Weisung durchsetzte.

79 Diese Interpretation legte das Verwaltungsgericht Potsdam jüngst seinem Beschluß vom 12. August 1996 (Az. 2K446/96) zugrunde, in dem es um das Akteneinsichtsrecht von Kreistagsmitgliedern in bezug auf Bauvorhaben (also um vom Landkreis als Pflichtaufgaben zur Erfüllung nach Weisung wahrgenommene Aufgaben der Baugenehmigungsbehörde) ging.

Institutionenpolitisch bedeutsam erwies es sich weiterhin, daß die neuen ostdeutschen Kommunalverfassungen durchweg die *Zahl der Beigeordneten* – je nach Größe der Gemeinde oder des Kreises – begrenzen.[80] Damit sollte der Inflationierung der Beigeordnetenpositionen entgegengetreten werden, die während der ersten Wahlperiode vielerorts zu beobachten war.

In Reaktion auf die der Arbeitsfähigkeit der Kommunalvertretungen abträgliche große Zahl von Mandatsträgern, die für die 1. kommunale Wahlperiode auf der Grundlage des DDR-Wahlgesetzes kennzeichnend war, schrieben die neuen landesgesetzlichen Regelungen deutlich geringere Mandatszahlen vor (Meyer 1994a: 17).[81]

3.1.2 Kreisgebietsreform

Die DDR hatte auf der kommunalen Ebene eine Gebietsstruktur hinterlassen, die – auf die am Staatsorganisationsmodell der Sowjetunion ausgerichtete Verwaltungsreform von 1952 zurückgehend – 191 Landkreise mit durchschnittlich 60.000 Einwohnern umfaßte. Außerdem zählte die DDR 7.564 kreisangehörige Gemeinden gegenüber insgesamt rund 8.500 kreisangehörigen Gemeinden in der alten Bundesrepublik (Rösler 1991).

Die neuen Landespolitiker gingen von Anfang an fast einhellig – zunächst mit Ausnahme von Sachsen-Anhalt[82] – davon aus, daß noch in der ersten Wahlperiode der neuen Landtage eine einschneidende gebietliche Neuordnung der kommunalen Ebene unabweisbar sei (Wollmann 1995b: 507). Der weitgehende Konsens über das Ob einer schleunigen Reform lag wesentlich darin begründet, daß die von der DDR hinterlassene klein- und kleinstteilige Kreis- und Gemeindestruktur angesichts der auf die Kommunen zukommenden enormen Aufgabenlast von vornherein den Stempel unzulänglicher administrativer Leistungsfähigkeit auf der Stirn trug. Die Dringlichkeit des Reform-, Modernisierungs- und Anpassungsbedarfs wurde durch den Vergleich mit der *Normalität* des westdeutschen kommunalen Institutionensystems geradezu zwingend nahegelegt, das, als Ergebnis der konfliktreichen Kreis- und Gemeindegebietsreformen der späten 60er und frühen 70er Jahre tiefgreifend umgekrempelt, etwa durch eine Kreisgröße von durchschnittlich 150.000 Einwohnern (gegenüber 60.000 in der ausgehenden DDR) gekennzeichnet war. Es liegt auf der Hand, daß die Berater und Verwal-

---

80   So beträgt die Zahl der Beigeordneten im Land Brandenburg in Gemeinden (gemäß § 69 Abs. 2 GemO) höchstens zwischen 1 (bis 15.000 Einwohner) und 5 (mit mehr als 100.000 Einwohnern) und in Landkreisen (gemäß § 58 LKrO) zwischen 2 (bis 150.000 EW) und 3 (darüber).

81   Z.B. in Mecklenburg-Vorpommern in den Gemeindevertretungen zwischen 7 (bis zu 500 Einwohner) und 47 (über 100.000) bzw. 53 (über 150.000), in den Kreistagen zwischen 47 (bis 100.000) und 53 (über 100.000) (§ 4 Kommunalwahlgesetz M-V vom 26.11.1993).

82   Die Landesregierung von Sachsen-Anhalt wollte zunächst die Reform erst nach den nächsten Kommunalwahlen von 1994 anpacken, da „sonst ein Verwaltungschaos drohe", vgl. Schmidt-Eichstaedt 1994: 141.

tungshelfer „der ersten Stunde" aus den westdeutschen Partnerländern entschiedene Promotoren einer raschen Gebietsreform waren.

Die Kreisgebietsreformen, die in den ostdeutschen Ländern bemerkenswert zügig durchgesetzt wurden[83], traten mit Beginn der 2. Wahlperiode (d.h. in Brandenburg am 5.12.1993, in den übrigen Ländern am 12.6.1994) in Kraft (vgl. *Tabelle 1*). Wurde die Zahl der Landkreise in den neuen Ländern insgesamt (von 189 auf 87) etwa halbiert, so fiel die Zusammenlegung der Kreise in Brandenburg und Mecklenburg, wo auf die Einführung einer Mittelinstanz verzichtet und den Kreisen zusätzliche kleinregionale Aufgaben zugewiesen wurden, mit einer runden Drittelung ihrer Zahl (in Brandenburg von 38 auf 14 und in Mecklenburg-Vorpommern von 38 auf 14) noch ausgeprägter aus (Reulen 1996:29; Henneke 1994:147).

Die kreisfreien Städte bleiben von dem Neuzuschnitt der Kreisgebiete weitgehend unberührt. Lediglich im Land Brandenburg wurde die Zahl der kreisfreien Städte von sechs auf vier durch „Einkreisung" von zwei bislang kreisfreien Städten[84] reduziert. In Sachsen kam es im Verlauf des konfliktreichen Entscheidungsprozesses über die Kreisgebietsreform sogar zur „Auskreisung" einer weiteren kreisfreien Stadt.[85] Auch in Thüringen ist vorgesehen, ab 1998 eine bislang kreisangehörige Stadt[86] kreisfrei zu machen (hierzu kritisch Meyer 1994a: 19).[87]

---

83 Zu Verlauf und Ergebnissen der Kreisgebietsreformen, zu denen in den einzelnen Ländern zwischen dem 16.12.1992 (in Brandenburg) und dem 26.7.1993 (in Thüringen) Kreisneugliederungsgesetze verabschiedet wurden, vgl. Bernet 1993a, 1993b, Schmidt-Eichstaedt 1994, Laux 1994, Henneke 1994, Länderberichte in: Landes- und Kommunalverwaltung, 1993, Heft 12, 397-413; für Sammelbände vgl. Püttner/Bernet (Hrsg.) 1992, Schneider/Voigt (Hrsg.) 1994, für detaillierte Recherchen vgl. Frenzel 1995, Reulen 1996.
84 Schwedt und Eisenhüttenstadt.
85 Hoyerswerda, 62.000 Einwohner.
86 Eisenach, 44.000 Einwohner.
87 Auf die (geringfügigen) gebietlichen Erweiterungen, zu denen es in einer Reihe von kreisfreien Städten (z.B. Cottbus und Potsdam in Brandenburg) durch Eingemeindung einzelner Umlandgemeinden kam, soll hier nicht eingegangen werden.

Transformation der ostdeutschen Kommunalstrukturen

Tabelle 1: Kreisgebiets- und Gemeindereform in den neuen Bundesländern

Land	Kreisgebietsreform					Gemeindereform			
	Gesetz	Veränderungen				Gesetz	Veränderungen		
		Landkreise			kreis-freie Städte		Ämter*/ Verwaltungsgem.**/ Verwaltungsverb.***		amtsfr./ verw.-fr. Gemeinden
		Zahl der LK	Ø EW in Tsd.	Ø Fl. in km²	Zahl		Zahl	Ø EW in Tsd.	amts.-usw. ang. Gem.	Zahl
M-V	Landkr. neuordG v. 23.6.93	31 ↓ 12	41 ↓ 103	1.942	6 ↓ 6	AO v. 18.3.92	*123	5.5	1.096	53
Brbg	KrGebRef. G v. 16.12.92	38 ↓ 14	50 ↓ 143	2.333	6 ↓ 4	AO v. 19.12.91	*160	8	1.683	56
S-Anh	KrGebRef. G v. 13.7.93	37 ↓ 21	60 ↓ 102	953	3 ↓ 3	GNeuO k. GA v. 09.10.92	**194		1.250	21
Sa	KrGebref. G v. 25.5.93	48 ↓ 23	69 ↓ 138	769	6 ↓ 7	G ü. kom. Zus.-arb. v.19.8.93	**71 ***26		126 111	1635→848 [#]
Thür	NeugliedG v. 16.8.93	35 ↓ 17	57 ↓ 116	452 ↓ 908	5 ↓ 5	Thür. KO v. 16.8.93	**116		878	147

KrGebRef.G = Kreisgebietsreformgesetz
AO = Amtsordnung
Landkr.neuordG = Landkreisneuordnungsgesetz
G = Gesetz
[#] = freiwillige Zusammenschlüsse
LK = Landkreise
Gem. = Gemeinden
* = Ämter
** = Verwaltungsgemeinschaften
*** = Verwaltungsverbände
Fl. = Fläche
amtsfr./verw.-freie Gem. = amtsfreie/ verwaltungsfreie Gemeinden
EW = Einwohner
amts.-usw. ang. Gem. = amts- (bzw.verwaltungsgemeinschafts-)angehörige Gemeinden
GNeuO k. GA = Gesetz zur Neuordnung der kommunalen Gemeinschaftsarbeit
Eigene Zusammenstellung; Quellen: u.a. Henneke 1994

3.1.3 Gemeinde(verwaltungs)reform

Wurde die von der DDR hinterlassene Kreisgebietsstruktur mit ihrer Kreisdurchschnittsgröße von 60.000 als ein entscheidendes Hindernis für den Aufbau leistungsfähiger Kreisverwaltungen gesehen, so bot die vorhandene Gemeindestruktur mit ihren rund 7.500 kreisangehörigen Gemeinden ein womöglich noch gravierenderes verwaltungspolitisches Erbe, das nach unverzüglicher Bereinigung rief.

Indessen stand für die Landesregierungen von Brandenburg, Mecklenburg-Vorpommern und Sachsen-Anhalt von vornherein fest, daß das Instrument der gesetzlichen Zusammenführung von Gemeinden (Eingemeindung) zur Schaffung von „Einheitsgemeinden" nicht in Betracht zu ziehen und stattdessen – „als ein in den alten Bundesländern erprobtes Mittel einer ‚weichen' Gemeindegebietsreform" (Beck 1996: 46) – Organisationsformen anzustreben seien, die auf der einen Seite die Gemeinden als Trägerinnen lokaler Demokratie und kommunaler Selbstverwaltung unberührt lassen und andererseits organisatorische Vorkehrungen für gemeinsame Verwaltungen schaffen. Hierfür standen im Organisationsrepertoire der alten Bundesländer insbesondere die Ämter (in Schleswig-Holstein) und die Verwaltungsgemeinschaften (in Bayern und Baden-Württemberg) zur Verfügung. Für die Entscheidung, den überkommenen Bestand an kleinen und kleinsten Gemeinden in ihrem politischen Status als Trägerinnen der kommunalen Selbstverwaltung nicht anzutasten, war zweifellos die verbreitete Überzeugung maßgebend, daß es politisch nicht verantwortbar und der Bevölkerung nicht zumutbar wäre, in den Bestand der Gemeinden, ihrer Gemeindevertretungen, ihrer kommunalen Selbstverwaltung und ihrer Arenen lokaler Demokratie sogleich wieder einzugreifen, kaum daß sie nach dem Zusammenbruch des SED-Regimes wiederhergestellt und wiederbelebt waren.

Brandenburg und Mecklenburg-Vorpommern entschieden sich – in Anlehnung an Schleswig-Holstein – für die Einführung von *Ämtern*.[88] In den Ländern Sachsen-Anhalt und Thüringen wurde – dem Beispiel der süddeutschen Partnerländer Baden-Württemberg und Bayern folgend – den Verwaltungsgemeinschaften der Vorzug gegeben. (Zum Ergebnis der Gemeindeverwaltungsreform vgl. Tabelle 1).

Unbeschadet der Unterschiede im Detail, ist der Regelung der Ämter und Verwaltungsgemeinschaften gemeinsam, daß sie auf der einen Seite die ihnen angehörenden Gemeinden in der Erfüllung ihrer Selbstverwaltungsangelegenheiten verwaltungstechnisch unterstützen; dazu gehört die laufende Betreuung der Sitzungstätigkeit der Gemeindevertretungen ebenso wie die Aufstellung von Bebauungs- und Haushaltsplänen. Diese unterstützende Funktion wird gelegentlich bildhaft damit umschrieben, die Ämter bzw. Verwaltungsgemeinschaften seien „Schreibbüro" und „Servicebetrieb" der Gemeinden.[89] Darüber hinaus erfüllen die

---

88 Vgl. Amtsordnung Brbg vom 31. Dezember 1991 bzw. Amtsordnung M-V vom 12. März 1992.
89 So Landesregierung Sachsen-Anhalt 1995: 25.

Ämter bzw. Verwaltungsgemeinschaften einzelne Selbstverwaltungsangelegenheiten, die ihnen von ihren Mitgliedsgemeinden übertragen werden (z.b. § 5 Abs. 4 AmtsO Brbg, § 3 Abs. 4 AmtsO M-V).[90] Neben dieser die Mitgliedsgemeinschaften unterstützenden oder auch ihnen von diesen zur Erfüllung übertragenen kommunalen Selbstverwaltungsaufgaben erledigen die Ämter bzw. Verwaltungsgemeinschaften in eigener Trägerschaft Aufgaben, die ihnen durch Landesgesetz als Pflichtaufgaben zur Erfüllung nach Weisung (vgl. z.B. § 5 Abs. 1 AmtsO Brbg) – etwa im Zuge der Funktionalreform – übertragen werden. Hinsichtlich der übertragenen Aufgaben haben die Ämter und Verwaltungsgemeinschaften „im Behördenaufbau des Landes daher durchaus eine eigenständige Stellung neben ihrer Funktion als ‚Schreibstube der Gemeinden'" (Darsow 1994: 418).

War die Schaffung der Ämter und Verwaltungsgemeinschaften in der institutionen- und verwaltungspolitischen Intention der betreffenden Landesregierungen „als Mittel einer ‚weichen' Gemeindegebietsreform" (Beck 1996: 46) durchaus als dauerhafte Alternative zur Bildung von größeren Einheitsgemeinden gemeint, so wird inzwischen unverhohlen die Erwartung geäußert, daß die Ämter bzw. Verwaltungsgemeinschaften sich als „Durchgangsstadium" erweisen[91], und ist – so im Land *Brandenburg* – von Landespolitikern eine Diskussion über die möglicherweise radikale Umgestaltung der bestehenden Ämterordnung in Richtung Samt-, wenn nicht Einheitsgemeinden eröffnet worden (vgl. Lieber 1996, Ziel 1996a, 1996b: 3).

Anders als die übrigen vier ostdeutschen Länder zielte die Landesregierung von *Sachsen* institutionen- und verwaltungspolitisch von vornherein auf die Schaffung von größeren „Einheitsgemeinden" im Wege einer Gemeinde*gebiets*reform. Zwar gab die Landesregierung ebenfalls frühzeitig bekannt, daß eine flächendeckende Gemeindegebietsreform in der 1. Wahlperiode nicht beabsichtigt sei. Jedoch ließ sie, in dieser Absicht von ihren Beratern aus Baden-Württemberg bestärkt, von Anfang an keinen Zweifel daran, daß sie der Bildung von neuen Einheitsgemeinden im Wege der Zusammenlegung oder Eingemeindung landespolitisch den Vorzug gebe[92] und diese mittelfristig anstrebe. Gemäß der Sächsi-

---

90 Im Land Brandenburg hat sich die landespolitische Erwartung, die Mitgliedsgemeinden möchten von dieser Übertragungsmöglichkeit weidlich Gebrauch machen, mitnichten erfüllt. Stattdessen wurden viele Gemeinden eher Zweckverbände gegründet, öffentlich-rechtliche Verträge abgeschlossen oder eine Zusammenarbeit gesucht, die sich ohne jede rechtliche Qualität vollzieht" (Lieber 1996: 4).

91 Vgl. Landesregierung Sachsen-Anhalt 1995: 43: „Die Landesregierung begrüßt die Bildung von Einheitsgemeinden, da durch die verstärkte Übertragung von Aufgaben des eigenen Wirkungskreises die Verwaltungsgemeinschaft in vielen Fällen nur ein Durchgangsstadium sein wird. Allerdings sollte es den Gemeinden überlassen sein, Verwaltungsgemeinschaften in Einheitsgemeinden umzuwandeln".

92 „Die Einheitsgemeinde ist die aus verwaltungsorganisatorischer Sicht effektivste Form zur Erledigung kommunaler Verwaltungsarbeit" (Bekanntmachung des Sächsischen Staats-

schen Gemeindeordnung und dem Gesetz über die kommunale Zusammenarbeit vom 19.8.1993 kommen drei institutionelle Optionen in Betracht: die Einheitsgemeinde mit umfassender Verwaltungskompetenz, die Verwaltungsgemeinschaft oder der Verwaltungsverband (Eggert 1995: 91). Als Mindestgröße, ab der eine Gemeinde einen hauptamtlichen Bürgermeister haben kann, wurde die Zahl von 2.000 Einwohnern festgelegt. Unter diesen Rahmenbedingungen kam in Sachsen eine bemerkenswerte Welle von Gemeindezusammenschlüssen in Gang, für die sich als maßgebliche Triebfeder die Bürgermeister kleinerer Gemeinden erwiesen, die die (bezahlte) Hauptamtlichkeit als Prämie für die Erreichung der magischen Grenze von 2.000 Einwohnern anstrebten.[93]

Im Rahmen der bis 31.12.1995 andauernden Freiwilligkeitsphase und der seitdem geltenden sog. Vermittlungsphase hat sich die Zahl der Gemeinden von ursprünglich 1.626 (1990) auf nunmehr 848 (Stand 1.4.1996) reduziert. Von den verbliebenen Gemeinden haben jedoch 27% die angestrebte Mindestgröße von 5.000 Einwohnern nicht erreicht. In Sachsen existieren derzeit noch 204 Gemeinden mit weniger als 1.000 Einwohnern. Im Rahmen der gesetzlichen Regelung sollen für jede kreisfreie Stadt ein eigenes Stadt-Umland-Gesetz erarbeitet und dort u.a. erforderliche Eingemeindungen festgeschrieben werden. Für den übrigen kreisangehörigen Raum sind weitere eigenständige gesetzliche Regelungen vorgesehen. Die gesetzliche Regelung der Gemeindegebietsreform soll im Sommer 1998 abgeschlossen sein; in der Staatsregierung wurde eine nach Abschluß der Gemeindegebietsreform anzustrebende Zahl von 500 – 550 Gemeinden genannt (Sponer 1996: 269).

3.1.4 Funktionalreform

Der Aufbau der neuen Landesverwaltungen in den ostdeutschen Ländern war in der Gründungsphase durch zwei Grundzüge gekennzeichnet:

Zum einen wurden für die (erstinstanzlichen) Verwaltungsaufgaben der neuen Länder Sonderbehörden in vertikalen Verwaltungsstrukturen eingerichtet[94], die

---

ministerium des Innern zu den Grundsätzen für die kommunale Zielplanung im Freistaat Sachsen vom 11.1.994, zit. nach Schnabel 1994: 10).

93 Vgl. Eggert 1995: 92. Für einen Fallbericht für die Bildung einer neuen Einheitsgemeinde und für das Motiv des Hauptinitiators, hauptamtlicher Bürgermeister der neuen „Einheitsgemeinde" zu werden, vgl. Schneider 1994.

94 Typischerweise verabschiedeten die neu konstituierten Landtage eine gesetzliche Ermächtigung der Landesregierung (z.B. in Mecklenburg-Vorpommern: Gesetz zur Ermächtigung der Landesregierung, die zuständigen Behörden zur Durchführung von Bundes-, Landes- und EG-Recht zu bestimmen vom 20.12.1990, GVBl. 1991: 2, vgl. Meyer 1991: 336) und beschlossen die Landesregierungen bzw. -ministerien entsprechende Organisationserlasse (z.B. in MV: Bekanntmachung des Ministerpräsidenten vom 17.1.1991, Errichtung von Behörden im Land Mecklenburg-Vorpommern, in: ABl. Nr. 3, 1991: 32-37). Allein in Brandenburg verabschiedete der Landtag ein förmliches Landesorganisationsgesetz vom 25.4.1991, GVBl. Nr. 11: 148.

vom jeweiligen Fachministerium über ihm unterstellte Landesoberbehörden („Landesämter für ...") bis zu den unteren Sonderbehörden („Staatliche Ämter für ...") reichten[95] – außerhalb der Landkreise und kreisfreien Städte als traditioneller allgemeiner unterer staatlicher Verwaltungsbehörde und in einer von der Normalität der westdeutschen Länder abweichenden Zahl, Dichte und Zuständigkeitsfülle.[96]

Soweit der Aufgabenvollzug den Landkreisen und Städten übertragen wurde, geschah dies des weiteren – innerhalb der Vorgaben der DDR-Kommunalverfassung – zunächst in der Vollzugsmodalität der unteren staatlichen Verwaltungsbehörde, also des die Aufsicht des Landes stringent sichernden „staatlichen" Aufgabenvollzugs.[97]

Für den von den neuen Landesregierungen in der institutionellen Gründungsphase verfolgten „etatistisch-zentralistischen" Grundzug des Verwaltungsaufbaues sind mehrere Gründe zu erkennen. Das Ziel, möglichst rasch handlungsfähige Verwaltungsstrukturen zu schaffen, schien aus der Sicht der neuen Landesministerien (insbesondere der in der Aufbauphase maßgeblichen Westbeamten und Westberater) am ehesten über eigene (vertikale) Verwaltungsstrukturen verwirklichbar. Zudem wurde die Verwaltungskraft der Kreise und Gemeinden – jedenfalls bis zu einer durchgreifenden Kreisgebiets- und Gemeindeverwaltungsreform – als unzureichend angesehen. Zum andern sahen sich die neuen Landesregierungen der organisations- und personalpolitischen Herausforderung gegenüber, diejenigen Verwaltungs- und Behördenteile des DDR-Staats, für deren Übernahme (statt deren *Abwicklung*) sie sich entschieden hatten, in die neue Landesverwal-

---

95 Ein anschauliches Beispiel gibt die Entwicklung der Zuständigkeitsregelungen im Umweltbereich. Im Falle des Landes *Brandenburg* wurden dem bereits am 11.11.1990 (als dem *Landesministerium für Umwelt, Naturschutz und Raumordnung* unterstellter oberer Sonderbehörde) eingerichteten *Landesumweltamt* übergangsweise der Großteil der Vollzugsaufgaben der unteren(!) allgemeinen Landesverwaltung im Umweltbereich (Immission-, Wasser-, Naturschutz usw.) übertragen (Eisen 1996: 168ff., insbes. 169 FN 178, S. 177ff.). Dadurch, daß die von der DDR-Umweltverwaltung übernommenen Behörden in das Landesumweltamt eingegliedert wurden, schwoll dieses vorübergehend zu einer Mammutorganisation mit 1.400 Mitarbeitern an (Eisen 1996: 179). Am 8.10.1991 wurden (Staatliche) *Ämter für Immissionsschutz* (als untere Sonderbehörden) insbesondere für die Vollzugsaufgaben des Bundesimmissionsschutzgesetzes gebildet. Aus dem Spektrum der umweltschutzbezogenen Zuständigkeiten wurde der erstinstanzliche Vollzug im *Naturschutz* durch § 52 Brandenburg. Naturschutzgesetz vom *25.6.1992* auf die Kreise und kreisfreien Städte *als untere Naturschutzbehörde* und im *Wasserschutz* (im Rahmen der Funktionalreformgesetzgebung) durch § 124 Brandenburg. Wassergesetz vom 13.7.1994 dann schon als *Pflichtaufgabe zur Erfüllung nach Weisung* übertragen.
96 Für detailliert recherchierte und dokumentierte Analysen des Aufbaues der oberen und unteren Sonderbehörden in den neuen Bundesländern vgl. Keller 1996.
97 So regelte das Brandenburg. Landesorganisationsgesetz vom 4.6.1991 eine zweistufige Landesverwaltung, bei der auf der unteren Ebene zunächst die „Landräte als allgemeine untere Landesbehörde die beherrschende Rolle spielten" (Köstering 1994: 239.).

tungsorganisation einzupassen und einzuschmelzen.[98] „Oft wurden die Ruinen der alten Dienststellen mit ihrem Personalbestand und ihrer sächlichen Ausstattung zum Steinbruch für die neuen Behörden" (Ruckriegel 1993: 52). „Zumeist haben die Einrichtungen nur eine Metamorphose durchgemacht und wurden in veränderter Organisationsform weitergeführt... Alles in allem ist so beim Aufbau der Landesverwaltung... ein ziemlich bunter Teppich entstanden, der durch das Nebeneinander von allgemeiner Verwaltung und einer Vielzahl von Sonderbehörden und Einrichtungen gekennzeichnet ist" (Brachmann 1996: 35).[99]

Nach Abschluß der Kreisgebiets- und der Gemeindeorganisationsreform wurden in den neuen Ländern – vielfach durch Gutachten und auch die Einrichtung von Projektengruppen usw. vorbereitet – Schritte einer Funktionalreform eingeleitet, die darauf gerichtet waren, die administrative „Kopflastigkeit"[100] und die „Ungereimtheiten in der Aufbauorganisation"[101] durch die Übertragung von erstinstanzlichen Verwaltungszuständigkeiten auf die Kreise und kreisfreien Städte (und darüber hinaus auf die Ämter bzw. Verwaltungsgemeinschaften und kreisangehörigen Gemeinden) zu korrigieren und zugleich im kommunalen Aufgabenvollzug dominante *staatliche* Modalität (untere staatliche Verwaltungsbehörde) durch die *kommunale* Trägerschaft (Pflichtaufgabe zur Erfüllung nach Weisung) zu ersetzen. Als treibende Kräfte haben sich – neben den kommunalen Spitzenverbänden, die frühzeitig das verwaltungspolitische Vorgehen der Landesregierungen als „zu zentralistisch" (Meyer 1991: 337)[102] kritisierten – die Landesparlamente und Landesinnenministerien (als „Verfassungs- und Verwaltungsreformministerien") erwiesen; widerstrebend und retardierend zeigten sich die Fachressorts im Verein mit ihren Landesoberbehörden und unteren Sonderbehörden.[103]

Nachdem in den neuen Bundesländern mit der Verabschiedung von landesrechtlichen Fachgesetzen, beispielsweise von Landesnaturschutzgesetzen, teilweise Gelegenheit genommen wurde, erstinstanzliche Verwaltungszuständigkeiten von den (oberen oder unteren) Landessonderbehörden auf die Landkreise und kreisfreien Städte zu übertragen[104] bzw. die Aufgabenwahrnehmung als Pflichtaufgabe zur Erfüllung nach Weisung anstelle der bisherigen unteren staatlichen

---

98 Ausführlicher Wollmann 1996b: 77 mit Nachweisen.
99 Vgl. auch Schuster 1993: 15ff.
100 So Köstering 1995: 85 mit Bezug auf das „zweistufige" Land Brandenburg.
101 So Brachmann 1996: 35 mit Blick auf das „dreistufige" Sachsen-Anhalt.
102 Ausführlicher Meyer 1991: 337.
103 Für Brandenburg vgl. Eisen 1996: 164, für Sachsen-Anhalt vgl. Brachmann 1996: 35, Demuth 1994: 28, für Mecklenburg-Vorpommern vgl. Meyer 1994: 20, vgl. Ruckriegel 1993: 58: „Bürokratisches Urphänomen ... Das Entstehen von Sonderbörden zu verhindern oder doch zu begrenzen, dies ist schon schwierig genug; schwieriger noch ist es, einmal entstandene Sonderbehörden aufzulösen".
104 Vgl. Sächs. Naturschutzgesetz vom 29.12.1992, Brandenb. Naturschutzgesetz vom 25.6.1992.

Verwaltungsbehörde zu regeln[105], gab das Land *Mecklenburg-Vorpommern* mit der Verabschiedung eines *Funktionalreformgesetzes* (FRG M-V) vom 5.5.1994[106] den Auftakt zu einer umfassenderen Funktionalreform. Hatte Art. 72 Abs. 3 der Landesverfassung von Mecklenburg-Vorpommern bereits den Grundsatz festgeschrieben, daß „den Gemeinden und Kreisen... durch Gesetz Aufgaben der Landesverwaltung zur Erfüllung nach Weisung übertragen werden (können), wenn gleichzeitig die Deckung der Kosten entschieden wird, wurde die Übertragungsmodalität der Pflichtaufgaben zur Erfüllung nach Weisung in § 36 FRG M-V bekräftigt (Meyer 1994b: 425), durch die eine Fülle von erstinstanzlichen Verwaltungszuständigkeiten, teils eher Bagatell-, darunter aber auch gewichtigere Zuständigkeiten (insbesondere – ab 1.1.1995 – die Aufgaben der Kataster- und Vermessungsämter, der unteren Naturschutzbehörde und – ab 1.1.1996 – beschränkte Aufgaben des Immissionsschutzes) auf die Kreise und kreisfreien Städte – sowie bisherige Zuständigkeiten der Kreise auf die Ämter und kreisfreien Gemeinden – übertragen wurden.[107]

Der konzeptionell umfassendste Anlauf zur Funktionalreform ist bislang im Land *Brandenburg* zu beobachten, wo die verwaltungspolitische Generallinie der Landespolitik von Anfang an darauf zielte, eine zweistufige Landesverwaltung aufzubauen, durch eine zügige Kreisgebiets- und Gemeindeverwaltungsreform die Verwaltungskraft der kommunalen Ebene zu stärken und dann im Wege einer umfassenden Funktionalreform den Vollzug der Landesaufgaben weitgehend auf die kommunale Ebene zu verlagern. Durch eine von der Landesregierung berufene Kommission „Funktionalreform"[108] vorbereitet und angestoßen[109], verabschiedete der Brandenburgische Landtag das Funktionalreformgrundsätzegesetz vom 30.6.1994[110], in dem festgelegt wurde, daß „die den obersten Landesbehörden, den Landesoberbehörden und den unteren Landesbehörden durch Landesrecht zugewiesenen Verwaltungsaufgaben spätestens bis zum 1. Januar 1997... auf die Landkreise und kreisfreien Städte zu übertragen (seien), es sei denn, daß dort eine sachgerechte, wirtschaftliche und effektive Aufgabenerledigung nicht erreicht werden kann" (§ 1 Abs. 2). Die in der *es sei denn*-Klausel zum Ausdruck kommende funktionalreformerische „Beweislastregelung" besagt, daß es – prozeßrechtlich gesprochen – bei der einer Aufgabenübertragung widerstrebenden Landesebene liegt, die „nicht sachgerechte" usw. Aufgabenerledigung durch die kommunale Ebene im Falle deren Kommunalisierung „nachzuweisen", und „im

---
105 So in der Ausübung der unteren Bauaufsicht, vgl. z.B. § 64 Brandenb. Landesbauordnung vom 1.1.1994 und § 59 Landesbauordnung Mecklenburg-V. v. 26.4.1994.
106 MV-GVBl. 566.
107 Näheres bei Bielenberg 1994, Meyer 1994. Die Übertragung der unteren Vollzugsaufgaben im Wasserrecht wird gegenwärtig vorbereitet, vgl. Landesregierung Mecklenburg-Vorpommern 1996: 24.
108 Unter Vorsitz von Bundesminister a.D. Gerhard Jahn.
109 Zum Verlauf der Funktionalreformdiskussion in Brandenburg vgl. Eisen 1996: 162ff.
110 Zu den „14 Grundsätzen zur Funktionalreform" vgl. Ziel 1993: 9f., Köstering 1994.

Zweifel" der Regelfall der Kommunalisierung anzuwenden ist (Köstering 1994, Eisen 1996: 163ff.).

Des weiteren schreibt das Funktionalreformgrundsätzegesetz vom 30.6.1994 vor, daß die vertikale und horizonatale Übertragung der Landesaufgaben in der Modalität der Pflichtaufgabe zur Erfüllung nach Weisung, nur ausnahmsweise in der Organleihe oder als untere Verwaltungsbehörde, zu erfolgen habe.

Unter ausdrücklichen Bezug auf die Funktionalreform wurden in Brandenburg bislang vor allem (zum 1.1.1995) die Aufgaben der Kataster- und Vermögensämter[111] und der unteren Wasserbehörde[112] übertragen.

Demgegenüber hängen die drei anderen neuen Bundesländer in der Verwirklichung der Funktionalreform zurück. Ungeachtet der Projektgruppen und Kommissionen, die in *Sachsen-Anhalt* seit Frühjahr 1992 zu Fragen der Funktionalreform tätig geworden sind[113], ist eine „wirkliche Funktionalreform als Folge der Kreisgebietsreform bislang unterblieben" (Brachmann 1996: 35; Demuth 1994: 28). Ob der neue funktionalreformerische Anlauf, den die nach den Landtagswahlen vom 26.6.1994 gebildete rot-grüne Regierungskoalition genommen hat (Höppner 1995), Früchte trägt und ob insbesondere der von der in der Staatskanzlei gebildeten adhoc-Projektgruppe Verwaltungsreform erarbeitete „Maßnahmekatalog", der Ende 1995 vom Kabinett beschlossen wurde und u.a. wasserschutz- und immissionsschutzrechtliche Aufgabenübertragungen auf die Kreisebene vorsieht (Brachmann 1996: 36), umgesetzt wird, bleibt abzuwarten.

In *Thüringen* hat sich die Funktionalreform, durch die von der Landesregierung am 29.4.1992 eingesetzte *Sachverständigenkommission Funktionalreform* begleitet, „eher prozeßhaft und ... in kleinen Schritten entwickelt" (Vetzberger 1996: 29). In *Sachsen* erhielt die Funktionalreform in jüngster Zeit dadurch einen neuen Impuls, daß der Arbeitskreis *Reform der öffentlichen Verwaltung* der CDU-Landtagsfraktion in einem Antrag die Landesregierung ersuchte zu berichten, welche einzelnen Zuständigkeiten Ministerien, Regierungspräsidien und staatliche Sonderbehörden im Freistaat wahrnehmen. Die Erhebung soll der Vorbereitung der Funktionalreform, insbesondere zur Klärung möglicher Aufgabenverlagerungen und der Integration staatlicher Sonderbehörden in die Regierungspräsidien bzw. in die Landratsämter, dienen (Sponer 1996: 269).

Alles in allem stehen die ostdeutschen Länder mit der Verwirklichung einer ernsthaften Funktionalreform noch weitgehend am Anfang. Auch wenn die Funktionalreformgesetze von Brandenburg und Mecklenburg-Vorpommern den Kommunen den finanziellen Ausgleich für die Aufgabenübernahme im Zuge der Funk-

---

111 1. Funktionalreformgesetz vom 16.6.1994.
112 Brandenburg. Wassergesetz vom 15.7.1994.
113 März 1992: *Mittelinstanzbericht* der Projektgruppe beim Landesinnenministerium, Mai 1994: Abschlußbericht der Kommission *Aufgabenverlagerung*, Mai 1994: Bericht der Landtags-Enquetekommission *Verwaltungsreform*, Mitte 1995: „Maßnahmekatalog" der Projektgruppe *Verwaltungsreform* beim Chef der Staatskanzlei.

tionalreform zusichern, sitzt bei den Kommunen „das Mißtrauen... tief, daß der Staat die Übertragung der Aufgaben als Möglichkeit zum Einsparen von Ausgaben begreift" (Meyer 1995: 2). Bisherige Erfahrungen weisen darauf hin, daß die Konflikte über die Finanzierung der Personalkosten sowohl zwischen dem Land und den Landkreisen als auch zwischen den Landkreisen und Ämtern ein ernsthaftes Hemmnis für den weiteren Fortgang und das verwaltungspolitische Gelingen der Funktionalreform darstellen.[114]

3.1.5 Anstöße zur Einführung „neuer Steuerungsmodelle" in ostdeutschen Kommunalverwaltungen

Im folgenden seien einige Diskussionsstränge identifiziert, die seit den frühen 90er Jahren den *Modernisierungsdiskurs* der westdeutschen Kommunen zunehmend bestimmten und von denen Institutionalisierungsimpulse in den letzten Jahren auch auf die ostdeutschen Kommunen ausgehen.

Während die *KGSt* noch 1992 im Rahmen ihrer Empfehlungen zum Aufbau der Kommunalverwaltung in den neuen Bundesländern die Auffassung vertrat, daß es „noch zu riskant (sei), auf ein in der Entwicklung befindliches und in der Bundesrepublik nicht erprobtes neues Steuerungsmodell abzustellen" und folglich „auf die zentrale Bewirtschaftung der Ressourcen nicht verzichtet werden (könne), der Aufbau der Organisation zentral gesteuert werden (muß)" (KGSt 1992: 15), wurde die Einführung des Neuen Steuerungsmodells ab 1993 auch zunehmend den ostdeutschen Verwaltungen nahegelegt: „Das Neue Steuerungsmodell wird in Ostdeutschland noch dringender gebraucht als in Westdeutschland." (KGSt 1993c: 37).[115]

Die *Bertelsmann-Stiftung* initiierte 1990/91 gemeinsam mit dem Deutschen Beamtenbund ein auf 5 Jahre ausgelegtes Reformprojekt „*Grundlagen einer leistungsfähigen Kommunalverwaltung*", das vor allem auf den interkommunalen Vergleich von Verwaltungsleistungen im Sinne eines „benchmarking" in Verbindung mit dem hierfür erforderlichen Aufbau eines umfassenden, an Leistungskennzahlen orientierten Berichtswesens abzielte (Adamaschek 1994:). Als Pilotbereiche zur Erhebung der zum Vergleich nötigen Leistungskennzahlen wurden

---

114 Vgl. Landesregierung Brandenburg 1996: 6: „Nach Auffassung der kommunalen Spitzenverbände sowie nach einhelliger Auffassung der von ihnen vertretenen Kommunen auch im Ergebnis aktueller Einschätzungen der Landkreise und kreisfreien Städte im Juli 1995 ist die mit dem Gemeindefinanzierungsgesetz 1995 bereitgestellte Finanzierung nicht ausreichend, auch nur die anfänglich wahrzunehmenden Aufgaben der unteren Wasserbehörden hinreichend zu erfüllen".

115 Außerdem wurden ab 1994 die nun vereinzelt in ostdeutschen Kommunen beobachtbaren Reformaktivitäten in den 14-tägig erscheinenden KGSt-Mitteilungen dargestellt, vgl z.B. MittKGSt 1/95 (Leipzig: Beteiligungsbericht); 7/95 und 21/95 (Quedlinburg: Bürgerbefragung); 16/95 (Erfurt: Produktdefinitionen im Rechtsamt; Nordhausen: Einschalten externer Berater).

„klassische" Aufgabenfelder, wie das Einwohnermelde- oder Sozialwesen, gewählt.[116] Nachdem zunächst vier westdeutsche Städte einbezogen worden waren, kamen 1993 die Städte Potsdam und Dessau hinzu, für die das „Bertelsmann-Projekt" vermutlich den Anstoß dazu gab, in der Folgezeit verstärkt eigene, nicht ausschließlich auf *benchmarking* abzielende Projekte zu entwickeln (vgl. Föhrigen 1995: 11ff.; Talkenberg 1995: 18ff.). Mittlerweile haben sich weitere ostdeutsche Städte am Leistungswettbewerb des Bertelsmann-Projekts beteiligt, u.a. die sächsischen Städte Döbeln, Freiberg, Freital, Bautzen, Coswig, Görlitz und Plauen.

Seit 1992 wird an der *Hochschule für Verwaltungswissenschaften Speyer* der sogenannte *Speyerer Qualitätswettbewerb* durchgeführt, der nicht nur auf die Einführung des Neuen Steuerungsmodells im engeren Sinne gerichtet ist, sondern das „gesamte Spektrum denkbarer Modernisierungsaktivitäten" einbezieht, die von der Leitbildentwicklung über die Organisationskultur, das Ressourcenmanagement, die Kundenorientierung bis hin zum Technikeinsatz reichen können (Otter 1995: 17).[117] Ziel ist es darüber hinaus, Modernisierungsansätze besonders innovationsfreudiger Verwaltungen einer breiten Öffentlichkeit zugänglich zu machen und auf diese Weise ausdrücklich eine Promotorfunktion im bundesweiten Reformprozeß zu übernehmen.

– Auf Initiative des *Deutschen Landkreistages* und der *Hochschule für Verwaltungswissenschaften Speyer* (Hermann Hill und Helmut Klages) konstituierte sich am 17.12.1993 der Innovationsring *Kreisverwaltung der Zukunft* (Henneke 1995a: 21ff.), dem zunächst unter anderem die beiden ostdeutschen Landkreise *Oberhavel* und *Meißen* (in Sachsen) angehörten. Seit 1996 ist auch der als besonders reformfreudig zu charakterisierende Landkreis *Barnim* (in Brandenburg) im Innovationsring vertreten.

Eine eigene Initiative, um Modernisierungsaktivitäten von Kommunen anzuregen, wurde von der *Landesregierung Brandenburg* ergriffen. Mit dem programmatischen Anspruch, damit an die Schrittabfolge von Kreisgebiets-, Gemeindeorganisations- und Funktionalreform anzuknüpfen und unter dem Titel „Kommunalreform, zweiter Teil: Modernisierung der inneren Verwaltung"[118], bildete das brandenburgische Innenministerium am 1. August 1994 eine aus Mitarbeitern des Ministeriums und Wissenschaftlern zusammengesetzte Arbeitsgruppe Verwaltungsmodernisierung, deren Aufgaben darin besteht, den kommunalen Reformprozeß anzuregen und zu begleiten. Mit dem im Juni 1995 initiierten und vom Land finanziell gestützten Modellprojekt in acht aus-

---

116 Vgl. Bertelsmann Stiftung. Tätigkeitsbericht 1992: 22-23.
117 Im Rahmen des *1. Speyerer Qualitätswettbewerbs* wurde 1992 der damals noch bestehende Landkreis Cottbus-Land (jetzt Bestandteil des Landkreises Spree-Neiße) prämiert (vgl. Klages 1994: 17-20). Der „Speyerer Preis" für „herausragende Verdienste um die Modernisierung der Verwaltung" wurde im Ergebnis des *2. Qualitätswettbewerbs* 1994 an die Stadt Coswig und die Landesversicherungsanstalt Sachsen verliehen.
118 So der Aufmacher der Sonderausgabe 1994 der vom Innenministerium herausgegebenen Informationszeitschrift „Brandenburg Kommunal", vgl. darin Ziel 1994: 2f.

gewählten Modellkommunen, darunter zwei Landkreise, eine kreisfreie Stadt, drei kreisangehörige Gemeinden und zwei Ämter, sollten erste Reformansätze erprobt und Erfahrungen für weitere Modernisierungsaktivitäten gesammelt werden. Vergleichbare Programm- und Förderinitiativen sind in den übrigen ostdeutschen Ländern bislang nicht zu beobachten. Allerdings wurde im Land *Mecklenburg-Vorpommern* Ende 1995 in die Haushaltsverordnung eine Experimentierklausel eingeführt[119], durch die Gemeinden angeregt und in den Stand gesetzt werden sollen, zur Erprobung neuer Steuerungsmodelle und zur Weiterentwicklung des kommunalen Haushaltsrechts bei der obersten Rechtsaufsichtsbehörde Ausnahmen von einzelnen Vorschriften der Gemeindehaushaltsordnung (für einen Zeitraum von zunächst längstens 5 Jahren) zu beantragen.[120]

Schließlich gingen Modernisierungsanstöße von *privatwirtschaftlichen Organisations- und Unternehmensberatungsfirmen* aus, die, nachdem sich die betriebswirtschaftlich, durch den angeblichen Leistungsvorsprung des Privaten Sektors inspirierte Debatte um die Modernisierung des Öffentlichen Sektors zunächst in den alten Ländern, zumal deren Kommunen, als ein „Wachstumsmarkt" für ihre Beratungsangebote erwiesen hatte, auch auf den ostdeutschen „Beratungsmarkt" drängten.[121] Hierbei verbanden viele Kommunen, insbesondere die kleinen, zunächst hochfliegende Hoffnungen, wenn nicht blinde Erwartungen mit den (nicht durchweg seriösen) Beratungsangeboten insbesondere als Abhilfe von ihren Finanznöten.[122] Inzwischen hat sich am privatwirtschaftlichen „Beratungsmarkt" „Weizen und Spreu" getrennt.[123] Zwar ist die ursprüngliche Übererwartung nüchterner Einschätzung nicht zuletzt mit Blick auf das „Kosten-Leistungsverhältnis" der externen Berater gewichen, jedoch die finanziellen Aufwendungen einzelner Kommunen sind nach wie vor erheblich.[124] Vor allem die kom-

---

119 Verordnung zur Änderung der Haushaltsordnung vom 28.12.1995.
120 Bis Mai 1996 hat die Stadt Schwerin davon Gebrauch gemacht. Rostock und Wismar haben die Absicht bekundet, entsprechende Anträge zu stellen (vgl. Landesregierung Mecklenburg-Vorpommern 1996: 75).
121 Kritisch Wollmann 1994: 105f.
122 Ein privatwirtschaftlicher Berater beschrieb diese hilfesuchende Einstellung der Kommunen so: „Die in der finanziellen Not entwickelte 'Gläubigkeit'an Modelle und verheißungsvolle Begriffsschöpfungen (ist) verblüffend, wenn nicht beängstigend. Die Angst, den Anschluß zu verpassen, als verschlafen oder ewig gestrig bezeichnet zu werden, ist so enorm, daß beispielsweise der Bürgermeister einer 4.000-Seelen-Gemeinde bei uns anfragte, wie teuer die Umstellung seiner Verwaltung gemäß Tilburg (Konzern Stadt) sei" (Sauter 1995: 12f.).
123 So beauftragte der Landkreis Barnim (vormals Altkreis Eberswalde) bereits 1991/1992 – mit dem Ziel der Umstrukturierung und Modernisierung der Verwaltung – eine Beratungsfirma mit der Erarbeitung eines Organisationsgutachtens. Wohl die meisten der Kommunen, die sich um einen „Platz" im Modell-Förderungsprogramm des Landes Brandenburgs bewarben, engagierten private Beratungsfirmen für die Entwicklung und Formulierung des Förderantrags.
124 Neben möglichen zusätzlichen Personalkosten, Kosten für erweiterte IT-Ausstattung und anderweitige Sachkosten stellen die Beraterhonorare bislang meist den finanziellen Hauptaufwand der Projekte dar, für dessen Deckung denn auch ein wesentlicher Anteil der unter

munalen Spitzenverbände vertreten die Auffassung, daß die schmalen Reformressourcen verstärkt dem kommunalen Modernisierungsprozeß unmittelbar zugute kommen sollten, anstatt für den Einkauf „externen Sachverstands" zu dienen (vgl. Henneke 1996: 13). Für die konzeptionelle Begleitung von kommunalen Modernisierungsprozessen gewinnen daneben ostdeutsche Hochschulen und Forschungsinstitute ein wachsendes Gewicht.[125]

3.2 Veränderungswelle in den Gebietskörperschaften

Wegen der unterschiedlichen Dimensionen und Grade, in denen die verschiedenen Typen von kommunalen Gebietskörperschaften von diesen Veränderungswellen erfaßt und verändert worden sind, seien im folgenden getrennt erörtert:
- die kreisfreien Städte,
- die Landkreise,
- die Ämter bzw. Verwaltungsgemeinschaften.

3.2.1 (Kreisfreie) Städte

Auf die kreisfreien Städten blieb die mit Beginn der 2. kommunalen Wahlperiode in Kraft getretene Kreisgebietsreform (bis auf die „Einkreisung" zweier Städte in Brandenburg und eine „Auskreisung" in Sachsen) ohne institutionenpolitische Auswirkungen. Jedoch kam die Aufbauorganisation in den Städten erneut vor allem dadurch in Bewegung, daß die neuen Gemeindeordnungen die Zahl der Beigeordneten je nach Gemeindegröße begrenzte und, da die Beigeordneten in der Regel zugleich mit der Leitung von Dezernaten betraut worden waren, auch eine Reduzierung der Zahl der Dezernate und damit eine Restrukturierung der Kommunalverwaltung insgesamt nach sich zogen. Dies traf mit den wachsenden finanziellen Bedrängnissen der Kommunen zusammen, die neben weiterem Stellenabbau auch eine organisationsstrukturelle „Verschlankung" der Kommunalverwaltungen – zumal vor dem Hintergrunde der Inflationierung von Derzernaten und Ämtern in der 1. Wahlerperiode – erzwangen.[126]

Inzwischen weisen die ostdeutschen Stadtverwaltungen in den kreisfreien Städten unter 100.000 Einwohnern durchschnittlich 4,25 Dezernate und 23 Ämter

---

Umständen bewilligten Fördergelder in Anspruch genommen wird. Beispielsweise werden im Landkreis Ludwigslust 120.000 DM und im Landkreis Barnim 420.000 DM jährlich für externe Beratungsleistungen geplant.

125 So das Kommunalwissenschaftliche Institut an der *Universität Potsdam* im Rahmen von Begleitforschung zu den vom Landesinnenministerium geförderten *Modellkommunen* (vgl. Universität Potsdam 1996) und die *Technische Hochschule* in Cottbus zur Entwicklung und begleitenden Realisierung von Projektkonzeptionen für die Stadt Cottbus.

126 In Schwerin z.B. wurde die Zahl der Beigeordneten von 8 auf 4, die der Dezernate von 8 auf 5 und die Zahl der Ämter auf 26 (Ende 1994) und 22 (Ende 1995 gegenüber 34 in 1990) zurückgeschnitten (vgl. Jaedicke/Wegrich/Lorenz/Wollmann 1997).

und die zwischen 100.000 und 200.000 Einwohnern 5,6 Dezernate und 27 Ämter auf.[127] Der Vergleich der letzteren mit den westdeutschen Städten derselben Größenklasse ergibt eine bemerkenswerte Übereinstimmung (durchschnittlich 5,6 Dezernate und 28 Ämter).

Im späteren Verlauf der 1. kommunalen Wahlperiode und insbesondere seit Beginn der 2. wird die verwaltungspolitische Diskussion vor allem in den größeren ostdeutschen Städten zunehmend von einer Auseinandersetzung mit dem *Neuen Steuerungsmodell* und seinem Reform- und Modernisierungspotential bestimmt. Diese hauptsächlich von der KGSt ausgelöste und vorangetriebene Debatte hatte sich seit den frühen 90er Jahren unter den westdeutschen Städten und auch Landkreisen „wie ein Buschfeuer" (Reichard 1994) ausgebreitet, war zwar in den von den Transformationsproblemen und unmittelbaren Aufbauarbeiten absorbierten ostdeutschen Kommunalverwaltungen zunächst nur zögernd aufgegriffen worden, faßt aber in der jüngsten Zeit auch in ihnen in rasch wachsendem Umfang Fuß.[128,129]

---

127 Auswertung der Dezernatsgliederungspläne (Stand Sommer 1996) von 17 kreisfreien Städten bis zu 200.000 Einwohnern.

128 Diese Entwicklung läßt sich an den Ergebnissen zweier Umfragen ablesen, die der Deutsche Städtetag zunächst zwischen November 1994 und Februar 1995 (vgl. Deutscher Städtetag 1995c) und dann in der Zeit zwischen Januar und März 1996 (vgl. Grömig/Thielen 1996) unter seinen Mitgliedsstädten in den alten wie in den neuen Bundesländern durchführte. Nach den Ergebnissen der ersten Umfrage (Jahreswende 1994/1995) war das „Modernisierungsgefälle" zwischen den west- und ostdeutschen Städten noch erheblich. Von den Städten, die auf die Umfrage des Städtetages antworteten (Rücklaufquote bei den westdeutschen Städten 80%, bei den ostdeutschen 61%), gaben 84% der westdeutschen und 53% der ostdeutschen Städte an, daß sie mit Modernisierungsmaßnahmen begonnen haben. (Unterstellt man, daß diejenigen Städte, die nicht antworteten, „Modernisierungs-positives" nicht kundzugeben haben, beliefen sich die Prozentanteile der modernisierungsaktiven Städte in Westdeutschland auf 70% und in Ostdeutschland auf rund 30%). Ausweislich der Ergebnisse der zweiten Umfrage (Anfang 1996) hat sich das Bild deutlich verschoben. Demnach vermeldeten nunmehr 90% der (auf die Umfrage antwortenden) westdeutschen Städte und 84% der ostdeutschen Städte die Einleitung von Modernisierungsmaßnahmen. Das modernisierungsbezogene Engagement der ostdeutschen Städte hat sich mithin innerhalb eines reichlichen Jahres deutlich verstärkt. Für Einzelheiten vgl. Deutscher Städtetag 1995c, Grömig/Thielen 1995. Vgl. auch die Tabelle in Jaedicke/Wegrich/Lorenz/Wollmann 1997 mit einer aufgrund der Daten der beiden Städtetag-Umfragen vorgenommenen eigenen im Zeitverlauf vergleichenden Auswertung.

129 Die nachstehende empirische Skizze stützt sich auf die Untersuchung, die Sabine *Lorenz* im Frühjahr 1996 im Rahmen einer KSPW-Expertise zum Stand der Verwaltungsmodernisierung in ostdeutschen Städten und Landkreisen durchführte (vgl. Lorenz 1996d, vgl. hierzu auch Jaedicke/Wegrich/Lorenz/Wollmann 1997. Von den 43 angeschriebenen Städten antworteten 24 und gaben 19 Modernisierungsaktivitäten im weiteren Sinne an (= 44% bezogen auf die Gesamtzahl der angeschriebenen Städte). In der Tendenz stimmt dieser Prozentsatz mit dem Ergebnis der Umfrage des Deutschen Städtetages überein (vgl. vorstehende FN).

Um den Fortgang und Stand der Modernisierungsansätze in den ostdeutschen Städten greifbar zu machen, wird im folgenden zwischen veränderten
- Interaktionsformen,
- Entscheidungs- und Handlungsverfahren („Verfahrensinnovationen") und
- organisatorisch-personellen Strukturen („Strukturinnovationen")

unterschieden.

Typischerweise faßten die Modernisierungskonzepte des Neuen Steuerungsmodells in den kommunalen Agenden dadurch Fuß, daß die kommunale Diskussion hierüber erst einmal in einer (vielfach zunächst verwaltungsinternen) Projektgruppe institutionalisiert wurde, die mit dem Ziel der Haushaltskonsolidierung, die Einführung von Elementen des NSM prüfen sollte.[130] Schon die Institutionalisierung des kommunalen Modernisierungsdiskurses kann einen wichtigen verwaltungspolitischen Anstoß und Kontext bilden, ist er doch geeignet, unter seiner suggestiven Terminologie auch eher herkömmlichen Reformansätzen Resonanz zu verschaffen.

Angesichts ihrer Finanzprobleme kann es nicht verwundern, daß die ostdeutschen Städte den Einstieg in das NSM in erster Linie über Ansätze einer neuen *Budgetierung* suchen, wobei auch hier zu konstatieren ist, daß, wie unlängst zu den in westdeutschen Städten auffindbaren Budgetierungsansätzen bemerkt worden ist, „es so viele Verfahren, wie Städte gibt" (Deutscher Städtetag 1996). Einige Städte beginnen damit, einzelnen Fachämtern partielle Globalbudgets zuzuteilen, allerdings vorerst in Marginalbereichen, wie Bewirtschaftung von Reise-, Fortbildungs-, Porti- und Telefonkosten.[131] Ein anspruchsvolleres Konzept dreht sich um die Flexibilisierung der Haushaltsbewirtschaftung durch Schaffung partieller Deckungsfähigkeit und Übertragbarkeit innerhalb globalisierter Einzelbudgets,

---

130 Dieses Verlaufsmodell läßt sich z.B. in der Stadt Schwerin beobachten: Im Jahr 1992 beauftragte die Stadtvertretung die Verwaltung, ein Konzept der anhaltenden Finanzkrise zu entwickeln. Eine ämterübergreifende Arbeitsgruppe, in der die wichtigsten Querschnittsämter und der Personalrat vertreten waren, begann mit der Erstellung eines Haushaltskonsolidierungskonzepts und der Konzeption von Maßnahmen der Verwaltungsreform. Ende 1993/Anfang 1994 legte diese Arbeitsgruppe Haushaltskonsolidierung einen Stufenplan zur Einführung des NSM bis 1997 vor. Am Beginn dieses Stufenplans stand die Ausarbeitung eines Strategiepapiers „Steuerungsmodell Schwerin", am Ende sollte 1997 ein vollständig budgetierter Haushaltsplan stehen. Für den sofortigen Einstieg wurde der Start erster Pilotprojekte zur Einführung des Budgetierungsverfahrens vorgeschlagen. Dementsprechend beschloß die Stadtverordnetenversammlung im Rahmen des Haushaltsplans 1994 den Beginn von Pilotprojekten zur dezentralen Ressourcenverantwortung in vier Ämtern/Einrichtungen der Stadtverwaltung (Fremdenverkehrsamt, Amt für Verkehrsanlagen, Konservatorium, Volkshochschule) Die 1994 begonnenen Pilotprojekte wurden 1995 fortgesetzt. Zusätzlich erfolgte die Ausweitung des Projekts auf das Schulverwaltungsamt (vgl. hierzu die Fallstudie Schwerin bei Jaedicke/Wegrich/Lorenz/Wollmann 1997).
131 Beispiele hierzu finden sich in den Städten Magdeburg, Quedlinburg, Halberstadt, Gera.

die ihrerseits auf der Basis der prognostizierten Gesamteinnahmen des bevorstehenden Haushaltsjahres erstellt werden.[132]

Einen weiteren Schwerpunkt der bisherigen Aktivitäten bilden die Arbeiten an der Definition von *Produkten*.[133] Diese sind teils auf die Implementierung *interkommunaler Vergleiche* („benchmarking")[134] definiert, vor allem aber auf den Aufbau von *Kostenrechnungssystemen* gerichtet, die zunächst in Pilotämtern erprobt werden sollen. Parallel zum Aufbau eines Berichtswesens im Rahmen des sogenannten *operativen Controlling* erfolgt auch eine Anpassung der IT-Ausstattung an die Erfordernisse der Kostenrechnung. Ziel dieser beträchtlichen Investitionen[135] und der zum Teil sehr aufwendigen Detailarbeit ist die Einführung der *dezentralen Ressourcenverantwortung* und der allmähliche Übergang zu einer outputorientierten Steuerung.

Ungeachtet der vielerorts virulenten Reformrhetorik lassen diese beobachtbaren Ansätze bislang kaum eine operative Anwendung des Neuen Steuerungsmodells erkennen. Vielmehr zeigt sich in der kommunalen Praxis, daß in den Fachämtern kaum Veränderungen in der Einstellung oder Arbeitsweise aufgrund der Übertragbarkeit und Deckungsfähigkeit zu beobachten sind. Die in den Verwaltungen ermittelten Steuerungsinformationen (Produkte, Leistungen usw.) haben sich bislang offenkundig noch nicht auf die Steuerung selbst ausgewirkt, so daß „alle wie bisher arbeiten".[136] Die Budgetierung geht oft „an den politischen Ratsgremien vorbei" und wird „nur als ein Instrument zur Delegation von Sparverantwortung eingesetzt" (Blume 1994: 8). Vielfach wird „unter dem Etikett ‚Budgetierung' doch nur wieder (der) Einsparungskrieg von gestern (ge)kämpft" (Grömig 1995: 428ff.).

---

132 Vgl. Budgetierungskonzept der Landeshauptstadt Magdeburg von 1994; Stadt Quedlinburg, Haushaltskonsolidierungskonzept vom 24.11.1995; Stadt Gera, Reformkonzeption vom November 1995. Für eine Fallstudie zur ersten Umsetzung (in Schwerin) vgl. Jaedike/Wegrich/Lorenz/Wollmann 1997.
133 In Magdeburg beispielsweise realisieren allein 6 jeweils dezernatsinterne Projektgruppen die flächendeckende Erstellung des Produktplanes, die Ende 1995 begonnen wurde und bis Ende September 1996 abgeschlossen sein soll, vgl. Magdeburger Reformkonzeption vom 27.09.1995. In Coswig liegt ein Erstentwurf eines flächendeckenden Produktplanes für die Stadtverwaltung vor, vgl. Entwurf, Organisationsprojekt vom 24.10.1995.
134 So lagen die Schwerpunkte der Reformaktivitäten in den beiden „Bertelsmann-Kommunen" (Potsdam, Dessau) vor allem auf der Definition von Produkten, der arbeitstäglichen Messung von bestimmten Kernleistungen und deren Zusammenfassung in den für den interkommunalen Vergleich vorgesehenen Monats- und Quartalsberichten, vgl. Talkenberg 1995: 18ff. Unter anderem weil festgestellt werden mußte, daß das benchmarking nur begrenzt zur Einführung eines Neuen Steuerungsmodells beitragen konnte. Zu Dessau vgl. Föhrigen 1995: 11ff.
135 Die Aufwendungen zur Beschaffung der für die Kostenrechnung erforderlichen IT-Ausstattung werden in der Stadtverwaltung Eberswalde auf ca. 120.000 DM geschätzt, vgl. Zeit- und Maßnahmenplan (Stand 1995).
136 So der Kämmerer einer ostdeutschen Landeshauptstadt im Interview.

Erste Ansatzpunkte für *organisatorisch-personelle* Veränderungen sind bislang im Bereich des Controllings und Berichtswesens, das durch die Erstellung von Produktplänen und die Erfassung von Leistungsinformationen ein vergleichsweise weit entwickeltes Reformelement darstellt, konstatiert worden.[137] So wurden inzwischen in einigen Städten Controlling-Einheiten bei der Verwaltungsspitze eingerichtet[138], teils Controller im Zusammenhang mit oder in der Kämmerei eingestellt.[139]

Abgesehen von den wenigen Controlling-Einheiten hat die NSM-Diskussion in den ostdeutschen Städten noch keine organisationsstrukturellen Veränderungen bewirkt. Vereinzelt (so in Coswig) liegen umfassende Entwürfe zur Neuorganisation der Verwaltung in Richtung auf eine *Konzernstruktur* vor (vgl. Reichard 1994: 58f.).

3.2.2 Landkreise

Anders als die von der Kreisgebietsreform kaum berührten kreisfreien Städte wurden die Landkreise von dieser organisatorisch und personell völlig umgekrempelt. Bereits Mitte 1992 – auch auf Betreiben der jeweiligen Landesinnenminister – wurden zwischen den betreffenden Landkreisen Arbeitsgruppen gebildet, um die schwierigen Fragen der organisatorischen und personellen Zusammenführung der Kreise vorab zu klären.[140]

Sieht man von den elementaren Problemen der Bereitstellung hinreichender Gebäude und Räumlichkeiten ab, wurde der Grundsatz, die Verwaltungsfunktionen der neuen Kreisverwaltung in der nunmehrigen Kreissitzstadt zusammenzuziehen, vielfach dadurch durchbrochen und abgeschwächt, daß zur Wahrnehmung einzelner – insbesondere publikumsintensiver – Funktionen ständige oder zeitweilig besetzte Nebenstellen in den bisherigen Kreissitzgemeinden belassen wurden. Teils war dies ein Trostpflaster für den von den anderen ehemaligen Kreissitzstäd-

---

137 Nicht zuletzt durch das im Rahmen des Bertelsmann-Projektes in Potsdam und Dessau entwickelte interkommunale Berichtswesen, das bereits eine Reihe von den für das interne Berichtswesen erforderlichen Kennzahlen enthält (ca. 70% bis 80% der „Bertelsmann-Kennzahlen" sollen nach Aussagen des Projektverantwortlichen der Stadt Potsdam für das interne Controlling übernommen werden), ist das Controlling gerade in diesen beiden Städten auf einem vergleichsweise fortgeschrittenen Niveau.
138 Eine eigene Auswertung der Dezernatsgliederungspläne von 24 (von insgesamt 29) ostdeutschen kreisfreien Städten (Stand Sommer 1996) zeigt, daß inzwischen in vier (Stralsund, Greifswald, Gera und Rostock) eine Controlling-Einheit beim Oberbürgermeister besteht.
139 So Görlitz, Potsdam.
140 Vgl. Reinholdt 1994: 157 (am Beispiel des aus den mecklenburg-vorpommerischen Kreisen Anklam, Greifswald und Wolgast gebildeten neuen Großkreises), vgl. Christen 1994: 155 (am Beispiel der Bildung des brandenburgischen Kreises Potsdam-Mittelmark); Eggert 1995: 90 (für Sachsen); Gertler 1994: 165 (zu Sachsen-Anhalt), Fallstudien zu den Kreisen Nordwestmecklenburg und Ludwigslust bei Jaedicke/Wegrich/Lorenz/Wollmann 1997.

ten zu verkraftenden Standortverlust, teils das Bestreben, die durch die Maßstabsvergrößerung der Kreisverwaltung bedingten längeren Behördenwege zu mildern.[141]

Aufbauorganisatorisch wurde vielfach bereits durch die vorbereitenden Arbeitsgruppen eine deutliche *Verminderung der Zahl der Beigeordneten* und damit der Dezernate, aber auch der Ämter festgelegt. Hierfür lieferten die neuen Kreisordnungen, die die Zahl der Beigeordneten limitierten, ebenso wie ein Organisations- und Personalgutachten der KGSt mit Modellstellenplänen, in denen den ostdeutschen Landkreisen vier Dezernate und 15-17 Ämter empfohlen wurden (vgl. KGSt 1993b), maßgebliche Orientierungen. In diese Richtung haben sich Zahl der Dezernate und Ämter der ostdeutschen Landkreise denn auch eingependelt.[142]

An eher traditionelle Ansätze knüpften zunächst Reformbemühungen an, um Verwaltungsabläufe, insbesondere *Baugenehmigungsverfahren*, zu optimieren.[143] Reformanläufe dieser Art umfassen ein breites Spektrum möglicher Innovationen, angefangen von der räumlichen Umgestaltung der Ämter über Verbesserungen der IT-Ausstattung bis hin zur Einführung einer ganzheitlichen Sachbearbeitung (als Richtschnur für die Reorganisation der sozialen Dienste).

In dieser durch die Kreisgebietsreform gekennzeichneten organisatorischen und personellen Restrukturierungsphase sorgte für weiteren Veränderungsdruck die ersten Umsetzungsschritte der *Funktionalreform*, durch die die Landkreise veranlaßt wurden, Verwaltungseinheiten neu aufzubauen (so die Kataster- und Vermessungsämter in Brandenburg und in Mecklenburg-Vorpommern) oder bestehende einschneidend auszubauen und umzugestalten (so durch die Übertragung der Aufgaben der unteren Naturschutzbehörde in Brandenburg und Mecklenburg-Vorpommern und die der Wasserbehörde in Brandenburg). Teils wurden die neuen Zuständigkeiten zusammen mit dem bisherigen Landespersonal übergeleitet[144], teils sahen sich die Kreise gehalten, ohne hinreichende Gegenfinanzierung zumindest einen Teil des Fachpersonals neu zu rekrutieren.[145]

---

141 Vgl. hierzu Zöllner 1994: 21 (am Beispiel des aus drei Landkreisen gebildeten neuen mecklenburgischen Landkreises Güstrow).
142 Ausweislich ihrer Dezernatsgliederungspläne (Stand Sommer 1996) haben die ostdeutschen Landkreise – mit unter 100.000 Einwohnern: durchschnittlich 4 Dezernate und 18 Ämter, mit zwischen 120.000 und 150.000 Einwohnern: 4,8 Dezernate und 19,7 Ämter und mit über 150.000 Einwohnern: 4,05 Dezernate und 20,6 Ämter (Eigene Auswertung).
143 So im Landkreis Ludwigslust, wo 1994 in einem ersten Schritt mit einer Organisationsentwicklung herkömmlichen Musters versucht wurde, das Baugenehmigungsverfahren durch eine Umstrukturierung des Baudezernats zu verbessern (vgl. Jaedicke/Wegrich/Lorenz/Wollmann 1997). Zu ähnlichen Reformansätzen im Kreis Meißen vgl. Hill/Klages in Verbindung mit dem Deutschen Landkreistag 1995: 90f.
144 In Brandenburg wurden mit der Aufgabenübertragung der Kataster- und Vermessungsämter knapp 1.000 Stellen auf die kommunale Ebene übergeleitet, vgl. Landesregierung Brandenburg 1996: 3.
145 So in Brandenburg beim Aufbau der Wasserämter, vgl. Landesregierung Brandenburg 1996: 5.

Auf die ostdeutschen Landkreise hat die Modernisierungsdiskussion um das *Neue Steuerungsmodell* bislang nur vereinzelt übergegriffen – im Gegensatz zu den Landkreisen in den alten Bundesländern, in denen inzwischen eine Modernisierungsdebatte auf recht breiter Front in Gang gekommen ist[146,147]; in erster Linie sind die am „Innovationsring Kreisverwaltung der Zukunft" beteiligten Landkreise *Meißen* und *Barnim*, ferner der Landkreis *Ludwigslust* zu nennen. Für die meisten ostdeutschen Landkreise ist indessen davon auszugehen, daß ihre maßgeblichen Akteure von den organisations- und personalpolitischen Problemen der Verwaltungsumstrukturierung im Kielwasser der Kreisgebietsreform bislang in einem Maße absorbiert waren, die eine ernsthafte Auseinandersetzung mit dem NSM praktisch ausschloß. Mit Blick darauf ist pointiert gesagt worden, daß „vielen ostdeutschen Praktikern die im Westen der Bundesrepublik entbrannte Modernisierungsdiskussion wie purer Übermut einer Überflußgesellschaft" (Willhöft 1995: 9) erscheine.

In den Landkreisen weist der Modernisierungsdiskurs ähnliche Schritte und Schwerpunkte wie in den Städten auf. Auch hier steht die Erarbeitung von *Produktkatalogen* und Produktbereichen am Anfang[148], denen in einem zweiten

---

146 Im ersten Halbjahr 1995 führten der Deutsche Landkreistag und parallel dazu der Landkreistag Nordrhein-Westfalen unter den (west- und ostdeutschen) Landkreisen Befragungen über Modernisierungsansätze durch. Auf die Umfrage antworteten 239 von den 329 Landkreisen, von diesen 147 „modernisierungs-positiv" (= 44% von allen angeschriebenen oder 61% von den antwortenden Landkreisen), vgl. Henneke 1996: 13, vgl. auch Eildienst LKT NW 1996: 155f. In diesen Auswertungen wird zwar keine Spezifizierung der Umfragedaten für die ostdeutschen Landkreise gegeben, jedoch wird sehr zurückhaltend resümiert: „Die in diesem Umfang nicht erwartete positive Feststellung (für die westdeutschen Landkreise, HW) lautet, daß es auf der Kreisebene eine große Bereitschaft gibt, sich mit dem Thema der Verwaltungsmodernisierung zu befassen... Der grundsätzliche Trend zugunsten der Verwaltungsmodernisierung gestaltet sich in den neuen Bundesländern ausgeglichener bzw. verkehrt sich in das Gegenteil" (sic). Es dürfte kein Zufall sein, daß in der Dokumentation, in der die KGSt jüngst elf Beispielsfälle von Verwaltungsmodernisierung in Kreisverwaltungen vorstellte (vgl. KGSt 1996), kein einziger ostdeutscher Fall enthalten ist.
147 Auch der folgende Abschnitt stützt sich auf die von Sabine *Lorenz* – ursprünglich als KSPW-Expertise – durchgeführte Erhebung und Ausarbeitung. In der Recherche wurden 18 ostdeutsche (Neu-)Landkreise angeschrieben. 9 von ihnen antworteten, davon 5 (oder 28% von 18 oder 55% von 9) „modernisierungs-positiv". Da zu vermuten ist, daß es sich bei den Landkreisen, die nicht antworten, um solche handelt, die nichts Modernisierungsrelevantes zu vermelden haben, scheint der erstere Wert (28%) aussagekräftiger. Dies würde mit den zurückhaltenden Hinweisen aus der Umfrage des Landkreistages (vgl. vorstehende FN) in der Tendenz übereinstimmen. Ausführlicher zur Recherche von S. *Lorenz* vgl. Lorenz 1996c sowie in: Jaedicke/Wegrich/Lorenz/Wollmann 1997.
148 So wurde im Land Ludwigslust die 1994 zunächst herkömmlich eingeleitete Reform des Baugenehmigungsverfahrens, dann mit NSM-Ansätzen dadurch verknüpft, daß im April 1996 beschlossen wurde, die Projektgruppe „Baugenehmigungsverfahren" solle auf den Kenngrößen der vorhergehenden Organisationsuntersuchung bis Ende September 1996 operationalisierbare Produkte definieren, vgl. Jaedicke/Heinrich/Wollmann 1996.

Schritt finanzielle und zeitliche Kosten zugeordnet werden sollen.[149] Daran soll sich der Aufbau eines *operativen Controllings* und die sehr aufwendige und zeitintensive Entwicklung einer Kosten- und Leistungsrechnung, samt der hierfür erforderlichen Software, anschließen. Des weiteren geht es um die Vorbereitung und die Einführung von *Budgetierungsverfahren*.[150] In manchen Kreisen wurden Controller, also vornehmlich betriebswirtschaftlich geschultes Personal, eingestellt, um auf diese Weise die personellen Voraussetzungen für den Aufbau des Controllings zu schaffen, und vereinzelt Controllingstellen in der Hauptverwaltung eingerichtet.[151] Eigenständige Controlleinheiten (etwa als Stabsstellen beim Landrat) wurden bislang, soweit ersichtlich, in keinem ostdeutschen Landkreis geschaffen.[152]

Auch die Umstrukturierung in *Fachbereiche* ist noch an keinem Landkreis zu beobachten.[153] Im Landkreis *Ludwigslust* liegt hierfür immerhin eine Planung vor.

Die Einführung von *Holding*strukturen bezieht sich bislang auf den Bereich der sogenannten nachgeordneten Einrichtungen sowie auf kreisliche Unternehmen und Beteiligungen. So wurde beispielsweise im Landkreis *Oberhavel* die Gründung einer Holding beschlossen, die die Verwaltung (Finanzmanagement, Wirtschaftsplanung, Marketing, Investitionsdurchführung u. a.) der kreislichen Einzelgesellschaften und Beteiligungen auf effiziente Weise übernehmen soll.[154] Ähnliche Ansätze gibt es zur Neugestaltung der Organisationsform der nachgeordneten Einrichtungen im Landkreis *Ostprignitz-Ruppin*. Holdingelemente im Bereich der Kernverwaltung, die unmittelbar an das Fachbereichsmodell anknüpfen – im Wesentlichen also eine Verselbständigung von Fachbereichen sowie die Einrichtung einer „schlanken Holding (Rat, Verwaltungsführung, zentraler Steuerungsdienst) mit Auftraggeber-Funktion"[155] – sollen zukünftig beispielsweise im Landkreis *Meißen* partiell erprobt werden.[156]

---

149 Auffälliges Beispiel hierfür der brandenburgische Landkreis Barnim: Nach der Entwicklung eines flächendeckenden Produktkatalogs, einer umfassenden Konzeption für die Kostenrechnung sowie der Entwicklung einer entsprechenden Software werden eine flächendeckende Kostenstellenrechnung (1996) und eine erste Erprobung der Kostenträgerrechnung zunächst in den Pilotämtern (1996) und später flächendeckend (1997) vorbereitet (Quelle: Interviews).
150 So wurde im Landkreis Leipziger Land die Einführung einer flächendeckenden Budgetierung in der Weise vorbereitet, daß zunächst sämtliche Kostenstellen (also in der Regel die Ämter) analysiert worden sind, vgl. Landratsamt Leipziger Land 1996.
151 So Landkreis Barnim.
152 So die eigene Auswertung der Dezernatsgliederungspläne von 53 (von insgesamt 97) Landkreisen.
153 Vgl. vorstehende FN.
154 Vgl. Hill/Klages in Verbindung mit dem Deutschen Landkreistag (Hrsg.) 1995: 96-98.
155 Reichard 1994: 58.
156 So sieht der Landkreis Meißen unter anderm vor, einen Kultur- und Bildungsbetrieb zu gründen, dem das Theater, die Volkshochschule, die Musikschule, die Fahrbibliothek und

3.2.3 Ämter und Verwaltungsgemeinschaften

Zur Zahl der Ämter bzw. Verwaltungsgemeinschaften, ihrer Mitgliedsgemeinden und „amts- bzw. verwaltungsgemeinschaftsfreien" Gemeinden wird auf Tabelle 1 verwiesen.[157]

Angesichts ihrer Doppelzuständigkeit, einerseits verwaltungstechnischer *Servicebetrieb*[158] für die Mitgliedsgemeinden in deren Selbstverwaltungsangelegenheiten zu sein (dazu gehört die laufende Betreuung der Sitzungstätigkeit der Gemeindevertretungen ebenso wie die Aufstellung der Bebauungs- und Haushaltspläne der Mitgliedsgemeinden) und andererseits die Aufgaben des *übertragenen Wirkungskreises* wahrzunehmen, zeichnet sich eine zunehmende Überforderung ab.[159] Dies gilt umso mehr, als bei der Rekrutierung ihres Personals die Ämter und Verwaltungsgemeinschaften aus kommunalpolitischen Gründen Veranlassung gesehen haben, das bisherige Personal der Mitgliedsgemeinden und auch deren ehrenamtlichen Bürgermeister einzustellen[160] und damit auf die Rekrutierung neuen qualifizierten Personals weitgehend zu verzichten.

Sieht man von Schwierigkeiten ab, die von unklaren Gesetzesformulierungen herrühren[161], tun sich die kommunalen Akteure vielfach schwer, sich auf die neue institutionelle Regelung und deren Zuständigkeitsverteilung einzustellen. Dies gilt einerseits für die ehrenamtlichen Bürgermeister der Mitgliedsgemeinden, die sich daran gewöhnen müssen, daß das Amt bzw. die Verwaltungsgemeinschaft für die ihnen durch Landesgesetz übertragenen *Pflichtaufgaben zur Erfüllung nach Weisung* allein zuständig ist. Dies trifft andererseits auf das Amt bzw. die Verwaltungsgemeinschaft und ihre Akteure (Ausschuß, Amtsdirektor usw. je nach Modalität) zu, die lernen müssen, sich nicht in die Selbstverwaltungsangelegenheiten der Gemeinden einzumischen.[162]

---

der Kulturbereich der Verwaltung angehören, und die innere Verwaltung in einem Dienstleister für alle Dezernate umzuwandeln (vgl. Koch 1996: 29f.).
157 Ergänzend sei darauf hingewiesen, daß z.B. die Verwaltungsgemeinschaften in Sachsen-Anhalt 20 Beschäftigte (bis zu 5.000 Einwohnern) und 27 Beschäftigte (bis 10.000 Einwohnern) haben (nach Landesregierung Sachsen-Anhalt 1995: 39). In Brandenburg hat das Amt Barnim-Oderbruch – mit 8.000 Einwohnern – 29 Beschäftigte, vgl. Ehling 1995: 57.
158 So pointiert Landesregierung Sachsen-Anhalt 1995: 25: „‚Servicebetrieb', ‚Schreibbüro' ".
159 Vgl. Landesregierung Sachsen-Anhalt 1995: 30 (zu Verwaltungsgemeinschaften in Sachsen-Anhalt); Klucke/ Eichler 1995: 7 zu den Erfahrungen in einem Amt in Brandenburg. Zur Situation in Brandenburg vgl. jüngst Kleinschmidt 1996: 6: „Fünfzehn oder zwanzig Gemeindehaushalte aufzustellen und zu vollziehen, monatlich genau so viele Gemeindevertretertagungen und Ausschußsitzungen mit zig Beschlußvorlagen, Satzungsentwürfen etc. vorzubereiten und diese dann auch auszuführen, ist wahrlich von den Amtsverwaltungen kaum zeitgerecht und kostenverträglich zu schaffen".
160 Vgl. Landesregierung Sachsen-Anhalt 1995: 40. Zur Situation in den Ämtern in M-V vgl. Meyer 1993: 400.
161 Vgl. Landesregierung Sachsen-Anhalt 1995: 39, Beck 1996: 47 FN 15.
162 Vgl. Landesregierung Sachsen-Anhalt 1995: 25; Klucke/ Eichler 1995: 7 (zu einem Amt in Brandenburg).

In den Ämtern und Verwaltungsgemeinschaften ist die Diskussion um das Neue Steuerungsmodell bislang, soweit ersichtlich, kaum aufgegriffen worden. Dies dürfte wesentlich damit zusammenhängen, daß diese sich noch immer in der Phase der Konsolidierung befinden. Umso größere Aufmerksamkeit verdient die Entwicklung der beiden brandenburgischen Ämter *Michendorf* (mit 6 Gemeinden) und *Gransee* (mit 17 Gemeinden), die im Modellprogramm des Landes Brandenburg gefördert werden.[163]

4. Institutionenpolitische Perspektiven: „Im Osten etwas Neues"?

Die Entwicklung der politischen und administrativen Strukturen der ostdeutschen Kommunen hat in den zurückliegenden sechs Jahren – zwischen Mitte 1990 und Mitte 1996 – einen Umbruchprozeß durchlaufen, dessen Dramatik in der Verwaltungsgeschichte seinesgleichen sucht. Unter der in der institutionenbezogenen Transformationsforschung verfolgten Fragestellung nach der Bestimmungskraft exogener und endogener Bestimmungsfaktoren betrachtet, zeigt sich die *Gründungsphase* der ostdeutschen Kommunalstrukturen, in der sich der „paradigmatische" Bruch und Übergang vom Staatsorganisationsmodell der DDR zum Verfassungsmodell der Bundesrepublik vollzog, einerseits stark von der *Rezeption* und Übernahme der Grundstrukturen des „westdeutschen Modells" angeleitet, wofür die Beratung durch die westdeutschen Partnerkommunen und die Organisationsempfehlungen der KGSt wesentliche Orientierungsmarken setzten. Andererseits war die ostdeutsche Institutionenbildung indessen von vornherein deutlich von endogenen Faktoren bestimmt, wozu die jeweilige (partei-)politische Konstellation vor Ort ebenso wie die transformationsspezifische Ausgangssituation der ostdeutschen Kommunen zu rechnen sind, die durch die Gleichzeitigkeit des Aufbaus neuer und der „schöpferischen Zerstörung" alter Organisations- und Personalstrukturen gekennzeichnet war. Damit ist die Institutionenbildung in Ostdeutschland von Anfang an in beträchtlichem Maße als *Eigenentwicklung* zu kennzeichnen (hier ausführlicher Wollmann 1996b: 124ff.).

Mit Beginn der 2. kommunalen Wahlperiode (Dezember 1993 bzw. Juni 1994) wurde die gesamte ostdeutsche kommunale Institutionenwelt unter einer Veränderungswelle erfaßt, die durch das Inkrafttreten der neuen Kommunalverfassungen, der Kreisgebietsreformen, die Konsolidierung der Ämter- bzw. Verwaltungsgemeinschaften, die Funktionalreformen sowie das Übergreifen der *Neuen Steuerungs*-Debatte ausgelöst wurde. Wurden diese von den neuen Ländern erstaunlich zügig vorbereiteten und durchgesetzten Veränderungen der maßgeblichen Rahmenbedingungen kommunaler Politik und Verwaltung ihrerseits wiederum durch den Imperativ der Angleichung an die Standards und Normalität der

---

163 Näheres bei Lorenz 1996d sowie in: Jaedicke/Wegrich/Lorenz/Wollmann 1997.

westdeutschen Politik- und Verwaltungswelt, also exogen angestoßen, so gingen die ostdeutschen Länder in den von ihnen gewählten institutionellen Regelungen und auch die ostdeutschen Kommunen in ihrer institutionellen Umsetzung durchaus eigene Wege. Über diese institutionellen Eigenentwicklungen hinaus zeichnen sich eine Reihe von institutionellen *Innovationen* ab, die zum Schluß noch einmal zusammenfassend herausgearbeitet werden sollen.[164]

4.1 Neubestimmung des Verwaltungsmodells im Verhältnis von Land und Kommunen

Die DDR-Kommunalverfassung vom 17. Mai 1990 hatte das Verhältnis von (unmittelbarer) Landesverwaltung und Kommunalverwaltung – in Übereinstimmung mit Grundzügen der deutschen Kommunaltradition – vor allem in zwei Schlüsselfragen der Institutionalisierung durchaus herkömmlich geregelt.

– Hinsichtlich der Aufgabenstellung der Kommunen (Gemeinden wie Kreise) war sie von einem dualistischen Verständnis angeleitet (vgl. Bretzinger 1994: 75ff.), das, konzeptgeschichtlich auf die Verfassungssituation des frühen 19. Jahrhunderts mit einer Gegenüberstellung von Staat und Kommunen (als gewissermaßen gesellschaftlicher Gegenveranstaltung zum Staat) zurückreichend (vgl. Schmidt-Eichstaedt 1983, S. 9ff.), zwischen *eigenen* (Selbstverwaltungs-) Aufgaben der Kommunen und *übertragenen* (staatlichen) unterscheidet (§ 3 I, II DDR-KV). Nicht Eingang in die DDR-Kommunalverfassung fand damit die monistische Vorstellung, die, vor allem vom sog. Weinheimer Entwurf von 1948 angestoßen und von der eher zeitgemäßen Vorstellung von der politischen und administrativen Funktion der Kommunen im demokratischen Verfassungs- und Verwaltungsstaat inspiriert (vgl. Schmidt-Eichstaedt 1983: 15ff. m. w. Nachw.), von der Einheit der kommunalen Aufgaben ausgeht und diesen die (freiwilligen und pflichtigen) Selbstverwaltungsaufgaben der Kommunen ebenso zurechnet wie andere den Gemeinden zur Erledigung übertragene öffentliche Aufgaben.[165]

– Die ebenfalls in der deutschen Kommunaltradition begründete Doppelstruktur des Landkreises bzw. des Landrats (Thieme 1981: 138) übernehmend, sah die DDR-Kommunalverfassung einerseits den Landkreis als Kreis*selbst*verwaltung und andererseits den Landrat als Vollzugsorgan der *unteren staatlichen Verwaltungsbehörde* vor.[166]

---

164 Zum folgenden s. auch Wollmann 1997.
165 Von den alten Bundesländern folgten Niedersachsen, Rheinland-Pfalz und das Saarland dem dualistischen Kommunalaufgabenmodell und Baden-Württemberg, Hessen, Nordrhein-Westfalen und Schleswig-Holstein dem monistischen, vgl. insbes. Übersicht bei Schmidt-Eichstaedt 1983: 17f.
166 Die alten Bundesländer sehen in ihrer Verwaltungsorganisation fast durchweg die Kreisverwaltung in dieser Doppelstruktur vor, allein Niedersachsen als ausschließlich kommunale Behörde.

Die neuen Kommunalverfassungen der ostdeutschen Länder haben in dieses Verwaltungsaufgabenmodell beträchtliche konzeptionelle und institutionelle Bewegung gebracht. Zum einen orientieren sich die neuen Regelungen nunmehr am monistischen Aufgabenverständnis des Weinheimer Entwurfs.[167] Für die Übertragung des (erstinstanzlichen) Vollzugs von öffentlichen Aufgaben (neben den Selbstverwaltungsaufgaben) ist nunmehr als Regelfall das Institut der Pflichtaufgabe zur Erfüllung nach Weisung als *kommunale* Aufgabe vorgesehen und ist Aufgabenerledigung als Auftragsangelegenheit oder als untere staatliche Verwaltungsbehörde nur noch ausnahmsweise zugelassen (in der letzteren Variante im wesentlichen nur noch für die Kommunal-, Fach- und Sonderaufsicht über die kreisangehörigen Gemeinden, Ämter usw.). Überdies wurde insbesondere im Funktionalreformgrundsätzegesetz (bbgFRGG) vom 30.6.1994 des Landes Brandenburg ausdrücklich festgelegt, daß die Aufgabenwahrnehmung durch untere staatliche Sonderbehörden nur ausnahmsweise stattfinden solle.[168] Damit ist die weitgehende *Kommunalisierung* der erstinstanzlichen Verwaltungsaufgaben vorgezeichnet.

Unterliegen die Kommunen bei der Erledigung der Pflichtaufgaben zur Erfüllung nach Weisung unter den geltenden Regelungen grundsätzlich der herkömmlichen – sich auf die Rechtmäßigkeit *und* Zweckmäßigkeit erstreckenden – Fachaufsicht, so ist auch deren herkömmlich „vertikal-zentralistisches" Prägemuster von diesen Veränderungen erfaßt. Einen bemerkenswerten Schritt zu dessen Abschwächung hat das Land *Brandenburg* mit dem neuen Institut der *Sonderaufsicht* unternommen, das, an die Stelle der überkommenen Fachaufsicht tretend, bei Pflichtaufgaben zur Erfüllung nach Weisung im gesetzlichen Regelfall Einzelweisungen („besondere Weisungen") nur noch bei einzelgesetzlicher Regelung zuläßt (§ 131 bbgGemO).

Schließlich ist auch in die überkommene *Doppelstruktur der Kreisverwaltung* (halb kommunal, halb staatlich) Bewegung gekommen. Zum einen sind, wie erwähnt, deren Aufgabe als untere staatliche Verwaltungsbehörde inzwischen weitgehend auf die Ausübung der Kommunal-, Fach- bzw. Sonderaufsicht über die kreisangehörigen Gemeinden usw. beschränkt. Darüber hinaus hat sich das Land *Sachsen* in seiner neuen Landkreisordnung zu dem Schritt entschlossen, die Institutionalisierung des Landratsamts bzw. des Landrats als untere staatliche Verwaltungsbehörde ganz abzuschaffen und damit das Landratsamt „als ausschließlich kommunale Behörde" festzulegen.[169] Inzwischen ist es auch in *Mecklenburg-*

---

167 Zur bbgGemO vgl. Nierhaus 1995: 6.
168 § 1 II bbgFRGG enthält eine bemerkenswerte – prozeßrechtlich ausgedrückt – „Umkehr der Beweislast", wonach die bislang von Landesbehörden ausgeübten (erstinstanzlichen) Aufgaben „im Zweifel" auf die Kreise und Gemeinden zu übertragen sind und die Begründung bzw. Beibehaltung des Aufgabenvollzugs durch eine (untere) Landessonderbehörde eine jeweils „beweislastpflichtige" Ausnahme bildet.
169 Sponer 1995: 101. Noch weitergehend als Niedersachsen, das als einziges altes Bundesland bislang das „ausschließlich kommunale Landratsamt" verwirklicht hat, aber noch

Vorpommern im Grundsatz beschlossene Sache, die Landratsämter der überkommenen Figur der unteren staatlichen Verwaltungsbehörde und damit ihrer institutionell-funktionalen Einbeziehung in die Landesverwaltung zu entkleiden.[170]
Wenn mithin eine weitgehende *Kommunalisierung* der Verwaltungsaufgaben verwaltungspolitisch und -reformerisch vorprogrammiert scheint, ist hinsichtlich der „inneren" Kompetenzregelung der Kommunen allerdings daran zu erinnern, daß auch nach dem neuen Kommunalrecht für die Erledigung der den Landkreisen bzw. den kreisfreien Städten übertragenen Aufgaben zur Erfüllung nach Weisung *allein* der Landrat bzw. der Oberbürgermeister als Hauptverwaltungsbeamter der Kommune zuständig (z.B. § 63, Abs. 1 c) bbgGemO, § 52 Abs. 1 c bbgLKrO); er allein trifft die Entscheidung und ist auch Adressat etwaiger (fachbzw. sonderaufsichtsrechtlicher) Weisungen. Die Kommunalvertretung (Stadtverordnetenversammlung, Landkreistag) hat hingegen kein formales Mitwirkungsrecht, „an den kommunalen Gremien geht der Aufgabenvollzug fast völlig vorbei" (Köstering 1994: 246) – im Gegensatz zu den kommunalen Selbstverwaltungsangelegenheiten, für die die Kommunalvertretung primäres kommunales Entscheidungsorgan ist. Insofern handelt es sich um eine „unechte", eine *kupierte* Kommunalisierung, die verwaltungspolitisch eher als *Dekonzentration* denn als Dezentralisierung der Verwaltung zu bezeichnen ist.

Allerdings ist daran zu erinnern (vgl. oben S. 288ff.), daß das Land Brandenburg darin eine bemerkenswerte kommunalverfassungsrechtliche und -politische Innovation beschritten hat, daß die Zuständigkeit der Kommunalvertretung nunmehr auch im Regelfall die *Pflichtaufgaben zur Erfüllung nach Weisung* einbezieht und damit von einer vollen oder *echten* Kommunalisierung gesprochen werden kann.

Insgesamt ist durch diese Vorschriften eine kommunalkonzeptionelle und -rechtliche Dynamik in Gang gesetzt worden, die für noch weitergehende institutionelle Innovationen genutzt werden könnte und sollte. Konzeptionell und rechtsdogmatisch sollte das monistische Aufgabenverständnis konsequent zu Ende gedacht, von einem einheitlichen Begriff der kommunalen Selbstverwaltungsaufgaben ausgegangen und eine „klare Zweiteilung" (von Mutius 1996: 179) vorgenommen werden, innerhalb derer nur noch zwischen freiwilligen und pflichtigen (Selbstverwaltungs-)Aufgaben der Kommunen unterschieden werden könnte. Damit wäre der kommunalkonzeptionelle und -rechtliche Angelpunkt für eine *echte Kommunalisierung* der öffentlichen Aufgaben als Strategie einer umfassenden Funktionalreform gewonnen. Diese hätte sowohl vertikal – im Verhältnis von

---

dem dualistischen Aufgabenmodell folgt, hat sich Sachsen vermöge der Regelform der Pflichtaufgabe zur Erfüllung nach Weisung zugleich dem monistischen Aufgabenverständnis zugewandt und damit kommunalrechtliches Neuland betreten).

170 Vgl. Landesregierung Mecklenburg-Vorpommern 1995: 33f. – Am stärksten bleibt die Thüringer Gemeinde- und Kreisordnung vom 16.8.1993 der herkömmlichen Doppelstruktur des Landratsamtes bzw. des Landrats verhaftet. Danach bleibt das Landratsamt eine duale – sowohl kommunale wie staatliche – Behörde, in der übertragene Aufgaben qua untere staatliche Verwaltungsbehörde vollzogen werden (Vetzberger 1996: 29).

Land und Kommune – als auch horizontal (im Verhältnis von Kommunalvertretung und Kommunalverwaltung) einschneidende Rückwirkungen.

Im *vertikalen* Verhältnis wäre hieraus zu folgern, die Landkreisverwaltung als „ausschließlich kommunale Behörde" zu institutionalisieren (wie bereits in Sachsen geschehen) und die Aufgabenerledigung durch die Kommunen in der Tendenz nur noch der Rechtsaufsicht der Landesbehörden zu unterwerfen (was die Brandenburgische Sonderaufsicht ansatzweise tut). Insgesamt nähme ein Landesorganisations- und Zuständigkeitsmodell Gestalt an, in dem die Landesinstitutionen (Landesparlament, Landesregierung) grundsätzlich für das „Politikmachen" (Landes„außen"politik im Verhältnis zum Bund und zur EU, Landes„innen"politik in Gesetzgebung, Regierungs-, Förderprogramme, politische Steuerung, politische und rechtliche Kontrolle usw.) zuständig sind, während die Verwaltungsfunktionen bei den Kommunen liegen.

Im übrigen entspräche dies auch den Vorstellungen der *neueren Modernisierungsdiskussion* (New Public Management, Neues Steuerungsmodell), in der – unter dem Stichwort *agency*-Modell – die dezentrale Abschichtung und Verselbständigung der Aufgabenträger bei gleichzeitigem Controlling gefordert werden (vgl. etwa Reichard 1994: 33f., Reichard/Wollmann (Hrsg) 1996).

Gegen das Konzept einer *echten Kommunalisierung* des Verwaltungsvollzugs – in der Regelform der *pflichtigen Selbstverwaltungsaufgaben* der Kommunen bei gleichzeitiger *echter Kommunalisierung* der Landratsämter – könnte eingewandt werden, daß sich insbesondere durch den Verzicht auf die Fachaufsicht als Möglichkeit, letztlich durch Weisungen einzugreifen, die Landesbehörden eines effektiven Mittels begäben, notfalls über Weisung einen einheitlichen und korrekten Verwaltungsvollzug durchzusetzen.

Demgegenüber ist grundsätzlich daran zu erinnern, daß Verwaltungshandeln, zumal im deutschen Rechts- und Gesetzgebungsstaat, in hohem Maß *rechtlich* gesteuert ist, wobei die sich aus Bundes-, Landes- und zunehmend EU-Recht summierende Regelungsdichte inzwischen längst Züge einer Überregelung angenommen hat. Angesichts dessen erschiene auch im Falle der „echten" Aufgabenkommunalisierung die *Rechtsaufsicht* der zuständigen Landesbehörden über den Verwaltungsvollzug der Landkreise und Gemeinden durchaus ausreichend und die zusätzliche Bewehrung durch die Fachaufsicht entbehrlich. Zudem tritt im deutschen Rechtssystem die umfassende Überprüfung durch die Verwaltungsgerichtsbarkeit hinzu. Dort, wo sich im Zuge der *echt kommunalisierenden* Funktionalreform zeigte, daß die Rechtsaufsicht – womöglich als Ergebnis des bisherigen Nebeneinanders von Rechts- und Fachaufsicht – nunmehr unzureichend institutionalisiert ist, wäre sie organisatorisch und personell entsprechend nachzurüsten.[171]

---

171 Dies könnte insbesondere für die organisatorische und personelle Ausrüstung der Rechtsaufsicht der Landkreise gegenüber den kreisangehörigen Gemeinden, Ämtern bzw. Verwaltungsgemeinschaften in bezug auf deren pflichtige, einschließlich der im Wege der Funktionalreform übertragenen Aufgaben, (ebenso wie freiwilligen) Selbstverwaltungsan-

4.2 Neue horizontale Zuständigkeits- und Machtverteilung zwischen Kommunalvertretung und kommunaler Verwaltungsspitze

Zugleich hätte eine *echte Kommunalisierung* der Aufgaben beträchtliche Auswirkungen auf die *horizontale Zuständigkeits- und Machtverteilung* zwischen Kommunalvertretung und kommunaler Verwaltungsspitze und würde deren ohnedies gebotene Präzisierung nur noch dringlicher machen.

In Anknüpfung an die DDR-Kommunalverfassung vom 17. Mai 1990 liegt den neuen Kommunalordnungen der ostdeutschen Länder für die innere Kommunalverfassung, wie erwähnt, ein dualistisches Zuständigkeitsmodell zugrunde, in dem im Bereich der kommunalen Selbstverwaltungsangelegenheiten einerseits umfangreiche Kompetenzen bei der gewählten Kommunalvertretung als zentralem lokalen „Verfassungsorgan" liegen und andererseits den nunmehr fast durchweg von der Bevölkerung direkt gewählten (Ober-)Bürgermeistern und Landräten eigene Zuständigkeiten (z.B. laufende Geschäfte, Beanstandungsrechte usw.) eingeräumt sind. Allerdings bleibt die „dualistische" Abgrenzung der Zuständigkeiten nach wie vor dadurch prekär, daß die traditionelle Allzuständigkeit der Kommunalvertretung in der Tendenz erhalten geblieben ist, durch ein „Rückholrecht" gegenüber dem Verwaltungschef institutionell bewaffnet und – als Konsequenz der überkommenen Doktrin, die Kommunalvertretung sei in erster Linie *Verwaltungsorgan* – prinzipiell auch (einzelne!) *Verwaltungs*entscheidungen an sich ziehen kann.[172] Inzwischen ist in den neuen Ländern eine Diskussion über eine Neuregelung und Präzisierung der *horizontalen* Zuständigkeiten von Kommunalvertretung und kommunaler Verwaltungsspitze/Verwaltung mit dem gesetzgeberischen Ziel in Gang gekommen, daß sich die Kommunalvertretung künftig stärker auf allgemeine Leitungs- und Kontrollaufgaben konzentriere (und beschränke) und die Einzelentscheidungen bei der Verwaltung liegen (vgl. Lieber 1996: 4).

Bei einer *echten Kommunalisierung* der Aufgaben als pflichtiger Selbstverwaltungsaufgaben gewönne eine neue Austarierung und Präzisierung der Zuständigkeitsregelung zwischen Kommunalvertretung und kommunaler Verwaltungsspitze nur noch dringlichere Bedeutung, da es darauf ankäme, diesen Zuständigkeitszuwachs der Kommunalvertretung im Bereich der bisherigen *Pflichtaufgaben zur Erfüllung nach Weisung* auszubalancieren und klarzustellen, daß die Kommunalverwaltung bzw. deren Hauptverwaltungsbeamter für den Verwaltungsvollzug, insbesondere die zu treffenden Einzelentscheidungen, allein zuständig seien und sich die Kompetenz der Kommunalvertretung insoweit darauf beziehe, aber auch beschränke,

---

gelegenheiten gelten. Für eine Übergangszeit könnte sich sogar die Installierung von qualifiziertem Landespersonal in der Rechtsaufsicht der Landkreise als verwaltungspolitischer Preis für die echte Kommunalisierung von Verwaltungsaufgaben erweisen.

172 Vgl. Nierhaus 1995: 8.

allgemeine Regeln und Vorgaben für den Verwaltungsvollzug (z.B. Qualitätsstandards zur Sicherung einer „bürgernahen" Verwaltung) zu formulieren und ihre Kontrollfunktion auszuüben[173].

4.3 Die Kommunen als lokale „parlamentarische bzw. präsidentielle Politiksysteme"?

Eine Leitidee der Kommunalrechtspolitik sollte es sein, diese aus der Bannkraft jener überkommenen staats- und kommunalrechtlichen Doktrin zu lösen, wonach die Kommunen, juristisch betrachtet, eine *Verwaltungs*ebene unterhalb der *politischen* Ebene des Staates bilden und deshalb die Organisationsprämissen des politischen Systems (Parlament, Regierung) auf sie keine Anwendung finden.[174] In der politikwissenschaftlichen Diskussion hat sich längst die Auffassung durchgesetzt, daß die in der Verfassungskonstellation des letzten Jahrhunderts entstandene und wurzelnde staats- und kommunalrechtliche Doktrin vor dem Hintergrund einer Entwicklung überholt sei, die u.a. durch die Einbeziehung der kommunalen Politik- und Verwaltungswelt in partei- und interessenpolitische Spielregeln des politischen Systems als Ganzes geprägt sei.[175] Mit der Anerkennung der kommunalen Politik- und Verwaltungswelt als lokale *politische Systeme* und ihrer inneren Verfassung als lokale Varianten eines *parlamentarischen bzw. präsidentiellen Systems* (vgl. Derlien 1994: 47) wird der Weg frei für eine konzeptionell schlüssige Neubestimmung der Zuständigkeiten, in der das kommunale *Parlament* die klassischen parlamentarischen Befugnisse hat, die von den politischen Leitungsentscheidungen über kommunales Budgetrecht und Normsetzungs- („Satzungs") befugnissen bis zu den Kontrollaufgaben über die Verwaltung reichen. Demgegenüber besitzt die (lokal-*parlamentarische* bzw. -*präsidentielle*) Verwaltungs-

---

173 Nachdem die neue brandenburgische Kommunalverfassung in einer bemerkenswerten institutionellen Innovation, wie erwähnt, den Kommunalvertretungen eine Mitwirkungskompetenz auch für die Pflichtaufgaben zur Erfüllung nach Weisung eingeräumt hat, ist eine solche Neubestimmung und Präzisierung des Verhältnisses von Kommunalvertretung und Kommunalverwaltung bzw. -verwaltungsspitze in Brandenburg von besonderer Aktualität und Dringlichkeit. Das in der geltenden brandenburgischen Regelung steckende verwaltungspolitische Problem einer „zweifachen Aufsicht" (um nicht zu sagen: „doppelten Unterstellung") des kommunalen Hauptverwaltungsbeamten in Ansehung der bisherigen Pflichtaufgaben zur Erfüllung nach Weisung – zum einen der „vertikalen" Fach- bzw. Sonderaufsicht durch die Landesbehörden, zum andern der „horizontalen" Kontrolle durch die Kommunalvertretung – würde sich bei einer echten Kommunalisierung auflösen, indem sich die erstere auf die Rechtsaufsicht (Kommunalaufsicht) durch die Landesbehörden konzentrieren und beschränken würde.
174 Vgl. Knemeyer 1994: 86f. Im Ergebnis auch Schmidt-Eichstaedt 1985: 30.
175 Vgl. Wollmann 1996a: 35ff. mit Nachweisen. Zu der die wissenschaftliche Behandlung der kommunalen Ebene in der deutschen Debatte bislang kennzeichnenden Diskrepanz zwischen juristischer und politik-/verwaltungswissenschaftlicher Betrachtung vgl. Thieme 1981

spitze „gubernativ-administrative" Zuständigkeiten, zu denen wesentlich auch die alleinige Zuständigkeit für den Vollzug der (weitgehend regelgebundenen) pflichtigen Selbstverwaltungsaufgaben zu rechnen wäre. Hierin wäre ein wesentlicher Beitrag zur überfälligen Modernisierung des deutschen Kommunalverfassungsrechts zu sehen. In diesem Zusammenhang sei daran erinnert, daß es in vielen ostdeutschen Städten nach der Wende kommunalpolitisch gebräuchlich wurde, von dem Stadt*parlament* und der Stadt*regierung* zu sprechen (Meisel 1995: 93, Wollmann 1996b: 105ff.), also daß in Wahrnehmung und Selbstverständnis der ostdeutschen kommunalen Akteure die Antiquiertheit der überkommenen Doktrin längst erkannt und überwunden worden ist.

4.4 Ostdeutsche Kommunen und das Neue Steuerungsmodell

War es angesichts der beispiellosen Transformationsprobleme, mit denen die ostdeutschen Kommunen konfrontiert waren, erklärlich (und wohl auch verwaltungspolitisch vernünftig), daß in der unmittelbaren administrativen Umbruch- und Aufbauphase im wesentlichen auf die überkommenen (eher am hierarchischen *Max Weberschen Bürokratiemodell* orientierten) aufbauorganisatorischen Strukturen zurückgegriffen wurde[176], so ist neuerdings – später und bislang noch vereinzelter und weniger entwickelt als in den westdeutschen Kommunen – auch in den ostdeutschen Städten und Landkreisen die Diskussion um das Neue Steuerungsmodell als möglicher Auslöser für eine weitere Welle administrativer Strukturveränderungen aufgegriffen worden. Auch wenn die von der Erwartung finanzieller Entlastungen angetriebene Diskussion vielfach in schiere Einsparpolitik umzuschlagen droht und sich die Aktivitäten noch vielfach auf konzeptionelle Vorübungen, wenn nicht Reformrhetorik beschränken, ist die Bedeutung dieses nun auch in Ostdeutschland anschwellenden Modernisierungsdiskurses darin zu sehen, daß vielerorts über eine grundlegende Reform des überkommenen – zentralistischen und „legalistisch-bürokratisch" geprägten – Organisations- und Verfahrensmodells für Verwaltungshandeln kritisch nachgedacht und diskutiert wird, nachdem dieses in der Umbruch- und Konsolidierungsphase der ostdeutschen Institutionenbildung zweifellos wichtige Dienste leistete, aber inzwischen ausgedient haben könnte. Dafür, daß dieser Reformdiskurs in Ostdeutschland rasch Schwung gewinnen und ein eigenes Profil zur institutionellen *Eigenentwicklung*, wenn nicht *Innovation* entfalten wird, sprechen mehrere endogene Bedingungen. Zum einen ist an die „Veränderungserfahrungen" zu erinnern, die die ostdeutschen kommunalen Akteure in der Auseinandersetzung mit der beispiellosen Umbruchsituation seit Mitte 1990 und den nachfolgenden institutionellen Veränderungswellen gesammelt haben. Zum andern ist in Betracht zu ziehen, daß sich das

---

176 Ausführlicher Wollmann 1996b: 127ff.

Leitungspersonal der ostdeutschen Kommunen, aber auch ein erheblicher Teil deren Personals auf der Sachbearbeiterebene aus *Verwaltungsneulingen* zusammensetzt, die vor der Wende außerhalb des DDR-Staatsapparats tätig waren und, zum erheblichen Teil mit technisch-naturwissenschaftlicher Berufsausbildung, in Kombinaten und Betrieben der DDR-Wirtschaft beschäfigt waren. Dieser Ausbildungs- und Berufshintergrund des ostdeutschen Verwaltungspersonals könnte sich als Innovationspotential erweisen.[177]

Die oben diskutierte Variante einer *echten Kommunalisierung* von staatlichen Aufgaben und einer *parlamentarisch-präsidentiellen* Neubestimmung der Zuständigkeiten von Kommunalvertretung und Verwaltungsspitze könnten einen wichtigen institutionell-rechtlichen Flankenschutz für die Umsetzung eines Neuen Steuerungsmodells geben. Zum einen bildet dessen einen Dreh- und Angelpunkt die Vorstellung und Forderung, daß sich die Kommunalvertretung künftig auf Haushalt, Leitungsentscheidungen und Kontrolle (Controlling) konzentrieren solle, anstatt sich in Einzelentscheidungen zu verlieren. Zum andern hätte die *echte Kommunalisierung* von staatlichen Aufgaben als pflichtige Selbstverwaltungsaufgaben zur Folge, daß den Kommunalvertretungen entsprechende Mitwirkungs-, insbesondere Kontrollbefugnisse gegenüber der Verwaltung, zustünden. Erst durch die *echte Kommunalisierung* erhielte die Kontrollfunktion der Kommunalvertretung ihre kommunal*rechtliche* Absicherung, während, was in der Neuen Steuerungsdiskussion bislang weitgehend übersehen worden ist[178], nach geltendem äußeren und inneren Kommunalrecht die Mitwirkungsfunktion der Kommunalvertretung hinsichtlich des breiten Katalogs übertragener Aufgaben – man denke an die ordnungsbehördlichen Zuständigkeiten (Bauaufsicht, Denkmal-, Natur- und Wasserschutz, Führerschein- und andere Ordnungsangelegenheiten) – keine kommunal*rechtliche* Begründung hat.

Literatur

Adamaschek, B.: Wettbewerb und Selbststeuerung als Grundlage einer leistungsfähigen Kommunalverwaltung. In: Die Neue Verwaltung, (1994) 1, S. 10-12

Backhaus-Maul, H./Olk, T.: Institutionentransfer im föderalen Bundesstaat. Kooperation zwischen öffentlicher und freier Wohlfahrtspflege in den neuen Bundesländern. In: Staatswissenschaften und Staatspraxis (1995) 6, S. 261-289

Banner, G.: Von der Behörde zum Dienstleistungsunternehmen. Die Kommunen brauchen ein neues Steuerungsmodell. In: Verwaltungsführung, Organisation, Personal 13(1991), S. 6-11.

Beck, W.: Zur Lage der Verwaltungsgemeinschaften in Sachsen-Anhalt. In: Landes- und Kommunalverwaltung, (1996) 2, S. 46-49

---

177 Vgl. Koch 1996: 30: „Das Mitarbeiterpotential, das 1990 aus den unterschiedlichsten Berufen, aber vorwiegend aus der Wirtschaft in die Verwaltung kam, ist bereit, Lösungen vorzuschlagen und umzusetzen, die aufgabenorientiert und effizient sind". Vgl. Wollmann 1996b: 133ff., Lorenz 1996d: 32, Universität Potsdam 1996: 11.

178 Zutreffend allerdings KGSt 1996: 5.

Berg, F.: Transformation der kommunalen Verwaltungsinstitutionen in Stadt und Kreis Strausberg. In: Naßmacher, H./Niedermayer, O./Wollmann, H. (Hrsg.): Politische Strukturen im Umbruch. Berlin: Akademie-Verlag, 1994
Berg, F./Nagelschmidt, M.: Institutionen, Personal und Handlungspotentiale ostdeutscher Kreise und Kommunen im Transformationsprozeß. Regionale Studien (KSPW-Projekt), vv. Ms. Institut für Politikwissenschaft, Humboldt-Universität zu Berlin, 1995
Berg, F./Nagelschmidt, M./Wollmann, H.: Kommunaler Institutionenwandel. Regionale Fallstudien zum ostdeutschen Transformationsprozeß. Opladen: Leske + Budrich, 1996
Bernet, W./Lecheler, H.: Die DDR-Verwaltung im Umbau. Regensburg: Walhalla, 1990
Bernet, W./Lecheler, H.: Zustand einer DDR-Stadtverwaltung vor den Kommunalwahlen vom 6.5.1990. In: Landes- und Kommunalverwaltung, (1991) 2, S. 68-71
Bernet, W.: Die Verwaltungs- und Gebietsreformen in den Gemeinden und in den Landkreisen der Länder Mecklenburg-Vorpommern, Brandenburg, Sachsen-Anhalt, Sachsen und Thüringen. KSPW, Graue Reihe (1993a) 108, Halle
Bernet, W.: Zu Grundfragen der kommunalen Gemeindeverwaltungs- und Kreisgebietsreform in den neuen Ländern. In: Landes- und Kommunalverwaltung, (1993b) 12, S. 393-397
Bernet, W.: Gemeinden und Gemeinderecht im Regimewandel. Von der DDR zu den neuen Bundesländern. In: Aus Politik und Zeitgeschichte B 36(1993c) S. 27-38
Bertelsmann Stiftung: Tägigkeitsbericht. Gütersloh, 1992, S. 22-23
Bielenberg, S.: Funktionalreform in Mecklenburg-Vorpommern. In: Die neue Verwaltung, (1995) 3, S. 8-10
Blenk, J.: Verwaltungshilfen im Verbundsystem. In: Der Städtetag, (1991) 8, S. 547-551
Blume, M.: Probleme bei der Einführung eines neuen Steuerungsmodells. In: Verwaltungsorganisation, (1994) 5, S. 8-11
Boock, C.: Vom Bürgerforum in die Stadtverwaltung. Erfahrungen aus Jena. In: Benzler, S./Bullmann, U./Eißel, D. (Hrsg.): Deutschland-Ost vor Ort. Anfänge der lokalen Politik in den neuen Bundesländern. Opladen: Leske + Budrich, 1995, S. 49ff.
Brachmann, R.: Zum Stand der Verwaltungsreform in Sachsen-Anhalt. In: Landes- und Kommunalverwaltung, (1996) 2, S. 34-40
Bretzinger, O.: Die Kommunalverfassung der DDR. Baden-Baden: Nomos, 1994
Bücking, H.-J./Posorski, F./Tech, F./Will, H.-J.: Veränderung der Funktion kreisangehöriger Gemeinden, ihrer Ausstattung sowie ihrer Aufgabenerfüllung im Prozeß der Herausbildung und Festigung kommunaler Selbstverwaltung (KSPW-Kurzstudie), verv. Ms. Berlin, 1994
Bullmann, U./Schwanengel, W.: Zur Transformation territorialer Politikstrukturen. Landes- und Kommunalverwaltungen in den neuen Bundesländern. In: Benzler, S./Bullmann, R./Eißel, D. (Hrsg.): Deutschland-Ost vor Ort. Anfänge der lokalen Politik in den neuen Bundesländern. Opladen: Leske + Budrich, 1995, S. 193-221
Bundesvereinigung der kommunalen Spitzenverbände: Verwaltungshilfeprogramme für die Kommunen in den neuen Ländern. 1993, S. 14ff.
Busch, J.-D.: Der Aufbau der Landesverwaltung in Mecklenburg-Vorpommern. In: Mitteilungen des Schleswig-Holsteinischen Landkreistages, 1992, S. 8-16
Christen, A.: Drei unterschiedlich geprägte Kreise mit Augenmaß zusammenführen. In: Der Landkreis, (1994) 4, S. 155-156
Clausen, W.: Kreisgebietsreform in Mecklenburg-Vorpommern. In: Landes- und Kommunalverwaltung, (1992) 111
Däumer, R.: Die Gemeindeverwaltungsreform in Sachsen-Anhalt: Voraussetzungen zur Verwirklichung lokaler Selbstverwaltung? Halle: Martin-Luther-Universität, 1995
Darsow, T.: Verwaltungsreform in Mecklenburg-Vorpommern: Renaissance der Amtsverfassung. In: Landes- und Kommunalverwaltung, (1992) 9, S. 287-290

Darsow, T.: Die Kommunalverfassung für das Land Mecklenburg-Vorpommern. In: Landes- und Kommunalverwaltung, (1994) 12, S. 417-422

Demuth, H.: Der Versuch einer Funktionalreform in Sachsen-Anhalt. In: Die Neue Verwaltung, (1995) 5, S. 28-31

Derlien, H.-U.: Kommunalverfassungen zwischen Reform und Revolution. In: Gabriel, O.W./ Voigt, R. (Hrsg.): Kommunalwissenschaftliche Analysen. Bochum, 1994, S. 47-72

Deutscher Städtetag: Die innerdeutschen Städtepartnerschaften. DSt-Beiträge zur Kommunalpolitik. Reihe A (1992a) 18, Köln

Deutscher Städtetag: Herstellung kommunalen Eigentums und Vermögens in den neuen Bundesländern. DSt-Beiträge zur Kommunalpolitik. Reihe A (1990) 12, Köln

Deutscher Städtetag: Personalwirtschaft der Städte in den neuen Bundesländern. DSt-Beiträge zur Kommunalpolitik. Reihe A (1992b) 19, Köln

Deutscher Städtetag: Städte im Aufbruch. Fünf Jahre kommunale Selbstverwaltung in den neuen Ländern. DSt-Beiträge zur Kommunalpolitik. Reihe A (1995) 21, Köln

Deutscher Städtetag: Städte auf dem Reformweg. Materialien zur Verwaltungsreform, Köln/Berlin (1996) 22

Eggert, H.: Stand der kommunalen Gebietsreform im Freistaat Sachsen. In: Landes- und Kommunalverwaltung, (1995) 3, S. 89-93

Ehling, F.: Die Personalkostenentwicklung im Amt Barnim-Oderbruch. in: Bundesvereinigung der kommunalen Spitzenverbände (Hrsg.), 1995, S. 57-62

Eildienst Landkreistag : Modernisierungsansätze in Kreisverwaltungen. (1996) 9, S. 155-162

Einenkel, B./Thierbach, T.: Das schwere Erbe des Zentralismus. In: DDR-Städte im Rückblick. Beiträge zur Kommunalpolitik, (1990) 11, Köln: Deutscher Städtetag

Eisen, A.: Institutionenbildung im Transformationsprozeß. Der Aufbau der Umweltverwaltung in Sachsen und Brandenburg 1990-1994. Baden-Baden: Nomos, 1996

Engeli, C./Haus, W.: Quellen zum modernen Gemeindeverfassungsrecht in Deutschland. Stuttgart usw.: Kohlhammer, 1975

Enquete-Kommission „Verwaltungsreform": Vorschläge zur Neuorganisation der Verwaltung in Sachsen, Magdeburg: Landtag von Sachsen-Anhalt, 1994

Föhrigen, F.: Dessauer Design. Neues Steuerungsmodell in der Stadtverwaltung. In: Die Neue Verwaltung, (1995) 4, S. 11-13

Frank, R.: Politik und Verwaltung im Umbruch. Neubau der Kommunalverwaltungen in den neuen Bundesländern – eine Zwischenbilanz. In: Demokratische Gemeinde, (1992) 1, S. 47-52 und (1992) 2, S. 47-52

Franz, P.: Zum Wandel politischer Institutionen und Orientierungen. In: Herlyn, U./Bertels, L. (Hrsg.): Stadt im Umbruch: Gotha. Wende und Wandel in Ostdeutschland. Opladen: Leske + Budrich, 1994, S. 99-139

Frenzel, A.: Die Eigendynamik ostdeutscher Kreisgebietsreformen. Eine Untersuchung landesspezifischer Verlaufsmuster in Brandenburg und Sachsen. Baden-Baden: Nomos 1995

Gertler, K.: Die Kreisgebietsreform in Sachsen-Anhalt – Versuch einer Bewertung aus der Sicht des Landkreistages. In: Der Landkreis, (1994) 4, S. 162-165

Glaser, K.M.: Fünf Jahre nach dem Startschuß: Amtsordnung Mecklenburg-Vorpommern hat Bewährungsprobe bestanden. In: Landes- und Kommunalverwaltung, (1996) 6, S. 183-187

Gornas, J.: Funktionalreform in Mecklenburg-Vorpommern. Schwerin, 1993

Grömig, E.: Verwaltungsmodernisierung und kommunale Fortbildung. In: Das Rathaus, (1995) 9, S. 428-432

Grömig, E./Thielen, H.: Städte auf dem Reformweg. Zum Stand der Verwaltungsmodernisierung. In: Der Städtetag, (1996) 9, S. 596-600

Grunow, D. (Hrsg.): Verwaltungstransformation zwischen politischer Opportunität und administrativer Rationalität. Bielefeld: Kleine Verlag, 1996

Hammernick, W.: Probleme der Wirtschaftsförderung und Stadtentwicklung aus kommunaler Sicht am Beispiel der Stadt Suhl/Thüringen. In: Pitschas, R. (Hrsg.), 1993, S. 131-139

Hanisch, C.: Erfahrungen in der Kreisverwaltung Cottbus-Land. In: Der Landkreis, (1991) 2, S. 71-74

Hanisch, C.: Fragen der Strukturumstellung in der Verwaltung. Erfahrungen in der Kreisverwaltung Cottbus-Land (Brandenburg). In: Der Landkreis, (1991) 2, S. 71-74

Hauschild, C.: DDR: Vom sozialistischen Einheitsstaat in die föderale und kommunale Demokratie. In: Blanke, B. (Hrsg.): Staat und Stadt. Sonderband PVS, Opladen: Westdeutscher Verlag, 1991b, S. 213-236

Hauschild, C.: Die örtliche Verwaltung im Staats- und Verwaltungssystem der DDR. Baden-Baden: Nomos, 1991a

Henneke, H.-G.: Die Zukunft der Kreisverwaltung. In: Die Neue Verwaltung, (1996) 2, S. 12-14

Henneke, H.-G.: Die Zukunft der Kreisverwaltung. In: Die Neue Verwaltung, (1996) 2, S. 12-14

Henneke, H.-G. 1995a: Innovationsring: „Kreisverwaltung der Zukunft". In: Der Landkreis, (1995) 1, S. 21ff.

Henneke, H.-G.: Kreisebene in der Bundesrepublik Deutschland nach der Gebietsreform in den neuen Lädern. In: Der Landkreis, (1994) 4, S. 145-152

Hill, H.: Die neue Verwaltung nachhaltig entwickeln. In: Die Öffentliche Verwaltung, (1993) 2, S. 54-60

Hill, H./Klages, H. in Verbindung mit dem Deutschen Landkreistag (Hrsg.): Kreisverwaltung der Zukunft. Vergleichende Untersuchung aktueller Modernisierungsansätze in ausgewählten Kreisverwaltungen. Stuttgart u.a.: Raabe-Verlag, 1995

Hoesch, J.: Zum Verwaltungsaufbau in den neuen Bundesländern. In: Recht und Politik, (1993) 3, S. 140-145

Höppner, R.: Entscheidungen nach unten verlagern. In: Die Neue Verwaltung, (1995) 4, S. 4-7

Innenministerium des Landes Nordrhein-Westfalen: Partnerschaft vor Ort. Zusammenarbeit von Kommunen aus Nordrhein-Westfalen und Brandenburg. Düsseldorf, 1991

Hoffmann, G.: Zur Situation des Kommunalverfassungsrechts nach den Gesetzgebungen in den neuen Bundesländern. In: Die Öffentliche Verwaltung, (1994) 15, S. 621-629

Jaedicke, W./Heinrich, Th./Wollmann, H.: Evaluierungsstudie zur Modernisierung der Kommunalverwaltungen im Bereich Planen, Bauen, Umwelt. Zwischenbericht. Berlin: IfS, 1996

Jaedicke, W./Wegrich, K./Lorenz, S./Wollmann, H.: Kommunale Verwaltungspolitik in Ostdeutschland – am Beispiel Mecklenburg-Vorpommerns, Berlin: sigma, 1997 (Veröffentlichung in Vorbereitung)

Jann, W.: Politische Willensbildung und Entscheidungsstrukturen im Prozeß der deutschen Einigung – Im Osten nichts Neues? In: Lehmbruch, G. (Hrsg.): Einigung und Zerfall. Deutschland und Europa nach dem Ende des Ost-West-Konflikts. Opladen: Leske + Budrich, 1995, S. 55-71

Keller, A.: Aufbau der neuen Länderverwaltungen. KSPW-Expertise. Ms.: Hochschule für Verwaltungswissenschaften Speyer, Lehrstuhl Prof. K. König, 1996

Klages, H.: Grundsätze und Erfordernisse einer grundlegenden Erneuerung und Modernisierung der öffentlichen Verwaltung. In: Die Neue Verwaltung, (1994) 4, S. 17-20

Klang, K.A.: Entwicklung des Kommunalverfassungsrechts in Sachsen-Anhalt. In: Landes- und Kommunalverwaltung, (1996) 2, S. 40-45

Kleinschmidt, W.: Gemeindeneugliederung nicht von „oben". In: Brandenburg Kommunal, (1996) 17, S. 6-7

Klucke, H./Eichler, B.: Die Gemeinde im Jahr 2000. In: Brandenburg Kommunal, (1995) 14, S. 7-8

Knemeyer, F.-L. (Hrsg.): Aufbau kommunaler Selbstverwaltung in der DDR. Baden-Baden: Nomos, 1990

Knemeyer, F.-L.: Die Kommunalverfassungen in der Bundesrepublik Deutschland. In: Roth, R./ Wollmann, H. (Hrsg.): Kommunalpolitik. Opladen: Leske + Budrich, 1994, S. 81-94
Koch, R.: Handeln statt reden. In: Die Neue Verwaltung, (1996) 1, S. 29-30
Kommunale Gemeinschaftsstelle für Verwaltungsvereinfachung, KGSt: Organisationsmodelle für Landkreise der DDR, Köln, 1990b
Kommunale Gemeinschaftsstelle für Verwaltungsvereinfachung, KGSt: Modellstellenpläne für Städte der GK 1-4 in den neuen Ländern. Köln, 1992
Kommunale Gemeinschaftsstelle für Verwaltungsvereinfachung, KGSt: Modellstellenpläne für Landkreise in den neuen Bundesländern. Köln: (1993) 7
Kommunale Gemeinschaftsstelle für Verwaltungsvereinfachung, KGSt: Das Neue Steuerungsmodell. Begründung, Konturen, Umsetzung. KGSt-Bericht 5/1993c, Köln
Kommunale Gemeinschaftsstelle für Verwaltungsvereinfachung, KGSt: Erfahrungen der Kreise mit der Einführung des Neuen Steuerungsmodells. KGSt-Materialien Nr. 1, Köln, 1996
Kommunale Gemeinschaftsstelle für Verwaltungsvereinfachung. KGSt: Organisationsmodell für Gemeinden und Verwaltungsgemeinschaften in der DDR (bis 5.000 Einwohner), Köln, 1990a
König, K./Heimann, J./Junge I.: Kommunalisierungen und andere Vermögensübertragungen auf die öffentliche Hand. In: Fischer, W./Hax, H./Schneider, H.K. (Hrsg.): Treuhandanstalt. Berlin: Akademie-Verlag, 1993, S. 163-182
König, K./Schuppert, G.F./Heimann, J. (Hrsg.): Vermögenszuordnung. Aufgabentransformation in den neuen Bundesländern. Baden-Baden: Nomos, 1994
König, K./Heimann, J.: Zur Aufgaben- und Vermögenstransformation. In: König, K./Schuppert, G.F./Heimann J. (Hrsg.): Vermögenszuordnung. Aufgabentransformation in den neuen Bundesländern. Baden-Baden: Nomos, 1994, S. 11-64
Köstering, H.: Grundlagen und Probleme einer Funktionalreform im Land Brandenburg. In: Die Öffentliche Verwaltung, (1994) 6, S. 238-249
Köstering, H.: Vier Jahre Verwaltungsaufbau im Lande Brandenburg – Rezeption, Evolution oder Innovation? In: Verwaltungsrundschau, (1995) 3, S. 83-89
Landesregierung Brandenburg: Bericht zu Problemen bei der Aufgabenübertragung nach den bisher beschlossenen Funktionalreformgesetzen. Brbg. LT-Drs. 2/1518, 1995
Landesregierung Mecklenburg-Vorpommern: Tätigkeitsbericht zu den Verhandlungen und Ergebnissen der von der Landesregierung eingesetzten Arbeitsgruppen zur Vorbereitung der Verwaltungsreform in Mecklenburg-Vorpommern, M-V LT-Drs. 2/1611 vom 29.05.1996
Landesregierung Sachsen-Anhalt: Antwort der Landesregierung auf die Große Anfrage: Situation der Verwaltungsgemeinschaften. S-A LT-Drs. 2/1025 vom 08.06.1995
Länderberichte: In: Landes- und Kommunalverwaltung, (1993) 12, S. 397-413
Laux, E.: Erfahrungen und Perspektiven der kommunalen Gebiets- und Funktionalreformen. In: Roth, R./Wollmann, H. (Hrsg.): Kommunalpolitik. Opladen: Leske + Budrich, 1994, S. 136-154
Lieber, H.: Worum geht es bei der Reform der Kommunalverfassung? In: Brandenburg Kommunal, (1996) 17, S. 4-5
Lochen, H.-H.: Arbeitsweise der Ämter zur Regelung offener Vermögensfragen. In: Hill, H. (Hrsg.): Erfolg im Osten II. Baden-Baden: Nomos, 1993
Lorenz, S.: Personalentwicklung im öffentlichen Dienst der neuen Bundesländer unter besonderer Berücksichtigung der kommunalen Ebene. KSPW-Expertise. Unveröff. Ms., Humboldt-Universität zu Berlin, 1996a
Lorenz, S.: Strukturen und Entwicklung der Aus- und Fortbildung von Verwaltungspersonal in den neuen Bundesländern. KSPW-Expertise. Unveröff. Ms., Humboldt-Universität zu Berlin, 1996b

Lorenz, S.: Personalstrukturen und Personalentwicklung in der DDR-Verwaltung: Zwischen „Verfachlichung" und „Politisierung". In: Landes- und Kommunalverwaltung (im Erscheinen), 1996c

Lorenz, S.: Einführung „Neuer Steuerungsmodelle" in ostdeutschen Kommunalverwaltungen – zwischen Modernisierungsrhetorik und Reformpraxis. KSPW-Expertise, erscheint in: Jaedicke, W./Wegrich, K./Lorenz, S./Wollmann, H., 1997

Lörler, S.: Die Verwaltungsorganisation. In: Simon, H. u.a. (Hrsg.): Handbuch der Verfassung des Landes Brandenburg, Stuttgart, 1994

Lörler, S.: Probleme der zweistufigen Landesverwaltung in einem neuen Flächenstaat. In: DÖV, (1993) 46, S. 244-248

Mahn, H.-P.: Neubau der Verwaltung in Sachsen-Anhalt. In: Oertzen, H.J. von (Hrsg.): Rechtsstaatliche Verwaltung im Aufbau II. Sonderbehörden und Einheit der Verwaltung. Baden-Baden: Nomos, 1993, S. 45-51

Materialien zur deutschen Einheit und zum Aufbau in den neuen Bundesländern. BT Drs. 13/2280 vom 08.09.1995

Meisel, D.: Kommunale Selbstverwaltung im Umbruch: Entscheidungsprozesse in einer ostdeutschen Stadt nach der Wende. Erfurt/Vieselbach: Deutscher Kommunal-Verlag, 1995

Melzer, H.: Kommunale Demokratie. Erwartungen, Probleme, Lösungen. In: Knemeyer, F.-L. (Hrsg.): Aufbau kommunaler Selbstverwaltung in der DDR. Baden-Baden: Nomos, 1990, S. 33-48

Melzer, H.: Lokale Politikforschung in der DDR zwischen Zentralismus und kommunaler Selbstverwaltung. In: Heinelt, H./Wollmann, H. (Hrsg.): Brennpunkt Stadt. Basel u.a.: Birkhäuser, 1991, S. 321-339

Meyer, H.: Länderreport: Mecklenburg-Vorpommern. In: Landes- und Kommunalverwaltung, (1991) 10, S. 336-337

Meyer, H.: Ämterverfassung und Kreisgebietsreform in Mecklenburg-Vorpommern. In: Landes- und Kommunalverwaltung, (1993) 12, S. 399-402

Meyer, H.: Kreisselbstverwaltung in den neuen Bundesländern. In: Der Landkreis, (1994a) 1, S. 15-21

Meyer, H.: Funktionalreform als pragmatischer Prozeß. In: Landes- und Kommunalverwaltung, (1994b) 12, S. 422-426

Meyer, H.: Möglichkeiten und Grenzen der Funktionalreform. verv. Ms., 1995

Meyer, H.: Verwaltungsreform. Ms., 1995

Muth, M.: Abgrenzung: Fachaufsicht, Sonderaufsicht, Kommunalaufsicht. In: Brandenburg Kommunal, (1995), S. 8-10

Muth, M.: Die überörtliche Prüfung der Kommunen. In: Brandenburg Kommunal, (1993), S. 19-21

Muth, M.: Funktionalreform: „Generalinventur" der öffentlichen Aufgaben bis Ende 1996. In: Brandenburg Kommunal, (1994), S. 2-5

Mutius, A. von: Gemeinden und Landkreise in der Landesverfassung Mecklenburg-Vorpommern. Anspruch und Verfassungswirklichkeit. In: Landes- und Kommunalverwaltung, (1996) 6, S. 177-182

Nierhaus, M.: Die Gemeindeordnung des Landes Brandenburg. In: Landes- und Kommunalverwaltung, (1995) 1, S. 5-12

Obermann, S./Grömig, E./v. Kodolitsch, P.: Städte auf dem Reformweg. Materialien zur Verwaltungsreform. Deutscher Städtetag-Beiträge zur Kommunalpolitik, Reihe A, (1996) 22

Otter, C.: 2. Speyerer Qualtiätswettbewerb 1994. In: Die Neue Verwaltung, (1995) 2, S. 17

Perschau, H.: Kommunalstruktur und staatliche Verwaltung in Sachsen-Anhalt. In: Oertzen, H.J. von (Hrsg.): Rechtsstaatliche Verwaltung im Aufbau III. Selbstverwaltung und Aufsicht. Baden-Baden: Nomos, 1994, S. 17-24

Petzold, S.: Der Übergang zur kommunalen Selbstverwaltung in der DDR. Baden-Baden: Nomos, 1990a, S. 27-32

Petzold, S.: Entstehungsgeschichte und wesentliche Erwägungen bei der Ausarbeitung des Entwurfs für eine vorläufige Kommunalverfassung in der DDR. Baden-Baden: Nomos, 1990b, S. 71-80

Petzold, S.: Zur Entwicklung und Entstehung der kommunalen Selbstverwaltung in den neuen Bundesländern. In: Wollmann, H./Roth, R. (Hrsg.): Kommunalpolitik: Leske + Budrich, 1994, S. 35-51

Polte, W.: Erfahrungen und Probleme im Verhältnis von Selbstverwaltung und Aufsicht – aus der Sicht einer kreisfreien Stadt. In: Oertzen, H.J. von (Hrsg.): Rechtsstaatliche Verwaltung im Aufbau III. Selbstverwaltung und Aufsicht. Baden-Baden: Nomos, 1994, S. 39-44

Püttner, G./Bernet, W. (Hrsg.): Verwaltungsaufbau und Verwaltungsreform in den neuen Ländern. Köln usw.: Heymanns, 1992

Reichard, C.: Umdenken im Rathaus. Neue Steuerungsmodelle in der deutschen Kommunalverwaltung. Berlin: edition sigma, 1994

Reichard, C.: Die „New Public Management"-Debatte im internationalen Kontext. In: Reichard, C./Wollmann, H. (Hrsg.): Kommunalverwaltung im Modernisierungsschub? Basel usw.: Birkhäuser, 1996, S. 241-274

Reinholdt, T.: Der lange schwierige Weg des Zusammenwachsens. In: Der Landkreis, (1994) 4, S. 157-158

Reulen, S.: Die Kreisgebiets- und Gemeindereform in den ostdeutschen Bundesländern. Zur Entwicklung landesspezifischer Strategien am Beispiel von Brandenburg, Sachsen und Sachsen-Anhalt. Ms. Konstanz (KSPW-Expertise), 1996

Rösler, A.: Zur Beibehaltung traditioneller Gemeindegrößen in der ehemaligen DDR. In: Püttner, G./Bernet, W. (Hrsg.): Verwaltungsaufbau und Verwaltungsreform in den neuen Ländertn. Köln usw.: Heymanns, 1991, S. 29-56

Ruckriegel, W.: Neubau der Verwaltung in Brandenburg. In: Oertzen, H.J. von (Hrsg.): Rechtsstaatliche Verwaltung im Aufbau II. Sonderbehörden und Einheit der Verwaltung. Baden-Baden: Nomos, 1993, S. 52-59

Sauter, E.: Zur Relativierung des Steuerungsmodells. In: Das Rathaus, (1995) 1, S. 12f.

Schefold, D./Neumann, M.: Entwicklungstendenzen der Kommunalverfassungen in Deutschland: Demokratisierung oder Dezentralisierung? Basel usw.: Birkhäuser, 1995

Scheytt, O./ Verwaltungshilfe für die Kommunen in den neuen Ländern der Bundesrepublik Deutschland. In: Archiv für Kommunalwissenschaften, (1991) 1, S. 3-16

Scheytt, O./Otto, H.-C.: Der Einigungsvertrag in der kommunalen Praxis. Berlin/München: Kova Fachverlag, 1991

Scheytt, O.: Reorganisation der kommunalen Selbstverwaltung. In: Rühl, C. (Hrsg.): Institutionelle Reorganisation in den neuen Ländern – Selbstverwaltung zwischen Markt und Zentralstaat. Marburg: Metropolis, 1992, S. 23-43

Schmidt-Eichstaedt, G.: Die Rechtsqualität der Kommunalaufgaben. In: Püttner, G. (Hrsg.): Handbuch der kommunalen Wissenschaft und Praxis. 2. Aufl., Bd. 3. Berlin usw. Springer, 1983, S. 9-30

Schmidt-Eichstaedt, G.: Machtverteilung zwischen Gemeindevertretung und dem Hauptverwaltungsbeamten im Vergleich der deutschen Kommunalverfassungssysteme. In: Archiv für Kommunalwissenschaften, (1985), S. 20-41

Schmidt-Eichstaedt, G. u.a.: Gesetz über die Selbstverwaltung der Gemeinden und Landkreise in der DDR (Kommunalverfassung). Kommentar, Köln, 1990

Schmidt-Eichstaedt, G.: Die Kommunalreform in den neuen Bundesländern. In: Das Rathaus, (1994) 4, S. 221-225

Schmidt-Eichstaedt, G.: Die Kommunen zwischen Autonomie und (Über-)Regelung durch Bundes- und Landesrecht sowie durch EG-Normen. In: Roth, R./Wollmann, H. (Hrsg.): Kommunalpolitik. Opladen: Leske + Budrich, 1994, S. 95-108

Schnabel, F.: Gemeindereform in Sachsen. In: Die Neue Verwaltung, (1994) 4, S. 9-13

Schneider, H./Voigt, R. (Hrsg.): Gebietsreform im ländlichen Raum. Bornheim u.a., 1994

Schneider, K.-G.: Gemeindereform in Sachsen. Erfahrungen vor Ort. In: Die Neue Verwaltung, (1994) 2, S. 18-20

Schöneich, M.: Kommunale Wirtschaftsentwicklung – Anforderungen an die Treuhandanstalt. In: Pitschas, R. (Hrsg.): Verwaltungsintegration in den neuen Bundesländern. Berlin: Duncker & Humblot, 1993, S. 117-130

Schubel, C./Schwanengel, W.: Funktionelle Probleme beim Aufbau von Landkreisverwaltungen in Thüringen. In: Landes- und Kommunalverwaltung, (1991) 8, S. 250-254

Schuster, F.: Neubau der Verwaltung im Land Thüringen. In: Oertzen, H.J. von (Hrsg.): Rechtsstaatliche Verwaltung im Aufbau II. Sonderbehörden und Einheit der Verwaltung. Baden-Baden: Nomos, 1993, S. 15-23

Schwarze, U.: Kommunale Sozialverwaltung in den neuen Bundesländern. Rostocker Behörden und Verbände berichten über Aufbau und Akzeptanzprobleme. In: Der Städtetag, (1993) 8, S. 541-547

Seele, G.: Die Einheit der Verwaltung auf der Kreisstufe in den neuen Bundesländern. In: Die Neue Verwaltung, (1992) 4, S. 5-13

Seele, G.: Die Einheit der Verwaltung auf der Kreisstufe in den neuen Bundesländern. In: Die Neue Verwaltung, (1992) 4, S. 5-13

Seibel, W. (unter Mitarbeit von Stephanie Reulen): Verwaltungsaufbau in den neuen Bundesländern: Zur kommunikativen Logik staatlicher Institutionenbildung. Berlin: Edition Sigma, Rainer Bohn Verlag 1996a

Seibel, W.: Innovation, Imitation, Persistenz: Muster staatlicher institutionenbildung in Ostdeutschland seit 1990. In: Eisen, A./Wollmann, H. (Hrsg.): Institutionenbildung in Ostdeutschland. Zwischen externer Steuerung und Eigendynamik. Opladen: Leske + Budrich, 1996b, S. 351-408

Sponer, W.-U.: Die Sächsische Landkreisordnung – zukunftsweisendes Modell einer süddeutschen Ratsverfassung? In: Landes- und Kommunalverwaltung, (1995) 3, S. 101-103

Sponer, W.-U.: Länderbericht Sachsen. In: Landes- und Kommunalverwaltung, (1996) 8, S. 267-269

Talkenberg, F.: Trendwende in der öffentlichen Verwaltung – ein Gebot der Zeit. In: Die Neue Verwaltung, (1995) 2, S. 18-20

Thieme, W.: Die Gliederung der deutschen Verwaltung. In: Püttner, G. (Hrsg.): Handbuch der kommunalen Wissenschaft und Praxis. 2. Aufl., Bd. 1. Berlin usw.: Springer, 1981, S. 135-153

Universität Potsdam, Wirtschafts- und Sozialwissenschaftliche Fakultät: Die Einführung des „Neuen Steuerungsmodells" in ausgewählten Modellkommunen des Landes Brandenburg. Diskussionsbeitrag Nr. 1, Potsdam, 1996

Vetzberger, K.: Kleines Land mit vielen Behörden. Funktionalreform in Thüringen. In: Die Neue Verwaltung, (1996) 2, S. 28-30

Weber, M.: Vermögenszuordnung und Aufgabentransformation aus der Sicht einer Großstadt. In: König, K./Schuppert, G.F./Heimann, J. (Hrsg.): Vermögenszuordnung. Aufgabentransformation in den neuen Bundesländern. Baden-Baden: Nomos, 1994, S. 239-252

Wegener, A./Jaedicke, W./Wollmann, H.: Kommunale Arbeitsmarktpolitik. Projektbericht. Unveröff. Ms.: Humboldt-Universität zu Berlin, Institut für Politikwissenschaft, 1994

Wilhelm, S.: Bürgermeister-Abwahl. In: Brandenburg Kommunal, (1996) 17, S. 20-21

Willhöft, M.: Kreispartnerschaften bilden ein solides Fundament. In: Der Landkreis, (1993) 11, S. 481-488
Willhöft, M.: Erneuerung und Modernisierung der Kreisverwaltung in den neuen Bundesländern. In: Die Neue Verwaltung, (1995) 3, S. 7-10
Wollmann, H.: Kommunalpolitik und -verwaltung in Ostdeutschland. Institutionen und Handlungsmuster im „paradigmatischen" Umbruch. Eine empirische Skizze. In: Blanke, B. (Hrsg.): Staat und Stadt. Opladen: Westdeutscher Verlag, 1991, S. 237-258
Wollmann, H.: Evaluierungsansätze und -institutionen in Kommunalpolitik und -verwaltung. Stationen der Planungs- und Steuerungsdiskussion. In: Schulze-Böing, M./Jorhendt, N. (Hrsg.): Wirkungen kommunaler Beschäftigungsprogramme. Basel usw.: Birkhäuser, 1994, S. 79-110
Wollmann, H.: Regelung kommunaler Institutionen in Ostdeutschland zwischen „exogener Pfadabhängigkeit" und endogenen Entscheidungsfaktoren. In: Berliner Journal für Sozialforschung 5 (1995a) 4, S. 497-514
Wollmann, H.: Variationen institutioneller Transformation in sozialistischen Ländern: Die (Wieder-) Einführung der kommunalen Selbstverwaltung in Ostdeutschland, Ungarn, Polen und Rußland. In: Wollmann, H./Wiesenthal, H./Bönker, F. (Hrsg.): Transformation sozialistischer Gesellschaften: Am Ende des Anfangs. Opladen: Westdeutscher Verlag, 1995b, S. 554-596
Wollmann, H.: Verwaltungsmodernisierung: Ausgangsbedingungen, Reformanläufe und aktuelle Modernisierungsdiskurse. In: Reichard, C./Wollmann, H. (Hrsg.): Kommunalverwaltung im Modernisierungsschub? Basel usw.: Birkhäuser-Verlag, 1996a, S. 1-49
Wollmann, H.: Institutionenbildung in Ostdeutschland: Neubau, Umbau und „schöpferische Zerstörung". In: Kaase, M./Eisen, A./Gabriel, O./Niedermayer, O./Wollmann, H.: Politisches System in den ostdeutschen Ländern. Opladen: Leske + Budrich, 1996b
Wollmann, H.: Institutionenbildung in Ostdeutschland. Rezeption, Eigenentwicklung oder Innovation? In: Eisen, A./Wollmann, H. (Hrsg.): Institutionenbildung in Ostdeutschland. Zwischen externer Steuerung und Eigendynamik. Opladen: Leske + Budrich, 1996c
Wollmann, H.: „Echte Kommunalisierung" der Verwaltungsaufgaben: Innovatives Leitbild für umfassende Funktionalreform? In: Landes- und Kommunalverwaltung, 1997, Heft 1
Wollmann, H./Schnapp, K.-U.: Kommunalpolitik in den neuen Bundesländern. In: Hanesch, W. (Hrsg.): Sozialpolitische Strategien gegen Armut. Opladen: Westdeutscher Verlag, 1995, S. 195-220
Ziel, A.: 14 Grundsätze für die Funktionalreform in Brandenburg. Regierungserklärung des Innenministers am 24.6.1993. In: Brandenburg Kommunal, (1993) 5/6, S. 9-10
Ziel, A.: Reform der staatlichen und kommunalen Verwaltungen – der brandenburgische Weg. In: Brandenburg Kommunal, (1994) 10/11, S. 2-3
Ziel, A.: Der Weg des Landes Brandenburg in eine rechtsstaatliche öffentliche Verwaltung. In: Landes- und Kommunalverwaltung, (1995) 1, S. 1-5
Ziel, A.: Kommunalreform. In: Brandenburg Kommunal, (1996a) 17, S. 2-3
Ziel, A.: Vortrag auf 4. Kommunaltag der Friedrich-Ebert-Stiftung am 11.05.1996 in Potsdam, 1996b
Zöllner, C.: Aus drei mach eins: Aufbau einer neuen Kreisverwaltung. In: Die Neue Verwaltung, (1994) 1, S. 21-23
Zöllner, C.: Die Ebene der Kommmunen/des Kreises. In: König, K./Schuppert, G.F./Heimann, J. (Hrsg.): Vermögenszuordnung. Aufgabentransformation in den neuen Bundesländern. Baden-Baden: Nomos, 1994, S. 219-237

Elitezirkulation zwischen Implosion und Integration

Abgang, Rekrutierung und Zusammensetzung ostdeutscher Funktionseliten 1989-1994

Hans-Ulrich Derlien

1. Einleitung

DDR-Außenminister Fischer überlebte politisch zwar das Honecker-Regime, nicht aber die Regierung Modrow, und sein Nachfolger Meckel ist nicht Bonner Außenminister geworden. Talleyrand hingegen amtierte im absolutistischen, im revolutionären und im napoleonischen Frankreich, um unter den Bourbonen immer noch Außenminister zu sein. Anders auch als 1919 sind die administrative Elite, aber auch die Führung des DDR-Verbändesystems von der Bildfläche verschwunden, und prominente Richter des ancien régime der DDR belasten die Bundesrepublik heute nicht wie Nazi-Juristen nach 1949. Schließlich hat das Militär nicht geputscht wie im August 1991 in Moskau, und die SED-Nachfolgepartei regiert 1996 – im Gegensatz zu den Post-Kommunisten in vielen Staaten des früheren Ostblocks – weder auf Bundes- noch auf Landesebene. Hieran ist zu Beginn in historischer und systematisch vergleichender Hinsicht zu erinnern, um sich nicht apriori auf die Ergebnisse der deutschen Revolution von 1989/90 als Normalität von Regimewechseln einzurichten. Denn der Fall der DDR stellt, wie inzwischen immer wieder betont wird, einen Sonderfall dar, bei dem sich innerhalb eines Jahres drei Umbrüche sukzessive miteinander verbanden: die Implosion des totalitären Herrschaftssystems mit Transition zur parlamentarischen Demokratie, die Transformation der Zentralverwaltungswirtschaft mit Übergang zur Marktwirtschaft und – als specificum – die Aufgabe der Staatlichkeit der DDR mit dem Beitritt zur Bundesrepublik Deutschland.

Daß es 1989/90 zu einem Elitenwechsel insbesondere in der politischen Elite kommen würde, konnte nach den Erfahrungen aus der empirischen Revolutionsforschung nicht verwundern (Derlien 1991b), aber überraschend ist auch 1996 noch, wie wenig Systematisches wir darüber wissen, wie tief die Elitezirkulation griff und wie breit sie sich vollzog, in welchen Phasen und über welche Mechanismen sie ablief, welche Unterschiede zwischen einzelnen Sektoren und Funktionseliten in dieser Hinsicht bestehen, wo die alte Herrschaftselite verblieben ist und welche Eigenschaften die neuen Funktionseliten auszeichnen. Seien es der relativ friktionslose Verlauf der Elitenzirkulation, der diesem Aspekt in der deutschen Transformationsforschung wenig Aufmerksamkeit zufallen ließ, oder die (trotz vielfacher Betonung der Notwendigkeit akteurzentrierter „Ansätze") ohnehin relativ geringe Kapazität der deutschen Eliteforschung – die empirische Basis für die Abfassung dieses ursprünglich auf Sekundäranalysen eingestellten Berichts war zunächst schwach. Dabei waren empirische Untersuchungen durchaus als Desiderat vermerkt worden:

„(der kleinen Leute) Verhaltensweisen und Werteinstellungen kann man auch in der Transformation mit den Methoden der Umfrageforschung auf der Spur bleiben. Mit den Eliten geht das nicht. Das Schicksal der alten Politeliten ist, soweit ich sehe, bisher nur mit journalistischen Methoden verfolgt worden. Systematische Kenntnisse über Nachpositionen, Säuberungen (von Verwaltung, Justiz), Überprüfungen und Übernahmen (Polizei, Bundeswehr) kenne ich nicht, obwohl dies ein idealer Ansatz für eine auch vergleichende Transformationsforschung wäre." (Zapf 1994: 135)

So kommen denn auch die verschiedenen Zwischenbilanzen zur Wiedervereinigung (Altenhof/Jesse 1995; Hettlage/Lenz 1995) ganz oder weitestgehend ohne eine Betrachtung der Eliten aus.

1.1 Untersuchungsfrage

Für die „Gefahr eines deutschen Sonderweges in der Transitionsforschung" (von Beyme 1995: 41) kann man nicht zuletzt darin ein Indiz sehen, daß in anderen Ländern Ost- und Mitteleuropas die Eliteforschung als Teil der internationalen Transitionsforschung beachtliche Erträge erbringt (Szelényi/Szelényi 1995; Agh 1995). Allerdings mag dies daran liegen, daß man in den postsozialistischen Ländern selbst eher revolutionstheoretisch denkt (von Beyme 1996: 144) und/oder – auch im Westen – in soziologischer Tradition der empirischen Eliteforschung näher steht (Higley/Pakulski 1992; Higley/Burton 1989; Eisenstadt 1992; Szelényi/ Szelényi 1995) als die zu teleologischer Betrachtung neigende politikwissenschaftliche Transformationsforschung.[1]

Die Frage: who governs? ist nicht nur per se interessant, besonders nach historischen Zäsuren; Elite-Untersuchungen gewinnen zudem dann an Bedeutung, wenn die Almondsche Frage nach der Konsistenz von Struktur und Kultur aufgeworfen wird (Eisen et al. 1995); denn der Zusammenhang zwischen Umbau und Aufbau administrativer und politischer Institutionen einerseits und Entwicklung entsprechender politischer Einstellungen andererseits bliebe unvollständig beantwortet und vor allem im Ergebnis unbefriedigend erklärt, untersuchte man nicht auch die personellen Veränderungen in den politisch-administrativen Institutionen,

---

1 Ich meine die Modernisierungstheorie und die letztlich ebenfalls funktionalistische Orientierung der älteren Transitionsforschung an der Konsolidierung von Demokratie; vgl. von Beyme 1996: 142.

insbesondere in deren Führungsbereich, also in den Eliten von Kommunen und Ländern, ja auch auf Bundesebene, sowie bei anderen Funktionseliten z.B. im Verbände- oder im Mediensystem. Denn diese Funktionseliten erfüllen nicht nur die Institutionen mit Leben, steuern und legitimieren sie, sondern Elitenverhalten dürfte auch die politischen Einstellungen in der breiten Masse färben.

Diese Untersuchung muß sich allerdings auf Prozesse der Elitezirkulation beschränken und mit der Erfassung einiger äußerlicher Merkmale der Elitenkomposition bescheiden. Das liegt zum einen an dem Anliegen, die historisch-prozessuale Dimension des Regimewechsels mit seinen Stadien über fünf Jahre hinweg nachzuzeichnen, zum anderen an der Beschränktheit der Datenbasis: es konnten fast ausschließlich Dokumente, vor allem dokumentierte Biographien verwendet werden, um die Zirkulation verschiedener Funktionseliten zu rekonstruieren. Das Augenmerk liegt dabei zunächst auf der Erneuerung der Eliten nach der Implosion des Honecker-Regimes. Mit der den Sonderfall „DDR" ausmachenden Wiedervereinigung schiebt sich dann die Frage nach der ostdeutschen Repräsentation oder dem westdeutschen Eliten-Import über die Ausgangsfrage nach Erneuerung oder Kontinuität der DDR-Eliten; zu „alt-neu" tritt die Variable „Ost-West". Elitezirkulation bleibt dabei, technisch ausgedrückt, durchgängig abhängige Variable, sei es als Ergebnis von politisch induzierten Säuberungen oder von Wahlen, sei es als Folge institutioneller Umbrüche, die das Positionsfeld und damit den Rekrutierungsbedarf veränderten. Über die Bedeutung der Zirkulation für Systemperformanz, Politik-output oder politische Kultur vor 1995 kann empirisch fundiert hier nichts (mehr) gesagt werden. Allerdings wird die abschließende Betrachtung den engen Zusammenhang zwischen den im internationalen Vergleich sichtbar werdenden Eigentümlichkeiten der Elitezirkulation 1989-1994 und der unzweifelhaften politischen Konsolidierung in unserem Sonderfall plausibel machen.

Der Begriff der Implosion besitzt insofern eine auch elitetheoretische Konnotation, als er neben dem Autoritätsverfall der bislang legitimen Herrschaft den rapiden und widerstandslosen Abgang der alten Elite anspricht.[2] Transition bezeichnet üblicherweise die Periode, die zwischen Abgang der Elite des ancien régimes sowie Zerfall seiner Institutionen und Konsolidierung neuer Institutionen (mit Rekrutierung neuer Eliten) verstreicht.[3] Der Abgang der alten Eliten erstreckte sich einige Zeit über die unmittelbare Implosion hinaus, die in erster Linie die poli-

---

2   Der Begriff des Zusammenbruchs der Herrschaft (Breakdown) ist weiter als der der Implosion und umfaßt alle Revolutionstypen: auch gewaltsame (Rumänien), verhandelte (Polen, Ungarn) und oktroyierte (UdSSR); vgl. von Beyme (1992; 1993). Allerdings mündet nicht jeder Breakdown in eine Revolution (Eisenstadt 1992). Im Gegensatz zu Eisen et al. (1996) hielte ich es aus revolutionstheoretischer Sicht für prinzipiell sinnvoll, auch den Breakdown aus seinen Ursachen zu erklären. Denn die Art der Delegitimierung von Herrschaft dürfte sowohl den Revolutionstyp als auch Besonderheiten der Transition und der Elitezirkulation erklären.
3   Hierzu ausführlich von Beyme (1996: 144ff.; Merkel 1996: 35ff.)

tische Elite erfaßte. Aussagen über Elitekontinuität müssen daher berücksichtigen, daß die Zirkulation in der DDR als mehrstufiger, über den Zeitraum eines Jahres und sich nach Oktober 1990 fortsetzender Prozeß ablief. Es ist eine Frage der Wahl von Bezugspunkt und Bezugssystem, ob man den Standpunkt vertritt, die DDR hätte die Transitionsperiode mit den Wahlen vom März und Mai 1990 bereits durchschritten und unter de Maizière zumindest begonnen, sich zu konsolidieren, oder ob man – retrospektiv – interpretiert, sie habe die Konsolidierung nicht mehr aus eigener Kraft, sondern erst nach Aufgabe ihrer Staatlichkeit mit der Integration in die Bundesrepublik erreicht. Bedenkt man, daß historische Regression oder Suche nach einem Mittelweg zwischen Kapitalismus/Demokratie und Realsozialismus, wie in manchem östlicheren Staat zu beobachten, nach der Herstellung der staatlichen Einheit höchst unwahrscheinlich waren,[4] könnte man die Revolution in der DDR als unvollendet ansehen, da die Transition mit der Selbstaufgabe endete. Die politische Konsolidierung wäre dann mit Institutionalisierung der Länder und weiterer Dezentralisierungen erst nach der „dritten" Revolution (nach Demokratisierung und Übergang zur Marktwirtschaft, die wesentlich schon am 1.7.1990 begann), eben mit dem Beitritt zur Bundesrepublik anzusetzen. Die Elitezirkulation seit Oktober 1990, besonders die Mechanismen der negativen Rekrutierung und die Aktualisierung des externen Elitereservoirs im Westen könnten diese Auffassung stützen.

Die Untersuchung gliedert sich in drei Abschnitte:

- Zunächst werden die Phasen der Elitezirkulation zwischen Implosion der DDR-Machtelite im Oktober 1989 und Formierung einer Transitionselite bis Oktober 1990 analysiert. Dabei wird uns vor allem die Dynamik des Abgangs der SED-Machtelite und die Mischung von Neurekrutierungen mit Karrierekontinuitäten, also das periodenübergreifende politische Überleben der sukzessiven DDR-Transitionseliten interessieren. Zugleich ist ein Blick auf die Zirkulation der wichtigsten sonstigen Funktionseliten der DDR möglich. Insgesamt werden dadurch auch die zentralen staatsorganisatorischen Restrukturierungen sichtbar, die das Positionsfeld für die Neurekrutierung der Transitionseliten unter Modrow und de Maizière veränderten.
- Die Zeit nach dem 3. Oktober 1990 bis zu den zweiten gebietskörperschaftlichen Wahlen 1994 wird im dritten Abschnitt vor allem unter dem Gesichtspunkt der Rekrutierung Ostdeutscher in die neuen bundesrepublikanischen Institutionen querschnittsartig und systematisch für verschiedene Funktionseliten analysiert. Diese Detaillierung und Vertiefung der primär auf die zentrale politische Elite der DDR bezogenen Beobachtungen des prozessual-hi-

---

4   Immerhin hatten ja PDS und nahezu alle Basisgruppen (nota bene: es gab auch eine Linke Liste/PDS) zumindest bis März 1990 auf die Reformierbarkeit der DDR gesetzt und einen eigenen Verfassungsentwurf erarbeitet; Plädoyer für Wiedervereinigung nach Art. 146 GG und spätere Diskussion um die Grundgesetzrevision von 1993 vollzogen sich ebenfalls zum Teil in der Absicht, die Bundesrepublik zu modifizieren.

storischen Abschnitts 2 ist geleitet von der Frage nach der Repräsentation ostdeutscher Bürger in den Institutionen des Bundes und der neuen Länder. Neben der Frage nach Karrierekontinuitäten der politischen Transitionselite der DDR auf Bundesebene interessieren die Eliten in den neuen sektoralen Positionsfeldern der auf Landesebene dezentralisierten, vormals unitarischen Polity: neben parlamentarischen und Exekutivpolitikern auch Funktionseliten aus den Bereichen der öffentlichen Verwaltung und der Justiz, einiger wichtiger Verbände, der Medien und des Wirtschaftssektors. Generell steht jedoch der öffentliche Sektor, stehen Politik, Justiz und Verwaltung im Vordergrund; die genannten anderen Sektoren werden lediglich zum Vergleich der Zirkulation herangezogen und als mögliche neue Positionsfelder der abgetretenen Nomenklatur skizziert. Dabei wird deutlich werden, wie stark Zirkulation und Elitekontinuität von Veränderungen des institutionellen Positionsfeldes und von der Differenzierung eines privaten Sektors vom öffentlich-rechtlichen im Zuge der Transformation zur Marktwirtschaft abhängen. Es kann nicht überraschen, daß Regimewechsel nicht alle Funktionseliten gleichmäßig erfassen, aber es wird sichtbar werden, daß alle Funktionsbereiche tangiert sind, wenn ein totalitäres, über Jahrzehnte im wesentlichen von einer Partei kontrolliertes System zu Demokratie und Kapitalismus übergeht.
- Im abschließenden Abschnitt soll versucht werden, sektorübergreifend die zentralen Mechanismen, die der im internationalen Vergleich ungewöhnlich hohen Elitezirkulation zugrunde liegen, in der Zusammenschau darzustellen: die politische Säuberung mit ihrer von der spontanen zur bürokratischen Säuberung führenden Entwicklung, die sowohl die bürokratische Ernennungselite als auch die politische Delegationselite (Zapf 1966) erfaßte; den Eliten-Import aus Westdeutschland in die Ernennungselite, aber auch die gemischte Rekrutierung aus alten und neuen Funktionären, die in das Elitevakuum des sich zunächst verändernden und sich dann in den bundesrepublikanischen Institutionen nach Oktober 1990 stabilisierenden Positionsfeldes strömten. Dabei wird deutlich werden, daß der deutsche Sonderfall der Transformation, was die gelungene Elitezirkulation betrifft, wesentlich darin begründet ist, daß die Kombination von tiefgreifender bürokratischer Säuberung in allen öffentlichen Ämtern und massivem Elite-Import in mehreren Sektoren nur unter den Bedingungen des Beitritts zu einem hegemonialen System möglich wurde.

1.2 Empirische Basis

Der vorliegende Beitrag zehrt im dritten Abschnitt von einigen schon abgeschlossenen oder noch laufenden Partialuntersuchungen vor allem zur politisch-administrativen Elite (Derlien 1993; 1995; Derlien/Lock 1994) sowie von KSPW-Expertisen und Empirie-Splittern zu anderen Funktionseliten. Zwar wird man in Kürze dank der Ost-West-vergleichenden repräsentativen Untersuchungen von Bürklin (1995) auf nationaler Ebene (Potsdamer Elitestudie), von Cusack (1996) auf lokaler Ebene (Democracy and Local Governance in Germany) und von Patzelt (1996) zur Abgeordneten-Soziologie über gesicherte Momentaufnahmen des Jahres 1995 verfügen; diese umfragebasierten Untersuchungen richten sich jedoch primär[5] auf das subjektive Rollenverständnis und diverse Perzeptionen von Elitemitgliedern nach der Wiedervereinigung. Die Rekonstruktion der historischen Dynamik der Elitezirkulation und der sie ausmachenden Einzelprozesse, die zur relativ stabilen Lage 1995 führten, blieb indessen noch zu leisten. Als besonders schwierig erwies sich, etwas über den Verbleib der alten Elite herauszufinden. Mit Bevölkerungsstichproben (Solga 1994) war darüber kaum etwas zu ermitteln. Um der Beantwortung dieser Fragen näherzukommen und die Elitezirkulation in der Endphase der DDR möglichst breit quantitativ zu erfassen, wurde schließlich eine eigene Erhebung auf der Basis von biographischen Lexika durchgeführt, die 1994 überraschend verfügbar wurden.

Den *Umfang der DDR-Elite* zu bestimmen war keineswegs einfach. Die Forschung über die DDR-Elite hatte sich vor 1989 naturgemäß auf die SED-Führung konzentriert und hier insbesondere das größte der Leitungsgremien, das *Zentralkomitee*, untersucht (Ludz 1968; Alt 1987). Folglich lagen diesen Untersuchungen zwischen 140 und ca. 200 Positionen entsprechend der wechselnden Größe des Gremiums zugrunde. Schneider (1994) erfaßte unter Einschluß weiterer SED-Gremien für den Zeitraum 1971-1989 insgesamt 245 Fälle, für Oktober 1989 trotz der erweiterten Grundgesamtheit aber auch nur 165 Positionsinhaber. Die 139 zwischen 1949 und 1969 amtierenden Mitglieder des *Ministerrates* hatte schon Ursula Hoffmann (1971) analysiert, während Meyer (1991) zusätzlich die Mitglieder der Volkskammerausschüsse einbezogen hatte. Das betrachtete Positionsfeld umfaßte jedenfalls, mehr oder weniger über Zeit aggregiert, überwiegend die politische SED-Elite. Andererseits liegen Schätzungen des *Umfangs der Nomenklaturkader* zwischen 44 000 hauptamtlichen SED-Funktionären im Jahre 1989 (Suckut/Staritz 1994: 178) und ungefähr 300 000 Personen[6]; Schulze (1991: 148) wiederum berichtete von 24 845 Leitern und Mitarbeitern der zentralen Staatsorgane. Zwischen diesen Extremen galt es, einen methodisch handhabbaren Mittelweg zu finden.

Die in der Mannheimer Tradition die gesamte Bundesrepublik erfassende Potsdamer Elite-Untersuchung 1995 (2 282 Befragte) konnte naturgemäß keine Erkenntnisse über die Fluktuation in der DDR-Elite seit Oktober 1989 erbringen.

---

5   Natürlich werden auch soziale Merkmale und Karriereaspekte erfaßt.
6   Ammer (1994) schätzt, daß von den 2,3 Millionen SED-Mitgliedern 300 000 bis 400 000 Funktionäre waren. Dazu rechnete er nicht die einflußlosen Kleinfunktionäre. „Als im vollen Wortsinne systemtragend kann nur ein Teil dieses Funktionärsheeres gelten, darunter die meisten der 44 000 hauptamtlichen SED-Funktionäre (1989), ein Teil der über 88 000 Parteisekretäre (1987), über 21 000 Mitglieder und Kandidaten der Bezirks- und Kreisleitungen (1986) und etwa 150 000 Funktionäre in den Massen- und gesellschaftlichen Organisationen." Die Zahl der 1986 an Weiterbildungslehrgängen teilnehmenden Nomenklaturkader gilt ihm als harter Indikator: 320 000 (Ammer 1994: 6ff.).

Elitezirkulation

Die retrospektive Untersuchung des MPI für Bildungsforschung (Solga 1994; Solga 1996; 1996a) andererseits setzte an einer weiten Elitedefinition als *Dienstleistungsklasse* an und mußte die „eigentlichen Machthaber" stichprobenbedingt weitestgehend verfehlen. Daher wurde für Abschnitt 2, wie in quantitativen sozialhistorischen Untersuchungen üblich und in der deutschen Elite-Forschung erstmals von Zapf (1966) praktiziert, verfahren.[7]

Bei der Bestimmung des *Positionsfeldes* ließen sich 17 Sektoren während der Endphase des Honecker-Regimes und des Transitionszeitraums 10/1989 – 10/1990 unterscheiden. Die Angaben zur Grundgesamtheit wurden Andreas Herbst et al. (1994) entnommen; diese lexikalische Dokumentation enthält kurze Beschreibungen der Funktion, des Personalbestandes und des Auflösungszeitpunktes der wichtigsten Institutionen der DDR. Dort ist auch relativ umfassend das Leitungspersonal der Institutionen mit Stand vom Mai 1989 namentlich aufgeführt. Für die Transitionsphase erwies sich dieser Band der Dokumentation jedoch nur mit Einschränkungen als befriedigend, da Ein- und Austrittsdaten und Parteimitgliedschaften des Leitungspersonals vor Auflösung der Institutionen zum Teil unvollständig sind,[8] der dritte Band von Andreas Herbst et al. (1994) war in dieser Hinsicht hilfreicher. Ferner wurde die Dokumentation von Barth et al. (1994) herangezogen.[9] Insgesamt wurden auf dieser Basis 1032 Personen mit ihren für den Untersuchungszeitraum maßgeblichen Elite-Positionen und den Ein- und Austrittsdaten (soweit aus allen verwendeten Quellen zu ermitteln) erfaßt (Tab. 1). Für 446 (43%) Elitmitglieder konnten aus den biographischen Lexika zusätzliche Informationen erhoben werden, die vergleichende sozialstatistische Berechnungen und – für einen begrenzten Zeitraum – auch Aussagen über den Verbleib nach Ausscheiden aus der Elite erlauben.

Tabelle 1: Grundgesamtheit und Stichprobe

Phase	Anzahl Positionen	Anzahl Personen	Erfaßte Biographien
Honecker (weite Def.)	999	793	366 (46%)
Honecker (enge Def.)	545	453	245 (54%)
Modrow I	199	177	159 (89%)
Modrow II	197	169	148 (87%)
de Maizière	184	172	98 (57%)

---

7   Die Erhebung sei im folgenden ausführlich beschrieben, reflektieren die methodischen Probleme doch die Eigentümlichkeit des Untersuchungsgegenstandes. Für die Mitwirkung an der Konzeption und für die Datenanalyse danke ich *Dipl.-Soz. Stefan Lock* und für die Datenerfassung *stud.rer.pol. Holger Etzel und Armin Zepke.*
8   So konnten z.B. nur 113 der rund 220 ZK-Mitglieder und -Kandidaten ermittelt werden.
9   Ergänzt wurden diese Informationen für den Bereich der Exekutivpolitiker und der Staatssekretäre aus Dokumentationsmaterial des Gesamtdeutschen Instituts zur Transitionsphase de Maizière (Derlien 1991).

Dennoch konnten nicht alle festgelegten Elitesektoren in befriedigender Weise abgebildet werden; so ließen sich besonders für den Sektor „Verwaltung" kaum personelle Informationen unterhalb der Ebene der stellvertretenden Minister oder Staatssekretäre der DDR gewinnen. Lediglich die Honecker-Phase kann als „closed case" mit insgesamt 999 Positionen auf Zentral- und Regionalebene, die von 793 Personen besetzt wurden, betrachtet werden. Die Transitionsphase hingegen konnte nicht zuletzt wegen der Schrumpfung des Positionsfeldes nur unvollständig abgebildet werden, da die genannten Quellen für die gesamte Regionalebene, aber auch für die Zentralebene in den Sektoren Wirtschaft, Medien, Justiz, Militär und Polizei keine ausreichenden Daten enthielten. Für den longitudinalen Vergleich wurde deshalb unter Einschluß der Endphase des Honecker-Regimes eine zweite, auf 10 Sektoren beschränkte Definition des Positionsfeldes und der Grundgesamtheit eingeführt, die die Zentralebene (im Sinne einer „Nationalen Elite") nur noch in den Bereichen Politik, Parteien, Ministerialverwaltung, Verbände, Bildung und Kirche erfaßte sowie die Vorsitzenden der Räte der Bezirke berücksichtigte. Diese zweite, eingeschränkte Definition der Honecker-Elite umfaßt noch 453 Personen auf 546 Positionen.[10] Zu den 453 Elitemitgliedern der Phase Honecker (gemäß enger Definition) kamen in der Phase Modrow I nur noch 54, in der Phase Modrow II 11 und in der Phase de Maizière 90 Neurekrutierungen, so daß wir für den gesamten Beobachtungszeitraum Oktober 1989 bis November 1990 von einem Eliteumfang von 608 Personen ausgehen.

2. Elitezirkulation während Implosion und Transition der DDR

Da der Wandel der Institutionen und die Elitezirkulation in allen Sektoren – revolutionstypisch – politisch induziert worden ist, empfiehlt es sich, die Dynamik von Implosion und Transition der Jahre 1989 und 1990 zunächst vor allem mit Bezug auf die *politische* Elite der DDR zu beschreiben. Bevor die die Elitezirkulation ausmachenden Einzelprozesse von Ausscheiden, Neurekrutierung und Karrierekontinuität empirisch analysiert werden, sei kurz die Chronologie der im weiteren unterschiedenen politischen Perioden oder Zäsuren in Erinnerung gerufen:

- Während der *Implosion* des ancien régime der DDR nach Honeckers Ablösung als Generalsekretär der SED (18.10.1989) vollzogen sich unter der *1. Regierung Modrow* das Ausscheiden der alten politischen Elite und die Rekrutierung einer systemkonformen innerparteilichen Gegenelite aus SED und Blockparteien. Zum Breakdown des SED-Regimes hatten ab Mitte 1989 neben dem Massenexodus die Proteste der Bürgergruppen und die Gründung neuer Parteien ab Spätsommer beigetragen, die zum Reservoir für die systemkritische Ge-

---
10 Siehe Tabelle 2 zur Operationalisierung der Positionsfelder.

Elitezirkulation

Tabelle 2: Grundgesamtheit und Sektorenbildung für den Untersuchungszeitraum 10/1989-10/1990

	Honecker (weite Def.)	Honecker (enge Def.)	Modrow I u. II	de Maizière
Exekutivpolitiker:				
Staatsrat, Ministerrat, stellv. Minister, Nationaler Verteidigungsrat	X	X		
Staatsrat, Ministerpräsident, Minister, stellv. Minister			X	
Ministerpräsident, Minister, Parlamentarische Staatssekretäre				X
Parlament: Präsidium der Volkskammer, Fraktionsvorsitzende	X	X	X	X
Zentraler Runder Tisch			X	X
Zentralapparat SED-PDS:				
ZK, Politbüro, Abteilungsleiter ZK-Bürokratie	X	X		
Vorsitzender, Generalsekretär			X	X
Bezirksapparat SED: 1. u. 2. Sekretäre Bezirksleitung SED	X			
Zentralapparat (ehem.) Blockparteien:				
1. Sekretär, Vorsitzender, Generalsekretär o. Hauptgeschäftsführer	X	X	X	X
Bezirksapparat Blockparteien: Vorsitzende der Bezirksvorstände	X			
Zentralebene neue Parteien: Vors., Gen.sekr. o. Hauptgeschäftsf.			X	X
Zentralapparat Massenorganisationen u. sonst. Verbände:				
1. u. 2. Sekretär des Zentralrats o. Vors. d. Zentralvorstandes	X	X	X	X
Bezirksapparat Massenorganisationen u. sonst. Verbände:				
1. Sekretär oder Vorsitzender der Bezirksleitung	X			
Staatssekretäre / Regierungsberater / Leitungspos. THA	X	X	X	X
Verwaltung Bezirksebene / Länder in Gründung:				
Vorsitzender des Rats des Bezirks oder Regierungsbeauftragter	X	X	X	X
Volkspolizei / MfS Bezirksebene: Leiter der Bezirksbehörden	X			
Justiz: Präsidium Oberstes Gericht der DDR, Generalstaatsanwalt	X			
Militär:				
Chefs Hauptstab, polit. Hauptverwaltung, Teilstreitkräfte u. Dienste	X			
Vorsitzende des Militärgerichts, Militäroberstaatsanwalt	X			
Wirtschaft: Generaldirektoren der Zentralkombinate, sonst. zentral	X			
Bildung:				
Leitung der Parteihochschulen und -akademien	X	X	X	X
Leitung der wissenschaftlichen Akademien	X	X	X	X
Hochschulrektoren	X	X	X	X
Medien:				
Chefredakteur ADN, Chefredakteure SED-Zeitungen	X			
Vors. der Kommittees f. Fernsehen u. Rundfunk beim Ministerrat	X			
Kirche: Leiter ev. Landeskirchen, ev. u. kath. Bischöfe	X	X	X	X

Gegenelite während der Transitionsperiode werden sollten. Politbüro und Zentralkomitee der SED verloren am 1. Dezember 1989 mit der Beseitigung des Art. 1 DDR-Verfassung über die führende Rolle der SED ihre Funktion als relevantes Positionsfeld der politischen Elite. Neben dem Ministerrat als exekutivem und der Volkskammer als legislativem Zentralorgan stellten fortan die

aus der Umklammerung der SED in der Nationalen Front sich lösenden alten Parteien und die in Bildung begriffenen neuen Parteien die zentralen politischen Positionsfelder dar.
- Die Periode der 2. *Regierung Modrow* bewirkte mit der Kooptation von Mitgliedern des Zentralen Runden Tisches in das exekutive Entscheidungssystem den Aufstieg eines Teils der systemkritischen Gegenelite ins neue Machtzentrum der DDR. Von Kooptation war schließlich auch die Selbsterneuerung der Volkskammer gekennzeichnet, die über Prozesse des spontanen Rücktritts und des Hinausdrängens Vakanzen schuf, in die – ohne Wahl – Teile der Gegenelite aufgenommen wurden. Der Regimewechsel fand institutionell im Februar 1990 mit der förmlichen Zulassung neuer Parteien sowie der Änderung des Wahlrechts seinen Abschluß.
- Die Periode der ersten frei gewählten Volkskammer und der *Regierung de Maizière* bis zum 3. Oktober 1990 ist gekennzeichnet von einer politischen Säuberung über den Wahlmechanismus mit der Folge, daß die PDS weitere Sitze in der Volkskammer und alle Positionen in der Exekutive einbüßte; außerdem begann nach der eher spontanen Säuberung von Partei- und Staatsspitze ab Dezember 1989 nun eine bürokratische Säuberung öffentlicher Ämter. Insgesamt setzte sich die Mischung von systemkritischer und ursprünglich systemkonformer politischer Gegenelite jedoch fort, denn in der großen Koalition von CDU und SPD hatte letztere, symbolisiert von de Maizière selbst oder Justizminister Wünsche, die Möglichkeit der Karrierekontinuität gefunden, mußte sich allerdings schon innerhalb der CDU mit den Vertretern des Demokratischen Aufbruchs in der „Allianz für Deutschland" in ein Mischungsverhältnis begeben; hierfür ist der DDR-Abrüstungsminister Eppelmann typisch. Die SPD als Partei der Gegenelite entsandte nur neue Gesichter, exemplarisch Regine Hildebrandt. Bald sollte die Mehrheit dieser Personen jedoch als Transitionselite in die Geschichte eingehen, da sie überwiegend nach dem 3.10.1990, in der vierten Phase, aus ihren Elitepositionen abstieg.

Während diese Prozesse phasenspezifische Elitekompositionen hervorriefen, vollzog sich mit dem zunehmend auf die Bundesrepublik ausgerichteten institutionellen Umbau der DDR eine *dramatische Schrumpfung des Feldes der Elitepositionen*, die das Ergebnis der sukzessiven politischen Umgestaltung der Verfassungsstrukturen war, allen voran der Auflösung des Zentralkomitees der SED, der Verkleinerung von Ministerialbürokratie und Ministerrat und der Transformation des zentralverwaltungswirtschaftlichen Apparates. Hierdurch reduzierte sich die Zahl der Elitepositionen bei Anwendung der engeren Definition (vor allem ohne Berücksichtigung der Militär- und der Wirtschaftselite) von 545 auf 184 Positionen im Oktober 1990. Der dramatischste Einbruch des Positionsfeldes vollzog sich während der Regierung Modrow I mit einer Reduktion um 63 Prozent auf 199 Positionen, ein Feld, das sich auch unter Modrow II kaum noch verändern sollte (197). Zwar schrumpfte das Positionsfeld unter de Maizière

Elitezirkulation 339

nochmals, wenn auch nur leicht, auf 184 Elitepositionen, aber dahinter verbergen sich signifikante Verwerfungen: der Kreis der Exekutivpolitiker-Positionen zog sich infolge des Fortfalls weiterer Ministerien um ein Drittel von 56 auf 40 zusammen; nach dem Ausscheiden von Fraktionen trocknete auch das parlamentarische Positionsfeld aus (von 15 auf 10); schließlich hatte sich auch der Runde Tisch aufgelöst (12 Positionen). Zudem bot die Führung der neuen Parteien infolge der Zentralisierung des Parteiensystems nur noch 7 statt 12 Positionen. Einen erheblichen Einbruch hatte ferner der Bildungssektor auch aufgrund der Auflösung von SED-Institutionen erfahren (von 33 auf 16 Positionen).[11]

Diesem Verlust von rund 60 Positionen stand ein Zuwachs unter den Staatssekretären und Regierungsberatern gegenüber; allerdings ist der Anstieg von 11 auf 53 Positionen vor allem darauf zurückzuführen, daß die Positionen der stellvertretenden Minister, die zuvor den Exekutivpolitikern zuzurechnen waren, mit StS-Stellen substituiert wurden. Teilweise steckt in dieser Zahl von 53 aber auch die Erweiterung des Leitungsbereich der Treuhandanstalt unter der letzten DDR-Regierung.

2.1 Ausscheiden der Elite des Honecker-Regimes

Mit der Aufgabe von Institutionen und der zunehmenden Dezentralisierung nahm auch die Möglichkeit von *Ämterkumulationen* innerhalb und zwischen einzelnen Sektoren drastisch ab. Das Versinken zumindest der politischen Elite der Ära Honecker ins Bodenlose wird verständlich, wenn man sich zunächst die personellen Verflechtungen zwischen den Elitesektoren anschaut.

2.1.1 Ämterkumulation im Ancien Régime

Wie Tabelle 3 zeigt, nahmen 19 Prozent aller Elitemitglieder (150) neben ihrem Hauptamt[12] mindestens ein weiteres Amt wahr. Die stärksten Verflechtungen gingen naturgemäß vom Zentralapparat der SED (32 Prozent der Mitglieder) und vom Feld der Exekutivpolitiker (27 Prozent) aus. Obwohl in absoluten Zahlen (11) weniger beeindruckend, war die Kumulation, in die die Parlamentselite verwoben war, noch stärker (79%).

Zu einem großen Teil handelte es sich bei den Ämterkumulationen allerdings um *intra-sektorale* Verflechtungen. Zum einen waren Mitglieder des Politbüros in

---

11 Die Parteihochschule der SED wurde im Juni aus dem Hochschulregister der DDR gestrichen. Die Akademie der Gesellschaftswissenschaften beim ZK der SED wurde im April 1990 in eine der PDS nahestehende Stiftung umgewandelt und fungierte ab Oktober 1990 als eingetragener Verein „Gesellschaftsanalyse und -theorie". Das BISS hatte sich schon im März unter Führung Reißigs von der Akademie abgespalten.

12 Als Hauptamt wurde codiert, wenn hierin vermutlich der Brotberuf ausgeübt oder wo vermutlich das höhere Gehalt gezahlt wurde. Daher findet sich z.B. General Kessler unter den 8 Militärs, die vorrangig Positionen von Exekutivpolitikern zugeordnet waren. Die im folgenden angesprochenen Richtungen der Verflechtung gehen von dieser Festlegung aus.

340 Hans-Ulrich Derlien

Tabelle 3: Ämterkumulation der Honecker-Elite

Elitesektor / Ämterkumulation	Exekutivpolitiker	Parlament	Zentralapparat SED	Bezirksapparat SED	Zentralapparat Blockparteien	Bezirksapparat Blockparteien	Zentralapparat MO/Verbände	Bezirksapparat MO/Verbände	StS	Vorsitzende Rat des Bezirks	Bezirksleitung Volkspolizei/MfS	Justiz	Militär	Wirtschaft	Bildung	Medien	Kirche	insgesamt
Anzahl Elite-Positionen	266	22	179	32	4	60	28	77	47	15	30	7	15	148	33	19	17	999
Hauptposition im Sektor	246	14	77	14	0	58	12	73	44	14	30	7	5	138	32	15	14	793
davon: nur ein Amt	179	3	19	14		56	12	73	41	13	30	5	5	138	29	15	11	643
davon: Ämterkumulation	67	11	58	0		2	0	0	3	1	0	2	0	0	3	0	3	150
Kumulation mit Sektor...*																		
Exekutivpolitiker	13								1									17
Parlament	2	7																9
Zentralapparat SED	53	2	27					2	2	1					3			88
Bezirksapparat SED				18														18
Zentralapparat Blockpart.	4																	4
Bezirksapparat Blockpart.	2																	2
Zentralebene MO/Verb.	3	5	8															16
Bezirksebene MO/Verb.			1			1												2
Zentralverwaltung: StS	3																	3
Vors. Rat des Bezirks	1																	1
Bezirksleitung VoPo/MfS																		–
Justiz																		–
Militär	8																	10
Wirtschaft	3		6			1												10
Bildung			1															1
Medien																		4
Kirche			4														3	3

* Mehrfachnennungen möglich

der Regel auch im Zentralkomitee vertreten (27), und auch Parlamentsfunktionen wurden kumuliert (7). Allerdings gab es relativ wenige Kumulationen in der Exekutive (13), etwa zwischen Funktionen im Ministerrat, im Nationalem Verteidigungsrat oder im Staatsrat; aber diese 13 Personen stellten die crème de la crème der DDR dar.

Die *vertikale* Ämterkumulation zwischen Zentralapparat der SED und Bezirksleitungen (18) wird ebenfalls aus Tab. 3 deutlich. Aufschlußreich sind drittens die *intersektoralen* Verflechtungen. Der SED-Zentralapparat war natürlich auch mit den Massenorganisationen (9) und den Bereichen der Wirtschaft, der Bildung und der Medien über Ämterkumulation verbunden. Umgekehrt bestanden intersektorale Verflechtungen weitaus am meisten mit dem SED-Zentralapparat (88) und hierbei vor allem vonseiten der Exekutivpolitiker (53): diese sammelten sich im ZK und im Politbüro. Interessanterweise ist die Führung der Bezirksverwaltungen (Rat des Bezirks, Volkspolizei- und MfS-Führung) in der Regel nicht über Ämterkumulationen mit anderen Funktionseliten verbunden gewesen; die Ausnahme stellt der Ostberliner Oberbürgermeister Krack dar, der die Bezirksebene des Staatsapparats sogar mit dem Ministerrat verband.[13]

Honecker, Mielke (Staatssicherheit) und Krolikowski (Wirtschaftsfragen) kombinierten auf diese Weise jeweils fünf Elitepositionen: im Politbüro und im ZK der SED, im Staatsrat, im Nationalen Verteidigungsrat sowie im Ministerrat; außerdem hatten sie ein Volkskammer-Mandat. Weitere sechs Personen brachten es zu je vier Ämtern, darunter Verteidigungsminister General Kessler (Ministerrat, Nationaler Verteidigungsrat, Politbüro und ZK der SED, ferner: Volkskammer-Mandat). Diese Zentralität der SED-Elite kontrastiert auffallend mit der *Bedeutungslosigkeit der Elite der Blockparteien*, deren Spitzenfunktionäre mit Exekutivämtern vor allem im Staatsrat (4) bedient wurden.

Mit der Reduktion des zentralen SED-Apparats, vor allem aber mit dessen Verlust des politischen Primats am 1. Dezember[14], sowie mit der Schrumpfung der Exekutive auf den Ministerrat mußten daher zahlreiche Positionen entfallen und schon deshalb deren hauptamtliche Inhaber aus der Elite verschwinden, es sei denn sie vollzogen einen Sektorwechsel.

2.1.2 Schubweises Ausscheiden der alten Garde

Die drei unterschiedenen politischen Perioden könnten den Eindruck vermitteln, die systemkonforme Elitezirkulation habe sich vollständig zwischen Oktober und Dezember 1989 vollzogen. Tabelle 4 zeigt zwar in der Tat, daß von den 793 Per-

---

13   Erhard Krack war außerdem Mitglied der Volkskammer (seit 1976) und ZK-Mitgied (seit 1981).
14   Zentralkomitee und Politbüro der SED lösten sich zwar am 3. Dezember auf, wurden auf dem Parteitag am 8./9. Dezember jedoch von einem Parteivorstand mit 101 Mitgliedern und einem neunköpfigen Präsidium ersetzt, dem fünf Kommissionen (die bisherigen ZK-Abteilungen) zuarbeiteten. Entscheidend ist also die staatsrechtliche Veränderung.

Tabelle 4: Ausscheiden der Honecker-Elite nach Zeitpunkt und Elitesektor

Hauptposition	'89 Sep	Okt	Nov	Dez	'90 Jan	Feb	Mär	April	Mai	Juni	Juli	Aug	Sept	Okt	Nov[1]	k. A.	insges.
Exekutivpolitiker	2		199	5	9		17	11								3	246
Parlament		1	4				9										14
Zentralapparat SED		1	11	64												1	77
Bezirksapparat SED				14													14
Zentralapparat Blockpart.																	–[2]
Bezirksapparat Blockpart.				34	1	1			1					8		13	58
Zentralapparat MO/Verbände			3	1		2								3	2	1	12
Bezirksapparat MO/Verbände			7	34									3	1		28	73
StS			38	2			2							2			44
Vors. Rat des Bezirks			6	1			1		5							1	14
Bezirksleitung Volkspol./MfS			2	2	2									2		22	30
Zentralebene Justiz			1	1	1											4	7
Zentralebene Militär														2		3	5
Zentralebene Wirtschaft							1		131							6	138
Bildung			4	4			2	1		2					2	17	32
Medien				12												3	15
Kirche			1				1								11	1	14
Austritte insgesamt	4	276	174	13	3	33	12	137	2			3	18	15	103	793	

1) November 1990 im Amt
2) vor 11/89 keine Hauptposition zuzuordnen

Elitezirkulation 343

sonen in den 17 Elitesektoren mindestens 454 (57%) in diesem Zeitraum ausgeschieden sind.[15] Wesentlich für die Erfassung der gesamten Elitezirkulation im alle Sektoren umfassenden SED-Imperium ist aber auch die Fluktuation, die sich erst im März und April 1990 vollzog. Bedingt vom Regierungswechsel zu de Maizière, setzte nämlich ein zweiter Schub des Ausscheidens der Altelite ein, der allein mit der Entlassung der Kombinatsdirektoren am 23.5.1990 131 Personen (17 Prozent) betraf.

Die erste Welle des Ausscheidens der Honecker-Elite erfaßte also vor allem die Führungsgremien der SED und die Exekutivpolitiker. Mit leichter Verzögerung vollzog sich die Säuberung im Dezember auch auf Bezirksebene der SED und der Blockparteien. Das System der Exekutive implodierte *Anfang Dezember* 1989 mit der Auflösung des Nationalen Verteidigungsrates und der Abschaffung der Position der stellvertretenden Minister (zusammen 199 Personen). Der Parteiapparat der SED auf Zentral- und Bezirksebene löste sich praktisch im Dezember 1989 auf (78). Da die Datenbasis keine Hauptpositionen im Zentralapparat der Blockparteien verzeichnet und deren politische Protagonisten ihre Hauptämter in Volkskammer und Spitze der Exekutive (z.b. im Staatsrat) innehatten, ist für den Funktionärsapparat der Blockparteien in Tabelle 4 nur eine Zirkulation in der Führung auf Bezirksebene zu verzeichnen (34). Die Militärführung, sofern ihre Mitglieder in den Lexika verzeichnet waren, ist anscheinend von dieser Welle der Elitezirkulation nicht betroffen gewesen. Andererseits wurde die Generalität des MfS, als Mielke am 7. Dezember schon im Gefängnis saß, aus der bürokratischen Spitze des nun so genannten Amtes für Nationale Sicherheit entlassen: die Generale Mittig (zugleich ZK-Mitglied) und Neiber sowie weitere 17 Leitungspersonen (Fricke 1990: 61; 1990a).

Quantitativ war die Elitezirkulation *im Oktober* 1989 minimal (4 Personen) gewesen. Auf dem 9. ZK-Plenum vom 18. Oktober wurde Honecker „auf eigenen Wunsch", d.h. nachdem sich zuvor im Politbüro eine Mehrheit gegen ihn ausgesprochen hatte, von allen Ämtern entbunden. Auch Joachim Herrmann (Propaganda) sowie Günter Mittag (Wirtschaftsplanung) wurden aus dem Politbüro abberufen und als ZK-Sekretäre entlassen.

Obwohl auf der ZK-Sitzung am 8. November weitere 11 Politbüro-Mitglieder abgesetzt worden waren[16] und das Politbüro anschließend zurücktrat, brachte erst der *Dezember* 1989 den massenhaften Abgang der Altelite aus dem Zentralapparat der SED mit dessen institutioneller Auflösung: 64 Personen, also die restlichen 80 Prozent der hier erfaßten Personen.

---

15 Es sei darauf verwiesen, daß für 103 Personen (13 Prozent) keine Angaben zum Datum des Ausscheidens vorlagen.
16 Hermann Axen, Horst Dohlus, Kurt Hager, Günther Kleiber, Werner Krolikowski, Erich Mielke, Erich Mückenberger, Alfred Naumann, Horst Sindermann, Willi Stoph und Harry Tisch (Weber 1991: 219f.).

Dazu hatte beigetragen, daß das neue Politbüro am 8. November von 26 Mitgliedern und Kandidaten auf 11 Mitglieder (einschließlich Generalsekretär) und 6 Kandidaten schrumpfte. Unter diesen befanden sich 6 Personen (und Krenz) aus dem alten Politbüro. Günter Schabowski (Medienpolitik), dessen mißverständliche Presseerklärung über liberalere Reisemöglichkeiten am Abend des 9. November zur Öffnung der Berliner Mauer geführt hatte, und die neuen Mitglieder, die Bezirkssekretäre Böhme, Chemnitzer und Walde, sowie Lange (Sozialpolitikerin) schieden schon wenige Tage nach der Ernennung auf Druck der Parteibasis wieder aus (Ammer/Kuppe 1989: 1397). Einziger neuer Kopf blieb der SED-Bezirkssekretär von Dresden, Dr. Hans Modrow. Hinter dem Aufrücken Modrows ins Politbüro und dem Ausscheiden von Schabowski, Chemnitzer und Walde stand die totale Fluktuation (14 Personen) in den *Bezirksleitungen der SED* bis Dezember 1989: Modrow ist der einzige 1. Sekretär der SED-Bezirksleitungen gewesen, der nicht in den zwei Wochen zwischen dem 2. und dem 14.11.1989 abgelöst worden ist;[17] er gab seine Funktion im Bezirk Dresden erst am 15. November bei seiner Ernennung zum Ministerpräsidenten auf. In allen anderen Fällen war aufgrund des Drucks der Parteibasis und der Bevölkerung ein Wechsel eingetreten.

Trotz der akzelerierenden Erosion der Parteiführung, die sich zwischen dem 18. Oktober und dem 14. November vollzog, konnte die Implosion der SED nicht aufgehalten werden. Der geschlossene Rücktritt des restlichen Politbüros und des Zentralkomitees, dem immer noch ehemalige Politbüromitglieder angehörten, am 3. Dezember sowie der Rücktritt des Staatsratsvorsitzenden Egon Krenz am 6. Dezember brachten die parteiinterne „Palastrevolution" vom Oktober (Glaeßner 1991: 69) zum Abschluß; Krenz war damit nach nur 50 Tagen wieder aus Parteiamt und Exekutivfunktionen gedrängt, Honecker – noch mit Dank am 18. Oktober im ZK und am 24. Oktober in der Volkskammer von Präsident Sindermann verabschiedet – war inzwischen aus der Partei ausgeschlossen, exkommuniziert worden (3.12.1989).[18] „Die SED war innerhalb von nicht einmal drei Monaten von einer ‚Partei mit instabiler Spitze' zu einer kopflosen Partei geworden" (Ammer/Kuppe 1989: 1397). Das sich in der gesteigerten Sitzungshäufigkeit ausdrückende parteiinterne Krisenmanagement hatte versagt. Exit und Voice, Massenaufbruch durch den nun offenen eisernen Vorhang und Massendemonstrationen, aber auch die im November aufgekommenen Korruptionsverdächtigungen gegen die Parteiführung und steigender Mitgliederverlust der SED hatten zur Delegitimierung und letztlich zum Verlust des Primats der Politik geführt. Loyalty, die dritte Hirschmannsche Option, war die Basis, auf der sich das am 3. Dezember mit

---

17 Datenbasis: Deutschlandarchiv; Tabelle 2 ordnet diese Fälle dem ZK-Rücktritt im Dezember zu.
18 Krenz und 10 weitere Mitglieder der Alt-Elite wurden am 21.1.1990 aus der Partei ausgeschlossen. Schon am 3.12.1989 waren aus der SED ausgeschlossen worden: Mielke, Mittag, Krolikowski, Sindermann, Stoph, Schalck-Golodkowski, H. Albrecht, G. Müller, D. Müller, Ziegenhahn und Tisch. Anschließend wurde gegen die meisten sowie gegen Kleiber und Axen Ermittlungsverfahren eingeleitet.

Elitezirkulation 345

Rücktritt von ZK und Politbüro entstandene parteiinterne Elitevakuum füllen sollte. Zur Vorbereitung des am 3. Dezember nochmals (auf den 8./9. Dezember) vorverlegten Sonderparteitages der SED konstituierte sich ein Arbeitsausschuß um den gerade erst gewählten 1. Sekretär der SED-Bezirksleitung von Erfurt Herbert Kroker[19]; neben Hans Modrow (Jg. 1928), Markus Wolf (Jg. 1923) und Klaus Höpke (Jg. 1933)[20] gehörten dem Ausschuß wesentlich jüngere und z.T. noch wenig exponierte Mitglieder an wie der Dresdener Oberbürgermeister Wolfgang Berghofer (Jg. 1943), Lothar Bisky (Jg. 1941, seit 1986 Rektor der Hochschule für Film und Fernsehen in Babelsberg) und Gregor Gysi (Jg. 1948, seit 1988 Vorsitzender des Kollegiums der Rechtsanwälte Berlin). Diese Verjüngung[21] setzte sich im am 8. Dezember gewählten Parteipräsidium unter Gysi, dem nunmehr 6. Vorsitzenden der SED, fort. Dem funktional dem bisherigen Zentralkomitee entsprechenden, 101 Personen umfassenden Parteivorstand gehörten nur noch vier ZK-Mitglieder an.[22]

In den anderen Parteien vollzog sich eine ähnliche, das bisherige *Block-System* unter Führung der SED und den internen demokratischen Zentralismus aufgebende strukturelle und personelle Erneuerung. Nach dem Rücktritt des CDU-Vorsitzenden Gerald Götting am 2. November wurde am 10. November der bislang nicht exponierte Lothar de Maizière gewählt[23], und bei den Nationaldemokraten löste am 7. November Hartmann (bisher stellvertretender Vorsitzender) Homann im Parteivorsitz ab (Parteiausschluß am 9.12.1989). Bei den Liberaldemokraten und in der Bauernpartei hingegen blieben die bisherigen Vorsitzenden nicht nur im Amt, sondern rückten auch in die von der SED hinterlassenen Vakanzen in den höchsten Staatsämtern ein: Manfred Gerlach (LDP) zum Staatsratsvorsitzenden (6. Dezember bis zur Auflösung dieses Organs im März 1990) und Günter Maleuda (DBD) am 13. November zum Volkskammer-Präsidenten. Nachdem Sindermann am 8. November aus dem Politbüro ausgeschieden war, war sein Rücktritt als Volkskammer-Präsident zwangsläufig. Mit ihm traten die Fraktions-

---

19 Kroker (Jg. 1929) hatte nach Differenzen mit Günter Mittag 1983 einen Karriereknick erfahren müssen und war vom Generaldirektor des Kombinats Umformtechnik in Erfurt zum Direktor eines Kleinbetriebes für Feuerlöschgeräte in Apolda degradiert worden.
20 Höpke war seit 1973 stellvertretender Kulturminister gewesen und hatte ein Disziplinarverfahren wegen einer umstrittenen Druckerlaubnis und im März 1989 eine Maßregelung wegen Zustimmung zur PEN-Resolution für die Freilassung Vaclav Havels hinnehmen müssen. Seit Oktober 1990 ist er Landtagsmitglied in Thüringen (s.u. 3.1).
21 Diese Verjüngung springt ins Auge, bedenkt man die Geburtsjahrgänge der noch zwei Monate zuvor amtierenden Partei- und Staatsführung: Mielke 1907, Honecker und Hager (Parteiideologe) 1912, Stoph 1914, Sindermann 1915: Gemessen daran war Krenz ein junger Mann (Jg. 1937).
22 Hans Modrow, Hans-Joachim Willerding (Jg. 1952, Internationale Beziehungen), Gerd König (Jg. 1930, Botschafter in Moskau), Herbert Richter (Jg. 1933, Generaldirektor des Gaskombinats „Schwarze Pumpe" in Hoyerswerda).
23 de Maizière war seit 1987 Mitglied der Arbeitsgruppe Kirchenfragen beim Hauptvorstand der CDU und Vizepräsident des Bundes der evangelischen Kirchen gewesen.

vorsitzenden Mückenberger (SED), Heyl (CDU), Binder (DBD) und Heilemann (FDEB) zurück. Auf breiter Front begann ein Prozeß des Nachrückens von Nachfolge-Kandidaten in die Volkskammer.

Ebenfalls bereits im November vollzog sich ein quantitativ revolutionäres Ausscheiden der Honecker-Elite unter den *Exekutivpolitikern*. Nachdem die Regierung Stoph am 8. November nach dem Revirement im Politbüro zurückgetreten war, verloren, wie gesagt, 81 Prozent aller Exekutivpolitiker ihre Positionen, darunter auch Margot Honecker und Erich Mielke. Betroffen von dieser Säuberung waren auch fast alle Staatssekretäre (38 Personen).

Ab Januar 1990 war infolge der Kritik des Zentralen Runden Tisches die Regierung Modrow selbst von der Säuberung betroffen.[24] Neben die parteiinterne politische Säuberung, die sich zunehmend auch auf den Korruptionsverdacht bezogen hatte, trat damit eine *öffentliche, z.T. juristische Säuberung*, deren Ziel vor allem Personen in der Exekutive waren; so war am 1. Dezember ein „zeitweiliger Volkskammerausschuß zur Überprüfung von Fällen des Amtsmißbrauchs, der Korruption, der persönlichen Bereicherung und anderer Handlungen" eingesetzt worden (Thaysen 1990: 277), der sich u.a. mit den außerhalb von Plan und Kontrolle sich vollziehenden Machenschaften der „Kommerziellen Koordination" (KOKO) unter Schalck-Golodkowski zu befassen hatte.[25] Am 12. Januar 1990 beschloß die Volkskammer ferner, gegen den stellvertretenden Generalstaatsanwalt Dr. Harry Harland und gegen den Präsidenten des obersten Gerichtes der DDR, Günter Sarge, Disziplinarverfahren einzuleiten, nachdem die beiden in ihren Berichten vor der Volkskammer über die Staatsverbrechen bis 1972 unwillig und unfähig berichtet hatten.[26]

Zwischen November und Anfang Januar hatte die personelle Säuberung auf andere Elitesektoren übergegriffen und erfaßte die Spitze der von der SED kontrollierten Kultur- und Massen-Organisationen:[27]

---

24 Am 5.1.1990 wurde Kurt Wünsche (LDPD) Nachfolger von Justizminister Hans-Joachim Heusinger (LDPD, seit 11/1976 im Amt); Wünsche war bereits zwischen 1967 und 1972 als Nachfolger von Hilde Benjamin, z.T. also noch unter Ulbricht, Justizminister gewesen. Am 9. Januar trat Umweltminister Hans Reichelt (BDB, seit 11/1963 im Ministerrat) zurück (Nachfolger: Peter Diederich, DBD), und die Minister Schwanitz (Amt für Nationale Sicherheit seit November) sowie Schürer (Staatliche Plankommission, seit 1963 im Ministerrat) wurden von der Volkskammer abberufen. Nickel (SED, seit November Finanzminister) demissionierte am 23. Januar nach Einleitung eines gerichtlichen Ermittlungsverfahrens; Lauck (SED-PDS) wurde Minister für Maschinenbau und Nachfolger Grünwalds, der das die Plankommission ersetzende Wirtschaftskomitee des Ministerrats leiten sollte.
25 Der Arbeitsausschuß der SED hatte, nachdem die ständigen Kommissionen versagt hatten, am 3. Dezember eine neue Untersuchungskommission unter Gregor Gysi eingesetzt. Auch die Regierung Modrow bildete eine unabhängige Korruptionskommission.
26 „Es kam zu turbulenten Szenen. Beide kreidebleich, wurden sie – einer am Rednerpult – an Ort und Stelle mit Disziplinarverfahren überzogen" (Thaysen 1990: 280).
27 Die folgenden Daten wurden aus dem Deutschland-Archiv exzerpiert.

Elitezirkulation 347

- schon am 26. Oktober tritt Heinz Kamnitzers als *PEN-Präsident* ab; Nachfolger wird Heinz Knobloch am 30.1.1990;
- am 15. November wird Harald Thomasius als Präsident der *Gesellschaft für Natur und Umwelt* abgesetzt;
- am gleichen Tag wird Kurt Tiedke als *Rektor der SED-Parteihochschule "Karl Marx"* abberufen, Nachfolger wird Götz Dieckmann;
- am 16. November treten Präsident Claus Dietel und der Zentralvorstand des *Verbandes Bildender Künstler* zurück;
- am gleichen Tag ersetzt Wolfgang Spickermann Herbert Naumann als *Chefredakteur bei "Neues Deutschland"*;
- am 23. November wird Hans Eggert neuer Chefredakteur (für Dieter Kerschek) des SED-Blattes *"Berliner Zeitung"*;
- am 27. November löst Rolf Reißig Otto Reinhold als Rektor der *Akademie für Gesellschaftswissenschaften beim ZK des SED* ab;
- am 6. Dezember wird Hans Lessing als Intendant des *Berliner Schauspielhauses* abberufen.

Wegen der erkennbaren Turbulenzen sei auch die Fluktuation an der Spitze der Massenorganisationen dokumentiert:

- als *DRK-Präsident* tritt am 14. November Gerhard Rehwald zurück; Nachfolger wird K.-H. Burgwadt.
- am 15. November tritt Erich Mückenberger nach seiner Ablösung im Politbüro der SED auch als Präsident der *Deutsch-Sowjetischen Freundschaft* zurück; Nachfolger wird am 28. Januar Cyrill Pech;
- als *FDJ-Vorsitzender* löst am 23. November Franz Türkowski Eberhard Aurich ab; am 28. Januar übernimmt Birgit Schröder den Vorsitz;
- am 12. Dezember treten Präsident und Sekretariat des *Deutschen Turn- und Sportbundes* und am 6. Januar Manfred Ewald als NOK-Präsident zurück (Nachfolger Günter Heinze);
- Manfred Brauchitsch legt am 15. Januar den Vorsitz der *Gesellschaft zur Förderung des Olympischen Gedankens* nieder.

Im Hinblick auf die nähere Analyse der Funktionseliten im dritten Abschnitt sei schon an dieser Stelle darauf verwiesen, daß sich mit der Zirkulation an der *Spitze des FDGB* der Zerfall in Einzelgewerkschaften anbahnte, der sich im Laufe des Januar 1990 vollzog (Tiemann et al. 1993). Im FDGB-Vorsitz folgte dem seit 1975 amtierenden, am 2. November zurückgetretenen, am 29. November aus der SED ausgeschlossenen und am 3. Dezember inhaftierten Harry Tisch zunächst Annelies Kimmel. Mit ihr trat das gesamte Direktorium jedoch schon am 9. Dezember wieder zurück. Am 1. Februar 1990 wird schließlich Helga Mausch auf dem außerordentlichen Gewerkschaftskongreß in Berlin zur Vorsitzenden gewählt, wo auch die Bildung von unabhängigen Einzelgewerkschaften zum 1. April beschlossen wurde. Die Zersplitterung des FDGB setzte ein, und die interne Demokratisierung der Branchengewerkschaften begann.[28]

Der Prozeß der Ablösung der alten politischen Elite durch neue Köpfe aus den systemtragenden Parteien läßt sich schließlich auch unter den einfachen Mitgliedern der *Volkskammer* beobachten, die ihre Legitimität Anfang 1990 zunehmend an den Runden Tisch abgetreten hatte:

„Die Reihen der alten Volkskammer lichteten sich rapide. Das galt gerade für die langjährige Prominenz unter den Mitgliedern der Volkskammer .... So gab der Präsident allein in der 14. Sitzung der Volkskammer (am 11. Januar 1990) 24 „Mandatsveränderungen", davon dreizehn bei der SED-PDS bekannt; in der 15. Sitzung (am 29. Januar 1990) waren es 12, davon neun SED-PDS. Die insgesamt 208 Nachfolgekandidaten zählenden Ergänzungslisten der Parteien erschöpften sich, selbst und vor allem die der SED beziehungsweise SED-PDS beziehungsweise PDS. Manch ein Sitz blieb in den letzten Sitzungen leer" (Thaysen 1990: 281).

Ein *dritter Schub* des Ausscheidens der Honecker-Elite vollzog sich, wie gesagt, nach dem Antritt der Regierung de Maizière; nochmals traten im März/April 1990 28 Exekutivpolitiker ab, die schon unter Honecker zur DDR-Elite gezählt hatten, und die Volkskammer-Führung (Präsidium und Fraktionsführung) verließen weitere neun Personen der Altelite. Im Gegensatz zur massiven Zirkulation zwischen November und Januar, die zunächst parteiintern, dann von der systemkritischen Gegenelite induziert worden war, handelt es sich jetzt um die *Konsequenzen der ersten freien Volkskammerwahl*: man wurde nicht wieder in die Volkskammerspitze gewählt oder nicht wieder zum Minister in der neuen, parlamentarischen Regierung ernannt.

Schließlich wurden von der Volkskammer in dieser Periode diejenigen Einrichtungen etabliert, die über den 3. Oktober hinaus die personelle Säuberung in Politik, Verwaltung und Judikative betreiben sollten: der Volkskammer-Überprüfungsausschuß (12. April), die Staatsanwalt-Prüfungsausschüsse, die Richter-Wahlausschüsse[29] und die Ehrenkommissionen an den Universitäten. Erst jetzt begann also zögernd unter dem Druck der Basisbewegung in der DDR eine *systematische Säuberung von Bürokratie, Justiz (und Politik)*.[30]

---

28 Vgl. auch Löwenhaupt (1995:13) und Abschnitt 3.4 unten.
29 Per Volkskammer-Beschluß vom 22.7.1990 eingerichtet, nachdem am 5.7.1990 ein neues Richtergesetz verabschiedet worden war.
30 Zwar hatten Regierung und Runder Tisch schon am 17. Dezember 1989 einen Kontrollausschuß gebildet, der neben der Aktensicherung und -sichtung auch die Verwendung des MfS-Vermögens überwachen sollte; wirksam wurden Liquidierung des MfS und Kontrolle der Auflösung jedoch erst am 8. Februar 1990 mit der Bildung des Staatlichen Komitees zur Auflösung des MfS/AfN unter dem Vorsitz von Günter Eichhorn, das sich auf 186 Mitarbeiter in Berlin, oft aus der Stasi selbst rekrutiert, und Arbeitsstäbe in den Bezirksstädten stützen konnte. Dieses Komitee wurde bekanntlich während der Regierung de Maizière (16.5.1990) dem Innenministerium Dr. Diestels unterstellt. Parallel dazu konstituierte sich am 7.6.1990 ein parlamentarischer Sonderausschuß zur Kontrolle der MfS-Auflösung unter dem Vorsitz Joachim Gaucks (Fricke 1990b). Diese Gremien hatten

2.2 Asymmetrie von Ausscheiden und Neurekrutierung

Blenden wir noch einmal unter dem Gesichtspunkt der Rekrutierung neuer Akteure zurück! Tabelle 5, die auf die reduzierte Grundgesamtheit (ohne Militär und Wirtschaft) bezogen ist, verdeutlicht, daß dem *Ausscheiden von Positionsinhabern nur in geringerem Umfang eine Rekrutierungen von Personen gegenüberstand*, die bisher nicht zu einer der Eliten gehört hatten. So wurden von den 266 im November 1989 ausgeschiedenen Elitemitgliedern nur 16, im Dezember von 75 nur 17 durch neue Personen ersetzt. Diese Asymmetrie reflektiert zum einen die Auflösung von Institutionen und damit Positionsfeldern, so daß das von der politischen Säuberung verursachte Elitevakuum relativ gering blieb. Zum anderen zeigt Tabelle 5 auch, daß jeweils von Periode zu Periode Teile der Altelite oder der folgenden Transitionseliten noch unter der nächsten Regierung amtierten und erst mit einem time lag ausschieden. So wurden unter Modrow I nur 54 Personen und unter Modrow II weitere 11 Personen (vor allem vom Zentralen Runden Tisch) neu rekrutiert, da von der Honecker-Elite (453) bis einschließlich Dezember 1989 erst 345 Personen ausgeschieden waren, aber 107 Personen z.T. noch bis November 1990 im Amt blieben. Unter de Maizière war das Positionsfeld zwar noch weiter geschrumpft, aber auch in der Endphase der Transition zur Bundesrepublik mußten nur 90 Personen neu rekrutiert werden,[31] während Teile der Honecker- und der Modrow-Eliten ihre Positionen immer noch wahrnehmen. Diese Zählebigkeit liegt unter anderem daran, daß die verbreitete Ämterkumulation innerhalb der DDR-Elite es ermöglichte, selbst nach Ausscheiden in einer Funktion, z.B. im SED-Apparat, in einer anderen Eliteposition auszuharren.

Der Zusammenhang von Ausscheiden aus der Elite und Zusammenbruch des Positionsfeldes wird auch aus der *monatlichen Aus- und Eintrittsbilanz* deutlich: im November 1989 standen 16 neu rekrutierte Personen 266 ausgeschiedenen gegenüber, im Dezember betrug das Verhältnis 17:75, aber mit der Volkskammerwahl im März 1990 hatte sich das Positionsfeld im nun parlamentarischen Regierungssystem stabilisiert, nachdem auch der zentrale Runde Tisch entfallen war, der die Eintritte in die Elite unter Modrow II (11 Personen) erklärt. Mit der Bildung des Kabinetts de Maizière standen den 69 Austritten im März/April 78 Eintritte gegenüber. Unter den 69 aus Exekutive, Parlamentsführung, PDS-Zentrale und Massenorganisationen Ausgeschiedenen befanden sich nochmals 43 Honecker-Leute, aber eben auch 26 erst von Modrow neu rekrutierte Personen. Was verbirgt sich hinter diesen quantitativen Bewegungen?

---

    jedoch zunächst mit dem Prozeß der personellen Säuberung der Bürokratie außerhalb des MfS-Komplexes nichts zu tun.
31   Die Eliteforschung läßt die „einfachen" Abgeordneten der Parlamente außer Betracht; an dieser Stelle sei deshalb darauf hingewiesen, daß die 10. und letzte Volkskammer nahezu vollständig neu zusammengesetzt war (s. dazu unten Abschnitt 3.1).

Tabelle 5: Ein- und Austritte nach Transitionseliten

Zeitpunkt	Honecker Ein	Honecker Aus	neu Modrow I Ein	neu Modrow I Aus	neu Modrow II Ein	neu Modrow II Aus	neu de Maizière Ein	neu de Maizière Aus	insgesamt Ein	insgesamt Aus
'89 vor Okt.	453								453	
Oktober		4	1						1	4
November		266	16						16	266
Dezember		75	17	1					17	76
'90 Januar		9	11	1	1				12	10
Februar		2	1	4	10				11	6
März		31		21			3		3	52
April		12		5			75		75	17
Mai		5					1		1	5
Juni		2		1			6		6	3
Juli				1						1
August						3	1	4	1	7
Septemb.				1		4		3		8
Oktober		5		6		4		75		90
Nov. i. Amt		18		1				4		23
k. A.		24	8	12			4		12	40
insgesamt	453	453	54	54	11	11	90	90	608	608

Elitezirkulation 351

2.2.1 Systemkonforme und systemkritische Gegenelite

Für die Zeit zwischen Oktober 1989 und Oktober 1990 ist kennzeichnend, daß zunächst aus der *SED und den Blockparteien*, sodann nur noch aus den Blockparteien und der neu gegründeten SDP (7.10.1989), aber kaum aus den revolutionären Neugründungen, die sich seit dem 7. Dezember 1989 am „Runden Tisch" versammelt hatten, sukzessive die übereinandergelagerten politischen Führungsschichten einander abwechselnd oder ergänzend nachgewachsen sind. War Egon Krenz noch als Exponent der alten SED-Herrschaft anzusehen, so stellen Hans Modrow und Gregor Gysi (8.12.1989 SED-Vorsitzender) Protagonisten der systemkonformen Gegenelite innerhalb der SED während der Übergangsphase zwischen Erich Honeckers Rücktritt und der Volkskammerwahl am 18. März 1990 dar. Ebenso kann Lothar de Maizière, Nachfolger Göttings im CDU-Parteivorsitz seit dem 10. November, als Beispiel dieser personellen Erneuerung der im „Block der antifaschistisch-demokratischen Parteien" zusammengeschlossenen bestehenden Parteien gelten.[32] Symptomatisch ist auch die Nachfolge im Volkskammer-Vorsitz: auf Sindermann (SED) folgte Maleuda (Bauernpartei), der neben Gerlach (LDPD) und Götting (CDU) langjährig im Staatsrat tätig gewesen war, bevor in der letzten Volkskammer Bergmann-Pohl[33] aus der nun auch in der Regierungsverantwortung zur SED-PDS auf Distanz gegangenen CDU in das Amt gelangte.

Wesentliche Akteure der ersten Transitionsperiode zwischen November und Januar waren also vom alten Regime geprägt und entstammten dessen, wenngleich selbst in Wandlung begriffenen, Parteien.[34] Ihnen ging es wie der Bürgerbewegung bekanntlich zunächst um eine Systemtransformation, vor allem um die Ausschaltung des Staatssicherheitsapparats, unter Aufrechterhaltung einer DDR-Staatlichkeit und -Identität, bevor am 30. Januar 1990 die Wiedervereinigung von Gorbatschow als Thema zugelassen wurde.[35]

Die *systemkritische Gegenelite* hatte sich zwar in der Bürgerrechtsbewegung und mit der SDP kristallisieren, sich aber erst unter einigermaßen liberalisierten Verhältnissen seit September, meist erst nach der „Wende" vom Oktober 1989 etablieren können.[36] Diese oppositionellen Gruppierungen hatten sich am 4.

---

32 Obwohl der neue CDU-Vorsitzende de Maizière am 4.12.1989 (wie auch die LDPD und am 7.12. die NDPD) die Blockverbindung aufgekündigt hatte, konnte von Opposition zur SED noch nicht die Rede sein.
33 Jahrgang 1946; Lungenfachärztin; 1981 Mitglied der CDU.
34 Hierzu gehörte auch die Umbenennung der SED in SED-PDS (17.12.1989) und PDS (4.2.1990).
35 Zur Erinnerung: An diesem Tage kehrte Premier Modrow aus Moskau zurück und sprach von „Deutschland einig Vaterland". Am 12. Februar trafen sich Kanzler Kohl und Gorbatschow in Moskau; hier erklärte Gorbatschow die Frage der Wiedervereinigung zur Sache der Deutschen.
36 Thaysen (1990a: 60) hat folgende Gründungsdaten zusammengestellt: Initiative Frieden und Menschenrechte: Aufruf am 11.3.1989; Neues Forum: Zulassungsantrag am 19.9. 1989; Demokratischer Aufbruch: Gründung am 2.10., Konstituierung am 16./17.12.1989;

Oktober darauf geeinigt, offen gegen die SED anzutreten (Thaysen 1990a: 62). Die Herrschaft der SED implodierte aber nicht etwa deshalb, weil revolutionäre Führungsfiguren der Basisbewegung sowie der sonstigen neuen Parteien die SED-Herrschaft gestürzt oder ihre Exponenten abgesetzt hätten – wie hätten sie das gewaltlos machen sollen? Sie hatten zwar z.T. am zur Implosion führenden Entzug von Massenloyalität (oder Massenangst) mitgewirkt, aber die Honecker-Elite trat vor allem auf innerparteilichen Druck ab.

Nach Öffnung des politischen Systems für die neuen Organisationen strömten Ende 1989 aus den Basisgruppen vornehmlich, aber nicht ausschließlich Personen, die sich in einer „politischen Nische" wie vor allem in den Kirchen hatten aufbauen können, in das *Ersatz- oder Parallel-Parlament* des zentralen Runden Tisches:

so die Pfarrer E. Neubert, W. Ullmann, H.-W. Ebeling, R. Eppelmann, R.-D. Günther und E. Lange, R. Schröder, M. Meckel und W. Thierse, Monsignore Grande, Generalsuperintendent G. Krusche, Konsistorialpräsident M. Stolpe, Oberkirchenrat M. Kirchner sowie die Bischöfe Forck und Leich (siehe zu diesen Akteuren Thaysen 1990). Einige waren Protagonisten des Widerstandes[37], andere als Vermittler am Runden Tisch tätig. Auch der spätere Bundesbeauftragte für die Verwaltung der Stasi-Unterlagen, Joachim Gauck, ist Pfarrer und war Mitbegründer des Rostocker Neuen Forums.

Diese Personen erklären einen Teil der Neurekrutierungen in den Perioden Modrow I und II: zunächst an den zentralen Runden Tisch und dann ins Kabinett.

2.2.2 Neurekrutierung in den Ministerrat unter Modrow

Die erste Regierung Modrow war bekanntlich wiederum eine Koalitionsregierung aus den Blockparteien. Wie Modrow selbst innerhalb der SED zunächst neben Krenz aufgestiegen war, rekrutierten sich auch andere Kabinettsmitglieder aus weniger exponierten Personen der Block-Parteien, u.a. Lothar de Maizière, der am 18.11.1989 Modrows Stellvertreter im Kabinett wurde. Dennoch war in der Exekutive die personelle Kontinuität zwischen der letzten Regierung Stoph (Rücktritt 8.11.1989) und der ersten Regierung Modrow erstaunlich hoch; von den 44 Mitgliedern des Ministerrats, darunter 30 Minister, überlebten politisch 10 und machten damit gut ein Drittel des verkleinerten[38], aus 28 Ministern beste-

---

SDP: Gründung am 7.10.1989; Grüne Partei: Proklamation am 24.11.1989; Vereinigte Linke: erstes Arbeitstreffen am 24.-26.11.1989.

37   Oberkirchenrat Kirchner erwies sich allerdings einige Monate später als Stasi-Kollaborateur; auch an die Anschuldigungen gegen Stolpe, die die Bundesrepublik noch auf Jahre beschäftigen sollten, sei erinnert. Im übrigen wurde eine Reihe weiterer Akteure der systemkritischen Gegenelite bald decouvriert: allen voran der SPD-Vorsitzende Ibrahim Böhme und der Vorsitzende des DA Schnur.

38   Die Verkleinerung rührt im wesentlichen daher, daß die Zahl der Nicht-Minister: stellvertretende Vorsitzende, Stadtkommandant von Berlin, Berliner Oberbürgermeister, Staatssekretäre reduziert wurde.

Elitezirkulation 353

henden Kabinetts Modrow I aus.[39] An neuen Ministern wurden von der SED neben Modrow 10, von der CDU neben de Maizière zwei (Wolf, Baumgärtel) und vier von den sonstigen Parteien gestellt. Unter den zehn der SED angehörenden neuen Ministern waren aber wiederum Leute wie der für die Staatssicherheit (nun ein Amt) als Nachfolger Mielkes zuständige Dr. Wolfgang Schwanitz keineswegs neue Gesichter.[40]

In die nach der kurzzeitigen Amtsniederlegung (25.1.1990) der CDU-Minister de Maizière, Wolf (Post) und Baumgärtel (Bauwesen) gebildete 2. Regierung Modrow vom 5. Februar[41] rückten dann neben den 28 Ressortministern – angesichts der damaligen Mehrheitsverhältnisse in der Volkskammer muß man sagen: kooptiert – 8 Mitglieder des Zentralen Runden Tisches als Minister ohne Geschäftsbereich.[42] Damit waren nun 13 Parteien und Gruppierungen an der „Regierung der nationalen Verantwortung" neben PDS und Block-Parteien beteiligt; anders könnte die DDR bis zu den Wahlen am 18. März nicht mehr regiert werden, hatte Ministerpräsident Modrow erklärt.

2.2.3 Neurekrutierung ins Kabinett de Maizière

Während die Elitezirkulation unter den Exekutiv-Politikern zwischen Oktober 1989 und Volkskammerwahlen fast ausschließlich über parteiinterne Mechanismen ablief und sich insofern aufgrund der Verflechtungen von Partei- und Staatsfunktionen geradezu systematisch, wenn auch in immer größere Kreise ziehenden Wellenbewegungen ausbreitete, kam mit der ersten freien Wahl in der DDR ein spontanes Element bei innerparteilichen Nominierungen und Wählerpräferenzen ins Spiel. Daß dies nicht stärker auf die Zusammensetzung der politischen Exekutive durchschlug, ist im wesentlichen auf die Persistenz der Blockparteien und

---

39 Alle zehn Minister blickten auf lange Amtszeiten in der Staatsführung im weiteren Sinne zurück: Moreth, LDPD (im Staatsrat altgedient), Schürer, SED (seit 11/63 im Ministerrat), Singhuber, SED (seit 7/67), Flegel, NDPD (seit 7/67), Grünheid, SED (seit 11/63), Reichelt, DBD (seit 11/63), Fischer, SED (seit 11/76), und Heusinger, LDPD (seit 11/76); nur Beil, SED (seit 6/86) und Thielmann (seit 6/86) saßen noch nicht 15 Jahre und länger im Ministerrat.

40 Schwanitz hatte schon seit 1986 als einer der Stellvertreter Mielkes und als Kandidat des Zentralkomitees der Nomenklatur angehört (Fricke 1989).

41 Die mit der Regierungsbeteiligung der Basisgruppen erstrittene Konzession bestand im wesentlichen darin, den ursprünglichen Volkskammer-Wahltermin vom 8. Mai auf den 18. März vorzuziehen.

42 - Tatjana Böhm (Unabhängiger Frauenverband)
    - Rainer Eppelmann (Demokratischer Aufbruch)
    - Sebastian Pflugbeil (Neues Forum)
    - Mathias Platzeck (Grüne Partei)
    - Gerd Poppe (Initiative Frieden und Menschenrechte)
    - Dr. Walter Romberg (SPD)
    - Klaus Schlüter (Grüne Liga)
    - Dr. Wolfgang Ullmann (Demokratie Jetzt)

ihren Wahlerfolg zurückzuführen. Deshalb waren auch die noch nicht parteimäßig etablierten Basisgruppen nach dem Intermezzo in der 2. Regierung Modrow wieder aus der Exekutive herausgefallen, soweit man nicht wie der Demokratische Aufbruch mit der CDU fusioniert hatte.[43] In der großen Koalition aus „Allianz für Deutschland" (CDU, DSU, DA)[44], BFD[45], FDP und SPD[46] waren die Basisgruppen nicht mehr vertreten. Im am 12. April 1990 berufenen, nochmals infolge des Fortfalls der Industrieministerien verkleinerten Kabinett de Maizière (CDU) amtierten 23 Minister.[47] Damit waren fünf Monate nach dem November 1989 keine Akteure des ancien régime und der SED mehr in der Regierung; neben de Maizière verkörperte nur noch Justizminister Wünsche eine gewisse personelle Kontinuität,[48] und mit den Vertretern von DA, DSU und SPD gelangten Exponenten der systemkritischen DDR-Opposition in die Regierung.

43 Folge war u.a., daß die vom Runden Tisch initiierten Arbeiten an einem mit Hilfe westdeutscher Professoren formulierten Verfassungsentwurf für die DDR letztlich erfolglos blieben (Fischer 1990).
44 Der Demokratische Aufbruch hatte sich am 16./17.12.1989 konstituiert, und die DSU war am 20.1.1990 gegründet worden. Die Allianz hatte sich am 5.Februar in Anwesenheit von Kanzler Kohl im Hinblick auf die Volkskammerwahl gebildet.
45 Bund Freier Demokraten, gegründet am 11.2.1990.
46 Gegründet als SDP am 7.10.1989.
47 - Klaus Reichenbach (CDU), im Amt des Ministerpräsidenten
    - Prof. Dr. Kleditzsch (CDU), Gesundheit
    - Dr. Gerhard Pohl (CDU), Wirtschaft
    - Cordula Schubert (CDU), Jugend und Sport
    - Dr. Christa Schmidt (CDU), Familie und Frauen
    - Herbert Schirmer (CDU), Kultur
    - Dr. Gottfried Müller (CDU), Medien
    - Prof. Dr. K.-H. Steinberg (CDU), Umwelt
    - Horst Gibtner (CDU), Verkehr

    - Hans-Wilhelm Ebeling (DSU), wirtschl. Zusammenarbeit
    - Dr. Peter Diestel (DSU), Inneres
    - Rainer Eppelmann (DA), Verteidigung und Abrüstung

    - Markus Meckel (SPD), Äußeres
    - Dr. Regine Hildebrandt (SPD), Arbeit und Soziales
    - Dr. Romberg (SPD), Finanzen
    - Prof. Dr. Terpe (SPD), Forschung und Technologie
    - Sybille Reider (SPD), Handel und Tourismus
    - Dr. Emil Schnell (SPD), Post

    - Dr. Viehweger (BFD), Bauwesen
    - Dr. Manfred Preiß (BFD), Regionales und Kommmunales
    - Prof. Dr. Wünsche (BFD bis 3.7.90), Justiz

    - Dr. Pollack (parteilos, Vorschlag SPD), Landwirtschaft
    - Prof. Dr. Meyer (parteilos, Vorschlag CDU), Bildung
48 Allerdings waren aus dem letzten Modrow-Kabinett zwei Minister (Halm/NDPD und Benthien/LDPD) in ihren Ministerien als Staatssekretäre geblieben; s. Lock 1995: 15.

Elitezirkulation

Tabelle 6: Parteimitgliedschaft nach Periode und Elitesektor

	Partei										
	SED-PDS	CDU	DA	DBD	DSU	LDPD/FDP	NDPD	SPD	B 90/GR	sonst.	k. A.	insgesamt
Elite Honecker	392	8		5		8	8			1	31	453
Exekutivpolitiker	225	6		3		5	7			1	3	250
Parlament	10	2		1		2	1					16
Zentrale SED	138											138
Zentrale Blockp.		1		1		1	1					4
Zentrale	22			1			2				3	28
StS	46										1	47
Vors. Rat d. Bez.	13										2	15
Bildung	24										9	33
Kirche		1									13	14
Elite Modrow I	88	10	3	8	2	11	11	5	6	1	33	177
Exekutivpolitiker	37	6		5		7	4			1		60
Parlament	9	1		3		3	1					17
Runder Tisch			2	1			1	2	6			12
Zentrale PDS	6											6
Zentrale Blockp.		3		3		1	5					12
Zentr. neue Part.			2		2	1		3				8
Zentrale	14					2					5	21
StS	6	1				1	2					10
Vors. Rat d. Bez.	6										1	7
Bildung	18										15	33
Kirche		1									12	13
Elite Modrow II	75	9	3	8	2	14	10	9	6	1	33	169
Exekutivpolitiker	29	4	1	3		7	4	1	6	1		56
Parlament	9	1		2		2	1					15
Runder Tisch			2	1			1	2	6			12
Zentrale PDS	5											5
Zentrale Blockp.		3		4		5	3					15
Zentr. neue Part.			2		2	1		7				12
Zentrale	11					2					5	18
StS	7	1				1	2					11
Vors. Rat d. Bez.	6										1	7
Bildung	18										15	33
Kirche		1									12	13
Elite de Maizière	33	42	6	5	6	13	4	24	2		37	172
Exekutivpolitiker		17	3		4	4		10			2	40
Parlament	4	1	1	1				2	2			10
Zentrale PDS	4											4
Zentrale Blockp.		3		5	5		4	1				13
Zentr. neue Part.					1			6				7
Zentrale	9					1					5	15
StS	8	11	3		2	4	3	8			14	53
Leit. Bezirksverw.		12						2				14
Bildung	11										5	16
Kirche		1									11	12

Für die *Staatssekretäre* läßt sich anhand des Vergleichs der Regierung Stoph im Jahre 1989 (Fischbach 1989: 44-48) mit der Regierung de Maizière[49] feststellen, daß von den 42 StS, die allesamt ausgewiesene Mitglieder der SED selbst in nicht von der SED geleiteten Ministerien waren, nur noch zwei inzwischen parteilose (auf Vorschlag der SPD) weiter amtierten und im Innenministerium Dr. Diestels zwei ehemalige SED-Mitglieder in diese Position neu berufen worden waren. Ansonsten waren die StS ersetzt worden durch 17 parteilose und 26 in den Regierungsparteien gebundene StS (10 CDU, 7 SPD, 4 BFD, 3 DA, 2 DSU). Die Erhöhung der Zahl der StS von 42 auf 47 trotz Wegfall der Industrieministerien reflektiert den Bedarf der meist unerfahrenen Minister an Führungsgehilfen, die offenbar überwiegend extern rekrutiert worden sind und eine Art Gegen-Bürokratie darstellten, um eine rasche Gleichschaltung der Verwaltung zu ermöglichen.

Die Regierung de Maizière zerbrach bekanntlich in der Endphase der DDR während der Verhandlungen über den Einigungsvertrag. Zunächst verließ der BFD am 24. Juli die Regierung, weil er sich in der Frage des Beitrittstermins mit der SPD nicht hatte durchsetzen können; Viehweger und Preiß verwalteten ihre Ämter aber weiter. Die SPD-Minister Romberg (Streit in der Frage des Finanzausgleichs) und Pollack wurden wegen angeblicher Inkompetenz am 15. August gemeinsam mit Pohl und Wünsche (nach öffentlicher Kritik an seiner Person auf eigenen Antrag)[50] – in einem strittigen Verfahren – von de Maizière entlassen, so daß schließlich auch die restlichen 5 SPD-Minister am 20. August zurücktraten.

2.2.4 Auflösung der SED-Dominanz

Auch anhand der parteimäßigen Bindung läßt sich in der Elitekomposition quantitativ die schrittweise Abdankung der *SED* über die Regierungen Modrow II und de Maizière aufzeigen (Tabelle 6)[51]: 86.5% der DDR-Eliten gehörten unter Honecker, 49.4% unter Modrow I, 44.1% unter Modrow II und schließlich noch 19.2% unter de Maizière der SED/PDS an. Die Elitesektoren, in denen die PDS auch in der Endphase der DDR noch personell vertreten war, sind die Parlamentsspitze (4), natürlich der eigene Parteiapparat (4), die Massenorganisationen (9), der Bildungssektor (11), ja selbst die StS-Positionen der letzten Regierung (8). Während *B90/Grüne* nie mit mehr als 10 Personen in der Elite vertreten waren, konnte die *SPD* ihren Anteil bis auf 24 Personen (14%) unter de Maizière steigern, und zwar vornehmlich dank Exekutivpositionen (Minister und StS), in

---

49 Ich stütze mich auf eine mir vom Gesamtdeutschen Institut Bonn freundlicherweise übermittelte offenbar interne Unterlage.
50 Wünsche legte einen interessanten, „die Erblast der Vergangenheit" der DDR-Justiz anerkennenden Tätigkeitsbericht seines Ministeriums vor; s. Wünsche 1990.
51 Bei jeweils rund 30 Personen in den vier sukzessiven Eliten ist die Parteimitgliedschaft nicht dokumentiert. Diese k.A. sind in der Prozentbasis der folgenden Angaben eingeschlossen.

Elitezirkulation

der Volkskammerspitze und der eigenen Parteiführung. Vor allem expandierte jedoch die *CDU* von 8 Elitemitgliedern unter Honecker trotz geschrumpftem Elitefeld auf 42 Personen (24.4%) in der Endphase der DDR.

2.3 Karrierekontinuität

Tabelle 7 weist im Rahmen der engeren Grundgesamtheit alle Personalbewegungen im Zusammenhang aus. In dieser komplexeren Zusammenstellung wird deutlich, wieviele Personen jeweils in die folgende(n) Regierungsperiode(n) hinein die politischen Wechsel „überleben" konnten, wie umfangreich die Rekrutierung neuen Personals in den einzelnen Elitesektoren war, in welchem Maße beide Ströme mit Sektorwechseln verbunden waren und wieviele Personen endgültig aus der gesamten Elite ausgeschieden sind.

Insgesamt stammten 60% (106 Personen) der *Elite Modrow I* aus der Honecker-Periode. Obwohl hierzu auch die Bischöfe und die Leiter von Bildungseinrichtungen und Massenorganisationen zählen, hatten 42 Exekutivpolitiker und 10 Personen in der Parlamentsspitze die Implosion zunächst überlebt. Es wird nochmals sichtbar, daß diese sich vor allem im Parteiapparat der SED abspielte, von dessen 77 namentlich erfaßten hauptamtlichen Funktionären unter Honecker (vor allem Politbüro und ZK-Abteilungsleiter) nur noch Modrow im Vorstand der SED-PDS übrig geblieben war.

Die 71 *neu in die Elite* der DDR rekrutierten Personen (40 Prozent der auf 177 Akteure geschmolzenen Gesamtelite) gelangten in der Periode Modrow I in fast alle staatlichen Bereiche, ohne dort allerdings die Mehrheit zu stellen, und vor allem in die Positionen der neu gegründeten Parteien und des Runden Tisches (zusammen 17). Etwa jeder Fünfte (17) hatte bereits der herrschenden Klasse der DDR angehört und übernahm die neue Funktion nach einem Sektorwechsel, z.B. die sechs Exekutivpolitiker, die vorher etwa im Wirtschaftssektor eine führende Rolle gespielt hatten.

Während der *Regierung Modrow II* liegt die Karrierekontinuität naturgemäß mit 94% aus der Zeit des ersten Kabinetts noch höher als im Übergang vom Honecker-Regime zu Modrow I; aber auch jetzt stammten immer noch 61% aus der Honecker-Garde (103 der 169 Personen). Das liegt nicht nur daran, daß mit der Bildung des zweiten Kabinetts Modrow nur zwei neue Personen ins Kabinett[52], sieben in die Zentralpositionen der Blockparteien, vier in die Führung der neuen Parteien und je eine in die Parlamentsführung und an den zentralen Runden Tisch gelangten; die hohe Kontinuität erklärt sich daraus, daß alle anderen Sektoren unberührt blieben. Jeder zweite der Neulinge hatte zudem schon eine Eliteposition in einem anderen Sektor wahrgenommen, vor allem am Runden Tisch.

---

52 Die acht Minister ohne Geschäftsbereich wurden schon zur Elite des Runden Tisches gerechnet, zählen also nicht als Neulinge.

358 Hans-Ulrich Derlien

Tabelle 7: Karrieremuster auf Hauptposition nach Transitionseliten

Periode / Positionsfeld	Exekutiv-politiker	Parla-ment	Runder Tisch	Zentrale SED-PDS	Zentrale Blockp.	Zentrale n. Part.	Zentrale MO/Verb.	StS/Reg.-berater	Bez./ Länder	Bildung	Kirche	insge-samt
Positionen Phase Honecker	**250**	**16**	--	**138**	**4**	--	**28**	**47**	**15**	**33**	**14**	**545**
Personen mit Hauptposition im Feld...	246	14	--	77	-*	--	12	44	14	32	14	453
Positionswechsel nach Phase Honecker	204	4	--	76	--	--	5	41	7	9	1	347
davon: Sektorenwechsel	4	1	--	6	--	--	2	2	--	2	--	17
davon: Ausscheiden aus Elite	200	3	--	70	--	--	3	39	7	7	1	330
Positionen Phase Modrow I	**60**	**17**	**12**	**6**	**12**	**8**	**21**	**10**	**7**	**33**	**13**	**199**
Personen mit Hauptposition im Feld	58	15	10	4	7	7	14	9	7	33	13	177
Karrierefortsetzer	*42*	*10*	*1*	*1*			*7*	*3*	*7*	*23*	*13*	*106* *60%*
Neuzugänge												*71* *40%*
davon: erstmalig in Eliteposition	16	5	3	3	7	7	7	6	--	10	--	54
davon: Sektorenwechsel	10	4	2	2	6	--	3	3	--	9	--	17
Positionswechsel nach Modrow I	6	--	1	1	3	--	4	3	--	1	--	30
davon: Sektorenwechsel	13	1	--	--	--	--	3	1	--	--	--	11
davon: Ausscheiden aus Elite	1	--	8	--	2	--	--	--	--	--	--	19
Positionen Phase Modrow II	**56**	**15**	**12**	**5**	**15**	**12**	**18**	**11**	**7**	**33**	**13**	**197**
Personen mit Hauptposition im Feld...	54	15	3	3	11	11	11	8	7	33	13	169
Karrierefortsetzer	*45*	*14*	*2*	*3*	*4*	*7*	*7*	*8*	*7*	*33*	*13*	*147* *87%*
davon: Karrierefortsetzer aus Phase Honecker	38	10		1			7	3	7	24	13	103
davon: Karrierefortsetzer aus Phase Modrow I	7	4	2	2	4	7	4	5	--	9	--	44
Neuzugänge	*9*	*1*	*1*			*4*						*22* *13%*
davon: erstmalig in Eliteposition	2	--	1	--	6	3	--	--	--	--	--	11
davon: Sektorenwechsel	7	1	--	--	1	1	1	--	--	--	--	11
Positionswechsel nach Modrow II	50	13	3	1	3	9	--	5	--	--	1	110
davon: Sektorenwechsel	9	3	2	--	2	6	1	1	--	--	--	23
davon: Ausscheiden aus Elite	41	10	1	1	1	3	1	4	--	--	1	87
Positionen Phase de Maizière	**40**	**10**	--	**4**	**13**	**7**	**15**	**53**	**14**	**16**	**12**	**184**
Personen mit Hauptposition im Feld...	40	9	--	3	9	3	15	51	14	16	12	172
Karrierefortsetzer	*4*	*2*		*2*	*8*	*2*	*10*			*16*	*12*	*59* *34%*
davon: Karrierefortsetzer aus Phase Honecker	2	2		1			8	3	--	13	12	39
davon: Karrierefortsetzer aus Phase Modrow I	2			1	2		2		--	3	--	11
davon: Karrierefortsetzer aus Phase Modrow II					6	1						9
Neuzugänge	*36*	*7*		*1*	*1*	*1*	*5*	*48*	*14*			*113* *66%*
davon: erstmalig in Eliteposition	30	3			1	1	2	40	13	--	--	90
davon: Sektorenwechsel	6	4		1			3	8	1	--	--	23

* in Phase Honecker keine Hauptposition zuzuordnen

Elitezirkulation 359

Welche Zäsur die Volkskammerwahl vom 18. März und die Bildung der *Regierung de Maizière* bedeutete, wird daraus ersichtlich, daß nun 66% der aus 172 Personen bestehenden DDR-Elite Neulinge sind; Karrierekontinuität findet sich vor allem noch bei den Kirchen, den Bildungseinrichtungen, Verbänden und Parteien, aber nicht auf Bezirksebene.[53] Exekutivpolitiker (36), StS-Ebene (48) sowie Elite auf Bezirksebene (14) erneuern sich hingegen personell. Allerdings blieben, wie gesagt, noch 8 StS aus der Honecker-Elite weiter im Amt. Auch in die Parlamentselite, das Volkskammer-Präsidium und die Fraktionsführungen, traten nur drei Neulinge ein; denn die Führung des systemkritischen Wahlbündnisses hatte schon unter Modrow Elitepositionen eingenommen.

Sektorale Vergleiche haben die Veränderung des Positionsfeldes zu berücksichtigen. Wegen der ab Mai 1990 greifenden Privatisierung der Wirtschaft hatten wir schon den damit zusammenhängenden Fortfall der Kombinatsleitungen sowie der Leitung der Medien ausgeklammert;[54] der Kreis der Exekutivpolitiker war von 246 auf zuletzt 40, die SED-PDS-Elite von 77 Personen in 138 Positionen auf nur noch vier erfaßte Personen in Partei- und Fraktionsführung zurückgegangen. Neue Positionsfelder waren mit dem Runden Tisch während der Transitionsphasen Modrow I und II und zwischenzeitlich in den neuen Parteien entstanden. Der Bildungssektor, aber auch die Volkskammer-Elite schrumpften, wie auch die Massenorganisationen als Elitesektor langsam zerfielen. Nur Bezirke und StS-Positionsfeld (und Kirchen) blieben während der gesamten Transition konstant, und hier wie in der Regierung kommt es mit de Maizière zur personellen Erneuerung. Die Akademien wie der Kreis der Hochschulrektoren hatten sich zwar schon unter Modrow I personell erneuert, aber von den 16 erfaßten Mitgliedern dieser kulturellen Elite stammten immer noch 13 aus der Elite der Honecker-Zeit.

2.4 Sozialstrukturelle Merkmale der DDR-Elite

Unter den 608 Elitemitgliedern befanden sich 37 Frauen (6%). Gegen manche Legende muß festgestellt werden, daß der *Frauenanteil* auch unter Honecker nur 5% betrug und unter Modrow I mit 9% am höchsten lag. Volkskammer (von 13 auf 20%) und Massenorganisationen (19% unter Modrow II) sind dabei ihre über alle Perioden hinweg bevorzugten Elitesektoren. Auch in den Führungspositionen der neuen Parteien und Gruppierungen saßen Frauen in jeder 4. bis 5. Position.

Mindestens rund die Hälfte der DDR-Elite hatte studiert (keine Angaben für 296 der 608 Personen); nur 34 Personen hatten nachweislich nicht studiert, überwiegend Mitglieder der Eliten unter Honecker und Modrow I. Relativ häufigstes

---

53 Daß die Positionszahl auf der Ebene der staatlichen Bezirke unter Modrow mit 7 ausgewiesen ist, ist ein Artefakt: uns fehlten die Namen, und Positionen ohne Amtsinhaber gingen, wie gesagt, nicht in den Datensatz ein.
54 Siehe hierzu Abschnitt 3.5 und 3.6.

Studienfach waren Ökonomie (52=19%) und Gesellschaftswissenschaften (48 = 17%), gefolgt von Ingenieurstudien (38) und Naturwissenschaften (25). Nur für 22 Personen fand sich die Bezeichnung „Jurist", und sechs waren Staatswissenschaftler. Interessanterweise war die Zahl der Juristen unter de Maizière absolut am niedrigsten (7), aufgrund des halbierten Elitefeldes aber verhältnismäßig so groß wie unter Honecker (10). Besonders Ökonomen und Gesellschaftswissenschaftler sind gegen Ende der DDR nur noch schwach in den Eliten vertreten. Wie vermutlich auch bei den Juristen wurde bei ihnen große Systemnähe unterstellt, und zudem hatten sich diese Qualifikationen mit dem Übergang zur Marktwirtschaft zunehmend entwertet. In der weit gefaßten Honecker-Elite (793 Personen) waren Juristen (27) vor allem im Polizeisektor und beim MfS (12), Ökonomen (64) primär unter Exekutivpolitikern (26) und in der Zentrale der SED (23) zu finden,[55] wo auch 30 der 63 Gesellschaftswissenschaftler saßen.

Die auffälligste sozialstrukturelle Veränderung in den sukzessiven Eliten zeigt erwartungsgemäß das *Durchschnittsalter*. Dieses sank von 61,7 Jahren (Honecker) über 57,4 (Modrow I), 56,8 (Modrow II) auf 52,0 Jahre unter de Maizière. Machte die Kohorte der vor 1930 Geborenen unter Honecker noch 59% aus (67-69% unter Exekutivpolitikern, in SED-Zentrale und Volkskammer), so schrumpfte sie unter de Maizière auf 24% mit Inseln in den Sektoren Massenorganisationen, Bildung und Kirchen. Die nach 1950 Geborenen nahmen von einer auf 11 Personen zu. Diese Verjüngung ist revolutionstypisch Ausdruck des raschen Abgangs der gealterten Honecker-Elite.

2.5 Verbleib und Nachpositionen im November 1990

Unter dem Gesichtspunkt der politischen und sozialen Integration des Beitrittsgebiets in die Bundesrepublik ist es von praktischem und theoretischem Interesse, nach dem Verbleib der 608 Personen zu fragen, die die Geschicke der DDR während Implosion und Transition beeinflußt hatten. In welchem Umfang ist es ihnen gelungen, ihre Karrieren im vereinten Deutschland fortzusetzen? Inwieweit sind sie Opfer von Regimewechsel und Beitritt geworden, zumal alle wesentlichen Zentralpositionen der DDR ersatzlos aufgelöst worden sind?

Die Datenbasis bringt es mit sich, daß über die Positionsinhaber in der Regel nach Ausscheiden aus der Position nichts mehr mitgeteilt wird. Für 243 (40%) der 608 Personen, die unter Honecker (enge Definition 453 Personen) bis de Maizière zur Elite gerechnet worden waren, konnten Informationen über ihr weiteres Schicksal im November 1990[56] ermittelt werden (Tabelle 8).

---

55 Für die 148 Mitglieder des Elitesektors „Wirtschaft", also vor allem die Direktoren der Kombinate, liegen nur für 17 Personen Angaben vor; von diesen waren 5 Ökonomen und 7 Ingenieure.

56 Das bedeutet also nicht: zum Zeitpunkt der Niederschrift; z.B. war Mielke wegen Haftverschonung schon wieder auf freiem Fuß.

Bei der Typisierung dieser Schicksale ist grob zu unterscheiden zwischen Personen, die eine neue berufliche Existenz fanden und dabei ggf. einen sozialen Abstieg erfuhren oder die gar ihre Karriere fortsetzten, und solchen Akteuren, die verstorben sind oder im Ruhestand weilen und/oder die förmlich negativ für die Art ihrer Funktionswahrnehmung unter dem ancien régime sanktioniert wurden. Dabei sind natürlich Sequenzen anzutreffen von Sanktionierung mit anschließendem Ruhestand (oder umgekehrt), Ruhestand und Tod, sozialem Abstieg oder Arbeitslosigkeit oder zwischenzeitlichem Ruhestand bei späterer Karrierefortsetzung etc.

Tabelle 8: Verbleib der Transitionseliten im November 1990

Nachposition 11/1990	Elite der Phase Honecker	Neurekrutierungen Modrow I	Neurekrutierungen Modrow II	Neurekrutierungen de Maizière	insgesamt 1989-1990
Universität: Rektor	1				1
Universität: Professor	1	2			3
Universität: sonstige	1				1
Medien	4				4
Verbände/Kammern	4	2		1	7
Kirche	12				12
Bundesminister		1		2	3
Bundesverwaltung		1			1
THA	1				1
Ministerpräsident				1	1
Landesminister		1		3	4
PStS Land				1	1
StS Land		1			1
sonst. Ministerialverw. Land		1			1
MdB	2	7	3	2	14
MdL	1	6	1	10	18
MdEP			1		1
Fraktionsassistent Landtag		1			1
Parteien Bundesebene	1	2			3
Parteien Landesebene				1	1
Freiberufler	4	2			6
ungelernt/Hilfsarbeiter	2				2
einfacher Angestellter	3			1	4
leitender Angestellter	4			2	6
arbeitslos	2	1			3
Altersruhestand	132	2			134
Haft	4				4
Tod	4				4
sonstige	1				1
k.A.	269	24	6	66	365
Positionsinhaber insgesamt	453	54	11	90	608

2.5.1 Ruhestand und Tod

Es ist Ausdruck der unblutigen Revolution in der DDR, daß sich 134 Personen (22 Prozent), die bis auf zwei Akteure der Modrow I-Elite alle dem Honecker-Regime zuzurechnen sind, nachweislich im *Altersruhestand* befanden. Schon Ende 1989 hatte eine (quantitativ wie so oft unbestimmbare) Reihe von Funktionären fortgeschrittenen Alters, aus welchen Gründen auch immer, von der Möglichkeit Gebrauch gemacht, sich vorzeitig mit 57 Jahren pensionieren zu lassen. Wenngleich später der Verdacht geäußert worden ist, bei der Absenkung der Rentenansprüche exponierter DDR-Funktionsträger handele es sich um „Rentenstrafrecht",[57] muß konstatiert werden, daß offenbar kein pensioniertes Elitemitglied der DDR verelendet oder auf Sozialhilfe angewiesen ist.[58] Noch mehr als für die überschaubare Zahl der Elitemitglieder gehobenen Alters gilt für die anderen Nomenklaturkader, daß die Pensionsgewährung etwa für die MfS-Generalität und NVA-Offiziere Fälle von Sabotage verhindert hat, ja die Antizipation der Pensionierung möglicherweise dazu beigetragen hat, daß sich kein gewaltsamer Widerstand gegen den Regimewechsel geregt hat.

22 Elitemitglieder waren bis 1995 *verstorben*, darunter bekanntlich Honecker und die Politbüromitglieder Mittag, Herrmann, Axen, Sindermann und Jarowinski. Nicht zuletzt hierin schlägt sich der Abtritt der vor 1930 geboren Kohorte aus den DDR-Eliten nieder. Als Resultat biologischer Alterung nimmt die Zahl der Verstorbenen naturgemäß im Laufe der Zeit zu. Signifikanter ist, daß die biographischen Unterlagen für fünf Personen *Suizid* vermerken, der in allen Fällen 1990 und nicht später stattfand; dabei handelt es sich in drei Fällen um Leiter von Bezirksverwaltungen des MfS: Boehm, Koch, Lange sowie um Bauminister W. Junker, der 1990 wegen des Verdachts auf Amtsmißbrauch in U-Haft saß.

2.5.2 Justizielle Verfolgung und Bestrafung

Für eine Reihe von Elitemitgliedern belegen die biographischen Angaben förmliche negative Sanktionen der einen oder anderen Art, welche durchaus im Laufe der Zeit kumulieren konnten. Seit November 1989 wurden mit *Parteiausschluß* 32 Personen bestraft, darunter 30 SED-Mitglieder (24 Mitglieder des Politbüros) sowie die Vorsitzenden der CDU (Goetting) und der NDPD (Homann).

---

57 Verfahren in dieser Sache waren 1996 vor dem Bundesverfassungsgericht noch anhängig. Ende September 1996 machte der Gesetzgeber allerdings die Kürzungen im ostdeutschen Rentenrecht rückgängig. Die Kürzung der zur Rentenberechnung herangezogenen Einkommensbeträge wird sich künftig nur noch auf hauptamtliche Stasi-Mitarbeiter erstrecken sowie auf Personen, die aufgrund ihrer Position ein besonders hohes Einkommen bezogen hatten. Betroffen bleibt also weiterhin die Elite der DDR, schätzungsweise 25 000 Personen; s. FAZ v. 28.9. 1996: 1f.
58 Erich Mielke erhält allerdings angeblich eine Rente von nur 806 DM; s. Der Spiegel v. 18.3.1996.

Elitezirkulation 363

Bei 27 Elitemitgliedern, allesamt den Exekutivpolitikern zuzurechnen, wurden justizielle *Strafverfahren* eingeleitet, in 17 Fällen noch zur Zeit der DDR. Diese Verfahren wurden dann überwiegend nach Oktober 1990 fortgesetzt. Zu DDR-Zeiten wurde durchgehend wegen Amtsmißbrauchs und Veruntreuung ermittelt; 16 Elitemitglieder wurden dabei in *Untersuchungshaft* genommen. Sofern es zu einer Verurteilung kam, wurde allerdings zu DDR-Zeiten noch keine Person in den Strafvollzug genommen. Anklage wurde (Stand etwa 1994) in der Bundesrepublik z.T. mehrfach gegen 18 Personen aus der von uns erfaßten DDR-Elite erhoben. In 11 Fällen wurde U-Haft angeordnet.[59] Dabei handelte es sich um die Straftatbestände[60] der Verbrechen gegen Personen (8 Fälle, u.a. gegen Mielke wegen Polizistenmordes 1931), der Wahlfälschung (Oberbürgermeister von Ostberlin Krack, Hans Modrow, 2. Bezirkssekretär der SED H. Müller, außerhalb des Datensatzes: Dresdner Oberbürgermeister Berghofer), des Landesverrats oder der Spionage (stellv. MfS-Minister Grossmann, Krause aus der NVA-Leitung, aber auch: M. Wolf). Wegen Veruntreuung und Amtsmißbrauchs wurden 7 Elitemitglieder belangt; darunter der ehemalige Vorsitzende der Ost-CDU Götting wegen Veruntreuung von (nur) 180 000 Mark der DDR aus der Parteikasse; Werner Krolikowski hingegen, Politbüro-Mitglied und stellv. Ministerpräsident neben Stoph, soll mehr als 1 Million DM aus der Staatskasse unterschlagen haben.[61]

Sehr oft endeten die Verfahren wegen *Verhandlungsunfähigkeit* oder Haftunfähigkeit (Honecker, Mielke, Mittag, Sindermann, Kessler[62], Stoph), denn die Elite der DDR war ja überaltert. Bewährungsstrafen erhielten u.a. Modrow, Goetting, Krack, H. Mueller und Streletz. Vollzogen wurde eine *Haftstrafe* bislang allein am FDGB-Vorsitzenden Harry Tisch und an den 1. Bezirkssekretären der SED G. Müller[63] und Hans Albrecht.

Während die individualisierbaren Strafverfahren gegen Einzelpersonen in der Zahl abzunehmen scheinen, liefen Gremienprozesse und damit Prozesse gegen

---

59 Wenn hier einige Namen erwähnt werden, dann geschieht dies, um dem Zeitgenossen in den letzten Jahren in der Presse dokumentierte Fälle in Erinnerung zu rufen. Von wissenschaftlichem Interesse sind allenfalls die Fallgruppen, nicht die Personen.
60 Schaefgen (1993) unterscheidet bei der DDR-Regierungskriminalität die Fallgruppen: Gewalttaten an der innerdeutschen Grenze, Justizunrecht, weitergehende MfS-Handlungen, Wirtschaftsstraftaten und Wahlfälschung.
61 Systemtypisch handelte es sich in beiden Fällen um Abzweigungen für den Bau von privaten Häusern. Auch der SED-Bezirkssekretär von Suhl, Hans Albrecht, wurde verurteilt, weil u.a. beim Umbau seines Bungalows statt 200 000 nur 35 000 Mark bezahlt hatte (Fränkischer Tag v. 17.10.1992: 7). Der Rostocker SED-Chef Ernst Timm wurde wegen privater Nutzung eines Wochenendhauses verurteilt.
62 Rechtskräftig zu siebeneinhalb Jahren Zuchthaus verurteilt. Am 10.9.1996 wurden 6 Grenztruppengenerale (Generaloberst Klaus-Dieter Baumgarten und seine fünf Stellvertreter) wegen Mitwirkung an sog. Todesschüssen zu mehrjährigen Haftstrafen verurteilt; s. Die Zeit v. 13.9.1996: 4.
63 Bei Tisch und Müller wurde die Untersuchungshaft angerechnet.

Mitglieder der Organe der Staatsführung (Politbüro, Nationaler Verteidigungsrat) später und 1996 immer noch.

2.5.3 Beruflicher und sozialer Abstieg

Arbeitslos nach dem Ausscheiden aus der Elite wurden drei Personen, u.a. Hochschulminister H.-J. Böhme. Als Arbeiter oder einfacher Angestellter waren 6 Personen beschäftigt. Aufgrund des hohen Durchschnittsalters der exekutiven und Parteieliten der DDR und der Möglichkeit der Frühverrentung ist *Arbeitslosigkeit* mithin kein Kollektivschicksal dieses Personenkreises geworden. Dies zeigt auch die Lebenslauf-Untersuchung des Max-Planck-Instituts für Bildungsforschung Berlin allgemein für die Generation 1929-1931 (Huinink/Diewald/Heckhausen 1996: 258). Die Kohorte 1939-1941 hingegen hatte bis 1993 „vergleichsweise hohe biographische Investitionen in ein zerfallenes System getätigt und gleichzeitig wegen der vergleichsweise begrenzten (erwerbs-) aktiven Lebenszeit eher geringe Möglichkeiten für einen Neuanfang bzw. eine Umgestaltung zur Verfügung." (ebenda: 265).

2.5.4 Bürgerliche Berufstätigkeit

Andererseits erwiesen sich „staatsnahe Erwerbstätigkeiten eher als arbeitslosigkeitsmindernde Faktoren. Auch Systemloyalität – definiert durch Mitgliedschaft in der SED oder den Blockparteien oder Funktionärstätigkeit in den Massenorganisationen – mindert das Arbeitslosigkeitsrisiko" (Mayer 1996: 338). „Um drei Viertel der 1993 Erwerbstätigen sind in den gleichen beruflichen Stellungen wie 1989. Eine Ausnahme von diesem Muster bilden die alten Inhaber von Leitungspositionen, die zu zwei Dritteln solche Positionen verloren haben und etwa zur Hälfte Abstiege hinnehmen mußten" ... „Unter denjenigen, die sich 1993 nicht mehr in einer Dienstklasse-Position befanden, waren vor allem jene, die 1989 eine Leitungsposition ausübten und/oder die 1989 systemloyal waren." (ebenda 341 unter Verweis auf Solga 1996).

Als *leitende Angestellte oder Freiberufler* wurden 12 Elitemitglieder tätig. Dazu gehörte eine Reihe von *Rechtsanwälten* wie G. Wendland (Generalstaatsanwalt der DDR bis Dezember 1989), Sarge (Leiter des obersten Gerichts der DDR), Wünsche (letzter Justizminister), W. Schnur (ehemaliger Vorsitzender Demokratischer Aufbruch), Lothar de Maizière[64] und der letzte Innenminister der DDR Diestel.[65] Die Niederlassung vor allem in Berlin[66] von aus dem Staatsdienst

---

64 Daneben war de Maizière bis zur Manadatsniederlegung am 11.9.1991 Mitglied des Bundestages.
65 1990 auch Brandenburgischer Landtagsabgeordneter und 1996 bekannt geworden als Vorsitzender des Fußballvereins Hansa Rostock.
66 In Berlin waren bis November 1991 788 Diplom-Juristen aus dem Osten zugelassen worden, davon 707 noch vor der Wiedervereinigung. 120 von ihnen waren zu DDR-Zeiten als Richter, 29 als Anwälte tätig gewesen. Nur in 9 Fällen war eine Zulassung von der An-

ausgeschiedenen, belasteten DDR-Juristen wie Schnur sollte 1991 die Justizpolitiker der Bundesrepublik beschäftigen.[67] Aufgrund des 1992 erlassenen Bundesgesetzes zur Überprüfung von Rechtsanwaltszulassungen und Notarbestellungen ehemaliger DDR-Juristen wurde u.a. Wolfgang Schnur am 25.7. 1993 die Zulassung als Anwalt in Berlin (wegen Verrat von Mandantengeheimnissen) wieder entzogen.[68]

In der *Wirtschaft* fanden aus der Elite überwiegend Generaldirektoren der Kombinate Nachpositionen; außerdem wurde Außenhandelsminister Beil aus dem Kabinett Modrow Berater bei Krupp, und Elektronikminister F. Meier (Kabinett Stoph) ging einer Tätigkeit als Prokurist bei einer Firma namens Elektro-Consult nach. Aus dem Kabinett de Maizière wurden – kurz über lang – in der Wirtschaft tätig: Viehweger (Engineering Consultation), Preiß (Auto-Service) und Steinberg (Umwelt-Technik). Kulturminister Schirmer wurde Museumsdirektor.

Mitglieder des Runden Tisches hatten sich z.t. in den politischen und administrativen Eliten der DDR während der Transition etablieren können, hatten diese Positionen auch nach Oktober 1990 bewahren können, sind z.T. aber, wie gesagt, einfache Abgeordnete geblieben oder gar, worauf es hier ankommt, sofort nach der Wiedervereinigung oder nach der ersten Legislaturperiode in ihren früheren Beruf zurückgekehrt (Konrad Weiß, Richard Schröder, Jens Reich). In Universitäten fanden 5 Personen eine Position, darunter R. Schröder (SPD-Fraktionsvorsitzender in der Volkskammer) und Jens Reich. Bei den Medien wurden vier und in Verbänden und Kammern sieben Personen tätig.[69]

2.5.5 Karrierefortsetzung der politischen Elite nach Oktober 1990

In der *Exekutive* des Bundes oder der neuen Länder wurden 13 Elite-Mitglieder tätig, darunter als Bundesminister kurzzeitig de Maizière und Krause; als Ministerpräsidenten, Landesminister oder (parlamentarische) Staatssekretäre auf Landesebene 7 Personen, z.B. in unmittelbarer Nachposition als Minister(präsident) Stolpe, Hildebrandt, Platzeck in Brandenburg und Wissenschaftsminister Meyer in Sachsen, 1994 auch Höppner (vormals stellv. Volkskammer-Präsident) als Ministerpräsident in Sachsen-Anhalt.

---

waltskammer aufgrund RechtsanwaltsG vom 15.9.1990 wegen Unwürdigkeit verweigert worden (FAZ 25.11. 1991: 4).

67 Die Berliner Anwaltskammer hatte gegen die Zulassung von Wünsche und Schnur, Wendland und Sarge protestiert (FAZ 18.7.1991: 4).

68 Insgesamt hatte die Berliner Senatsverwaltung für Justiz für 407 Rechtsanwälte und alle 97 Notare Überprüfungen eingeleitet. Von vornherein war auf Überprüfung in 106 Fällen verzichtet worden, da keine Anhaltspunkte vorlagen; in 47 Fällen wurde keine Unwürdigkeit festgestellt (FAZ 26.7.1993: 4). Insgesamt wurden in den neuen Ländern 40 Zulassungen zurückgenommen, allerdings überwiegend bis Mitte 1995 noch nicht rechtskräftig (BT-Drs. 13/2280: 58).

69 Der Vollständigkeit halber sei auf 12 Personen der Kirchenelite hingewiesen, die – angesichts von Stasi-Decouvrierungen keineswegs selbstverständlich – ihre Ämter behielten.

Parlamentsmandate auf europäischer (Romberg), Bundes- (14) oder Landesebene (18) nahmen 33 Elitemitglieder wahr, darunter 3 Personen aus der Ära Honecker (stellv. Kulturminister Höpcke im Thüringer Landtag; Modrow sowie dessen Kulturminister Keller im Bundestag). 13 Mandatsträger sind der systemkritischen Opposition zuzurechnen und zogen überwiegend in den Bundestag (9) ein.[70] Unter den 18 Mitgliedern der DDR-Elite, für die als Nachposition MdL verzeichnet ist, befinden sich vor allem die Regierungsbevollmächtigten für die Bezirke (8)[71] und Mitglieder des Kabinetts de Maizière (5)[72]. Bei Parteien und Fraktionen waren schließlich 5 Personen beschäftigt. Streng genommen kann in diesen Fällen nicht von Karrierekontinuität in der politischen Elite gesprochen werden, da einfache Mandate nicht zu den Elitepositionen gerechnet werden. Da im dritten Abschnitt jedoch die Definition der politischen Elite erweitert wird, um alle ostdeutschen Abgeordneten unter dem Gesichtspunkt der Karrierekontinuität zu inspizieren, seien diese „Absteiger" an dieser Stelle erwähnt.

Zum Teil konnte die politische Karriere im weiteren Sinne indessen nicht bruchlos, sondern nur mit Unterbrechung während der Transitionsperiode oder erst mit Verzögerung um eine Legislaturperiode in der Bundesrepublik fortgesetzt werden. Die wohl spektakulärsten Fälle sind das Einrücken in den Bundestag 1994 von Maleuda (vorletzter Volkskammer-Präsident) und Luft (Finanzministerin im Kabinett Modrow II) auf der Liste der PDS.

Insgesamt bietet sich das Bild auch eines personellen Unterganges der DDR, wenn man die Elite der Jahre 1989/90 betrachtet. Zugleich ist damit gesagt, daß die personelle Repräsentation der neuen Länder in Parlamenten, Regierungen und Spitzenpositionen der Verwaltung überwiegend von anderen Akteuren als denen der Transitionselite wahrgenommen wird. Wie Abschnitt 3 zeigen wird, muß es sich hierbei nicht unbedingt um Personen handeln, deren Biographie nicht tief in der DDR verwurzelt ist; es ist damit lediglich gesagt, daß sie nicht exponiert genug waren (wie die einfachen Volkskammer-Mitglieder), um zur Elite der DDR gerechnet werden zu können.

---

70 R. Eppelmann, A. Merkel, M. Meckel, W. Thierse, G. Poppe, W. Ullmann, A. Barbe sowie als delegierte ehemalige Volkskammer-Abgeordnete, die jedoch im Dezember 1990 nicht wiedergewählt wurden, K.-A. Kamilli und M. Gutzeit
71 B. Schellin, K. Keitel, R. Krause, W. Braun, J. Wolf, H.-J. Kahlendrusch, W. Ulbrich, K.-H. Kretschmer; Krause und Braun wurden zudem Landesminister. Insgesamt wurden von den 15 Regierungsbeauftragten, die nur z.T. im Datensatz erfaßt sind, 13 Personen Landespolitiker, unter ihnen sechs Personen Ministerpräsident (Duchac) oder Minister.
72 P.-M. Diestel, R. Hildebrandt, A. Viehweger, M. Preiß, P. Kauffold (letzter amtierender Ernährungsminister)

… Elitezirkulation …

3. Zirkulation in ausgewählten Funktionseliten nach 1990

Die Schlußbemerkung im vorigen Abschnitt leitet über zu der Frage, wie das *Elitevakuum* in einzelnen ostdeutschen Funktionsbereichen unter den Bedingungen der Bundesrepublik gefüllt wurde. Im Vordergrund der Betrachtung steht nun also der *Zustrom in die Elitepositionen* des tradierten oder transferierten bundesrepublikanischen Institutionenbestandes: Bundes- und Landesparlamente sowie deren Regierungen. Ferner wird untersucht, wie verschiedene Bereiche der öffentlichen Verwaltung in den neuen Bundesländern ihre Führungspositionen besetzt haben; dabei muß zwischen neuen Behörden wie den Landesministerien und übernommenen Behörden auf Bezirksebene und in der Sonderverwaltung andererseits unterschieden werden. Auch haben ja Kommunalverwaltung, Wissenschaft (Universitäten) und Teile der Justiz institutionell im Gegensatz zu den Zentralinstitutionen der DDR die Wiedervereinigung überlebt und wurden nur zum Teil um- oder neu aufgebaut. Schließlich interessieren in den neuen Ländern die Funktionsbereiche der Verbände, der Medien und der Wirtschaft, die schon in der Transitionsperiode aus dem DDR-Imperium dezentralisiert und dabei z.T. in privatrechtliche Organisationsformen, z.T. in Körperschaften (die Kammern) oder Anstalten (Rundfunk und Fernsehen) des öffentlichen Rechts überführt worden waren. Dabei ist der Zufluß in die Elitepositionen zunächst wiederum unter dem Gesichtspunkt von Karrierekontinuität und Neurekrutierung zu rekonstruieren. Zweitens gewinnt jetzt aber die Repräsentationsfrage an Bedeutung: inwieweit sind Ostdeutsche in der Bonner Elite vertreten, und in welchem Umfang haben Westdeutsche die Positionsfelder in den neuen Bundesländern besetzt? Beide Aspekte: Fortsetzung der internen ostdeutschen Zirkulation und Möglichkeit des Elite-Imports verbanden sich seit dem 3. Oktober 1990 mit den vorher in der kurzen Transitionsperiode in dieser Schärfe nicht praktizierten Maßgaben des Einigungsvertrages zur politischen Säuberung des öffentlichen Sektors, also Legislative, Exekutive und Judikative.

Die folgende Darstellung blendet jeweils auf die in der Transitionsperiode geschaffene Ausgangslage zurück, um anschließend die Entwicklung möglichst bis 1994 weiterzuverfolgen.

3.1 Politische Elite

Daß Ostdeutsche proportional zu ihrem Bevölkerungsanteil aufgrund der Wahlkreiseinteilung im Bundestag vertreten sind, versteht sich ebenso von selbst wie die Besetzung der Landtage und Gemeinderäte aus der Bevölkerung und den Parteigliederungen der entsprechenden Gebietskörperschaften. Ausgeschlossen war allerdings auch hier nicht, daß westdeutsche Kandidaten von ostdeutschen Parteigliederungen nominiert wurden und in Wahlen erfolgreich waren. Sowohl im Bundestag als auch in den Landtagen wurden in der Tat vereinzelt Wahlkreise aus den neuen Bundesländern von Westdeutschen vertreten; 1990 waren dies im Bundestag elf, 1994 neun Fälle. Zudem gelangten 1990 auch in die ostdeutschen Landtage neun Westdeutsche, die z.T. in ihre Heimat zurückgekehrt waren (Heß 1995: 576), und auch auf Kommunalebene ist von rund 5% Westdeutschen in den Gemeinderäten auszugehen (Cusack 1996).

3.1.1 Karrierekontinuität und Neurekrutierung in die Parlamente

Der revolutionäre Wechsel der politischen Elite noch zu Zeiten der DDR wird daraus ersichtlich, daß schon die letzte Volkskammer zu 97% aus Personen bestand, die zuvor kein Volkskammermandat besessen hatten (Tabelle 9).[73]

Tabelle 9: Zirkulation ostdeutscher Abgeordneter 1989-1994

Parlament	Wahljahr	Sitze	Personen	Neukarrieren		Karriereforsetzg.	
				n	%	n	%
10. Volkskammer	3/1990	400	400	388	97	12	3
Landtage	10/1990	509	548	457	84	86	16[1)]
12. Bundestag	12/1990	139	148	76	51	72	49
Landtage	1994	464	466	185	40	274	60[2)]
13. Bundestag	10/1994	133	136	39	29	82	62[3)]

1) plus 5 Abg. (1%) aus 9. Volkskammer
2) plus 7 Abg. aus 10. Volkskammer (5) und 12. Bundestag (2)
3) plus 12 Abg. aus 9. (Maleuda) oder 10. Volkskammer (5) oder Landtage 1990 (6)

Insgesamt waren aus der 9. Volkskammer nur 12 Mitglieder auch in die 10. Volkskammer gewählt worden. Dieses fast vollständig aus Parlamentsneulingen bestehende DDR-Parlament stellte verständlicherweise eine zentrale Rekrutierungsbasis für ostdeutsche Bundes- und Landtagsabgeordnete dar. 158 Volkskammermitglieder (darunter zwei aus der 9. Volkskammer), also 40% der 400 Volkskammerabgeordneten, gelangten Ende 1990 in die Landtage (86) oder in den Bundestag (72). Von den insgesamt 148 Bundestagsabgeordneten aus den neuen Ländern[74] setzten also 49% ihre Abgeordnetenkarriere aus der letzten Volkskammer fort, aber ebenso interessant ist, daß jedes zweite Volkskammermitglied nicht in Landtage oder Bundestag einzog. Die ostdeutschen MdB hoben so den Anteil an Neulingen im vergrößerten 12. Bundestag auf 35%, die höchste Rate seit 1953.[75] Aber immerhin bestand die Hälfte der ostdeutschen BT-Abge-

---

73 Angaben zu Tabelle 9 und die Graphik 10 entstammen dem Dissertationsprojekt meines Mitarbeiters S. Lock (1996), dem ich herzlich hierfür danke.
74 148 Abgeordnete auf 139 Mandaten, also Ausgeschiedene und Nachrücker mitgerechnet.
75 Vgl. die Angaben bei Schindler (1984: 112ff.; 1994: 173, 242ff.). Natürlich wird bei dieser Bonn-zentrierten Betrachtung des Zustroms nicht berücksichtigt, daß diese MdB z.T. schon neun Monate MdVK waren.

Elitezirkulation 369

ordneten aus vollständigen Parlamentsneulingen, die noch nicht Mitglieder in der 1990 gewählten Volkskammer gewesen waren. In den neuen Landtagen nahmen sogar 84% erstmals ein Mandat wahr, während der Anteil der Personen mit Karrierekontinuität unter den 548 Abgeordneten (509 Mandate) lediglich 16% betrug. Die 10. Volkskammer war also in erster Linie ein Sprungbrett in den Bundestag.

Graphik 10 macht deutlich, daß es ganz vereinzelt auch Mitgliedern aus der 9. Volkskammer sowie aus dem Kreis der Kandidaten für dieses Gremium gelang, Ende 1990 in die neuen Vertretungskörperschaften einzurücken, obwohl sie nicht in die 10. Volkskammer gelangt waren. Aus der Honecker-Elite zog allerdings nur ein Mitglied, der oberste Zensor der DDR Höpcke, für die PDS in den Landtag von Thüringen ein. Im Bundestag setzten *aus der politischen Elite der DDR* des Jahres 1990 einige wenige ihre Karriere fort: Modrow und sein Kulturminister Keller, auch Gysi; ferner de Maizière sowie fünf Minister der letzten DDR-Regierung (Eppelmann, Gibtner, Meckel, Reichenbach, Schnell) und drei der seinerzeitigen parlamentarischen Staatssekretäre (Jork, Geisler, Schwanitz). Außerdem sind die Mitglieder der Regierung Kohl hier zu nennen, die zugleich ein Mandat hielten: Krause, Merkel, Bergmann-Pohl, die ebenfalls schon zur exekutiven und parlamentarischen (Bergmann-Pohl) Transitionselite der DDR gehört hatten.

Die *Erneuerungsrate* für Bundestag und Landtage sank naturgemäß 1994 bei den zweiten Wahlen nach der Wiedervereinigung; jetzt begannen nur noch 40% in den Landtagen und 29% im 13. Bundestag eine Abgeordnetenkarriere. Immerhin blieb die Erneuerungsrate des Bundestages insgesamt mit 30% weiterhin überdurchschnittlich hoch (Schindler 1995: 554). Die Mehrheit der Abgeordneten in beiden Körperschaften setzte jedoch ihre Karriere aus der letzten Legislaturperiode fort. Außerdem gelang es 1994 wiederum 9% der ostdeutschen MdB, eine Karriereunterbrechung seit der 9. Volkskammer (Maleuda) oder der 10. Volkskammer (5) zu überbrücken, und in einigen Fällen (6) dienten bereits die 1990 gewählten Landtage als Karrierestufe in den 13. Bundestag.

Daß die Erneuerungsquote in den Landtagen 1994 höher lag als im Bundestag, ist nicht zuletzt darin begründet, daß B90/Grüne schwere Wahlverluste hatten hinnehmen müssen und aus einigen Landtagen ausschieden; ihren Platz nahmen überwiegend neue Kandidaten der CDU und der überraschend gestärkten PDS-Fraktionen ein, die damit eine andernfalls höhere Karrierekontinuität der nun gescheiterten Abgeordneten aus den 1. Landtagen stoppten.

Nun handelt es sich in der Regel bei *Parlamentsneulingen nicht auch um Politik-Neulinge*. An anderer Stelle (Derlien/Lock 1994) war für das Ergebnis der Landtagswahlen 1990 schon die Frage aufgeworfen worden, wie neu eigentlich die neue politische Elite auf Landesebene sei. Es zeigte sich, daß 45% der MdL lange vor 1989 Parteimitglieder geworden waren, während nur 30% sich einer politischen Partei erst nach Oktober 1989 angeschlossen hatten. Naturgemäß do-

Tabelle 12: Personalbestand im öffentlichen Dienst in den neuen Ländern

	Verwaltung	Bund			Länder	Kommunal-verwaltung	insgesamt
		Bahn	Post	Zusammen			
DDR 1990							2.125.054[3]
Bundesrepublik							
3. Oktober 1990				560.000[1]			-
3. Januar 1991	104.582[2]	232.000[2]	124.455[2]	461.037			-
Juni 1991	84.880	230.538	120.866	436.284	634.468	661.911	1.732.663
Juni 1992	80.716	195.913	104.124	380.753	583.777	655.974	1.620.504
Juni 1993	75.962	182.732	99.270	357.964	556.387	544.344	1.458.695
Juni 1994	79.891	55	95.312	175.258	534.593	485.619	1.195.470
Juni 1995	77.095	308	0	77.403	527.822	447.540	1.052.765

unmittelbarer öffentlicher Dienst

Quelle: 1 = Bundestags-Drucksache 12/916: 3; 2 = Bundestags-Drucksache 12/304; 3 = Weiß, 1991: 6; weitere Zahlenangaben: Statistisches Bundesamt, Personal des öffentlichen Dienstes, Fachserie 14, Reihe 6, 1991 -1994; für 1995 unveröffentlichtes Zahlenmaterial des Statistischen Bundesamtes.

Tabelle 13: Überprüfung durch die Gauck-Behörde

	1990/1991	1992	1993	1994	Jan.-Mai 1995	insgesamt
Eingänge gesamt (=100%)	343.519	1.192.937	587.325	427.620	206.082	2.757.483
davon: öffentlicher Dienst	343.519	521.707	300.660	131.399	39.001	1.336.286
	100%	44%	51%	31%	19%	48,5%
Erledigungen gesamt (=100%)	110.000	290.009	638.560	808.393	282.043	2.129.263
davon: öffentlicher Dienst	110.000	169.965	390.163	471.651	85.484	1.227.263
	100%	59%	61%	58%	30%	57,6%

Quelle: Zweiter Tätigkeitsbericht des Bundesbeauftragten für die Unterlagen des Staatssicherheitsdienstes der ehemaligen Deutschen Demokratischen Republik 1995: 111 f.

Anmerkung: Zusätzlich wurden in der Zeit vom Januar 1991 bis April 1992 für das Bundesverkehrsministerium, das Bundespostministerium sowie für den Bundesgrenzschutz 427.000 Personen auf hauptamtliche Mitarbeit für das MfS überprüft.

minierten die alten Parteibindungen bei den Nachfolgern von SED und Blockparteien, während Neulinge unter den Abgeordneten der SPD 82% ausmachten. Die durchschnittliche Parteimitgliedschaft betrug bei FDP- und PDS-Abgeordneten 18 Jahre, bei der SPD rund 2 Jahre.

Während 10% der MdL 1990 zudem eine durchgängige Karrierekontinuität aus vorangegangenen öffentlichen Ämtern (z.T. Wahlämter auf Gemeindeebene, z.T. in der öffentlichen Verwaltung, z.T. aber auch, wie gesagt, in der Volkskammer) aufwiesen, waren trotz z.t. langer Parteibindung 77% erstmals mit den Landtagswahlen 1990 zu einem Mandat gelangt. Ferner ließen sich bei 12% unterbrochene Karrieren feststellen, die meistens bis in das ancien régime zurückreichten. Diese insgesamt 22% der MdL mit Karrierefortsetzung oder unterbrochener Karriere verteilten sich naturgemäß wiederum ungleichmäßig zwischen den Fraktionen. Daß nicht alle Personen mit einem ersten Mandat auch politische Neulinge oder gar Teil der systemkritischen Gegenelite der DDR waren, hat seinen Grund im wesentlichen in der *Perpetuierung eines Teils des DDR-Parteiensystems*. Schon an der Volkskammerwahl 1990 hat Müller-Enbergs (1993) gezeigt, daß in den Augen der befragten Volkskammer-Mitglieder das entscheidende Nominierungs- und Erfolgskriterium weniger das Außenseitertum als vielmehr die politische Unbelastetheit unter dem ancien régime war, so daß man sich hinreichend von der Honecker-Elite absetzen konnte (ebenda: 252).

Die 1991 analog zum öffentlichen Dienst einsetzende „*politische Selbstreinigung*" der Landtage und des Bundestages führte zu einer Reihe von neuerlichen Karriereabbrüchen, nachdem die Anfrage bei der „Gauck-Behörde" Stasi-Verstrickungen aufgedeckt hatte.[76] Diese Problematik hatte bekanntlich auch die Volkskammer noch wenige Tage vor ihrer Auflösung beschäftigt. Am 28. September 1990 hatte der Bericht des zeitweiligen Überprüfungsausschusses ergeben, daß von den 400 Abgeordneten – trotz Unverdächtigkeit bei der Nominierung – 67 vorgeworfen wurde, Mitarbeiter der Staatssicherheit gewesen zu sein; 15 Personen (darunter drei Ministern der Regierung de Maizière) hatte der Ausschuß den Rücktritt empfohlen.[77]

Insgesamt kann man konstatieren, daß sich die ostdeutsche Politiker-Elite, die Parlamentarier in den Landtagen und in Bonn, trotz Karriereweg über das stark von den Blockparteien geprägte Parteiensystem 1990 in hohem Maße aus Personen rekrutierte, die amtsunerfahren und als Politiker nicht in das DDR-Regime involviert waren. Das schloß jedoch weder aus, daß sie oft langjährige Parteimitglieder waren, noch bedeutete der Beginn einer Abgeordnetenkarriere, daß man nicht aufgrund von Stasi-Verbindungen aus dem Zivilleben und oft aus der Jugend stigmatisiert und für eine Karrierefortsetzung in öffentlichen Ämtern disqualifiziert wurde.

---

76 Siehe zu den Landtagen Derlien/Lock 1994: 90f.
77 Vgl. Bericht des zeitweiligen Prüfungsausschusses hinsichtlich früherer Mitarbeit von Abgeordneten der Volkskammer für das ehemalige MfS/AfNS, 37. Sitzung; siehe auch Müller-Enbergs 1991.

3.1.2 Karrierekontinuität und Repräsentation in der Bundesregierung

Nach dem Fortfall der zentralen DDR-Institutionen, insbesondere von Volkskammer und Regierung, stellt sich natürlich die Frage, in welchem Umfang Ostdeutsche auch in der Exekutive des Bundes personell repräsentiert sind, und sofern dies der Fall ist: in welchem Maße Mitglieder der letzten DDR-Regierung ihre Karriere dabei fortsetzen konnten.

Es sei an dieser Stelle daran erinnert, daß interimistisch nach dem 3.10.1990 144 Abgeordnete der letzten Volkskammer in den Bundestag *entsandt* worden waren, bevor die Bundestagswahl vom Dezember 1990 die oben dargestellten Ergebnisse produzierte; in gleicher Weise waren Lothar de Maizière, Günther Krause und Hansjoachim Walther bis zur Bildung der Bundesregierung im Januar 1991 als Bundesminister ohne Geschäftsbereich kooptiert worden. Nach dem von Stasi-Vorwürfen ausgelösten Rückzug de Maizières aus der Politik im Januar 1991 war allerdings die einzige personelle Verbindung zwischen Kabinettspositionen der letzten DDR-Regierung und der Bundesrepublik entfallen. Andererseits waren Bergmann-Pohl, Merkel, Krause und Wieczorek als letzte Volkskammer-Präsidentin, Regierungssprecherin bzw. parlamentarische Staatssekretäre des Kabinetts de Maizière zu Ministern oder parlamentarischen Staatssekretären (Wieczorek) in Bonn aufgestiegen.

Mit der Bildung des 6. Kabinetts Kohl im Januar 1991 saßen aus der Exekutivelite der DDR nur noch Krause und Merkel (sowie als neuer Aufsteiger Ortleb) neben dem Bundeskanzler und 16 westdeutschen Ministern im Kabinett, und in der 7. Regierung Kohl vom November 1994 repräsentierten nach dem unrühmlichen Abtritt Verkehrsminister Krauses nur noch Merkel und neuerdings Nolte die ostdeutsche CDU. Im übrigen sei an die relativ kurze Verweildauer einiger der ostdeutschen Minister (Ortleb 31, Krüger 19, Krause 28 Monate) im Bonner Amt erinnert.

Für die aus Ostdeutschland stammenden Parlamentarischen StS Bertram Wieczorek, Bergmann-Pohl, Joachim Guenther, Gottfried Haschke und Ulrich Klinkert ist nicht nur charakteristisch, daß sie zu den Junior-Politikern der DDR gehörten, sondern z.T. wie Merkel und Nolte erst nach Oktober 1989 in die CDU oder Vorläuferorganisationen eingetreten waren. Mit 1996 lediglich zwei Bundesministern (Merkel, Nolte) existiert nicht nur keine Kontinuität mehr zum letzten DDR-Kabinett, sondern die Ostdeutschen sind im Bundeskabinett auch marginalisiert worden (Tabelle 11).

Elitezirkulation 373

Tabelle 11: Zirkulation ostdeutscher Exekutivpolitiker 1990-1994

Regierung	Amtsantritt	Kabinetts-größe	Karrierefortsaus letzter Regierung	Ersternennung	Westdeutsche im Kabinett
Stoph		44			
Modrow I	11/1989	28	10	18	0
Modrow II	2/1990	36	23	13[5)]	0
de Maizière	4/1990	23	2[1)]	21	0
Kohl V	10/1990	23	1[2)]	4	18
Kohl VI	1/1991	20	2[3)]	1	17
Kohl VII	11/1994	17	1[4)]	1	15
Länder-	10/1990	53	3[6)]	35	15
regierungen	1994	50	26	24	14

1) de Maizière, Wünsche
2) de Maizière
3) Krause, Ortleb
4) Merkel
5) 8 ohne Portefeuille
6) aus Regierung de Maizière: Hildebrandt, Platzeck (Brandenburg) und Meyer (Sachsen)

Aber auch auf der Ebene der *Landesregierungen* in den neuen Bundesländern stellte sich nur in drei Fällen (Hildebrandt, Platzeck (beide Brandenburg) und Meyer (Sachsen)) eine personelle Kontinuität zur letzten DDR-Regierung in Exekutivpositionen ein.[78] Auch in diesen Fällen handelt es sich um Akteure, die zur systemkritischen Gegenelite gehörten. Exekutivpolitiker, deren politische Karriere zumindest, was die Parteimitgliedschaft betrifft, tiefer mit dem DDR-Regime verwurzelt waren, schieden relativ schnell wieder aus der Landeselite aus: Gomolka (Mecklenburg-Vorpommern), Gies und Bergner in Sachsen-Anhalt, Duchac in Thüringen.

Damit läßt sich feststellen, daß im Gegensatz zur quantitativ erheblichen, allerdings nach der Zäsur beim Antritt der Regierung de Maizière im April 1990 rückläufigen Karrierekontinuität zwischen den Transitionseliten die Wiedervereinigung einen nochmaligen und tiefergehenden Karriereabbruch der Exekutivelite Ostdeutschlands sowohl in den neuen Ländern als auch in Bonn hervorrief. Bedenkt man zudem, daß auch in den Parlamenten seit der 10. Volkskammer die große Mehrzahl der Abgeordneten ohne vorangegangene Mandatskarriere sitzt, so kann von einer *nahezu totalen Elitezirkulation in der politisch-administrativen Elite der DDR nach der Wiedervereinigung* ausgegangen werden. Lediglich mit Einzelpersonen innerhalb der Bundestagsfraktion der PDS (Modrow 1990, Maleuda und Luft 1994) sind noch personelle Reminiszenzen an die DDR aufgetreten. Zwischen 1990 und 1994 schließlich schieden nach Verdächtigungen und

---

78 Der letzte Innenminister Dr. Diestel übernahm in Brandenburg bis 1992 die Funktion des Oppositionsführers im Landtag.

Skandalen die wenigen Spitzenpolitiker der DDR-Transitionselite aus, deren Biographie tiefer ins DDR-Regime zurückreicht, so daß heute in erster Linie systemkritische Akteure auch in der CDU in Exekutivpositionen vertreten sind.[79]

3.1.3 Import von Exekutivpolitikern auf Landesebene

Auf die quantitative Bedeutung naturwissenschaftlich-technischer Ausbildung in der DDR-Elite war in Abschnitt 2.4 schon hingewiesen worden; auch unter den 77% studierter ostdeutscher Landtagsabgeordneter von 1990 hatten die meisten (26%) Ingenieurwissenschaften studiert (Lock 1993: 63), und im Bundestag stellten 1994 die ostdeutschen Abgeordneten mehr naturwissenschaftlich-technisch Ausgebildete als alle westdeutschen Abgeordneten zusammen (Heß 1995: 584). Während die staats- und wirtschaftswissenschaftliche Ausbildung aus der DDR in der politischen Elite 1990 als Herrschaftswissen abgewertet wurde, hat sich die naturwissenschaftliche Ausbildung also als systemneutral erwiesen.[80] In *exekutiven* Spitzenpositionen der Bundesrepublik dominieren allerdings traditionell Juristen, gefolgt von Ökonomen (Derlien 1990; 1990a; 1994). Daher kann es nicht verwundern, daß 1990 in die Landesregierungen und in Spitzenpositionen der Ministerien vielfach Westdeutsche rekrutiert wurden, die über administrative Erfahrungen und die dafür besonders geeignet erscheinende Ausbildung verfügten. Nur sechs der 52 neuen Landesminister wiesen 1990 Verwaltungserfahrung im Osten auf, 11 hatten in Staatsbetrieben gearbeitet und dort eine gewisse Verwaltungserfahrung gewonnen. Sieben der 52 Exekutivpolitiker der Länder waren zuletzt Regierungsbeauftragte in den Bezirken während der Regierung de Maizière gewesen – Positionen, aus denen die Landesverwaltung aufgebaut werden sollte.

Dazu kamen 15 aus West-Deutschland importierte Personen, von denen die meisten als Politiker oder als Beamte exekutive Erfahrungen hatten sammeln können. Vor allem die Justizminister wurden – mit einer Ausnahme (Heitmann, Sachsen) – aus dem Westen rekrutiert. Bekanntlich waren 1992 sogar drei der fünf ostdeutschen Ministerpräsidenten (Münch, Vogel, Biedenkopf) aus dem Westen importiert, wo sie allerdings nicht (mehr) zu den Spitzenpolitikern gezählt worden waren. Selbst nach den Regierungsbildungen 1994 und den Regierungsumbildungen in Sachsen und Brandenburg (Alleinregierungen), Mecklenburg-Vorpommern (große Koalition) und Sachsen-Anhalt (Minderheitsregierung) wurden noch 14 der nun 50 Landesminister von Westdeutschen gestellt.

---

[79] Auf den Sonderfall Stolpe sei schlicht hingewiesen. Belege dafür, daß die CDU-Zentrale gezielt eine Reinigung von „Altlasten" betrieb, sind zahlreich; ich verweise auf den Kriterienkatalog zur Kandidatenüberprüfung, der auf dem CDU-Parteitag in Dresden im Dezember 1991 vorgelegt worden ist.

[80] Vgl. Welzel (1996), der ferner auf humane Dienstleistungen bezogenes Wissen wie das der Theologen als beständige Ressource betrachtet.

1990 stammten außerdem alle 62 Staatssekretäre in den neuen Bundesländern aus Westdeutschland, und bis 1994 war es nur vereinzelt einem Ostdeutschen gelungen, diese administrative Spitzenposition zu erklimmen.

Last but not least, muß im internationalen Vergleich an dieser Stelle darauf hingewiesen werden, daß anders als in den meisten Staaten des früheren Ostblocks die Rechtsnachfolgerin der Kommunisten, die PDS, schon seit dem 18. März 1990 nicht mehr in der DDR mitregierte und seit der Wiedervereinigung weder in der Bundesregierung noch in Landesregierungen sitzt. Unter Bedingungen des doppelten Regimewechsels, Implosion der DDR und Wiedervereinigung, dürfte vor allem das Angebot an Institutionen und Personal aus dem Westen dazu beigetragen haben, daß Regieren in der Bundesrepublik ohne die Rechtsnachfolgerin der SED möglich ist. Allerdings haben auch die Exponenten der Basisgruppen und des Runden Tisches sich nur dann nach Oktober 1990 in Exekutivpositionen wiedergefunden, wenn die Wahlergebnisse Regierungskoalitionen mit der SPD erlaubten (Brandenburg 1990; Sachsen-Anhalt 1994).

Für die Erklärung der Unterschiede zwischen der Rekrutierung in Parlamente einerseits und in die Spitze der Exekutive von Bund und Ländern andererseits ist die Unterscheidung von *Delegations- und Ernennungseliten* wesentlich (Zapf 1966). Abgeordnete als Delegationseliten sind regional und sozial repräsentativer; Wahlkreisprinzip und Nominierungsprozedur erklären ihre fast ausschließliche Rekrutierung aus den neuen Ländern und die Dominanz der DDR-spezifischen Ausbildung. Entsprechend dem föderalen Aufbau der Parteien mußten dann auch ostdeutsche Parteiführer oder Bundesminister aus dem Osten ex officio in den Bundesgremien der Parteien vertreten sein. Bundesgeschäftsführer einer Partei wurde jedoch nur bei der F.D.P. kurzfristig Lühr (Halle). Andererseits wurden westdeutsche Politiker, die in die neuen Länder gewandert waren, zumal wenn sie Ministerpräsidenten geworden waren (Biedenkopf, Münch), bald Vorsitzende der Landesparteien; 1994 gelang dies auch bei der SPD in Thüringen (ein Saarländer), und Schlumberger aus der Konrad-Adenauer-Stiftung stieg schon 1991 zum Generalsekretär der CDU in Thüringen auf. In der brandenburgischen CDU währte der Versuch, einen Westdeutschen (Fink) zum Parteivorsitzenden zu machen, allerdings nicht lange. Die Besetzung von Führungsämtern der Landesparteien mit Parteipolitikern aus dem Westen sollte nicht selten die Lücken schließen, die bei parlaments- und parteiinternen Säuberungen vor allem im Laufe des Jahres 1991 entstanden waren. Nur für die PDS mit ihrem Profil als Regionalpartei ist typisch, daß in ihrer Parteileitung weder auf Bundesebene noch in den fünf neuen Ländern Westdeutsche repräsentiert sind.

Exekutivpolitiker als Teil der *Ernennungselite* hingegen stammen häufiger aus dem Westen. Sie bringen wie importierte Spitzenbeamte politikfeldspezifische Kenntnisse, bürokratische Erfahrung und systemtypische Rechtskenntnisse mit, die benötigt wurden, um das qualitative Elitevakuum im neu entstandenen exekutiven Positionsfeld der Länder zu schließen.

3.2 Administrative Elite

Im Gegensatz zur Situation der politischen Elite, deren regimewechselbedingte Säuberung quasi auf natürlichem Wege über die parteiinterne Selektion der Kandidaten und die Wahlergebnisse schon für die letzte Volkskammerwahl vor sich gegangen war, ist die Elitezirkulation im öffentlichen Dienst insgesamt und speziell in der Verwaltung administriert worden; sie ist Teil der Konsolidierungsphase ab 3. Oktober 1990 oder, wenn man so will, der „verordneten Revolution". Veränderung des Positionsfeldes und negative Selektionskriterien für administratives Spitzenpersonal waren im Einigungsvertrag unter maßgeblicher Mitwirkung des Bundesministeriums des Innern (Derlien 1993) fixiert worden, eines Vertrages, von dem gesagt wurde, Bundesinnenminister Schäuble habe mit sich selbst verhandelt. Unter den Begriff der „Abwicklung" fällt die Auflösung von zentralen Verwaltungsapparaten der DDR, darunter der gesamten Ministerialebene und der Militärführung (aber auch der Bezirksregierungen der DDR oder von Fakultäten). Damit reduzierte sich nicht nur das ostdeutsche Positionsfeld, sondern uno actu wurde die administrative Führung aus ihren Positionen entlassen. Andererseits wurden mit den Sachverhalten der Stasi-Kooperation und des Verstoßes gegen Rechtsstaatlichkeit und Menschlichkeit negative Selektionskriterien institutionalisiert, die eine bürokratische Säuberung insbesondere ab Januar 1991 unter Einschaltung der sogenannten Gauck-Behörde – neben der Treuhandanstalt die zweite von der Bundesrepublik geerbte Oberbehörde der DDR – bewirkten. Während die schlichte SED-Mitgliedschaft nicht zum Ausschlußkriterium für öffentliche Ämter wurde, legten insbesondere die Bundesländer fest, daß die Staatsnähe exponierter Parteifunktionäre ebenfalls für ein öffentliches Amt disqualifiziere. In diesem Kompromiß – schließlich waren Kommunisten jahrzehntelang im Westen aus dem Staatsdienst entfernt worden – verbirgt sich das Dilemma aller revolutionären Regimewechsel, gleichzeitig politische Loyalität zur neuen Verfassung und professionellen Sachverstand sichern zu müssen (Derlien 1991a; Szablowski/Derlien 1993). Selbst wenn man davon ausgeht, daß Bürokraten selten zum politischen Widerstand und zur Sabotage geboren sind (Wilson 1993), besonders wenn sie mit Pensionen existentiell abgesichert werden, stellte sich unter den Bedingungen von Revolution und Wiedervereinigung das Problem, die DDR-Staatsfunktionäre in den öffentlichen Dienst zu integrieren. Denn der Primat der politischen Loyalität über Fachwissen zumindest in der allgemeinen inneren Verwaltung[81] hatte einen Staatsdienst der DDR produziert, der sich – gemessen an den Standards westdeutscher Rechtsstaatlichkeit und neutraler Amtsführung, allgemeiner: der klassischen europäischen Bürokratie (König 1992) – durch *politisierte Inkompetenz* auszeichnete (Derlien 1991; 1991a).

---

81 Diese Einschränkung meiner Aussage (Derlien 1991) wird von Kritikern meist übersehen.

Im Zusammenhang mit der Elitezirkulation kann nicht auf die gesamte Personalpolitik für den öffentlichen Dienst eingegangen werden,[82] für den Bund seien aber einige Eckdaten der Personalentwicklung vermerkt, um die quantitative Dimension des Umbruchs zu verdeutlichen. Im Oktober 1990 fielen dem Bund 560.000 der schätzungsweise 2,1 Millionen DDR-Staatsfunktionäre zu, darunter 356.000 Bedienstete von Bahn und Post. Bis Mitte 1995 war dieser Personalbestand, inzwischen auf die drei gebietskörperschaftlichen Ebenen verteilt, um die Hälfte auf rund eine Millionen reduziert worden (Tabelle 12).[83] Die schon vom 1. Staatsvertrag verlangte Reduktion des Verwaltungspersonals auf die Ausstattungsstandards der alten Bundesrepublik schlug vor allem bei Ländern und Gemeinden zu Buche.

Zur Irritation der Öffentlichkeit trug 1991 bei, daß „politisch belastetes Spitzenpersonal" sowohl in der Gauck-Behörde als auch in der Treuhandanstalt weiterbeschäftigt wurde, da in beiden Fällen dessen Sachverstand für die Aufarbeitung der DDR-Hinterlassenschaft unentbehrlich erschien. Ansonsten aber ist zu konstatieren, daß bis 1996 kein einziger Ostdeutscher zum Staatssekretär oder zum Ministerialdirektor in den Bonner Ministerien ernannt worden ist.

Zum einen bestand kein Bedarf an zusätzlichem Personal, da das *Bonner Positionsfeld* der Exekutive eher geschrumpft als expandiert war (das innerdeutsche Ministerium wurde auf eine Abteilung im BMI reduziert), zum anderen hätte ostdeutschem Personal, gleichgültig ob zur Altelite gehörend oder nicht, die fachliche Qualifikation (technisch: Laufbahnvoraussetzung) gefehlt. Die noch sechs Jahre nach der Wiedervereinigung festzustellende *völlige Unberührtheit der Bonner administrativen Elite* korrespondiert somit zum Umstand, daß *sämtliche Staatssekretärspositionen* in den neuen Ländern per Elite-Import besetzt worden sind. Der höchstrangige Ostdeutsche in der Bundesverwaltung war und ist Pfarrer Gauck, der zur systemkritischen Gegenelite der Transitionsperiode zu rechnen ist.

Die *politische Säuberung* des Staatsapparates der DDR hatte zwar schon in der ersten Transitionsperiode mit spontanen, allerdings auf Exekutivpolitiker und Parteiapparat konzentrierten Säuberungen begonnen und war in der Periode de Maizière mit einer ersten systematischen Säuberung der Bürokratie fortgesetzt worden, nachdem die Volkskammer im Juli 1990 Überprüfungskommissionen für Richter und Staatsanwälte, Parlamente und Universitäten, also die sensibelsten Bereiche des Staatsapparates, etabliert hatte; die der DDR verbleibende Zeit reichte jedoch nicht aus, um diesen Prozeß zu Ende zu führen. Dies blieb der aus der DDR institutionell und personell übernommenen Behörde des Sonderbeauftragten für die Unterlagen des Staatssicherheitsdienstes vorbehalten. Bis Mitte 1995 waren hier 2,7 Millionen Anfragen, zur Hälfte aus dem öffentlichen Dienst, eingegangen und bevorzugt bearbeitet worden (Tabelle 13). Etwa 10% der Fälle erwiesen sich bis Ende 1994 als „Stasi positiv" – zehnmal so viele wie in der allge-

---

82 Siehe Derlien 1991; 1993; 1993a; König/Meßmann 1994.
83 Wesentlich war infolge der Privatisierungen der Fortfall des Personals von Bahn und Post.

Hans-Ulrich Derlien

Graphik 10: Karrierepassagen ostdeutscher Politiker 1989 - 1994

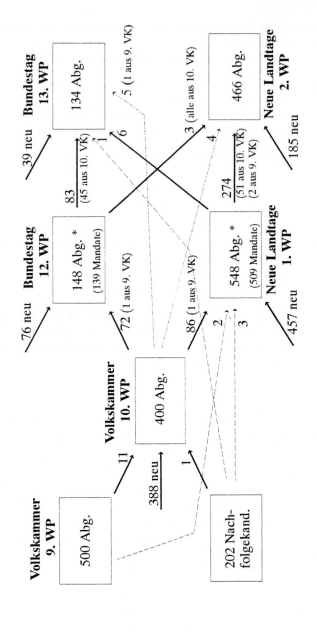

* einschließlich vorzeitig ausgeschiedener Mandatsträger und Nachrücker

meinen Bevölkerung. Allerdings führte dieser Befund letztlich nur in einem Prozent der Fälle auch zur Entlassung.

Für die *Landesministerien* gilt: je höher die Position, desto größer der Anteil westdeutscher Beamter, die nach Osten gegangen sind. Staatssekretärspositionen, Polizeiführung und Verfassungsschutz sind fest in westdeutscher Hand. Schon 1991 wurde für Brandenburg festgestellt, daß, obwohl die Westdeutschen nur 27% der 1400 Ministerialbediensteten ausmachten, sie 52% des höheren Dienstes mit einer Spitze von 72% im Justizministerium erreichten. Ostdeutsche im höheren Dienst dominierten eher in technischen Ministerien wie Landwirtschaft und Umweltschutz (Linde 1991: 295). Häußer (1995: 223) registrierte 1991 unter den 156 Abteilungsleitern der Ministerialbürokratie in vier Ländern (ohne Brandenburg) 76% Westdeutsche, unter denen anfangs z.T. im Rahmen der Länderpartnerschaften abgeordnete „Leihbeamte" waren. Auch Glaeßner et al. (1995) ermittelten in brandenburgischen und sächsischen Innen-, Sozial- und Umweltministerien unter Referats- und Abteilungsleitern noch 57% Westimporte.

Nur rund 25% des Führungspersonals der Ministerien (StS nicht mitgerechnet) bestand also aus Altpersonal der DDR. In den *Staatskanzleien*, die sämtlich von westdeutschen StS geleitet werden und vereinzelt während der ersten Wahlperiode zusätzlich über eine dann allerdings mit ostdeutschen Politikern besetzte PStS-Position verfügten, amtierten 1992 neben 15 westdeutschen Abteilungsleitern vier ostdeutsche (Häußer 1995: 225) – überwiegend in technisch-naturwissenschaftlichen Bereichen tätig gewordene Dissidenten. Exemplarisch mag hierfür auch der einzige Ostdeutsche unter den fünf Regierungspräsidenten sein: der RP von Leipzig, Christian Steinbach, entstammt den Umweltgruppen der DDR und ist mit den ökologischen Lasten seines Bezirks bestens vertraut.

35% aller Referats- und Abteilungsleiter waren *Verwaltungsneulinge*; unter den Ostdeutschen war dies die Mehrheit (Glaeßner et al. 1995: 34f.). Hinter der westdeutschen Dominanz in der Verwaltungselite verbirgt sich insofern eine Inhomogenität der Rekrutierung von aus verschiedenen westlichen Landesverwaltungskulturen, Verwaltungsebenen und -zweigen stammenden Beamten und manchmal sogar extern rekrutiertem Personal (König/Häußer 1996: 43). Wegen der ost- und westdeutschen Außenseiter kann nicht verwundern, daß nur 29% des höheren Dienstes der Staatskanzleien aus Juristen bestand (Häußer 1995: 228).

Der *Rangeffekt*: je höher die Position, desto größer der Anteil Westdeutscher in der Verwaltungselite ist *auch im Verhältnis der Gebietskörperschaften zueinander* zu beobachten. Von den Bonner Ministerien über die Ministerien der neuen Länder nimmt der Anteil Westdeutscher auf Kommunalebene nochmals ab – nicht zuletzt deshalb, weil hier der höhere Dienst[84] zahlenmäßig relativ klein ist. Ver-

---

84 Aus der in dieser Untersuchung verfolgten nationalen Perspektive werden die lokalen Führungsgruppen (mit Ausnahme derer in Großstädten) den (Wahl-) Beamten zugeordnet; in der Perspektive der community-power-Forschung wird natürlich von lokalen (politischen) Eliten gesprochen.

einzelt wurden zwar Westdeutsche zu Oberbürgermeistern gewählt (z.B. Lehmann-Grube in Leipzig; zu Weimar siehe Fascher 1996)[85], aber auch auf der Dezernenten-Ebene von Gemeindeverwaltungen in Brandenburg und Sachsen-Anhalt wurden nur rund 5% Westdeutsche ermittelt (Wollmann/Berg 1994), ebenfalls vor allem in Bereichen, in denen Rechtskenntnisse erforderlich sind. Unter den Amtsleitern fanden sich hingegen 16% Westdeutsche (Berg/Nagelschmidt 1995: 143).[86] Nach der jüngsten repräsentativen Untersuchung zur Lokalpolitik in Deutschland (Cusack 1996: 5f.) waren 5,7% des kommunalen Führungspersonals der kreisfreien Städte nach der Wende nach Osten gezogen; am stärksten war der Personalimport hier jedoch mit 15% bei den Dezernatsleitern, lag also höher als in den oben zitierten Fallstudien, die sich auch auf kreisangehörige Gemeinden erstreckten. Unter den Ratsmitgliedern betrug der Westanteil erwartungsgemäß aber nur 4,3%. „On average, the typical member of the local elite in the East has spent approximately eight and one half years in politics/administration; notably, 76 per cent of these people entered politics/administration only after the Wende. In other words, the members of the political/administrative elite in the East are overwhelmingly people who had no official connection to the SED regime." (Cusack 1996: 8).

Charakteristischer als das Nebeneinander von West- und Ost-Personal ist für die personelle Gemengelage in der Kommunalverwaltung die *Konfrontation dieser neuen Führungskräfte mit den alten Kadern*. Zwar waren die Mitglieder der Räte der Gemeinden (Verwaltungen) vielfach schon Ende 1989 von den Runden Tischen aus dem Amt getrieben oder von der SED zurückgezogen, später auch förmlich von der Übernahme von Führungspositionen ausgeschlossen worden (Berg/Nagelschmidt 1995: 30ff.); auf der operativen Ebene der Administrationen war Altpersonal aber kaum gänzlich zu ersetzen. Die mehrheitlich mit den Kommunalwahlen im Mai 1990 ins Amt gelangten neuen Bürgermeister und Dezernenten (73%; Berg/Nagelschmidt 1995: 136) waren oft aus der systemkritischen Gegenelite hervorgegangen und verfügten über keine Verwaltungskenntnisse, kamen allerdings nicht selten aus der DDR-Wirtschaft (Berking/Neckel 1991) und sahen sich mit alten Kadern (22%) konfrontiert, mit denen sie auskommen mußten (Scheytt 1992: 16; 1993). *Altpersonal* hat sich als Bürgermeister vor allem in kleineren Gemeinden religitimieren können; hier sind auch die 1994 amtierenden 161 Bürgermeister zu finden, die der PDS angehören; nur in sechs Städten (Hoyerswerda, Neuruppin, Saßnitz und Bad Muskau) herrschten PDS-Bürgermeister (Lang et al. 1995: 37).[87]

---

85 Daß Bürgermeister in Großstädten (und in Berlin) gelegentlich von auswärts rekrutiert werden, ist übrigens auch in der alten Bundesrepublik nicht selten; dasselbe gilt für Landesminister.
86 Umfassend zum Kommunalpersonal Hellmut Wollmann in diesem Band.
87 In Berlin verfügte die PDS über 26 Stadträte; insgesamt waren ihr bei den Kommunalwahlen 1994 6000 Mandate zugefallen; siehe ebenda.

Zwischen 1990 und 1994 kam es auch auf Kommunalebene übrigens zu einer beträchtlichen Fluktuation des Führungspersonals; schon vor den Kommunalwahlen 1994 waren in den von Berg/Nagelschmidt (1995) untersuchten Gemeinden nur noch 14 der 29 Dezernenten im Amt gewesen, und danach halbierte sich der Bestand nochmals (ebenda: 166f.; 235f.); gelegentlich (offenbar vor allem in Brandenburg) wurde auch von der plebiszitären Möglichkeit der Abwahl des Bürgermeisters Gebrauch gemacht, die die neuen Gemeindeordnungen (Derlien 1994a) geschaffen hatten, und betroffen waren nicht zuletzt auch aus dem Westen rekrutierte Akteure.

Insgesamt läßt sich generalisieren,

- daß es einen behördeninternen und einen zwischenbehördlichen Rangeffekt beim Elite-Import gibt;
- daß Führungskräfte der Exekutive des Landes und der größeren Gemeinden zwischen einem Drittel und der Hälfte aus dem Westen rekrutiert wurden, darunter nicht selten Ministerpräsidenten und Oberbürgermeister;
- daß sich vom alten DDR-Personal „politisch gesäuberte" Bestände vor allem unterhalb der mittleren Leitungsebene aller Landes- und Kommunalverwaltungen finden und dort dann allerdings die Mehrheit stellen, z.B. in den Staatskanzleien 70% des Gesamtpersonals (Häußer 1995: 225).

3.3 Justiz

Fachliche Differenzierung und Wachstum der Justiz können als eine der wichtigsten Konsequenzen der staatlichen Einheit angesehen werden. Zugleich stellte sich im Justizbereich mit besonderer Schärfe das Problem der Übernahme von DDR-Juristen wegen deren mangelnder Unabhängigkeit in der Vergangenheit und angenommener fehlender Rechtskenntnisse in der Zukunft.

Schon am 12. Januar 1990 hatte die Volkskammer beschlossen, gegen den stellvertretenden Generalstaatsanwalt Dr. Harry Harland und gegen den Präsidenten des obersten Gerichtes der DDR, Günter Sarge, Disziplinarverfahren einzuleiten. Im Juli 1990 waren Richterwahlausschüsse und nach der Bildung der Länder Überprüfungskommissionen eingerichtet worden, die regelmäßig von westdeutschen Richtern geleitet wurden. Im Juli 1990 amtierten in der DDR 2896 Richter und Staatsanwälte. Von diesen wurden letztlich bis Januar 1993 29% übernommen (Tabelle 14); allerdings hatten per Selbstselektion nur 65% einen Antrag auf Übernahme gestellt. Nach dem weiteren personellen Ausbau machte dieses Alt-Personal Anfang 1995 nur noch 22% aus. Ein weiteres Drittel (1993) bzw. ein Viertel (1995) wurde per Abordnung aus dem Westen gestellt, darunter regelmäßig das Präsidium der Obergerichte. Der Anteil der Neurekrutierungen junger Juristen aus Ost und West stieg in diesem Zeitraum von 41 auf 53%. Entsprechend sank der Anteil der Leih-Juristen aus dem Westen bis Anfang 1995 von 35 auf 23% der Richter und Staatsanwälte. Berlin sah sich allerdings aufgrund der Ansässigkeit höchster DDR-Richter und politisierter sonstiger Juristen der Hauptstadt der DDR sowie wegen der anhängigen Verfahren zur Regierungskriminalität in einer besonderen Lage und übernahm kaum jemand in den Justizapparat (Wassermann 1991), war dafür aber besonders auf personelle Unterstützung aus den alten Ländern angewiesen.

Die *Landesverfassungsgerichte* wurden erst 1995 gebildet; sie werden ebenfalls von Westimporten beherrscht, denn die Vorsitzenden müssen aus den Reihen der Gerichtspräsidenten stammen. Auch die sonstigen Berufsrichter, die den Verfassungsgerichten angehören müssen, scheinen der Herkunft nach westdeutsche Juristen zu sein. Aufgrund des parlamentarischen Verfahrens der Wahl der Verfassungsrichter gesellte sich jedoch bei der Stellenbesetzung zum Kriterium der Fachkompetenz auch das Repräsentationsprinzip; dies wurde besonders sichtbar bei der Wahl von Verfassungsrichtern, die der SED angehört hatten: Rechtsanwalt D. Schneider in Mecklenburg-Vorpommern und Professor Rosemarie Will in Brandenburg.[88]

Der Bedeutungsgewinn der Justiz zeigt sich auch in der Verdoppelung der *Rechtsanwaltschaft* und an der Zahl der Notare. Allerdings mußte sich auch die Anwaltschaft bald einer Selbstreinigung unterziehen, da die „Verordnung über die Tätigkeit und die Zulassung von Rechtsanwälten mit eigener Praxis" vom 22.2.1990 es DDR-Juristen, die aus dem Staatsdienst ausgeschieden waren, ermöglicht hatte, sich freiberuflich niederzulassen. Dieser Prozeß fand 1992 seinen Abschluß (s. 2.5.4).

Tabelle 14: Personelle Expansion des Justizsektors

Stichtag	Richter	StaatsA	insgesamt	RechtsA	Notare
1.7.90	1580	1316	2896	ca. 600	500
1.1.91				ca. 2400	376
1.1.93	2273	941	3214		
davon					
- übernommen	628	378	1006		
- neu	873	317	1190		
- Abordnung	767	233	1000		
- sonstige	5	13	28		
1.1.1994				4825	556
1.1.1995	3314	1094	4408	5476	563
davon					
- übernommen	603	365	968		
- neu	1809	520	2329		
- Abordnung	827	195	1022		
- sonstige	75	14	89		
Vakanzen	103	68	171		

Quelle: Zusammengestellt nach BT-Drs. 12/6854 S. 330, 342;
für 1995: BT-Drs. 13/2280: 322; 329

---

88 Siehe Der Tagesspiegel v. 19.9.1996: 4; v. 26.9.1996: 17.

Elitezirkulation 383

3.4 Gewerkschaftselite

Während sich das Parteiensystem 1990 auf das westdeutsche Maß konzentrierte (Volkens 1996), parzellierte sich nach Aufgabe des Primats der SED das vormals zentralistische Gewerkschaftssystem des FDGB in der Transitionsperiode beim Übergang zur Marktwirtschaft. Nicht die funktionalen Zwänge des Wahlkampfes, sondern organisatorische Anforderungen, die von der Sozialunion am 1. Juli 1990 ausgingen: Tarifverhandlungen, Betriebsratswahlen und Aufsichtsratsmandate drangen auf Strukturkompatibilität mit Westdeutschland. An dieser Stelle seien Transformation und Elitezirkulation für die entstehenden Gewerkschaften des öffentlichen Dienstes und den Deutschen Beamtenbund nachgezeichnet.[89]

Zwischen November 1989 und Januar 1990 waren, wie gesagt, alle 7 Mitglieder des *Sekretariats des FDGB-Bundesvorstandes* um Harry Tisch zurückgetreten oder abgewählt worden. Sie wie auch die drei Nachfolger Tischs sowie die 15 FDGB Bezirkssekretäre schieden ohne äquivalente Nachposition in der zunehmend kongruent zu den westdeutschen Verhältnissen strukturierten Gewerkschafsorganisation aus. Aufgrund der Personalunionen in SED-Leitungsgremien waren diese Nomenklaturisten, sofern nicht ohnehin zu alt, disqualifi-ziert.[90] Die Vorsitzenden der 10 nicht zum späteren öffentlichen Dienst in Beziehung stehenden Einzelgewerkschaften des FDGB wurden ebenfalls – mit Ausnahme Peplowskis, der sogar die FDGB-Leitung bis zur Auflösung des Dachverbandes innehatte – im Spätherbst 1989 abgelöst, und unter den 9 Nachfolgern kam es in zwei Fällen erneut zum Wechsel (Löwenhaupt 1995: 17f.).

Sechs der 16 Einzelgewerkschaften des FDGB können als entfernte Vorläuferorganisationen der Gewerkschaften des öffentlichen Dienstes betrachtet werden, wie sie uns (ohne Bahn- und Postgewerkschaften) bekannt sind: ÖTV, GdPolizei, GEW. Für den Deutschen Beamtenbund gab es naturgemäß keinen Vorläufer, vielmehr konstituierte sich ein Transitionsverband im Februar 1990, u.a. um für die DDR möglichst noch ein Berufsbeamtentum, zumindest aber Absicherungen im Einigungsvertrag zu erwirken (Weiß 1991). Diese *sieben Verbände* konsolidierten sich bis zur Wiedervereinigung als Pendant zu den westdeutschen Verbänden, überführten ihre Mitglieder per Empfehlung oder Kollektivbeitritt, lösten sich schließlich im September 1990 rechtlich auf, und fanden ihre Nachfolger als Regionalgliederungen der westlichen Verbände, die sich nach dem 3.10.1990 auf die neuen Bundesländern ausdehnten.

Interessanterweise amtierten die sechs Vorsitzenden dieser auf den öffentlichen Bereich gerichteten Gewerkschaften über Januar 1990 hinaus, als in den anderen Gewerkschaften bereits ein Austausch der alten Elite vollzogen worden war.[91]

---

89 Im folgenden stütze ich mich auf die unter meiner Leitung erstellte KSPW-Expertise von S. Löwenhaupt (1995).
90 In drei Fällen konnten anschließend privatwirtschaftliche Tätigkeiten (Reisebüro, Buchhändler), rechtskräftige Verurteilung (Tisch) und Suizid (Töpfer) ermittelt werden.
91 Siehe Löwenhaupt 1995: 19; Hößelbarth, Vorsitzender der Gewerkschaft der Mitarbeiter der Staatsorgane und der Kommunalwirtschaft, starb Ende 1989.

Vier ihrer Nachfolger amtierten sogar bis Oktober 1990, während zwei Vorsitzende in der ersten Jahreshälfte aus organisationspolitischen Gründen abgelöst wurden. Dieser time lag könnte daraus resultieren, daß die Staatsfunktionäre, die Dienstleistungsklasse der DDR (Solga 1994), im Gegensatz zu den „Werktätigen" weniger reformorientiert waren und die Legitimationskrise des Novembers zunächst ausreiten wollten. Es ist auch schwer zu sagen, ob es einen systematischen Grund hat, daß acht der 1990 in Interim-Organisationen für den öffentlichen Dienst gewählten Vorstandsmitglieder *nach der Wiedervereinigung Nachpositionen* in den Gewerkschaften und Verbänden des Öffentlichen Dienstes gefunden haben.[92] Möglicherweise war die Mitwirkung an der Konstituierung eines Beamtenbund-Vorläufers in einem System, das kein Beamtentum kannte, hinreichende Qualifikation für eine Karrierefortsetzung über die Transitionsperiode hinaus, zumal der Basiskontakt in den neuen Ländern für die mitgliedschaftlich verfaßten Verbände mit ihren spezifischen Gehalts- und Statusfragen meist wichtig war und von westdeutschen Funktionären nicht so leicht hergestellt werden konnte.

Dennoch unterscheiden sich die uns hier interessierenden Verbände hinsichtlich der Rekrutierung ihrer Leitung markant danach, ob sie primär einheimisches oder westliches Personal wählten: die Landesgliederungen von DBB, GdP und GEW rekrutieren ostdeutsche, die ÖTV westdeutsche Funktionäre. Der *Deutsche Beamtenbund* rekrutierte für seine neuen Landesbünde (mit Ausnahme des für ganz Berlin zuständigen) ausschließlich ostdeutsche Funktionäre, und zwar sowohl in die Vorsitzenden- als auch in die hauptamtlichen Geschäftsführer-Positionen. Drei Funktionäre stammten, wie z.T. schon erwähnt, aus der Vorläuferorganisation. Im Gegensatz zu allen anderen Verbänden gibt es jedoch beim DBB Berlin auch unter den stellvertretenden Vorsitzenden keine Ostberliner Repräsentation.

Die *Gewerkschaft der Polizei* (GdP) hatte sich schon Ende Juni 1990 mit ihrem DDR-Pendant vertraglich auf Überführung der Mitglieder zum 3.10.1990 geeinigt; vielleicht ist dies der Grund dafür, daß alle Vorsitzenden der östlichen Landesbezirke trotz mehrfacher Nachwahlen Ostdeutsche waren und daß alle,

---

92 K.-H. Biesold, Vorsitzender der *IG Transport*, gelang es, nach der Vereinigung stellvertretender Vorsitzender der *ÖTV Sachsen* zu werden. Die Vorsitzende der *Übergangs-GEW*, Karin Trommer, blieb in Thüringen von September 1990 bis November 1991 im Amt. Ebenfalls bei der GEW (Mecklenburg-Vorpommern) amtierte bis Juni 1991 Erwin Kalxdorf, der aus der Führung der Vorläuferorganisation hervorgegangen war, und stellv. Vorsitzende der GEW in Berlin wurde (Juni 1990-März 1991) Bianca Tiedtke; bis heute ist es Dieter Haase – beide mit vergleichbar kontinuierlicher Karriere aus der Transitionsperiode.
Dr. Renger, zunächst im Februar 1990 im Vorstand des Interessenverbandes *Beamtenbund der DDR*, ab Juni 1990 Gewerkschaftsverband Beamtenbund der DDR, wurde beim Landesbund Brandenburg des Deutschen Beamtenbundes als hauptamtlicher Geschäftsführer tätig. Wolfgang Gäbler mit den gleichen Vorpositionen trat beim DBB-Landesbund Sachsen-Anhalt ebenfalls als Geschäftsführer ein (bis August 1991). Helmut Dähnicke, auch aus den Übergangsverbänden der angehenden Beamten hervorgegangen, gelangte 1991 in den Bundesvorstand des DBB.

teilweise schon seit Februar 1990, in der Vorläuferorganisation amtiert hatten; allerdings sind sie alle ehrenamtlich tätig, und die Fluktuation im Vorsitz ist hoch. Anlaß hierfür war nicht selten, so in Sachsen, das – erzwungene – Ausscheiden aus dem Polizeidienst.

Auch bei der *Gewerkschaft Erziehung und Wissenschaft* wurden alle neuen Landesvorsitzenden sowie ihre Stellvertreter aus den neuen Ländern rekrutiert. Die Ursache ist darin zu sehen, das die Landesverbände sich vor dem 3. Oktober 1990 konstituiert und ihre Vorstände gewählt, also Autonomie ausgedrückt hatten, wie sie angeblich der Tradition der GEW entspricht. Allerdings hatte sich bis 1995 in jedem zweiten Landesverband bereits ein vorzeitiger Wechsel im Vorsitz vollzogen.

Bei der *ÖTV* zeigte sich, wie gesagt, ein gänzlich anderes Bild: sie bevorzugte eine Rekrutierungsstrategie der West-Importe. Nach der anfänglichen Entsendung von kommissarischen Landesvorsitzenden wurden diese anschließend ausnahmslos auch auf Landesdelegiertentagen im Amt bestätigt. Selbst bei vier Nachwahlen wurden erneut Westdeutsche gewählt. Allerdings befinden sich unter den stellv. Vorsitzenden der ÖTV-Landesverbände mit Ausnahme Mecklenburg-Vorpommerns regelmäßig etwa zur Hälfte Ostdeutsche. Die Dominanz westdeutschen Führungspersonals spricht dafür, daß dem Expertenwissen für Verhandlungen und Klärung komplizierter arbeitsrechtlicher Fragen als Rekrutierungskriterium ein höherer Stellenwert (von der Zentrale) gegeben wurde als der regionalen Verbundenheit mit den Mitgliedern. Insofern wiederholt sich zumindest bei einem Teil der Interessenverbände des öffentlichen Dienstes, zumal dem Teil, der Arbeitnehmerstatus hat, das Rekrutierungsmuster für Spitzenbeamte.

Man kann also feststellen, daß die gesamte Gewerkschaftsführung aufgrund ihrer hohen Funktionen im von Honecker geprägten SED-Apparat im November 1989 ausgetauscht und mit Leuten aus dem zweiten Glied der Einzelgewerkschaften oder aus den Reihen der Bezirkssekretäre ersetzt worden war, ohne daß diese aber ihrerseits das Frühjahr 1990 politisch überlebten. Während der Grund des Ausscheidens in der ersten Welle ausschließlich politische Diskreditierung war, kamen für die zweite Welle auch Fortfall des Positionsfeldes wegen organisatorischer Liquidierung in Frage. Bei den Vorläufer- und Übergangsorganisationen im öffentlichen Sektor vollzog sich allerdings die erste Zirkulation um etwa drei Monate zeitversetzt. Symptomatisch ist aber auch hier, daß es nur in etwa jedem zehnten Fall gelang, die Karriere über den 3. Oktober hinaus fortzusetzen und in regionale ostdeutsche oder gar zentrale Positionen des westlichen Gewerkschaftssystems aufzusteigen. Die Neurekrutierung in die Regionalverbände des öffentlichen Dienstes stand zudem, wie Löwenhaupt (1995: 26) beobachtet, unter einer doppelten politischen Säuberung: einerseits wurden verbandsintern Ehrenerklärungen abgegeben, zum anderen mußten die ehrenamtlichen Verbandsfunktionäre sich der für die Zeit nach der Vereinigung typischen bürokratischen Entstasifizierung unterziehen und diese überstehen; daß dies nicht immer gelang, indiziert das gelegentlich plötzliche Ausscheiden aus der Verbandsführung. Ähnliche Turbulenzen blieben der ÖTV wegen der Präferenz für West-Importe erspart. Fluktuationen nach der Wiedervereinigung reflektierten insofern also die allgemeine Unsicherheit im öffentlichen Dienst der neuen Bundesländer. Sie waren aber oft auch Ergebnis der vom DGB verfolgten Strategie der Mehrfachlegitimation in verkürzten Wahlperioden (Fichter 1995: 10). Auf Bundesebene haben die DGB-Gewerkschaften – wie ja auch die politischen Parteien – versucht, ihre ostdeutsche Mitgliederschaft personell zu repräsentieren, allerdings ohne bisher proportionale Repräsentation zu schaffen, und auch nach dem DGB-Kongreß im Juni 1994 waren in der Führung des Dachverbandes selbst keine Ostdeutschen anzutreffen (Fichter 1995: 18).

3.5 Medien-Elite

In diesem Sektor wird die duale Revolution strukturell besonders deutlich: das zentralisierte, SED-gesteuerte Mediensystem (Presse, Funk/Fernehen, Nachrichtenagentur ADN) wurde nach einer analog zu den Prozessen im sonstigen Staatsapparat ablaufenden internen Elitezirkulation bis November 1989 zunächst mit dem Medienbeschluß der Volkskammer vom Februar 1990 liberalisiert oder demokratisiert, um dann ab Juli 1990 unter der Regie der Treuhandanstalt teilweise privatisiert zu werden oder im Oktober in Länderhand überzugehen.[93] Staatliche Zentralpositionen im Mediensystem (zuletzt das Medienministerium in der Regierung de Maizière) entfielen mit der Vereinigung ersatzlos. Funk und Fernsehen hingegen blieben öffentlich-rechtlich und wurden mit der Bildung der Länder in drei Anstalten regionalisiert (abgewickelt und neu gegründet, Art. 36 Abs. 6 EinV). Im Ergebnis bietet sich nach vollzogener Privatisierung (1992) der wichtigsten 30 regionalen und der 6 zentralen Tageszeitungen der DDR sowie von ADN ein duales Mediensystem in öffentlicher und privater, stark von westlichen Eigentümern kontrollierter Form.

Für 1995 ließen sich noch *43 Spitzenpositionen* (davon 21 in öffentlich-rechtlichen Anstalten) ermitteln, die den 50 Elitepositionen des Systems von 1989 gegenüberzustellen sind. Fortfall politischer Zentralpositionen und mit der Privatisierung einhergehender Konzentrationsprozeß (Pleiten, Liquidation durch die neuen Westeigentümer) konnten mit der Schaffung von 8 zusätzlichen Elitepositionen (neben den weiterbestehenden 13) in den Landesrundfunkhäusern nicht ganz kompensiert werden.

Entsprechend der privatrechtlichen oder öffentlich-rechtlichen Verfaßtheit der beiden Teilsysteme galten unterschiedliche Rekrutierungskriterien. In den *Print-Medien* gab es mit dem Übergang in Privateigentum keine Entstasifizierung (Spilker 1995: 27), schon gar nicht beim Neuen Deutschland; wie gesagt, war die alte SED-Elite schon im November 1989 aus dem Pressewesen verschwunden.

---

93 Basis dieses Abschnitts ist die Expertise von Spilker (1995).

Sofern die Redakteure nicht Rentner wurden, wechselten sie auf nicht exponierte Positionen im Privaten Bereich wie das Politbüro-Mitglied Günter Schabowski, der seit Juni 1992 Layouter bei den „Heimat-Nachrichten" in Bebra ist. Die meisten der im November 1989 (meist von den Redaktionskollegen) gewählten Chefredakteure blieben aufgrund ihrer fachlichen Qualifikation im Amt. Bei den Printmedien sind *Westimporte* in die Chefredaktionen (4 von 19 Fälle) als „normale" Maßnahme westdeutscher Konzernzentralen zu sehen. Allerdings wurde die gesamte Führungsschicht der ADN vom neuen Eigner ddp ausgetauscht.

Von den 21 Positionsinhabern bei *Funk und Fernsehen* stammten 1994 lediglich vier aus den neuen Bundesländern und besetzten in keinem Falle die Intendanten-Positionen. Schon in der Phase der Überführung in die drei Sender hatte es unter dem Rundfunkbeauftragten der Bundesregierung und dann unter den Gründungsintendanten der Länder eine gezielte Personalpolitik der Säuberung und Neurekrutierung gegeben.

Aus der Expertise von Spilker ergibt sich ein klares, quantifiziertes Bild der Elitezirkulation seit der November-Säuberung:

- Aus der Medienelite der Transitionszeit (50) konnten lediglich 8 Personen, allesamt bei den Printmedien, ihre alte Position halten, und 6 weitere erlebten bei der Presse einen beruflichen Abstieg. 36 Personen erfuhren hingegen einen *Positionsverlust*, darunter alle bei Funk/Fernsehen und bei ADN Beschäftigten.
- Auf 43 *Nachfolgepositionen* blieben oder rückten bei der Presse überwiegend Ostdeutsche, bei Funk und Fernsehen vorwiegend Westdeutsche aus den Rundfunkanstalten der Partnerländer.[94] Die aus Westdeutschland rekrutierten Personen erfuhren fast durchgängig einen beruflichen Aufstieg, aber auch die große Mehrheit der Ostdeutschen behielt ihren alten Status und stieg vereinzelt sogar auf; wer die Wende beruflich überlebt hatte, war also im Prinzip sozial akzeptabel.

Dehnt man die Erhebung auf die Ebene der Redakteure und auf kleinere Zeitungen aus, so nimmt einerseits der Anteil von seit 1989 kontinuierlichen Karrieren zu (61 Prozent, vor allem wiederum bei Printmedien), anderseits sinkt der Anteil der Westimporte auf 18 Prozent (beim Fernsehen 40 Prozent). Damit wiederholt sich bei den Medien das schon aus Verwaltung und Justiz bekannte Rekrutierungsmuster: je höher die Position, desto wahrscheinlicher ist eine Besetzung mit Westpersonal, das mit der geographischen Mobilität einen Statusgewinn erfährt. In der privaten Presse mit regionaler Bedeutung und unterhalb der Spitzenpositionen von Funk und Fernsehen konnten sich hingegen Ostdeutsche halten, die die erste Welle der SED-induzierten politischen Säuberung im November 1989 überstanden hatten.

---

94 Von Beyme (1995: 51) konstatiert für den Mitteldeutschen Rundfunk, er „wurde vielfach wie eine „Außenstelle des Bayerischen Rundfunks" angesehen... Eine unverhüllte parteipolitische Personalpolitik wurde im Ostdeutschen Rundfunk in Brandenburg von der SPD im Gegenzug betrieben."

3.6 Wirtschaftselite

Eine Wirtschaftselite im westlichen Sinne gab es in der Zentralverwaltungswirtschaft nicht; sie mußte sich erst im Zuge der Privatisierung bilden.[95] Deshalb muß zur Erfassung der Eliten während der Wirtschaftstransformation den Positionen in Politik und Verwaltung ein Abschnitt gewidmet werden, bevor auf Verbände und Kammern sowie einzelne Unternehmungen eingegangen wird.

3.6.1 Wirtschaftspolitik

Nach Auflösung von wirtschaftspolitischen Einheiten der SED in Zentralkomitee und Politbüro sowie mit der schrittweisen Reduktion der Industrieministerien von 17 (1989) auf 11 unter Modrow und mit westlichem Ressortzuschnitt unter de Maizière wurden auch die zentralen wirtschaftspolitischen Steuerungsinstanzen abgebaut. Dafür übernahm bekanntlich von März 1990 bis Juni die Treuhand I und dann mit der Wirtschaftsunion die Treuhand II bis Ende 1994 die operative Privatisierung (unter Aufsicht von BMWi und BMF).

Nachpositionen fanden, wie in Abschnitt 2 schon gesagt, zwei Minister als Staatssekretäre und Minister Beil als Berater in der Regierung de Maizière. In die späteren Landesregierungen gelangte kein Mitglied der alten und der Transitionselite. Allerdings hatte die Treuhandanstalt I zunächst einigen Elitemitgliedern Übergangspositionen auf den drei Direktorenposten geboten: Minister Moreth (Präsident vom 1. März bis 15. Mai), stellv. Minister für Leichtindustrie Liehmann und Krause (kritischer SED-Wirtschaftsfunktionär), der auch als einziger in das THA II-Direktorium gelangte.

Die unter westdeutscher Regie in der THA II vollzogene Personalpolitik führte dann zur *Entlassung* von insgesamt 58 Personen zwischen August 1990 und Februar 1992; bis August 1992 waren sogar insgesamt 520 Personen aus dem Apparat einschließlich Außenstellen und Unternehmen z.T. aufgrund öffentlicher Proteste, Bundestagsinitiativen und Dank der installierten 17 westlichen Vertrauensleute entfernt worden (Lock 1995: 20). Zusätzlich wurden 210 Personen wegen Untreue, 1100 Personen wegen Inkompetenz, 180 wegen mangelnder Kooperation mit der Leitung und 850 Personen mangels Bedarf entlassen.

Parallel dazu nahm der Anteil des *Westpersonals* in der THA II bis Ende 1990 auf 10 Prozent und bis Mitte 1992 auf 31 Prozent (von 3 941 Mitarbeitern) zu. Symptomatisch ist die Übernahme des THA-Vorsitzes noch vor der Wiedervereinigung durch westdeutsche Manager: zunächst Rainer Maria Gohlke (von der Bundesbahn), ab 20.8.1990 Karsten Rohwedder, ehemaliger Staatssekretär aus dem Bonner Wirtschaftsministerium und dann Hoesch-Manager, und schließlich die niedersächsische Wirtschaftspolitikerin Birgit Breuel. Schon 1990 waren von den 196 Führungspositionen nur 16 mit Personen aus den neuen Ländern besetzt gewesen. Bei

---

95 Siehe zum folgenden Lock 1995.

Elitezirkulation

der Berufung des 14-köpfigen *Verwaltungsrates* setzte Präsident Rohwedder gegenüber de Maizière durch, daß 8 westdeutsche Manager nach seinen Wünschen ernannt würden; hinzu traten 6 Generaldirektoren der früheren Kombinate. Ab Oktober 1990 amtierten in dem auf 23 Mitglieder vergrößerten Verwaltungsrat
- 2 Bonner Staatssekretäre
- 6 Vertreter der Neuen Länder und Berlins
- 4 Vertreter der Gewerkschaftszentralen
- der Rest waren westdeutsche Manager, die bis Ende 1992 auch alle Ostdeutschen außer Tausch-Marton ersetzten.

Unter den insgesamt über die vier Jahre amtierenden Verwaltungsratsmitgliedern kam es selbstverständlich zu Fluktuationen, die sich oft bei ex-officio-Mitgliedschaften ergaben. Die Verweildauer der ostdeutschen Vertreter lag zwischen 16 (Kombinatsdirektoren) und 18 Monaten (Landesregierungen), die der Westdeutschen zwischen 34 und 40 Monaten. Kein Mitglied rekrutierte sich aus einer der letzten DDR-Regierungen oder aus deren Ministerialbürokratie.

Im *Vorstand der THA II* tauchten nur kurzzeitig zwei Mitglieder der DDR-Transitionselite auf (Krause und Halm, der nach Ministerium unter Modrow noch Staatssekretär in der letzten DDR-Regierung gewesen war). Alle Präsidenten und die sonstigen Vorstandsmitglieder waren Westdeutsche. Unterhalb des Vorstandes waren 1991 22 Ostdeutsche beschäftigt, darunter 2 ehemalige Staatssekretäre, 11 ehemalige stellv. Minister und 5 Mitarbeiter der SED-Bezirksleitungen, die allesamt die Gauck-Überprüfung überstanden hatten (BT-Drs. 12/782, zitiert nach Lock 1995: 25).

3.6.2 Wirtschaftsverbände und Kammern

Neugründungen von Verbänden und Kammern während der frühen Transitionsphase wurden – wie bei den Gewerkschaften des öffentlichen Dienstes – mit der Bildung der Wirtschafts-, Währungs- und Sozialunion schnell vom westdeutschen Institutionentransfer der Wirtschaftsverbände überlagert, die sich mit der Länderbildung ebenfalls regionalisierten (Wielgohs/Wiesenthal 1994). Von den den Räten der Bezirke unterstellten Handels- und Gewerbekammern der DDR, in denen selbständige Gewerbebetriebe mit bis zu zehn Mitarbeitern organisiert waren, wurden zwar Infrastruktur und ausführendes Personal übernommen, die Vorsitzenden wurden jedoch vollständig neu rekrutiert. Aufgrund der mitgliedschaftlichen Verfaßtheit und des Sitzlandsprinzips waren sie zudem meist Ostdeutsche; von den 14 *Kammerpräsidenten* wurden nur die Westdeutschen Ulrike Staake, Geschäftsführerin der Deutschen Bank in Cottbus, Florian Hoffmann (Gera, 1991-93) und 1995 Udo Harten (Rostock) Kammerpräsidenten. Auch zu Hauptgeschäftsführern der Kammern wurden Ostdeutsche ernannt.[96]

---

96 Ausnahmen: Peter Heimann (Dessau) und K.-M. Rothe (Schwerin), die schon vor ihrer Ernennung als Aufbauhelfer westlicher Patenkammern vor Ort waren. Lock (1995) stellte für diese Position außerdem eine erhebliche Fluktuation 1990-91 fest.

Die *Arbeitgeberverbände* hingegen rekrutierten überwiegend Westdeutsche in die Geschäftsführerpositionen. Neben den Funktionsunterschieden von Kammern und Verbänden dürfte für die Erklärung dieses Unterschiedes vor allem die Zusammensetzung der Kapitaleigentümer ausschlaggebend sein: während in Kammern Klein- und Mittelunternehmer in der Hand Ostdeutscher organisiert sind, vertreten die Arbeitgeberverbände die oft von westdeutschem Kapital kontrollierten größeren Unternehmen.

3.6.3 Unternehmensführung

Bürklin (1995) fand in seiner Stichprobe der Wirtschaftselite der gesamten Bundesrepublik einen einzigen ostdeutschen Manager. Nichtsdestoweniger ist natürlich der privatwirtschaftliche Sektor vielfach Auffangbecken für die „Dienstleistungsklasse" der DDR geworden, allerdings bestenfalls für Leute aus dem zweiten Glied des ancien régime wie z.B. die beiden Damen aus dem KOKO-Leitungsbereich, die später im Bankgewerbe bzw. im Marketing tätig wurden[97]. Die Privatwirtschaft erlaubte aber in der Regel den alten oder den Transitioneliten nicht, zumal nicht nach einem Sektorwechsel, in Elitepositionen zu bleiben. So war der bis November 1989 tätige Staatssekretär für Kirchenfragen der DDR, Kurt Löffler, zwar zunächst als Direktor für Marketing, Werbung und Öffentlichkeitsarbeit beim ostdeutschen Sparkassen- und Giroverband tätig geworden, wurde aber wegen anhaltender öffentlicher Kritik beurlaubt (FAZ 5.4. 1991: 6). Und neuen Köpfen gelang es offenbar nicht zuletzt wegen sektoraler Schrumpfungen und wirtschaftlicher Depression bisher nicht, Unternehmen von Rang aufzubauen, die ein Aufsteigen in die Wirtschaftselite ermöglicht hätten.

Mittelständische Unternehmen einschließlich Rechtsanwaltskanzleien oder Positionen im mittleren Management standen hingegen den DDR-Wirtschaftsfunktionären aus dem zweiten Glied offen. Eben wegen der Möglichkeit auch für systemnahes Personal, eine berufliche Existenz zu beginnen oder fortzusetzen, erschienen schon 1990 Presseberichte über Unternehmensgründungen z.B. nach Privatisierung der technischen Einrichtungen der Stasi (EDV, Telefon, Hotels) oder über neue Detekteien und Sicherheitsdienste.[98] Auch haben viele Offiziere und Diplomaten, aber auch der 1989 als Reformpolitiker apostrophierte Dresdner Oberbürgermeister Berghofer im Westen Stellung in der Wirtschaft bezogen. „Gerhard Wiechert, ehemals oberster Waffenhändler der Stasi, zieht schon wieder mit arabischen Geschäftspartnern durch deutsche Lande" (FAZ v. 14.6.1991: 15). Und schließlich wurde bekannt, daß der letzte SED-Generalsekretär, Egon Krenz, nach vorausgegangenen Vermarktungsversuchen der eigenen Person zum 1.8. 1991 eine hochdotierte Anstellung als Finanzmakler in einer Berliner Firma erhal-

---

97 Siehe Der Tagesspiegel v. 12.4.1996.
98 Die Interflug hatte 178 Abhörspezialisten der Stasi eingestellt (Fränkischer Tag 23.2. 1991: 2), und auf der Leipziger Messe wurden 500 der 1000 Mitarbeiter wegen Stasi-Verdachts entlassen (FAZ 19.3.1991: 19).

ten habe (FAZ v. 5.8.1991: 4). Überhaupt, so die FAZ, „(werben) in Zeitungsannoncen derweil schon westliche Unternehmen um Führungskräfte mit dem ausdrücklichen Hinweis, daß frühere Parteifunktionen kein Hindernis seien."
Naturgemäß konnten ehemalige DDR-Wirtschaftskader in den privatisierten Betrieben, in denen das öffentliche Dienstrecht nicht gilt, prinzipiell relativ ungehindert weiterarbeiten.[99] Das galt nicht zuletzt auch für die Geschäftsführer der LPG. Hierzu trug bei, daß man auf sie schlicht nicht meinte verzichten zu können. Letztlich kam es jedoch bei größeren Unternehmen, zumal denen in westdeutschem Besitz, zur „Selbstgleichschaltung" mit der 1991 voll einsetzenden bürokratischen Säuberung im öffentlichen Dienst und dem analogen Verfahren der „Selbstreinigung" der Politik. „Bei der Volkswagen-Sachsen GmbH in Mosel und Zwickau hat die Unternehmensleitung von ostdeutschen Führungskräften eine Art „Ehrenerklärung" zu etwaigen Stasi-Kontakten verlangt." (FAZ v. 17.6.1991: 13). Aus Gründen des Betriebsfriedens und des Images konnten es sich auch private Unternehmen letztlich nicht erlauben, von der Öffentlichkeit als moralisch zweifelhaft angesehenes Personal in Leitungspositionen einzustellen oder zu halten. Bis 1995 zeichnete sich vor allem auch als Ergebnis der Privatisierungspolitik der Treuhandanstalt folgendes verallgemeinerungsfähige Bild ab (Lock 1995):

– Bei der Besetzung von Führungspositionen ging es nicht mehr wie 1990/91 um die Frage der Karrierekontinuität der Altelite, sondern um die Frage der Rekrutierung des Leitungspersonal aus den neuen Ländern oder aus dem Westen. Bei Großunternehmen vor allem im Bankensektor wurde das Führungspersonal entsprechend Kapitalverfügung vor allem aus dem Westen rekrutiert. Exemplarisch ist die Entwicklung bei den fünf Landeszentralbanken, von denen sich vier mit westdeutschen LZB verbanden; dies führte zur Karrierekontinuität im Westen. Selbst die Neugründung der LZB Sachsen und Thüringen stützte sich auf den Westdeutschen Olaf Sievert als Vorstandsvorsitzenden. Auch die in joint-ventures mit westdeutschen Großbanken aufgegangene Staatsbank der DDR und die neuen Sparkassen- und Giroverbände importierten ihre Spitzenmanager.
– Bei mittleren Unternehmen, die von der Treuhandanstalt im Verfahren des Management-buy-out privatisiert worden waren, fand sich überwiegend das Personal der mittleren Leitungsebene der Kombinate. Auch in der Leitung lokaler Sparkassen dominierte einheimisches Personal.

Aus der Untersuchung von Solga (1996a) zur in der sozialen Schichtung unterhalb der „herrschenden Klasse" angesetzten „Dienstleistungsklasse" ergeben sich Befunde, die mit unseren Feststellungen zur *Karrierekontinuität* in Verbänden, Medien und Wirtschaft kompatibel sind. So ist in den neuen Ländern diese akademisch gebildete Schicht als Folge der Transformation von Staat und Wirtschaft

---

99 Lock (1995: 47) ermittelte 9 ehemalige Generaldirektoren der Kombinate in Vorstandspositionen von 32 Nachfolgerunternehmen mit jeweils über 1000 Mitarbeitern.

zwischen 1990 und 1993 um 8 % auf 15% gesunken (Westdeutschland 21%). Auch gelang es nur 38% der Personen, die 1990 der oberen Dienstleistungsklasse angehört hatten, 1993 weiterhin ihrem Beruf nachzugehen. Dennoch war dieser Personenkreis weniger oft von Arbeitslosigkeit betroffen als andere Werktätige. Besonders in technischen Professionen gelang die Überbrückung der Transformation, zumal wenn man jüngeren Generationen angehörte. Auch ist aus dieser Erhebung erkennbar, daß frühere Systemloyalität einen Karrierebruch – vor allem bei Männern – induzierte (Solga 1994), nicht zuletzt weil auch ihre fachlichen Kompetenzen im neuen System nicht mehr gefragt waren. Dennoch, so Solga (1996a: 36), „ist die neue Dienstklasse die – wenn auch reduzierte – alte Dienstklasse".

Anstatt einer Zusammenfassung der Ergebnisse dieses Kapitels, sei auf eine weitere repräsentative empirische Untersuchung eingegangen; das hier für einzelne, ausgewählte Funktionseliten nach rund fünf Jahren Elitezirkulation gezeichnete Bild entspricht nämlich weitgehend dem, was als Ergebnis aus der Elite-Untersuchung von Bürklin hervorgeht. Diese in der ersten Jahreshälfte 1995 für 10 sektorale Eliten durchgeführte Erhebung (Bürklin 1995; 1996) läßt Rückschlüsse auf die *Ost-West-Zusammensetzung* einzelner sektoraler Eliten und damit auf die Repräsentation Ostdeutscher oder den Umfang des Elite-Imports aus dem Westen zu. Angemessen repräsentiert war in der nationalen Elite erwartungsgemäß die politische Delegationselite (32.1% aller befragten deutschen Spitzenpolitiker), während die anderen funktionalen Eliten aus den neuen Ländern deutlich dahinter zurückblieben. Bei den Eliten von Gewerkschaften und Wirtschaftsverbänden betrug der ostdeutsche Anteil auf Bundesebene nur 8.1 bzw. 12.4%, obwohl auch sie Delegationseliten darstellen. Aber auch die Ernennungseliten im privaten und im öffentlichen Bereich waren unterrepräsentiert; so betrugen die Ost-Anteile in der Medien-Elite 11.7%, im Kulturbereich 12.9% und in der Wissenschaft 7.4%. Total unterrepräsentiert waren Ostdeutsche beim Militär (null), unter Managern (1 Person) und in der Verwaltungselite (12= 2.5% dieser Sektoralelite). Insgesamt machten Ostdeutsche 11.6% (272) des gesamten nationalen Elite-samples (2341) aus; allerdings hatten mehr als diese 272 Personen, nämlich 402 Befragte ihren Standort in Ostdeutschland, so daß schätzungsweise ein Drittel der in den neuen Bundesländern Elitepositionen einnehmenden Personen Westdeutsche waren.[100] Diese Befunde entsprechen durchaus dem Bild, das in diesem Abschnitt für die einzelnen Funktionseliten gezeichnet worden ist. Nur unter den Parlamentariern sind Ostdeutsche also – fast zwangsläufig – dem Bevölkerungsanteil angemessen repräsentiert. Bei anderen Delegationseliten schwankt der Anteil Einheimischer schon auf Landesebene mit einer leichten Tendenz, den ostdeutschen Verbands- und Kammervorsitzenden westdeutsche Geschäftsführer zur Seite zu stellen. Wo das Großkapital eine Rolle spielt, macht sich der west-

---

100 Bürklin (1996:5) berichtet, daß nach dem Kriterium des Geburtsortes sogar 40.5% der 402 Befragten mit Standort in den neuen Ländern Westdeutsche waren.

Elitezirkulation 393

deutsche Einfluß nicht nur in der Ernennungselite der Unternehmen und Banken, sondern auch bei der Besetzung der Spitzenpositionen der Wirtschaftsverbände spürbar. Im öffentlichen Sektor schließlich, von den Staatssekretären über die Generalität und die Justiz bis zu den Medien-Intendanten dominiert der Import von Westdeutschen. Karrierekontinuität ist nur auf der mittleren Leitungsebene der Organisationen feststellbar.

4. Zusammenfassung

Abschließend soll versucht werden, die wesentlichen Ergebnisse der Detailanalyse modellartig zusammenzufassen und zu erklären. Dabei geht es zunächst darum, historische Dynamik, Geschwindigkeit und Umfang der Elitezirkulation herauszustellen, die in Abschnitt 2 behandelt worden waren. Leitmotiv ist hierbei die Frage nach der Mischung von Karrierekontinuität und Elite-Erneuerung. Das Ergebnis sind sektorale Unterschiede im Umfang der Elitezirkulation und divergierende Karrieremuster der jetzigen Positionsinhaber. Bei der Erklärung der Befunde stehen die Eigentümlichkeiten von Implosion und Transition sowie zwei strukturelle Faktoren im Mittelpunkt; neben der Veränderung des institutionellen Gefüges und daher des Positionsfeldes rücken das Elitereservoir und die Rekrutierungskanäle ins Blickfeld, besonders wenn der Elite-Import zu erklären ist.

4.1 Phasen der Elitezirkulation

Die De-Legitimierung politischer Herrschaft in der DDR vollzog sich mit Voice und Exit (Hirschmann 1992) und löste zunächst einen von Oktober 1989 bis Januar 1990 reichenden partei-internen Austausch der Führungsgruppen in drei Schüben aus. Auch hierbei nahm die SED eine führende Rolle ein – die Blockparteien folgten. Was als „Palastrevolution" im Oktober begonnen hatte, ergriff im November Politbüro und Zentralkomitee der SED und führte im Dezember im Zuge der Demokratisierung der Parteien und des Parteiensystems zur Abschaffung dieser Gremien in der SED. Von Dezember bis Anfang Januar schließlich erreichten die Wellen der parteiinternen Säuberung die Peripherie der Satelliten-Organisationen. Denn der Primat der SED und damit zusammenhängende Ämterkumulationen resultierten darin, daß Positionsverlust in den zentralen Parteigremien Amtsverlust auch in Regierung, Volkskammer, Verwaltung und sonstigem Staatsapparat: Medien-, Bildungs- oder Gewerkschaftssektor nach sich zog. In die verbleibenden durch Abwahl, Absetzung und Rücktritt freigewordenen Positionen strömte zunächst eine systemkonforme Gegenelite, als deren Exponenten H. Modrow, L. de Maizière und G. Gysi gelten können.

Mit der Schrumpfung des parteiinternen Positionsfeldes in der SED korrespondierte das Auftauchen, bis Juli 1991 auf 25 Prozent, bis Ende 1991 auf 28,5

Prozent neuer Elitepositionen in den aus der Illegalität heraustretenden Organisationen der systemkritischen Gegenelite, die sich mit den Runden Tischen eine eigene politische Arena als Gegen-Volkskammer schuf. Aus diesen Positionen rekrutierten sich politische Neulinge zunächst per Kooptation ins Kabinett Modrow II (Februar 1990) und dann in die parlamentarische Regierung de Maizière (April), ohne allerdings zunächst die Karrierekontinuität der Mehrheit der aus dem zweiten Glied des ancien régime hervorgegangenen Kabinettsmitglieder unter Modrow brechen zu können. Erst als die PDS nach der Volkskammerwahl in die Opposition gedrängt worden war, machte diese Gegenelite im Kabinett de Maizière schon gut die Hälfte aus, berücksichtigt man die SPD-Vertreter und die erst über das Wahlbündnis der Allianz für Deutschland an die CDU herangerückten Mitglieder. Als Ironie der Geschichte ist anzumerken, daß sich die später B90/Grüne zuzurechnenden Mitglieder am Runden Tisch und in der Regierung Modrow II gemeinsam mit den Kommunisten in der Opposition befanden. Fast signifikanter als ihr Wirken in der Endphase der DDR sollte die systemkritische Gegenelite nach dem 3. Oktober werden, als sie – wenngleich weiterhin als Minderheit – in Landtage, einige Landesregierungen, den Bundestag und die Bundesregierung gelangte; denn es sind spätestens 1994 auch in der CDU auf Landes- und Bundesebene die Neuerer aus DA und Demokratie Jetzt gewesen, die die Gesamt-CDU in den Regierungen repräsentieren durften.

Die *Volkskammerwahl vom März 1990* schloß nicht nur den Austausch der Honecker-Elite in allen Sektoren ab oder leitete ihr Ende im Wirtschaftssektor ein, sie bedeutete auch in den meisten Fällen das Ende der unter Modrow begonnenen Karrieren in der Exekutive. Vor allem aber resultierte die Parlamentswahl in einem Rekrutierungsschub zur Besetzung der im gewaltig geschrumpften Positionsfeld noch verfügbaren Positionen. Innerhalb von sieben Monaten war die Altelite damit überwiegend ersatzlos aus dem öffentlichen Leben verschwunden, war die Modrowsche „Herrschaft der Deputies", die für Rußland beispielsweise noch heute typisch ist, bestenfalls in die parlamentarische Opposition gedrängt, hatte sich die Volkskammer total personell erneuert und konnte die systemkritische Gegenelite Regierungserfahrung sammeln. Der Wahlmechanismus brachte zum Abschluß, was als parteiinterne Elitesukzession begonnen und sich über die Kooptation der Gegenelite fortgesetzt hatte.

Außerhalb der Partei-, Parlaments- und Exekutiveliten, also unter den *Ernennungseliten* beim Militär, in der Wirtschaft, in Justiz und Verwaltung, aber auch innerhalb des sich fragmentierenden Verbändesystems setzte die Elitezirkulation erst mit einer deutlichen zeitlichen Verzögerung ein. Zwar fanden sich auch hier nach der März-Wahl kaum noch Exponenten der Altelite in Amt und Würden, aber die „deputies" traten meist erst ab, wenn ihr Positionsfeld im Zuge von Dezentralisierung und Privatisierung zusammenbrach. Das gilt für die Akademien ebenso wie für die Zentralverwaltungswirtschaft und die Massenorganisationen.

Elitezirkulation 395

Die *Landtags- und die Bundestagswahlen von 1990* (und nochmals die Wahlen von 1994) stabilisierten personalpolitisch das bis dahin erreichte Ausmaß der Elitezirkulation. Nur vereinzelt (Höpcke, Modrow 1990, Luft und Maleuda 1994 im Bundestag) tauchten Mitglieder der Altelite oder der Transitionselite in den Parlamenten auf, und zwar in der Opposition als Repräsentanten der PDS[101]. Selbst innerhalb der CDU wurde die Transitionselite zunehmend und vor allem auf Bundesebene marginalisiert; personelle Kontinuität zwischen letzter DDR-Regierung und Bundesregierung gab es 1994 nur noch mit der Junior-Politikerin aus der Gegenelite, A. Merkel – nachdem Verkchrsminister Krause zurückgetreten war. Selbst innerhalb der PDS-Landtagsfraktionen zeigte sich eine nahezu totale Karrierediskontinuität schon 1990. Allerdings handelt es sich bei den neuen Gesichtern unter den Mandataren selbstverständlich nicht um Personen ohne politische Vergangenheit: die Persistenz der Blockparteien und der PDS als Rekrutierungskanäle und ihre Mitgliederbasis wie auch ihre materiellen Ressourcen brachten oft Altmitglieder nach oben.

4.2 Ernennungs- vs. Delegationseliten

Neben der Stabilisierung der nahezu totalen Elitezirkulation innerhalb der Politik gewinnt die Wiedervereinigung zudem außerhalb des Sektors der Politik für die Elitezirkulation dadurch größte Bedeutung, daß nun ein *Elite-Import* historisch beispiellosen Ausmaßes aus dem Westen einsetzte, um die wenigen übriggebliebenen und die meisten neu geschaffenen Elitepositionen vor allem in Justiz, Verwaltung, Militär und sonstigem öffentlichem Sektor, aber auch partiell in Verbänden und in den Großunternehmen zu füllen. Was mit westdeutschen Regierungsberatern der Regierung de Maizière und der Leitung der Treuhandanstalt durch Westdeutsche schon vor der Wiedervereinigung seinen Anfang genommen hatte, setzte sich mit der Rekrutierung von Exekutivpolitikern, der Verwaltungsspitze der Länder, der Gerichtspräsidenten, der Stabsoffiziere der Bundeswehr, der Leitung in Rundfunk- und Fernsehanstalten, der öffentlich-rechtlichen Banken, der Verbandsgeschäftsführer und vieler Universitätsprofessoren[102] fort. Die DDR ist nicht nur als Völkerrechtssubjekt untergegangen, sie ist auch institutionell auf nationaler Ebene – von einigen Restbeständen abgesehen – und vor allem personell in der Elite auf Bundes- und Landesebene nicht mehr repräsentiert. Neue Köpfe in der politischen Arena der Länder und in Bonn, aber zugleich Dominanz der Westdeutschen in Elitepositionen nicht nur in Bonn, sondern auch

---

101 Man übertrage die Situation in Rußland 1991 auf hiesige Verhältnisse, um sich die Bedeutung des Sachverhalts klarzumachen: der Moskauer KP-Chef Jeltsin wurde Staatspräsident, der Ostberliner SED-Chef Schabowski fristet sein Dasein als Layouter bei einem regionalen Anzeigenblatt. Zwar floß während der samtenen Revolution kein Blut, aber eine „Rückkehr der Bourbonen" ist erst recht nicht in Sicht.

102 Siehe zum in dieser Abhandlung nicht betrachteten personellen Neuaufbau der Universitäten Myritz 1993; Mayntz 1994.

in den nicht-parlamentarischen Sektoren der neuen Länder kennzeichnen die Lage sechs Jahre nach der Wiedervereinigung.

Diese Asymmetrie wird überlagert von dem schon mehrfach beobachteten *Rangeffekt*; je höher die Position in Verwaltung und Justiz, Rundfunkanstalten und Banken, desto höher der Anteil Westdeutscher; je niedriger die Ebene im Staatsaufbau, desto stärker ist ostdeutsches Leitungspersonal vertreten, exemplarisch nachgewiesen für die Gemeinden. Je größer das Wirtschaftsunternehmen, desto wahrscheinlicher ist es unter westdeutscher Kapital- und Personalkontrolle. Je weiter man in den Organisationen: Ministerien, Gerichten, Rundfunkanstalten, Banken oder Privatunternehmen hinabsteigt, desto häufiger begegnen einem andererseits Ostdeutsche auch schon auf der mittleren Leitungsebene. Aber sie gehörten nicht zur Altelite, sondern kommen aus dem middle management der DDR oder sind oft „Außenseiter". Daher die *doppelte Mischung aus Ost und West, Alt und Neu unterhalb der obersten Leitungsebene.*

Diese Skizze gilt natürlich vornehmlich für Ernennungseliten. In Parlamenten, ostdeutschen Regierungen und Gemeinden sowie bei den Verbänden, also in Systemen, die mitgliedschaftlich und nicht herrschaftlich verfaßt sind und die sich daher des Wahlmechanismus zur Rekrutierung in Spitzenpositionen bedienen, gilt dies nicht; sondern bei diesen Delegationseliten gilt das Wohnsitz-Prinzip, und hier präsidieren Einheimische, ganz überwiegend Ostdeutsche und nur in Ausnahmefällen zugezogene Westdeutsche. Aber Ostdeutsche berufen oft Experten aus dem Westen an ihre Seite, um den neuen systemtypischen Anforderungen des Rechtsstaats und der kapitalistischen Wirtschaft zu genügen; daher Westdeutsche als Geschäftsführer bei den kommunalen Verbänden und vielen Gewerkschaften, daher der Elite-Import in Verwaltung und Justiz und daher Westdeutsche als Professoren vor allem in den juristischen und den wirtschafts- und sozialwissenschaftlichen Fakultäten. Dies gilt sogar für die Landtagsverwaltungen.

4.3 Öffentlich-rechtliche vs. privatrechtliche Positionen

Eine weitere Differenzierung der seit 1990 konsolidierten Elite erreicht man, wenn man die institutionelle Transformation und speziell die Privatisierung eines Teils des vormaligen DDR-Staatsapparats berücksichtigt. Besonders deutlich wurde die unterschiedliche Elitezusammensetzung im Bereich der Medien; während die Print-Medien privatisiert worden waren und sich hier eine relativ hohe Elitekontinuität zeigen ließ, ist für den zwar dezentralisierten, aber öffentlich-rechtlich verfaßten Rundfunk- und Fernsehbereich nicht nur keine Elitekontinuität, sondern sogar die Dominanz einer westdeutschen Elite kennzeichnend. Ähnliches gilt für den Bankensektor. Auflösung von Institutionen und Kündigung des Personals („Abwicklung" als verwaltungsorganisationsrechtliche Innovation) oder politische Säuberung bei institutioneller Kontinuität schufen die Vakanzen, in die wie bei den genuinen institutionellen Neugründungen z.B. im Justizbereich westdeutsche Führungskräfte rekrutiert wurden. Die für den öffentlichen Sektor obligatorische Stasi-Überprüfung hielt oft von vornherein exponierte Personen davor zurück, sich um Elitepositionen zu bewerben. Aber auch in privatrechtlichen Organisationen fanden als belastet geltende Personen kaum eine Karriereanknüpfung, wenn diese Organisationen nach ihrer Größe bedeutend waren; dann gelangten sie nämlich mit großer Wahrscheinlichkeit unter westliche Kapitalkontrolle, und ihre Spitzenpositionen wurden per Elite-Import besetzt. Was für noch nicht im Rentenalter stehende Mitglieder der DDR-Elite als Möglichkeit blieb, waren privatwirtschaftliche Existenzen z.b. als Anwalt, aber eben keine Elitepositionen. Selbst beim management buy-out mittlerer Unternehmen achtete die Treuhand auf politische Belastetheit von Bewerbern, so daß sich in diesem Bereich eine Karrierefortsetzung nur für die technische DDR-Intelligenz aus dem mittleren Management der zentral verwalteten Betriebe anbot.

4.4 Karrieretypen

In der Delegationselite der Politiker gibt es, wie gesagt, kaum Karrierekontinuität zwischen Spitzenpositionen, die vor Oktober 1989 eingenommen worden waren, und solchen, die nach Oktober 1990 besetzt wurden. Das gilt aber auch für die Transitionselite: zwar durfte der letzte Regierungschef der DDR für drei Monate im Kabinett Kohl als Vizekanzler hospitieren, trat 1991 aber von der Bonner Bühne ab. Wenn Modrow und Gysi 1990 ein Bundestagsmandat errangen, verweist dies eher auf eine absteigende Karriere, vom Regierungschef bzw. PDS-Vorsitzenden zum MdB (und Fraktionsvorsitzenden).

Alle anderen Spitzenleute der Regierung de Maizière erfuhren einen Aufstieg, der mehr (Merkel) oder weniger lange (Ortleb, Krause, Krüger, Walther) währte. Zu den *Aufsteigern* in der Exekutive sind auch die Parlamentarischen Staatssekretäre zu rechnen, die seit 1990 ernannt worden sind und die in der DDR (Ausnahme Bergmann-Pohl als frühere Volkskammer-Präsidentin) einfache Abgeordnete waren. Einen Statusgewinn erzielte schließlich auch die große Mehrheit der Abgeordneten auf Landes- und auf Bundesebene, da sie 1990 *Parlamentsneulinge* und meist sogar erstmals in ein öffentliches Wahlamt gelangt waren.[103] Zu den Personen mit aufsteigender Karriere sind, last but not least, die aus dem Westen gewonnenen Neubesetzungen der Spitzenpositionen zu zählen: geographische Mobilität ermöglicht bekanntlich soziale Aufwärtsmobilität.

---

103 Daher seinerzeit die Aufmerksamkeit für den Typus des ostdeutschen Neupolitikers (Berking/Neckel 1991), der – zumal in Bonn – in seinem Habitus teilweise wenig professionalisiert, dafür aber stark gesinnungsethisch motiviert erschien. Bei Agh (1995) ist dies der Politiker der Moral. An dieser Stelle sei auch auf die neuesten parlamentssoziologischen Arbeiten verwiesen, die eine erfolgreiche Sozialisation in den parlamentarischen Betrieb konstatieren (Patzelt 1994; 1996), zugleich aber spezielle Werthaltungen eruiert haben: stärkere Befürwortung von Staatsinterventionen und – selbst im Rahmen postmaterialistischer Einstellungen – eher Betonung von Partizipation als von Meinungsfreiheit (Bürklin 1996).

Karrierekontinuität seit 1989 zeichnet allein einen Teil der mittleren Leitungsebene in Wirtschaft, Print-Medien, Verbänden und mittelbarer Staatsverwaltung (Gemeinden, Universitäten) aus, wenn die spätere Überprüfung auf Stasi-Kooperation negativ ausging. Sofern Abgeordnete schon in der letzten Volkskammer gesessen hatten, fallen auch sie in die Kategorie der Personen mit kontinuierlicher Karriere; der Anteil kontinuierlicher Karrieren erhöhte sich nach den zweiten Wahlen 1994 und deutet auf die Anpassung ostdeutscher Abgeordneter an das Muster der *Standardkarriere* hin. Für die Besetzung der Landtage 1990 konnte nachgewiesen werden, daß bei PDS und Blockparteien Karrierekontinuitäten, die – allerdings nicht auf Elitepositionen – ins ancien régime zurückreichen, häufiger auftraten als bei den neuen Parteien.

Die Exponenten des ancien régime erlebten durchgängig einen *endgültigen Karriereabbruch*, Partei- und Exekutivpolitiker revolutionsbedingt früher als Funktionäre im sonstigen Staatsapparat, deren Karrieren oft schon nach der Volkskammerwahl 1990 unter der parlamentarischen Regierung oder meist nach der Wiedervereinigung mit der institutionellen Abwicklung endeten; exemplarisch hierfür stehen die Generalität der DDR, das diplomatische Corps oder die Leiter von Oberbehörden wie z.B. des statistischen Amtes der DDR. Zu Karriereabbrüchen kam es aber auch noch seit der zweiten Jahreshälfte 1990 im Zuge der politischen „Selbstreinigung" aller Parlamente von der letzten Volkskammer über die Landtage und den Bundestag.

Unterbrochene Karrieren innerhalb der Elite gibt es so gut wie nicht; kurioserweise wären hier zuvörderst die Ministerpräsidenten Biedenkopf und Vogel zu rechnen, deren politische Karriere in Westdeutschland als beendet galt.[104] Unterbrochene Karrieren in der Politik, aber nicht auf Elitepositionen weisen schließlich diejenigen Personen aus, die als Mitglieder der DDR-Altelite oder der Transitionselite über PDS-Kandidaturen vereinzelt noch einmal in den Landtag oder den Bundestag gelangten, ohne allerdings in den Kreis derjenigen vorzustoßen, deren Positionen zur parlamentarischen Elite gerechnet werden.

Diese Karrieremuster lassen nicht erkennen, daß man es wie etwa in Rußland eher mit einer Reproduktion (Hanley et al. 1995) als mit einem Elitenaustausch zu tun hätte. Die Diskussion von Karrieremustern in Polen, Ungarn und Rußland anhand Bourdieuscher Kategorien bei Szelényi/Szelényi (1995: 618ff.) vermag im deutschen Falle nicht zu überzeugen. Konversion politischen Kapitals der Altelite in ökonomisches Kapital ist nicht erkennbar, es sei denn man denkt hierbei an die Gründung relativ schlichter privater wirtschaftlicher Existenzen oder die Privatisierung der LPG. Die Kombination von politischem Kapital (in Gestalt alter Parteibindungen) mit kulturellem Kapital könnte einen Teil der Neuparlamentarier

---

104 Auch der zurückgetretene Ministerpräsident Lothar Späth erlebte dank Wiedervereinigung eine Karrierefortsetzung (mit Sektorwechsel), als er Vorstandsvorsitzender bei Zeiss-Jena wurde. Er wäre im übrigen ein seltenes Beispiel dafür, wie politisches Kapital in ökonomisches umgesetzt werden kann.

mit altem Parteistammbaum auszeichnen; und für die systemkritische Gegenelite der DDR könnte gelten, daß hohes kulturelles mit niedrigem politischen Kapital kombiniert wurde und auch nach 1990 für die neue politische Elite kennzeichnend ist – sie regiert aber allenfalls über die CDU mit.

In diese Generalisierungen sind Erklärungen der sektoralen Unterschiede eingegangen. Um Geschwindigkeit und Breite der Elitezirkulation zu erklären, kommen vor allem drei weitere Faktoren in Betracht; die Art des Regimewechsels: Implosion vs. verhandelte Revolution; die Veränderungen des Positionsfeldes sowie Art und Größe des Elitereservoirs zur Besetzung der mehr oder weniger gesäuberten sektoralen Positionsfelder.

4.5 Revolutionstyp, Transition und Säuberung

Ich hatte eingangs davor gewarnt, die deutschen Verhältnisse als Normalität von Regimewechseln anzusehen. Zwar ist in allen Staaten des früheren Ostblocks die alte herrschende Elite recht schnell nach der Revolution abgesetzt oder abgewählt worden; nicht eindeutig ist die Lage allerdings in Rumänien und in den aus Sezessionen entstandenen Staatsgebilden der Sowjetunion und auf dem Balkan. In den Nachfolgestaaten der Sowjetunion hat sich meistens eine Elitezirkulation vollzogen, die Personen aus dem zweiten Glied der Kommunistischen Partei an die Macht getragen hat. Das gilt besonders dort, wo wie in Polen und Ungarn die konvertierten Kommunisten später in freien Wahlen wieder in die Regierung gelangt sind. Vergleichbares hat sich weder im März 1990 in der DDR noch danach in der Bundesrepublik ereignet.

Das liegt nicht nur am vergrößerten Elektorat des vereinigten Deutschland und an den relativ günstigen Bedingungen der ökonomischen Transformation, sondern auch daran, daß sich die Revolution in der DDR auch im Hinblick auf die *politische Säuberung in einem systematischen Verfahren* ab Mitte 1990 von allen anderen 1989er Staaten unterscheidet. Nur hier und nach der Wiedervereinigung erst recht wurde eine systematische politische Säuberung durchgeführt. Die meisten Länder versuchten dies nicht einmal; in Polen ist eine ähnliche Überprüfung von Inhabern öffentlicher Ämter politisch gescheitert, und in der seinerzeitigen Tschechoslowakei war die Lustration auf drei Monate begrenzt worden. Auch zur juristischen Sanktionierung – aufgrund welcher Sachverhalte auch immer – ist es offenbar nur in der DDR und anschließend in der Bundesrepublik gekommen[105].

Möglicherweise gibt es einen Zusammenhang zwischen Verzicht auf systematische politische Säuberung und Rückkehr der aus den KP hervorgegangenen politischen Parteien an die Regierungsmacht. Dieses Merkmal der Transition wäre jedenfalls erst eine Folge des Typus der Revolution. Denn der Fall der DDR – wie der der Tschechoslowakei – zeichnet sich durch das vergleichsweise hohe Tempo

---

105 Von Beyme (1996) verweist auch auf Bulgarien. Die Prozesse gegen die Moskauer Putschisten von 1991 und von 1993 betrafen Konterrevolutionen.

der Revolution aus. Der widerstandslose Abgang (Abort) der alten Eliten in beiden bis zuletzt reformfeindlichen régimes hat das Bild einer *Implosion* der Macht vermittelt. Während es in Rumänien explosiv zuging und Rußland unter Gorbatschow eine „Revolution von oben" versuchte, vollzog sich in Polen und in Ungarn der Typ der verhandelten Revolution.[106] In diesem Falle des Reformkompromisses zwischen alter Elite und Systemkritikern kam es letztlich nicht zu einer völligen Delegitimierung des ancien régime und der sie tragenden Parteien, sondern zur Aufteilung der politischen Macht und einem Elitenkonsens bezüglich der Respektierung der folgenden Wahlergebnisse. Die Gegenelite in Polen war letztlich zu schwach oder zu zersplittert (Szablowski 1993), um regierungsfähig zu bleiben. In Ungarn waren seit Kádár im Rahmen der Reformpolitik die Aufstiegsmöglichkeiten zu gut, um eine politisch entfremdete Intelligenz entstehen zu lassen (Andorka 1993). Die SED/PDS hingegen hat sich in Wahlen nicht einmal auf Landesebene als Regierungspartei relegitimieren können. Selbst wenn sie auf Kommunalebene Bürgermeister stellte, errang sie dort höchst selten die Mehrheit der Mandate. Ihr reformfeindliches Bild in der Vergangenheit mag eine der Ursachen für die Wahlschlappen seit 1990 sein; als deutsche Besonderheit muß nun aber eingeführt werden der Attraktivitätsgewinn vor allem der CDU aufgrund der Aussicht auf Vereinigung mit dem wirtschaftlich prosperierenden und demokratischen Westen des Landes; Unterstützung im Wahlkampf mag das ihre zum Wahlerfolg vom März 1990 beigetragen haben.

Es ließe sich argumentieren, daß Implosion der SED-Herrschaft und *Antizipation der Wiedervereinigung* auch die politische Säuberung des Staatsapparates von Anfang an rigoroser haben ausfallen lassen als in allen vergleichbaren Staaten. Denn mit der Wiedervereinigung würde man, wie sich schon zur Zeit der Verhandlungen über den Einigungsvertrag abzeichneten, das bei der Säuberung entstehende Elitevakuum schließen können. Dies wäre in keinem anderen Land bei Aufrechterhaltung der Funktionsfähigkeit der Institutionen möglich gewesen. Wie tief die Säuberung dann wirklich greifen würde, als man nach der Vereinigung die Gauck-Behörde seit 1991 voll funktionsfähig gemacht hatte, hat vermutlich keiner der Entscheidungsträger geahnt. Denn die *spontanen Säuberungen* des Staatsapparats: Volkskammer, Justizspitze, Universitäten seit Januar 1990 trafen lediglich die sichtbaren politischen Exponenten des Systems, die auch SED-intern nicht mehr tragbar erschienen.

Die Überprüfungskommissionen im Universitäts- und im Justizbereich, die Mitte 1990 an der Decouvrierung von Stasi-Spitzeln zu arbeiten begannen, konnten ihre Tätigkeit erst Jahre später, seit 1991 unter Hinzuziehung der Erkenntnisse der Gauck-Behörde, beenden. Daß auch die Parteien und vor allem die Parlamente sich letztlich der Entstasifizierung nicht entziehen konnten, war erst spät, mit dem Abschluß der *„Selbstreinigung"* der Volkskammer Ende September 1990 abzusehen. Die *Kandidatenaufstellung* zur Volkskammerwahl, dann

---

106 Siehe zu dieser Typologie von Beyme (1992).

aber auch zu den Landtags- und Bundestagswahlen 1990 hatte sich noch nach „face value" vollzogen: sichtbare politische Unbelastetheit war notwendige Bedingung der Kandidatur. Erst die systematische Überprüfung brachte oftmals die unsichtbare IM-Belastung zum Vorschein. Freiwilligkeit oder Prüfungszwang waren 1991 dennoch unter Abgeordneten ebenso kontrovers wie die Frage der Konsequenzen aus dem Befund „stasi-positiv".

Als Säuberungsmechanismus kann auch das *Abstimmungsverhalten* der Wahlbürger angesehen werden, zumindest soweit es sich um Kandidaten für Direktmandate handelte: wer als belastet angesehen wurde, hätte geringere Wahlchancen. Das wurde natürlich bei der Kandidatenaufstellung fast aller Parteien berücksichtigt. Es zeigte sich aber noch bei der Wahl zum 13. Bundestag 1994, daß die parteiinterne Filterung bei der Kandidatenaufstellung bei weitem nicht so sorgfältig war, daß nicht wiederum Zweifelsfälle auftreten konnten: charakteristisch hierfür die erzwungene Mandatsrückgabe der Denunziantin Kaiser-Nicht von der PDS; symptomatisch für die besondere Einstellung der PDS zu diesem Problem aber auch die – schließlich knapp gescheiterte – Kandidatur des R. Kutzmutz um das Amt des Potsdamer Oberbürgermeisters 1994.

Während die *Entnazifizierung* nach 1945 u.a. deshalb als gescheitert angesehen wird, weil sie, sieht man von alliierter Aufsicht ab, eine interne deutsche Angelegenheit wurde, bei der aufgrund des fehlenden persönlichen Abstandes die Prüfenden großes Verständnis für die Belasteten aufbrachten, war dies nach 1990 nicht zu erwarten; denn die Verfahren wurden zum Teil von außen gesteuert und kontrolliert, und die Herren des Verfahrens in den Regierungen und Parlamenten, zumal im Westen, waren selbst nicht belastet. Auch ein „Richterprivileg", das nach 1949 selbst Richter des Volksgerichtshofs verschonte, gab es nicht, sondern die Justiz wurde – wie die Hochschulen – nach dem Ende der zweiten deutschen Diktatur drastisch gesäubert. Überhaupt war die Justiz derjenige Sektor, in dem die Säuberung die stärkste Elite-Diskontinuität schon nach den Bestimmungen des Einigungsvertrages hervorrufen mußte.

Schließlich sei daran erinnert, daß die *bürokratische Säuberung* nicht zuletzt deshalb gerade nach der Wiedervereinigung in der öffentlichen Verwaltung, dann aber auch in Politik und größeren Unternehmen ungestört ablief, weil die öffentliche Kontrolle durch die Medien und die parlamentarische Kontrolle vor allem durch B90/Grüne und SPD wach blieb und zur Skandalisierung von Einzelfällen oder Fallgruppen führte, die sich noch im Verwaltungsapparat, vor allem in der Polizei, in den neuen Arbeitsämtern, bei der Reichsbahn, ja in der Treuhandanstalt und der Gauck-Behörde selbst befanden. In diesem Klima konnte es sich auch kein renommiertes Wirtschaftsunternehmen leisten, sein Image dadurch aufs Spiel zu setzen, daß Stasi-Kollaborateure oder hohe SED-Funktionäre bei ihm dienten.

Wenn man also den Zusammenhang zwischen Implosion, antizipierter Wiedervereinigung und Säuberung anerkennt, kann man auch erklären, warum die Elitezirkulation im Falle der DDR tiefer als in der ebenfalls implodierten Tschechoslowakei griff. Die nur geringe Zeitspanne zwischen der die PDS in die Opposition drängenden Volkskammerwahl und dem Beitritt mit der Preisgabe einer eigenständigen nationalen Arena kann zudem erklären, warum die Postkommunisten bei den Wahlen 1994 nicht in eine der Regierungen zurückkehren konnten.

4.6 Veränderung des Positionsfeldes

Die Größe des Positionsfeldes bestimmt ceteris paribus die Karrierechancen von Kandidaten (Herzog 1975; 1982); Vakanzen in größerem Umfang lösen in Organisationen allgemein einen Kamineffekt aus: Positionsinhaber auf allen Ebenen werden über Beförderungen nach oben gesogen. Im 2. Abschnitt war gezeigt worden, daß das umfangreiche Ausscheiden der politischen und der exekutiven Eliten der Ära Honecker und der Regierungen Modrow I und II aber nur von einer geringfügigen Neurekrutierung, vor allem zur Zeit de Maizières, begleitet war. Der *geringe Ersatzbedarf* erklärte sich aus der Implosion des Positionsfeldes zunächst in der SED mit der Auflösung zentraler Parteigremien und in der Exekutive mit der Liquidierung von Staatsrat, Nationalem Verteidigungsrat, Ministerium für Staatssicherheit und Industrieministerien. Während die Volkskammer von 500 auf 400 Mandate schrumpfte, erhöhte sich der Umfang der politischen Elite wieder leicht, zunächst mit der Etablierung des Zentralen Runden Tisches und der neuen Parteien und seit März 1990 mit der Bildung zusätzlicher Fraktionen in der Volkskammer.

Bei Parteien, Verbänden und auch Gemeinden kam es seit etwa Februar 1990 *antizipatorisch* zur autonomen Anpassung und Ausrichtung auf das westdeutsche System.[107] Während sich das Parteiensystem auf das westdeutsche Maß konzentrierte, parzellierte sich das zentralistische Gewerkschaftssystem des FDGB in der Transitionsperiode. Während der Regierungszeit de Maizières wurde die Strukturkompatibilität mit der Bundesrepublik über weitere Dezentralisierung im weitesten Sinne vorangetrieben; einerseits geschah dies mit dem Beginn der Privatisierung der Zentralverwaltungswirtschaft, andererseits mit der Vorbereitung der Länderbildung und der damit verbundenen Devolution verbliebener zentraler Institutionen. Dieser Prozeß erhöhte die Zahl exponierter Positionen unterhalb der zentralen Ebene.

Die Kompatibilisierung der Organisationsstrukturen mit denen der Bundesrepublik hatte also zwar schon im Hinblick auf die Ergebnisse des 1. Staatsvertrages zum Juli 1990 begonnen, aber die Vereinigung beider Staaten brachte im Oktober den *Fortfall des eigenen nationalen politisch-administrativen Positionsfeldes.* Infolge der Dualität der ostdeutschen Revolution (Implosion plus Aufgabe der Staatlichkeit) sind also im Vergleich zu früheren deutschen Regimewechseln dieses Jahrhunderts zentrale staatliche Institutionen aufgelöst (Staatsrat, Mini-

---

107 Exemplarisch hierfür ist die Entwicklung der neuen DDR-Gemeindeordnung (Derlien 1994; Wollmann 1996).

sterrat, Volkskammer) oder 1990 für immer abgewickelt worden (Ministerien, oberste Gerichte, Bezirksverwaltungen, zentralverwaltungswirtschaftliche Einheiten). Daher beantworten sich hier die Frage des Ausscheidens der Positionsinhaber und die Frage der Ersatzrekrutierung von selbst.

Mit der Länderbildung entstanden *neue Arenen*. Die *Regionalisierung* der Reste zentraler Institutionen (z.b. der öffentlich-rechtlichen Medien und der Banken) sowie eine Vielzahl von *Fusionen* mit den zentralen westlichen Parteien, Verbänden und Verwaltungen (Militär, Bahn und Post, Oberbehörden) schlossen sich an. Schließlich kam es zum *Import präzedenzloser westlicher Institutionen,* vor allem der Landesregierungen und der Länderparlamente sowie der gegliederten Justiz. Die Gewinn- und Verlustrechnung nach Auflösung, Neubildung und Verwerfungen des Positionsfeldes muß also differenzieren: *Die politische Elite hat sich gegenüber März 1990 nicht verringert*; für die Volkskammer hat es in gewisser Weise Nachpositionen dadurch gegeben, daß die Zahl der Bundestagsmandate erhöht (und ein Teil der Volkskammer im Oktober 1990 kurzzeitig kooptiert) worden ist. Ferner sind auf Bundesebene entsprechend dem internen föderalen Aufbau der Parteien und vieler Verbände, in denen Landesgliederungen (mit ihrem eigenen neuen Positionsfeld) repräsentiert sind, Positionen für Ostdeutsche Regionaleliten reserviert worden. Zusammen mit den Landtagen mit ihren rund 500 Mandaten hat sich das Positionsfeld der politischen Delegationselite daher eher vergrößert.[108] Das mag *auch für die Exekutivelite gelten*; zwar ist das Bundeskabinett kaum vergrößert worden (Derlien 1996), aber es sind fünf Landesregierungen mit rund 50 Ministerpositionen hinzugekommen.[109]

Der Raum für *Ernennungseliten* ist dabei zwar geschrumpft, weil die zentralen Verwaltungsapparate der DDR fast ersatzlos aufgelöst worden sind. Als DDR-Institutionen wurden die *Gauck-Behörde und die Treuhandanstalt übernommen*; andere Funktionsbereiche der Verwaltung, die dem Bund zufielen: Militär, Wasser- und Schiffahrtsverwaltung, Bahn und Post, statistische Dienste, Rentenversicherung sowie Restbestände der Ministerien in Berlin wurden *in die bestehenden Bundesverwaltungen eingegliedert*, so daß keine neuen Spitzenpositionen entstanden sind, sondern allenfalls Leitungspositionen in neuen Mittelbehörden. Andererseits wurde aber eine Reihe von DDR-Institutionen, wenngleich in Organstruktur und Größe modifiziert, *auf Landesebene unverändert beibehalten*: dies gilt vor allem für die Kommunalverwaltung[110] und in gewissem Maße für die Bezirksverwaltungen. Erst recht gilt dies für die Universitäten und die staatlichen Fachverwaltungen im Bildungs-, Gesundheit- oder Polizeibereich. Selbst bei Fortfall vielfältiger Staatsaufgaben, die privatisiert oder kommunalisiert worden sind, ist das Positionsfeld für unverzichtbare, weil den westlichen vergleichbare Kern-

---

108 Erinnert sei auch an die Mandate im Europa-Parlament, auf die u.a. Romberg (1990) und Uhlmann (1994) gelangten.
109 Entsprechend wurde der Bundesrat vergrößert.
110 Zur Gemeindegebietsreform siehe Seibel in diesem Band.

funktionen relativ konstant geblieben, so daß ceteris paribus in diesen Bereichen die Elitezirkulation geringer ausfallen konnte als in Bereichen, in denen Institutionen aufgelöst und/oder neu aufgebaut wurden. *Neu aufzubauen* waren vor allem die Spezialgerichtsbarkeiten (Verwaltungs-, Finanz-, Sozial- und Arbeitsgerichte) auf Landesebene und die Arbeitsverwaltung, in denen neue Elitepositionen entstanden.

Die Mischung aus alter und neuer Elite, aus Ostdeutschen und Westdeutschen in den verschiedenen Funktionseliten läßt sich kaum allein aus der quantitativen Veränderung des Positionsfeldes erklären. Daß die politische Altelite der DDR ausgeschieden ist und auch die Transitionselite Modrow nur noch vereinzelt personelle Reminiszenzen an das ancien régime bietet, hat in erster Linie mit den Säuberungen noch zu DDR-Zeiten zu tun, ist Resultat der parteiinternen Säuberungen Ende 1989 und der Abwahl der SED/PDS in die Opposition bei der letzten Volkskammerwahl und den anschließenden Wahlen. Auch hat die überalterte und moralisch-politisch disqualifizierte Altelite – von einigen Ausnahmen abgesehen – nicht mehr kandidiert. Das quantitativ nach Oktober 1990 verfügbare und entsprechend dem Wohnsitzprinzip in der Delegationselite für Ostdeutsche reservierte Elitefeld stand also für ostdeutsche Neukarrieren offen, ja mußte aufgrund des massenhaften Austritts der Altelite einen enormen Sogeffekt für die Begründung von Neukarrieren auslösen.

Ein ähnliches *Elitevakuum* in institutionellen Bereichen, in die Ernennungseliten rekrutiert wurden, also kurz: im Staatsapparat ist trotz politischer Säuberung der Spitzenpositionen im Dezember 1989/Januar 1990 und nach weiteren Ablösungen unter der letzten DDR-Regierung, vor allem auf Kommunalebene nach den Mai-Wahlen noch DDR-intern aufzufüllen gewesen, indem man vielfach auf die „zweite Garnitur" zurückgriff oder Außenseiter z.B. auch als Bezirksbeauftragte berief. Aber zu dieser Zeit häuften sich institutionelle Dezentralisierungen aller Art, und der Ersatzbedarf für die Schließung der Vakanzen wurde geringer. Mit der Wiedervereinigung schieden die verbliebenen administrativen Elitemitglieder infolge institutioneller Auflösungen und „Abwicklungen" vielfach aus dem Amt; die Entstasifizierung mag das ihre zum Abgang beigetragen haben. Sofern überhaupt Vakanzen entstanden, wurden diese wie auch die neu entstandenen Positionen in den Landesverwaltungen und in der Bundesverwaltung sozusagen aus dem offenen Markt besetzt, auf dem nun westdeutsche Konkurrenz auftrat, die ostdeutsche Kandidaten vielfach aus dem Felde schlug, sofern sie überhaupt zugelassen waren.

4.7 Elitereservoir, Rekrutierungskriterien und -kanäle

Für die Mischung von „alt-neu" und „Ost-West" bei der Rekrutierung in die zu besetzenden Positionen für Delegations- und Ernennungseliten sind drei miteinander zusammenhängende Faktoren ausschlaggebend. Eine Besonderheit des Regimewechsels war die *Persistenz des Parteiensystems* in Ostdeutschland, die dadurch hervorgerufen wurde, daß die SED organisationsrechtlich mit neuem Namen, aber einem gewissen Teil ihres Parteivermögens fortbestand und daß die sogenannten Blockparteien infolge der Fusion mit ihren westlichen Pendants ebenfalls nicht untergingen. Die weitgehende Fortexistenz des Parteiensystems der späten DDR beinhaltete ein *Elitereservoir für die politische Delegationselite* in Bonn, in den Ländern und in den Gemeinden, denen gegenüber die mitgliederschwachen neuen Parteien SPD und B90/Grüne benachteiligt waren;[111] sie hatten beispielsweise auf Kommunalebene Schwierigkeiten, flächendeckend Kandidaten aufzustellen.

Vakanzen in den höchsten Positionen des öffentlichen Dienstes: Staatssekretäre, Gerichtspräsidenten, Leiter von Oberbehörden wurden, wie gesagt, per Elite-Import geschlossen. Andere Vakanzen in Spitzenpositionen unterhalb dieser Ebene wurden z.T. mit Ostdeutschen gefüllt, wenn sie den nach westdeutschen Kriterien laufenden Selektionsprozeß erfolgreich passierten. Daher finden sich durchaus Ostdeutsche unter den Abteilungsleitern der neuen Ministerien und natürlich in den Universitäten. Hierbei handelt es sich meist um schon zuvor professionell etabliertes Personal, das nach Überprüfung für gut befunden wurde. Rekrutiert wurde also aus dem bürokratieinternen Personalbestand, der die Säuberungswellen seit 1989 überstanden hatte.

Die Verfügbarkeit eines *externen Elitereservoirs* ermöglichte eine totale Zirkulation der östlichen Ernennungseliten, vor allem der Verwaltungs- und der Justizelite, aber auch in privatwirtschaftlichen Positionen, wie dies in keinem der post-sozialistischen Länder Mittel- und Osteuropas gelingen konnte. Insofern ist auch Max Webers auf die Situation von 1918 bezogenes Verdikt zu modifizieren, daß der bürokratische Apparat aufgrund seiner funktionalen Unentbehrlichkeit einfach weiterarbeite wie bisher, unter Austausch des Personals lediglich in Spitzenpositionen (Weber 1964: 165; 727f.). Die funktionale Unentbehrlichkeit war seit Oktober 1990 weder institutionell noch individuell gegeben, nachdem zentrale Behörden aufgelöst worden waren, da westliche Zentralverwaltungen zur Verfügung standen und ostdeutsches Personal problemlos über Elite-Import substituiert werden konnte, sofern überhaupt Bedarf bestand.

Abordnung auf Zeit, (späterer) Dienstherrenwechsel, oder Versetzung (in der Bundesverwaltung), in jedem Falle verbunden mit monetären Anreizen („Buschgeld") oder Beförderungen, sind die Mechanismen, über die der Elite-Import ausgelöst worden ist.[112] *Rekrutierungskanäle* für die Kommunal- und die Landesverwaltungen waren bekanntlich die bei den Gemeinden in die 80er Jahre zurückreichenden, für die Länder 1990 etablierten *Partnerschaften*.[113] Voraus-

---

111 Die SPD verfügt über rund 20 000, B90 über 8 000 Mitglieder.
112 Das sind in der Regel notwendige Bedingungen; sie schließen Altruismus oder andere persönliche Motive nicht aus. Bekanntlich hatten sich nach Mecklenburg-Vorpommern auch Mitglieder der Barschel-Administration in Kiel geflüchtet.
113 Auf dieser Schiene vollzogen sich auch training on the job und Fortbildung; siehe zusammenfassend zu den personalwirtschaftlichen Maßnahmen Wollmann (1996a).

setzung für diesen Personaltransfer war, daß die zu Hause gerissenen Lücken geschlossen werden konnten. Das interne Elitereservoir im Westen ist aber offensichtlich groß genug gewesen, worauf die Klagen über Beförderungsstau hinwiesen, um den Aderlaß zu verkraften. Außerdem gab es infolge der Überproduktion von Juristen zahlreiche junge Leute, die ihr Berufsleben in den neuen Ländern begannen. Das Resultat ist eine weitere Mischung im Personalkörper mancher Institutionen wie z.b. der Universitäten: Westdeutsche fortgeschrittenen Alters, deren Karriere im Westen stagnierte, treffen auf junge Überflieger aus dem Westen. Dieser Prozeß des Elite-Imports ist jedoch nicht als „Takeover" oder gar als „Kolonisierung" zu verstehen; zum einen wird meist übersehen, daß Exekutivpolitiker und Spitzenbeamte auch zwischen den alten Bundesländern (und Bonn) häufig rochieren. Zum anderen ist der Elite-Import das Ergebnis einer besonderen qualitativen Nachfrage im Bereich der Ernennungseliten, die nach nun geltenden bundesrepublikanischen Kriterien über spezifische Rekrutierungskanäle aus einem im westlichen Teil des Landes bestehenden Reservoir befriedigt werden konnte. Dieser Zusammenhang wird im übrigen modellartig in Berlin vorgeführt, wo im Ostteil der Stadt kaum DDR-Richter ernannt wurden und die Polizeiführung äußerst streng gesäubert worden ist, weil die Vakanzen mit westlichem Personal geschlossen werden konnten. Brandenburg hingegen fiel noch 1996 durch Milde bei der „Entstasifizierung" der Polizeiführung auf[114] und ist stolz darauf, mit weniger Westjuristen auszukommen als andere neue Länder.

Für Delegations- und Ernennungseliten gelten, wie gesagt, unterschiedliche *Rekrutierungskriterien*. Ostdeutsche Politiker wurden in die Elite über Kandidatenaufstellung und Wahl rekrutiert, wenn sie möglichst keine politisch-ideologische Bindung an das ancien régime aufwiesen; das gilt nach der SED-internen Säuberung prinzipiell auch für Politiker der PDS; die allgemeinen Ausschlußkriterien für öffentliche Ämter: Stasi-Kooperation usw. gelten, verschärft seit Oktober 1990, auch für sie. Schon zur Volkskammerwahl 1990 war es bei der Kandidatenaufstellung auf „politische Unbelastetheit" angekommen. Entsprechend der Systemnähe des parteiinternen Kandidatenpotentials je nach Parteigeschichte kam es damit zu Unterschieden zwischen systemkritischen und systemkonformen Parteien und in letzteren zu Machtkämpfen zwischen Neumitgliedern und Altmitgliedern. „Blockflöten" werden von Kanzler Kohl offensichtlich nicht gern in der Regierung gesehen. Inwieweit sich letztlich Neuerer oder Altmitglieder auf dem Weg in die Parlamente durchgesetzt haben, hängt entscheidend vom Wahlerfolg der Parteien und damit letztlich von der Sensibilität der Wahlbevölkerung auch für diesen Aspekt (neben der Parteiprogrammatik) ab. Insofern ist eine wesentliche Erfolgsbedingung bei Delegationseliten eben im Unterschied zu allen anderen Sektoren, inwieweit die Bevölkerung oder die Delegierten oder die zur Wahl Berechtigten unbesehen Teile der alten Elite oder Parteien mit dem Geruch der alten Elite in Spitzenpositionen wählen.

---

114 Siehe Tagesspiegel v. 15.10.1996: 10.

Die normativen Maßstäbe der *Personalpolitik im öffentlichen Dienst* schwanken historisch von Regimewechsel zu Regimewechsel; sie lassen sich aber unter zwei Obergesichtspunkten bündeln, die die funktionalen Erfordernisse jedes modernen Verwaltungssystems, das sich auf ein Berufsbeamtentum[115] stützt, enthalten: fachliche Qualifikation und politische Systemloyalität, die heute als Verfassungstreue interpretiert wird. In einem weiten Sinne stellen die im Einigungsvertrag – wohlgemerkt: von beiden Vertragsparteien – fixierten Kriterien hierauf ab (Derlien 1991). Zwar gilt SED-Mitgliedschaft nicht als Ausschlußkriterium, aber Tätigkeit in exponierten Positionen der SED sowie Stasi-Kooperation und Verstöße gegen Rechtsstaatlichkeit und Menschenwürde disqualifizieren für öffentliche Ämter. Als fachliche Kriterien gelten die westdeutschen Zugangsbedingungen zu den Laufbahnen und Laufbahngruppen des öffentlichen Dienstes. Diese Rekrutierungskriterien erklären sowohl die *Disqualifizierung* eines Teils der am 2.Oktober noch amtierenden DDR-Elite: Militär- und Polizeiführung, Diplomaten, Professoren, Richter und Verwaltungsspitzen als auch die ungleiche Verteilung Ostdeutscher über Sektoren und Politikfelder hinweg. Fachschulung, speziell Studium in nicht ideologieanfälligen Disziplinen ermöglichte Verbleiben oder gar Aufstieg in Positionen mit technisch-naturwissenschaftlichem Anforderungsprofil; daher finden sich Ostdeutsche in Sonderbehörden oder als Abteilungsleiter in den Ministerien und in den Dezernaten der Regierungspräsidien oder der Kommunalverwaltung, die für Landwirtschaft, Umweltfragen, Wohnen und Städtebau oder für Soziales zuständig sind.

Der westdeutsche Elitetransfer prägt hingegen das Bild in den klassischen Ressorts und den essentiellen rechtsstaatlichen Einrichtungen genauso wie in Schlüsselinstitutionen der kapitalistischen Wirtschaft. Denn entsprechende Qualifikationen wurden in der DDR entweder gar nicht oder nicht in genügender Quantität oder Qualität produziert. Besonders krass ist das Mißverhältnis zwischen neuen funktionalen Systemanforderungen und Juristenausbildung in der DDR (Schulze 1993). Die Dominanz des politischen Loyalitätskriteriums gegenüber der fachlichen Qualifikation, die zur politisierten Inkompetenz geführt hatte, mußte das Fachwissen nach der Wiedervereinigung entwerten. Daraus erklärt sich der starke Elite-Import innerhalb der Ernennungseliten nicht nur des öffentlichen Sektors, sondern auch der Wirtschaft, wo ebenfalls Juristen neben kapitalistisch ausgebildeten Ökonomen die Spitzenpositionen besetzt halten. Wenn Ostdeutsche aus dem zweiten Glied der DDR-Wirtschaft ihre Karriere fortsetzen konnten, so verfügten sie über generalisierbare Management-Qualifikationen, unmittelbar nach 1990 aber oft über das von Max Weber dem Fachwissen gegenübergestellte Dienstwissen, das eine Zeitlang funktional unentbehrlich war; selbst die Gauck-Behörde und die Treuhandanstalt konnten nicht gänzlich auf Insider der DDR-Apparate verzichten.

---

115 Dieser Begriff ist hier im Sinne von „professional public service" als Gegensatz zum Wahlbeamtentum gemeint.

DDR-spezifische fachliche Qualifikationen sind systematisch entwertet worden, weil sie immer auch Systemnähe implizierten und indizierten: Gesellschafts- und Staatswissenschaften, die die Honecker-Elite noch geprägt hatten (siehe Abschnitt 2.4), ebenso wie sozialistische Jurisprudenz. Das erklärt das eigentümliche Bildungsprofil nicht nur der Ostdeutschen in den Ernennungseliten, sondern auch in den Parlamenten. Der hohe Anteil der Naturwissenschaftler kompensiert den Mangel an Juristen in der politischen Elite, er ist aber – zusammen mit dem relativ großen Anteil von Klerikern – auch Indikator für einen relativ späten Einstieg in die Politik.

4.8 Bürokratiekontrolle und politische Konsolidierung

Setzen wir zum Schluß die Beschreibung und Analyse der Elitezirkulation in Ostdeutschland in historische Perspektive. Dazu bietet es sich an, die Veränderungen und die diesen zugrundeliegenden Prozesse einerseits aus der Sicht eines Klassikers: mit der Weberschen politischen Soziologie zu reflektieren, andererseits die Frage nach dem Zeitpunkt der Konsolidierung des politischen Systems der DDR auf dem Hintergrund der präsentierten Fakten zu beantworten.

Einer der Gründe für das Scheitern von Revolutionsversuchen ist nicht selten – besonders in modernen Gesellschaften – der Widerstand bürokratischer Apparate, insbesondere der Inhaber des Gewaltmonopols (Militär und Polizei). Da diese Apparate bei erfolgreichen Revolutionen entweder mit dem alten Regime zusammenbrechen oder – illoyal geworden – zur revolutionären politischen Elite schwenken, wurden sie bislang von der empirischen Revolutionstheorie eher vernachlässigt. Daß Selbstgleichschaltung dieser Apparate jedoch nicht selbstverständlich ist, zeigt nicht zuletzt die Geschichte der Weimarer Republik: Max Weber wäre eines besseren belehrt worden, hätte er das Wirken der Reichswehr, der Freicorps und der Reichsverwaltung noch beobachten können. Revolutionen erscheinen im nachhinein als „unvollendet" wie 1848 und 1918, wenn die Eliten des alten Systems nicht von der Macht verdrängt worden sind; in modernen, bürokratisierten Gesellschaften müssen sie speziell dann als unvollendet gelten, wenn es der neuen politischen Elite nicht gelingt, die administrative Elite zu beherrschen. Dies belegte im August 1991 der Putsch-Versuch in Moskau, der ganz wesentlich von den Exponenten der diversen Bürokratien getragen wurde, nachdem die Perestroika nur zu einer sehr begrenzten Elitezirkulation geführt hatte. Weder sind Eliten, zumal nach totalitären Systemen, herbeizuzaubern, noch sind große Verwaltungsapparate problemlos aufzulösen oder zu ersetzen.

Dem Umfang der politischen Säuberung sind aber normalerweise, d.h. in geschlossenen Systemen Grenzen gesetzt, will man das Fachwissen der Bürokratie nicht opfern, und die Rekrutierung verwaltungsfremden Personals für die Neubesetzung der Vakanzen steht unter derselben Restriktion. Dieses Dilemma reflektiert letztlich die im bürokratietheoretischen Ansatz thematisierte Problematik:

die Basis des Überdauerns der Bürokratie ist ihre auf spezialisiertem Fachverstand beruhende, funktionale Unentbehrlichkeit für die Gesellschaft; daher ist es so essentiell, sie politisch unter Kontrolle zu halten und ihre Loyalität zu sichern, aber daher ist es auch gleichermaßen schwierig, dieses Ziel nach Regimewechseln zu erreichen. Während in einer solchen Situation üblicherweise die politische Gegenelite des alten Systems Träger der Revolution ist und in die politischen Positionen einrückt, gibt es für die Besetzung der Verwaltung mit qualifiziertem Personal oft kein genügend großes professionelles Personalreservoir. Wird dennoch tiefgreifend politisch gesäubert, muß mit einem Kompetenzverlust der Bürokratie gerechnet werden, da tendenziell Laien oder Außenseiter ohne die übliche Vorbildung und administrative Erfahrung die Verwaltungspositionen besetzen. So geschehen nach 1945 in der sowjetischen Besatzungszone. Säubert man nicht, sondern arbeitet mit der bisherigen Bürokratie weiter, kann es – wie in der Weimarer Republik – zu Widerstand und Sabotage kommen, wenn vor allem das leitende Verwaltungspersonal weiterhin dem ancien régime ideologisch anhängt. Dieses Dilemma muß angesprochen werden, gerade weil es nach 1989 in der DDR – anders als in anderen post-sozialistischen Ländern – nicht zu einem nennenswerten praktischen Problem geworden ist. Dies wiederum hat erheblich mit der Dualität der Revolution zu tun, denn der Beitritt zur Bundesrepublik ermöglichte in historisch einmaliger Weise sowohl hohe Elitezirkulation als auch Beherrschung der amputierten Bürokratie, weil sich ein massiver Elite-Import aus Westdeutschland[116] vollzog, der den Institutionentransfer begleitete, ja ihn erst ermöglichte.

Dafür, daß die Revolution in der DDR erst nach der Wiedervereinigung zum Abschluß gebracht wurde, daß die DDR eine politische Konsolidierung nicht mehr aus eigener Kraft erreichte, spricht, daß die Transitionsphase schon wesentlich von der Antizipation des Beitritts und der Schaffung kompatibler politisch-administrativer Institutionen geprägt war. Während in Rußland erst seit der Präsidentenwahl von 1996 auf eine Konsolidierung des politischen Systems gesetzt werden kann, ist der Ausgang des Regimewechsels in der DDR determiniert gewesen, bevor er noch in der DDR selbst vollendet worden ist; eben dies macht den deutschen Sonderfall aus und schränkt die Vergleichbarkeit der Konsolidierungsphase, nicht aber von Breakdown und Transition, mit der Situation in anderen Ländern des Sowjet-Imperiums ein.[117] Aufschlüsse auch zu dieser daher nicht

---

116 Diese Dominanz erinnert natürlich immer wieder an die Bedeutung der Besatzungsmächte für die Transition nach 1945.
117 Ich halte es für theoretisch unfruchtbar, a priori die Unvergleichbarkeit zu postulieren, denn dieses Urteil wäre bereits Ergebnis eines Vergleichs. Vielmehr sind die Bedingungen zu eruieren, die die Verschiedenartigkeit produziert haben. Daß die Konsolidierungsprobleme, zumal wenn man hierunter nicht nur die politische, sondern auch die ökonomische und die soziale Konsolidierung versteht, seit dem Beitritt zur Bundesrepublik kategorial verschieden sind, ist hingegen nicht zu bestreiten; aber es ist doch lohnend, diese besonderen Randbedingungen herauszuarbeiten.

nur terminologischen Frage geben die hier präsentierten empirischen Daten; die Fortsetzung der Elitezirkulation nach der Wiedervereinigung, gestützt auf politische Säuberung und Elite-Import aus Westdeutschland ist (neben Institutionen- und Kapitalimport) ein starkes Indiz dafür, daß die DDR bis Oktober 1990 die Transitionsphase nicht abgeschlossen hatte.

Literatur

Agh, A.: Die neuen politischen Eliten in Mittelosteuropa. In: Wollmann, H. et al. (Hrsg.): Transformation sozialistischer Gesellschaften: am Ende des Anfangs. Leviathan Sonderheft 15. Opladen: Westdeutscher Verlag, 1995, S. 422-436

Alt, H.: Die Stellung des Zentralkomitees der SED im politischen System der DDR. Köln: Verlag Wissenschaft und Politik, 1987

Altenhof, R./Jesse, E. (Hrsg.): Das Wiedervereinigte Deutschland. Zwischen Bilanz und Perspektiven. Düsseldorf: Droste, 1995

Ammer, T.: Strukturen der Macht – die Funktionäre im SED-Staat. In: Weber, J. (Hg.): Der SED-Staat: Neues über eine vergangene Diktatur. München: Olzog-Verlag, 1994, S. 5-22

Ammer, T./Kuppe, J.L.: Ein langer Abschied. Die SED nach dem Sturz Honeckers. In: Deutschland-Archiv 22 (1989), S. 1393-1401

Andorka, R.: Regime Transitions in Hungary in the 20th Century: The Role of National Counterelites. In: Derlien/Szablowski (eds.), 1993, S. 358-372

Bartella, R. et. al.: Die innerdeutschen Städtepartnerschaften. Köln: Deutscher Städtetag, Beiträge zur Kommunalpolitik 18, 1992

Barth, B.-R./Links, C./Müller-Enbergs, H./Wiegohls, J. (Hrsg.): DDR: Wer war wer? Ein elektronisches Lexikon unter Windows. Berlin: Links Verlag, 1994

Berg, F./Nagelschmidt, M.: Institutionen, Personal und Handlungspotentiale ostdeutscher Kreise und Kommunen im Transformationsprozeß. Regionale Studien. Berlin: KSPW-Forschungsbericht, 1995

Berking, H./Neckel, S.: Außenseiter als Politiker. Rekrutierung und Identitäten neuer lokaler Eliten in einer ostdeutschen Gemeinde. In: Soziale Welt 42 (1991), S. 283-99

Beyme, K.v.: Demokratisierung als Mittel des Systemzusammenbruchs. In: Der Bürger im Staat 42 (1992), S. 113-122

Beyme, K.v.: Regime Transition and Recruitment of Elites in Eastern Europe. In: Derlien/Szablowski (eds.), 1993, S. 409-37

Beyme, K.v.: Verfehlte Vereinigung – verpaßte Reformen? Zur Problematik der Evaluation der Vereinigungspolitik in Deutschland seit 1989. In: Holtmann, E./Sahner, H. (Hrsg.): Aufhebung der Bipolarität. Veränderungen im Osten, Rückwirkungen im Westen. Opladen: Leske + Budrich, 1995, S. 41-68

Beyme, K.v.: Ansätze zu einer Theorie der Transformation der ex-sozialistischen Länder Osteuropas. In: Merkel, W. (Hrsg.): Systemwechsel 1. Theorien, Ansätze und Konzepte der Transitionsforschung. Opladen: Leske + Budrich (2. Aufl.), 1996, S. 141-171

Bürklin, W.: Die Potsdamer Elitestudie 1995. Pressenotiz, 1995

Bürklin, W.: Einstellungen und Wertorientierungen ost- und westdeutscher Eliten 1995. Gesellschaftliches Zusammenwachsen durch Integration der Elite? KSPW-Expertise, 1996

Bundesbeauftragter für die Unterlagen des Staatssicherheitsdienstes der ehemaligen Deutschen Demokratischen Republik, Zweiter Tätigkeitsbericht, Berlin 1995

Bundestags-Drucksachen:

Elitezirkulation

BT-Drs. 12/304 vom 21.3.1991. Beschäftigung, Qualifizierung und Weitervermittlung des Personals des öffentlichen Dienstes in den neuen Bundesländern
BT-Drs. 12/916 vom 10.7.1991. Verwaltungsaufbau in den neuen Bundesländern
BT-Drs. 12/6854 vom 8.2.1994. Materialien zur Deutschen Einheit und zum Aufbau in den neuen Ländern
BT-Drs. 13/2280 vom 8.9.1995. Materialien zur Deutschen Einheit und zum Aufbau in den neuen Bundesländern
Cusack, T.: Democracy and Local Governance in Germany: an East-West Comparison of Local Government. Political/Administrative Elites Five Years after Unification, Roots and Roles. Preliminary Report. Berlin: WZB-paper, 1996
Derlien, H.-U.: Continuity and Change in the West German Federal Executive Elite 1949-1984. In: European Journal of Political Research 18 (1990), S. 349-372
Derlien, H.-U.: Wer macht in Bonn Karriere? Spitzenbeamte und ihr beruflicher Werdegang. In: Die Öffentliche Verwaltung 43 (1990a), S. 311-319
Derlien, H.-U.: Regimewechsel und Personalpolitik. Beobachtungen zur politischen Säuberung und zur Integration der Staatsfunktionäre der DDR in das Berufsbeamtentum. Bamberg: Verwaltungswiss. Beiträge 27, 1991
Derlien, H.-U.: Historical Legacy and Recent Developments of the German Higher Civil Service. In: International Review of Administrative Sciences 57 (1991a), S. 385-401
Derlien, H.-U.: Regierungswechsel, Regimewechsel und Zusammensetzung der politisch-administrativen Elite. In: Blanke, B./Wollmann, H. (Hrsg.): Die alte Bundesrepublik. Kontinuität und Wandel. Opladen: Westdeutscher Verlag, Leviathan SH 12, 1991b, S. 253-270
Derlien, H.-U.: German Unification and Bureaucratic Transformation, in: International Political Science Review 14 (1993), S. 319-34
Derlien, H.-U.: Integration der Staatsfunktionäre der DDR in das Berufsbeamtentum: Professionalisierung und Säuberung. In: Seibel, W./Benz, A./Mäding, H. (Hrsg.): Verwaltungsreform und Verwaltungspolitik im Prozeß der deutschen Einigung. Baden-Baden: Nomos, 1993a, S. 190-206
Derlien, H.-U.: Karrieren, Tätigkeitsprofil und Rollenverständnis der Spitzenbeamten des Bundes – Konstanz und Wandel. In: Verwaltung und Fortbildung 22 (1994), S. 255-74. Abgedruckt in: Bundesakademie für öffentliche Verwaltung (Hrsg.): Öffentliche Verwaltung von morgen. Baden-Baden: Nomos, 1995, S. 90-108
Derlien, H.-U.: Kommunalverfassungen zwischen Reform und Revolution. In: Gabriel, O.W./ Voigt, R. (Hrsg.): Kommunalwissenschaftliche Analysen. Bochum: Brockmeyer, 1994a, S. 47-78
Derlien, H.-U.: Compétence Bureaucratique et Allégances Politiques. In: Suleiman, E./Mendras, H. (eds.): Le Récrutement des Élites en Europe. Paris: Éditions La Découverte, 1995, S. 64-90
Derlien, H.-U.: Zur Logik and Politik des Ressortzuschnitts. In: Verwaltungsarchiv 87 (1996), S. 548-580
Derlien, H.-U./Lock, S.: Eine neue politische Elite? Rekrutierung und Karrieren der Abgeordneten in den fünf neuen Landtagen. In: Zeitschrift für Parlamentsfragen 25 (1994), S. 61-94
Derlien, H.-U./Szablowski, G. (eds.): Transitions, Elites and Bureaucracies in Eastern Europe. Sonderheft von GOVERNANCE, 1993
Diewald, M./Mayer, K.-U. (Hrsg.): Zwischenbilanz der Vereinigung. Strukturwandel und Mobilität im Transformationsprozeß. Opladen: Leske + Budrich, 1996
Eisen, A./Gabriel, O.W./Kaase, M./Niedermayer, O./Wollmann, H.: Politische Interessenvermittlung, Kommunal- und Verwaltungspolitik. Konzept der Berichtsgruppe III. In: Berliner Journal für Sozialforschung 5 (1995), S. 21-33
Eisen, A./Kaase, M. unter Mitarbeit von Berg, F.: 1996. Transformation und Transition: Zur politikwissenschaftlichen Analyse des Prozesses der deutschen Vereinigung, in: Max Kaase

et al., Politisches System. Berichte zum sozialen und politischen Wandel in Ostdeutschland, Bd.3. Opladen: Leske + Budrich, 1996

Eisenstadt, S.N.: Frameworks of the great revolutions: culture, social structure, history and human agency. In: International Social Science Journal 133 (1992), S. 385-401

Falter, J.W./Klein, M.: Die Wähler der PDS bei der Bundestagswahl 1994. Zwischen Ideologie, Nostalgie und Protest. Aus Politik und Zeitgeschichte B 51-52, 1994, S. 22-34

Fascher, E.: Politische Parteien und Stadtparlamente im heutigen Weimar. Eine Modellstudie zu Kontinuität und Wandel der politischen Kultur in den neuen Ländern. In: Zeitschrift für Parlamentsfragen 27 (1996), S. 37-61

Fichter, M.: Unions in the New Länder: Evidence for the Urgency of Reform. Paper presented at the German Studies Association Convention Chicago, 1995

Fischbach, G.: DDR-Almanach 89. Daten, Informationen, Zahlen. Stuttgart: Bonn Aktuell, 1989

Fischer, E.: Verfassungsgeschichte der DDR 1990, in: Kritische Justiz 23 (1990), S. 413-424

Fricke, K.W.: Das Ende der DDR-Staatssicherheit? Vom MfS zum Amt für Nationale Sicherheit. In: Deutschland-Archiv 22 (1989), S. 1340-44

Fricke, K.W.: Zur Abschaffung des Amtes für Nationale Sicherheit. In: Deutschland-Archiv 23 (1990), S. 59-62

Fricke, K.W.: Die Liquidierung des MfS/AfNS. In: Deutschland-Archiv 23 (1990a), S. 242-46

Fricke, K.W.: Entmachtung und Erblast des MfS. In: Deutschland-Archiv 23 (1990b), S. 1881-1890

Glaeßner, G.-J.: Der schwierige Weg zur Demokratie. Vom Ende der DDR zur Deutschen Einheit. Opladen: Westdeutscher Verlag, 1991

Glaeßner, G.-J. et al.: Verwaltungskultur in den neuen Bundesländern – Werte und Einstellungen von Führungskräften in der brandenburgischen und sächsischen Ministerialverwaltung. Unveröff. Projektbericht, 1995

Grundmann, S.: Zur Akzeptanz und Integration von Beamten aus den alten in den neuen Bundesländer. In: Deutschland-Archiv 27 (1994), S. 31-42

Häußer, O.: Die Staatskanzleien der Länder. Aufgaben, Funktionen, Personal und Organisation unter Berücksichtigung des Aufbaus in den neuen Ländern. Baden-Baden: Nomos, 1995

Hanley, E./Yershova, N./Anderson, R.: Russia – Old wine in a new bottle? The circulation and reproduction of Russian elites, 1983-1993. In: Theory and Society 24 (1995), S. 639-668

Herbst, A./Ranke, W./Winkler, J.: So funktionierte die DDR. Hamburg: Rowohlt, Bd. 1-3, 1994

Herzog, D.: Politische Karrieren. Selektion und Professionalisierung politischer Führungsgruppen. Opladen: Westdeutscher Verlag, 1975

Herzog, D.: Politische Führungsgruppen. Probleme und Ergebnisse der modernen Forschung. Darmstadt: Wissenschaftliche Buchgesellschaft, 1982

Hess, A.: Sozialstruktur des 13. Deutschen Bundestages: Berufliche und fachliche Entwicklungslinien. In: Zeitschrift für Parlamentsfragen 26 (1995), S. 567-85

Hettlage, R./Lenz, K. (Hrsg.): Deutschland nach der Wende. Eine Zwischenbilanz. München: Beck, 1995

Higley, J./Burton, M.G.: The Elite Variable in Democratic Transitions and Breakdowns. In: American Sociological Review 54 (1989), S. 17-32

Higley, J./Pakulski, J.: Revolution and Elite Transformation in Eastern Europe. In: Australian Journal of Political Science 27 (1992), S. 104-19

Hirschman, A.O.: Abwanderung, Widerspruch und das Schicksal der Deutschen Demokratischen Republik. In: Leviathan 20 (1992), S. 330-358

Hoffmann, U.: Die Veränderungen in der Sozialstruktur des Ministerrats der DDR 1949-1969. Düsseldorf: Droste-Verlag, Mannheimer Schriften zu Politik und Zeitgeschichte, 1971

Huinink, J./Mayer, K.U./Diewald, M./Solga, H./Sörensen, A./Trappe, H.: Kollektiv und Eigensinn. Lebensverläufe in der DDR und danach. Berlin: Akademieverlag, 1995

Huinink, J./Diewald, M./Heckhausen, J.: Wendeschicksale nach 1989 und ihr Zusammenhang mit Kontrollstrategien und Selbstwertgefühl. In: Diewald/Mayer (Hrsg.), 1996, S. 251-275

Klaus, M.: Städtepartnerschaften zwischen ost- und westdeutschen Kommunen. Ein Medium des Bürgerdialogs, der interkommunalen Solidarität und verwaltungspolitischer Integration. Berlin: Graue Reihe der KSPW, 1994, S. 94-102

König, K.: The transformation of a „real-socialist" administrative system into a conventional Western European System. In: International Review of Administrative Sciences 58 (1992), S. 147-161

König, K./Meßmann, V.: Organisations- und Personalprobleme der Verwaltungstransformation in Deutschland. Baden-Baden: Nomos, 1994

König, K./Häußer, O.: Zur Funktionsfähigkeit der Regierungszentralen: Profile der Staatskanzleien. In: Murswieck, A. (Hrsg.): Regieren in den neuen Bundesländern. Institutionen und Politik. Opladen: Leske + Budrich, 1996, S. 21-56

Lang, J.P./Moreau, P./Neu, V.: Auferstanden aus Ruinen ...? Die PDS nach dem Super-Wahljahr 1994. St. Augustin: Konrad-Adenauer-Stiftung, Interne Studien 111, 1995

Linde, J.: Der Neubau eines Landes: das Beispiel Brandenburg. In: Staatswissenschaften und Staatspraxis 2 (1991), S. 282-303

Lock, S.: Neue politische Elite? Sozialprofil der Landtagsabgeordneten in den fünf neuen Ländern der Bundesrepublik. Unveröffentlichte Diplomarbeit. Universität Bamberg, 1993

Lock, S.: Elitenzirkulation im Bereich der Wirtschaft im Gebiet der ehemaligen DDR. Bamberg: KSPW-Expertise, 1995

Lock, S.: Ostdeutsche Landtagsabgeordnete 1990-1995. Vom personellen Neubeginn zur politischen Professionalisierung? Bamberg: laufendes Dissertationsprojekt, 1996

Löwenhaupt, S.: Das Führungspersonal der Verbände des öffentlichen Dienstes und der Kirchen in den neuen Bundesländern. Bamberg: KSPW-Expertise, 1995

Ludz, P.C.: Parteielite im Wandel. Funktionsaufbau, Sozialstruktur und Ideologie der SED-Führung. Eine empirisch-systematische Untersuchung. 2. unveränderte Auflage. Köln, Opladen: Westdeutscher Verlag, 1968

Mayer, K.U.: Lebensverläufe und Transformation in Ostdeutschland – eine Zwischenbilanz. In: Diewald/Mayer (Hrsg.), 1996, S. 329-345

Mayntz, R. (Hrsg.): Aufbruch und Reform von oben. Ostdeutsche Universitäten im Transformationsprozeß. Frankfurt/New York: Campus, 1994

Merkel, W.: Theorien der Transformation: Die demokratische Konsolidierung postautoritärer Gesellschaften. In: Beyme, K.v./Offe, C. (Hrsg.): Politische Theorien in der Ära der Transformation. Opladen: Westdeutscher Verlag, 1996, S. 30-58

Meyer, G.: Die DDR-Machtelite in der Ära Honecker. Tübingen: Francke, 1991

Müller-Enbergs, H.: Welchen Charakter hatte die Volkskammer nach den Wahlen am 18.März 1990? In: Zeitschrift für Parlamentsfragen 22 (1991), S. 450-467

Müller-Enbergs, H.: Zwischen Bewahrung und Modernisierung. Politische Einstellungen in der letzten Volkskammer der DDR. In: Herzog, D. et al. (Hrsg.): Parlament und Gesellschaft. Eine Funktionsanalyse der repräsentativen Demokratie. Opladen: Westdeutscher Verlag, 1993, S. 248-271

Myritz, R.: Zwischen Umbruch und Konsolidierung. Zur Entwicklung der Hochschullandschaft in den neuen Bundesländern. In: Deutschland-Archiv 26 (1993), S. 657-673

Patzelt, W.J.: Legislators of New Parliaments: The Case of East Germany, in: Lawrence D. Longley (ed.), Working Papers on Comparative Legislative Studies. Appleton, 1994

Patzelt, W.J.: Deutschlands Abgeordnete: Profil eines Berufsstands, der weit besser ist als sein Ruf. In: Zeitschrift für Parlamentsfragen 27 (1996), S. 462-502

Reißig, R.: Transformationsforschung zum (ost-) deutschen Sonderfall – Blockaden und Chancen theoretischer Innovation. In: Soziologische Revue 18 (1995), S. 147-53
Schaefgen, C.: DDR-Regierungskriminalität – Erscheinungsformen und Probleme. In: Deutschland-Archiv 26 (1993), S. 111-36
Scheytt, O.: Städte, Kreise und Gemeinden im Umbruch – Der Aufbau der Kommunalverwaltungen in den neuen Bundesländern. In: Deutschland-Archiv 25 (1992), S. 12-21
Schindler, P.: Datenhandbuch zur Geschichte des Deutschen Bundestages 1949-1982. Baden-Baden: Nomos, 1983
Schindler, P.: Datenhandbuch zur Geschichte des Deutschen Bundestages 1983-1991. Baden-Baden: Nomos, 1994
Schindler, P.: Parlamentsstatistik Bundestag 1994. In: Zeitschrift für Parlamentsfragen 26 (1995), S. 551-67
Schneider, E.: Die politische Funktionselite der DDR. Eine empirische Studie zur SED-Nomenklatura. Opladen: Westdeutscher Verlag, 1994
Schulze, G.: Verwaltungspersonal und Verwaltungsausbildung. In: König, K. (Hrsg.): Verwaltungsstrukturen der DDR. Baden-Baden: Nomos, 1991, S. 147-174
Solga, H.: „Systemloyalität" als Bedingung sozialer Mobilität im Staatssozialismus, am Beispiel der DDR. In: Berliner Journal für Soziologie 4 (1994), S. 523-42
Solga, H.: Der Elitenimport nach Ostdeutschland. Transformationstypen und Veränderungen in der Elitenrekrutierung. In: Diewald./Mayer (Hrsg.), 1996, S. 89-110
Solga, H.: Der Verbleib der Angehörigen der oberen Dienstklasse der DDR nach 1989: Heißt ihr Schicksal nach der Wende beruflicher Abstieg? KSPW-Expertise, 1996a
Spilker, D.: Medienelite in den Neuen Bundesländern. Bamberg: KSPW-Expertise, 1995
Suckut, S./Staritz, D.: Alte Heimat oder neue Linke? Das SED-Erbe und die PDS-Erben. In: Niedermayer/Stöss (Hrsg.): Parteiensystem und Wählerverhalten in der ehemaligen DDR und den neuen Bundesländern. Opladen: Westdeutscher Verlag, 1994, S. 169-191
Szablowski, G.: Governing and Competing Elites in Poland. In: Derlien/Szablowski (eds.), 1993, S. 341-357
Szablowski, G./Derlien, H.-U.: Regime Transitions, Elites, Bureaucracies, and the European Community. In: Derlien/Szablowski (eds.), 1993, S. 304-24
Szelényi, I./Szelényi, S.: Circulation or reproduction of elites during the postcommunist transformation of Eastern Europe. In: Theory and Society 24 (1995), S. 615-638
Thaysen, U.: Der Runde Tisch. Oder: Wer war das Volk? In: Zeitschrift für Parlamentsfragen 21 (1990), S. 71-100 und 257-308; als Buch veröffentlicht: Opladen: Westd. Verlag, 1990
Tiemann, H./Schmid, J./Löbler, F.: Gewerkschaften und Sozialdemokratie in den neuen Bundesländern. In: Deutschland-Archiv 26 (1993), S. 40-53
Volkens, A.: Parteiprogramme und Polarisierung. In: Niedermayer, O. (Hrsg.): Intermediäres System in Ostdeutschland. Opladen: Leske + Budrich, 1996, S. 215-236
Wassermann, R.: Zwei Drittel bleiben, ein Drittel muß gehen – Zur Überprüfung der Richter und Staatsanwälte in den neuen Bundesländern. In: Deutsche Richterzeitung 69 (1991), S. 244-247
Weber, H.: DDR. Grundriß der Geschichte 1945-1990. Hannover: Fackelträger, 1991
Weber, Max: Wirtschaft und Gesellschaft. Tübingen: Mohr, 1964
Weiß, H.-D.: Wiedereinführung des Berufsbeamtentums im beigetretenen Teil Deutschlands – Entwicklung und Darstellung des seit dem 3. Oktober 1990 geltenden Beamtenrechts auf der Grundlage des Einigungsvertrages. In: Zeitschrift für Beamtenrecht 39 (1991), S. 1-39
Welzel, C.: Eliten und Intelligenz im Postsozialismus: Herkunft, Demokratieverständnis und politische Integration am Beispiel der ostdeutschen Nach-Wende-Elite. Dissertation WiSo-Fak Potsdam, 1996

Wielgohs, J./Wiesenthal, H.: Konkurrenz – Ignoranz – Kooperation. Interaktionsmuster west- und ostdeutscher Akteure beim Aufbau von Interessenverbänden. Berlin: MPG AG Transformationsprozesse Arbeitspapier 1994/9

Wilson, G.: Counter-Elites and Bureaucracies. In: Derlien/Szablowski (eds.), 1993, S. 426-37

Wollmann, H.: The Transformation of Local Government in East Germany – Between Imposed and Innovative Institutionalization. In: Goetz, K./Benz, A. (eds.): A New German Public Sector? Dartmouth, 1996, S. 137-164

Wollmann, H.: Institutionenbildung in Ostdeutschland: Neubau, Umbau und „schöpferische Zerstörung". In: Kaase, M. et al.: Politisches System. Berichte zum sozialen und politischen Wandel in Ostdeutschland, Bd.3, 1996a

Wollmann, H./Berg, F.: Die ostdeutschen Kommunen: Organisation, Personal, Orientierungs- und Einstellungsmuster im Wandel. In: Naßmacher, H./Niedermayer, O./Wollmann, H. (Hrsg.): Politische Strukturen im Umbruch. Berlin: Akademie-Verlag, 1994

Wünsche, K.: Zum Verlauf der Rechts- und Justizreform in der DDR. In: Deutsch-Deutsche Rechts-Zeitschrift 1 (1990), S. 134-138

Zapf, W.: Wandlungen der deutschen Elite. Ein Zirkulationsmodell deutscher Führungsgruppen 1919-1961. München: Piper, 1966 (2.Auflage)

Zapf, W.: Die Transformation in der ehemaligen DDR und die soziologische Theorie der Modernisierung. In: ders.: Modernisierung, Wohlfahrtsentwicklung und Transformation. Soziologische Aufsätze 1987-1994. Berlin: Edition Sigma, 1994, S. 128-143

Verwaltungskontakte und Institutionenvertrauen

Hans-Ulrich Derlien/Stefan Löwenhaupt

Mit der Implosion des sozialistischen Regimes in der DDR und der Transition bis zur Wiederherstellung der staatlichen Einheit Deutschlands wurde ein anhaltender Transformationsprozeß in Gang gesetzt, an dem sowohl der institutionelle als auch der vielschichtige kulturelle Aspekt des mehr oder weniger geplanten Wandels von Interesse ist. In dieser Untersuchung geht es um Elemente der administrativen und der politischen Kultur, nämlich um die Frage, ob jene Institutionen und Akteure, denen die schwierige Aufgabe zufällt, die auf der staatlichen (Makro-) Ebene mit dem Einigungsvertrag initiierten Transformationsprozesse zu implementieren, von den Bürgern in den fünf neuen Bundesländern auch akzeptiert und als vertrauenswürdig angesehen werden: Wie kommen die Bürger unter den für sie neuen rechtsstaatlichen Bedingungen mit den auf lokaler Ebene wirkenden Behörden und Beschäftigten der öffentlichen Verwaltung zurecht, und inwieweit vertrauen sie darüber hinaus den zentralen exekutiven und judikativen Institutionen des Bundes, der Länder und der Gemeinden? Auf der Basis repräsentativer Bevölkerungsumfragen wird einerseits auf der Mikro-Ebene untersucht, welche Einstellungen und Urteile sich die Bevölkerung in den neuen Bundesländern nach fünf Jahren Erfahrung mit dem für sie neuen westdeutschen Verwaltungssystem gebildet hat; andererseits untersuchen wir in makrosoziologischer Perspektive die Entwicklung des Vertrauens in Institutionen des übergeordneten politisch-administrativen Systems, mit denen der Bürger nur z.T. persönliche Erfahrungen aus der täglichen Interaktion hat sammeln können. Letztlich soll versucht werden, die Interdependenz von lokaler Verwaltungsinteraktion und generellem Institutionenvertrauen in ihrer zeitlichen Entwicklung bis 1995 und im Vergleich zwischen „Beitrittsgebiet"[1] und alten Bundesländern zu eruieren.

---

1 Im folgenden verwenden wir zur sprachlichen Auflockerung unterschiedslos die Begriffe „neue Bundesländer", „Ostdeutschland", „Ost" (und West), (hüben und) „drüben". Von „ehemaliger DDR" sprechen wir so wenig, wie man vom „ehemaligen Römischen Reich" oder vom „ehemaligen (sogenannten) Dritten Reich" reden würde, „DDR" bezieht sich auf Geschichtliches.

Damit werden zwei traditionelle Forschungsrichtungen verbunden, die trotz Max Webers frühem Verdikt „politische Herrschaft ist im Alltag primär Verwaltung" selten verknüpft werden. Einerseits folgen wir dem von Almond/Verba (1963) entwickelten Konzept der politischen Kultur und deren Bedeutung für die Stabilität demokratischer politischer Systeme. Im Rahmen der kommunalen Selbstverwaltung wird Demokratie auf Lokalebene nicht nur formal, sondern auch substantiell erfahrbar. Andererseits schließen wir an die verwaltungssoziologische Tradition an, die die problematische Beziehung zwischen agencies and clients, Bürgern und Verwaltung untersucht; dabei mischen sich allerdings eigener kommunaler Wirkungskreis und Auftragsverwaltung für den Staat (Bund und Land) im Programmbestand lokaler Behörden.

Almond und Verba (1963) gelangten bekanntlich zu dem Schluß, daß Bestand und Handlungsfähigkeit demokratischer Regierungssysteme von der Kongruenz von Struktur (formalen Institutionen) und Kultur (mit Leben erfüllten Institutionen) abhänge; eine „gute" Verfassung, „fähige" Politiker, „funktionierende" politische Institutionen und Bürokratien bildeten zwar notwendige, aber keine hinreichenden Bedingungen für die Persistenz politischer Systeme. Daß politische Institutionen und öffentliche Verwaltung von der Bevölkerung akzeptiert und als legitim erachtet werden – das ist letztlich mit Kultur gemeint –, schien Almond und Verba nämlich problematisch, wenn die Bevölkerung nach einem Regimewechsel wie dem in Deutschland 1945 mit einem neuen politisch-administrativen Institutionenbestand, neuen Mechanismen der Herrschaftsbestellung und -durchsetzung sowie generell einem neuen Normen- und Wertesystem konfrontiert wird. Während sich im Übergang von der „Untertanenkultur", die Almond und Verba 1959 noch angesichts bürokratischer Kompetenz, aber geringer politischer Partizipation der Bevölkerung registriert hatten, zur „Staatsbürgerkultur" (Baker/Dalton/Hildebrandt 1981) dank einer langen Phase wirtschaftlicher Prosperität im Westen positive input-Orientierungen herausbilden konnten, hatten die Bürger in Ostdeutschland bislang nur wenig Zeit, ein Vertrauenspotential gegenüber den politischen und administrativen Institutionen der Bundesrepublik aufzubauen. Zudem konnte man nach dem Zusammenbruch des nationalsozialistischen Regimes in der Bundesrepublik leichter wieder an Rechtsstaatlichkeit, bürokratische (und politische) Traditionen aus der Weimarer Republik anknüpfen, während dies in den fünf neuen Ländern nach einem halben Jahrhundert „demokratischem Zentralismus", „sozialistischer Gesetzlichkeit", Kaderverwaltung, Parallelbürokratie von Staat und Partei und Kommandowirtschaft kaum möglich erschien.

Nach dem ökonomischen Kollaps der DDR und den materiellen Problemen der wirtschaftlichen Transformation fehlte es zudem an der für die Entwicklung der demokratischen Kultur in der Bundesrepublik so wichtigen output-Legitimierung (Weil 1989; Derlien 1996). Wer seine formative Sozialisationsphase unter den Bedingungen des sozialistischen DDR-Regimes erlebt hatte, war plötzlich nicht nur auf allen staatlichen Ebenen mit neuen politischen Institutionen, sondern auch mit neuen Verwaltungsbehörden und -verfahren konfrontiert, die sich in wesentlichen Punkten von der bislang erlebten Kaderverwaltung des SED-Regimes[2] unterscheiden und von deren Aufgaben, Kompetenzen und spezifischen Regelungsinhalten bestenfalls medienvermittelte Kenntnisse[3], jedoch kaum persönliche Erfahrungen vorlagen.

Die Konfrontation des Bürgers mit lokalen kommunalen und staatlichen Behörden speziell der Arbeits- und der Sozialverwaltung, mit Finanzämtern und einer differenzierten Justiz, die allesamt nach westdeutschen Programmen und Normenbestand operieren, sowie die Beobachtung der von der gestaltenden und planenden, prinzipiell politischen Verwaltung hervorgebrachten Infrastrukturleistungen müssen deshalb als entscheidend für die Entwicklung der politischen Kultur und das Institutionenvertrauen angesehen werden. Indem die Verwaltung in den neuen Bundesländern Gebote, Verbote und Erlaubnisse produzierte, Leistungen gewährte und Informationen bereitstellte (oder alles dies nicht tat), wurden Ergebnisse und Fakten geschaffen, die direkte Konsequenzen für die unmittelbare Lebensgestaltung des einzelnen Bürgers hatten und den Erfahrungshintergrund für Einstellungen und (Vor-) Urteile gegenüber kommunalen und staatlichen Institutionen insgesamt bilden. Bedenkt man zudem, daß Erfolg und Wirksamkeit zahlreicher staatlicher (Leistungs-) Programme auch davon abhängig sind, daß Programme und outputs von der Bevölkerung angenommen werden (Feick/Mayntz 1982: 409), kann es nicht gleichgültig sein, ob die Leistungsfähigkeit der neuen öffentlichen Verwaltung im östlichen Teil des Landes als befriedigend empfunden wird, die Behördenmitarbeiter als kompetent und freundlich perzipiert werden und ob sich das Verwaltungspublikum im Umgang mit den spezifischen Regelungsinhalten und Prozessen des westdeutschen administrativen Sytems als kompetent und konfliktfähig empfindet. Dieser Zusammenhang ist auch deshalb wichtig, weil in den neuen Ländern seitens der Bevölkerung deutlich höhere Erwartungen an die staatliche Aufgabenerledigung gerichtet sind als in Westdeutschland (Holst 1991: 38ff.). Der für Handlungsfähigkeit und Stabilität des politischen Systems notwendige Vertrauensvorschuß (Gamson 1968) wird aber in der Regel nur dann von der Bevölkerung gewährt werden, wenn einzelne gesellschaftliche Gruppen sich nicht systematisch bei politischen Entscheidungen

---

2   Zentrale Systemkomponenten wie demokratischer Zentralismus, Kommandowirtschaft, Nomenklatura, Verwaltungskader und Parallelbürokratie von Staat und Partei wurden durch ein System horizontaler und vertikaler Gewaltenteilung sowie durch eine Bürokratie „klassisch-europäischen" Zuschnitts ersetzt (vgl. König, 1991: 178ff), die im Kern an den Prinzipien und Funktionsmerkmalen des Idealtypus einer modernen Bürokratie im Weberschen Sinne orientiert ist; hierzu zählen insbesondere die fachliche Spezialisierung und Qualifizierung des Personals, die strikte Bindung des Verwaltungshandelns an gesatztes Recht sowie die Neutralität gegenüber dem Verwaltungspublikum.

3   Westle (1992: 461) spricht in diesem Zusammenhang von einer möglichen „antizipatorischen demokratischen Sozialisation" der Bürger der DDR durch den Empfang der Westmedien; zur Nutzung des Fernsehens in den neuen Ländern vgl. Faul 1991: 147ff.

benachteiligt sehen; erst über die Generalisierung retrospektiver positiver Bewertungen staatlicher Maßnahmen und Leistungen (outputs) stellt sich politisches Vertrauen als diffuse System-Unterstützung ein.

Trotz der Bedeutung, die den Einstellungen der Bürger zur Verwaltung sowie dem allgemeineren Vertrauen in öffentliche Institutionen zukommt, weist die Forschungslage allgemein gewisse und im Hinblick auf die neuen Bundesländer erhebliche Desiderata auf. Während bei Almond und Verba neben der partizipativen (input-Orientierung) auch die bürokratische Komponente (output-Dimension) der Orientierungen zur Bestimmung der politischen Kultur erfaßt worden war, ging letztere in der deutschen Forschung über die politische Kultur in der Regel unter. Andererseits spielte die Verbindung zur politischen Kultur für die ohnehin dünne verwaltungssoziologische Forschung keine Rolle. Diese hat sich, orientiert an den verwaltungspraktischen Bemühungen um Verbesserung der „Bürgernähe", in den 70er Jahren gelegentlich empirisch und mikro-soziologisch mit der Interaktion von Bürger und Verwaltung befaßt. Dabei standen behördenspezifische Verwaltungskontakte (Finanzamt, Sozialamt; Grunow 1978; Grunow/Hegner 1978; Kaufmann 1979) oder lokal begrenzte Erhebungen (Pippig 1988) im Vordergrund; nur einmal wurden bislang auf der Basis einer Bevölkerungsumfrage (Allbus 1980) generell die Einstellungen des Bürgers zur Verwaltung untersucht (Feick/Mayntz 1982), während die Einstellungen zu anderen Institutionen, etwa den Parteien, regelmäßig Gegenstand nationaler Surveys waren. Immerhin gelang es schließlich, diesen Aspekt in der Transformationsforschung der KSPW wieder aufzunehmen (Löwenhaupt 1995). Etwas günstiger ist demgegenüber die Datenlage zum Vertrauen in Institutionen, das 1984 bis 1995 (Ausnahme 1994) regelmäßig Gegenstand der im Auftrag des Bundesinnenministeriums vom IPOS-Institut durchgeführten Erhebungen zu „Aktuellen Fragen der Innenpolitik" war. Wenngleich die Ergebnisse dieser Umfragen seit langem verfügbar waren, begann sich die Forschung erst nach der Wiedervereinigung mit diesem Thema zu befassen (Löwenhaupt 1993; Gabriel 1993). Immerhin liegt eine beachtliche Zeitreihe vor, die für die alten Bundesländer 11 und für die neuen Bundesländer 4 Erhebungszeitpunkte umfaßt, so daß verläßliche Aussagen über die Entwicklung des Niveaus und der Struktur des Institutionenvertrauens in Ost- und Westdeutschland möglich sind. Diese Daten können um die ALLBUS-Erhebung 1994 und die KSPW-Erhebung 1995 ergänzt werden.[4]

---

4   Dieser Datenbestand wird zur Zeit vielerorts ausgewertet; auf die während der Laufzeit unseres Projekts erschienenen Analysen zum Institutionenvertrauen (u.a. Walz 1996a; 1996b; Weßels 1995) gehen wir nicht weiter ein.

1. Bürger und Verwaltung

Was Demonstrationen und freie Wahlen sind, mußten die neuen Bundesbürger nach den Ereignissen des Jahres 1989 nicht lernen; besondere alltägliche Adaptionsleistungen wurden ihnen vielmehr im Umgang mit einer an Gesetz und Recht gebundenen, verwaltungsgerichtlich und von gewählten Politikern kontrollierten Verwaltung abverlangt. Materielles Verwaltungsrecht und Verwaltungsverfahrensrecht ersetzten das in der DDR geltende Eingabewesen, das die verwaltungsgerichtliche Überprüfung oft dezisionistisch getroffener Entscheidungen nicht kannte. Die Rahmenbedingungen für den Aufbau eines Akzeptanz- und Vertrauenspotentials gegenüber den neuen administrativen Strukturen waren nach 1990 jedoch alles andere als günstig, denn Unsicherheit und Unkenntnis der Bürger hinsichtlich der neuen Regelungstatbestände und Verwaltungsstrukturen trafen auf eine öffentliche Verwaltung, die sich trotz umfangreicher Aus- und Fortbildungsprogramme, zahlreicher Verwaltungshilfen von Bund, westdeutschen Partnerländern und Gemeinden (z.B. Mustersatzungen und Organisationsempfehlungen) sowie eines umfangreichen Personaltransfers (Rosen 1993: 436ff.) auch heute z.T. noch im Prozeß des organisatorischen wie personellen Umbaus befindet, gleichzeitig aber – drittens – einem hohen sozio-ökonomischen Problemdruck ausgesetzt ist. Darüber hinaus dürfte die Legitimität des „Verwaltungsstabes" (Max Weber) unter den Bedingungen des SED-Regimes in erheblichem Umfang diskreditiert gewesen sein, nicht nur weil sich Verwaltungsentscheide nicht an gesatztem Recht, sondern an Vorgaben der Monopolpartei orientierten, sondern auch weil Rekrutierung und Qualifizierung des Personals in der allgemeinen inneren Verwaltung einen Mitarbeitertypus hervorgebracht hatten, der sich – gemessen an rechtsstaatlichen Bedingungen – durch „politisierte Inkompetenz" auszeichnete (Derlien 1991: 46; 1993).[5] Aufgrund der im Rahmen der Wiedervereinigung entfalteten Dynamik öffentlicher Aufgaben und des strukturellen Wandels auf lokaler Ebene ist jedoch in vielen Verwaltungsbereichen, die für die alltägliche Problembewältigung besonders wichtig sind, von einer hohen personellen Kontinuität auszugehen (Backhaus-Maul/Olk 1993: 304), so daß die Bürger in Ostdeutschland bei Behördengängen häufig mit früheren Staatsfunktionären konfrontiert waren.

Im folgenden soll erstens der Frage nachgegangen werden, zu welchen und zu wievielen Ämtern und Behörden die Bürger in den neuen – und zum Vergleich: in den alten – Ländern überhaupt Kontakte haben (1.1), bevor die Zufriedenheit mit verschiedenen Aspekten der Interaktion mit der Verwaltung untersucht wird (1.2). Die gewonnenen Befunde erlauben es, die Befragten in Bürger-Typen einzuteilen und diese sozialstrukturell zu charakterisieren (1.3). In den folgenden

---

5 Das schließt die technische Verwaltung nicht ein; Lehmbruch (1993) hat diese reservatio übersehen.

Abschnitten werden spezielle Aspekte des Verwaltungskontaktes analysiert: das Vertrauen der Bürger in eine gerechte Behandlung bei Behörden und Polizei (1.4) und die Zufriedenheit mit einzelnen Verwaltungsleistungen (1.5). Abschließend prüfen wir die Bedeutung zentraler politischer Einstellungen für die Einschätzung des Verwaltungskontaktes (1.6). Soweit die Datenlage dies zuläßt, wird jeweils longitudinal und ost-west-vergleichend vorgegangen.[6]

1.1 Häufigkeit der Verwaltungskontakte

Vergleichsweise wenig war bislang aus repräsentativen Bevölkerungsumfragen darüber bekannt, welche Bevölkerungsgruppen wie oft, in welcher Form (persönlich, telefonisch, schriftlich) und aus welchem Anlaß in den alten und den neuen Bundesländern Kontakte zu Ämtern und Behörden hatten. Bekannt war aus den alten Bundesländern lediglich, daß die Mehrheit der Bevölkerung nur sehr punktuell mit Behörden interagiert und daß die Notwendigkeit zur Interaktion mit Behörden gerade bei unteren sozialen Schichten aufgrund ihrer Einkommens- und Problemlagen besonders groß ist (Mayntz 1985: 233-49; Derlien 1984: 849). In der 1995 durchgeführten KSPW-Erhebung wurde nach persönlichen, telefonischen oder schriftlichen Kontakten zu einer Reihe von Ämtern und Behörden im letzten Jahr gefragt (Tabelle 1).

In der *Häufigkeit der Verwaltungskontakte* ergaben sich sowohl Gemeinsamkeiten als auch situationsabhängige Unterschiede zwischen Ost und West. So wurden 1994 in Ostdeutschland am häufigsten die Krankenkassen (72,2%), die Finanzämter (52,5%), die Fernmeldeämter/Telekom (47,9%) sowie die KfZ-Zulassungsstellen (33,7%) angegeben. Am seltensten wurden das Landesamt für Besoldung (3,3%)[7], die Gauck-Behörde (3,6%), die Jugendämter (8,2%) und Beratungsstellen (8,0%) kontaktiert. Damit kristallisierte sich die gleiche Rangfolge der Behördenkontakte heraus, die 1980 in Westdeutschland ermittelt worden war und die sich hier bis 1994 nur geringfügig verändert hat. Leicht zugenommen hat die Zahl der Kontakte zu den Krankenkassen, den Finanzämtern, der Polizei, den Arbeitsämtern, den Wohnungsämtern, den Landesämtern für Besoldung, den Jugendämtern und den Beratungsstellen, während Kontakte zu Ordnungsämtern, Melde- und Standesämtern, Schulbehörden, Katasterämtern und Sozialämtern rückläufig waren. Auffällig ist die deutliche Zunahme der Kontakte zu den Fernmeldeämtern/Telekom um 15,8 %.

---

6   Die Untersuchung stützt sich dabei vor allem auf die beiden im Auftrag der KSPW in Ost- (1993, 1995) und Westdeutschland (1995) durchgeführten Bevölkerungsumfragen, zieht aber auch andere Umfrageergebnisse zur Deskription der Einstellungen der Bürger gegenüber Beamten und Behörden in den neuen Bundesländern heran (z.B. Ipos-Erhebungen).

7   Dies dürfte vor allem auf die Tatsache zurückzuführen sein, daß die Zahl der Beamten in den neuen Bundesländern, zumal in der Stichprobe, vergleichsweise gering ist.

Verwaltungskontakte und Institutionenvertrauen

Tabelle 1: Verwaltungskontakte 1980 und 1994 (Prozent)

	1980	1994	
	West	West	Ost
Krankenkassen	57,3	58,1	72,2
Finanzamt	52,2	55,1	52,5
Ordnungsamt	34,6	29,1	41,0
Kfz-Zulassungsstelle	–	33,9	33,7
Melde-/Standesamt	30,8	28,7	41,2
Fernmeldeamt/Telekom	26,5	42,3	47,9
Schulbehörde	23,7	20,8	17,2
Polizei	23,2	28,0	21,5
BfA/LVA	16,7	14,5	26,2
Gesundheitsamt	15,4	11,0	11,6
Arbeitsamt	15,1	19,4	38,6
Katasteramt	11,4	8,1	14,8
Wohnungsamt	10,7	12,9	28,1
Sozialamt	9,2	8,8	11,2
Landesamt f. Besoldung	5,9	6,3	3,3
Jugendamt	5,1	7,1	8,2
Beratungsstellen	4,8	7,1	8,0
Gauck-Behörde	–	1,0	3,6

Quellen: ALLBUS 1980, KSPWBUS 1995
Fragestellung: „Hier auf dieser Liste stehen einige Behörden und Ämter. Hatten Sie im letzten Jahr mit einer dieser Behörden oder Ämter Kontakt, d.h. waren Sie persönlich da oder haben Sie telefoniert oder einen Brief geschrieben?" (Antwortvorgaben: Kontakt gehabt, Keinen Kontakt gehabt).

In den neuen Ländern wurden 1994 13 der 18 Dienststellen von mehr Bürgern frequentiert als in Westdeutschland. Am ausgeprägtesten waren diese Unterschiede bei den Arbeitsämtern (+ 19,2 %), den Wohnungsämtern (+ 15,2 %), den Krankenkassen (+ 14,1), den Melde- und Standesämtern (+ 12,5 %), den Ordnungsämtern (+ 11,9 %), den Rentenversicherungsträgern (+ 11,7 %) und den Katasterämtern (6,7 %). Diese Unterschiede spiegeln offensichtlich die besondere sozio-ökonomische Situation in den neuen Bundesländer, die von hoher Arbeitslosigkeit, Wohnraummangel, Umstellung auf das differenzierte Kranken- und Rentenversicherungssystem, verstärkter geographischer Mobilität, Existenzgründungen sowie ungeklärten Besitzverhältnissen an Grund und Boden geprägt ist. Bei den übrigen Behörden sind die Unterschiede, sieht man von den Kontakten zur Polizei ab, zwischen Ost und West nur gering; in den neuen Bundesländern wurden also ebenso häufig wie im Westen Kraftfahrzeuge zugelassen, um- oder abgemeldet, Finanzämter kontaktiert und Beratungsstellen, Jugend- und Gesundheitsämter aufgesucht.

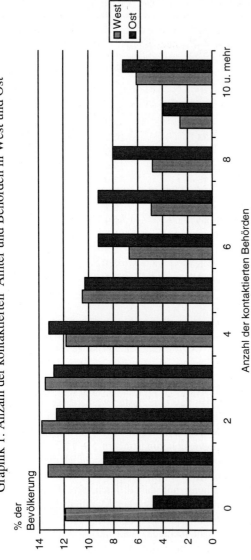

Graphik 1: Anzahl der kontaktierten Ämter und Behörden in West und Ost

Unterschiede bestehen allerdings auch hinsichtlich der *Zahl der kontaktierten Behörden.* Wie Graphik 1 zeigt, hatten in den neuen Länder 1994 nur 5% der Befragten überhaupt keinen Kontakt zu einer der aufgeführten Behörden, in den alten Bundesländern aber 12%; darüber hinaus ist der Anteil der Personen, die nur zu wenigen (1-3) Behörden Kontakte unterhielten, mit 40,6% in den alten Bundesländern wesentlich höher als in den neuen (30,2%). Insgesamt hatten somit in den alten Ländern mehr als die Hälfte (52,5%), in den neuen Ländern jedoch nur rund ein Drittel (35%) selten Verwaltungskontakt. Umgekehrt bedeutet dies, daß in den neuen Bundesländern fast zwei Drittel (65%) der Bürger mehr als drei, ein Fünftel (21,1%) sogar zwischen sechs und neun Verwaltungskontakte etabliert hatten. Offensichtlich ist in den neuen Ländern nicht nur die Zahl der betroffenen Bürger, sondern auch die *Anzahl der Lebensbereiche,* die eine Interaktion mit der öffentlichen Verwaltung erfordern, größer als in Westdeutschland. Beziehungen zu Arbeits-, Wohnungs- und Sozialämtern indizieren zudem eine *dauerhaftere Betroffenheit* in den neuen Ländern.

Wer selten Behördenkontakte aufnahm, waren in Ost- und Westdeutschland vor allem ältere Bürger (60-90 Jahre), also meist Rentner, Befragte mit niedriger Formalbildung sowie Arbeiter. Demgegenüber waren es vor allem Jüngere (18-44 Jahre) und Personen mit hoher Formalbildung, die zu vielen (7-9) oder sehr vielen (10 und mehr) Behörden Kontakte aufnahmen. In Ostdeutschland galt dies 1994 auch für Selbständige und freiberuflich Tätige sowie für Angestellte und Beamte, während in den alten Bundesländern nur Angestellte unter den Befragten mit sehr vielen Kontakten überrepräsentiert waren. Entsprechend ließen sich überraschend starke und signifikante ($p < .001$) Beziehungen zwischen der Anzahl der kontaktierten Behörden und den Variablen Alter (Ost: $r = -.28$; West: $r = -.22$) und Bildung (Ost: $r = .30$; West: $r = .22$) nachweisen. Mit dem Alter ergab sich allerdings kein linearer Zusammenhang, sondern es sind neben den Jüngeren vor allem Befragte in der Lebensmitte (30-45 Jahre), die besonders viele Verwaltungskontakte berichteten. In diesem Lebensabschnitt kumulieren offensichtlich den Verwaltungskontakt fördernde Faktoren, wie z.B. mit der Berufstätigkeit in Zusammenhang stehende Kontakte zu den Sozialversicherungen und Kontakte, die aus der Gründung einer Familie oder der familiären Situation resultieren.

1.2 Zufriedenheit mit Verwaltungskontakten

Wie zufrieden sind die Bürger mit Personal und Verfahren der Behörden? Tabelle 2 enthält verschiedene Aspekte der Bewertung:
– Geschäftsgang (Statement 1),
– pauschale Zufriedenheit (Statement 2),
– Klientenorientierung (Statement 3),
– Schalterdistanz (Statement 4),
– subjektive bürokratische Kompetenz (Statement 5),

Tabelle 2: Einstellungen der Bürger zu den Bediensteten und Behörden

	Prozent																		Mittelwerte					
	Zustimmung				Ablehnung				Neutral									West				Ost		
	West			Ost	West				Ost	West				Ost										
	'80	'90	'95	'93	'95	'80	'90	'95	'93	'95	'80	'90	'95	'93	'95	'80	'90	'95	'93	'95	'80	'90	'95	'93	'95
1. Bei Behörden dauert die Bearbeitung von Anträgen und anderen Angelegenheiten meist länger, als eigentlich notwendig wäre. *(Geschäftsgang/Arbeitstempo)*	68,4	65,9	66,1	72,9	70,3	18,3	17,6	18,0	13,5	16,7	13,3	16,4	15,9	13,6	13,1	5,14	5,14	5,11	5,43	5,30					
2. Im großen und ganzen arbeiten die Behörden zufriedenstellerd. *(pauschale Zufriedenheit)*	63,8	52,5	46,8	33,3	50,4	9,6	23,3	30,5	43,4	30,6	26,6	24,2	22,7	23,3	19,9	3,15	3,46	3,72	4,24	3,71					
3. Die meisten Beamten sinc hilfsbereit und freundlich. *(Klientenorientierung)*	58,5	51,3	49,4	45,6	56,1	21,8	23,9	27,1	28,8	24,8	19,7	24,8	23,6	25,6	19,1	3,26	3,46	3,58	3,70	3,36					
4. In Behörden wird man wie eine Nummer behandelt. *(Schalterdistanz)*	47,3	45,9	49,7	50,8	47,1	37,4	37,0	31,4	31,3	38,6	15,3	17,1	18,9	17,9	14,3	4,28	4,25	4,45	4,56	4,32					
5. Der Bürger hat viele Möglichkeiten, sich gegen die Entscheidungen von Ämtern und Behörden zu wehren. *(subjektive bürokratische Kompetenz)*	40,9	33,3	37,2	27,8	32,8	41,8	47,1	44,5	51,6	46,9	17,3	19,6	18,3	20,6	20,3	4,01	4,27	4,21	4,46	4,29					
6. Mit einer Behörde sollte man sich besser nicht anlegen, selbst wenn man im Recht ist. *(Widerspruchsbereitschaft)*	40,6	39,9	33,4	34,0	38,6	44,4	45,7	48,4	48,4	47,2	15,0	14,4	18,0	17,6	14,2	3,84	3,83	3,60	3,72	3,79					

Quellen: 1980: Feick/Mayntz 1982, S. 411; ALLBUS 1990: Die Ergebnissen sind der veröffentlichten Randauszählung (sog. Codebuch) zu dieser Erhebung entnommen; KSPWBUS 1993 und 1995. Frage: „Ich habe hier eine Reihe von Aussagen über das Verhalten von Beamten bei Behörden. Wenn Sie nun einmal an Ihre persönlichen Erfahrungen im Umgang mit Behörden denken: Sagen Sie mir bitte zu jeder Aussage, inwieweit Sie dieser Meinung zustimmen. Antwortvorgaben: Skala von 1-7; 1 = stimme überhaupt nicht zu; 7 = stimme voll und ganz zu; 1-3 = Ablehnung; 4 = neutral; 5-7 = Zustimmung. Zur Berechnung der Mittelwerte wurde die Richtung der Statements 2, 3 und 5 umgedreht; die Mittelwerte können wie Schulnoten interpretiert werden: je geringer der Mittelwert, desto positiver das Urteil.

– Widerspruchsbereitschaft (Statement 6).[8]

Diese Statements lassen sich zu drei Gruppen zusammenfassen, wobei die Statements 1 und 2 sowohl eine spezifische (Arbeitstempo) als auch eine generalisierende Bewertung der Behörden erfragen, die Statements 3 und 4 primär eine Beurteilung des Behördenpersonals sowie der vom Personal erzeugten Schalterdistanz thematisieren und die Statements 5 und 6 stärker auf die Folgen der Interaktion gerichtet sind, wenn die Bürger sich gegen aus ihrer Sicht unbefriedigende Behördenkontakte wehren wollen.[9]

Die Einstellungen der Bürger zur Verwaltung haben sich zwischen 1993 und 1995 in Ost- und in Westdeutschland gegenläufig entwickelt: während in den *neuen Bundesländern* die Urteile, ausgehend von einem niedrigen Niveau 1993, bis 1995 deutlich *positiver* wurden, hat sich die Bewertung der öffentlichen Verwaltung in den alten Ländern bereits seit 1980 deutlich verschlechtert. Daher haben sich die Einstellungen gegenüber Beamten und Behörden in Ost- und in Westdeutschland 1995 auf einem mittleren Niveau angenähert. Inzwischen werden in Ostdeutschland einzelne Aspekte des Verhältnisses von Bürger und Verwaltung sogar positiver bewertet als in Westdeutschland. Graphik 2 veranschaulicht diese Entwicklung für zwei wichtige Statements[10]: die *Zufriedenheit mit der generellen Arbeitsweise* der Behörden und die Klientenorientierung der Beamten. 1993 war lediglich ein Drittel (33,3%), 1995 bereits die Hälfte (50,4%) der Befragten in Ostdeutschland mit der generellen Arbeitsweise der Behörden zufrieden – möglicherweise weil die Bürger eine reale Verbesserung des Leistungsniveaus der öffentlichen Verwaltung verfolgen konnten. Demgegenüber sank der Anteil der Zufriedenen in den alten Bundesländern trotz jahrelanger, intensiver Bemühungen um eine bürgernahe Verwaltung von 63,8% (1980) auf 46,8% (1995). Noch dramatischer läßt sich die Entwicklung in den alten Bundesländern am Anteil der Unzufriedenen ablesen: war 1980 eine Minderheit von ca. 10% der Bürger mit der generellen Arbeitsweise der Behörden unzufrieden, so betrug deren Anteil 1995 fast ein Drittel (30,5%). In dieses Bild fügt sich der Befund, daß die ohnehin weitverbreitete und häufig klischeehafte Kritik am internen Geschäftsgang und dem Arbeitstempo der Behörden in den alten Bundesländern zwischen 1990 und 1995 sogar noch etwas angestiegen ist, in Ostdeutschland aber zwischen 1993 und 1995 leicht abgenommen hat.

---

8   Für eine ausführlichere Diskussion der Ergebnisse von 1993 siehe Löwenhaupt 1995.
9   Der Terminus „subjektive bürokratische Kompetenz" bezeichnet dabei zwar einen ähnlichen, nicht aber identischen Sachverhalt wie den von Almond/Verba (1963) benutzte Begriff der „administrative competence". Während adminstrative competence lediglich affektive und evaluative Einstellungsdimensionen erfaßt, fließen in den hier verwendeten Begriff der subjektiven bürokratischen Kompetenz auch kognitive Elemente ein.
10 Bereits die Analyse der 1993 erhobenen Daten (KSPWBUS) hatte gezeigt, daß die Bewertung der Hilfsbereitschaft und Freundlichkeit der Beamten (Statement 3) wesentlich die Zufriedenheit mit der generellen Arbeitsweise der Behörden beeinflußt; vgl. Löwenhaupt 1995.

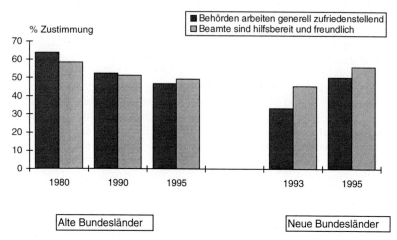

Graphik 2: Zufriedenheit mit Behörden und Beamten

Quelle: ALLBUS 1980 und 1990; KSPWBUS 1993 und 1995

Parallel zur pauschalen Zufriedenheit mit Behörden hat sich in neuen wie alten Ländern auch die Bewertung der *Klientenorientierung des Personals* entwickelt. Während in den alten Bundesländern der Anteil der Befragten, der die Hilfsbereitschaft und Freundlichkeit der Beamten positiv bewertete, um etwa 10% zurückging, erhöhte er sich in den neuen Bundesländern von 45,6% auf 56,1%, so daß in Ostdeutschland 1995 fast das westdeutsche Niveau von 1980 (58,5%) erreicht wurde.

Positiver als noch 1993 fielen 1995 in Ostdeutschland auch die *Wahrnehmung der eigenen Rolle beim Behördenkontakt* (Schalterdistanz) und die Bewertung der *Widerspruchs- und Beschwerdemöglichkeiten gegen Behördenentscheidungen* aus. Gleichwohl sah auch 1995 ähnlich wie in den alten Bundesländern lediglich ein Drittel (32,8%) der Befragten in den neuen Ländern große Möglichkeiten, sich gegen Behördenentscheidungen zu wehren, und fast die Hälfte fühlte sich bei Behörden wie eine Nummer behandelt (47,1%). Angesichts der Tatsache, daß es in der DDR kein Äquivalent zur bundesdeutschen Verwaltungsgerichtsbarkeit gab, sondern Bürgerbeschwerden nur in Form einer Eingabe vorgebracht werden konnten, kann dieser Befund nicht überraschen. Bemerkenswert ist vielmehr, daß auch in den alten Ländern nur wenig mehr als ein Drittel (37,2%) der Befragten sich bürokratische Kompetenz zuschrieb. In den neuen Ländern ist die Widerspruchsbereitschaft inzwischen sogar ausgeprägter als im Westen, wo sie seit 1980 kontinuierlich rückläufig war. Möglicherweise wirkt in den neuen Bundesländern noch der revolutionäre Schwung nach, der immerhin ein Regime kollabieren ließ.

Demgegenüber belegt der unverändert hohe Anteil von Personen, die sich drüben wie hüben bei *Behörden wie eine Nummer* behandelt fühlen, daß die auch in den alten Bundesländern häufig beobachtete Schalterdistanz, das Spannungsverhältnis zwischen auf individuelle Fallbearbeitung bedachten Bürgern und auf Routine und Neutralität ausgelegtem Verwaltungsapparat (Hegner 1978), von den Bürgern in den alten und in den neuen Bundesländern gleichermaßen wahrgenommen wird. Offensichtlich wird dabei die leidenschaftslose, sich ohne Ansehen der Person vollziehende und deshalb häufig schematisch wirkende Fallbearbeitung bürokratischer Organisationen als wenig responsiv empfunden.

Zwischen den sechs Statements bestehen mit einer Ausnahme (Statement 6: Widerspruchsbereitschaft) signifikante statistische Zusammenhänge.[11] Der stärkste positive Zusammenhang besteht zwischen pauschaler Zufriedenheit und Klientenorientierung sowie subjektiver bürokratischer Kompetenz; andererseits ist die pauschale Zufriedenheit deutlich vom Gefühl der Schalterdistanz abhängig; die Protestbereitschaft ist hingegen bedeutungslos. Das Bild der öffentlichen Verwaltung wird in den alten wie auch in den neuen Bundesländern jedoch vor allem von der perzipierten Klientenorientierung positiv beeinflußt. Dies war bereits 1980 der Fall (Feick/Mayntz 1982). Gestützt wird dieser Befund von den Ergebnissen einer Regressionsanalyse, in der die Zufriedenheit mit der generellen Arbeitsweise von Behörden als abhängige Variable fungierte und die Antworten auf die übrigen Statements als erklärende Variablen eingeführt wurden; auch hier kam die größte Erklärungskraft jeweils der Einschätzung der Klientenorientierung der Beamten zu (Ost 1993: b = .40; 1995: b = .46; West 1995: b = .51).[12]

Bei den hier präsentierten Ergebnissen der ALLBUS- und KSPW-Erhebungen handelt es sich im übrigen, dies belegen weitere Umfragedaten, nicht um Instrumentenartefakte. So gaben z.B. 50% der Ost-, aber nur 41,6% der Westdeutschen 1995 im Rahmen einer IPOS-Erhebung an, sie seien bei Behördenkontakten im letzten Jahr „eher freundlich" behandelt worden; 36,1% in Ost- und 39,5% in Westdeutschland bezeichneten die Behandlung als „gleichgültig", und 13,9% sowie 18,9% der Bürger in den neuen und alten Bundesländern fühlten sich ausgesprochen „unfreundlich" behandelt.

---

11 Zum Zusammenhang (r) zwischen pauschaler Zufriedenheit und den übrigen fünf Statements folgende Übersicht:

Statements			1	3	4	5	6
Zufriedenheit mit der	Ost	1993	-.29	.29	-.31	.49	.03
generellen Arbeits-		1995	-.26	.31	-.32	.55	-.08*
weise der Behörden	West	1995	-.27	.32	-.31	.58	-.04**

$p < .001$; * = $p < .01$; ** = nicht signifikant

12 An diesen Ergebnissen ändert sich auch nichts, wenn man die beiden Fragen aus der Civic-Culture-Study in die Analyse einbezieht.

Als Gründe für Probleme bei der Interaktion mit Behörden wurden in Ostdeutschland häufiger die „Gesetze, die befolgt werden müssen" (52,4%), als die „Menschen in den Behörden" (47,6%) genannt, während es sich in Westdeutschland genau umgekehrt verhielt (Gesetze: 43,9%; Menschen: 55,1%). Daß in Ostdeutschland die Gründe für Probleme im Umgang mit Behörden eher den zu befolgenden Gesetzen als den Beschäftigten der öffentlichen Verwaltung zugeschrieben werden, ist wohl darauf zurückzuführen, daß mehr als drei Viertel der Befragten (75,4%) „Gesetze, mit denen sie bisher in Berührung kamen", als „unverständlich" bezeichneten. Da dieser Anteil mit 59,1% jedoch auch in Westdeutschland außerordentlich hoch ist, liegt die Vermutung nahe, daß sowohl in den neuen als auch in den alten Bundesländern der formal-legale „Überbau" (Gesetze, Verordnungen) der öffentliche Verwaltung einer großen Mehrheit der Befragten als kompliziert und schwer nachvollziehbar erscheint. Dennoch werden nur in Ostdeutschland „die Gesetze" auch von der Mehrheit der Befragten als eigentlicher Grund für Probleme bei der Interaktion mit Behörden erkannt, während in den alten Bundesländern mehrheitlich die Beschäftigten der öffentlichen Verwaltung als Verursacher von Schwierigkeiten gelten.

Die Tatsache, daß die Zufriedenheit mit der generellen Arbeitsweise der Behörden in den neuen und den alten Bundesländern zumindest teilweise über die Variable „Personal" erklärt werden kann, läßt zwei Schlußfolgerungen zu: zum einen steht die unterschiedliche Entwicklung der Zufriedenheit mit der generellen Arbeitsweise der Behörden in Ost- und Westdeutschland offensichtlich in Beziehung zur unterschiedlichen Bewertung des Verwaltungspersonals. Da in den neuen Bundesländern die Bediensteten der öffentlichen Verwaltung 1995 häufiger als hilfsbereit und freundlich eingeschätzt wurden als noch 1993, stieg auch die Zufriedenheit mit der generellen Arbeitsweise der Behörden, während in den alten Bundesländern seit 1980 eine umgekehrte Entwicklung zu verzeichnen ist. Zum zweiten stellt sich die Frage, weshalb sich die jahrelangen Bemühungen um eine „bürgernahe" Verwaltung in den alten Bundesländern nicht in irgendeiner Form in den Daten niederschlagen, sondern vielmehr von diesen enttäuscht werden. In Ostdeutschland, wo die Qualifizierungs- und Fortbildungsmaßnahmen für die Beschäftigten des öffentlichen Dienstes notwendigerweise primär auf die Vermittlung verfassungs- und verwaltungsverfahrensrechtlicher Grundlagen (Füssgen/ Grundmann 1993: 3ff.) ausgerichtet waren, steigt die Zufriedenheit mit der Klientenorientierung der Beamten, während sie in den alten Bundesländern, wo dieser Aspekt längst Bestandteil der regulären Ausbildung ist, sinkt.[13] Eine Erklärung könnte in der Höhe des erreichten Anspruchsniveaus der Bürger liegen. Möglicherweise erwarten die Bürger in den alten Bundesländern inzwischen, daß die Bediensteten der öffentlichen Verwaltung die Komplexität des Verwaltungshan-

---

13 Siehe hierzu z.B. das Arbeitshandbuch der Bundesstelle für Büroorganisation und Bürotechnik beim Bundesverwaltungsamt, das Richtlinien für eine „Bürgernahe Verwaltungssprache" enthält (BBB-Arbeitshandbuch 1993).

delns reduzieren, indem sie opportunistisch entscheiden (Luhmann), während in Ostdeutschland ein niedrigeres Aspirationsniveau von Verständnis für die Schwierigkeiten des Personals im Umgang mit dem neuen (bundesdeutschen) Normenbestand überlagert wird.

Einen Hinweis darauf, ob bei der Interaktion mit Behörden Erwartungshaltungen der Bürger systematisch enttäuscht werden, erhält man, wenn man überprüft, ob die Einstellungen zur Verwaltung von der Häufigkeit der Verwaltungskontakte abhängen, wie dies z.B. Klages et al. (1983: 4) ermittelt hatten. Wie die Daten der KSPW-Erhebung 1995 zeigen, nimmt die Enttäuschung der Bürger in den fünf neuen Ländern mit der Kontaktintensität partiell leicht zu: generelle Zufriedenheit ($r = -.10$) und Klientenorientierung ($r = -.10$) sinken, während Einschätzung von Geschäftsgang und Gefühl der Schalterdistanz nicht berührt werden und die Widerspruchsbereitschaft ($r = -.16$) ansteigt. In Westdeutschland sind diese Beziehungen noch schwächer.

Dieser Zusammenhang zeigt, daß der Behördenkontakt kaum Klischees abzubauen hilft, sondern oft als Ausdruck einer deprivierten sozio-ökonomischen Lage und daher als frustrierend erlebt wird. Das zeigt sich deutlich am Ergebnis des Kontakts zu Arbeitsämtern: Befragte in den neuen und den alten Bundesländern, die 1994 zu den Arbeitsämtern Kontakt unterhielten, kritisierten sowohl das Arbeitstempo als auch die generelle Arbeitsweise der Behörden, die Beschwerdemöglichkeiten, die Schalterdistanz und die Klientenorientierung der Beamten. Im Gegensatz zu den alten Bundesländern war bei diesen Klienten zudem die Protestbereitschaft weniger ausgeprägt. Dies deutet darauf hin, daß sich Verunsicherung und Existenzängste über die weitere Lebensgestaltung bei den Klienten der Arbeitsverwaltung auch in einem Gefühl der Ohnmacht niederschlagen.

In dieses Bild paßt, daß sowohl in den alten als auch in den neuen Bundesländern *die Polizei eine Sonderrolle* einnimmt. Im Westen handelt es sich um die einzige Behörde, bei der sich Kontakte positiv auf alle untersuchten Aspekte des Verhältnisses von Bürger und Verwaltung auswirken, und im Osten um eine der wenigen Behörden neben Wohnungsamt, Krankenkasse, Schulamt und Gauck-Behörde, bei der Behördenkontakte zumindest zu einer positiven Bewertung der Beschwerdemöglichkeiten gegen Verwaltungsakte führen.

1.3 Bürger-Typen

Da die sechs Statements zu Personal und Behörden der öffentlichen Verwaltung nicht völlig unabhängig voneinander bewertet werden und andere Untersuchungen bereits gezeigt haben, daß nicht alle Befragtengruppen gleichermaßen das primär auf der Aggregatebene zu beobachtende negative Image der öffentlichen Verwaltung teilen, liegt eine Überprüfung der Frage nahe, inwieweit sich die interviewten Personen in den neuen und den alten Bundesländern hinsichtlich ihrer Einstellungen zu den sechs Statements zu bestimmten Gruppen von Merkmalsträgern zusammenfassen lassen (vgl. z.B. SINUS 1978 und Pippig 1988: 139ff).

Hierzu wurde zunächst aus den Statements 1-5, die alle auf einer Dimension liegen[14], eine von 1-31 reichende Skala der „Zufriedenheit mit der öffentlichen Verwaltung" konstruiert, bei der die Skalenwerte 1-15 eine positive, der Skalenwert 16 eine neutrale und die Skalenwerte 17-31[15] eine negative Haltung zur öffentlichen Verwaltung reflektieren. Durch Kreuztabellierung mit Statement 6 (Widerspruchsbereitschaft) erhält man, sofern man die neutralen Antworten auf der Zufriedenheits-Skala (Skalenwert 16) sowie zu Statement 6 (Skalenwert 4) unberücksichtigt läßt, vier Bürger-Typen.[16]

Sowohl die *zufriedenen und kompetenten Klienten* (Typ 1) als auch die *obrigkeitshörigen Untertanen* (Typ 2) nehmen eine grundsätzlich positive Haltung gegenüber Beamten und Behörden ein; generelle Arbeitsweise der Behörden, Beschwerdemöglichkeiten und Klientenorientierung werden von diesen beiden Typen positiv bewertet und Schalterdistanz nicht beklagt. Die *unsicheren Frustrierten* (Typ 3) und die *Systemkritiker* (Typ 4) hingegen beurteilten diese Aspekte der Interaktion zwischen Bürger und Verwaltung negativ. Ansonsten unterschieden sich beide Hauptgruppen noch einmal dadurch, daß die kompetenten Klienten und die Systemkritiker Widerspruchsbereitschaft gegenüber behördlichen Entscheidungen bekundeten, die beiden übrigen Typen aber konfliktscheu sind.

Mit fast einem Viertel der Befragten (23,5%) stellten die kompetenten Systemkritiker *in den neuen Bundesländern* 1995 (wie auch im Westen) den häufigsten Typ. Dem folgten die unsicheren Frustrierten (21,8%) und die zufriedenen, kompetenten Klienten (20,3%) sowie die obrigkeitshörigen Untertanen (13,7%; Tabelle 3). Dieselbe Reihenfolge der Typen existierte bereits 1993[17]. Zwischen

---

14 Dies ergab eine Faktoranalyse mit allen sechs Statements.
15 Hierzu wurde zunächst die Richtung der Statements 2 (pauschale Zufriedenheit), 3 (Klientenorientierung) und 5 (Widerspruchs- und Beschwerdemöglichkeiten) umgedreht, so daß alle Statements in die gleiche, negative Richtung wiesen. Anschließend wurde ein ungewichteter additiver Index über alle fünf Statements gebildet. Verschiedene Testverfahren zur Überprüfung der Eindimensionalität und Reliabilität der Skala brachten sowohl für die neuen als auch für die alten Bundesländer zufriedenstellende Ergebnisse (z.B. Cronbachs Alpha-Koeffizient: Ost 1993: .65 ; 1995: .65; West 1995: .71).
16 Da die den Typen zugrunde liegenden Einstellungsdimensionen sich inhaltlich z.T. mit jenen decken, die auch bei Pippig (1988) und Feick/Mayntz (1982) Gegenstand der Untersuchung waren, wurden die Bezeichnungen der einzelnen Typen (soweit inhaltlich gerechtfertigt) übernommen oder (wo notwendig) modifiziert.
17 Die unterschiedlichen Anteile einzelner Typen, die sich zwischen dem clusteranalytischen (Löwenhaupt 1995) und dem hier verwendeten analytischen Typenbildung für die 1993 in Ostdeutschland erhobenen Daten ergeben, resultieren unter anderem daraus, daß hier im Gegensatz zur Clusteranalyse Befragte mit Anworten im neutralen Bereich von der weiteren Analyse ausgeschlossen werden. Dies betrifft etwa ein Viertel (1993 Ost; 1995 West) bis ein Fünftel (1995 Ost) der Befragten. Besonders häufig fanden sich diese Befragten unter den im Rahmen der Clusteranalyse gebildeten Typen 1 und 2 (31,2% der kompetenten Klienten und 25,5% der obrigkeitshörigen Untertanen), so daß beide Typen nun zwangsläufig schwächer besetzt sind. Darüber hinaus ließ die explorative Clusteranalyse, bei der die Clustermittelwerte nicht gesetzt wurden, eine leicht dissonant-konfliktbereite

1993 und 1995 hat allerdings der Anteil der beiden Typen mit positiver Grundhaltung zu den Behörden (kompetente Klienten, obrigkeitshörige Untertanen) deutlich um rund 6 Prozent zugenommen, während der der unsicheren Frustrierten leicht (-0,8 %) und der Anteil der Systemkritiker stark (-5.5 %) rückläufig war. Die Betrachtung der Gewinne und Verluste einzelner Typen verdeutlicht, daß die beobachteten Größenveränderungen nicht nur innerhalb der Typen stattgefunden haben können. Vielmehr hat sich auch der Anteil der von der Typologie nicht erfaßten Personen geändert: fielen für 1993 in den neuen Bundesländern noch etwas mehr als ein Viertel der Befragten durch das Raster, so wurde 1995 nur noch rund ein Fünftel der Befragten mit der Typologie nicht erfaßt. In den alten Bundesländern betrug dieser Anteil 1995 24,0%.[18]

Tabelle 3: Bürger-Typen

	Ost		West
	1993	1995	1995
Typ 1: der zufriedene, kompetente Klient	13,7%	20,3%	21,9%
Typ 2: der obrigkeitshörige Untertan	7,9%	13,7%	9,6%
Typ 3: der unsichere Frustrierte	22,6%	21,8%	20,7%
Typ 4: der Systemkritiker	29,0%	23,5%	23,9%
Rest	26,8%	20,7%	24,0%
n (=100%)	2125	1022	1014

Auch *in den alten Ländern* machten 1995 die Systemkritiker den häufigsten (23,9%) und die obrigkeitshörigen Untertanen den seltensten (9,6%) Typ aus; der zufriedene, kompetente Klient stellt hier jedoch nicht den dritt-, sondern den zweitgrößten Typus. Insgesamt sind in Ost und West alle Typen erstaunlich gleich stark besetzt, ausgenommen der obrigkeitshörige Untertan, der im Osten 4% häufiger anzutreffen war. Möglicherweise ist dies ein weiteres Indiz, daß es in den neuen Bundesländern noch häufiger autoritäre Dispositionen gibt als in Westdeutschland (Neugebauer/Stöss 1996: 275).[19]

Die vier Einstellungstypen unterscheiden sich durch eine spezifische Verteilung *sozialstruktureller Merkmale* (Alter, Bildung, Berufszugehörigkeit, Erwerbsstatus und persönliches Einkommen). Dabei wirken in Ost und West sozialstrukturelle Merkmale in gleicher Richtung auf die Einstellungen der Bürger zu verschiedenen

---

Haltung bei Typ 1 (33,9%) und eine frustriert-resignative Attitüde bei Typ 2 (39%) zu. Bei den Typen 3 und 4 ergab sich demgegenüber eine große Übereinstimmung zwischen beiden Verfahren: so fallen 98% der ehemals Frustriert-Resignativen und 70% der Dissonant-Konfliktbereiten wieder Typ 3 und Typ 4 zu.

18 Im folgenden wird diese Restgruppe nicht mehr ausgewiesen.
19 Nach Fach (1995: 27) erhält der autoritäre Charakter in den neuen Bundesländern vor allem dadurch „seine spezifische Ost-Färbung", daß es sich um eine „auf den Staat fixierte (.) instrumentelle Hörigkeit" handele, die jederzeit in „punishment" der Institutionen umschlagen könne.

Aspekten der öffentlichen Verwaltung. Ältere sind deutlich häufiger als Jüngere mit der Klientenorientierung der Beamten (Gamma Ost 1993: .13; 1995: .23; West 1995: .13) sowie mit der generellen Arbeitsweise der Behörden (Gamma Ost 1993: .09; West 1995: .12) besonders zufrieden und fühlen sich zudem in Behörden seltener wie eine „Nummer" behandelt (Gamma Ost 1993: -.14; 1995 - .20; West 1995: -.10). Höhere Formalbildung geht mit Widerspruchsbereitschaft (Gamma Ost 1993: -.14; 1995: -.10; West 1995: -21) sowie Kritik an der Klientenorientierung (Gamma 0st 1993: -.06; 1995 -.15; West 1995: -.06) einher.

So neigten in neuen wie alten Bundesländern 1993 und 1995 vor allem Ältere (über 45 Jahre), Befragte mit einer höheren Formalbildung[20] und einem höheren/hohen Einkommen sowie Voll- oder Teilzeitbeschäftigte (Ost 1993) und Rentner den *zufriedenen und kompetenten Klienten* (Typ 1) zu. Bei diesem Typus handelt es sich also überwiegend um gutsituierte und gut ausgebildete Personen, die in der Regel als Angestellte oder Beamte in einem verwaltungsnahen Beruf tätig oder bereits aus dem Berufsleben ausgeschiedenen sind[21] und bei denen sich wissensbasiertes Selbstbewußtsein mit der Erfahrung des fortgeschrittenen Lebensalters paart. Im Gegensatz hierzu dominierte in den neuen und den alten Bundesländern 1993 und 1995 bei den *kompetenten Systemkritikern* eher der rebellische Widerspruchsgeist formal höher gebildeter jüngerer Altersgruppen (18- 30 Jahre und 30 bis 45 Jahre), die über ein relativ hohes Haushaltseinkommen verfügen. Überrepräsentiert sind hier zudem Vollzeitbeschäftigte, aber auch Arbeitslose; allerdings war die Zusammensetzung dieses Typus nach dem Erwerbsstatus der Befragten nur in Ostdeutschland eindeutig. So waren in Ostdeutschland 17,2% der Befragten dieses Typus arbeitslos, das ist der zweithöchste Anteil überhaupt; gleichzeitig sind aber auch 49,3%, der mit Abstand höchste Anteil insgesamt, Vollzeitbeschäftigte. In Westdeutschland war zwar ebenfalls die überwiegende Mehrzahl der Befragten dieses Typus vollzeitbeschäftigt (55,3%), der Anteil der Arbeitslosen betrug jedoch nur 4,7%, lag also sowohl deutlich unter dem Anteil in dieser Befragtengruppe in Ostdeutschland als auch deutlich unter dem Bevölkerungsdurchschnitt in den alten Ländern.

Eine andere Konstellation liegt demgegenüber bei den *obrigkeitshörigen Untertanen* vor, die ja ebenso wie Typ 1 eine positive Grundhaltung zu Beamten und Behörden einnehmen. Zwar sind hier ebenfalls ältere Befragte und Rentner[22] überdurchschnittlich häufig vertreten; im Gegensatz zu den selbstbewußten und kompetenten Klienten und den Systemkritikern dominieren bei diesem Typus je-

---

20 In Ostdeutschland waren 1995 zudem auch Befragte mit einer niedrigen Formalbildung bei diesem Typus überdurchschnittlich häufig vertreten.
21 47,9% der Befragten, die 1995 in Ostdeutschland diesem Typ zuneigten, waren Rentner.
22 Fast die Hälfte (49,2%) der Befragten dieses Typus waren 1995 in den neuen Ländern Rentner. In den alten Bundesländern stellten Renter (32,3%) und Hausfrauen (31,2%) zusammengenommen fast zwei Drittel (63,3%) der diesem Typ zuneigenden Befragten. 1993 neigten in Ostdeutschland auch Vollzeitbeschäftigte überdurchschnittlich häufig diesem Typus zu.

doch Personen mit geringer Bildung sowie niedrigen und mittleren Einkommen. Besonders häufig fielen unter diesen Typus in Ostdeutschland 1993 und 1995 zudem Arbeiter. Während demnach bei Typ 1 ein höheres Lebensalter der Befragten mit wissensbasierter Kompetenz sowie materieller Sicherheit einherging, ist Typ 2 eher kleinbürgerlich geprägt.

Ein ähnliches sozialstrukturelles Profil wie Typ 2 weisen auch die *unsicheren Frustrierten* auf. Auch hier dominieren in Ost- und Westdeutschland niedrige und mittlere Einkommen (Haushaltseinkommen bis zu 3000 DM) sowie 45-60-Jährige (in Westdeutschland 1995 auch 18-30-Jährige) und Personen mit einer niedrigen oder mittleren (nur Ost 1995) Formalbildung. Im Unterschied zu den obrigkeitshörigen Untertanen waren es neben Rentnern (Ost 1993; West 1995) und Voll- und Teilzeitbeschäftigten (Ost 1995) *vor allem Arbeitslose*, die diesen Typus sowohl in den neuen als auch in den alten Bundesländern 1993 und 1995 ausmachten. In Ostdeutschland waren mehr als ein Fünftel (21,2%) der Befragten, die diesem Typus angehören, arbeitslos, in den alten Bundesländer aber gerade einmal 5,4%. *Unterschiede in der Häufigkeit der Bürger-Typen in Ost und West reflektieren also letztlich sozio-ökonomische Unterschiede beider Teilgesellschaften.*

Ebenso wichtig wie die faktische materielle Lebenslage ist für die Einstellungsbildung bekanntlich häufig die subjektive Wahrnehmung und *Bewertung der momentanen Lebenssituation*. Deshalb wurde in der Analyse auch berücksichtigt, welcher sozialen Schicht sich die Befragten selbst zurechnen und ob sie – im Vergleich zu anderen Menschen in Deutschland – glaubten, „einen gerechten Anteil" zu erhalten. So waren bei den obrigkeitshörigen Untertanen 1995 in neuen und alten Bundesländern vor allem Befragte überrepräsentiert, die sich selbst der Unterschicht oder der unteren Mittelschicht zurechneten. Dies galt auch für die unsicheren Frustrierten in den alten Bundesländern, während in den neuen Bundesländern in diesem Typus lediglich Befragte, die sich der Unterschicht zurechneten, überdurchschnittlich häufig vertreten waren. Die kompetenten Klienten in Ost- und Westdeutschland sehen sich hingegen überwiegend weder als „underdogs" noch als besonders gut gestellt. Eindeutiges „understatement" betreiben dagegen die Befragten, die 1995 in den neuen Bundesländern zu den kompetenten Systemkritikern zählten: gerade einmal 5,1% der Befragten dieses Typus stuften sich selbst als der oberen Mittelschicht oder der Oberschicht zugehörig ein, obwohl jeweils fast ein Fünftel dieses Typus in Haushalten lebt, die über ein höheres (3000.– bis 4000.– DM) oder sogar hohes (über 4000.– DM) Einkommen verfügten. In den alten Bundesländern ließ sich eine derartige Kluft zwischen subjektiver Selbsteinstufung und objektiven Merkmalen nicht feststellen: mit 31,9% waren hier eindeutig Befragte überrepräsentiert, die sich der oberen Mittelschicht zuordneten – dies entspricht immerhin 17,3% aller Befragten, die den kompetenten Systemkritiker ausmachen.

Die Diskrepanz zwischen Selbsteinstufung und sozialstruktureller Zusammensetzung der kompetenten Systemkritiker in Ostdeutschland hat offensichtlich etwas mit den Maßstäben zu tun, an denen der eigene Status gemessen wird. So waren in den neuen und den alten Bundesländern bei den kompetenten Systemkritikern ebenso wie bei den unsicheren Frustrierten Befragte überrepräsentiert, die glaubten, sie hätten im Vergleich zu anderen einen „etwas" oder „sehr viel" geringeren Anteil erhalten. Während das *Gefühl relativer Deprivation* bei den unsicheren Frustrierten, bei denen niedrige Einkommen dominieren und Arbeitslose überproportional vertreten sind, noch nachvollziehbar ist, steht diese Attitüde bei den kompetenten Systemkritikern in eklatantem Gegensatz zur faktischen Einkommenssituation, denn es sind unter den Systemkritikern gerade die Bezieher höherer Einkommen, die diese Meinung überdurchschnittlich häufig äußerten; vermutlich finden sich hier *relativ viele, die im Zuge des Regimewechsels und der Transformation Statusverluste haben hinnehmen müssen.* Im Gegensatz dazu neigen den kompetenten Klienten und den obrigkeitshörigen Untertanen in den neuen Ländern Befragte zu, die glaubten, sie hätten einen „gerechten Anteil" erhalten; in den alten Ländern gehören zum Typ des kompetenten Klienten auch Befragte, die überzeugt sind, „mehr als einen gerechten Anteil" erhalten zu haben. Bei den obrigkeitshörigen Untertanen ist diese Befragtengruppe ebenfalls überrepräsentiert; abweichend vom generellen Trend finden sich bei diesem Typ aber auch besonders häufig Personen, die glauben, sehr viel weniger als einen gerechten Anteil erhalten zu haben.

Interessant sind an diesem Befund zwei Aspekte:

- Zum einen belegen die Daten, daß sich auch in den neuen Bundesländern (nach nur fünf Jahren deutscher Einheit) die Einstellungen und Handlungskompetenzen der Bürger gegenüber der öffentlichen Verwaltung in sozio-ökonomisch einigermaßen klar umrissenen Bevölkerungsgruppen verfestigt haben, wie dies aus den alten Bundesländern bekannt ist, obwohl die Sozialstruktur der DDR in weiten Teilen als „modernisierungsbedürftig" (Geißler 1992: 15) galt und durch ein weniger ausgeprägtes vertikales „Ungleichheitsgefüge" (Hradil 1992: 12) charakterisiert war als in der alten Bundesrepublik. Wenn es sich also in Ost- und in Westdeutschland, von kleineren Variationen abgesehen, um die gleichen sozio-ökonomischen Gruppen handelt, die bestimmten Bürger-Typen zuneigen, ist der Anpassungsprozeß in Ostdeutschland offenbar in vollem Gange.
- Der zweite bemerkenswerte Aspekt ist, daß sowohl in den neuen als auch in den alten Bundesländern vorwiegend Befragte mit höherer Formalbildung und einem höheren Einkommen jenen beiden Typen zuneigen, die sich Behörden gegenüber („wenn man im Recht ist") als konfliktbereit erweisen. Ein hoher sozio-ökonomischer Status vermittelt offensichtlich die notwendige (materielle) Sicherheit (Rechtsschutzversicherung, Anwaltskosten etc.), sich gegebenenfalls mit einer Behörde auf dem Rechtsweg auseinandersetzen zu können; der Einschätzung des individuellen Durchsetzungsvermögens gegenüber der öffentlichen Verwaltung liegen also auch direkt ökonomische Ursachen zu Grunde.

Üblicherweise wirkt sich auch die *Verwaltungsnähe des ausgeübten Berufs* positiv auf die perzipierte Klientenorientierung sowie auf die Wahrnehmung der eigenen Rolle bei der Interaktion mit Behörden und auf die Zufriedenheit mit der generellen Arbeitsweise der Behörden aus; Befragte, die in einem verwaltungsnahen Beruf tätig sind, sollten also stärker jenen beiden Typen zuneigen, die eine positive Grundhaltung gegenüber Beamten und Behörden einnehmen. Unsere Daten bestätigen diese Vermutung jedoch nur z.T.: so waren Beamte 1993 in den neuen und 1995 auch in den alten Bundesländern zwar bei den zufriedenen und kompetenten Klienten deutlich überrepräsentiert, während Selbständige, Freiberufler und Landwirte sowie Arbeiter bei diesem Typus relativ selten anzutreffen waren; wenngleich erwartungsgemäß die Anzahl der Personen, die als Berufsbezeichnung „Beamte" angaben, in den neuen Bundesländern 1993 (31) und 1995 (18) zu gering war, als daß sich hieraus Generalisierungen ableiten ließen[23], war die Richtung des Zusammenhangs jedoch eindeutig.

Da bereits die Analyse des Zusammenhangs zwischen den *Einstellungen zu Beamten und Behörden mit der Zahl der kontaktierten Behörden* einen interessanten Befund ergeben hat, soll im folgenden untersucht werden, ob dies auch für die einzelnen Typen gilt. Wie Tabelle 4 zeigt, hatten 1994 sowohl in Ost- als auch in Westdeutschland die Systemkritiker besonders viele Verwaltungskontakte ($\bar{x}$ = 5,4), ansonsten ist die typenspezifische Kontaktintensität in beiden Landesteilen unterschiedlich ausgeprägt. An zweiter Stelle folgen in Ostdeutschland die kompetenten Klienten ($\bar{x}$ = 5,0), dann die unsicheren Frustrierten ($\bar{x}$ = 4,7) und schließlich die obrigkeitshörigen Untertanen ($\bar{x}$ = 3,7). Im Gegensatz zu den neuen Bundesländern folgten den Systemkritikern in Westdeutschland die obrigkeitshörigen Untertanen ($\bar{x}$ = 4,1), die kompetenten Klienten ($\bar{x}$ = 3,7) und die unsicheren Frustrierten ($\bar{x}$ = 3,5). Bei den obrigkeitshörigen Untertanen handelte es sich im übrigen um die einzige Befragtengruppe in Westdeutschland, die im Durchschnitt mehr Verwaltungskontakte hatte als die entsprechende ostdeutsche Gruppe.

Die vier Typen weisen nicht nur hinsichtlich der sozialstrukturellen Merkmale und der Kontakthäufigkeit Unterschiede auf, sondern sie unterscheiden sich auch in Bezug auf ihr Vertrauen in eine gerechte und faire Behandlung, die Einschätzung der Responsivität von Behörden, ihre Zufriedenheit mit bestimmten öffentlichen Hilfen und Leistungen sowie ihre politischen Einstellungen, die im folgenden zu untersuchen sind.

---

23 Unter die weitere Definition „öffentlicher Dienst" fielen 1995 91 Befragte in den neuen Ländern.

Tabelle 4: Verteilung der Bürger-Typen nach Anzahl der Verwaltungskontakte 1994

	\multicolumn{12}{c	}{Anzahl der Verwaltungskontakte}
	insg.		0		1-3		4-6		7-9		10 u. m.		$\bar{x}$	
	O	W	O	W	O	W	O	W	O	W	O	W	O	W
Typ 1: der zufriedene, kompetente Klient	20,3	21,9	16,7	18,5	16,1	22,8	22,0	26,6	24,2	16,3	24,2	13,1	5,0	3,7
Typ 2: der obrigkeitshörige Untertan	13,7	9,6	18,8	9,2	20,8	9,9	11,3	7,2	8,5	10,6	5,6	16,4	3,7	4,1
Typ 3: der unsichere Frustrierte	21,8	20,7	29,2	29,4	18,4	21,3	24,2	16,6	23,2	22,8	13,9	13,1	4,7	3,5
Typ 4: der Systemkritiker	23,5	23,9	10,4	21,8	19,6	22,1	24,2	25,9	27,0	25,2	38,9	32,8	5,4	4,2
n (= 100%)	1022	1014	48	119	342	403	327	290	211	123	72	61	996	1000
Cramérs V			Ost		.12				West		.07 a)			
Gamma					.11						.01 a)			

a) = nicht mindestens auf 5 %-Niveau signifikant

1.4 Fairness und Responsivität von Behörden

Eine weitere Dimension des Verhältnisses von Bürger und öffentlicher Verwaltung thematisieren zwei Fragen, die bereits Almond und Verba (1963) im Rahmen ihrer 1959 in fünf Staaten durchgeführten Civic-Culture-Study zur Messung der „bürokratischen Kompetenz" der Bürger verwendet hatten[24]. Dabei hatte die erste der beiden Fragen das Vertrauen der Bürger in eine gerechte und faire Behandlung durch Behörden und Polizei und die zweite die Berücksichtigung vorgetragener Anliegen, d.h. die Responsivität von Behörden und Polizisten, zum Gegenstand. Beide Fragen wurden 1977, 1980, 1990 und 1995 in den alten Bundesländern und 1995 erstmals auch in den neuen Ländern gestellt.

Das *Vertrauen in eine gleiche und gerechte Behandlung* bei Polizei und Behörden war in den alten Bundesländern außerordentlich stabil. Rund zwei Drittel und 1990 sogar drei Viertel aller Befragten glaubten, bei „Unannehmlichkeiten mit der Polizei, etwa wegen einer Verkehrsübertretung oder wenn sie eines geringen Vergehens beschuldigt würden", fair und gerecht behandelt zu werden – ebenso viele, wie dies meinten, wenn sie sich „z.B. in einer Wohnungs- oder Steuerangelegenheit" an die zuständige Behörden zu wenden hätten (Tabelle 5a). Kaum minder stark ausgeprägt ist dieses Vertrauen allerdings 1995 auch in den neuen Bundesländern, so daß sich erneut die bereits weiter oben beobachtete Angleichung der Einstellungen gegenüber der Verwaltung in Ost- und Westdeutschland zeigt.

Dieser Befund ist in zweifacher Hinsicht interessant: zum einen gab die Rolle der Volkspolizei in der DDR (z.B. deren enge Zusammenarbeit mit der Staatssicherheit; vgl. Gill/Schröter 1991: 71ff.) wenig Anlaß zu der Vermutung, daß bei den Bürgern in den neuen Ländern nach der Wiedervereinigung rasch wieder Vertrauen in diese Behörde würde aufgebaut werden können. Umso überraschender ist deshalb, daß auch hier das Vertrauen in eine faire und gerechte Behandlung durch die Polizei größer war als das in die Behörden insgesamt. Zum zweiten ist bemerkenswert, daß das Vertrauen in eine faire und gerechte Behandlung bei Behörden ebenfalls das westdeutsche Niveau erreicht hat, obwohl mit dem Hinweis auf die Finanzverwaltung in der Fragestellung (Steuerangelegenheit) eine Behörde als Stimulus diente, zu der es in dieser Form in der DDR kein Pendant gab und mit der die Bürger deshalb bislang kaum Erfahrungen sammeln konnten.

---

24 Eine Faktorenanalyse mit den sechs Statements und den Civic-Culture-Fragen ergab, daß sowohl in Ost- als auch in Westdeutschland die Statements 1-5, das Statement 6 (Widerspruchsbereitschaft) sowie die vier Civic-Culture-Fragen auf jeweils einem Faktor lagen.

Tabelle 5a: Vertrauen in Gleichbehandlung und Fairness (Prozent)

	bei Behörden						bei Polizei					
	1959	1977	1980	1990	1995/W	1995/O	1959	1977	1980	1990	1995/W	1995/O
Ja	65	66	68	74	69	65	72	69	69	78	72	68
Kommt darauf an	19	18	19	11	10	15	15	16	17	10	10	15
Nein	9	9	10	13	16	16	5	7	9	9	14	12
Sonstiges	0	0	0	0	-	-	0	0	1	1	-	-
K.A.	7	7	3	2	5	5	9	8	4	2	5	6

„Angenommen, Sie hätten sich in irgendeiner Angelegenheit an eine Behörde zu wenden – z.B. in einer Steuer- oder Wohnungsangelegenheit: Glauben Sie, daß man Sie dort gerecht behandeln würde, also so, wie jeden anderen auch?"
„Wenn Sie einmal Unannehmlichkeiten mit der Polizei hätten, etwa wegen einer Verkehrsübertretung oder wenn Sie eines geringen Vergehens beschuldigt würden: würde man Sie dort gerecht behandeln, d.h. ebenso wie jeden anderen auch?"

Tabelle 5b: Responsivität von Behörden und Polizei (Prozent)

	Behörden						Polizei					
	1959	1977	1980	1990	1995/W	1995/O	1959	1977	1980	1990	1995/W	1995/O
Ernsthafte Beachtung	53	47	48	40	42	38	59	54	51	49	46	42
Nur wenig Beachtung	18	22	28	43	34	37	11	17	25	33	30	32
Überhaupt keine Beacht.	4	4	5	5	5	5	4	4	5	6	6	6
Kommt darauf an	15	20	15	10	13	14	13	17	13	8	12	14
Würde gar nichts sagen	1	1	1	0	0	0	2	1	1	1	0	0
Sonstiges	0	0	1	1	-	-	0	0	1	0	-	-
K.A.	8	7	3	1	5	5	11	8	4	3	6	6

„Was für eine Wirkung hätte es Ihrer Meinung nach, wenn Sie Ihrer Ansicht den Beamten darlegen würden? Würde man Ihrer Ansicht wirklich ernsthaft Beachtung schenken, würde man Sie nur wenig beachten, oder würde man das, was Sie sagen, überhaupt nicht beachten?"
„Wenn Sie Ihrer Meinung der Polizei erklären würden, was für eine Wirkung hätte das Ihrer Meinung nach? Würde man Ihrer Ansicht wirklich ernsthaft Beachtung schenken, würde man Sie nur wenig beachten, oder würde man das, was Sie sagen, überhaupt nicht beachten?"
Quellen: Civic-Culture-Study 1959, ZUMABUS 2 1977, ALLBUS 1980 und 1990, KSPWBUS 1995.

Nahezu identische Ergebnisse finden sich in Ost- und Westdeutschland auch hinsichtlich des *Vertrauens in die Responsivität* der Behörden und der Polizei (Tabelle 5b): In beiden Landesteilen glaubten nur etwa 5% der Bürger, mit ihren Anliegen bei Behörden und Polizei überhaupt keine Beachtung zu finden; etwa ein Drittel erwartete nur geringe Beachtung, und 38% bzw. 42% in Ost- sowie 42% bzw. 46% in Westdeutschland glauben an eine ernsthafte Beachtung ihrer Anliegen bei Behörden und der Polizei. Wie bereits beim Vertrauen in eine gerechte Behandlung schneidet auch bei dieser Frage die Polizei besser ab als die sonstigen Behörden. Erwies sich jedoch das Vertrauen in eine Gleichbehandlung bei Polizei und Behörden in den alten Bundesländern über die Zeit als relativ stabil, so glaubten 1995 deutlich weniger Bürger in alten und neuen Ländern an eine ernsthafte Beachtung ihrer Anliegen als in den alten Bundesländern 1959 (Behörden: 53%; Polizei: 59%). Die Daten zur Responsivität von Behörden und Polizei dokumentieren damit einen kontinuierlichen Abbau positiver output-Orientierungen in den alten Bundesländern, der sich nahtlos in die weiter oben präsentierten Daten zu den sechs Statements (z.b. Klientenorientierung der Beamten) einreiht. Außerdem sieht man, daß das Gefühl der „administrative competence" in den neuen Bundesländern 1995 schwächer (42% ernsthafte Beachtung) ausgeprägt war als in den alten Bundesländern 1959 (53%). Wenngleich in den neuen Bundesländern erst fünf Jahre seit dem Regimewechsel vergangen sind, könnte es sein, daß im Westen nach dem Zusammenbruch des nationalsozialistischen Regimes rascher an die politischen und bürokratischen Traditionen von vor 1933 angeknüpft worden war, als es in den fünf neuen Ländern nach radikalem Bruch mit diesen Traditionen über mehr als ein halbes Jahrhundert hinweg möglich sein wird.

Im übrigen glaubten die Befragten 1995, ähnlich wie bereits bei der Einschätzung der Verwaltungskontakte und der Bürgertypologie deutlich wurde, umso weniger an eine Gleichbehandlung bei Behörden und Polizei sowie an eine Berücksichtigung vorgetragener Anliegen, je mehr Behörden sie kontaktiert (Abschnitt 1.2) hatten. Sowohl in Ost- als auch in Westdeutschland war es dabei nahezu unerheblich, zu welchen Behörden die Befragten im einzelnen Kontakte hatten; fast durchgängig äußerten sich jene Personen positiver, die keinen Kontakt zu einer bestimmten Behörde hatten. Eine Ausnahme hiervon stellten Personen dar, die in Ost- und Westdeutschland Kontakte zur BfA/LVA unterhielten. In Ostdeutschland glauben diese Befragten sowohl an eine Gleichbehandlung bei Behörden und Polizei als auch an eine Berücksichtigung vorgetragener Anliegen; in Westdeutschland wurde hingegen die Gleichbehandlung bei Behörden auch in diesem Falle kritischer gesehen. Die grundsätzlich positivere Einschätzung der Rentenversicherung dürfte unmittelbar damit zusammenhängen, daß sich die Interaktion mit diesen Behörden vorwiegend über hochgradig routinisierte Programme – Erfassung der Versicherungsbiographie und regelmäßige Zahlung der Rente – vollzieht und dem Bürger keine Kosten entstehen, er vielmehr in der Regel von der Interaktion profitiert; und bekanntlich gehören die Rentner in den neuen Bundesländern überwiegend zu den ökonomischen Gewinnern der staatlichen Einheit. Damit kontrastiert, daß in den neuen Bundesländern bei Befragten, die Kontakte zu den lokalen Arbeits-, Wohnungs- und Sozialämtern hatten, der Zusammenhang zwischen Verwaltungskontakt und Mißtrauen in eine Gleichbehandlung bei den Behörden besonders stark ausgeprägt war.

Setzt man die beiden civic-culture-Fragen: Vertrauen in eine gerechte und faire Behandlung und Vertrauen in die Responsivität der Behörden in *Beziehung zu den Bürgertypen*, so zeigt sich erwartungsgemäß, daß 1995 sowohl in Ost- als auch in Westdeutschland Befragte, die an eine gerechte Behandlung bei Behörden und Polizei glaubten, bei den beiden Typen mit positiver Grundhaltung gegenüber Beamten und Behörden (zufriedene, kompetente Klienten; obrigkeitshörige Untertanen) über-, bei den beiden anderen Typen dagegen unterrepräsentiert sind. Noch ausgeprägter ist dieser Effekt hinsichtlich der Responsivität der Behörden. Dieser Befund ist allerdings nicht weiter überraschend, denn die Beantwortung der Frage, ob die Bürger glauben, von ihnen vorgetragene Anliegen fänden bei Behörden Beachtung, hängt ja unter anderem auch davon ab, ob sie überhaupt Einflußmöglichkeiten bei Ämtern und Behörden sehen, ob und in welchem Umfang sie sich als „Nummer" behandelt fühlen und ob sie die Beschäftigten der öffentlichen Verwaltung als hilfsbereit und freundlich wahrnehmen. Da diese Aspekte der Interaktion zwischen Bürger und Verwaltung bereits in die Konstruktion der Typen eingeflossen sind, scheint eine Überrepräsentanz von Befragten, die eine Berücksichtigung ihrer Anliegen bei Behörden erwarten, bei den zufriedenen und kompetenten Klienten sowie den obrigkeitshörigen Untertanen nur folgerichtig. Ähnliches gilt auch für das Vertrauen in eine gerechte und faire Behandlung bei Behörden und bei der Polizei: daß Personen, die sich der öffentlichen Verwaltung ohnmächtig gegenüber sehen, Beamte permanent als unfreundlich und wenig hilfsbereit wahrnehmen und zudem keine Möglichkeiten sehen, sich gegen Verwaltungsakte zur Wehr zu setzen, auch kaum Vertrauen in eine faire Behandlung äußern werden, scheint nachvollziehbar; darüber hinaus wird bei den Bürgern das Gefühl, nach „Schema F" oder wie eine „Nummer" behandelt zu werden, in aller Regel nicht als Folge formaler Gleichbehandlung, sondern als mangelnde Anliegensgerechtigkeit interpretiert.

1.5 Zufriedenheit mit Verwaltungsleistungen

Da die Transformation in den neuen Ländern von gravierenden sozioökonomischen Umwälzungen begleitet war und vor allem vielfach zu einer Unterbrechung der Erwerbstätigkeit geführt hat, ist ein nicht unwesentlicher Teil der Bevölkerung in den neuen Bundesländern auf Leistungen der lokalen Arbeitsämter und Sozialhilfebehörden oder Zahlungen der Wohngeldbehörden angewiesen. Stellt man gleichzeitig in Rechnung, daß die Bürger in Ostdeutschland anfangs kaum oder bestenfalls medienvermittelte Kenntnisse über materielle Voraussetzungen und prozedurale Aspekte der Leistungsgewährung besaßen, war nach den bisherigen Befunden zu erwarten, daß Bürger, die aufgrund ihrer persönlichen ökonomischen Situation in besonderer Weise auf eine oder gar mehrere öffentliche Hilfen und Leistungen angewiesen waren, die öffentliche Verwaltung besonders negativ bewerten würden. Da im Rahmen der 1993 (nur in Ostdeutschland) durchgeführten KSPW-Erhebung nach der Inanspruchnahme von sechs verschiedenen „öffentlichen Hilfen und Leistungen" sowie nach der Zufriedenheit damit gefragt wurde, lassen sich hierzu einige Aussagen treffen.

Demnach hatten insgesamt 43,1% der 2125 befragten Personen mindestens eine von sechs „öffentlichen Hilfen und Leistungen" in Anspruch genommen; am häufigsten wurden Wohngeld (26,9%), Hilfe des Arbeitsamtes bei der Arbeitsuche (22,9%) und Lohnersatzleistungen (19,9%) in Anspruch genommen; demgegenüber waren die Beratung in Wohnungsfragen (4,7%), die Sozialhilfe (3,9%) und die Eingliederungshilfe für Behinderte (1,1%) von untergeordneter Bedeutung. Ein beachtlicher Teil der Bürger hatte verschiedene Leistungen gleichzeitig in Anspruch genommen; zwar hatten 47% der Hilfe- und Leistungsempfänger lediglich eine, 28,9% dagegen hatten zwei, 18,9% drei und 5% sogar vier bis sechs Hilfen und Leistungen erhalten. Dabei dominierte erwartungsgemäß die Kombination von Lohnersatzleistungen und Beratung bei der Arbeitsuche (38,9%).

Insgesamt war die Unzufriedenheit mit den beiden Beratungsangeboten (Arbeitsamt: 54,5%; Wohnungsamt: 40,0%) ausgeprägter als die mit den finanziellen Leistungen (Tabelle 5c). Zwar empfand jeweils etwa ein Drittel auch die Lohnersatzleistungen (31,8%) und die Sozialhilfe (34,1%) als materiell unbefriedigend, die überwiegende Mehrheit der Leistungsempfänger zeigte sich jedoch zufrieden oder nahm eine neutrale Haltung ein, wobei die Empfänger von Wohngeld am häufigsten Zufriedenheit äußerten (37,1%).

Das vergleichsweise schlechte Abschneiden der beiden Beratungsangebote kann allerdings nicht überraschen, da Arbeitslosigkeit und Wohnraummangel für die Kommunalpolitik in den neuen Bundesländern gravierende Probleme aufwerfen. Berücksichtigt man z.B., daß in den neuen Bundesländern die Arbeitslosenquote nach wie vor bei etwa 16%[25] liegt, wird ein Beratungsgespräch bei der lokalen Arbeitsverwaltung sehr oft unbefriedigend enden. Darüber hinaus ist zu bedenken, daß die Kapazitäten der lokalen Arbeitsämter aufgrund der hohen Arbeitslosenquote mit der Auszahlung von Arbeitslosengeld sowie der Bearbeitung laufender und neuer Anträge weitgehend ausgeschöpft sein dürften, so daß für umfassende und systematische Beratungstätigkeiten nur wenig Zeit zur Verfügung steht. Ähnliches gilt auch für die Situation auf dem lokalen Wohnungsmarkt in den Städten und Gemeinden. So steht inzwischen fest, daß die Statistiken der DDR-Wohnungsbauprogramme systematisch und in erheblichem Umfang von der Staatsführung gefälscht und zwischen 1979 und 1988 im Durchschnitt 15% der als

---

25 Stand: April 1996; vgl. SZ v. 11.6.96: 2.

Tabelle 5 c: Zufriedenheit mit Beratungshilfen und Leistungen

Leistungsart	sehr unzufr./ unzufrieden %	n	neutral %	n	sehr zufried./ zufrieden %	n	Keine Angaben %	n
Beratung bei Arbeitssuche	54,5	264	24,4	188	20,0	97	1,0	5
Lohnersatz	31,8	134	38,7	163	27,8	117	1,7	7
Eingliederungshilfe	12,5	3	45,8	11	20,8	5	20,8	5
Sozialhilfe	34,1	28	31,7	26	28,0	23	6,1	5
Wohngeld	27,5	153	35,4	197	37,1	206	–	–
Wohnungsberatung	40,0	40	26,0	26	28,0	28	6,0	6

Tabelle 5 d: Einstellungen zu Beamten und Behörden nach Anzahl der in Anspruch genommenen Hilfen und Leistungen (Mittelwerte)

Zahl der in Anspruch gen. Hilfen und Leistungen	Geschäftsgang (St. 1)	pausch. Zufried. (St. 2)	Klientorientier. (St. 3)	Schalterdistanz (St. 4)	bürokrat. Komp. (St. 5)	Widerspruchsb. (St. 6)
insgesamt	5,47	4,36	3,78	4,62	4,60	3,78
keine Hilfe/Leist.	5,40	4,15	3,62	4,49	4,35	3,66
1 Hilfe/Leist.	5,43	4,25	3,63	4,44	4,62	3,85
2 Hilfen/Leist.	5,54	4,31	3,76	4,61	4,37	3,61
3 Hilfen/Leist.	5,57	4,62	4,06	5,05	4,80	3,91
4 Hilfen/Leist.	5,50	4,51	4,11	5,61	5,20	4,22

Die Statements 2,3 und 5 wurden so recodiert, daß für alle Statements gilt: je höher der Mittelwert, desto negativer wird ein Statement bewertet.

Tabelle 5 e: Bivariate Beziehungen zwischen der Beurteilung von Beamten und Behörden und der Zufriedenheit mit staatlichen Hilfen und Leistungen

Zufriedenheit mit:	Gesch.-gang (St. 1)	pausch. Zufried. (St. 2)	Klientorient. (St. 3)	Schalterdistanz (St. 4)	bürokr. Komp. (St. 5)	Widerspruchsb. (St. 6)
– Ber. b. Arbeitssuche	-.20*	.24*	.31*	-.25*	.14*	-.12
– Lohnersatzleistungen	-.20*	.23*	.32*	-.21*	.12*	-.02
– Eingliederungshilfe	-.13	.70*	.6	.04*	.29	.13
– Sozialhilfe	-.07	.21*	.14*	-.29	.23*	-.02
– Wohngeld	-.16*	.27*	.21*	-.27*	.20*	-.10
– Ber. d. Wohnungsamt	-.22*	.36	.34	-.16	.27	.04

* $p \leq .05$

bezugsfertig gemeldeten Neubauwohnungen gar nicht gebaut worden waren (Buck 1993: 508). Diese Hypothek wurde direkt auf die neuen Kommunalverwaltungen übertragen. Zudem haben die Kommunen in großem Umfang die ehemals volkseigenen Wohnungsanlagen übernommen, die in jedem fünften Fall (1,5 Mio. der 7 Mio. vorhandenen Wohnungen) dringend instandsetzungsbedürftig sind, und etwa eine halbe Million Wohnungen weist aufgrund der maroden Bausubstanz Leerstände auf (Holtmann/Killisch 1993: 13). Dringend benötigte Investitionen unterbleiben aufgrund ungeklärter Eigentumsverhältnisse häufig[26]. Auch hier bestand für das Verwaltungspublikum also kaum Aussicht auf ein befriedigendes Beratungsergebnis.

Die Zufriedenheit mit den Wohngeldleistungen (37%) ist u.a. darauf zurückzuführen, daß diese Leistung zwar einkommensabhängig berechnet wird, aber nicht den vollständigen Lohnausfall voraussetzt; Wohngeldzahlungen, die in den neuen Länder auch die Heizungs- und Warmwasserkosten umfassen, erhöhen somit das verfügbare Einkommen deutlich: für die Bezieher dieser Leistungen in Ostdeutschland liegen die Entlastungseffekte z.T. bei 37% (Ulbrich 1993: 31).

Zwischen Befragten, die keine, und Befragten, die lediglich eine der genannten Hilfen und Leistungen in Anspruch genommen hatten, bestehen nur geringfügige Unterschiede in der Behördenbeurteilung; allerdings beurteilen, wie wir bereits aus der Bedeutung der abstrakten Kontakthäufigkeit wissen, erstere das Personal und die Behörden etwas positiver. Offensichtlich ist aber, daß mit der Anzahl der in Anspruch genommenen konkreten Hilfen und Leistungen die Beurteilung des Verwaltungskontakts tendenziell negativer ausfällt (Tabelle 5d).

Betrachtet man nicht die Zahl der in Anspruch genommenen Leistungen, sondern die *Zufriedenheit mit den Leistungen* in ihrer Auswirkung auf die Kontaktzufriedenheit, wird ersichtlich, daß die Zufriedenheit mit den outputs der Verwaltung die Perzeption der Beamten und Behörden in aller Regel positiv beeinflußt (Tabelle 5e). Wer die Beratung des Arbeitsamtes bei der Arbeitssuche, die Lohnersatzleistungen und die Wohngeldzahlungen positiv bewertet, ist mit dem Arbeitstempo und der generellen Arbeitsweise der Behörden zufrieden, sieht Möglichkeiten, sich gegen Behördenentscheidungen zu wehren, fühlt sich in Behörden nicht wie eine „Nummer behandelt" und nimmt die Beamten als freundlich und hilfsbereit wahr. Ein ähnlicher Effekt läßt sich auch für die Zufriedenheit mit den Sozialhilfeleistungen feststellen, und die Zufriedenheit mit der Beratung bei der Arbeitssuche sowie den Lohnersatzleistungen weist den stärksten Zusammenhang mit der Klientenorientierung der Behördenmitarbeiter auf (Gamma: .31; .32).

Im Hinblick auf die vier *Bürger-Typen* ergab die Analyse, daß Befragte, die keine oder nur eine Beratungshilfe oder finanzielle Leistung erhielten, bei jenen beiden Typen überrepräsentiert sind, für die eine positive Grundhaltung gegenüber Beamten und Behörden kennzeichnend ist; wer zwei oder drei und mehr

---

26 Folgt man Holtmann/Killisch (1993: 13), so waren Ende 1992 26% der kommunal bewirtschafteten Wohnungen in Sachsen-Anhalt restitutionsbehaftet.

Hilfen und Leistungen erhielt, wies eine überdurchschnittliche Affinität zu den unsicheren Frustrierten und den Systemkritikern auf. Dieser Befund fügt sich nur z.T. in die Ergebnisse hinsichtlich der Verwaltungskontakte einzelner Typen 1995 (vgl. Abschnitt 1.4). Die Daten von 1993 und 1995 sind zwar nicht direkt vergleichbar, offensichtlich ist aber, daß z.B. die konfliktscheue Haltung des obrigkeitshörigen Untertanen in Ostdeutschland nicht etwa die Folge besonders häufiger und intensiver Behördenkontakte ist, denn gerade bei diesem Typus sind sowohl Personen, die mehrfach Hilfen und Leistungen in Anspruch genommen haben (1993), als auch Personen, die keine oder nur wenige Behörden kontaktierten, unterrepräsentiert. Übereinstimmung zwischen der Anzahl der kontaktierten Behörden (1995) und der Zahl der in Anspruch genommenen staatlichen Hilfen und Leistungen (1993) gibt es auch bei den Systemkritikern. Diesen neigten sowohl Personen mit vielen Verwaltungskontakten als auch Befragte, die zwei, drei oder mehr Leistungen in Anspruch genommen hatten, besonders häufig zu.

Erklärungsbedürftig ist demgegenüber der Befund, daß bei den zufriedenen und kompetenten Klienten zwar überdurchschnittlich häufig Personen zu finden sind, die viele Verwaltungskontakte hatten, gleichzeitig aber Befragte, die mehrere Hilfen und Leistungen in Anspruch genommen haben, unterrepräsentiert sind. *Vermutlich kontaktieren die zufriedenen, kompetenten Klienten nicht Arbeits-, Wohnungs- und Sozialämter, sondern die Ordnungsverwaltung* (Meldeamt, Finanzamt oder Katasteramt); denn die sozialstrukturelle Zusammensetzung dieses Typus deutet darauf hin, daß für ihn materielle Not nicht eben charakteristisch ist.

Berücksichtigt man also, daß die Zufriedenheit mit den outputs der Verwaltung in den neuen Bundesländern die Perzeption der Beamten und Behörden in aller Regel positiv beeinflußt, kann davon ausgegangen werden, daß Befragte, die mit der Beratung auf dem Arbeits- oder dem Wohnungsamt, den Lohnersatzleistungen sowie den Wohngeldzahlungen zufrieden waren, eher den beiden Typen mit positiver Grundhaltung gegenüber Beamten und Behörden zuneigen, während die Unzufriedenen eher eine überdurchschnittliche Präferenz für die übrigen beiden Typen aufweisen sollten. Diese Vermutung ließ sich jedoch nur z.T. empirisch bestätigen. Erwartungsgemäß sind bei den zufriedenen, kompetenten Klienten zwar diejenigen Personen überrepräsentiert, die mit den erhaltenen Hilfen und Leistungen zufrieden waren, bei den obrigkeitshörigen Untertanen sind jedoch Befragte, die mit dem Arbeitslosengeld zufrieden waren, klar unter-, bei den unsicheren Frustrierten dagegen leicht überrepräsentiert. Ferner fanden sich bei den Systemkritikern relativ viele Befragte, die sich mit der Beratungsleistung der Wohnungsämter zufrieden zeigten. Dies bedeutet, daß die Zufriedenheit mit Verwaltungsleistungen sich zwar tendenziell positiv aus das Bild der öffentlichen Verwaltung auswirkt, je nach Bürger-Typ und Verwaltungsleistung aber leichte Urteilsbrechungen eintreten, die von hinter dem Konstrukt stehenden materiellen oder subjektiven Faktoren ausgehen.

Insgesamt verdeutlichen die Ergebnisse, daß die Einstellungen der Verwaltungsklienten in Ostdeutschland gegenüber Beamten und Behörden in engem Zusammenhang mit den von der öffentlichen Verwaltung produzierten outputs stehen. Für die öffentliche Verwaltung in den neuen Ländern ist dieser Befund von praktischer Bedeutung: sicherlich kann eine effektive und bürgernahe Aufgabenerledigung das Bild des öffentlichen Dienstes sowie der öffentlichen Verwaltung positiv beeinflussen und die Akzeptanz der staatlichen output-Strukturen in Ostdeutschland fördern. Sobald das Leistungsangebot der öffentlichen Verwaltung die Erwartungen der Bürger aber nicht oder nur z.T. befriedigt, werden auch die Einstellungen der Bürger zu Beamten und Behörden negativer – unabhängig davon, ob die öffentliche Verwaltung überhaupt in der Lage ist, derartigen Erwartungshaltungen von sich aus zu genügen. So ist die lokale Arbeits- und Wohnungsverwaltung kaum allein für mögliche Mängel in ihrem Zuständigkeitsbereich verantwortlich; das Vertrauen in die Verwaltung wird jedoch selbst bei offensichtlichem Marktversagen und bei politisch oder fiskalisch bedingten Programmdefiziten dadurch tangiert, daß die Bürger die erbrachten Leistungen zwangsläufig als in ihrer Lebenssituation unbefriedigend empfinden, dies aber derjenigen Stelle des politisch-administrativen Systems zuschreiben, mit der sie im Alltag zu tun haben.

1.6 Bedeutung politischer Einstellungen

Neben sozialstrukturellen Merkmalen und der Zufriedenheit mit öffentlichen Hilfen und Leistungen wirken auch politische Einstellungen der Bürger auf ihre Einschätzung der Verwaltungskontakte. So liegen z.B. der Präferenz für oder der Identifikation (im Sinne einer psychologischen Mitgliedschaft) mit einer bestimmten Partei Werte und Überzeugungen zugrunde, die auch zahlreiche andere Einstellungen wie z.B. die Links-Rechts-Einstufung oder den Postmaterialismus umfassen und auf die Wahrnehmung der Umwelt als Filter wirken[27]; mit der Partei-Identifikation, die ebenfalls sozialstrukturell verankert ist, variieren deshalb auch die Einstellungen der Bürger zur Verwaltung.

Setzt man den summarischen Index der Zufriedenheit mit der öffentlichen Verwaltung (Statements 1-5 in Tabelle 2, Abschnitt 1.3) zur Parteipräferenz in Beziehung, ergibt sich eine weitere Differenzierung des bisher gewonnenen Bildes. Die Beurteilung der öffentlichen Verwaltung und ihrer Mitarbeiter war, wie wir gesehen hatten, *1995 in Ostdeutschland* positiver ausgefallen als noch 1993. Dies gilt – von Ausnahmen abgesehen – auch für fast alle Gruppen von Parteianhängern. Leicht verschoben hat sich zwischen 1993 und 1995 allerdings die Rangfolge der Parteien: zwar wurden das Arbeitstempo und die generelle Arbeitsweise der Behörden sowie die Klientenorientierung der Beamten, die Wider-

---

27 Zum Konzept der Partei-Identifikation sowie seiner Übertragbarkeit auf die Bundesrepublik vgl. Campbell et al. 1960; Falter 1977 sowie Rattinger 1994.

Tabelle 6: Einstellungen der Bürger zur Verwaltung nach Partei-Identifikation (Mittelwerte)

Identifikation mit		Geschäftsgang (Statement 1)		pausch. Zufr. (Statement 2)		Klientenor. (Statement 3)		Schalterdist. (Statement 4)		bürokr. Komp. (Statement 5)		Widerspruchsb. (Statement 6)		Index (⌀ Statements 1-5)		n	
		'93	'95	'93	'95	'93	'95	'93	'95	'93	'95	'93	'95	'93	'95	'93	'95
CDU/CSU	Ost	5,2	5,3	4,1	3,5	3,6	3,1	4,5	4,0	4,3	4,1	3,7	4,0	4,35	3,98	250	211
	West		5,0		3,6		3,5		4,3		4,0		3,6		4,07		251
SPD	Ost	5,4	5,2	4,0	3,5	3,5	3,2	4,3	4,4	4,3	4,3	3,5	3,7	4,31	4,13	332	191
	West		5,1		3,7		3,4		4,4		4,3		3,5		4,19		258
FDP	Ost	5,0	4,6	3,7	3,8	3,2	3,7	3,8	3,7	4,0	4,3	2,9	4,0	3,93	4,0	46	18
	West		5,5		4,2		3,3		4,3		4,4		3,1		4,34		18
Grüne/B90	Ost	5,8	4,7	4,4	4,0	3,6	3,5	4,4	4,0	4,4	4,9	3,4	3,5	4,53	4,20	136	41
	West		5,2		3,9		3,9		4,7		4,6		3,1		4,46		71
PDS	Ost	5,7	5,5	4,4	3,8	3,7	3,5	4,9	4,7	4,7	4,3	3,3	3,2	4,69	4,36	139	126
	West		5,0		4,5		4,0		4,2		4,3		2,3		4,40		6
Republikaner	Ost	5,8	6,3	4,9	4,0	4,5	4,6	5,5	4,0	5,1	4,7	3,5	4,7	5,16	5,08	25	6
	West		6,5		3,8		4,0		5,8		4,8		4,0		5,00		6
Keine Partei	Ost	5,4	5,4	4,3	3,9	3,8	3,4	4,6	4,4	4,6	4,3	3,9	3,8	4,54	4,28	1101	355
	West		5,2		3,7		3,7		4,6		4,2		3,8		4,26		341

Zur Berechnung der Mittelwerte wurde die Richtung der Statements 2, 3 und 5 umgedreht; die Mittelwerte können wie Schulnoten interpretiert werden: je geringer der Mittelwert, desto positiver das Urteil.

spruchsmöglichkeiten gegen Verwaltungsakte und die Schalterdistanz bei Behörden von Anhängern der F.D.P., der SPD und der CDU 1995, wie bereits 1993, zumeist positiver bewertet als von den Anhängern der übrigen Parteien oder von Befragten ohne Partei-Identifikation; während sich jedoch 1993 F.D.P.-Anhänger mit Abstand am positivsten über Beamte und Behörden geäußert hatten, waren dies 1995 die Anhänger der Unionsparteien. Demgegenüber äußerten sich die Anhänger der PDS und der Republikaner zu beiden Erhebungszeitpunkten besonders kritisch, und Anhänger von Bündnis '90/Grüne oder Befragte ohne Partei-Identifikation nahmen jeweils mittlere Positionen ein (Tabelle 6).

Der Vergleich mit *Westdeutschland (1995)* zeigt im großen und ganzen dieselben Parteieffekte; nur Anhänger der Republikaner sowie Befragte ohne Partei-Identifikation äußerten sich in Westdeutschland um eine Nuance weniger kritisch als in den neuen Ländern. Zwar bewerteten wiederum CDU- und SPD-Anhänger Beamte und Behörden positiv als die Anhänger anderer Parteien, die Anhänger der F.D.P. allerdings, die sich in Ostdeutschland 1993 und 1995 besonders zufrieden mit den Verwaltungskontakten gezeigt hatten, erzielten in den alten Bundesländern nur den viertbesten Wert. Das entspricht der liberalistischen Parteiprogrammatik, die auf Deregulierung und den Abbau staatlicher Leistungsprogramme setzt, während auch Anhänger der Ost-F.D.P. höhere Leistungserwartungen hegen. Ebenfalls kritischer als in Ostdeutschland äußerten sich Anhänger von Bündnis '90/Grüne, während Befragte ohne Parteipräferenz nach CDU- und SPD-Anhängern die positivsten Urteile abgaben.

Ein anderes Bild ergab sich bei der Widerspruchsbereitschaft (Statement 6). Mit Ausnahme von PDS-Anhängern und Befragten ohne Partei-Identifikation war bei allen Gruppen von Parteianhängern in Ostdeutschland zwischen 1993 und 1995 ein Rückgang der dort stark ausgeprägten Widerspruchsbereitschaft zu beobachten. Besonders deutlich war dieser Rückgang bei den Anhängern der F.D.P. und der Republikaner. Die stärkste (seit 1993 nahezu unveränderte) Konfliktbereitschaft wiesen daher 1995 die Anhänger der PDS und von Bündnis '90/Grüne auf. Das entspricht dem Bild in Westdeutschland 1995, wo andererseits die Republikaner wie im Osten die geringste Neigung zeigten, sich mit einer Behörde anzulegen.

Interessant ist dabei, daß die PDS, zumindest von ihrer Anhängerschaft her, nicht etwa das Sammelbecken der objektiven „Wendeverlierer" ist, bei denen aufgrund der Einkommens- und allgemeinen Lebenssituation besonders häufig Verwaltungskontakte notwendig wären. Zwar neigen Arbeitslose leicht überdurchschnittlich häufig der PDS zu, dies gilt jedoch auch für Bündnis '90/Die Grünen sowie für Befragte ohne Parteipräferenz: Von allen Arbeitslosen in der Stichprobe identifizierten sich 1995 16,2% mit der PDS, 18,4% mit Bündnis '90/Die Grünen, und 20,9% mochten sich mit keiner Partei identifizieren. Auch hinsichtlich des Haushaltseinkommens sind PDS-Anhänger in den beiden oberen Einkommensgruppen (3000.- bis 4000.- DM; 4000.- DM und mehr) überrepräsentiert; nur beim Bündnis '90/Die Grünen ist der Anteil der Befragten (27,3%), denen über 4000.- DM Haushaltseinkommen zur Verfügung stehen, größer als bei den Anhängern der PDS (21,2%). Wichtiger für die Einstellungen ist das Gefühl relativer Deprivation: 74,8% der PDS-Anhänger glauben nämlich, sie erhielten vergleichsweise „etwas" oder „sehr viel weniger" als „ihren gerechten Anteil". Zwar ist das Gefühl sozialer Benachteiligung in Ostdeutschland ohnehin stärker verbreitet als in Westdeutschland[28], neben den Anhängern der Republikanern, von denen sich 83,3% relativ benachteiligt fühlen, nehmen die Anhänger der PDS in den neuen Ländern jedoch einen Spitzenplatz ein (Falter/Klein 1994).

Neben Parteipräferenzen beeinflußt auch die Zufriedenheit mit den Systemprinzipien von Demokratie, Marktwirtschaft und Sozialstaatlichkeit in der Bundesrepublik die Beurteilung der immer prekären Interaktion zwischen Bürger und Verwaltung. In unserem Zusammenhang ist die Zufriedenheit mit dem System der sozialen Sicherung besonders aufschlußreich. Der Anteil der Unzufriedenen in den neuen Ländern ist zwar von 46,1% (1993) auf 35,8% (1995) gefallen und hat sich damit dem westdeutschen Niveau (32,2%) angepaßt, der Anteil der Zufriedenen ist jedoch noch immer vergleichsweise gering (24,7% 1995). Allgemein gilt in Ost und West: die Freundlichkeit und Hilfsbereitschaft der *Beamten wird dann positiv beurteilt, wenn auch gleichzeitig das System sozialer Sicherung als zufriedenstellend angesehen* wird. Gleichzeitig schwächt sich das Gefühl der Schalterdistanz ab, und die generelle Arbeitsweise der Behörden wird günstig beurteilt. Sowohl 1993 als auch 1995 existierte zudem in den neuen Bundesländern (aber nicht im Westen) ein Zusammenhang mit der Bewertung der Widerspruchsmöglichkeiten.

Ferner besteht ein Zusammenhang zwischen Systemzufriedenheit und Zufriedenheit mit den staatlichen outputs: Wer z.B. 1993 Arbeitslosengeld erhielt, war auch tendenziell zufriedener mit Demokratie und Marktwirtschaft, obwohl man möglicherweise „Wendeverlierer" war. So waren 24,5% der Befragten, die 1993 in Ostdeutschland Lohnersatzleistungen erhielten, mit der Demokratie in der Bundesrepublik sehr zufrieden oder zufrieden, während dieser Anteil bei Personen, die diese Leistung nicht in Anspruch nahmen, lediglich 17,2% betrug. Noch stärker ausgeprägt ist der Zusammenhang mit der Bewertung der Marktwirtschaft, obwohl gerade Arbeitslose mehr Grund als andere Bevölkerungsgruppen hätten, sich mit diesem Wirtschaftssystem unzufrieden zu zeigen.

Stellt man wiederum die Beziehung zu den von uns herausgearbeiteten vier Bürger-Typen her, so zeigt sich, daß die spezifischeren Einstellungen gegenüber Behörden und ihren Bediensteten in den neuen Bundesländern mit dem Maß der Zufriedenheit mit den zentralen Ordnungsprinzipien der Bundesrepublik korre-

---

28 Während in den alten Bundesländern etwa zwei Drittel aller Befragten (62,6%) glauben, sie erhielten ihren gerechten Anteil oder sogar etwas mehr, und nur etwa ein Drittel (37,3%) sich benachteiligt fühlt, verhält es sich in den neuen Ländern genau umgekehrt: hier fühlen sich zwei Drittel (65,5%) sozial benachteiligt und nur ein Drittel (34,5%) glaubt, seinen gerechten Anteil zu erhalten.

spondieren: Befragte, die mit der Demokratie, der Marktwirtschaft sowie dem System der sozialen Sicherung (Sozialstaatlichkeit) in der Bundesrepublik 1993 und 1995 zufrieden waren, neigten sowohl in Ost- als auch in Westdeutschland überdurchschnittlich häufig jenen beiden Typen zu, die eine positive Grundhaltung gegenüber den staatlichen output-Strukturen und ihren Akteuren aufweisen[29].
Entsprechend fielen Personen, die mit diesen drei Ordnungsprinzipien unzufrieden waren, überdurchschnittlich oft unter die beiden Typen mit einer negativen Grundhaltung gegenüber Beamten und Behörden.

Berücksichtigt man schließlich die Partei-Identifikation der Befragten, so waren unter *den selbstbewußten Klienten* 1993 und 1995 in Ost und West vor allem Personen zu finden, die eine Identifikation mit den etablierten Bonner Parteien CDU, SPD, F.D.P.[30] oder Bündnis '90/Grüne bekundeten. Unter den *obrigkeitshörigen Untertanen* sammelten sich demgegenüber die Anhänger der CDU/CSU, in Ostdeutschland auch Anhänger der F.D.P. (1993 und 1995), der Bündnis '90/Grünen (1995) sowie durchgängig Befragte ohne Parteibindung. Leicht überdurchschnittlich waren bei den *unsicheren Frustrierten* in Ostdeutschland SPD-Anhänger (1995), Bündnis '90/Grüne-Anhänger (1993), PDS-Anhänger (1993) sowie Personen ohne Partei-Identifikation (1993 und 1995) vertreten; in Westdeutschland dominierten 1995 F.D.P.-Anhänger sowie Befragte mit einer Präferenz für Bündnis '90/Die Grünen, die Republikaner und Personen ohne Parteibindung. Unter den *Systemkritikern* schließlich waren in erster Linie Anhänger von Bündnis '90/Grüne, der PDS (neue Länder) und der Republikaner (alte Bundesländer) sowie 1995 in Ostdeutschland Befragte ohne Partei-Identifikation anzutreffen. Zudem neigten 1993 in Ostdeutschland und 1995 in Westdeutschland auch Befragte mit einer Partei-Identifikation mit der F.D.P. besonders häufig diesem Typ zu. Nicht erstaunen kann deshalb, daß unter den Systemkritikern (aber auch bei den zufriedenen, kompetenten Klienten) 1995 in Ost- und in Westdeutschland Befragte mit postmaterialistischen Werthaltungen (Meinungsfreiheit, Partizipation des Bürgers) überrepräsentiert waren, während Befragte mit materialistischen Wertpräferenzen (Ruhe und Ordnung, Preisstabilität) überdurchschnittlich häufig unter den obrigkeitshörigen Untertanen und den unsicheren Frustrierten anzutreffen waren.

Die bisherige Analyse hat also gezeigt, daß die Interaktion des Bürgers mit der öffentlichen Verwaltung in den neuen Bundesländern quantitativ (Anzahl der Behördenkontakte) wie substantiell (output-Abhängigkeit und -Bewertung) eine größere Bedeutung hatte als in den alten Bundesländern. Während sich in Ost-

---

29 Eine Ausnahme bildeten lediglich Befragte, die 1995 in Westdeutschland mit der Demokratie zufrieden waren: diese sind entgegen dem generellen Trend bei den obrigkeitshörigen Untertanen unterrepräsentiert.
30 Die Anzahl der Befragten mit einer Parteiidentifikation für die F.D.P. ist zwar sehr gering. so daß diese Ergebnisse mit Vorsicht zu interpretieren sind; die Richtung der Beziehung scheint jedoch eindeutig, denn immerhin neigen zwei Drittel (66,7%) der identifizierten F.D.P.-Anhänger diesem Typus zu.

deutschland die Einstellungen gegenüber Beamten und Behörden seit der Wiedervereinigung verbesserten, war in den alten Bundesländern der umgekehrte, schon seit den 80er Jahren andauernde Trend zu beobachten; insgesamt kam es daher zu einer Angleichung der verwaltungsbezogenen Einstellungen in Ost- und Westdeutschland, wobei in Ostdeutschland inzwischen sogar einzelne das Bild der öffentlichen Verwaltung prägende Aspekte der Interaktionsbeziehungen zwischen Bürger und Verwaltung, wie etwa die Klientenorientierung der Beamten, positiver bewertet werden als in Westdeutschland.

Darüber hinaus konnten vier verschiedene Bürgertypen unterschieden werden, die sich sowohl durch ein charakteristisches Einstellungsprofil als auch durch eine spezifische Kombination von sozialstrukturellen Merkmalen, politischen Einstellungen und Zufriedenheit mit staatlichen Hilfen und Leistungen unterscheiden. Die berücksichtigten politischen Einstellungen wie auch die unterschiedlichen output-Zufriedenheiten tragen dabei vor allem zur Erklärung der positiven oder negativen Grundhaltung der Bürger-Typen gegenüber Beamten und Behörden bei, während einzelne sozialstrukturelle Merkmale (z.B. Bildung und Einkommen) auch Aufschlüsse über die unterschiedliche Handlungsbereitschaft gegenüber Behörden liefern. Sowohl in Ost- als auch in Westdeutschland gehörte dabei 1995 etwa ein Drittel (Ost: 34,4%; West: 31,6%) der Befragten jenen beiden Typen an, die mit der öffentlichen Verwaltung, der Demokratie, der Markwirtschaft und dem System der sozialen Sicherung in der Bundesrepublik eher zufrieden und vergleichsweise selten auf öffentliche Hilfen und Leistungen angewiesen waren. Im Gegensatz dazu sammeln sich bei den unsicheren Frustrierten und den Systemkritikern, die 1995 zusammen etwa 45% der Befragten in Ost- und Westdeutschland stellten, hohe Unzufriedenheit mit zentralen Systemmerkmalen der Bundesrepublik und eine vergleichsweise hohe Abhängigkeit von und Unzufriedenheit mit verschiedenen öffentlichen Hilfen und Leistungen, aber auch ein ausgeprägtes Gefühl sozialer Benachteiligung. Schließlich neigten den Systemkritikern im Umgang mit der Verwaltung überdurchschnittlich häufig Personen zu, die sich mit der PDS (Ost) oder den Republikanern (West) identifizierten.

2. Vertrauen in Institutionen

Während bisher die spezifischen Einstellungen der Bürger gegenüber der Verwaltung untersucht wurden, richtet sich im folgenden der Blick auf das Vertrauen in Institutionen insgesamt. Beide Aspekte sind dadurch verknüpft, daß sich die Einstellungen der Bürger zur „öffentlichen Verwaltung" nicht isoliert vom Vertrauen in andere exekutive, politische und judikative Institutionen der Bundesrepublik Deutschland entwickelt haben dürften (Klages 1990: 46f.). In der sozialwissenschaftlichen Literatur besteht, wie eingangs dargelegt, Einigkeit darüber, daß politische Systeme zumindest längerfristig ein bestimmtes Maß an Unterstützung der Bevölkerung benötigen, wollen sie Stabilität und Effektivität gewinnen oder erhalten. Im folgenden dokumentieren wir zunächst die Entwicklung des allgemeinen Institutionenvertrauens in den alten und den neuen Bundesländern seit 1984 (2.1), bevor die Struktur des Institutionenvertrauens (2.2) und seine sozio-ökonomischen und politischen Determinanten untersucht werden (2.3); abschließend kommen wir auf die Ausgangsfrage zurück und untersuchen, welcher Zusammenhang zwischen dem generellen Institutionenvertrauen und speziellen Einstellungen der Bürger zur Verwaltung besteht (Abschnitt 2.4).

Datenbasis sind die IPOS-Erhebungen (1984-1995 für die alten und 1991-1995 für die neuen Bundesländer). Ergänzend werden die ALLBUS-Erhebungen 1989 und 1994 sowie die KSPW-Erhebung 1995 herangezogen. Wie bereits im ersten Kapitel dienen die westdeutschen Ergebnisse sozusagen zur Eichung der ostdeutschen Befunde, um beurteilen zu können, ob das Glas halb voll oder halb leer ist.

2.1 Entwicklung des Vertrauensniveaus

Im Rahmen der IPOS-Erhebungen wurden die interviewten Personen danach gefragt, ob sie den in einer Liste aufgeführten „Einrichtungen des öffentlichen Lebens" vertrauten oder nicht vertrauten. Die Befragten konnten ihre Antworten dabei auf einer Skala von +5 bis -5 abstufen.[31] Die Anzahl der in den Erhebungen berücksichtigten Institutionen schwankte dabei zwischen 9 und 13.

Bereits eine erste Inspektion der Tabelle 7 zeigt, daß das Vertrauensniveau in den *neuen Bundesländern zwischen 1991 und 1995*, wie zu erwarten war, fast *durchgängig unter dem in den alten Bundesländern* lag. Ein vergleichbares Vertrauensniveau wie in den alten Bundesländern konnte im ersten Jahr nach der Wiedervereinigung in den neuen Bundesländern lediglich von der Presse und den Gewerkschaften[32] erzielt werden. Demgegenüber fiel die Beurteilung der Justiz und der Polizei 1991 deutlich ab, wobei der Polizei als einziger Institution sogar leichtes Mißtrauen entgegengebracht wurde (-0,2).[33] Lediglich das Fernsehen genoß höheres Vertrauen als in Westdeutschland.

---

31 Da eine solche Skala nur schwer sinnvoll zu recodieren ist, werden im folgenden vor allem Mittelwertvergleiche angestellt. Ein positiver Mittelwert kann dabei als Akzeptanz und Vertrauen, ein negativer Mittelwert dagegen als Mißtrauen und Distanz der Bevölkerung zu den untersuchten Institutionen interpretiert werden. Während die Mittelwerte über das Vertrauensniveau Auskunft geben, indizieren die berechneten Rangplätze die Struktur des Institutionenvertrauens.

32 Für eine eingehendere Analyse der Einstellungen zu den Gewerkschaften vgl. Weßels 1995.

33 Wenn wir im folgenden von Mißtrauen sprechen, beziehen wir uns auf Werte im negativen Bereich; in manch anderer Publikation werden unzulässigerweise auch niedrige positive Werte auf der IPOS-Skala als Mißtrauen interpretiert.

Tabelle 7: Vertrauen in Institutionen

		Rangplätze											Mittelwerte										
		'84	'85	'86	'87	'88	'89	'90	'91	'92	'93	'95	'84	'85	'86	'87	'88	'89	'90	'91	'92	'93	'95
BundesverfG	West	2	2	1	1	2	3	2	1	1	1	1	2,8	2,8	2,5	2,6	2,4	2,2	2,4	2,5	2,2	2,0	2,0
	Ost								1	2	2	1								1,1	1,2	0,8	1,1
Gerichte	West	4	3	2	2	3	2		2	2	2	3	2,4	2,3	2,2	2,4	2,3	1,9	2,2	2,2	1,9	1,7	1,7
	Ost								12	2	3	5								0,1	0,9	0,7	0,6
Polizei	West	3	3	3	3	3	2	3	3	2	3	2	2,5	2,3	2,1	2,1	2,2	2,0	2,0	2,0	1,9	1,8	1,9
	Ost								13	5	3	4								-0,2	0,5	0,7	0,8
Bundesrat	West									4	5	4									1,7	1,2	1,2
	Ost								1	3	7	2								1,2	0,7	0,4	0,9
Bundestag	West	5	6	4	4	4	5	4	5	7	6	5	2,0	1,7	1,7	1,9	1,4	1,3	1,9	1,5	0,8	0,7	1,1
	Ost								7	9	11	9								0,5	-0,1	-0,7	-0,1
Landesreg.	West								6	5	6	6								1,4	1,0	0,7	1,1
	Ost								6	7	6	2								0,7	0,3	0,6	0,9
Bundeswehr	West	5	5	4	5	4	4	6	7	6	4	5	2,0	1,8	1,7	1,7	1,4	1,4	1,1	1,2	0,9	1,2	1,1
	Ost								4	6	3	5								1,0	0,4	0,7	0,6
Bundesreg.	West	8	8	6	6	7	8	5	8	13	11	8	1,6	1,0	1,4	1,6	1,0	0,7	1,5	1,0	0,2	0,2	0,8
	Ost								10	12	12	8								0,4	-0,4	-0,9	0,1
Gewerk-schaften	West	-	-	9	9	9	8	9	9	12	11	9		0,6	0,8	0,8	0,7	0,7	0,8	0,3	0,2	0,6
	Ost								5	3	1	7								0,8	0,7	0,9	0,5
Kirchen	West	7	7	7	7	6	6	6	10	10	8	9	1,9	1,5	1,3	1,2	0,8	0,9	0,7	0,7	0,5	0,2	0,6
	Ost								7	11	10	12								0,5	-0,2	-0,4	-0,6
Fernsehen	West	10	9	8	8	8	6	8	10	9	8	11	0,9	0,9	1,0	1,1	0,9	0,9	1,0	0,7	0,6	0,5	0,4
	Ost								2	8	8	10								1,1	0,2	0,1	-0,2
Presse	West	11	10	9	10	10	10	10	13	10	10	12	0,4	0,5	0,6	0,7	0,5	0,6	0,6	0,5	0,5	0,4	0,2
	Ost								7	13	9	12								0,5	-0,6	-0,3	-0,6
Parteien	West									14	13	13									-0,2	-0,5	-0,5
	Ost									14	13	11									-1,0	-1,3	-0,5
Gauck-behörde	West								10	7										0,7	0,8		
	Ost								11	9										0,3	-0,1		
Bundes-präsident	West	1	1										3,0										
	Ost												3,1										
Datenschutz	West	9											1,1										
	Ost																						

Quelle: IPOS. Fragestellung: „Wir haben hier einige Einrichtungen aus dem Bereich des öffentlichen Lebens aufgeschrieben und möchten gerne wissen, ob Sie diesen Einrichtungen vertrauen oder nicht vertrauen" (Antwortvorgaben: Skala von +5 bis - 5; + 5 = volles Vertrauen, - 5 = überhaupt kein Vertrauen).

Ebenso wie in den alten Bundesländern war das Vertrauen in die meisten Institutionen zwischen 1991 und 1993 in den neuen Ländern deutlich rückläufig und schlug z.T. sogar in Mißtrauen um. Während, wie gesagt, 1991 nur die Polizei mit Skepsis betrachtet worden war, dann aber langsam Vertrauen gewann, wuchs 1992 und 1993 gegenüber fünf Institutionen leichtes Mißtrauen: Bundestag, Bundesregierung, Gauck-Behörde[34], Parteien sowie Kirchen und Presse. Daß es möglich ist, innerhalb kürzester Zeit das Vertrauen in eine Institution anzuheben, belegen die Ergebnisse für die Polizei und die Gerichte, die bereits 1992 und 1993 von der Bevölkerung in den neuen Ländern positiver bewertet wurden, obwohl das Institutionenvertrauen insgesamt in diesem Zeitraum rückläufig war; hierauf hatte schon das gewachsene Vertrauen in eine gleiche und faire Behandlung bei Behörden und bei der Polizei hingedeutet (Abschnitt 1.4).

Hatten ansonsten zwischen 1991 und 1993 noch praktisch alle Institutionen in den neuen Bundesländern an Vertrauen verloren, so setzte zwischen 1993 und 1995 zumindest bei den exekutiven, legislativen und judikativen Institutionen eine Umkehr dieses Trends – allerdings auf niedrigem Niveau – ein. Verbessern konnten sich vor allem die Bundesregierung (+1,0), die Parteien (+0,8), der Bundestag (+0,6) und der Bundesrat (+0,5). Demgegenüber setzte sich bei den übrigen sechs Institutionen, die mit Ausnahme der Bundeswehr Kontroll-, Artikulations- und Interessenvertretungsfunktionen wahrnehmen, der bisherige Trend fort; während die Gerichte und die Bundeswehr dabei nur leicht an Vertrauen einbüßten (-0,1), fielen die Vertrauensverluste bei den Kirchen (-0,2), beim Fernsehen (-0,3) und bei den Gewerkschaften (-0,4) deutlicher aus.

Rückläufiges Institutionenvertrauen war und ist allerdings kein ausschließliches Problem der neuen Bundesländer. Wie Graphik 3 zeigt, die das *aggregierte Institutionenvertrauen* (Mittelwerte über alle Institutionen) für die Jahre 1984 bis 1995 anschaulich macht, war das Institutionenvertrauen in den alten Bundesländern bereits zwischen 1984 und 1990 leicht rückläufig[35]. Kontinuierlich an Vertrauen hatten dabei u.a. die Bundeswehr und die Kirchen verloren, die den stärksten Vertrauensverlust aller Institutionen zu verzeichnen haben. Ebenfalls rückläufig war zwischen 1984 und 1987 das Vertrauen in die Polizei, oszillierte aber seit 1986 um 2.0. Schwankungen unterworfen war bis 1990 auch das Vertrauen z.B. in die Bundesregierung und den Bundestag: sie wurden nur in jenen Jahren, in denen eine Bundestagswahl stattfand (1987 und 1990), wieder positiver bewertet. Einen ganz ähnlichen zyklischen Verlauf zeigen bis 1990 auch die Werte für Bundesverfassungsgericht und sonstige Gerichte (an der Spitze der Vertrauens-

---

34 Bedauerlicherweise war diese Einrichtung nach 1992 nicht mehr Gegenstand der IPOS-Erhebungen, so daß nicht deutlich wird, daß das Vertrauen in diese Einrichtung, die sich ja 1991 und 1992 noch im Aufbau befand, nach der vollen Entfaltung ihrer Leistungsfähigkeit ab 1993 wieder hergestellt werden konnte; siehe unten Tabelle 8.

35 Die Ergebnisse ändern sich nur minimal (+/- 0,1), wenn man statt aller in einem Jahr abgefragten Institutionen, nur die 9 seit 1984 durchgängig erhobenen Institutionen berücksichtigt.

skala) sowie für Fernsehen und Presse (am Ende der Skala). Die beobachtete Parallelität der Kurvenverläufe indiziert, daß die Bewertung der einzelnen Institutionen nicht unabhängig voneinander ist; für die Einschätzung der Bundesregierung und des Bundestags wurde über den gesamten Zeitraum eine Korrelation von r=0.7 ermittelt.

Nach 1990 hat sich das Vertrauen in Institutionen in den alten Bundesländern parallel zur Situation in Ostdeutschland entwickelt; es kam also auch in Westdeutschland nach der Wiedervereinigung zunächst zu einem dramatischen Vertrauensverlust in zahlreiche zentrale Institutionen. Im Durchschnitt haben alle Institutionen zwischen 1991 und 1993 (und die Parteien seit 1992) etwas mehr als 0,4 Punkte an Vertrauen verloren, wobei insbesondere die politischen Kerninstitutionen Bundesrat ($\bar{x}$: 0,6), Bundestag ($\bar{x}$: 0,9) und Bundesregierung ($\bar{x}$: 1,0) überdurchschnittlich stark betroffen waren. Den Parteien, denen 1992 mit einem Mittelwert von 0,2 ohnehin das geringste Vertrauen ausgesprochen worden war, wurde 1993 sogar Mißtrauen entgegengebracht ($\bar{x}$: -0,5). Damit wurde erstmals seit 1984 in den alten Bundesländern eine der wichtigsten Institutionen des politischen Systems negativ beurteilt. Die Verluste für das Bundesverfassungsgericht und die Gerichte an der Spitze der Vertrauensskala entsprachen zwischen 1991 und 1993 in den alten Bundesländern in etwa dem durchschnittlichen Vertrauensverlust.

Wie in den neuen Bundesländern, hat sich dieser *Trend nach 1993 auch in den alten Bundesländern nicht fortgesetzt*. Mit Ausnahme der Bundeswehr (-0,1), des Fernsehens (-0,1) und der Presse (-0,2), die leicht an Vertrauen verloren, stagnier-

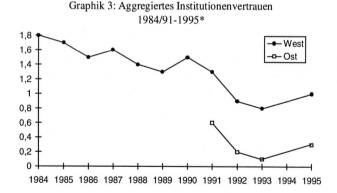

Graphik 3: Aggregiertes Institutionenvertrauen
1984/91-1995*

Quelle: Ipos
* Mittelwerte über alle Institutionen; ohne Bundespräsident (1984, 1985) und Datenschutz (1984).

ten die Werte der übrigen Institutionen (Bundesverfassungsgericht, Gerichte, Kirchen), oder die Institutionen haben wieder Vertrauen bilden können. Auch in Westdeutschland zählten dabei vor allem die zentralen politischen Institutionen wie der Bundesrat (+0,1), der Bundestag (+0,4), die Bundesregierung (+0,6) und die Parteien (+0,6) zu den Gewinnern. Das Vertrauen in Institutionen hat also in den neuen wie in den alten Bundesländern bis 1995 wieder leicht zugenommen, insgesamt wurde allerdings in beiden Landesteilen 1995 (im Aggregat wie auch bei nahezu allen einzelnen Institutionen) nicht mehr das Vertrauensniveau aus der Zeit vor der Wiedervereinigung (West) oder von 1991 (Ost) erreicht. Die auffällige Parallelität beider Kurven deutet im übrigen darauf hin, daß die Beurteilung der Performanz, Leistungsfähigkeit und Problemlösungskompetenz zentraler Institutionen in Ost- und Westdeutschland nicht prinzipiell unterschiedlich ausfällt, sondern nur daß es die zu erwartenden Niveauunterschiede gibt.

2.2 Struktur des Institutionenvertrauens

Die Rangplätze der einzelnen Institutionen (Tabelle 7) sind in den alten Ländern zwischen 1984 und 1995 relativ konstant: die judikativen und die exekutiven Institutionen: Bundesverfassungsgericht, sonstige Justiz und Polizei nahmen im gesamten Zeitraum die ersten drei Rangplätze ein, während Institutionen, denen Kontroll-, Artikulations- und Interessenvermittlungsfunktionen zugeschrieben werden: Fernsehen, Presse und Gewerkschaften am Ende der Vertrauensskala, aber noch im positiven Bereich rangierten. Unangefochten an der Spitze lag übrigens 1984 und 1985 der Bundespräsident, über Parteien und Verbänden stehend; dabei ist allerdings unklar, ob dieses Vertrauen auf die Amtsführung von Weizsäckers oder auf das Amt selbst gerichtet war.[36] Immerhin veranschaulichen dessen Werte, wie das sonstige Institutionenvertrauen einzustufen ist. Bedenkt man, daß selbst von Weizsäcker, dessen Amtsführung nahezu unumstritten war und der sich in der Bevölkerung außerordentlicher Beliebtheit erfreute, in jenen Jahren, in denen das Vertrauensniveau insgesamt am höchsten war, lediglich auf Mittelwerte von 3,0 und 3,1 kam, so wird die Bedeutung, die der positiven Bewertung der nicht so leicht personifizierbaren judikativen und exekutiven Institutionen zuzumessen ist, unterstrichen.

Sowohl im ersten Jahr nach der Wiedervereinigung als auch in den Jahren 1992 und 1993 hat sich an der Hierarchie des Institutionenvertrauens in den alten Bundesländern kaum etwas geändert. Die Institutionen „Bundesrat" und „Landesregierung", die 1991 in die Liste aufgenommen worden waren, fügten sich in den mittleren Bereich der Rangreihe (Plätze zwischen 4 und 6). Nur die Bundesregie-

---

36 Die Institution des Bundespräsidenten wurde im übrigen unter Bundesinnenminister Zimmermann nach 1985 aus der Institutionenliste gestrichen. Allem Anschein nach deshalb, weil die Bewertung dieser Institution, einschließlich des Amtsinhabers von Weizsäcker, regelmäßig überaus positiv ausfiel.

rung, die 1991 noch einen mittleren Rangplatz (8) eingenommen hatte, fiel 1992 und 1993 auf den 12. bzw. 11. Rang zurück, um 1995 aber vom allgemeinen Vertrauenszuwachs besonders zu profitieren. Ausgesprochen negativ wurden seit Aufnahme in die Umfrage 1992 die Parteien beurteilt, die den letzten Rang (14, 13) einnahmen.

Im Vergleich der Struktur des Institutionenvertrauens in den neuen und den alten Bundesländern lassen sich einige charakteristische Gemeinsamkeiten und Unterschiede erkennen. Während in den alten Bundesländern insbesondere das Bundesverfassungsgericht, die sonstigen Gerichte und die Polizei konstant als besonders vertrauenswürdig bewertet wurden, war im Osten eine Fluktuation an der Spitze zu verzeichnen; 1991 nahm zunächst ebenfalls das Bundesverfassungsgericht Platz 1 ein, allerdings gefolgt von Bundesrat und Fernsehen; aber 1992 und 1993 lagen die Gewerkschaften, das Bundesverfassungsgericht sowie die Gerichte und 1995 das Bundesverfassungsgericht, die Landesregierung und der Bundesrat an der Spitze der Vertrauenshierarchie. Immerhin läßt sich generalisieren, daß in ganz Deutschland judikative und exekutive Institutionen das größte Vertrauen genossen, während Institutionen der Interessenartikulation und -vermittlung 1995 in Ost- wie in Westdeutschland hintere Plätze einnahmen. Interessant ist in diesem Zusammenhang, daß der Bundesrat und die Landesregierungen, zu denen es in der DDR weder strukturelle noch funktionale Äquivalente gab, dort bereits seit 1991 relativ positiv bewertet wurden und 1995 zu den vertrauenswürdigsten Institutionen überhaupt zählten. Hierfür dürfte unter anderem die Tatsache von Bedeutung sein, daß beide Institutionen erstens eine vergleichsweise direkte Repräsentation ostdeutscher Interessen ermöglichen, zweitens die Länderneubildung im Prozeß der Wiedervereinigung relativ frühzeitig Möglichkeiten zu einer Identitätsbildung bot und drittens lokale und regionale politische Einheiten tendenziell positiver bewertet werden als z.B. nationale und supranationale (vgl. Westle 1992).

Sieht man einmal von einigen Ausnahmen (Bundesrat, Landesregierungen, Kirchen, Bundestag) ab, so hat sich die *Struktur des Institutionenvertrauens in Ost- und Westdeutschland inzwischen weitestgehend angeglichen.* Die dargestellte Hierarchie des Institutionenvertrauens spiegelt sich im übrigen auch in anderen Umfragen, in denen sowohl abweichende Fragestellungen, umfangreichere Institutionen-Listen, andere Antwortvorgaben als auch abweichende Antwortskalen verwendet wurden (Löwenhaupt 1993: 27f.). So belegen auch die Ergebnisse der beiden ALLBUS-Erhebungen für Westdeutschland, daß praktisch alle Institutionen 1994 schlechter bewertet wurden als noch 1984 (Tabelle 8). Zudem läßt sich bei einigen Instituitionen (z.B. Bundesverfassungsgericht, Bundestag, Bundesregierung) zwischen 1994 und 1995 ein – z.T. deutlicher – Anstieg des Institutionenvertrauens feststellen. In Ostdeutschland konnten sogar sämtliche Institutionen Vertrauensgewinne verbuchen.[37]

---

37 Die Ergebnisse der Allbus-, der KSPW- und der IPOS-Erhebungen sind nicht unmittelbar vergleichbar: während die Probanden im Rahmen des ALLBUS- und der KSPW-Erhebung

Auch hinsichtlich der Struktur des Institutionenvertrauens spiegeln die Ergebnisse aus anderen Umfragen vertraute Muster: judikative (und zumeist auch exekutive) Institutionen werden tendenziell positiver bewertet als legislative oder Kontroll- und Interessenvermittlungsinstitutionen. Selbst der Europäische Gerichtshof rangiert vor dem Europäischen Parlament, wie sich überhaupt die Ergebnisse für die zahlreichen Institutionen, die nicht Gegenstand der IPOS-Erhebungen waren, fast nahtlos in die bisherigen Befunde einreihen. 1995 fanden sich z.b. neben dem Bundesverfassungsgericht und „den" Gerichten auch die Arbeits- und Sozialgerichte sowie die Verwaltungsgerichte sowohl in Ost- als auch in Westdeutschland an der Spitze der Vertrauenshierarchie, was die außerordentlich hohe Wertschätzung judikativer Institutionen in Ost- und Westdeutschland unterstreicht.

Vergleichsweise großes Vertrauen genießen in den alten Bundesländern auch kommunale Institutionen (Gemeinde-/Stadträte 1995: Rang 3; Stadt-/Gemeindeverwaltung 1994: Rang 5; 1995: Rang 6), während in den neuen Bundesländern Gemeinde- und Stadträte (1995: Rang 9) sowie die Stadt- und Gemeindeverwaltungen (1994: Rang 8) Plätze im Mittelfeld einnehmen (Tabelle 8). In den alten Bundesländern hat die langfristig rückläufige Zufriedenheit mit Beamten und Behörden offensichtlich nicht zu einem überproportionalem Vertrauensrückgang in die Kommunalverwaltung geführt; perzipierte output- oder Performanzschwächen haben keine grundsätzliche Erosion des Vertrauens in die lokale Verwaltung bewirkt.

Die Daten zeigen zudem, daß der verbreiteten Unzufriedenheit mit dem bundesdeutschen System der sozialen Sicherung vor allem ein negativer Affekt gegenüber der erwerbsarbeitbezogenen Komponente dieses Systems zugrundeliegt. So wurden die Rentenversicherung (1994, 1995), vor allem aber das ungewohnte Gesundheitswesen (1994) in den neuen Bundesländern relativ zum allgemein niedrigeren Institutionenvertrauen positiver beurteilt als im Westen, während die Arbeitsämter hüben wie drüben abfielen. In den alten Bundesländern hat die Rentenversicherung allerdings seit 1984 deutlich an Vertrauen eingebüßt.

---

ihr Vertrauen auf einer von 1 (kein Vertrauen) bis 7 (großes Vertrauen) reichenden Skala abstufen konnten, stand den Befragten im Rahmen der IPOS-Erhebung hierzu eine von +5 bis -5 reichende 11-Punkte-Skala zur Verfügung. Harmonisiert man für vergleichbare Jahre (z.B. 1984) beide Skalen (Transformation in eine von 0-1 reichende Skala), wird deutlich, daß die Ergebnisse der IPOS-Erhebungen durchgängig etwas positiver ausfallen (Mittelwertdifferenz: +0,1) als die der ALLBUS-Erhebungen.

Tabelle 8: Vertrauen in Institutionen in der Bundesrepublik Deutschland 1984, 1994 und 1995 (Mittelwerte)

	West			Ost	
	1984	1994	1995	1994	1995
Bundesverfassungsgericht	5,2	4,9	5,0	3,9	4,7
Gerichte	4,6	4,4	4,5	3,5	4,3
Arbeits- und Sozialgerichte			4,4		4,3
Verwaltungsgerichte			4,4		4,3
Polizei	4,9	4,9	4,6	3,9	4,3
Bundestag	4,4	3,8	4,2	3,1	4,0
Bundeswehr	4,5	4,3	4,2	4,0	4,3
Bundesregierung	4,3	3,6	4,0	3,2	3,9
Landesregierung			4,3		4,2
Gemeinde- und Stadträte			4,5		4,1
Gewerkschaften	3,7	3,6	3,9	3,7	4,1
Katholische Kirche	4,0	3,4	3,9*	2,3	3,3*
Evangelische Kirche	4,1	3,8		3,0	
Fernsehen	3,8	3,5	3,8	3,6	3,7
Presse	4,0	3,9	3,9	3,5	3,6
Gesundheitswesen	5,2	4,7		4,9	
Stadt-/Gemeindeverwaltung	4,6	4,3		3,6	
Hochschulen/Universitäten	4,6	4,8		4,7	
Arbeitsämter	4,0	3,9	4,0	3,4	3,8
Rentenversicherung	4,7	4,2	4,1	4,1	4,4
Arbeitgeberverbände	3,7	3,6	3,4	3,1	3,2
Großunternehmen			3,5		3,2
Gauck-Behörde			3,1		3,5
Kommission der EG		3,4		3,3	
Europäisches Parlament		3,4		3,3	
Europäischer Gerichtshof		3,9		3,6	

* Im Rahmen der KSPW-Erhebung 1995 wurde nur nach dem Vertrauen in „die Kirchen" gefragt.
Quelle: ALLBUS 1984 und 1994, KSPWBUS 1995
Fragestellung: Ich lese Ihnen jetzt eine Reihe von öffentlichen Einrichtungen und Organisationen vor. Sagen Sie mir bitte bei jeder Einrichtung und Organisation, wie groß das Vertrauen ist, das Sie ihr entgegenbringen; (Antwortvorgaben 1-7; 1 = Überhaupt kein Vertrauen, 7 = Sehr großes Vertrauen).

2.3 Determinanten des Institutionenvertrauens

Wie läßt sich das über Zeit veränderliche und in neuen und alten Bundesländern unterschiedlich hohe Institutionenvertrauen erklären? Im folgenden untersuchen wir, wie sich Parteipräferenz und sozio-ökonomische Lage auf das Vertrauen in Institutionen auswirken. Dabei soll auch geprüft werden, ob das Vertrauen in Institutionen von denselben Faktoren beeinflußt wird wie die Einstellungen der Bürger gegenüber Beamten und Behörden.

2.3.1 Parteipräferenzen

Bereits die Analyse der Einstellungen der Bürger gegenüber der öffentlichen Verwaltung hatte gezeigt, daß die Parteipräferenz für die Perzeption und Bewertung dieser Institution bedeutsam ist. Um die Informationsvielfalt zu reduzieren, wurde wieder für jede interviewte Person ein Gesamt-Mittelwert gebildet, der die Bewertungen aller Institutionen einer Erhebung enthält. Die unterschiedliche Anzahl der „abgefragten" Institutionen zu verschiedenen Erhebungszeitpunkten beeinflußt die Ergebnisse nur marginal (Mittelwertabweichung von maximal +/- 0,1); wichtiger als die absolute Höhe des Vertrauensniveaus sind ohnehin die Unterschiede zwischen den verschiedenen Parteianhängern.

Für die *alten Bundesländer (1984-1995)* läßt sich als Muster klar erkennen (Tabelle 9), daß Befragte mit einer Parteineigung zu CDU und F.D.P. (fast) durchgängig ein höheres Vertrauen in Institutionen haben als Anhänger der SPD. Deutlich geringeres Vertrauen, z.T. sogar ausgesprochenes Mißtrauen, äußerten Anhänger der Grünen (zwischen 1984 und 1991) sowie Personen, die eine Parteineigung zu den Republikanern bekundeten. Hier ist die Parallele zur Bewertung des Verwaltungskontaktes evident. Personen ohne Parteineigung wiesen zwar spätestens seit 1986 ebenfalls ein niedrigeres Institutionenvertrauen auf als die Anhänger von CDU, F.D.P. und SPD, äußerten sich jedoch über den gesamten Zeitraum mehrheitlich vertrauensvoll und zeigten zumindest ein deutlich höheres Vertrauensniveau als Befragte mit einer Präferenz für das Bündnis '90/Die Grünen. Allerdings zeichnet sich bei den Anhängern der Grünen – gegenläufig zum allgemeinen Trend – ein allmählicher Anstieg des Institutionenvertrauens ab. Die ursprünglich extrem systemkritische und mißtrauische Haltung dieser Befragtengruppe ist inzwischen also einer minimalen Akzeptanz des Institutionenbestandes gewichen.

Tabelle 9: Vertrauen in Institutionen nach Partei-Identifikation

		'84	'85	'86	'87	'88	'89	'90	'91	'92	'93	'95
West	CDU	2,4	2,4	2,1	2,3	2,1	2,0	2,0	2,0	1,5	1,4	1,5
	SPD	1,6	1,4	1,5	1,5	1,4	1,3	1,4	1,2	0,9	1,1	1,1
	FDP	2,3	1,8	1,4	1,9	1,5	1,3	1,6	1,4	1,0	1,0	1,1
	GRÜNE	-0,6	-0,6	-0,2	-0,3	-0,5	-0,2	-0,2	-0,3	0,0	0,4	0,1
	REP								-0,4	-0,3	-0,8	-0,7	-1,2
	andere	-0,6	0,5	0,1	-1,3	0,2	-0,6	-1,0	-0,4	-0,7	-0,4	0,3
	keine	1,8	1,5	1,3	1,4	1,2	1,0	1,4	1,1	0,6	0,4	0,7
Ost	CDU								1,3	1,0	0,9	*
	SPD								0,7	0,4	0,4	
	FDP								0,5	0,3	0,1	
	GRÜNE								0,1	-0,3	-0,3	
	PDS								-0,5	-0,6	-0,8	
	REP								-1,3	-1,5	-0,9	
	andere								0,1	-0,4	-0,4	
	keine								0,5	0,1	0,1	

* 1995 in Ostdeutschland nicht abgefragt. Quelle: Ipos

In den *neuen Bundesländern* äußerten ebenfalls die Unions-Anhänger das höchste Vertrauen in die untersuchten Institutionen; im Unterschied zu den alten Bundesländern blieb das Vertrauen der F.D.P.-Anhänger hier jedoch durchgängig unter dem der SPD-Anhänger, und mißtrauisch äußerten sich Befragte mit einer Präferenz für die Grünen, die PDS und die „Republikaner".[38] Von CDU-Anhängern wurde neben den Gewerkschaften 1991 auch den Gerichten wenig Vertrauen entgegengebracht, von F.D.P.-Anhängern der Polizei sogar Mißtrauen, und von SPD-Anhängern wurde außerdem der Bundesregierung mißtraut. Bis 1993 hat sich bei SPD- und F.D.P.- Anhängern die Einschätzung von Polizei und Gerichten zwar positiv gewendet, dafür wurde aber anderen Institutionen wie dem Bundestag, der Bundesregierung, den Kirchen (F.D.P.-Anhänger) und der Presse mißtraut. Derartige Ergebnisse konnten für die alten Bundesländer nicht beobachtet werden. Damit ergibt sich für 1993 in den neuen Ländern der erstaunliche und von den Strukturen in den alten Bundesländern abweichende Befund, daß *einigen Institutionen nur noch von den Anhängern der CDU Vertrauen entgegengebracht wurde*, während alle übrigen Befragten Mißtrauen äußerten. Dies verweist auf einen grundsätzlichen Zusammenhang: wenn Partei-Identifikation Institutionenvertrauen fördert, kann es nicht verwundern, daß die seit einigen Jahren abnehmende Parteibindung mit einem Abschmelzen des Institutionenvertrauens einhergeht.

2.3.2 Soziale Merkmale

Da bekanntlich jüngere und formal höher gebildete Personen einer Reihe von Institutionen in der Bundesrepublik tendenziell weniger Vertrauen entgegenbringen als die übrigen Bürger (Döring 1990 und 1992; Krüger 1992), soll auch auf der hier verwendeten Datenbasis für den gesamten Beobachtungszeitraum geprüft werden, wie sozialstrukturelle Merkmale (Geschlecht, Alter, Bildung, Konfessionszugehörigkeit und Mitgliedschaft in Organisationen) das Vertrauen der Bürger in Institutionen bedingen.

Zwischen 1984 und 1995 äußerten in den alten Bundesländern tendenziell Frauen sowie Personen, die 30 Jahre und älter sind, eine formal niedrige oder mittlere Schulausbildung haben, einer der beiden großen Konfessionen angehören und nicht Gewerkschaftsmitglieder sind, mehr Vertrauen gegenüber den analysierten Institutionen als Männer sowie Befragte, die jünger als 30 Jahre sind, eine formal hohe Schulbildung haben, keiner Konfession angehören und Mitglied einer Gewerkschaft sind. Am stärksten diskriminieren dabei Alter, Bildung und Konfessionszugehörigkeit.

Das konstatierte West-Ost-Gefälle des Vertrauensniveaus ist auch bei diesen sozialstrukturellen Teilgruppen erkennbar. In den neuen Bundesländern sind die in

---

38 Die Anhänger der Republikaner sind in den neuen Bundesländern allerdings quantitativ nicht relevant.

Westdeutschland beobachteten Zusammenhänge mit Ausnahme der Zugehörigkeit zu einer Konfession jedoch weniger stark ausgeprägt. 1991 waren sogar umgekehrte geschlechts- und bildungsspezifische Effekte zu beobachten. Die auffälligste Gemeinsamkeit zwischen neuen und alten Bundesländern ist wohl, daß die Zugehörigkeit zu einer der beiden großen Religionsgemeinschaften in der gesamten Bundesrepublik eine äußerst positive Wirkung auf das Vertrauen in Institutionen ausübt; allerdings läßt bekanntlich in den alten Bundesländern die Bindungskraft der Konfessionen nach, und in den neuen Bundesländern ist die Zahl der Personen, die einer Religionsgemeinschaft angehören, deutlich geringer als in Westdeutschland (Winkler 1990).

Hier nicht präsentierte Daten bestätigen, daß sich das Mißtrauen der Jüngeren und formal höher Gebildeten, wie dies bereits Döring (1990) im Rahmen einer Analyse des World Value Survey (1981) konstatiert hatte, nicht gegen alle Institutionen gleichermaßen richtet. Die Gewerkschaften wurden z.B. von den Jüngeren meist positiver bewertet als von den übrigen Befragten. Allerdings handelt es sich hierbei nicht um einen systematischen und über alle Erhebungszeitpunkte stabilen Effekt. Kombiniert man zudem die Merkmale Alter und Bildung, werden auch die „Garanten liberaler Demokratie" (Parlament, Gerichte, Presse; Döring 1990: 82f.) von den unter 30-jährigen mit hoher Formalbildung genauso kritisch beurteilt wie alle übrigen Institutionen.

2.3.3   Ökonomische Lage

Häufig wird auch von ökonomischen Bedingungen ein Einfluß auf die Einstellungen der Bevölkerung gegenüber politischen Objekten angenommen; die Akzeptanz des politischen Systems aus der wirtschaftlichen Lage der Bevölkerung zu erklären kann einige Plausibilität beanspruchen, fiel doch die Weltwirtschaftskrise 1929 zusammen mit dem Erstarken systemverändernder Parteien (NSDAP, KPD), und nach dem zweiten Weltkrieg läßt sich eine zeitliche Koinzidenz des sog. Wirtschaftswunders mit einer Konzentration des Parteiensystems auf systemunterstützende Parteien feststellen. Diese Annahme wurde zudem in verschiedenen empirischen Untersuchungen für die Bundesrepublik bestätigt (Gabriel 1989; Rattinger/Juhasz 1990). Während 1995 zwischen einzelnen Einkommensgruppen in Ost- und Westdeutschland praktisch keine Unterschiede hinsichtlich ihres (aggregierten) Institutionenvertrauens bestanden (KSPW-Umfrage)[39], zeigt der Erwerbsstatus der Befragten deutliche Effekte. Wie Graphik 4 zeigt, hatten sowohl in den neuen (1991-1995) als auch in den alten Bundesländern (1984-1995) Rentner das stärkste Institutionenvertrauen, Arbeitslose das schwächste[40], während Voll- und Teilzeitbeschäftigte sich auf einem mittleren Vertrauensniveau be-

---

39 In den IPOS-Erhebungen wurden weder das Haushaltseinkommen noch das persönliche Einkommen erfragt.
40 1992 erreichte das Institutionenvertrauen von Arbeitslosen jedoch das Niveau der Teil- und Vollzeitbeschäftigten.

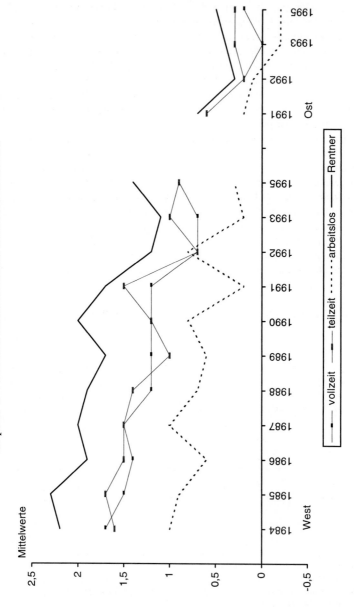

Graphik 4: Vertrauen in Institutionen nach Erwerbsstatus

wegten. Die Unterschiede zwischen diesen Gruppen sind in den neuen Ländern zwar nicht so stark ausgeprägt wie in den alten, die Struktur des Institutionenvertrauens ist aber auf niedrigerem Niveau identisch.

Differenziert man die Arbeitslosen in Ostdeutschland noch einmal nach ihrer *Parteipräferenz* (sowohl Wahlabsicht als auch Partei-Identifikation), zeigt sich das bekannte Muster: Befragte mit einer Präferenz für Bündnis '90/Die Grünen, insbesondere aber PDS-Anhänger[41] haben das geringste Institutionenvertrauen, während die Anhänger der CDU/CSU, der SPD und der FDP sich positiver äußerten, selbst wenn sie arbeitslos waren. Auch bei ihnen, die z.T. Wendeverlierer sein dürften, federt also die Identifikation mit einer der etablierten Bonner Parteien das Urteil über den Institutionenbestand ab, während Frustration und Resignation sich bei Anhängern systemkritischer Parteien bis zum Mißtrauen steigern.

Schließlich wird das Institutionenvertrauen auch von der subjektiven *Einschätzung der eigenen wirtschaftlichen Lage* beeinflußt: sowohl in Ost- als auch in Westdeutschland hatten 1995 Befragte, die sich sozial benachteiligt fühlten, deutlich weniger Vertrauen in Institutionen als die übrigen Befragten (Ost: r = -.23; West: -.19). Dies gilt auch für Befragte, die um die Sicherheit ihres Arbeitsplatzes fürchteten, sowie für Befragte, die die allgemeine wirtschaftliche Lage als ungünstig einschätzten. Halten die Befragten den eigenen Arbeitsplatz für unsicher und schätzen sie gleichzeitig die wirtschaftliche Lage negativ ein, ist das Vertrauen in Institutionen besonders gering.

2.4 Bürger-Typen und Institutionenvertrauen

In Abschnitt 1.2 hatten wir die zunehmende Unzufriedenheit der Bürger in den alten Bundesländern mit der generellen Arbeitsweise der Behörden unter anderem mit dem gestiegenen Aspirationsniveau gegenüber der öffentlichen Verwaltung erklärt. Denkbar wäre aber auch, daß die Einstellungen zur Verwaltung von einem allgemeineren Trend überlagert werden, der sich – wie hier dargelegt – in einem zunehmenden Vertrauensverlust gegenüber nahezu alle politischen und nicht-politischen Institutionen der Bundesrepublik Deutschland in den letzten fünfzehn Jahren manifestiert. Dabei besteht wenig Grund zu der Annahme, daß ausgerechnet die öffentliche Verwaltung von diesem Trend ausgeschlossen gewesen sein sollte. Da in der KSPW-Erhebung 1995 erstmals sowohl das Vertrauen in Institutionen als auch die Einstellungen der Bürger gegenüber Beamten und Behörden erhoben worden waren, ist eine Überprüfung dieser Annahme möglich. Hierzu wurde das „aggregierte Vertrauen in Institutionen"[42] zur „summarischen

---

41 Hier ist wieder zu berücksichtigen, daß der Anteil der Arbeitslosen unter den PDS-Anhängern und Wählern zwar relativ hoch ist, die PDS insgesamt aber mehr noch als die Partei der Arbeitslosen die Partei der Rentner ist.

42 Hierzu wurde auf der Basis der Mittelwerte (aggregiert über alle Institutionen) eine von 1-7 reichende Skala gebildet: 1 - 3,5 = geringes Vertrauen/Mißtrauen, 3,5 - 4,5 = mittleres Vertrauen, 4,5 - 7 = großes Vertrauen in Institutionen.

Zufriedenheit mit Beamten und Behörden" (zur Index-Konstruktion vgl. Abschnitt 1.3) in Beziehung gesetzt. Wie Tabelle 10 eindrucksvoll belegt, besteht zwischen den Einstellungen der Bürger zur Verwaltung und dem Vertrauen in Institutionen ein deutlicher Zusammenhang. *Wer also großes Vertrauen in Institutionen hat, ist auch mit Beamten und Behörden zufrieden,* während Befragte, die nur ein geringes Institutionenvertrauen äußern, eher ein negatives Bild der öffentlichen Verwaltung haben. Dabei ist dieser Zusammenhang in den alten Ländern etwas schwächer als in den neuen; in Westdeutschland werden die Institutionen nicht ganz so schematisch bewertet, vielmehr zieht Mißtrauen in eine Institution nicht in dem Maße wie in den neuen Bundesländern auch die negative Bewertung einer anderen Institution nach sich.

Tabelle 10: Summarische Zufriedenheit mit Beamten und Behörden nach Vertrauen in Institutionen

		Aggregiertes Vertrauen in Institutionen					
		großes Vertr./ Vertrauen		teils/teils		geringes Vertr./ Mißtrauen	
		Ost	West	Ost	West	Ost	West
Summarische Zufriedenheit mit Beamten und Behörden	hoch	55,4	63,9	33,9	34,3	24,4	24,7
	mittel	7,4	8,3	8,7	7,0	5,4	5,4
	niedrig	37,2	27,8	57,3	58,6	69,6	69,8
n (=100%)		277	312	370	389	295	246
Cramér.s V*		Ost:	.24	West:	.18		
Gamma*		Ost:	.48	West:	.38		
r*		Ost:	.33	West:	.25		

* p für alle Assoziationsmaße < .001

Setzt man das aggregierte Vertrauen in Institutionen in Beziehung zu den Bürger-Typen (Tabelle 11), so zeigt sich, daß Befragte, die großes Vertrauen in Institutionen äußerten, auch bei den beiden Typen mit positiver Grundhaltung gegenüber Beamten und Behörden, den kompetenten Klienten und den obrigkeitshörigen Untertanen, eindeutig überrepräsentiert sind; Befragte hingegen, die besonders geringes Vertrauen oder Mißtrauen äußerten, sind vor allem bei den beiden Typen mit negativer Haltung zur öffentlichen Verwaltung zu finden. Hinter den vergleichsweise negativen Einstellungen der unsicheren Frustrierten und der Systemkritiker verbirgt sich also offenbar keine sektorale, auf die öffentliche Verwaltung beschränkte Unzufriedenheit, sondern eher ein umfassendes Syndrom, das 1995 sowohl in Ost- als auch in Westdeutschland neben der Unzufriedenheit mit zentralen Ordnungsprinzipien der Bundesrepublik (Demokratie, Marktwirtschaft, Soziale Sicherheit) und dem ausgeprägten Gefühl einer sozialen Benachteiligung auch mit einem generellen Mißtrauen in das Institutionenarrangement der Bundesrepublik Deutschland korrespondierte. Demgegenüber basiert die Zufriedenheit der beiden übrigen Typen, des kompetenten Klienten und des obrigkeitshörigen Untertanen, auf einem breiten Institutionenvertrauen, das sich zudem auf die Zufriedenheit mit der Demokratie, der Marktwirtschaft und dem System der sozialen Sicherung erstreckt.

Tabelle 11: Bürgertypen nach Vertrauen in Institutionen

	Insgesamt		Aggregiertes Vertrauen in Institutionen					
			großes Vertr/ Vertrauen		teils/teils		geringes Vertr/ Mißtrauen	
	Ost	West	Ost	West	Ost	West	Ost	West
Typ 1: kompetenter Klient	20,3	21,9	9,7	7,7	-0,5	-2,7	-7,9	-7,3
Typ 2: Untertan	13,7	9,6	10,5	6,6	-4,04	-3,2	-5	-3,5
Typ 3: Frustrierter	21,8	20,7	-8,8	-3,8	1,5	0,8	6,1	2,9
Typ 4: Systemkritiker	23,5	23,9	-13,8	-8,9	3,8	2,5	10,4	8,6
n (=100%)	1022	1014	277	314	374	390	298	246
Cramér.s V* Gamma* r*			Ost: .24 Ost: .28 Ost: .24			West: .18 West: .15 West: .14		

* p für alle Assoziationsmaße < .001

Zusammenfassung

1. Zwischen den Einstellungen der Bürger zur Verwaltung und dem Vertrauen in Institutionen insgesamt besteht also ein starker Zusammenhang: wer großes Vertrauen in Institutionen hat, ist mit Beamten und Behörden zufrieden, während Befragte, die nur geringes Institutionenvertrauen äußern, auch tendenziell ein negatives Bild der öffentlichen Verwaltung entwickeln. Dieser Zusammenhang ist allerdings in den alten Bundesländern etwas schwächer ausgeprägt als in den neuen. Darüber hinaus sind Befragte, die großes Vertrauen in Institutionen zeigen, bei den zufriedenen Klienten und den obrigkeitshörigen Untertanen eindeutig überrepräsentiert, während Befragte, die besonders geringes Vertrauen äußern, vor allem unter die beiden Typen mit negativer Haltung zur öffentlichen Verwaltung, die unsicheren Frustrierten und die Systemkritiker, fallen. Erfahrungen (und Vorurteile) aus der alltäglichen Interaktion mit der öffentlichen Verwaltung vor Ort dürften sich also wechselseitig mit dem abstrakteren gesamtgesellschaftlichen Institutionenvertrauen verstärken.

Während sich in den neuen Bundesländern die Einstellungen und Urteile der Bürger gegenüber der Verwaltung, ausgehend von einem vergleichsweise niedrigen Niveau 1993, bis 1995 deutlich zum Positiven wendeten, ließ sich für die alten Bundesländer ein gegenläufiger Trend beobachten. Hier hat sich die Beurteilung der Verwaltungskontakte (von 1980) bis 1995, aus welchen Gründen auch immer, kontinuierlich verschlechtert, so daß sich die Einstellungen gegenüber Beamten und Behörden in Ost- und in Westdeutschland 1995 auf einem mittleren Niveau angenähert hatten; einzelne Aspekte des Verhältnisses von Bürger und Verwaltung wurden in Ostdeutschland sogar positiver bewertet als in Westdeutschland. Dabei wird das Bild der öffentlichen Verwaltung in den alten wie auch in den neuen Bundesländern vor allem von der perzipierten Klientenorientierung positiv beeinflußt.

Insgesamt reflektieren die Ergebnisse zumindest für die ersten drei Jahre nach der Wiedervereinigung eine distanziertere Haltung der Bürger in den alten und den neuen Bundesländern gegenüber den staatlichen wie nicht-staatlichen Institutionen in der Bundesrepublik. In den alten Bundesländern waren erstmals seit 1984 sogar sämtliche Institutionen von diesem Vertrauensrückgang betroffen, wenngleich mit Ausnahme der Parteien alle übrigen Institutionen noch immer positiv bewertet wurden. Von den Bürgern in den neuen Bundesländern wurde dagegen 1992 und 1993 fünf Institutionen Mißtrauen entgegengebracht. Jedoch scheint sich seit 1993 – zumindest soweit die politischen Kerninstitutionen betroffen sind – auf niedrigem Niveau eine leichte Verbesserung in Ost- und Westdeutschland anzubahnen, wenngleich auch 1995 noch insgesamt fünf Institutionen (darunter auch der Bundestag) in den neuen Bundesländern negativ bewertet wurden. Judikative und exekutive Institutionen werden in Ost und West jedoch gleichermaßen positiver eingeschätzt als Institutionen der Interessenvermittlung und der politischen Kontrolle.

2. In alten und neuen Bundesländern werden sowohl das Vertrauen in Institutionen als auch die Einstellungen gegenüber Beamten und Behörden prinzipiell von denselben sozialstrukturellen Merkmalen (Alter, Bildung) und politischen Einstellungen (Partei-Identifikation; Zufriedenheit mit Demokratie, sozialer Sicherung, Marktwirtschaft; Gefühl sozialer Benachteiligung) beeinflußt. In den alten Bundesländern (1984-1995) äußerten tendenziell Frauen sowie Personen, die 30 Jahre und älter sind, eine formal niedrigere oder mittlere Schulausbildung haben, einer der beiden großen Konfessionen angehören und nicht Gewerkschaftsmitglieder sind, mehr Vertrauen gegenüber den analysierten Institutionen als die übrigen Befragten. Umgekehrt weisen Männer sowie Befragte, die jünger als 30 Jahre sind, eine formal hohe Schulbildung haben, keiner Konfession angehören und Mitglied einer Gewerkschaft sind, ein vergleichsweise geringes Institutionenvertrauen auf. Das generelle West-Ost Gefälle des Vertrauensniveaus ist auch für diese sozialstrukturellen Teilgruppen erkennbar. Dabei sind in den neuen Bundesländern die in West-

deutschland beobachteten Muster mit Ausnahme der Zugehörigkeit zu einer Konfession nicht so ausgeprägt wie in den alten Bundesländern.
3. Verbleibende Ost-West-Unterschiede lassen sich weitgehend aus Unterschieden der ökonomischen Lage und der Parteipräferenz erklären. Denn die Bürger in den neuen Bundesländern hatten 1994 häufigere und vielfältigere Kontakte zu Ämtern und Behörden als Westdeutsche, wobei gezeigt werden konnte, daß diese Kontakte unmittelbarer Reflex auf transformationsbedingte Problemlagen sind. Allerdings wirkt sich der Kontakt zu Behörden in Ost- und in Westdeutschland in aller Regel negativ auf die Einstellungen zu Beamten und Behörden aus, und zwar auch auf die Erwartung einer Gleichbehandlung bei Behörden und Polizei. Dieses Paradoxon löst sich jedoch teilweise auf, wenn die Zufriedenheit mit der empfangenen Dienstleistung berücksichtigt wird; die Unzufriedenheit mit den beiden Beratungsangeboten (Arbeitsamt; Wohnungsamt) war dabei 1993 größer als die mit den finanziellen Leistungen (Lohnersatzleistungen; Sozialhilfe; Wohngeld). Mit steigender output-Zufriedenheit stellte sich auch ein positives Bild der Verwaltung ein. Unzufrieden mit dem Verwaltungskontakt bleiben mithin diejenigen Bürger, denen in ihrer Problemlage nicht geholfen werden kann, und sie sind es auch, die vielfältige Verwaltungskontakte suchen müssen.

Die Parteipräferenzen und damit zusammenhängende ideologische Vorstellungen filtern die Perzeption des Verwaltungskontaktes und des Institutionengefüges: obwohl die PDS, zumindest von ihrer Anhängerschaft her, nicht etwa das Sammelbecken der objektiven „Wendeverlierer" ist, bei denen aufgrund der Einkommens- und allgemeinen Lebenssituation besonders häufig Verwaltungskontakte notwendig wären, äußern sich Befragte mit PDS-Präferenz kritisch zum Verwaltungskontakt und zeigen besondere Widerspruchsbereitschaft. Zwar neigen Arbeitslose leicht überdurchschnittlich häufig der PDS zu, aber hinsichtlich des Haushaltseinkommens sind PDS-Anhänger in den beiden oberen Einkommensgruppen überrepräsentiert (21,2%). Wichtiger für die kritischen Einstellungen ist daher das Gefühl relativer Deprivation, das bei 75% der PDS-Anhänger beobachtet werden konnte.

Allgemein gilt: Befragte mit einer Parteineigung für die CDU und die F.D.P hatten in Westdeutschland seit 1984 (fast) durchgängig ein höheres Vertrauen in Institutionen als die Anhänger der SPD. Deutlich geringeres Vertrauen, z.T. sogar ausgesprochenes Mißtrauen, äußerten die Anhänger der Grünen (zwischen 1984 und 1991) sowie Personen, die eine Parteineigung für die Republikaner bekundeten. Personen ohne Parteineigung wiesen zwar spätestens seit 1986 ein niedrigeres Vertrauen in Institutionen als die Anhänger der CDU, der F.D.P. und der SPD auf, äußerten sich jedoch mehrheitlich vertrauensvoll und zeigten ein deutlich höheres Vertrauensniveau als die Grünen. In den neuen Bundesländern haben in der Regel ebenfalls die Anhänger der CDU das größte Vertrauen in die untersuchten Institutionen, während die Anhänger der SPD ein deutlich geringeres Vertrauen bekundeten. Im Gegensatz zu den alten Bundesländern bleibt das Vertrauen in

Institutionen bei den F.D.P.-Anhängern in den neuen Bundesländern jedoch durchgängig unter dem der SPD-Anhänger. Mißtrauisch äußerten sich z.T. die Anhänger der Grünen und besonders die der PDS.

4. Angesichts des dramatischen Wandels von Lebenslagen, staatlichen Leistungen und Verwaltungsstruktur ist das in den neuen Bundesländern erreichte Niveau von Zufriedenheit mit dem Verwaltungskontakt und das Niveau des Institutionenvertrauens verblüffend hoch, wenngleich es noch nicht das seit den 80er Jahren sinkende westliche Niveau erreicht hat. Objektiv gravierendere Problemlagen, verbreiteteres Gefühl relativer Deprivation und ideologische Werthaltungen, wie sie von der Parteipräferenz für die PDS indiziert werden, akzentuieren die im Grunde wie im Westen sozialstrukturell geprägten Einstellungen zur Verwaltung und anderen staatlichen Institutionen in Teilen der ostdeutschen Bevölkerung. Dabei zeichnet sich eine Polarisierung zwischen relativ saturierten, kaum auf die Leistungsverwaltung angewiesenen Anhängern der etablierten Bonner Parteien einerseits und systemkritischen Milieus ab; dieses wird im Westen von wohlstandsgeprägten, gebildeten Postmaterialisten im SPD- und Grünen-Lager gebildet, im Osten von subjektiv relativ deprivierten PDS-Anhängern. Anders als nach 1945 im Westen wird es in den neuen Bundesländern voraussichtlich weniger Zeit benötigen, die „Staatsbürgerkultur" zu erreichen. Relativer Wohlstand oder zumindest ein hohes Niveau sozialer Absicherung in Verbindung mit der antizipatorischen Sozialisation in der westdeutschen politischen Kultur aufseiten der Anhänger der etablierten Bonner Parteien und basisdemokratische Wendeerfahrungen lassen diesen Transformationsprozeß zumindest bei der Mehrheit der Bevölkerung in den neuen Bundesländern vermutlich schneller ablaufen als im Westen nach 1945.

Literatur

Almond, G.A./Verba, S.: The Civic Culture. Political Attitudes and Democracy in Five Nations. Princeton: Princeton University Press, 1963
Backhaus-Maul, H./Olk, T.: Von der staatssozialistischen zur kommunalen Sozialpolitik. In: AfK 32 (1993), S. 300-330
Baker, K.L./Dalton, R./Hildebrandt, K.: Germany Transformed. Political Culture and New Politics. Cambridge, Mass.: Harvard University Press, 1981
Buck, H.F.: Die Sozialpolitik der SED am Beispiel des Wohnungsbaus. In: Deutschland-Archiv 26 (1993), S. 503-520
Bundesverwaltungsamt – Bundesstelle für Büroorganisation und Bürotechnik (Hrsg.): Bürgernahe Verwaltungssprache. Köln: Jüngling, 1993
Campbell, A. et al: The American Voter. New York: Wiley, 1960
Derlien, H.-U.: Verwaltungssoziologie. In: Mutius, A. von (Hrsg.): Handbuch der öffentlichen Verwaltung Band 1. Neuwied: Luchterhand, 1984, S. 793-869
Derlien, H.-U.: Regimewechsel und Personalpolitik – Beobachtungen zur politischen Säuberung und zur Integration der Staatsfunktionäre der DDR in das Berufsbeamtentum. Verwaltungswissenschaftliche Beiträge der Universität Bamberg Nr. 27, 1991

Derlien, H.-U.: Integration der Staatsfunktionäre der DDR in das Berufsbeamtentum: Professionalisierung und Säuberung. In: Seibel, W./Benz, A./Mäding, H. (Hrsg.): Verwaltungsreform und Verwaltungspolitik im Prozeß der deutschen Einigung. Baden-Baden: Nomos, 1993, S. 190-206

Derlien, H.-U.: Institutionalizing Democracy in Germany – From Weimar to Bonn and Berlin. In: Heper, M. et al. (Hrsg.): Institutions and Democratic Statecraft. Boulder, CO: Westview Press, 1996, im Druck

Döring, H.: Aspekte des Vertrauens in Institutionen. Westeuropa im Querschnitt der internationalen Wertestudie 1981. In: ZfS 19 (1990), S. 73-89

Döring, H.: Higher Education and Confidence in Institutions: An Analysis. In: West European Politics 15 (1992), S. 126-146

Fach, W.: Ko-Referat zu Bürklin. In: Lehmbruch, G. (Hrsg.): Einigung und Zerfall. Deutschland und Europa nach dem Ende des Ost-West-Konflikts. Opladen: Leske + Budrich, 1995, S. 25-30

Falter, J.W.: Einmal mehr: Läßt sich das Konzept der Parteiidentifikation auf deutsche Verhältnisse übertragen? In: PVS 18 (1977), S. 476-500

Falter, J.W./Klein, M.: Die Wähler der PDS bei der Bundestagswahl 1994. Zwischen Ideologie, Nostalgie und Protest. In: Aus Politik und Zeitgeschichte B 51-52 (1994), S. 22-34

Faul, E.: Die Rundfunkordnung im vereinigten Deutschland: Überwuchern Interessendschungel die nationale Verfassungsaufgabe? In: Wildenmann, R. (Hrsg.): Nation und Demokratie, politischstrukturelle Gestaltungsprobleme im neuen Deutschland. Baden-Baden: Nomos, 1991, S. 91-98

Feick, J./Mayntz, R.: Bürger im bürokratischen Staat: Repräsentative Beurteilungen und Handlungseinschätzungen. In: Die Verwaltung 15 (1982), S. 409-434

Füssgen, P./Grundmann, C.: Fortbildung im Rahmen der deutschen Einheit – Sind wir auf dem richtigen Weg? In: Verwaltung und Fortbildung 21 (1993), S. 3-25

Gabriel, O.W.: Systemakzeptanz und Wirtschaftslage in der Bundesrepublik Deutschland. In: Falter, J.W./Rattinger, H./Troitzsch, K.G. (Hrsg.): Wahlen und politische Einstellungen in der Bundesrepublik Deutschland. Frankfurt a.M.: Peter Lang, 1989, S. 196-252

Gabriel, O.W.: Institutionenvertrauen im vereinigten Deutschland. In: Aus Politik und Zeitgeschichte B 43 (1993), S. 3-12

Gamson, W.A.: Power and Discontent. Homewood, Ill.: Dorsey Press, 1968

Geißler, R.: Die ostdeutsche Sozialstruktur unter Modernisierungsdruck. In: Aus Politik und Zeitgeschichte B 29-30 (1992), S. 15-28

Gill, D./Schröter, U.: Das Ministerium für Staatssicherheit. Anatomie des Mielke-Imperiums. Berlin: Rowohlt, 1991

Grunow, D.: Steuerzahler und Finanzamt. Frankfurt/New York: Campus, 1978

Grunow, D./Hegner, F.: Die Gewährung persönlicher und wirtschaftlicher Sozialhilfe. Untersuchungen zur Bürgernähe der kommunalen Sozialverwaltung. Projektgruppe Verwaltung und Publikum an der Universität Bielefeld, 1978

Hegner, F.: Das bürokratische Dilemma. Zu einigen unauflöslichen Widersprüchen in den Beziehungen zwischen Organisationen, Personal und Publikum. Frankfurt/New York: Campus, 1978

Holst, C.: Ein Jahr Umfragen in den Neuen Bundesländern – Themen und Tendenzen. Berlin: WZB-Paper, Arbeitsgruppe Sozialberichterstattung, 1991

Holtmann, E./Killisch, W.: Wohnungspolitik im geeinten Deutschland. Problemlagen und Entwicklungsperspektiven. In: Aus Politik und Zeitgeschichte B 8-9 (1993), S. 3-15

Hradil, S.: Die „objektive" und die „subjektive" Modernisierung. Der Wandel der westdeutschen Sozialstruktur und die Wiedervereinigung. In: Aus Politik und Zeitgeschichte B 29-30 (1992), S. 3-14

Kaufmann, F.X. (Hrsg.): Bürgernahe Sozialpolitik. Planung, Organisation und Vermittlung sozialer Leistungen auf lokaler Ebene. Frankfurt/New York: Campus, 1979

Klages, H./Schäfer, P./Schmittel, W.: Kontakt zum Bürger als Verwaltungsleistung. Bericht über die Publikumsbefragung Philippsburg 1982. Speyerer Arbeitshefte 48, 1983

Klages, H.: Vertrauen und Vertrauensverlust in westlichen Demokratien. In: Haungs, P. (Hrsg.): Politik ohne Vertrauen. Baden-Baden: Nomos, 1990, S. 43-60
König, K.: Verwaltung im Übergang. Vom zentralen Verwaltungsstaat in die dezentrale Demokratie. In: DÖV 44 (1991), S. 177-184
Krüger, W.: Vertrauen in Institutionen. In: Deutsches Jugendinstitut (Hrsg.): Schüler an der Schwelle zur deutschen Einheit. Opladen: Leske + Budrich, 1992, S. 100-113
Lehmbruch, G.: Institutionentransfer im Prozeß der Vereinigung. Zur Logik der Verwaltungsintegration in Deutschland. In: Seibel, W./Benz, A./Mäding, H. (Hrsg.): Verwaltungsreform und Verwaltungsplitik im Prozeß der deutschen Einigung. Baden-Baden: Nomos, 1993, S. 41-66
Lipset, S./Schneider, W.: The Confidence Gap: business, labor, and government in the public mind. New York: Free Press, 1983
Löwenhaupt, S.: Vertrauen in Institutionen und Einstellungen der Bürger zur Verwaltung. Bericht zur Datenlage. Verwaltungswissenschaftliche Beiträge der Universität Bamberg Nr. 29, 1993
Löwenhaupt, S.: Bürger und Verwaltung in den fünf neuen Bundesländern. In: Bertram, H. (Hrsg.): Ostdeutschland im Wandel: Lebensverhältnisse – politische Einstellungen. Opladen: Leske + Budrich, 1995, S. 155-169
Luhmann, N.: Vertrauen. Ein Mechanismus der Reduktion sozialer Komplexität. Stuttgart: Enke, 1968
Mayntz, R.: Soziologie der öffentlichen Verwaltung. Heidelberg: C.F. Müller Juristischer Verlag, 1985, 1.Aufl. 1978
Neugebauer, G./Stöß, R.: Die PDS – Geschichte, Organisation, Wähler, Konkurrenten. Opladen: Leske + Budrich, 1996
Pippig, G.: Die Verwaltung und ihr Publikum. Opladen: Westdeutscher Verlag, 1988
Rattinger, H.: Parteiidentifikationen in Ost- und Westdeutschland nach der Vereinigung. In: Niedermayer, O./Beyme, K.v. (Hrsg.): Politische Kultur in Ost- und Westdeutschland. Berlin: Akademie Verlag, 1994, S. 77-104
Rattinger, H./Juhasz, Z.: Wirtschaftslage und Zufriedenheit mit dem politischen System in der Bundesrepublik Deutschland 1972-1987. In: Schmitt, K. (Hrsg.): Wahlen, Parteieliten, politische Einstellungen. Frankfurt a.M.: Peter Lang, 1990, S. 275-315
Rosen, K.-H.: Verwaltungshilfe in den neuen Bundesländern. In: Deutschland-Archiv 26 (1993), S. 434-441
Sinus-Institut: Folgen des Bürokratismus. Einstellungen der Wahlbevölkerung zur öffentlichen Verwaltung in der BRD. Gutachten 1978
Ulbrich, R.: Wohnungsversorgung in der Bundesrepublik Deutschland. In: Aus Politik und Zeitschichte B 8-9 (1993), S. 16-31
Walz, D.: Demokratievertrauen im vereinigten Deutschland 1991-1995. In: ZParl 27 (1996a), S. 61-74
Walz, D.: Einstellungen zu den politischen Institutionen. Paper für die KSPW, 1996b
Weil, F.D.: The Sources and Structure of Legitimation in Western Democracies: A Consolidated Model Tested with Time-Series Data in Six Countries Since World War II. In: American Sociological Review 54 (1989), S. 682-706
Weßels, B.: Einstellungen zu den Institutionen der Interessenvermittlung. Konferenzpapier für die Tagung: „Politische Einstellungen und politisches Verhalten in den neuen Bundesländern" der Arbeitsgruppe III/3 „Mikropolitische Aspekte des Transformationsprozesses" der KSPW und des Arbeitskreises „Wahlen und politische Einstellungen" der DVPW vom 28.-30.9.1995 in Dresden, 1995
Westle, B.: Strukturen nationaler Identität in Ost- und Westdeutschland. In: KZfSS 44 (1992), S. 461-488
Winkler, G. (Hrsg.): Sozialreport-DDR. Daten und Fakten zur sozialen Lage in der DDR. Stuttgart: Bonn Aktuell, 1990

Erfolgreich gescheiterter Institutionentransfer: Weshalb der Dritte Sektor in Ostdeutschland institutionelle Elastizitäten schafft, obwohl es ihn kaum zu geben scheint

Wolfgang Seibel

1. Die Erblast der DDR: Entdifferenziertes Institutionengefüge und schwache Zivilgesellschaft?

Gute Gründe sprachen für die Annahme, daß sich ein Dritter Sektor in Ostdeutschland nach 1989 schwerlich nach dem westdeutschen Muster entwickeln könne:[1] Das Herrschaftsmonopol der SED, so wird argumentiert, habe eine Entdifferenzierung der Institutionenordnung bewirkt (so Lepsius 1994: 21). Das heißt: Selbst wenn es nicht-staatliche oder nicht unmittelbar SED-kontrollierte Organisationen in der DDR gegeben hat – etwa die sog. „gesellschaftlichen Massenorganisationen", zu denen neben dem Freien Deutschen Gewerkschaftsbund (FDGB) etwa der Demokratische Frauenbund Deutschlands (DFD), das Deutsche Rote Kreuz der DDR, die Gesellschaft für Sport und Technik (GST), der Kulturbund der DDR oder der Verband der Kleingärtner, Siedler und Kleintierzüchter gehörten – so haben diese keine eigenständige, von der politischen Kontrolle durch die SED unabhängige gesellschaftliche oder politische Funktion erfüllt – so die naheliegende Hypothese – und mußten daher mit dem Ende des SED-Regimes entweder verschwinden oder von westdeutschen Organisationen des Dritten Sektors übernommen werden. Das zweite Argument bespiegelt die Kehrseite desselben Phänomens: Weil es nach 56 Jahren Diktatur in Ostdeutschland eine zu

---

[1] Unter „Drittem Sektor" werden in Anlehnung an den inzwischen etablierten Sprachgebrauch (vgl. Anheier/Seibel 1990, Schuppert 1995) gemeinnützige güter- oder dienstleistungsproduzierende Organisationen verstanden. Dabei kann es sich um Organisationen handeln, die die betreffenden Güter oder Dienstleistungen lediglich oder in erster Linie für Mitglieder bereitstellen (z.B. Sportvereine) oder aber für das breite Publikum (wie z. B. die freien Träger der Wohlfahrtspflege). Der „Dritte Sektor" nach der hier benutzten Definition umfaßt also nicht interessenmobilisierende und -aggregierende Organisationen wie Parteien und Interessenverbände.

hinreichender Selbstorganisation fähige zivile Gesellschaft nur noch in schmalen Randbereichen (vor allem bei den Kirchen) gegeben habe, müsse sich die Rekonstruktion eines Dritten Sektors in Ostdeutschland in dem Maße verzögern, wie dies auf die Rekonstruktion zivilgesellschaftlicher Strukturen zutreffe (Olk 1996: 207-213).

Beide Argumente, das hinsichtlich der institutionellen Entdifferenzierung der DDR-Gesellschaft und das der unzureichenden zivilgesellschaftlichen Strukturen für die Rekonstruktion eines Dritten Sektors, sind geeignet, den Blick auf die tatsächliche Bedeutung des institutionellen Segments 'zwischen Markt und Staat' für den Verlauf des gesellschaftlichen und politischen Transformationsprozesses in Ostdeutschland seit 1990 zu verstellen. Auf der Basis dieser Argumente wird man geneigt sein, von einem weitgehenden Zusammenbruch der quasi-intermediären, jedoch SED-kontrollierten Organisationen der DDR nach 1989 bzw. deren mehr oder weniger vollständige Absorption durch westdeutsche Organisationen mit ähnlicher Aufgabenstellung – etwa die Wohlfahrtsverbände – auszugehen. Die inzwischen vorliegenden empirischen Befunde stützen eine solche Annahme jedoch nicht. Einen radikalen Schnitt im Sinne institutioneller Diskontinuität hat es im intermediären institutionellen Segment Ostdeutschlands nach 1989 nicht gegeben. Vielmehr hat es den Anschein, als würde ein hohes Maß an Kontinuität im Bereich intermediärer *Leistungsträger* geradezu ein Gegengewicht bilden gegenüber der krassen Diskontinuität im Bereich der politischen Institutionen, also der staatlichen Institutionenordnung und der intermediären *Interessenträger*. Hierfür spricht jedenfalls, wie im folgenden gezeigt werden soll, die Entwicklung der vergangenen Jahre. Dies kann zu weiteren Fragen Anlaß geben, nicht zuletzt auch zu weiteren Forschungsanstrengungen. So haben wir gute Gründe für die Vermutung, daß die Kontinuität intermediärer Leistungsträger in der ostdeutschen Gesellschaft ein wesentlicher Erklärungsfaktor für den stabilen Verlauf des dramatischen politischen Wandels seit 1989 ist, ohne daß dieser Zusammenhang bislang hinreichend erforscht ist.

2. Die Restrukturierung eines Dritten Sektors in Ostdeutschland nach 1989

Bereits mit dem Staatsvertrag zur Währungs-, Wirtschafts- und Sozialunion vom 18. Mai 1990, der zum 1. Juli desselben Jahres in Kraft trat, wurden wesentliche rechtliche Grundlagen für die Übertragung des Gefüges intermediärer Leistungsträger nach westdeutschem Muster auf das Gebiet der noch existierenden DDR gelegt. In Kapitel IV des Staatsvertrages (Art. 17 bis 25) wurde die Grundlage des westdeutschen Sozialversicherungssystems auf Ostdeutschland übertragen. Dies bedeutete sowohl im leistungsrechtlichen als auch im organisatorischen Bereich eine Vorentscheidung zugunsten der intermediären Leistungsstrukturen, wie sie für den westdeutschen Sozialstaat charakteristisch sind. Der Einigungsvertrag zwischen der Bundesrepublik Deutschland und der DDR vom 31. August 1990, der mit der Herstellung der staatlichen Einheit am 3. Oktober 1990 in Kraft trat, übertrug in Art. 32 das Subsidiaritätsprinzip nach § 10 Bundessozialhilfegesetz (BSHG), also die privilegierte Stellung der freien Träger der Wohlfahrtspflege, auf das sog. Beitrittsgebiet. Art. 39 Einigungsvertrag schließlich bestimmt, daß die „Strukturen des Sports" im sog. Beitrittsgebiet „auf Selbstverwaltung umgestellt" werden.[2] Die staatliche Förderung des Dritten Sektors durch rechtliche Rahmensetzung und finanzielle Förderung fand ferner in allen neuen ostdeutschen Landesverfassungen ihren Niederschlag.[3]

Im Prinzip war also durch den Staatsvertrag vom 18. Mai 1990 und den Einigungsvertrag vom 31. August 1990 ein „Institutionentransfer" im Bereich intermediärer Leistungsträger vorprogrammiert. Dieser hat sich in weiten Bereichen tatsächlich als schlichte Übertragung des westdeutschen Institutionensystems ereignet. Dies gilt insbesondere für das Selbstverwaltungssystem der Sozialversicherungsträger. Auch das Trägersystem der Spitzenverbände der freien Wohlfahrtspflege – dies betrifft das Deutsche Rote Kreuz, das Diakonische Werk, die Caritas, die Arbeiterwohlfahrt und die Zentrale Wohlfahrtsstelle der Juden in Deutschland – ist als solches von Westen nach Osten übertragen worden. Hier ergeben sich jedoch bereits erste Differenzierungen. Immerhin verfügte auch die DDR über eine DRK-Organisation. Selbst Diakonisches Werk (bzw. das Hilfswerk der Evangelischen Kirche) und Caritas existierten in der DDR, wenn auch nur als Randerscheinungen (vgl. Anheier/Priller 1991). Schließlich gibt es heute auch bedeutende intermediäre Leistungsträger in Ostdeutschland, die es in der DDR nicht gab und die es auch im heutigen Westdeutschland in dieser Massierung nicht gibt. Dies gilt insbesondere für die zahlreichen Trägerorganisationen des zweiten Arbeitsmarktes (vgl. Bosch/Neumann 1992).

---

2   Weiter heißt es: „Die öffentlichen Hände fördern den Sport ideell und materiell nach der Zuständigkeitsverteilung des Grundgesetzes." (Art. 39 Abs. 1 Einigungsvertrag).

3   Vgl. etwa zu Schulen in freier Trägerschaft die Landesverfassungen von Brandenburg (Art. 30 Abs. 6), Sachsen (Art. 102, Abs. 3), Sachsen-Anhalt (Art. 28) und Thüringen (Art. 26); zur Förderung von Kunst, Kultur und Sport die Landesverfassungen von Brandenburg (Art. 34), Mecklenburg-Vorpommern (Art. 16), Sachsen (Art. 11), Sachsen-Anhalt (Art. 36) und Thüringen (Art. 30); zur privilegierten Stellung der freien Träger der Wohlfahrtspflege Landesverfassungen von Mecklenburg-Vorpommern (Art. 19 Abs. 2), Sachsen (Art. 110 Abs. 2), Sachsen-Anhalt (Art. 33) und Thüringen (Art. 41). In der Landesverfassung von Mecklenburg-Vorpommern ist darüber hinaus die Förderung der Selbsthilfe garantiert (Art. 19 Abs. 1). Vgl. den Überblick bei Zimmer/Priller 1996: 215-217.

3. Drei Muster institutioneller Entwicklung: überdauernde DDR-Institutionen, originäre Nach-Wende-Institutionen und expandierte westdeutsche Institutionen

Tatsächlich haben wir es also nicht mit einem einzigen Typus gemeinnütziger intermediärer Leistungsträger in Ostdeutschland zu tun – nicht allein also mit dem „Institutionentransfer"-Typus –, sondern mit drei Typen: überdauernden DDR-Institutionen, ostdeutschen Nach-Wende-Institutionen und expandierten westdeutschen Institutionen. Die genauere Betrachtung des verfügbaren empirischen Materials zeigt nun, daß, anders als es das Grundmodell „Institutionentransfer" vermuten lassen würde, die expandierten westdeutschen Institutionen eine relativ geringe, überdauernde DDR-Institutionen hingegen eine relativ große Bedeutung im Dritten Sektor des heutigen Ostdeutschlands haben.

Wie abhängig auch immer die sogenannten „gesellschaftlichen Organisationen" der DDR von deren Staatsmacht und der herrschenden SED gewesen sein mögen[4], sie sind jedenfalls nicht sämtlich mit dem Untergang der DDR verschwunden. Zu diesen „gesellschaftlichen Organisationen" zählten nach einem bald nach der „Wende" von Helmut Anheier und Eckard Priller (1991: 80-81) aufgestellten Überblick

- „gesellschaftliche Massenorganisationen" wie die *Freie Deutsche Jugend* (FDJ) mit 2,3 Mill. Mitgliedern Ende der 1980er Jahre, die *Jungen Pioniere* mit 1,3 Mill. Mitgliedern, der *Demokratische Frauenbund* mit 1,5 Mill. Mitgliedern und die *Gesellschaft für deutsch-sowjetische Freundschaft* mit 6,4 Mill. (sic!) Mitgliedern;
- Kulturvereinigungen wie der *Kulturbund*, der Ende der 1980er Jahre 260.000 Mitglieder hatte;
- wissenschaftliche Vereinigungen (mindestens je eine pro wissenschaftliche Disziplin, jedoch mehrere Dutzend allein im medizinischen Bereich);
- Dienstleistungsträger sowohl im Bereich sozialer Dienstleistungen als auch im Sport- und Freizeitbereich, insbesondere der *Deutsche Turn- und Sportbund* mit 3,6 Mill. Mitgliedern am Ende der 1980er Jahre, das *Deutsche Rote Kreuz* der DDR mit rund 680.000 Mitgliedern und 130.000 ehrenamtlichen Mitarbeitern und die *Volkssolidarität*, der Quasi-Wohlfahrtsverband der DDR mit

---

4   Einen Überblick über Anzahl und Zwecksetzungen der „gesellschaftlichen Organisationen" vermittelt das von der Akademie für Staats- und Rechtswissenschaft der DDR im Potsdam-Babelsberg herausgegebene „Handbuch gesellschaftlicher Organisationen in der DDR" (Berlin: Staatsverlag der DDR 1985).

Schwerpunkt in der Altenfürsorge und 2,1 Mill. Mitgliedern bei 200.000 ehrenamtlichen Helfern (Angaben nach Anheier/Priller 1991: 81[5]);
- religiöse und kirchliche Organisationen und Nebenorganisationen, insbesondere das protestantische *Hilfswerk* (das DDR-Gegenstück zum westdeutschen Diakonischen Werk) und die *Caritas*[6];
- Bürgervereinigungen, insbesondere kirchennahe, die den Kern der Bürgerbewegung von 1989/90 bilden sollten (vgl. Blattert/Rink/Rucht 1994).

Tatsächlich haben die meisten dieser Organisationen die „Wende" von 1989/90 nicht oder nur als Schattenorganisationen überlebt. Dies gilt natürlich in erster Linie für Organisationen wie die FDJ, die Jungen Pioniere, den Demokratischen Frauenbund oder die Gesellschaft für deutsch-sowjetische Freundschaft. Diese Organisationen paßten in der Tat in das Interpretationsmuster institutioneller Entdifferenzierung und dementsprechender Steuerung und Kontrolle durch die SED und deren Regime, dessen Untergang sie nicht überdauern konnten. Um so bemerkenswerter ist die Persistenz von DDR-Institutionen, die heute, wenn auch in zum Teil dramatisch modifizierter Form, den Kern des Dritten Sektors in Ostdeutschland bilden: Das *Deutsche Rote Kreuz* der DDR wurde Teil des gesamtdeutschen DRK, das protestantische *Hilfswerk* wurde Teil des Diakonischen Werkes, die Caritas selbstverständlich Teil der Caritas in den gesamtdeutschen Diözesanverbänden, die *Volkssolidarität* bildet heute unter dem Dach des Deutschen Paritätischen Wohlfahrtsverbandes (DPWV) die wohl mit Abstand stärkste Mitgliederorganisation unter den ostdeutschen Wohlfahrtsverbänden.[7]

Ein bemerkenswertes Maß an Kontinuität läßt sich aber auch bei gemeinnützigen intermediären Dienstleistungsträgern und Club-artigen Organisationen mit sozialer Integrationsfunktion auf der lokalen Ebene feststellen. Dies gilt vor allem für die *Sportvereine* und die für Ostdeutschland typischen *Gartenvereine*. Ein hohes Maß an Kontinuität läßt sich bei den Sportorganisationen feststellen. Nach Buchstaben und Geist von Art. 39 Einigungsvertrag wurden die Sportorganisationen der DDR in Sportvereine und Dachverbände nach westdeutschem Muster umgeformt. Nach der Erhebung von Heinemann und Schubert (1994: 63) erwiesen sich 77 % der in einer repräsentativen Umfrage erfaßten ostdeutschen Sportvereine als unmittelbare Nachfolger früherer Betriebssportgemeinschaften, Sport-

---

5   Anheier und Priller stützen sich auf die letzte Sozialstatistik des Statistischen Amtes der DDR aus dem Jahre 1990. Vgl. Statistisches Amt der DDR 1990.
6   Nach der Aufstellung von Anheier und Priller (1991: 81) hatten Hilfswerk und Caritas zusammen einen Anteil von immerhin 6,7 % an allen Krankenhausbetten der DDR, von 4,7 % aller Altersheim- und Altenpflegeplätze und 2,3 % aller Kindergartenplätze. Diese Angaben stützen sich außer auf die erwähnte Sozialstatistik 1990 des Statistischen Amtes der DDR auf die Arbeiten von Meyer (1990) und Puschmann (1990).
7   Wolpert (1996) zitiert aus „Statistische Angaben zur Arbeit der Volkssolidarität e. V." des Volkssolidarität-Landesverbandes Berlin die Zahl von 522.225 Mitgliedern und 35.083 ehrenamtlichen Helfern.

clubs usw., 16,5 % waren Abspaltungen solcher DDR-Einrichtungen und lediglich 6 % völlige Neugründungen.

Ein spezifisch ostdeutsches Phänomen sind, wie erwähnt, die *Gartenvereine*. Sie bildeten in der DDR einen organisatorischen Rahmen der „Nischengesellschaft" (Gaus 1983: 156-233), der, wie Jessen (1995: 104) schreibt, „berühmte(n) ‚Datschen'- und Schrebergärtenkultur". Nach der von Hürtgen u.a. (1994) durchgeführten Auswertung der Vereinsregister in Frankfurt/Oder und Jena stellten die Gartenvereine nach den Sportvereinen die zweithäufigste Vereinsart in den beiden untersuchten Städten dar.[8] Ein weiteres, wenn auch quantitativ weniger bedeutendes Beispiel für eine persistente DDR-Institution im Dritten Sektor Ostdeutschlands ist der Allgemeine Behindertenverband in Deutschland (ABiD), eine Umbenennung (oder, wie Schulz [1995] es nennt: die Metamorphose) des „Behindertenverbandes der DDR". Der Allgemeine Behindertenverband in Deutschland setzt strikt auf das Selbsthilfeprinzip und hat mehreren Übernahmeversuchen durch westdeutsche Verbände widerstanden.[9]

Originäre Nach-Wende-Institutionen haben im Dritten Sektor Ostdeutschlands heute augenscheinlich die relativ geringste Bedeutung. Immer wieder wird in der Literatur auf die Ironie hingewiesen, daß diejenigen, die sich im Zeichen der Bürgerbewegung der späten DDR im Hinblick auf unabhängige Organisationsformen der Interessenmobilisierung und der Selbsthilfe am meisten Hoffnung gemacht haben mögen, geringe Institutionalisierungserfolge zu verzeichnen hatten (vgl. Benzler 1995, Hampele 1994, Rink 1995). Einige Initiativen der Bürgerbewegung haben jedoch als Initiativen im Raum sogenannter *Projektgruppen* vor allem im Bereich des Umweltschutzes und des zweiten Arbeitsmarktes überlebt (vgl. Blattert u.a. 1995, Rink 1995). Nach den Angaben von Blattert u.a. (1994: 407) sind diese Projektgruppen allerdings vollständig von öffentlichen Zuwendungen abhängig. Dies steht in starkem Kontrast zur Philosophie der Unabhängigkeit und der Selbsthilfe, der sich diese Gruppen verpflichtet fühlen.

Zur Gruppe der originären Nach-Wende-Institutionen im ostdeutschen Dritten Sektor müssen insbesondere die Trägerorganisationen des zweiten Arbeitsmarktes gerechnet werden. Gerade diese verdeutlichen jedoch ein wesentliches Charakteristikum des ostdeutschen Dritten Sektors, nämlich sein hohes Maß an *Staatszentriertheit* in den Dimensionen organisatorische Initiative, Finanzierung und mentale Ausrichtung sowohl des Führungspersonals als auch der Klientel. Der Staat selbst – konkret also Landesregierungen und Kommunalverwaltungen – bedient sich für den Aufbau einer Trägerstruktur des zweiten Arbeitsmarktes gemeinnüt-

---

8   1992 waren 20 % aller eingetragenen Vereine in Frankfurt/Oder und 17,5 % aller eingetragenen Vereine in Jena Sportvereine, 17,6 % aller eingetragenen Vereine in Frankfurt/Oder und 15 % aller eingetragenen Vereine in Jena hingegen Gartenvereine (Hürtgen u.a. 1994: 60).
9   Eine Ausnahme bildet der Landesverband Sachsen des ABiD, der sich dem Verband der Kriegs- und Wehrdienstopfer, Behinderten und Sozialrentner Deutschlands (VdK) angeschlossen hat (vgl. Schulz 1995).

Erfolgreich gescheiterter Institutionentransfer 479

ziger oder nicht-gemeinnütziger privater Rechtsformen. Auf diese Weise ist in Ostdeutschland ein artifizieller Dritter Sektor entstanden mit einem tiefgestaffelten Netz lokaler und landesweiter Trägerorganisationen. Beispielhaft sind zum einen die im Sommer 1991 auf der Grundlage einer Vereinbarung mit der Treuhandanstalt im Bereich der Metallindustrie ins Leben gerufenen bzw. rechtlich abgesicherten Gesellschaften zur Arbeitsförderung, Beschäftigung und Strukturentwicklung (ABS-Gesellschaften). Die ABS-Gesellschaften, in denen nach Angaben der Treuhandanstalt zeitweise bis zu 160.000 Personen beschäftigt waren (vgl. Seibel 1994: 14-16), waren bzw. sind in sogenannten Landesdachgesellschaften zusammengefaßt, an denen die betreffende Landesregierung jeweils als maßgeblicher Gesellschafter beteiligt ist. Darüber hinaus haben alle ostdeutschen Landesregierungen privatrechtliche Gesellschaften – regelmäßig in der Rechtsform der GmbH – als Träger regionaler oder sektoraler Arbeitsmarkt- und Strukturpolitik gegründet. Beispiele sind die sächsische ATLAS-GmbH oder die brandenburgische LASA (vgl. Bosch/Neumann 1992, Bade u.a. 1993, Kaiser/Otto 1993, Knuth 1994). [10]

Originäre gemeinnützige intermediäre Leistungsträger der Nach-Wende-Zeit existieren im heutigen Ostdeutschland also ironischerweise in erster Linie als staatliche Veranstaltung. Es handelt sich nach der angelsächsischen Terminologie um Quasi-non-Governmental-Organisationen oder QUANGOs. Sie dienen im wesentlichen der Bewältigung der sozialen Folgen des dramatischen wirtschaftlichen Strukturwandels seit 1990 durch privatrechtliche, aber staatlich kontrollierte Organisationsformen. Für die organisatorische Verselbständigung dieser Trägerformen gegenüber der öffentlichen Verwaltung ist, außer den im Westen in solchen Fällen üblicherweise angeführten Gründen größerer Flexibilität und Effizienz, namentlich die relative und absolute Überlastung der Landes- und Kommunalverwaltungen in Ostdeutschland ursächlich. QUANGOS mildern also in Ostdeutschland das krasse Dilemma, welches durch die erhöhten Anforderungen an den öffentlichen Sektor aufgrund der sozialen Folgen des wirtschaftlichen Strukturwandels auf der einen Seite und die im Vergleich zu den westdeutschen Bundesländern immer noch geringe Leistungsfähigkeit der ostdeutschen Landes- und Kommunalverwaltungen andererseits gekennzeichnet ist. Freilich bleibt der Zugewinn

---

10 Die ATLAS-GmbH fungiert als Steuerungsinstanz für die Auswahl und Betreuung derjenigen Betriebe, die sich im Besitz der Treuhandanstalt bzw. ihrer Nachfolgerin, der Bundesanstalt für vereinigungsbedingte Sonderaufgaben (BVS), befinden, an deren Erhalt und Sanierung die Landesregierung ein besonderes Interesse hat (ATLAS steht für „Ausgewählte Treuhand-Betriebe, von der Landesregierung angemeldet zur Sanierung"). Die brandenburgische Landesagentur für Struktur und Arbeit (LASA) dient als Finanzierungs- und Koordinierungsinstanz für die aus unterschiedlichen Quellen finanzierten Landesprogramme zur Arbeitsmarkt- und Strukturpolitik. Nach einem Überblick von Wagener für das Jahr 1992 waren der LASA zu diesem Zeitpunkt 41 GmbHs (davon 35 gemeinnützige) und 43 Vereine (davon 40 gemeinnützige) angeschlossen (Wagener 1992).

an Leistungsfähigkeit oft fiktiv und die Professionalitätsstandards der intermediären Trägerorganisationen lassen offenbar nicht selten zu wünschen übrig.[11]

Augenscheinlich ist nicht nur die Grenze zwischen der konventionellen öffentlichen Verwaltung und der QUANGO-Verwaltung fließend, sondern auch die zwischen QUANGOS und lokalen Selbsthilfeinitiativen (vgl. dazu Blattert u.a. 1994, Kletzin/Wels 1994). Jedenfalls stellen die allein aus staatlicher oder kommunaler Initiative ins Leben gerufenen privaten Träger, Dachgesellschaften etc. in den neuen Bundesländern die Infrastruktur für einen vertikalen Ressourcentransfer zugunsten lokaler Initiativen, der, wie Blattert u.a. (1995: 407) feststellen, für deren Überleben unabdingbar ist.

Expandierte westdeutsche Institutionen treffen wir im Bereich gemeinnütziger Leistungsträger in erster Linie bei den Spitzenverbänden der freien Wohlfahrtspflege an sowie bei den frei-gemeinnützigen Krankentransport- und Rettungsdiensten (Arbeiter-Samariter-Bund, Malteser-Hilfsdienst, Johanniter Unfallhilfe). Unter den Wohlfahrtsverbänden hatte allerdings – sieht man von der sehr kleinen Zentralen Wohlfahrtsstelle der Juden in Deutschland ab – lediglich die *Arbeiterwohlfahrt* keinen DDR-Vorgänger. Spezifisch war die Situation des *Deutschen Paritätischen Wohlfahrtsverbandes* (DPWV). Während der DPWV in Westdeutschland vor allem als Dachorganisation für lokale gemeinnützige Einrichtungen fungierte, die auf diese Weise in den Genuß der privilegierten Behandlung nach dem Bundessozialhilfegesetz gelangen, fehlt es dem DPWV in Ostdeutschland weitgehend an einer dementsprechenden organisatorischen Infrastruktur. Ob der DPWV eine den westdeutschen Verhältnissen entsprechende Stellung als einer der bedeutenden Spitzenverbände der freien Wohlfahrtspflege in Ostdeutschland überhaupt würde erringen können, war daher nach der „Wende" durchaus zweifelhaft. Daß es dennoch dazu kam, ist vor allem der Symbiose von DPWV und *Volkssolidarität* zuzuschreiben. Der DPWV bot sich im Jahre 1991 als Auffangorganisation für die Volkssolidarität an, nachdem ursprüngliche Überlegungen zur Verschmelzung der Volkssolidarität mit der Arbeiterwohlfahrt gescheitert waren. Auf diese Weise erhielt die Volkssolidarität die unerläßliche Anbindung an das Wohlfahrtsverbändesystem nach westdeutschem Muster und der DPWV sein in Ostdeutschland mit Abstand bedeutendstes korporatives Mitglied.

---

11 So war die brandenburgische Landesagentur für Struktur und Arbeit (LASA) mehrfach in Fälle ordnungswidriger Verwendung öffentlicher Mittel verwickelt. Vgl. Der Spiegel Nr. 11/1996 (11.3.1996): 57-58.

4. Staatliche Unterstützung, Einstellungen des Führungspersonals und gesellschaftliche Einbettung

Die Situation des Dritten Sektors im *Westen* Deutschlands ist durch eine im internationalen Vergleich außerordentlich hohe Abhängigkeit von staatlichen Zuwendungen gekennzeichnet[12], andererseits durch eine breite gesellschaftliche Einbettung und Unterstützung, die sich in hohen Mitgliedschaftsraten bei Vereinen niederschlägt.[13] Was die Situation in Ostdeutschland betrifft, so fehlen uns für die Einnahmen gemeinnütziger intermediärer Leistungsträger aussagekräftige Vergleichszahlen. Lediglich aus vereinzelten Daten, wie sie etwa Blattert u.a. (1994) für die Projektgruppen der Selbsthilfeszene in Ostdeutschland referieren, kann man auf eine weitergehende Form der Staatsabhängigkeit in der finanziellen Dimension schließen. Dafür, daß der Anteil öffentlicher Finanzierung an den Einnahmen ostdeutscher Dritte-Sektor-Organisationen noch um einiges über dem hohen westdeutschen Niveau liegt, sprechen ferner die zahlreichen Sonderförderprogramme, von denen ostdeutsche gemeinnützige Leistungsträger direkt oder indirekt profitieren.[14] Neben sozialen Einrichtungen und ihren frei-gemeinnützigen Trägern haben Bund, Länder und Gemeinden in Ostdeutschland auf der Grundlage der einschlägigen Bestimmungen des Einigungsvertrages (Art. 35 und 39) massive Aufbauhilfen für Sport und Kultur in freier Trägerschaft bzw. Vereinsform

---

12 Auf der Grundlage der Erhebungen im Rahmen des Johns Hopkins Comparative Nonprofit-Sector Project nennen Anheier und Priller (1995) einen Anteil von 68,2 % öffentlicher Mittel an den Einnahmen des deutschen Nonprofit-Sektors gegenüber einem Anteil von 41 % öffentlicher Mittel an den Einnahmen des Nonprofit-Sektors im Durchschnitt der Länder Deutschland, Großbritannien, Frankreich, Italien, Schweden, Ungarn, Japan und USA. Vgl. zur statistischen Beschreibung des deutschen Nonprofit-Sektors auch Anheier/Seibel 1997.

13 Nach der ALLBUS-Basisumfrage von 1991 (ZUMA) waren 51,6 % der in einer repräsentativen Umfrage befragten Westdeutschen (N = 1.500) Mitglied in mindestens einem Verein. Allein 26,3 % der Befragten waren Mitglied in einem Sportverein.

14 In den Jahren 1990 bis 1995 stellte allein der Bund im Rahmen solcher Sonderprogramme 47 Millionen DM an allgemeiner Aufbauhilfe für die Spitzenverbände der freien Wohlfahrtspflege zur Verfügung, 100 Millionen DM für die Aufstockung des sogenannten Revolvingfonds für Darlehen an die Spitzenverbände der freien Wohlfahrtspflege zum Aufbau ihrer Einrichtungen, 32 Mio. DM im Rahmen eines Soforthilfeprogramms zum Aufbau von 900 Sozialstationen (in überwiegend freier Trägerschaft), 152 Mio. DM zur Behebung allgemeiner Versorgungsmängel in sozialen Einrichtungen, 30 Mio. DM direkte Zuwendungen an die Spitzenverbände der freien Wohlfahrtspflege für Instandsetzungs- und Modernisierungsmaßnahmen in Alten- und Behindertenheime. Bis zum Jahr 2002 wollen Bund und Länder ferner 6,4 Milliarden DM zur Förderung von Investitionen in Pflegeeinrichtungen bereitstellen. Angaben nach: Presse- und Informationsdienst der Bundesregierung – Sozialpolitische Rundschau Nr. 385/1995.

geleistet.[15] Was den vereinsmäßig organisierten Sport betrifft, so muß ferner dessen extreme Abhängigkeit von öffentlichen Sportstätten in Rechnung gestellt werden.[16] Komplementär zu der massiven öffentlichen Förderung ist die gesellschaftliche Unterstützung des Dritten Sektors in Form von Vereinsmitgliedschaften in Ostdeutschland signifikant niedriger als in Westdeutschland.[17] Schließlich zeigt sich bei den Einstellungen des Führungspersonals im ostdeutschen Dritten Sektor der Tendenz nach eine im Vergleich zu westdeutschen Führungskräften ausgeprägtere Fixierung auf den öffentlichen Sektor als Finanzierungsquelle und institutionelles Vorbild.

Nach der von Anheier und Priller (1995) bzw. Anheier und Seibel (1997) im Rahmen des Johns Hopkins Comparative Nonprofit Sector Project durchgeführten Umfrage[18] neigen ostdeutsche Führungskräfte im Dritten Sektor nicht eher als westdeutsche dazu, öffentliche Finanzierung als den Regelfall zu unterstellen.[19] Aber ostdeutsche Führungskräfte im Dritten Sektor sehen die faktische Abhängigkeit von öffentlichen Mitteln deutlich weniger kritisch als ihre westdeutschen

---

15   In den Jahren 1990 bis 1994 leistete der Bund 276,2 Mio. DM Aufbauhilfe für den Vereinssport in den neuen Bundesländern. Dies entsprach nach Angaben der Bundesregierung in den Jahren 1991, 1992 und 1993 einem Anteil von 37,4 %, 39,8 % und 41,6 % des Sportetats des Bundesinnenministeriums. Vgl. Deutscher Bundestag, Drucksache 11/8459. Im Rahmen der „Beitrittsbedingten Kulturförderung des Bundes" wurden in den Jahren 1990 bis 1993 ca. 4 Mrd. DM verausgabt, gut die Hälfte davon für Maßnahmen der Substanzerhaltung und allgemeinen Infrastruktursicherung (vgl. Ackermann 1995). Hinzu kommen bis zum Jahre 1998 jährlich 690 Mio. DM im Rahmen des als „Leuchtturmprogramm" apostrophierten Sonderprogramms zur Erhaltung kultureller Einrichtungen von nationalem Rang (ein Betrag, der allerdings gleichermaßen für die alten und die neuen Bundesländer bestimmt ist; vgl. Ackermann 1995:18).
16   Nach dem Überblick von Baur u.a. (1995) sind lediglich 15 % der ostdeutschen Sportvereine Eigentümer der von ihnen genutzten Sportstätten (in Westdeutschland beträgt der entsprechende Anteil 44 %), 88 % der ostdeutschen Sportvereine nutzen regelmäßig kommunale Sportstätten (in Westdeutschland beträgt der Anteil 69 %), 73 % der ostdeutschen Sportvereine nutzen die kommunalen Sportstätten unentgeldlich (gegenüber 55 % in Westdeutschland). Dies bedeutet über die rein sachliche Abhängigkeit von öffentlicher Infrastruktur hinaus auch eine indirekte öffentliche Subventionierung der ostdeutschen Sportvereine, die prozentual weit über dem westdeutschen Niveau liegt.
17   25 % der befragten Ostdeutschen gegenüber 51,6 % der befragten Westdeutschen gaben bei der ALLBUS-Basisumfrage 1991 an, Mitglied in einem Verein zu sein. Vgl. ZUMA 1991.
18   Die Umfrage stützte sich in Westdeutschland auf eine Zufallsauswahl gemeinnütziger intermediärer Leistungsträger aus öffentlich verfügbaren Handbüchern und Verzeichnissen (N=520), in Ostdeutschland auf eine Zufallsauswahl aus den Vereinsregistern in den Landeshauptstädten Dresden, Erfurt, Magdeburg, Potsdam und Schwerin. Erhebungsjahr war 1992.
19   Dem Statement „Unsere Organisation ist zu abhängig von öffentlichen Mitteln" stimmten in West- wie Ost-Deutschland ungefähr gleich viele Befragte zu (41 % Zustimmung in Westdeutschland, 42 % Zustimmung in Ostdeutschland), die Ablehnungsrate war in Ostdeutschland geringfügig höher als in Westdeutschland (48 gegenüber 45 %).

Kollegen[20] und sie sehen in einer Kommerzialisierung des Dritten Sektors weitaus weniger als westdeutschen Dritte-Sektor-Manager eine Bedrohung oder auch eine Chance für den gemeinnützigen Sektor.[21]

Freilich können die hier referierten Verhaltensmuster nicht ohne weiteres als unabhängige Variablen behandelt werden. Hier spiegelt sich zu einem guten Teil die umfangreiche Förderung des Dritten Sektors durch die öffentliche Hand wider, die den noch existenten gemeinnützigen Leistungsträgern in Ostdeutschland in der Tat das Überleben gesichert hat. Dies ist dennoch nur ein zusätzlicher Grund für die Annahme, daß die Repräsentanten des Dritten Sektors in Ostdeutschland die Institution der freien Trägerschaft nicht als eine prinzipielle Alternative, sondern als einen notgedrungenen Ersatz für öffentliche Trägerschaft betrachten. Insofern stützen die hier referierten Daten die gleichlautenden Interpretationen von Angerhausen u.a. (1995) und Olk (1996). Die Staatszentriertheit des ostdeutschen Dritten Sektors ist also, nach allem, was wir auf der Grundlage der immer noch sehr unzureichenden Datenlage dazu sagen können, in den Dimensionen der Ressourcenabhängigkeit und der Mentalität des Führungspersonals gleichermaßen ausgeprägt.

Komplementär zu dieser Staatszentriertheit verhält sich die im Vergleich zur westdeutschen Situation gering ausgeprägte gesellschaftliche Einbettung und Unterstützung des Dritten Sektors in Ostdeutschland. Dies gilt jedenfalls im Hinblick auf reine Mitgliedschaftsraten. Die Ostdeutschen sind im Durchschnitt nur halb so häufig Vereinsmitglieder wie die Westdeutschen (siehe Fußnoten 13 und 15). Dies gilt interessanterweise vor allem für die Sportvereine, die doch ein besonderes Maß an öffentlicher Unterstützung erfahren. Nach der ALLBUS-Basisumfrage 1991 waren lediglich 10 % der befragten Ostdeutschen Mitglied in einem Sportverein (im Unterschied zu 26 % in Westdeutschland). Baur u.a. (1995: 52) kommen mit jüngeren Daten zu ähnlichen Ergebnissen.[22] Was einen anderen wichtigen Indikator für die gesellschaftliche Unterstützung gemeinnütziger Organisationen betrifft, das ehrenamtliche Engagement, so ist in Ostdeutschland heute

---

20 Das Statement „Öffentliche Finanzierung hat die ursprünglichen Ziele unserer Organisation verfälscht" wurde von 79 % der westdeutschen Führungskräfte im Dritten Sektor abgelehnt. Bei den ostdeutschen Führungskräften lag die Ablehnungsquote dagegen bei 93 %. Quelle: The Johns Hopkins Comparative Nonprofit-Sector Project.

21 Das Statement „Wir werden einem kommerziellen Unternehmen immer ähnlicher" wurde von 57 % der befragten westdeutschen Führungskräfte abgelehnt. Bei den ostdeutschen Führungskräften betrug die Ablehnungsquote 75 %. Quelle: The Johns Hopkins Comparative Nonprofit-Sector Project.

22 Danach gaben in Brandenburg 10,9 % der Befragten an, Mitglied in einem Sportverein zu sein, in Mecklenburg-Vorpommern 7,8 %, in Sachsen 10,2 %, in Sachsen-Anhalt 10,2 % und in Thüringen 10,4 %. Besonders ausgeprägte westdeutsche Gegenbeispiele ergeben sich im Saarland (mit einem Anteil an Sportvereinsmitgliedern unter den Befragten von 41 %), Baden-Württemberg (33,7 %), Nordrhein-Westfalen (26,6 %) und Rheinland-Pfalz (36,3 %).

weniger der Status quo bemerkenswert – dieser bewegt sich nur geringfügig unter dem westdeutschen Niveau – als der starke Rückgang seit 1989/90.[23]

Eine wichtige Wirkung für die gesellschaftliche Einbettung und Unterstützung des Dritten Sektors in Ostdeutschland geht ferner von den fundamentalen Unterschieden bei der religiösen Bindung aus. Nicht nur den Kirchen, auch den kirchlichen Wohlfahrtsverbänden *Diakonisches Werk* und *Caritas* fehlt das in Westdeutschland selbstverständliche Umfeld einer mehr oder weniger passiven, aber gleichwohl affirmativen Kirchenmitgliedschaft der breiten Bevölkerung. Nur ca. 30 % der Ostdeutschen (im Unterschied zu 85 % der Westdeutschen) gehören einer der beiden christlichen Kirchen an.[24]

5. Gibt es wirklich einen Dritten Sektor in Ostdeutschland?

Nach den Standards westlicher Industriestaaten einschließlich Westdeutschlands ist ein Dritten Sektor im heutigen Ostdeutschland bestenfalls in Ansätzen vorhanden. In nahezu jeder Hinsicht scheinen die empirischen Daten die pessimistischen Einschätzungen zu bestätigen, denen zufolge die Zerschlagung zivilgesellschaftlicher Strukturen durch die zwei Diktaturen zwischen 1933 und 1989[25] die Grund-

---

23 Dies ergibt sich aus einem Vergleich der Daten des sozioökonomischen Panel des Mannheimer Zentrums für Umfragen, Methoden und Analysen (ZUMA) für die Jahre 1990 und 1994. Gaben im Jahre 1990 noch 17 % der befragten Ostdeutschen an, sie würden mindestens einmal im Monat ehrenamtliche Arbeit leisten, so waren es im Jahre 1994 nur noch 10 % (Westdeutschland: 12 %).

24 Namentlich die Katholiken stellen in Ostdeutschland bekanntlich eine krasse Minderheit dar. Lediglich 4,7 % der ostdeutschen Bevölkerung – im Gegensatz zu 42,3 % der westdeutschen Bevölkerung – gehören der römisch-katholischen Kirche an. 23,5 % der Ostdeutschen sind Protestanten (im Gegensatz zu 43,4 % in Westdeutschland). Quelle: Statistik der Deutschen Bischofskonferenz, 1991, 1994 und Statistik der Evangelischen Kirche in Deutschland, 1991, 1994.

25 Die nationalsozialistische und die kommunistische Diktatur haben freilich auf die Zivilgesellschaft in ganz unterschiedlicher Weise eingewirkt. Beide Diktaturen haben die politisch eigenständigen Formen zivilgesellschaftlicher Selbstorganisation aufgehoben (die Nazis prägten hierfür selbst das Wort „Gleichschaltung"). Die formal-organisatorische „Gleichschaltung" im Sinne einer Angliederung vormals selbständiger intermediärer Interessenträger und Leistungsträger war unter der Herrschaft der NSDAP jedoch erheblich weitgehender als unter der Herrschaft der SED. Letztere beließ es wenigstens formal bei der Selbständigkeit der sogenannten „gesellschaftlichen Organisationen", während die Nationalsozialisten die intermediären Instanzen weitgehend in das Imperium der Nebenorganisationen der NSDAP eingegliedert hatten. Dagegen hat die SED-Herrschaft weitaus radikaler und nachhaltiger als die NSDAP-Herrschaft die soziologischen Grundlagen intermediärer Organisationen zerschlagen. Die Beseitigung des Besitzbürgertums und weitgehend auch des Bildungsbürgertums bleibt eine tragische Hinterlassenschaft kommunistischer Herrschaft in Deutschland, deren Folgen unter anderem für den Dritten Sektor durch

lage für eine Selbstorganisation der Zivilgesellschaft und damit auch für einen lebensfähigen Dritten Sektor nachhaltig erschüttert hat. Die gesellschaftliche Unterstützung für Dritte-Sektor-Organisationen ist in Ostdeutschland erheblich schwächer ausgeprägt als in Westdeutschland. Ostdeutsche sind weitaus weniger in Vereinen organisiert als Westdeutsche und nicht zuletzt spielt die Kirchenmitgliedschaft in Ostdeutschland eine erheblich geringere Rolle als in Westdeutschland, was auch auf die gesellschaftliche Einbettung der kirchennahen Dritte-Sektor-Organisationen (Diakonie, Caritas) zurückwirkt. Das Bild einer mangelnden Selbstorganisationsfähigkeit des Dritten Sektors in Ostdeutschland wird drastisch illustriert durch die dominierende Rolle, welche Staat und Kommunen als Zuschußgeber und Garanten von Infrastrukturleistungen spielen. Vielfach sind Staat und Kommunen auch direkt und unmittelbar Träger von Organisationen, die als *Quasi-non-Governmental-Organisations* (QUANGOs) dem Dritten Sektor zugerechnet werden können. Die Schwäche der Zivilgesellschaft und die Stärke des Staates spiegeln sich schließlich auch in den Einstellungen des Führungspersonals von Dritte-Sektor-Organisationen in Ostdeutschland wider. Die oben referierten Umfrageergebnisse bestätigen, daß Repräsentanten von Dritte-Sektor-Organisationen in Ostdeutschland eine affirmative Einstellung zum Staat und seinen Fördermaßnahmen haben und daß es an einer eigenständigen Identität gemeinnütziger intermediärer Leistungsträger als einer „dritten" institutionellen Ebene neben staatlichen und marktgesteuerten Organisationen zu fehlen scheint.

In der Tat, so scheint es, kann man in Ostdeutschland bestenfalls von einem Quasi-Dritten-Sektor sprechen. Signifikant ist vor allem die ausgeprägte Kontinuität der Staatsdominanz. Wenn man die Lackmusprobe machen wollte und die hypothetische Frage stellte, ob der Dritte Sektor im heutigen Ostdeutschland eher ohne den Staat und seine vielfältigen Unterstützungs- und Steuerungsleistungen gedacht werden könnte als die „gesellschaftlichen Organisationen" der DDR ohne den damaligen Staat und dessen vielfältige Steuerungs- und auch Unterstützungsleistungen, so wäre die Antwort bestenfalls ein mehr oder weniger mutiges „Vielleicht".

Aber welchen Erkenntnisgewinn ergeben solche skeptischen Einschätzungen? Im Grunde genommen keinen außer der trivialen Feststellung, daß Diktaturen, die nicht bei der Zerschlagung von Regierungsstrukturen Halt machen, sondern, wie alle wirklichen Revolutionen[26] auch Sozialstrukturen zerschlagen, die Grundlage der auf diesen Sozialstrukturen aufruhenden Institutionen beseitigen. Die SED-Herrschaft hat die ostdeutsche Gesellschaft der Selbstorganisationsfähigkeit, die

---

noch so gut gemeinte staatliche Aufbauhilfen nicht nur nicht gemildert, sondern nur perpetuiert werden können. Denn wenn der Staat die fehlenden Selbstorganisationskräfte der Zivilgesellschaft durch eigene Initiative kompensiert, schreibt er per definitionem die strukturellen Folgen fort, welche die kommunistische Staatsmacht für die ostdeutsche Gesellschaft gezeigt hat.

26 Vgl. Skocpol 1979: 4-5.

in Westdeutschland nach 1945 einen neuen und stabilen Aufschwung genommen hatte. Erstaunlich ist daher nicht, daß es im Osten Deutschlands heute aus dem Westen ferngesteuerte Arbeitnehmerverbände und Arbeitgeberverbände gibt, erstaunlich wäre das Gegenteil. Erstaunlich ist auch nicht, daß es einen Dritten Sektor gemeinnütziger intermediärer Leistungsträger nach westdeutschem Muster in Ostdeutschland nicht gibt. Erstaunlich ist aber in der Tat, daß es *so etwas Ähnliches* wie einen Dritten Sektor im heutigen Ostdeutschland durchaus gibt, und zwar, anders als im Sektor intermediärer *Interessen*träger, mit einem bemerkenswerten Maß *institutioneller Kontinuität*.

Es lohnt sich also, gerade das *Kontinuitäts*-Phänomen präziser zu analysieren. Statt es bei der Diagnose zu belassen, daß diese Kontinuität auf einen unzureichenden „Institutionentransfer" im Bereich gemeinnütziger intermediärer Leistungsträger hinweist, kann nach den Leistungen institutioneller Kontinuität im Transformationsprozeß gefragt werden. Dies geschieht am einfachsten, wenn man die oben angeführte Frage nach der Bedeutung des Staates für den Dritten Sektor umdreht: Welche Leistung erfüllt der Dritte Sektor bei all seiner Unzulänglichkeit für den Staat im heutigen Ostdeutschland? Würde die Abwesenheit dieses nahezu künstlichen, vom Staat ausgehaltenen und auf den Staat ausgerichteten Dritten Sektors überhaupt einen Unterschied machen? Es ist offensichtlich: Je geringer man die Unterschiede zwischen Staat und Drittem Sektor im heutigen Ostdeutschland veranschlagt, desto eher muß die Antwort auf diese Frage negativ ausfallen. Und umgekehrt: Wenn man die Frage positiv beantwortet, also eine spezifische Leistung des Dritten Sektors in Ostdeutschland unterstellt, so wird man zumindest hypothetisch angeben müssen, worin diese Leistung besteht und warum diese von anderen als Dritte-Sektor-Organisationen schwerlich wahrgenommen werden könnte.

6. Milieukontinuität und Verfügbarkeit „belasteter" Funktionseliten: Was der Dritte Sektor in Ostdeutschland leistet, auch wenn es ihn kaum zu geben scheint.

Kontinuität läßt sich nicht allein für die Beziehungen zwischen Drittem Sektor und Staat in Ostdeutschland feststellen. Tatsächlich läßt sich die hohe Staatszentriertheit des ostdeutschen Dritten Sektors als ein Erbe des SED-Regimes und der von ihr geformten DDR-Gesellschaft interpretieren. Neben dieser Kontinuität der finanziellen und auch der mentalen Beziehungsmuster zwischen gemeinnützigen intermediären Leistungsträgern und dem öffentlichen Sektor gibt es auch eine *institutionelle* Kontinuität. Die Kernelemente des ostdeutschen Dritten Sektors werden aus früheren DDR-Institutionen gebildet. Dies gilt selbst für das *Diakoni-*

sche Werk (in der DDR: „Hilfswerk") der Evangelischen Kirche und die katholische *Caritas*. Es gilt aber auch für das *Deutsche Rote Kreuz* und erst recht für den mitgliederstärksten Wohlfahrtsverband im heutigen Ostdeutschland, die *Volkssolidarität*. Auch die *Sportvereine* haben ihre institutionellen Wurzeln in der DDR und nicht zuletzt gilt dies für die zweithäufigste Vereinsform im heutigen Ostdeutschland, die *Gartenvereine*. Diese *strukturelle* Kontinuität der Dritte-Sektor-Institutionen läßt nun einige weitere hypothetische Schlüsse über die politische Funktionalität des Dritten Sektors in Ostdeutschland zu.

Zum einen läßt sich bei aller Schwäche des Dritten Sektors im Hinblick auf sein Autonomiepotential ein hoher Grad organisatorischer Differenzierung im Hinblick auf Größe und latente weltanschauliche Ausrichtung feststellen. Große Organisationen mit regionalen oder überregionalen Dachorganisationen (*Deutsches Rotes Kreuz, Diakonisches Werk, Caritas, Volkssolidarität*) sind ebenso vertreten wie kleine Organisationen mit lediglich lokalem Aktionsradius (*Sportvereine, Gartenvereine*). Hinzu kommen die in der Rechtsform des eingetragenen Vereins oder der Gesellschaft mit beschränkter Haftung geführten zahlreichen lokalen Trägerorganisationen des zweiten Arbeitsmarktes, viele – wenn auch nicht alle – von ihnen in gemeinnütziger Form und somit nominell dem Dritten Sektor zugehörig. Auch die *Projektgruppen*, die sich als Nachfolger der Bürgerbewegung der „Wende"-Zeit sehen, haben typischerweise ein lokales Tätigkeitsfeld.

Es gibt also im Hinblick auf die Größe der Dritte-Sektor-Organisationen prinzipiell ein reichhaltiges Angebot sowohl an Dienstleistungen als auch an ehrenamtlicher Betätigungsmöglichkeit. Der Dritte Sektor in Ostdeutschland ist, bei aller Staatsabhängigkeit, nicht „ausgetrocknet" oder notorisch instabil, wie dies für viele mittel- und osteuropäische Länder des ehemaligen sowjetischen Machtblocks festgestellt werden muß (vgl. Anheier/Seibel 1997). Und weil die meisten der heutigen Dritte-Sektor-Organisationen in Ostdeutschland bereits zu DDR-Zeiten existierten, sind sie den Menschen in Ostdeutschland im Prinzip vertraut. Die institutionelle Kontinuität, die den Dritten Sektor in Ostdeutschland mit der Vor-Wende-Zeit verkoppelt, steht nicht nur im abstrakten Sinne in einem scharfen Kontrast zur institutionellen Diskontinuität im Bereich staatlicher Institutionen und auch im Bereich der interessenmobilisierenden und -aggregierenden intermediären Organisationen (also der Verbände und, zum Teil jedenfalls, der Parteien). Diese Kontinuität hat für die Menschen in Ostdeutschland mutmaßlich auch eine sehr konkrete psychologische und alltagspraktische Entlastungsfunktion. In einer Welt, in der sich die ökonomischen, politischen und staatlich-institutionellen Rahmenbedingungen seit 1989 auf dramatischste Weise verändert haben, bilden die vertrauten Strukturen und Anlaufstellen etwa der *Volkssolidarität*, des *Deutschen Roten Kreuzes* oder der *Gartenvereine* vermutlich wohltuende Inseln der Stabilität.

Wir können also in den Organisationen im Dritten Sektor des heutigen Ostdeutschland Kristallisationspunkte von *Milieukontinuität* vermuten. Freilich wissen wir nur sehr wenig über die Ausprägung und die Varianten dieser Milieukontinuität. Wichtige Hinweise gibt hier die Untersuchung von Werner Patzelt und Karin Algasinger (1996). Zwar fragen Patzelt und Algasinger nicht nach der gesellschaftlichen Vernetzung von Dritte-Sektor-Organisationen, sondern nach der gesellschaftlichen Vernetzung der ostdeutschen Parteien. Aber gewissermaßen im Spiegelbild erlauben die Erkenntnisse über die gesellschaftliche Vernetzung der Parteien Rückschlüsse auf den Faktor Milieukontinuität im Dritten Sektor.

So können wir eine besonders stabile Milieueinbettung dort vermuten, wo institutionelle Kontinuitäten von Dritte-Sektor-Organisationen und ostdeutschen Parteien aufeinandertreffen. Dies betrifft hinsichtlich der Parteien vor allem CDU und PDS. Die CDU ist nach den Ergebnissen von Patzelt und Algasinger im örtlichen und überörtlichen Vereins- und Verbändespektrum ebenso wie, was nicht überraschen kann, in den beiden christlichen Kirchen gut verankert. Der PDS fehlt diese breite Verankerung, sie hat aber deutliche Vernetzungs- und damit Einflußschwerpunkte bei solchen Dritte-Sektor-Organisationen, denen im Alltag der ostdeutschen Gesellschaft eine relativ große Bedeutung zukommt, nämlich bei der *Volkssolidarität* und bei den *Gartenvereinen*.

Bei SPD und Bündnis 90/Grüne differenziert sich das Bild. Beide Gruppierungen haben keine DDR-Vorgeschichte, jedenfalls nicht als Parteien. Unter den Dritte-Sektor-Organisationen hat die SPD naturgemäß mit *Arbeiterwohlfahrt* und *Arbeiter-Samariterbund* eng angegliederte Trabantenorganisationen, mit denen die Partei über die ehrenamtlichen Aufsichts- und Steuerungsgremien verflochten ist. Bei den übrigen Vereinen und Verbänden auf örtlicher und überörtlicher Ebene hat die SPD hingegen nur in geringem Umfang Fuß fassen können. Zumindest in den heute SPD-regierten Bundesländern Brandenburg und Sachsen-Anhalt wird man jedoch von einer engen Verbindung zwischen Sozialdemokraten und intermediären gemeinnützigen Trägern des zweiten Arbeitsmarktes ausgehen können – wenngleich es auch hier an empirischen Erhebungen fehlt. Bei Bündnis 90/Grüne zeigt sich – immer noch nach Patzelt und Algasinger (1996) – außer der wenig überraschenden Verknüpfung mit der Ökologiebewegung eine erstaunlich intensive Verknüpfung mit der Kirche, die sich auch im Bereich der kirchlichen Wohlfahrtsverbände niederschlagen dürfte.

Eine politische Absicherung der von ostdeutschen Dritte-Sektor-Organisationen mutmaßlich erzeugten Milieukontinuität dürfte demnach vor allem durch CDU und PDS erfolgen. Beide verfügen, ähnlich wie die Mehrzahl der ostdeutschen Dritte-Sektor-Organisationen, über den Vorteil strukturell-organisatorischer Kontinuität. Dies gilt namentlich auf der lokalen Ebene, wo der Dritte Sektor durch seine Dienstleistungen und ehrenamtlichen Beteiligungsmöglichkeiten für die Bevölkerung manifest wird. Die Rolle der PDS in diesem Kontext verweist nun auf eine weitere spezifische Leistung des Dritten Sektors, die aus offensichtlichen Gründen von *staatlichen* Institutionen, wenn überhaupt, nur in erheblich schwächerer Ausprägung erbracht werden kann: die Mobilisierung politisch belasteter Funktionseliten.

Institutionelle Kontinuität und organisatorische Differenzierung im ostdeutschen Dritten Sektor erzeugen nicht allein eine Vielzahl strukturell-organisatorischer, sondern auch ein bemerkenswertes Maß an legitimatorischen Nischen. Im Dritten Sektor können mittlere und höhere Kader des SED-Regimes ohne kritische politische Legitimationsprobleme unterkommen. *Volkssolidarität* und *Gartenvereine* sind hierfür besonders ausgeprägte Beispiele, aber in mancher Hinsicht womöglich nur die ‚Spitze des Eisbergs'. Ohne weitere empirische Untersuchungen kann man nur die mehr oder weniger plausible Mutmaßung anstellen, daß der Dritte Sektor im heutigen Ostdeutschland ohne das Engagement politisch belasteter und im öffentlichen Sektor nicht oder jedenfalls nicht problemlos akzeptabler früherer Träger des SED-Regimes – vielfach nach wie vor PDS-Mitglieder – nicht funktionsfähig wäre. Ostdeutsche Gesprächspartner und westdeutsche Aufbauhelfer machen keinen Hehl daraus, daß man die Sachkunde und die soziale Handlungskompetenz früherer SED- und heutiger PDS-Mitglieder gerne in Anspruch nimmt, selbst wenn man sich über die politische Herkunft solcher Kooperationspartner mitunter in einer Art künstlicher Unwissenheit hält.

7. Erfolgreiches Scheitern: Steigerung politischer Elastizität durch beschränkten Institutionentransfer

Von *Elastizität* sprechen wir, wenn die peripheren Strukturen eines mechanischen oder ökonomischen Systems eine große Veränderungsbreite aufweisen können, ohne daß dies die Kernstrukturen desselben Systems berührt. In diesem Sinne erweitert der Dritte Sektor grundsätzlich die Elastizität des politschen Systems in demokratischen Industriegesellschaften, und zwar dadurch, daß er sowohl durch sein Dienstleistungsrepertoire als auch durch sein spezifisches Organisationsverhalten Problemlösungen ermöglicht, die im Bereich des öffentlichen oder privatwirtschaftlichen Sektors aus unterschiedlichen Gründen nicht ermöglicht werden können (vgl. Seibel 1994). Eine solche Elastizitätssteigerung bewirkt augenscheinlich der Dritte Sektor auch im heutigen Ostdeutschland. Der ostdeutsche Dritte Sektor bildet ‚Inseln' der Kontinuität in einer durch starke Diskontinuitäten geprägten politischen und ökonomische Umwelt und er integriert politisch belastete Funktionseliten – also ehemalige SED- und heutige PDS-Mitglieder – in der Peripherie des öffentlichen Institutionengefüges, die in dessen Zentrum unter den obwaltenden Umständen nicht tragbar wären.

Ironischerweise handelt es sich nun bei diesem Elastizitätsgewinn um eine nicht-intendierte Folge des institutionellen Wandels in Ostdeutschland nach 1989. Buchstaben und Geist des Einigungsvertrages vom 31. August 1990 bringen das Generalmodell der Wiedervereinigung auf der Grundlage des vormaligen Art. 23

des Grundgesetzes zum Ausdruck, nämlich den Institutionentransfer von West nach Ost. Selbstverständlich mußte man in Anbetracht des Einigungsvertrages, nicht zuletzt aber auch in Anbetracht der unverkennbaren institutionellen Entdifferenzierung der DDR-Gesellschaft (so Lepsius 1995) die Übertragung der westdeutschen Dritte-Sektor-Strukturen nach Ostdeutschland zum normativen Ausgangspunkt nehmen. In der einschlägigen Forschung ist dies auf eine Defizit-Hypothese hinausgelaufen, bei der unterstellt wurde, daß sich ein solcher Institutionentransfer namentlich im Bereich gesellschaftlicher Institutionen nur bedingt werde realisieren lassen (so etwa Lehmbruch 1993 und speziell für den Dritten Sektor auch Olk 1996). In dieser Perspektive bleibt als Erfolgskriterium für den Dritten Sektor nur der Reproduktionsgrad des westdeutschen Musters, und was dies betrifft kann man für Ostdeutschland dann nur zu mehr oder weniger negativen Ergebnissen gelangen (so auch Olk 1996: 207-213).

Die bislang empirischen Befunde legen aber den Schluß nahe, daß der Dritte Sektor in Ostdeutschland gerade durch das Scheitern des Institutionentransfers erfolgreich ist. Die wesentlichen Leistungen, die der Dritte Sektor heute in den neuen Bundesländern erbringt, beruhen auf der Kontinuität von DDR-Strukturen. Ihnen wäre durch einen erfolgreichen Institutionentransfer die Grundlage entzogen worden. Diese Leistungen liegen in der Gewährleistung eines Minimums an Milieukontinuität und in der Mobilisierung des Humankapitals alter DDR-Funktionseliten, die in Schlüsselsegmenten des heutigen Dritten Sektors – so bei der *Volkssolidarität*, dem *Deutschen Roten Kreuz*, den *Sportvereinen und -verbänden* und den lokalen *Gartenvereinen* – mindestens auf der zweiten oder dritten Ebene oder aber in den ehrenamtlichen Vorständen Leitungspositionen innehaben.

Diese Leistungen des Dritten Sektors beruhen nicht allein auf der relativen Erfolglosigkeit des Institutionentransfers sondern auch auf den spezifischen Vorteilen, die der Dritte Sektor gegenüber dem „zweiten", also dem öffentlichen Sektor aufweist. Es sind die Rudimente der „gesellschaftlichen Organisationen" der DDR, die sich als Dritter Sektor nach 1989 als erstaunlich überlebensfähig erwiesen haben. Begünstigt wurde dies durch die periphere Stellung gegenüber dem Kern des staatlichen Institutionengefüges. Hier herrscht eine geringere Verregelung (und damit z.B. auch ein geringerer Grad an Bindung durch formale Vorschriften und Qualifikationsanforderungen) und ein geringerer Grad an öffentlicher Sichtbarkeit und dementsprechenden Legitimationszwängen. Die Bindung an den öffentlichen Sektor ist zwar vorhanden, aber sie funktioniert nach dem Muster der „losen Kopplung" (vgl. Orton/Weick 1990): Staat und Kommunen sichern weitestgehend die Finanzierung des ostdeutschen Dritten Sektors, aber sie sind zugleich von operativen Steuerungsfunktionen und politischer Verantwortung entlastet. Dadurch öffnet sich eine institutionelle Nische, in der sowohl Nachfrage nach Kontinuität in Zeiten allgemeiner Diskontinuität als auch das Bedürfnis nach Engagement und Übernahme von Verantwortung derjenigen befriedigt werden kann, die als Angehörige der Funktionseliten des DDR-Regimes im öffentlichen Sektor selbst kaum Beschäftigungschancen hätten.

Der Dritte Sektor ins Ostdeutschland erbringt also mutmaßlich wesentliche systemstabilisierende Leistungen. Zum einen begünstigt er die politische Integration derjenigen, bei denen die ideologische Distanz zur demokratischen und marktwirtschaftlichen Ordnung aus subjektiven und objektiven Gründen besonders ausgeprägt ist. Anders formuliert: Der Dritte Sektor bietet sowohl durch sein Dienstleistungsrepertoire als auch durch seinen peripheren Status gegenüber dem öffentlichen Sektor Chancen der materiellen Bedürfnisbefriedigung und der gesellschaftlichen Partizipation für die materiellen und ideologischen Verlierer des Einigungsprozesses. Dies ergibt sich aus der institutionellen Schlüsselstellung des Dritten Sektors auf dem zweiten Arbeitsmarkt und aus den Betätigungschancen für Funktionseliten der untergegangenen DDR. Zum anderen ist der Dritte Sektor mutmaßlich ein wichtiger institutioneller Synchronisationsfaktor des gesellschaftlichen und politischen Wandels in den neuen Bundesländern. Der Dritte Sektor schafft eine lose Kopplung zwischen dem radikalen *politischen* Wandel und dem sehr viel langsameren *sozialen* Wandel. Die strukturelle Kontinuität von DDR-Institutionen und das darin eingeschlossene relative Versagen des Institutionentransfers tragen daher bei zur Verknüpfung von Sozialintegration und Systemintegration (vgl. Lockwood 1971, Offe 1979) und damit zur Lösung eines Schlüsselproblems politischer Stabilität.

Literatur

Ackermann, M.: Ein Anker für die Einheit der Deutschen in Europa: Kultur. In: Kulturpolitische Mitteilungen 70/3 (1995), S. 12-18

Akademie für Staats- und Rechtswissenschaft der DDR (Hrsg.): Handbuch gesellschaftlicher Organisationen in der DDR. Berlin: Staatsverlag der DDR, 1985

Angerhausen, S./Backhaus-Maul, H./Schiebel, M.: Zwischen neuen Herausforderungen und nachwirkenden Traditionen. Aufgaben- und Leistungsverständnis von Wohlfahrtsverbänden in den Neuen Bundesländern. In: Olk, T./Rauschenbach, T./Sachße, C. (Hrsg.): Von der Wertegemeinschaft zum Dienstleistungsunternehmen. Wohlfahrtsverbände im Umbruch. Frankfurt a.M.: Suhrkamp, 1995, S. 377-403

Anheier, H. K./Priller, E.: The Nonprofit-Sector in East-Germany. Before and After Unification. In: Voluntas 2 (1991), S. 78-94

Anheier, H. K./Priller, E.: Der Non-Profit-Sektor in Deutschland. Eine sozial-ökonomische Strukturbeschreibung. Zusammenfassende Darstellung. The Johns Hopkins University. Institute for Policy Studies/Wissenschaftszentrum Berlin für Sozialforschung: Vervielfältigtes Manuskript, 1995

Anheier, H. K./Seibel. W. (Hrsg.): The Third Sector. Comparative Studies of Nonprofit Organizations. Berlin: De Gruyter, 1990

Anheier, H. K./Seibel. W.: The Nonprofit Sector and the Transformation of Societies: East Germany, Hungary and Poland. In: Powell, W.W. (Hrsg.): The Public and the Private. New Haven: Yale University Press, 1997

Anheier, H. K./Seibel, W.: Between the State and Market: The Nonprofit Sector in Germany. Manchester: Manchester University Press, 1997

Bader, H./Betz, M./Spies, B.G.: Strukturerneuerung und Beschäftigungsförderung durch ABS. Erfahrungen, Erfolge, Probleme und Perspektiven aus Sicht der ostdeutschen Schiffbauindustrie. In: Memo-Forum 20 (1993), S. 26-35

Baur, J./Koch, U./Telschow, S.: Sportvereine im Übergang. Die Vereinslandschaft in Ostdeutschland. Aachen: Verlag Meyer&Meyer, 1995

Benzler, S.: Chancen der Zivilgesellschaft in den neuen Bundesländern. In: Dies. u.a. (Hrsg.). Deutschland-Ost vor Ort. Anfänge der lokalen Politik in den neuen Bundesländern. Opladen: Verlag Leske und Budrich, 1995, S. 13-47

Blattert, B./Rink, D./Rucht, D.: Von den Oppositionsgruppen der DDR zu den neuen sozialen Bewegungen in Ostdeutschland? In: Politische Vierteljahresschrift 36 (1994), S. 397-422.

Bosch, G./Neumann, H.: Beschäftigungs- und Qualifizierungsgesellschaften als Instrument zur Bewältigung der Arbeitsmarktsituation in den neuen Bundesländern. In: Kieselbach, T. (Hrsg.): Systemumbruch. Arbeitslosigkeit und individuelle Bewältigung in der Ex-DDR. Weinheim: Deutscher Studienverlag, 1992, S. 425-439

Gaus, G.: Wo Deutschland liegt. Eine Ortsbestimmung. Hamburg: Hoffmann und Campe, 1983

Heinemann, K./Schubert, M.: Der Sportverein: Ergebnisse einer repräsentativen Untersuchung. Schorndorf: Hofmann Verlag (Schriftenreihe des Bundesinstituts für Sportwissenschaft Band 80), 1994

Hürtgen, R. u.a.: Sozialpolitische Interessenvermittlungsstrukturen im Transformationsprozeß in regionalen Zentren. Frankfurt/Oder und Jena. In: Naßmacher, H. u.a. (Hrsg.): Politische Strukturen im Umbruch. Berlin: Akademie-Verlag, 1994, S. 17-118

Jessen, R.: Die Gesellschaft im Staatssozialismus. Probleme einer Sozialgeschichte der DDR. In: Geschichte und Gesellschaft (1995), S. 96-110

Kaiser, M./Otto, M.: Was ABS-Gesellschaften bisher geleistet haben. Ergebnisse einer empirischen Trägeranalyse – Neue Bundesländer. Institut für Arbeitsmarkt- und Berufsforschung der Bundesanstalt für Arbeit. Nürnberg. IAB Werkstatt Recht 13, 1993

Kletzin, H./Wels, P.: Strategiearbeit durch Strukturgestaltung in einer Leipziger Beschäftigungsgesellschaft. In: Hoffmann, R./Mezger, E. (Hrsg.): Problemstart: Politischer und sozialer Wandel in den Neuen Bundesländern. Köln: Bund Verlag, 1994, S. 234-253

Knuth, M.: ABS-Gesellschaften als dezentrale Akteure der Arbeitsmarkt- und Strukturpolitik. Problemlösungen „vor Ort". In: Heinelt, H./Bosch, G./Reissert, B. (Hrsg.): Arbeitsmarktpolitik nach der Vereinigung. Berlin: Edition Sigma/Rainer Bohn Verlag, 1994, S. 172-184

Lehmbruch, G.: Institutionentransfer. Zur politischen Logik der Verwaltungsintegration in Deutschland. In: Seibel, W./Benz, A./Mäding, H. (Hrsg.): Verwaltungsreform und Verwaltungspolitik im Prozeß der deutschen Einigung. Baden-Baden: Nomos Verlagsgesellschaft, 1993, S. 41-66

Lockwood, D.: Soziale Integration und Systemintegration. In: Zapf, W. (Hrsg.):Theorien sozialen Wandels. Köln/Berlin: Kiepenheuer&Witsch, 3. Aufl. 1971(engl. Orig. 1964), S. 124-137

Lepsius, M. R.: Die Institutionenordnung als Rahmenbedingung der Sozialgeschichte der DDR. In: Kaelble, H./Koka, J./Zwahr, H. (Hrsg.): Sozialgeschichte der DDR. Stuttgart: Klett Cotta, 1994, S. 17-30

Meyer, D. (Hrsg.): Zur Situation von Kindern und Jugendlichen in der DDR. Berlin: Institut für Soziologie und Sozialpolitik der Akademie der Wissenschaften der DDR, 1990

Offe, C.: „Unregierbarkeit" – zur Renaissance konservativer Krisentheorien. In: Habermas, J. (Hrsg.): Stichworte zur ‚geistigen Situation der Zeit'. 2 Bände. Frankfurt a.M.: Suhrkamp, Bd. 1, 1979, S. 293-318

Erfolgreich gescheiterter Institutionentransfer

Olk, T.: Wohlfahrtsverbände im Transformationsprozeß Ostdeutschlands. In: Kollmorgen, R./ Reißig, R./Weiß, J. (Hrsg.): Sozialer Wandel und Akteure in Ostdeutschland. Empirische Befunde und theoretische Ansätze (Schriftenreihe der KSPW Band 8), 1996, S. 179-216

Orton, D.J./Weick, C.E.: Loosely Coupled Systems. A Reconceptualization. In: Academy of Mangement Review 15 (1990), S. 203-223

Patzelt, W.J./Algasinger, K.: Ostdeutsche Parteien im Transformationsprozeß. Empirische Studie zur Parteiensoziologie Sachsens. Opladen: Verlag Leske + Budrich (Schriftenreihe der KSPW Band 27), 1996

Puschmann, H.: Caritas im Bereich der DDR. In: Soziale Arbeit 9 (1990). S. 98-104

Rink, D.: Neue Bewegungen im Osten? Zur Entwicklung im ostdeutschen Bewegungssektor nach dem Ende der Bürgerbewegungen. In: Forschungsjournal Neue Soziale Bewegungen (1995), S. 20-26

Schulz, M.: „Für Selbstbestimmung und Würde": Die Metamorphose des Behinderten-verbandes der DDR zum Allgemein Behindertenverband in Deutschland. Berlin: Max-Planck-Gesellschaft zur Förderung der Wissenschaften e.V. Arbeitsgruppe Transformationsprozesse in den neuen Ländern an der Humboldt-Universität zu Berlin. Arbeitspapier AG Trap 95/1, 1995

Schuppert, G. F.: Zur Anatomie und Analyse des Dritten Sektors. In: Die Verwaltung 2 (1995), S. 137-200

Skocpol, T.: States and Social Revolutions. A Comparative Analysis of France, Russia and China. Cambridge/New York: Cambridge University Press. 1979

Seibel, W.: Funktionaler Dilettantismus. Erfolgreich scheiternde Organisationen im ‚Dritten Sektor' zwischen Markt und Staat. Baden-Baden: Nomos Verlagsgesellschaft, 2. Aufl. 1994.

Seibel, W.: Strategische Fehler oder erfolgreiches Scheitern? Zur Entwicklungslogik der Treuhandanstalt 1990-1993. In: Politische Vierteljahresschrift 35 (1994), S. 3-39

Statistisches Amt der DDR: Sozialstatistik 1990. Berlin: Druckerei des Statistischen Amtes, 1990

Tangemann, M.: Intermediäre Organisationen im deutsch-deutschen Einigungsprozeß: Deutsches Rotes Kreuz, Diakonisches Werk, Volkssolidarität. Konstanz: Verlag Hartung-Gorre, 1995

Terwey, M./McCutchon, A.L.: Belief and Practice in the Unified Germany. In: ZA-Information 34 (1995), S. 47-69 [ZA = Zentralarchiv für empirische Sozialforschung an der Universität zu Köln]

Wagener, A.: Brandenburgische Arbeitsfördergesellschaften. Ergebnisse einer Befragung. Kleinmachnow: Unveröffentlichtes Manuskript, 1992

Wolpert, D.: Die Volkssolidarität. Politikwissenschaftliche Magisterarbeit. Universität Konstanz – Fakultät für Verwaltungswissenschaft, 1996

Zimmer, A./Priller, E.: Intermediäre Organisationen in den neuen Bundesländern. Der Non-Profit-Sektor in Ostdeutschland. In: Kommission für die Erforschung des sozialen und politischen Wandels in den neuen Bundesländern e.V. (KSPW). Berichtsgruppe III: Politische Interessenvermittlung, Kommunal- und Verwaltungspolitik. Expertisen. Kreisgebiets- und Gemeindereformen, Dritter Sektor, Treuhandanstalt. Koordination: Prof. Dr. Wolfgang Seibel. Konstanz/Halle: Vervielfältigte Manuskriptsammlung, 1996, S. 202-302

ZUMA [Manheimer Zentrum für Umfragen, Methoden und Analysen]: Albus-Basisumfrage, 1991

Die Autoren des Bandes

Hans-Ulrich Derlien, geb. 1945, Dr. rer. pol., Dipl.-Soz., Professor für Verwaltungswissenschaft an der Universität Bamberg, Fakultät für Sozial- und Wirtschaftswissenschaften

Jan Heimann, geb. 1964, Dr. rer. publ.; Sept. 1992-Februar 1995: Forschungsreferent am Forschungsinstitut für öffentliche Verwaltung bei der Hochschule für Verwaltungswissenschaften Speyer; z.Z. tätig als Unternehmer

Klaus König, geb. 1934, Dr. jur., Dr. rer. pol., Ass. jur., Professor für Verwaltungswissenschaft, Regierungslehre und Öffentliches Recht an der Hochschule für Verwaltungswissenschaften Speyer

Stefan Löwenhaupt, Dipl.-Pol., Doktorand, bis 1996 wissenschaftlicher Mitarbeiter an der Universität Bamberg (Lehrstuhl Prof. Derlien)

Wolfgang Renzsch, geb. 1949, Dr. disc. pol., seit 1994 Professor für Politikwissenschaft an der Otto-von-Guericke Universität Magdeburg, zuvor Ministerium der Finanzen des Landes Brandenburg (1992-1994) und Forschungsinstitut der Friedrich-Ebert-Stiftung (1979-1992)

Wolfgang Seibel, geb. 1953, Dr. rer. pol., seit 1990 Professor für Politikwissenschaft und Verwaltungswissenschaft an der Universität Konstanz

Hellmut Wollmann, geb. 1936, Dr. jur., Ass. jur., seit 1993 Professor für Verwaltungslehre an der Humboldt-Universität zu Berlin, zuvor an der Freien Universität Berlin (1974-1993)